Italien im Bannkreis Napoleons

Arbeiten der
Hessischen Historischen Kommission
Neue Folge Band 4

Italien im Bannkreis Napoleons

Die römischen Gesandtschaftsberichte
Wilhelms von Humboldt
an den Landgraf/Großherzog
von Hessen-Darmstadt
1803–1809

Bearbeitet von
Eva-Marie Felschow und Ulrich Hussong
Herausgegeben von
Eckhart G. Franz

Hessische Historische Kommission Darmstadt·1989

Gedruckt mit Unterstützung des Landes Hessen

ISBN 3-88443-022-X

© 1989 Hessische Historische Kommission Darmstadt

Das Werk und seine Teile sind urheberrechtlich geschützt. Jede Verwertung in anderen als den gesetzlich zugelassenen Fällen bedarf deshalb der vorherigen Einwilligung der Kommission.

Herstellung: Druck- und Verlagshaus Beltz-Rübelmann GmbH & Co., Hemsbach (Bergstraße)

1 Wilhelm von Humboldt: Büste von Bertel Thorvaldsen, Rom 1808.

Inhalt

Einleitung 7
1. Die römische Mission im Lebenslauf Wilhelms von Humboldt 7
2. Italien und der Mittelmeerraum im Zeichen Napoleon
   Bonapartes 15
3. Die „Angelegenheiten der neuen katholischen Lande" 18
4. Humboldts römische Berichte und ihre Überlieferung 22
5. Zur Anlage der Edition 27

Abkürzungsverzeichnis 30

Humboldts Berichte nach Darmstadt 31
   Jahrgang 1803 (Nr. 1–9) 33
   Jahrgang 1804 (Nr. 10–30) 71
   Jahrgang 1805 (Nr. 31–68) 131
   Jahrgang 1806 (Nr. 69–103) 231
   Jahrgang 1807 (Nr. 104–121) 312
   Jahrgang 1808 (Nr. 121a–151) 353
   Jahrgang 1809 (Nr. 152–158) 416

Quellen und Literatur 427
   1. Archivische Quellen 427
   2. Literatur 428

Abbildungsnachweis 431

Biographischer Index (Personen) 435

Topographischer Index (Orte, Länder, Flüsse) 453

Einleitung

1. Die römische Mission im Lebenslauf Wilhelms von Humboldt

Die Berufung Wilhelms von Humboldt auf den diplomatisch zweitrangigen Posten des preußischen Ministerresidenten beim Heiligen Stuhl im Mai 1802, dem ein Jahr später die zusätzliche Akkreditierung durch den Landgrafen von Hessen-Darmstadt folgte, war sicher kein aufsehenerregendes Ereignis, markiert aber gleichwohl einen wichtigen Einschnitt in Humboldts Lebenslauf, in der persönlich-familiären, in der geistigen und in der politischen Biographie. Der Name des knapp 35jährigen hatte zumindest im wissenschaftlich-literarischen Bereich bereits einen guten Klang. Am 22. Juni 1767 in Potsdam geboren, trotz des Vaters frühem Tod gemeinsam mit dem zwei Jahre jüngeren Bruder Alexander in großzügigen Verhältnissen aufgewachsen, hat er unter Anleitung der recht strengen Mutter vorzügliche Hauslehrer gehabt, darunter den nachmals berühmten Philantropen Joachim Campe, aber auch den aufgeklärten Reformjuristen Christian Wilhelm v. Dohm. Das in Frankfurt a. d. Oder begonnene Jurastudium wurde 1788/89 in Göttingen fortgesetzt, wo Wilhelm v. Humboldt neben den juristischen Vorlesungen bei dem Historiker August Ludwig Schlözer, bei Georg Christoph Lichtenberg, bei dem bedeutenden klassischen Philologen Christian Gottlob Heyne hörte[1]. Mit Heynes Tochter Therese und ihrem Mann Georg Forster, der den Weg des Bruders Alexander zum Naturforscher maßgeblich mitgeprägt hat, schloß er enge Freundschaft. Vorausgegangen war die Einbindung in den romantisch-schwärmerischen „Tugendbund" mit Henriette Herz und den Mendelssohn-Schwestern in Berlin. Im geistesverwandten Kreis um den jungen Koadjutor-Statthalter Karl Theodor v. Dalberg in Erfurt gewann er die Braut, Karoline v. Dacheröden, Tochter des preußischen Kammerpräsidenten, die er am 29. Juni 1791 geheiratet hat.

Davor lagen erste Bildungsreisen, im Herbst 1788 eine Rheinreise mit Besuchen in Mainz, wo Forster inzwischen kurfürstlicher Bibliothekar geworden war, aber auch in den Universitätsstädten Marburg und Gießen, in Frankfurt und Offenbach. Bei einem Kurzbesuch in der provinziell bescheidenen Landgrafenresidenz Darmstadt am 5./6. Oktober 1788 lernte er unter Führung des Lichtenberg-Neffen Friedrich August, der gerade zum Geheimen Sekretär befördert worden war, die örtlichen Koryphäen, Gymnasialdirektor Helfrich Bernhard Wenck, den Juristen Höpfner und Hofprediger Starck kennen, war mittags und abends beim Erbprinzenpaar „zu

---

[1] Zur persönlichen und politischen Biographie Wilhelm v. Humboldts vgl. u. a. B. GEBHARDT, Humboldt als Staatsmann, 2 Bde. 1896–99; S. A. KAEHLER, Wilhelm v. Humboldt und der Staat, 1927, ³1963; F. SCHAFFSTEIN, Wilhelm v. Humboldt, 1952; E. KESSEL, Wilhelm v. Humboldt. Idee und Wirklichkeit, 1967.

Hof" geladen[2]. Im Spätsommer 1789, wenige Wochen nach dem Sturm auf die Bastille, folgte eine erste Reise durchs bereits revolutionär verunsicherte Frankreich nach Paris, wo er an einer Sitzung der Nationalversammlung teilnahm. Ausflüge in die Schweiz und ins Elsaß schlossen sich an.

Anfang 1790 nach Berlin zurückgekehrt, absolvierte er binnen weniger Monate die beiden juristischen Staatsprüfungen, erwirkte mit kurzfristiger Tätigkeit im Auswärtigen Department das Patent eines Legationsrats und damit die künftige Anwartschaft auf den diplomatischen Dienst, war ein Jahr lang Referendar am Kammergericht, ließ sich dann aber schon vor der Hochzeit vorerst aus dem Staatsdienst verabschieden. Als Privatgelehrter auf den schwiegerväterlichen Gütern in Thüringen verfaßte er erste staatstheoretische Schriften, die als Brief an den Berliner Freund Friedrich Gentz konzipierten „Ideen über Staatsverfassung durch die neue französische Constitution veranlaßt" und die noch wichtigeren „Ideen zu einem Versuch, die Grenzen der Wirksamkeit des Staates zu bestimmen". Mehr Zeit widmete er der Vertiefung früherer Neigungen zur griechischen Antike, den in Zusammenarbeit mit dem Hallenser Professor Friedrich August Wolf betriebenen philologischen Studien, die sich in Pindar- und Äschylus-Übersetzungen niedergeschlagen haben. Anfang 1794 folgten der Umzug nach Jena, der Beginn einer mehrjährigen engen Gemeinschaft mit Friedrich Schiller, das etwas später aufgebaute Freundschaftsverhältnis zu Goethe im benachbarten Weimar.

Die mit dem Tod der Mutter Ende 1796 angefallene Erbschaft bot die Mittel zu neuen Reisen, die an sich schon damals auf Goethes Spuren nach Italien führen sollten. Während des vorbereitenden Aufenthalts in Wien im Frühherbst 1797 mußten die Pläne geändert werden, da Italien durch Napoleon Bonapartes militärisch-politische Aktivitäten „verschlossen" schien, „der Weg gefährlich, der Aufenthalt prekär und der Genuß höchst gestört sein würde", wie Humboldt am 5. September an Goethe schrieb[3]. Er ging mit seiner Familie, Karoline und den mittlerweile drei Kindern, nach Paris, wo unter der gemäßigten Direktoriums-Regierung zumindest vorläufige Ruhe eingekehrt war. Der mit Unterbrechungen fast vierjährige „Bildungsurlaub" in Paris brachte zahlreiche Bekannt- und Freundschaften mit führenden Vertretern der Pariser Kulturszene, mit dem interessanten Abbé Sieyès, vor allem aber mit Germaine de Stael. Obgleich Privatmann, wirkte Humboldt hier, so wie später in Rom, durchaus auch als geistiger Botschafter Deutschlands. Er nützte den Stützpunkt Paris zu zwei ausgedehnten

---

[2] W. v. HUMBOLDT, Gesammelte Schriften, hrsg. Preuß. Akademie der Wissenschaften (HGS), Bd. 14, 1916, S. 31–38; vgl. K. ESSELBORN, Darmstädter Erinnerungen. Ein Führer durch die Darmstädter Memoirenliteratur (Hess. Hausbücherei 3), 1924, S. 98–101.

[3] Vgl. Goethes Briefwechsel mit Wilhelm und Alexander v. Humboldt, hrsg. L. GEIGER, 1909, S. 42–45; W. v. HUMBOLDT, Sein Leben und Wirken, dargestellt in Briefen, Tagebüchern und Dokumenten der Zeit, hrsg. R. FREESE, ²1986, S. 230; dazu der Brief an Schiller vom Vortag, ebd. S. 229.

Studienreisen nach Spanien, die bis ins maurische Andalusien führten. Im August 1801 war man wieder in Berlin.

Die Entscheidung, die nie aufgegebenen Italien-Pläne durch eine Bewerbung um die freiwerdende preußische Vertretung in Rom abzusichern, war zumindest teilweise finanziell bedingt. Der seitherige Resident Wilhelm v. Uhden mußte den Posten wegen einer Liaison seiner Frau mit dem dänischen Bildhauer Bertel Thorvaldsen räumen. Das nicht allzu hohe Gehalt würde immerhin einen Teil der bei Humboldts wachsender Familie doch recht spürbaren laufenden Kosten abdecken, der trotz fehlender Hilfskräfte begrenzte Arbeitsaufwand genügend Zeit für die geplanten Studien belassen.

„Diese Stelle ist nichts weniger als glänzend. Ich konnte auf eine eigentliche Gesandtenstelle Anspruch machen, und dies ist bloß eine Residentur. Indes vertausche ich sie jetzt mit keiner anderen ohne Ausnahme. Sie ist in einem Lande, nach dem ich mich an sich sehnte, das ich besonders gern jetzt mit Spanien vergleichen möchte und das mir auch in Rücksicht des Sprachstudiums wichtig ist, weil ich darin die Kenntnis der südlichen Sprachen vollenden kann. Und dann bin ich verhältnismäßig und dafür, daß ich keine Repräsentation zu machen habe, nicht übel bezahlt!"
So Humboldt selbst in einem am 18. Mai 1802 geschriebenen Brief an Schiller[4]. Der vergleichenden Sprach- und Kulturforschung galt spätestens seit der von Paris aus unternommenen Reise ins Baskenland das besondere wissenschaftliche Interesse Humboldts. „Seine Reisen in Frankreich und Spanien und die Kenntnis der Sprachen, die er mit seinen Talenten verbindet", lieferten auch dem Berliner Kabinetts-Ministerium die Begründung für Humboldts Ernennung, die, wie eingangs erwähnt, am 25. Mai 1802 unterfertigt worden war[5].

Genau ein halbes Jahr später, am 25. November, nach zweimonatiger Reise, die man in Mailand 14 Tage unterbrochen hatte, fuhr der Reisewagen mit der Familie des neuen preußischen Residenten Humboldt durch die Porta del Popolo in die „ewige Stadt" ein. Als vorläufiges „Absteigequartier" hatte der Vorgänger Uhden eine Wohnung in der schöngelegenen Villa di Malta auf dem Pincio-Hügel besorgt. Schon nach wenigen Wochen folgte der Umzug in den nicht weit entfernten Palazzo Tomato an der Via Gregoriana, dicht bei der Spanischen Treppe, in dem auch Uhden residiert hatte. Hier haben die Humboldts während der fast sechs, für Karoline sogar acht römischen Jahre gewohnt. Nur in den heißen Sommermonaten lebte

---

[4] Briefwechsel zwischen Schiller und Wilhelm v. Humboldt, hrsg. A. Leitzmann, ³1900, S. 295 f; vgl. Leben und Wirken, hrsg. R. Freese, S. 345.

[5] Vgl. B. Gebhardt, Wilhelm v. Humboldt und die Anfänge der preußischen Gesandtschaft in Rom, in: Forschungen zur brandenburg. und preuß. Geschichte 7, 1894, S. 363 f; Abdruck des Immediatberichts vom 7. Mai 1802 bei H. Granier, Preußen und die katholische Kirche seit 1640, Bd. 8 (Publikationen aus den preußischen Staatsarchiven 76), 1902, S. 568 f (Nr. 425).

man, wie das in der römischen Gesellschaft Usus war, in den benachbarten Albanerbergen, in Ariccia, Marino, Albano oder Nemi, nah genug, daß der Hausherr falls nötig, zum wöchentlichen Posttag nach Rom zurückkehren konnte. Ständiger Hausgenosse war der Hofmeister für die Humboldt'schen Söhne, zunächst Friedrich Wilhelm Riemer, den man bereits in Berlin engagiert hatte, dann Friedrich Karl Sickler, 1807/08 schließlich der auf privater Studienreise nach Rom gekommene Philologe Friedrich Gottlieb Welcker aus Gießen, der Humboldt ein lebenslanger Gesprächs- und Briefpartner blieb.

Die Humboldt'schen „Revenüen", nach einem Brief Karolines an ihren Vater vom Januar 1803 zunächst rund 7000 Taler, von denen freilich nur ein Teil aus dem preußischen Diplomatensalär stammte[6], waren angesichts der „unglaublich" hohen Kosten des römischen Lebens knapper als gedacht. Eine mögliche Aufbesserung bot die durchaus übliche Übernahme weiterer Missionen. Humboldt hatte bereits in einem der ersten Berichte nach Berlin Ende Dezember 1802 eine Kollektivrepräsentation der protestantischen Staaten Deutschlands angeregt, eine Anregung, die Staatsminister Graf Haugwitz mit dem konkreten Hinweis auf Humboldt an den inzwischen zum landgräflichen Ministerresidenten in Berlin avancierten Darmstädter Freund F. A. Lichtenberg weitergab[7]. Nach Eingang der entsprechenden Weisung aus Darmstadt stellte Lichtenberg am 27. April 1803 das formelle Ersuchen um preußische Zustimmung zur Betrauung Humboldts mit der Wahrnehmung der hessischen Interessen[8]. Am 6. Mai folgte ein entsprechendes Gesuch des oranischen Erbprinzen Wilhelm, für den der Reichsdeputationshauptschluß als Entschädigung für die französisch besetzten Niederlande ein neues Fürstentum Oranien-Fulda geschaffen hatte, zu dem außer dem säkularisierten Bistum die Stifter Corvey, Herford und Weingarten sowie die Reichsstadt Dortmund zählten[9]. Da der Oranier überdies Vetter und Schwager König Friedrich Wilhelms III. war, wurden beide

---

[6] Brief vom 13. Jan. 1803; vgl. Leben und Wirken, hrsg. R. FREESE, S. 369; dazu Humboldts Schreiben an Hardenberg vom 6. Okt. 1804, HGS 16, 1935, S. 38–40 (Nr. 53).

[7] Vgl. Lichtenbergs Gesandtschaftsbericht 12/1803 vom 22. Febr. 1803, Hess. Staatsarchiv Darmstadt (StAD) Abt. E 1 M Nr. 89/4; Auszug in den Akten des Innendepartements über die Bestallung Humboldts, ebd. E 5 B 1 Nr. 3/2 fol. 17 f; der Bericht Humboldts vom 25. Dez. 1802 bei GRANIER, Kath. Kirche 8, S. 696 f (Nr. 511).

[8] Vgl. GEBHARDT, Humboldt und die Anfänge der preuß. Gesandtschaft, S. 374 f; das Konzept der Darmstädter Anweisung an Lichtenberg vom 7. April mit den dazu eingeholten Stellungnahmen, in denen insbes. Prof. H. B. Jaup auf einer von Preußen unabhängigen Instruktion für Humboldt bestand, StAD E 5 B 1 Nr. 3/2; ebd. auch Lichtenbergs Bericht vom 14. Juni mit Abschrift der Haugwitz'schen Zustimmungsnote vom 4. Juni.

[9] Vgl. H.W. BORNEWASSER, Kirche und Staat in Fulda unter Wilhelm Friedrich von Oranien (Quellen und Abhh. zur Gesch. der Abtei und Diözese Fulda 19), 1956, S. 109–113; dazu der Immediatbericht des Grafen Haugwitz über beide Ersuchen vom 20. Mai 1803 und der am 4. Juni an Humboldt gerichtete Erlaß des Berliner Außen-Departements über die erteilten Genehmigungen, GRANIER, Kath. Kirche 8, S. 844 f (Nr. 599) und 849 (Nr. 605).

2 Rom: Piazza del Quirinale mit dem Papst-Palast, im Hintergrund die Peterskirche.

3 Breve Papst Pius VII. über die Beglaubigung Wilhelms v. Humboldt als hessischer Ministerresident in Rom.

Einleitung

Gesuche ohne Schwierigkeiten genehmigt. Das hessische Ernennungsdekret wurde am 28. Juni, das oranische am 12. Juli ausgefertigt[10]. Trotz alsbaldiger Geschäftsübernahme verzögerte sich die formelle Bestätigung der hessischen Akkreditierung dann allerdings aus protokollarischen Gründen noch bis zum Ende des Folgejahres.

Die Darmstädter Regierung zahlte ein Jahresgehalt von 1200 Talern (1800 Gulden). Die bescheidenen 200 Scudi aus Fulda, etwa 350 Taler, fielen wieder weg, als das Fürstentum des mit Preußen verbündeten Oraniers nach der Schlachtentscheidung von Jena von Frankreich annektiert wurde, um später zum Dalberg'schen Großherzogtum Frankfurt geschlagen zu werden[11]. Einen gewissen Ausgleich schuf hier die mit Gehaltserhöhung verbundene Anhebung der preußischen Position mit der Ernennung zunächst zum regulären Ministerresidenten – Humboldt hatte in seinem Antrag vom 9. März 1805 auf die hessische Einstufung hingewiesen –, dann am 10. April 1806 zum bevollmächtigten Minister[12]. Auf den Vorschlag einer Zusatzmission bei der Regierung des neuen Königreichs Italien in Mailand ist man in Berlin nicht eingegangen. Die auch von Paris aus unterstützte Beglaubigung Humboldts als preußischer Gesandter bei König Joseph Bonaparte in Neapel wurde zwar am 25. August 1806 ausgefertigt, ist aber durch den zwischenzeitlichen Ausbruch des französisch-preußischen Krieges nicht mehr wirksam geworden[13].

Trotz der nicht allzu üppigen Finanzausstattung führten die Humboldts in Rom ein gastfreies Haus. „Die Künstler, die hier sind, und einige andere Deutsche bitten wir einmal die Woche zum Essen", schrieb Karoline bereits im Januar 1803 an den Vater[14]. Zu den Gästen gehörten neben den Künstlern, neben dem schon aus Paris vertrauten Gottlieb Schick, der Karoline und die Kinder vielfach gemalt und gezeichnet hat, Johann Christian Reinhart, den Bildhauern Thorvaldsen und Christian Daniel Rauch, dem Dichter Zacharias Werner, die nicht eben seltenen durchreisenden Besucher. Gelegentlich werden sie auch in den diplomatischen Berichten erwähnt, Friederike Brun und August v. Kotzebue, der bayerische Kronprinz Ludwig, Erbprinz Georg von Mecklenburg-Strelitz[15] und Friedrich von Sachsen-Gotha, dann natürlich Frau von Stael, die „einen großen Teil des

---

[10] StAD E 5 B 1 Nr. 2/2 fol. 43; siehe auch ebd. Nr. 3/4 fol. 3 (Mitteilung an die Regierung); dazu unten Dok. **1** mit Anm. 1. – Für die oranische Bestallung Bericht **5** mit Anm. 5.

[11] Vgl. die vorstehend zitierten Anstellungsdekrete; für Hessen auch **107a**; dazu GEBHARDT, Humboldt und die Anfänge der preuß. Gesandtschaft in Rom, S. 375.

[12] Vgl. GEBHARDT, a. a. O., S. 375 f; für Humboldts Bericht vom 9. März 1805 vgl. HGS 16 S. 44 (Nr. 59), sowie unten **85** mit Anm. 4.

[13] Vgl. unten **97** mit Anm. 1; dazu B. GEBHARDT, W. v. Humboldt als Staatsmann 1, S. 75–77.

[14] Brief vom 13. Jan. 1803, siehe oben Anm. 6.

[15] Für den späteren Großherzog von Mecklenburg, den Bruder der preußischen Königin Luise und Neffen des Darmstädter Großherzogs, war Humboldt auch als persönlicher Agent in Rom tätig; die Berichte wurden mit dem zeitweilig in Göttin-

Einleitung

Winters" 1804/05 mit den Humboldts verbrachte[16], und der durch seine südamerikanischen Forschungsreisen berühmt gewordene Bruder Alexander mit seinen Freunden. Wertvoll waren die bald freundschaftlich enge Beziehung zu Kardinalstaatssekretär Ercole Consalvi[17], aber auch der Kontakt zu Napoleons eigenwilligem Bruder Lucien, den das Interesse an der klassischen Antike mit Humboldt verband.

Wichtiger als der weitgespannte, vielfältig anregende Freundes- und Bekanntenkreis war „Rom selbst, ein Studium, das viel Zeit wegnimmt", wie Humboldt im Frühjahr 1803 an Schiller schrieb[18]. „Man wird so von der Natur, dem Lande, der Kunst, den Erinnerungen angezogen, daß man total darüber die Menschen vergißt". „Rom", schreibt Humboldt im Sommer 1804 an Goethe[19],

> „Rom ist der Ort, in dem sich für unsere Ansicht das ganze Altertum in eins zusammenzieht, und was wir also bei den alten Dichtern, bei den alten Staatsverfassungen empfinden, glauben wir in Rom mehr noch als zu empfinden, selbst anzuschauen. Wie Homer sich nicht mit anderen Dichtern, so läßt sich Rom mit keiner anderen Stadt, römische Gegend mit keiner anderen vergleichen. ... Es ist ein gewaltsames Hinreißen in eine von uns ... als edler und erhabener angesehene Vergangenheit, eine Gewalt, der selbst, wer wollte, nicht widerstehen kann. ..."

Mit Rom, so Humboldt wenige Tage vor der Ankunft „beginnt eine neue Lebensepoche, und vielleicht halten mich diese Mauern, bis mich die Pyramide des Cestius empfängt"[20]. Er konnte damals nicht ahnen, daß er neun Monate später den geliebten ältesten Sohn Wilhelm, der im Sommerurlaub 1803 in Ariccia einem raschen Nervenfieber zum Opfer gefallen war, auf dem späteren „Cimeterio acattolico" an der Cestius-Pyramide beisetzen würde. Unter einem zweiten Säulenfragment wenige Meter entfernt ruht der kaum zweijährig im November 1807 verstorbene Bruder Gustav, der schon in Rom geboren war. Der Papst selbst hatte dem unglücklichen

---

gen, dann im Bundesarchiv/Außenstelle Frankfurt verwahrten Hausarchiv im Rahmen des Kulturaustauschs mit der DDR ans Staatsarchiv Greifswald zurückgegeben; z.T. abgedruckt in W. v. HUMBOLDT, Gesammelte Schriften Bd. 16, 1935, s. unten Anm. 62.

[16] Vgl. Karoline v. Humboldts Brief vom 28. Juni 1805, Leben und Wirken, hrsg. R. FREESE, S. 441; dazu **32** mit Anm. 3.

[17] Mit Consalvi blieb Humboldt auch nach dessen erzwungenem Ausscheiden aus dem Staatssekretariat in Verbindung; vgl. (auch für die hier nicht herangezogenen Briefwechsel im Vatikanischen Archiv) das Verzeichnis des Briefwechsels Wilhelm v. Humboldts, hrsg. PH. MATTSON, Bd. 1/2, 1980.

[18] Brief vom 30. April 1803, vgl. F. C. EBRARD (Hrsg.), Neue Briefe W. v. Humboldts an Schiller 1796–1803, 1911, S. 315–331; auch Leben und Wirken, hrsg. R. FREESE, S. 379.

[19] Brief vom 23. Aug. 1804, vgl. Goethes Briefwechsel ..., hrsg. L. GEIGER, S. 181–191; Leben und Wirken, hrsg. R. FREESE, S. 415.

[20] Brief vom 22. Nov. 1802 aus Terni, Goethes Briefwechsel ..., hrsg. L. GEIGER, S. 148–151; vgl. Leben und Wirken, hrsg. R. FREESE, S. 362.

Gesandten den Grabgrund für die Kinder geschenkt[21]. Das Hochgefühl in Rom zu leben, haben freilich auch die familiären Verluste nicht infragegestellt. „Wer das Glück hält, der fürchtet immer, daß es entschlüpfe, und was ist Glück – selbst in Zeiten der Widerwärtigkeit – wenn es nicht ist in Italien zu leben", schrieb er im Dezember 1807 an Goethe[22]. „Es ist als bannte mich das Schicksal immer fester in dies Land, das nur Schatten beleben", hieß es nach der Nachricht von Schillers Tod in einem Brief an den Freund Gottfried Körner[23].

Die erstmals im Herbst 1807 beantragte Urlaubsreise nach Deutschland, die dann aus dienstlichen und privaten Gründen bis zum Oktober des Folgejahres verschoben wurde, war zunächst nur zur notwendigen Regelung von Vermögens- und Familienangelegenheiten bestimmt[24]. Dennoch mußte Humboldt mit einem anderweitigen Auftrag rechnen, da er dem Berliner Ministerium schon seit Ende 1806 wiederholt den Einsatz in einer anderen Position nahegelegt hatte, in der er mehr als in der politischen Abseitsstellung in Rom „für das bedrängte Vaterland" tun könne[25]. An Karoline v. Wolzogen hatte er im Sommer 1806 geschrieben, er werde Rom zwar „mit Willen nie verlassen". Wenn es aber doch sein müsse, werde ihn „Rom auch über sich hinaus stärken, und die Sehnsucht danach, die freilich nie ausbleiben kann, wird mich nur beleben, nicht niederdrücken"[26].

Humboldt ist aus dem Urlaub, den er am 14. Oktober 1808 antrat, nicht mehr nach Rom zurückgekehrt. Zwei Monate später berief ihn eine in Königsberg ausgefertigte Kabinettsordre König Friedrich Wilhelms III. zum Leiter des preußischen Unterrichtswesens. Die französische Besetzung des Kirchenstaats mit der nachfolgenden Deportation des Papstes erledigten den anfänglichen Vorbehalt einer späteren Rückkehr nach Rom, wo der gelehrte Prälat und nachmalige Kardinal Niccola Maria Nicolai interimistisch für die preußisch-hessischen Geschäfte an der Kurie sorgte. Am 17. Oktober 1809 bat Humboldt den hessischen Großherzog und den inzwischen für die Darmstädter Außenpolitik verantwortlichen Geheimen Referendär Lichtenberg um die endgültige Verabschiedung aus dem großherzoglichen Dienst[27].

Für die Biographen sind die Gesandten-Jahre in Rom eine bedeutsame, vielleicht „die wichtigste Epoche im Leben Humboldts", Jahre der Sammlung, der Reife, deren Erfahrungen die Grundlage für das spätere Wirken des Kulturpolitikers und Diplomaten Humboldt bildeten.

---

[21] H. v. Hülsen, J. Rast, Rom. Führer durch die ewige Stadt, 1960, S. 290f.
[22] Brief vom 16. Dez. 1807, Goethes Briefwechsel..., hrsg. L. Geiger, S. 200 ff; Leben und Wirken, hrsg. R. Freese, S. 449.
[23] Briefwechsel zwischen Schiller und W. v. Humboldt, hrsg. A. Leitzmann, S. 325 ff; W. v. Humboldts Briefe an Chr. Gottfried Körner, hrsg. Ders., 1940 S. 68–71; Leben und Wirken, hrsg. R. Freese, S. 437.
[24] Siehe **108** mit Anm. 4, **111** mit Anm. 1/2, **148** und **149**.
[25] Brief vom 27. Mai 1807, vgl. F. Schaffstein, W. v. Humboldt, S. 177.
[26] Brief vom 23. Juli 1806, vgl. Leben und Wirken, hrsg. R. Freese, S. 445.
[27] Siehe **155f**.

Einleitung

2. Italien und der Mittelmeerraum im Zeichen Napoleon Bonapartes

Was den deutschen Besucher an Rom faszinierte, hatte wenig mit der politischen Realität Italiens zu tun, die auch Humboldt im privaten Briefwechsel eher beiläufig als „Widerwärtigkeit" abtat. Die politische Landkarte Italiens war im 18. Jahrhundert nicht ganz so bunt wie die deutsche, doch wurden große Teile des Landes von letztlich landfremden Dynastien beherrscht. Das galt für die spanischen Bourbonen im Königreich Neapel-Sizilien, die auch in den vereinigten Herzogtümern Parma, Piacenza und Guastalla regierten, galt für die österreichischen Habsburger in Mailand und Mantua, denen seit 1737 auch die Toskana, dazu die Anwartschaft auf das Este-Erbe in Modena gehörten. Die einst so mächtige Handelsrepublik Venedig hatte ihre Glanzzeiten hinter sich. Der päpstliche Kirchenstaat, zweitgrößter Flächenstaat der Halbinsel, zeigte ähnliche Verfallssymptome wie manche der geistlichen Staaten in Deutschland. Selbständige Staaten waren auch die Republiken Genua und Lucca, sowie das Fürstentum Piombino. Das savoyische Königreich Piemont-Sardinien stand an der seit Jahrhunderten umstrittenen Grenze seit 1792 als Mitglied der Koalition im offenen Kampf mit dem revolutionären Frankreich, dessen jakobinische Ideen durch die sogenannten „Patrioten" auch die übrigen Staaten Italiens verunsicherten[28].

Mit den Siegen der französischen Italien-Armee unter dem jugendlichen General Bonaparte im Frühjahr 1796 begannen die beiden Jahrzehnte, in denen Napoleon und die Napoleoniden die Geschicke Italiens bestimmt haben. Italien und der Mittelmeerraum waren dem Korsen Napoleon nicht nur militärisch, machtpolitisch, sondern auch ganz persönlich-emotionell näher und wichtiger als das später im Rheinbund organisierte Deutschland. Die erste Phase, das jakobinisch-revolutionäre „Triennio", schuf im Schutz der französischen Waffen Ende 1796 aus den im Friedensvertrag von Tolentino abgetretenen päpstlichen Legationen Bologna, Ferrara und Reggio Emilia samt Modena die „Cispadanische Republik", die erstmals die grün-weiß-rote Trikolore des heutigen Italien führte. Schon vor dem endgültigen Friedensschluß von Campo Formio, der Venezien an die unterlegenen Österreicher gab, folgten im Sommer 1797 die „Cisalpine Republik" in Mailand, mit der man die „Cispadana" vereinigte, und die „Ligurische Republik" in Genua. Aus dem im Februar 1798 besetzten Kirchenstaat wurde dann eine „Römische", aus Neapel, dessen König sich unvorsichtig in den Krieg eingeschaltet hatte, ein Jahr später die „Parthenopäische Repu-

---

[28] Vgl. hierzu und zum folgenden einführend E. R. ROSEN, Italien im französischen Zeitalter, in: Handbuch der europ. Geschichte, hrsg. TH. SCHIEDER, Bd. 5, 1981, S. 778–827; R. LILL, Geschichte Italiens in der Neuzeit, 1986, S. 62–90; dazu die ausführlicheren Darstellungen von A. FUGIER, Napoleon et l'Italie, Paris 1947; ital. Ausgabe: Napoleone et l'Italia, hrsg. R. CIAMPINI, Rom 1970; C. CAPRA, L'etá rivoluzionaria e napoleonica in Italia, 1796–1815, Rom 1978; P. VILLANI, Italia napoleonica, Rom 1978.

Einleitung

blik". Kurzfristig wurde im März 1799 auch die Toskana „republikanisiert". Dann rückten österreichisch-russische Koalitionstruppen unter General Suworow in Norditalien ein, während die von Kardinal Fabrizio Ruffo geführte Bauernmiliz der „Armata cattolica" mit englischer Unterstützung die neapolitanische Republikanerherrschaft stürzte.

Erneute Erfolge des nach der Rückkehr aus Ägypten als Konsul in die Staatsspitze berufenen Napoleon erzwangen Anfang 1801 den Frieden von Lunéville, der die französische Machtstellung in Norditalien bestätigte und verstärkte. Das seit Jahren besetzte Piemont, Parma, Piombino wurden formell annektiert. Napoleon selbst wurde im Januar 1802 Präsident der durch Umwandlung der Cisalpina neugeschaffenen „Italienischen Republik". Das restituierte Bourbonenkönigtum in Neapel blieb zunächst bestehen. Für die aus Parma vertriebene spanische Sekundogenitur wurde mit dem Vertrag von Aranjuez aus der von Österreich abgetretenen Toskana ein neues Satelliten-Königreich „Etrurien" gezimmert. Der als Nachfolger des im Exil verstorbenen Pius VI. neugewählte Papst Pius VII. sicherte durch das im Sommer 1801 geschlossene Konkordat mit Frankreich das vorläufige Fortbestehen des Kirchenstaats.

Als Napoleon 1804 vom Konsul auf Lebenszeit zum Kaiser der Franzosen avancierte, eine ganz bewußt auf die Tradition des Imperium Romanum zielende Rangerhöhung, der Pius VII. mit der feierlichen Krönung in Paris den kirchlichen Segen gab, war die Staatsform der Republik auch für Italien überholt. Der Kaiser selbst setzte sich am 26. Mai 1805 in Mailand die Eiserne Krone der Lombarden auf, auch hier in der Nachfolge des großen Vorgängers Charlemagne; ständiger Vertreter im nunmehrigen Königreich Italien wurde der mit einer Bayernprinzessin verheiratete Stief- und Adoptivsohn Eugène Beauharnais. Aus Piombino und Lucca, die den Zugang zur Heimatinsel Korsika sicherten, wurde ein Doppelfürstentum für die älteste Napoleon-Schwester Elisa und ihren korsischen Ehemann Pasquale Baciocchi, deren Regierung vor allem Lucca zu einem neuen kulturellen Mittelpunkt werden ließ[29]. Schwester Paolina erhielt das Teilherzogtum Guastalla, einen Gewinn, den ihr zweiter Mann, Fürst Camillo Borghese, durch den Verkauf an das italienische Königreich gegen künftige Wechselfälle absicherte. Dem Königreich fiel im Folgejahr auch Venetien zu, mit dessen Abtretung Österreich die Niederlage von Austerlitz bezahlen mußte. Frankreich behielt sich allerdings die strategisch wichtigen Dalmatiner Küstenländer vor, mit denen die bis dato selbständige Republik Ragusa/Dubrovnik vereint werden sollte. Von Frankreich unmittelbar verwaltete Departements wurden auch Parma/Piacenza und die Genueser Republik,

---

[29] Vgl. dazu die neueren Darstellungen von M. TAVERA, Elisa Bonaparte Baciocchi, Principessa di Piombino, Florenz 1982; E. LAZZARESCHI, Elisa Bonaparte Baciocchi, Lucca 1983; sowie den reich illustrierten Ausstellungskatalog Il Principato Napoleonico dei Baciocchi (1805–1814). Riforma dello stato e società, Lucca 1984.

Einleitung

deren Führung nach der Mailänder Krönung das geforderte Annektionsersuchen gestellt hatte. Zur Jahreswende 1805/06 hatten zu guter Letzt die sizilianischen Bourbonen nach kurzem Waffengang aus dem Festlandsteil ihres Königreichs weichen müssen. Neuer König von Neapel wurde am 30. März 1806 Napoleons ältester Bruder Joseph Bonaparte.

Einziger wirklicher Gegner im Mittelmeerraum blieben die Engländer, die englische Flotte, die schon das Ägypten-Unternehmen so nachhaltig gestört, bald darauf das zunächst französisch okkupierte Malta besetzt hatte. Die in der Schlacht vor Kap Trafalgar am 21. Oktober 1805 eindeutig manifestierte britische Seeherrschaft sicherte die Savoyer auf Sardinien, die Bourbonen auf Sizilien, stützte mit gelegentlichen Landungsunternehmen auch den latenten Widerstand der kalabrischen Briganten, denen die französischen Truppen nur schwer beikommen konnten. Die zeitweilige Zusammenarbeit der Briten mit den Russen, die sich 1799/1800 auf Korfu, in der unter ihrer Schutzherrschaft errichteten Sieben-Insel-Republik der ionischen Inseln etabliert hatten, endete mit dem Frieden von Tilsit, in dem der Zar auch Ragusa und Kotor/Cattaro endgültig preisgeben mußte.

Die Entschlossenheit Napoleons, die seit dem Sommer 1805 schrittweise aufgebaute Kontinentalsperre gegen England voll durchzusetzen, mußte zum erneuten Konflikt mit dem Kirchenstaat führen, der, so wie anfangs auch Etrurien, auf seiner Neutralität beharrte. Seit Mai 1806 waren Civitavecchia und die päpstlichen Häfen an der Adria, insbesondere Ancona, von französischen Truppen besetzt. Im Herbst 1807 folgte die Besetzung Livornos und die Übernahme der Regierungsgewalt in den Marken. Im Frühjahr 1808 wurden auch Rom und die verbliebenen päpstlichen Provinzen besetzt. Die in Florenz für ihren minderjährigen Sohn regierende Königin-Witwe wurde mit der vagen Versprechung auf Entschädigung in Portugal zum Verzicht auf den Thron von Etrurien gezwungen. Auch die Toskana war hinfort französisch; der Elisa Baciocchi verliehene Großherzogstitel war bloße Formsache, so wie die lehnsweise Vergabe der Herzogstitel von Parma und Piacenza an Napoleons ehemalige Mit-Konsuln Cambacères und Lebrun. In Neapel wurde der nach Spanien berufene Bruder Joseph im Sommer 1808 durch den Schwager Joachim Murat ersetzt, der zuvor, zumindest nominell, als Großherzog von Berg in Düsseldorf regiert, de facto aber die französischen Truppen in Spanien kommandiert hatte[30].

Schon mit der formalen Abtrennung der Marken mit Ancona und Urbino, die dem Königreich Italien zugeschlagen wurden, hatte Napoleon am 2. April 1808 die Schenkung „unseres erlauchten Vorfahren Karl des Großen" feierlich widerrufen, da der Papst mit seiner Weigerung, gemeinsam mit den Königreichen Neapel und Italien in den Krieg gegen England einzutreten, angeblich den „Feinden unserer Heiligen Religion" zuarbei-

---

[30] Vgl. dazu die Monographie von A. VALENTE, Gioacchino Murat et l'Italia meridionale, Turin ²1965.

tete[31]. Am 17. Mai 1809, nach seinem erneuten Sieg über Österreich, verfügte der Kaiser im Feldlager vor Wien die Annektion der noch verbliebenen päpstlichen Territorien, die Erklärung Roms zur „Freien Reichsstadt" von Frankreichs Gnaden. Wenige Wochen später wurden der Papst und sein letzter Kardinalstaatssekretär verhaftet und abtransportiert. Krönender Abschluß des napoleonischen Italien war die im Februar 1810 verkündete Ernennung des neugeborenen Thronfolgers, Enkel des letzten römischen Kaisers Franz, zum „König von Rom".

Der Ministerresident und Gesandte von Humboldt in Rom war an den zeitweilig recht turbulenten Veränderungen des italienischen Staatengefüges lediglich beobachtend beteiligt. Er sammelte und übermittelte die ihm zugänglichen Nachrichten, gelegentlich auch Spekulationen, wie sie etwa um die Person des seit 1804 im selbstgewählten Exil in Rom lebenden Napoleon-Bruders Lucien kreisten. Seine Berichte reflektieren über die großen Militär- und Staatsaktionen hinaus gelegentlich auch die unauffälligeren rechtlich-administrativen Veränderungen der napoleonischen Herrschaft, Dinge wie die Abschaffung der Klöster und die Einführung des Code Napoléon, die zum Teil über die vom Wiener Kongreß unter Humboldts Mitwirkung beschlossene Restauration der alten Herrschaftsverhältnisse hinauswirkten. Im Rückblick der italienischen Geschichtsschreibung wurde die napoleonische Epoche zum Vorspiel des Risorgimento, der italienischen Einigungsbewegung des 19. Jahrhunderts.

3. Die „Angelegenheiten der neuen katholischen Lande"

Die vorrangigen Aufgaben Wilhelm v. Humboldts in Rom lagen eindeutig im kirchlichen Bereich. „Da die wegen Meiner neuen catholischen Lande mit dem Päbstlichen Hofe zu verhandelnden Angelegenheiten die Anstellung eines eigenen Geschäftsführers zu Rom durchaus nöthig machen ...", begründete der Darmstädter Landgraf am 28. Juni 1803 die Ernennung des Residenten. Für Preußen hatten sich die entsprechenden Probleme schon einige Jahre zuvor, mit dem Neuzugang vorwiegend katholischer Gebiete aus den polnischen Teilungen gestellt. In der seit den Tagen Landgraf Philipps des Großmütigen praktisch rein lutherischen Landgrafschaft Hessen-Darmstadt gab es zwar seit den 1780er Jahren erste Verfügungen zur Tolerierung katholischer Gottesdienste. Doch erst Ende 1802, mit der vorzeitigen Inbesitznahme der aufgrund des Reichsdeputationshauptschlusses „acquirierten" Entschädigungslande, hatte man in größerem Umfang „katholische Untertanen" erworben, über 180.000, d. h. mehr als 40 Prozent der nunmehrigen Gesamtbevölkerung des Staates. Etwa 40.000 Katho-

---

[31] Siehe unten **137** mit Anm. 1.

4 Karte von Italien mit Widmung an General Napoleon Bonaparte, 1797/98.

5 Die Piazza del Populo in Rom am Tag der Proklamation der Römischen Republik, 1798.

Einleitung

liken entfielen auf die neugeschaffene Südprovinz Starkenburg, der überwiegende Teil auf das bisher kurkölnische Herzogtum Westfalen[32].
Erstes und vordringlichstes Problem war die Bistumsfrage. Für die vor 1800 in protestantischen Territorien lebenden Katholiken gab es nach den Regelungen des Westfälischen Friedens keinerlei bischöfliche Gerichtsbarkeit. Die neuen Gebiete Hessen-Darmstadts gehörten zu vier verschiedenen Diözesen, die südhessischen zu Mainz und Worms, deren Fortbestand durch die französische Annektion des linken Rheinufers in Frage gestellt war, die westfälischen zu Paderborn und Münster. So wie man eine neue, landeseinheitliche Rechts- und Verwaltungsorganisation anstrebte, sollte – darin waren sich die Verantwortlichen in Hessen rasch einig – auch ein für den Gesamtbereich der Landgrafschaft zuständiges Landesbistum geschaffen werden. Nachdem man zunächst an das westfälische Arnsberg gedacht hatte, optierte das Darmstädter Ministerium im Frühjahr 1805 für ein mit den vorhandenen Abteigebäuden kostengünstig einzurichtendes Bistum Seligenstadt, während der Landgraf den Bischofssitz am liebsten in seiner Residenz Darmstadt haben wollte, in der es damals nicht einmal eine katholische Kirche gab[33]. Die vor allem in Südhessen für ein Bistum kaum ausreichende Anzahl katholischer Kirchenglieder sollte durch Hinzunahme kleinerer Nachbarstaaten, der fürstlich und gräflich Leiningen'schen Gebiete und anderer Wetterau-Territorien, in Westfalen evt. des Herzogtums Aremberg, arrondiert werden, eine Frage, die sich mit der Mediatisierung der standesherrlichen Gebiete 1806 von selbst erledigte.

Wichtiger als die Standortfrage war die Entscheidung über das für die notwendige Neuordnung einzuschlagende Verfahren. Ziel der päpstlichen Kurie war eine Gesamtregelung im Rahmen eines mit Kaiser und Reich abzuschließenden Reichskonkordats, über das am Sitz des Regensburger Reichstags verhandelt werden sollte, eine Lösung, für die sich vor allem der Kurerzkanzler und künftige Fürstprimas Karl Theodor v. Dalberg mit Nachdruck eingesetzt hat. Nicht nur Preußen und die protestantisch regierten Staaten Süddeutschlands, auch Bayern stellten sich gegen diese Reichskonkordatspläne, von denen sie eine unzumutbare Beschränkung ihrer Souveränitätsrechte fürchteten. Die Beratung eines vom kaiserlichen Referendar Peter Frh. v. Frank in der Reichskanzlei ausgearbeiteten Entwurfs in den Wiener Konferenzen des Jahres 1804 brachte keine Einigung. Auch Dalbergs Hoffnung, mit Napoleons Unterstützung auf der Grundlage eines in seinem Auftrag überarbeiteten Konzepts im Rahmen der Pariser Kaiserkrönung eine unmittelbare Einigung mit dem Papst zu erwirken, wurde ent-

---

[32] Vgl. K. WALTER, Hessen-Darmstadt und die katholische Kirche in der Zeit von 1803 bis 1830. Entstehungsgeschichte der Diözese Mainz (Quellen und Forschungen zur hess. Gesch. 14), 1933, S. 6, 34 f.
[33] StAD E 5 B 1 Nr. 3/3 fol. 138–154; vgl. WALTER, Hessen-Darmstadt und die katholische Kirche, S. 35–38, 107–116.

täuscht[34]. Dalberg erreichte zwar, daß ihm mit der 1805 von der Kurie genehmigten Verlegung seines Erzbischofssitzes nach Regensburg die geistliche Administration aller nichtpreußischen Gebiete der ehemaligen Kirchenprovinzen Köln, Mainz und Trier rechts des Rheins übertragen wurde, kam aber mit seinen Konkordatsplänen auch nach der Übertragung auf die Ebene des 1806 geschaffenen Rheinbundes nicht weiter.

Einzelne Länder, Bayern vor allem, aber auch Württemberg, bemühten sich in direkten Verhandlungen mit Rom um den Abschluß von Landeskonkordaten, eine Lösung, von der Humboldt, hier durchaus in Übereinstimmung mit der Berliner Haltung, gegenüber dem Darmstädter Ministerium nachdrücklich abriet, da jede Konkordatsregelung den Handlungsspielraum der Regierung gegenüber der Kirche begrenze[35]. Anzustreben wäre eine auf die Bistumsfrage begrenzte Vereinbarung, in der die Ernennung des Bischofs durch den Landesherrn, seine Unterstellung unter die Landesregierung klar geregelt sein müßten. An der Kurie wurden Humboldts Vorstellungen über ein hessisches Landesbistum zwar grundsätzlich wohlwollend kommentiert, letztlich aber zugunsten der Bemühungen um eine übergreifende Konkordatslösung zurückgestellt[36]. Endgültig geklärt wurde die hessische Bistumsfrage dann erst mit der erstmaligen Besetzung des neugeschaffenen Bistums Mainz im Januar 1830.

Unabhängig von den offengebliebenen Konkordats- und Bistumsproblemen verlief die Abwicklung konkreter Einzelfälle, in denen das katholische Kirchenrecht die Einschaltung der Kurie erforderlich machte. Hier hatte Humboldt das von Haugwitz empfohlene Verfahren auch für Hessen durchgesetzt. „Alle zur Entscheidung des päpstlichen Stuhls gehörigen Sachen", so hatte Lichtenberg im Februar 1803 über sein Gespräch mit dem preußischen Staatsminister berichtet, müßten von den geistlichen Landesbehörden bei der Regierung vorgelegt und von dieser dem Geschäftsträger in Rom zugestellt werden, der auch allein für die Übermittlung entsprechender Entscheidungen der Kurie zuständig sein sollte[37]. Dem entsprach die in Zusammenhang mit der formellen Akkreditierung Humboldts ausgestellte landgräfliche Instruktion vom 31. August 1804[38]. Der größere Teil der konkreten Geschäfte Humboldts betraf die Weiterleitung und Vertretung von Dispensations-Gesuchen, vor allem für Verwandtenehen, bei denen er

---

[34] H. BASTGEN, Dalbergs und Napoleons Kirchenpolitik in Deutschland (Veröff. der Sektion für Rechts- und Sozialwiss. der Görres-Gesellschaft 30), 1917, S. 76–81; auch WALTER, a. a. O., S. 12–25; dazu Humboldts Berichte, unten **24** und **49**.
[35] Vgl. Humboldts Promemoria **4 b**.
[36] Vgl. Humboldts Berichte **4 c, 6, 30** und **46**.
[37] Vgl. Lichtenbergs in Anm. 7 zitierten Gesandtschaftsbericht 12/1803, StAD E 1 M Nr. 89/4.
[38] StAD E 5 B 1 Nr. 2/2 fol. 140–155; Abdruck bei WALTER, Hessen-Darmstadt und die kath. Kirche, S. 104–107; dazu unten **25** mit Anm. 1.

gegenüber der Datarie auch die zunächst strittige gebührenfreie Bearbeitung durchsetzen konnte[39].

4. Humboldts römische Berichte und ihre Überlieferung

Die sehr detaillierte Instruktion des preußischen Kabinettsministeriums für Humboldts Tätigkeit in Rom, die ihm rechtzeitig vor der Abreise im Herbst 1802 zugestellt wurde, verpflichtete den neuernannten Residenten, über die konkreten Aufgaben gegenüber „dem römischen Hofe" hinaus, zu sorgfältiger Beobachtung nicht nur der kirchlichen, sondern auch der allgemeinen, politischen und geistig-kulturellen Entwicklung in Italien, über die er periodisch Bericht erstatten sollte:

> „Einem Manne, der wie Ihr bei der genauesten Aufmerksamkeit auf das Detail der einzelnen Aufträge, welche ihm zugehen werden, einen forschenden allgemeinen Blick auf das Ganze zu richten und mit historischen Kenntnissen und philosophischem Scharfsinne in dasselbe dringen wird, wollen Wir auch, wie hiermit geschiehet, den Auftrag ertheilen, den Gang der Angelegenheiten der katholischen Kirche im Allgemeinen, insbesondere in Italien, das System des römischen Hofes als einer hierarchischen Macht, und das Treiben und die Bewegungen der Exjesuiten zu beobachten. Ihr habt über diesen Gegenstand von Zeit zu Zeit, besonders bei erheblichen Veranlassungen, anhero, und zwar nach Euren Befinden en chiffres, zu berichten".

Unter den „wichtigen Gegenständen Eurer Beobachtung" wurden auch „die Fortschritte des Geistes der Zeit und dessen, was von demselben gut und was von ihm nicht gut ist, ferner die Fortschritte der Aufklärung, der Philosophie, der Wissenschaften" aufgezählt[40].

In der erst relativ spät ergangenen, sehr viel knapper gefaßten Darmstädter Instruktion ist von einer Berichtspflicht nicht die Rede[41]. Obwohl „das Hauptgeschäft" der römischen Residentur, dies im Unterschied zu anderen Gesandtschaften, „weniger in einer fortlaufenden Berichterstattung, als in Besorgung sehr verschiedener einzelner Angelegenheiten besteht" – so Humboldt in einem Brief an Schnauber Ende 1803 – hatte er damals von sich aus begonnen, nach dem aus Darmstadt übermittelten Formular der hessischen Diplomatie in mehrwöchigen Abständen Lageberichte einzusenden, die sich zunächst auf kirchenpolitische Themen

---

[39] Siehe u. a. unten **44, 50** und **56**; dazu die Spesenabrechnungen, **69** mit Anm. 3, **107a** mit Anm. 3, **121a** mit Anm. 1, sowie **143** mit Anm. 3.

[40] Vgl. GRANIER, Kath. Kirche 8, S. 630–645 (Nr. 473), hier S. 637; dazu GEBHARDT, Humboldt und die Anfänge der preuß. Gesandtschaft, S. 372. – Konzipient für diesen Teil der Instruktion war Geh. Legationsrat Karl Georg v. Raumer, nachmals erster Direktor der preußischen Staatsarchive.

[41] Siehe oben, Anm. 38.

Einleitung

beschränkten[42]. Erst ab Sommer 1804, nachdem der als Versuchsballon lancierte Bericht über die diplomatischen Verwicklungen um die Verhaftung des französisch-russischen Agenten Vernègues in Darmstadt mit „besonderem Wohlgefallen" quittiert worden war, hat er der Antwort-Anweisung entsprechend in künftig allwöchentlich, gelegentlich auch 14tägig erstatteten Berichten alle in Rom greifbaren „Nachrichten" über „wichtige, zum allgemeinen europäischen Interesse sich eignende politische Vorfälle" zusammengefaßt[43]. Bei der im Reskript vom 26. März 1805 übermittelten Bitte, der Resident möge künftig auch „merkwürdige Gegenstände aus dem Gebiete der Kunst" in seine Berichterstattung einbeziehen, mag Landgraf Ludwigs Kabinettssekretär Ernst Schleiermacher seine Hand im Spiel gehabt haben[44]. Humboldt hat in den Folgeberichten ausführlich über die bildhauerische Arbeit Canovas, das Konkordatsgemälde John Wicars und die von Napoleon gestiftete neue Papst-Tiara, auch über archäologische Ausgrabungen berichtet. Später geriet die Kunst gegenüber den sich überstürzenden politisch-militärischen Entwicklungen etwas ins Hintertreffen[45].

Humboldts Vorschlag, die zur Vorlage an den Landgrafen bestimmten allgemeinen Berichte, so wie dies auch in der preußischen Gesandtschaftskorrespondenz üblich war, jahrgangsweise zu numerieren, davon aber die Einzelberichte über routinemäßig bearbeitete Geschäftsvorfälle, d. h. vor allem die Dispenssachen, auszunehmen, wurde gebilligt[46]. Das hier praktizierte Verfahren wurde auf Anweisung des hessischen Außen-Departements an die Gesandtschaften in Berlin, Paris, Regensburg und Rom vom 9. Januar 1805 auf die gesamte Berichterstattung in Kirchensachen ausgedehnt, um das bis dahin übliche Extrahieren der einschlägigen Passagen für das hier zuständige Departement des Innern zu vermeiden. Die künftig gesondert erstatteten Berichte in Kirchensachen blieben infolgedessen unnumeriert[47]. Die grundsätzlich ohne Kurialien, lediglich mit der Überschrift „Unterthänigster Bericht" und Namensunterschrift erstatteten Berichte sind auf Aktenpapier im Folioformat geschrieben, während für „Privatdienstschreiben" an Minister oder Referent, auch für die an den Fürsten gerichteten Glückwünsche zum Neuen Jahr oder zur Großherzogserhebung Quartbriefbogen benutzt wurden.

---

[42] Vgl. den Bericht an Schnauber vom 24. Dez. 1803, unter **7,** sowie die Berichte 1/1803 und 1–2/1804, **8, 10** und **11;** zur Form der Berichte Schnaubers zuerst verlorenes Schreiben vom 25. Aug., das Humboldt erst mit dem Folgeschreiben vom 4. Nov. 1803 erreichte, StAD E 5 B 1 Nr. 22 fol. 63, 100.
[43] Siehe Bericht 3/1804, unten **12,** und den Folgebericht **13** mit dem in Anm. 1 zitierten Dekret vom 29. Mai 1804.
[44] Vgl. Humboldts Bericht 9/1805 vom 8. Mai, unten **39,** mit dem in Anm. 1 zitierten landgräfl. Schreiben vom 26. März.
[45] Berichte „aus dem Gebiete der Kunst" insbes. **41–43, 47, 55, 114.**
[46] Vgl. das bereits zitierte Schreiben vom 24. Dez. 1803, unten **7.**
[47] Siehe **33** mit Anm. 1, dazu die der Anweisung entsprechend nicht numerierten Berichte in Kirchensachen, **44, 46, 49** u. a.

Einleitung

Humboldts römische Residentur war ein Ein-Mann-Betrieb. Es gab keinerlei zusätzliches Personal, keinen Legationssekretär, keine Aufwandsentschädigung für Kanzleikosten. Lediglich die Portoauslagen wurden erstattet. Über den Zeitaufwand für „die weitläufige Geschäftskorrespondenz" hat er wiederholt geklagt. „Die politische Korrespondenz, wenn sie auch nur ein Berichten von Neuigkeiten ist, will auch besorgt sein, und da ich chiffrieren, dechiffrieren, abschreiben alles selbst besorgen muß, so gehört ... eine gewisse Arbeitsamkeit und Ordnung dazu, um fertigzuwerden und sich Freiheit nebenher zu verschaffen", schrieb er im Oktober 1803 an Schiller[48]. Tatsächlich sind alle erhaltenen Berichte und Anschreiben, auch die überlieferten Konzepte und die meisten der als Anlage beigefügten Kopien von Humboldt selbst geschrieben. Eine Ausnahme bilden die Konzepte der Darmstädter Berichte 1804/1 und 2, deren Schreiber nicht identifiziert werden konnte[49]. Mit der Umstellung auf allgemeinere politische Berichterstattung im Mai 1804 bricht die Konzeptüberlieferung ab. Vermutlich hat Humboldt die für Darmstadt bestimmten, deutsch abgefaßten Berichte seitdem ohne gesondertes Konzept unmittelbar aufgrund der zumeist inhaltsgleichen französischen Berichte nach Berlin geschrieben. Die nicht seltenen Verbesserungen, Streichungen und Überschreibungen in den Folgeberichten sprechen ebenso für diesen Ansatz wie die gelegentlichen Konzepte oder auch Teilabschriften des Humboldt-Nachlasses für hessische Spezialberichte in Kirchenfragen[50]. Im Gegensatz zu den Berliner Berichten sind die für Darmstadt bestimmten Berichte grundsätzlich unchiffriert. Bei den vor allem im letzten Berichtsjahr häufigeren Beilagen von fremder Hand dürfte es sich um bezahlte Schreiberkopien oder auch von der päpstlichen Kanzlei zur Verfügung gestellte Abschriften handeln.

Die Diplomatenpost aus Rom wurde offenbar mit einem gemeinschaftlichen Kurierpostdienst befördert[51]. „Posttage" waren nach den Berichtsdaten zunächst, bis Herbst 1804, grundsätzlich der Samstag, ausnahmsweise wohl auch Sonntag, später Mittwoch und Samstag. Die Post nach Darmstadt brauchte im günstigsten Fall knapp zwei, häufig auch drei Wochen, manchmal einen ganzen Monat. Die Präsentationsvermerke des Departements der auswärtigen Angelegenheiten sind hier allerdings nur bedingt beweiskräftig, da sie erst nach der Vorlage im fürstlichen Kabinett aufgebracht wurden; dort konnten Briefe durchaus einmal liegenbleiben, wie dies Land-

---

[48] Briefwechsel zwischen Schiller und W. v. Humboldt, hrsg. A. LEITZMANN, 1900, S. 305–318; vgl. Leben und Wirken, hrsg. R. FREESE, S. 391; dazu ebd. S. 379.

[49] Siehe **10, 11**; vgl. auch **30**. Möglicherweise handelt es sich auch hier, trotz leichter Textabweichungen, nicht um echte Konzepte, sondern um als Exempla gefertigte Kopien, wie dies durch den Randvermerk auf dem Konzept-Auszug des Berichts 2/1805 belegt ist; siehe **3** mit Anm. a.

[50] Vgl. außer **30** und **31** auch **33, 46** und **49**.

[51] Eine Postbeförderung über den kurbayerischen Gesandten erwähnt Humboldt in einem Brief an den Erbprinzen Georg von Mecklenburg-Strelitz am 25. Aug. 1804, HGS 16 S. 33 (Nr. 50).

6 Blick von der Villa Malta auf Rom mit der Peterskirche.

7 Der sogenannte „protestantische Friedhof" an der Cestius-Pyramide.

Einleitung

graf Ludwig zu Humboldts erstem Kunst-Bericht vom 1. Juni 1805 ausdrücklich vermerkt hat[52]. Das Kriegsgeschehen im Spätjahr 1805 hat zwar einzelne Kurierverbindungen gestört, den Postlauf nach Deutschland aber nicht maßgeblich beeinflußt[53]. Die Unterbrechung der Humboldt'schen Berichterstattung von Oktober 1806 bis zum Eintreffen der Nachricht vom Friedensschluß in Tilsit Anfang August 1807 hatte politische Gründe, da sich politische Berichte des vorrangig doch preußischen Gesandten Humboldt an die mit Frankreich verbündete Regierung in Darmstadt während der Dauer des französisch-preußischen Krieges aus seiner Sicht verboten, eine Entscheidung, die das Darmstädter Ministerium nachträglich ausdrücklich gebilligt hat[54].

Die regulären, numerierten Berichte Humboldts nach Darmstadt sind mit Ausnahme des nicht ermittelten Berichtes 1/1805 vollständig erhalten. Sie liegen zumeist, seit der Abtrennung der Berichterstattung in Kirchensachen praktisch vollständig in der Aktenabteilung E 1 M Auswärtige Beziehungen/Gesandtschaften des Hessischen Staatsarchivs Darmstadt, StAD E 1 M Nr. 93/2 (Jahrgang 1803/04) bis E 1 M Nr. 93/6 (Jahrgang 1808). Ein Teil der frühen Berichte wie die letzten Berichte und Korrespondenzen zur Aufgabe des römischen Postens finden sich in der im Zuge der Pertinenzordnung des 19. Jahrhunderts zur Kirchenabteilung gelegten Sachakte des Auswärtigen Departements, Abt. E 5 B 1 Nr. 2/2[55]. Einzelne Berichte in Kirchensachen und eine Reihe von Berichtsauszügen stecken in den ebd. verwahrten Kirchenakten des Innen-Departements, insbes. in E 5 B 1 Nr. 3/3, 3/4 und 3/5[56]. Die zumeist kurzen Berichte zu einzelnen Dispensationssachen kamen zu den dazu angelegten Einzelakten, die, soweit sie die Provinz Westfalen betrafen, nach 1815 dorthin abgegeben wurden[57]. Die erhaltenen Konzepte Humboldts liegen im Verband seiner preußischen Residentur-Akten im Zentralen Staatsarchiv der DDR/Historische Abteilung II in Merseburg unter Sign. ZStADDR Rep. 81 Rom I C 23. Nur dort überliefert ist ein Teil der in Darmstadt fehlenden Privatdienstschreiben an Staatsminister von Barckhaus-Wiesenhütten und Generalkassendirektor Zimmermann[58]. In den Beständen des vormaligen Preußischen Geheimen Staatsarchivs in der Historischen Abt. II des Zentralarchivs in Merseburg

---

[52] Siehe **41** mit Anm. 1; auch **64** mit Anm. a. Die am 11. Febr. und 17. März 1804 geschriebenen Berichte, **10** und **11**, wurden ohne erkennbare Begründung erst am 27. August präsentiert.

[53] Vgl. u. a. **62, 63** und **65**.

[54] Vgl. Bericht 1/1807 vom 8. Aug. und das bestätigende Reskript vom 31. Aug. 1807, **105** mit Anm. 1.

[55] Siehe **2–4a, 5–7, 10f, 14** und **26f**, sowie **105f, 152–158**.

[56] Vgl. u. a. **4b** und **25**, sowie die in Anm. 50 genannten Berichte.

[57] Für die in StAD E 5 B 2 Nr. 12 verwahrten Akten vgl. **44, 50, 56** sowie **69** Anm. 1 und 3, **107a** Anm. 3, **121a** Anm. 1 und **143** Anm. 3. – Nach Auskunft des Nordrhein-Westfälischen Staatsarchivs Münster sind die seinerzeit abgegebenen Vorgänge in der dortigen Abt. Behörden der Übergangszeit/Ghzt. Hessen nicht nachweisbar.

[58] Siehe **1, 69, 87a, 98, 104, 104a, 107a, 121a**.

Einleitung

lagern, auf verschiedene Bestände verteilt, auch die nach Berlin geschriebenen Berichte Humboldts. Die Berichte an den Fürsten von Oranien-Fulda, die im Gegensatz zu den Berliner und Darmstädter Berichten nur ausnahmsweise politisch-militärische Informationen allgemeinerer Art enthalten, liegen im Best. 97 a/b Oranien-Fulda des Hessischen Staatsarchivs Marburg, Konzepte dazu z. T. ebenfalls in Merseburg. Zu einer umfassenden Darstellung der Tätigkeit Humboldts in Rom wäre außerdem die Aktenüberlieferung des Staatssekretariats im Vatikanischen Geheimarchiv (Archivio Segreto Vaticano) heranzuziehen. Die gesamte diplomatische und persönliche Korrespondenz Humboldts aus den römischen Jahren ist vollständig nachgewiesen in dem von Philip Mattson für das Wilhelm-von-Humboldt Briefarchiv in Heidelberg erstellten „Verzeichnis des Briefwechsels Wilhelm von Humboldts", das allerdings für die Darmstädter Bestände teilweise in der Zwischenzeit überholte Signaturen bringt[59].

5. Zur Anlage der Edition

Die Darmstädter Humboldt-Berichte waren zwar in der Forschung bekannt. Veröffentlicht waren jedoch bisher nur einige, wenige Auszüge[60]. Aus der preußischen Berichterstattung im Merseburger Bestand sind lediglich die Berichte in Kirchenangelegenheiten für die Jahre bis 1807 in Herman Graniers Publikation über „Preußen und die Katholische Kirche" bearbeitet worden, wobei die Texte teilweise verkürzt, teilweise nur in Regestenform publiziert wurden[61]. Von den sonstigen Berichten gibt es bloß einige Kostproben in den „Gesammelten Schriften"[62].

Da mit der von Philip Mattson seinerzeit anvisierten, umfassenden Neuausgabe der Humboldt-Briefe in absehbarer Zukunft wohl nicht mehr zu rechnen ist, sah die Hessische Historische Kommission Darmstadt in der Veröffentlichung der in Darmstadt verwahrten, in sich geschlossenen Humboldt-Überlieferung eine reizvolle Aufgabe. Ein Vorzug dieser Darmstädter Überlieferung gegenüber den zumindest in Teilen inhaltlich übereinstimmenden Berliner Berichten ist ihre deutschsprachige Fassung, die

---

[59] Vgl. MATTSON, Verzeichnis Bd. 1, 1980, Nr. 773–1940, S. 77–168. – Für Oranien-Fulda hat Archivoberrat Dr. W. Moritz im Staatsarchiv Marburg noch 17 zusätzliche, bei MATTSON nicht erfaßte Berichte ermittelt; für Einzelnachträge u. a. **4 a/b** oder **148 f** (Überlieferung!)
[60] Vgl. insbes. W. GUNZERT, Wilhelm von Humboldt als römischer Korrespondent für Darmstadt, in: Darmstadt zur Goethezeit. Portraits, Kulturbilder, Dokumente zwischen 1770 und 1830, 1982, S. 274–281 mit Teilabdruck des Berichts vom 3. Nov. 1804, unten **24;** Kurzregesten der ersten Briefe an Schnauber in Humboldts Gesammelten Schriften Bd. 16, s. unten Anm. 62.
[61] H. GRANIER, Kath. Kirche 8, S. 678 f (Nr. 499), 690 (Nr. 506), 696 f (Nr. 511) u. ö.; 9, S. 5 f (Nr. 617), 11–15 (Nr. 623) u. ö.
[62] W. v. HUMBOLDT, Gesammelte Schriften (HGS), Bd. 10, 1903, S. 1–15; Bd. 13, 1920, S. 197–206; Bd. 16, 1935, S. 1–65.

dank der in der römischen Residentur fehlenden Hilfskräfte ebenfalls von Humboldt selbst stammt.

In der nachfolgenden Edition sind alle in Ausfertigung oder Konzept erhaltenen Berichte und Privatdienstschreiben Humboldts als hessen-darmstädtischer Ministerresident in Rom im Volltext abgedruckt. Ausgeklammert blieben lediglich die rein formularmäßigen Kurzberichte in Dispensationssachen, auf die anmerkungsweise hingewiesen wird. Weggelassen wurden bei den regulären Berichten die festliegende Überschrift „Unterthänigster Bericht" und die Namensunterschrift, außerdem für alle Stücke die in die Kopfzeile gezogene Datierung. Bei den Privatdienstschreiben wurde auf Anrede- und Grußformeln verzichtet, wenn sie bei aufeinanderfolgenden Schreiben an denselben Adressaten gleichförmig sind.

Die Textgestaltung hält sich grundsätzlich an die Rechtschreibung der Humboldt'schen Vorlagen. Vereinheitlicht wurde lediglich im Bereich der Zeichensetzung und in der Groß- und Kleinschreibung, insbesondere bei zusammengesetzten Worten. Bei aus mehreren Nomina zusammengefügten Worten, vor allem auch Amtstiteln, schrieb Humboldt, wie dies auch andere Zeitgenossen tun, vielfach ein zusammengezogenes Wort, markierte aber die einzelnen Bestandteile innerhalb des Wortes durch Großbuchstaben, z. B. „ReichsDeputationsHauptschluß", „LegationsRath", aber auch „HöchstDero". Dieselben Worte kommen, zumindest teilweise, auch in getrennter Schreibung vor. Im Abdruck wurde hier insofern normierend eingegriffen, als bei schon zu Humboldts Zeiten üblicherweise als ein Wort geschriebenen Worten und Titeln die Großbuchstaben im Wort entfallen: „Legationsrath", „Höchstdero". Wo dies nicht tunlich schien, wurden Bindestriche eingefügt, z. B. „Kurfürst-Erzkanzler", „Cardinal-Staatssecretaire". Die in den Konzepten verkürzten, in den Ausfertigungen vielfach ausgeschriebenen oder nur suspensiv abgekürzten Kurialanreden wurden einheitlich so verkürzt, daß sie ohne Abkürzungsverzeichnis erkennbar bleiben. In der textkritischen Annotierung (Buchstabenanmerkungen) bleiben geringfügige Schreibkorrekturen (Einzelbuchstaben) unberücksichtigt.

In der kommentierenden Erläuterung wurde im Hinblick auf den biographischen Personenindex auf erläuternde, biographische Anmerkungen zu den vorkommenden Personen weitgehend verzichtet. Auf die Parallelüberlieferung in den Berliner Berichten wird nur verwiesen, soweit sie bereits publiziert sind. Außer den zum Verständnis des Textes oder einzelner Anspielungen notwendigen Sachanmerkungen und Verweisen wird zwecks besserer Verortung der Humboldt'schen Berichte in ihrer Aktualität und im konkreten Informationswert für die Darmstädter Regierung auf die Berichterstattung der Darmstädter Zeitung über die von Humboldt geschilderten Ereignisse und Vorgänge hingewiesen. Die 1777 unter der Redaktion von Matthias Claudius begründete „Hessen-Darmstädtische Landzeitung" (HDLZ), als offiziöses Organ der landgräflichen Regierung seit seinem vor-

Einleitung

zeitigen Abgang von Kriegsrat Hans Wilhelm Hoffmann redigiert, pflegte mit wöchentlich drei Ausgaben mit durchschnittlich jeweils acht Seiten eine relativ ausführliche internationale Berichterstattung, wobei über das benutzte Korrespondentennetz wenig bekannt ist. Sie änderte ihren Namen mit der im Zuge der Gründung des Rheinbundes vollzogenen Rangerhöhung Hessen-Darmstadts ab 19. August 1806 in „Großherzoglich Hessische Landzeitung" (GHLZ) und verkürzte diesen Titel mit dem Beginn des zweiten Halbjahrs 1808 zu „Großherzoglich Hessische Zeitung" (GHZ).

Den Bearbeitern der Berichte, Frau Dr. Felschow und Herrn Dr. Hussong, die im Rahmen ihrer Referendarsausbildung am Darmstädter Staatsarchiv 1984/85 mit der Transkription der Berichte begonnen haben, ist dafür zu danken, daß sie dem Editionsvorhaben auch nach der Übernahme anderweitiger Berufsaufgaben in Gießen und Marburg treugeblieben sind. Für Unterstützung bei den notwendigen Recherchen ist vorab dem Deutschen Historischen Institut in Rom, dem Archivamt des italienischen Ministeriums für Kultur und Umwelt, dem Vatikanischen Geheimarchiv und dem Zentralen Staatsarchiv der DDR mit seiner Dienststelle Merseburg zu danken. Dank für unterschiedliche Auskünfte gilt weiter den befragten Archiven und Archivaren in Marburg, München und Münster i.W., in Florenz, Kopenhagen, Livorno, Macerata, Madrid, Neapel, Paris, Rom und Stockholm. Bei der Beschaffung der Illustrationen haben das Museo Napoleonico und das Istituto del Resorgimento Italiano in Rom, die Graphiksammlung des Museums in Mailand und das Staatsarchiv Neapel Hilfestellung geleistet.

Eckhart G. Franz

Abkürzungen

Abdr.	Abdruck
abgedr.	abgedruckt
Abt.	Abteilung
Anm.	Anmerkung
ASVat	Vatikanisches Archiv (Archivio Segreto Vaticano)
Ausf.	Ausfertigung
d.	den, d(ies)es
d. M.	d(ies)es Monats
dipl.	diplomatische
Dl.	Durchlaucht
ebd.	ebenda
etc.	et cetera, und so weiter
Ew.	Euer
Exc.	Exzellenz
f, ff	folgende
Fasz.	Faszikel, Band
fol.	Folio, Blatt
gen.	genannt
GHLZ	Großherzoglich Hessische Landzeitung (1806–1808)
GHZ	Großherzoglich Hessische Zeitung (ab Sommer 1808)
H.	Hoheit
HDLZ	Hessen-Darmstädtische Landzeitung (bis 1806)
Hess.	Hessisch(e)
Hf. Dl.	Hochfürstliche Durchlaucht
HGS	Humboldts Gesammelte Schriften
Hwg.	Hochwohlgeboren
K.	Konzept; (in Zusammensetzung:) Königlich
K. H., Maj.	Königliche Hoheit, Majestät
Kais.	Kaiserlich
Kais. H., Maj.	Kaiserliche Hoheit, Majestät
Kath.	Katholisch(e)
Lg. Dl.	Landgräflich(e) Durchlaucht
Maj.	Majestät
ps.	praesentatum, eingegangen
Rep.	Repositur
Repert.	Repertorium
Se., Sr.	Seine, Seiner
StA	Staatsarchiv
StAD	Staatsarchiv Darmstadt
v.M., v.J.	vorigen Monats, Jahres
vgl.	vergleiche
ZStADDR	Zentrales Staatsarchiv der DDR

Humboldts Berichte nach Darmstadt

1 An Staatsminister Wilhelm Karl Freiherr
   von Barckhaus-Wiesenhütten   Rom, 23. Juli 1803

Konzept ZStADDR Merseburg Rep. 81 Rom I C 13 Fasz. 1.
MATTSON Nr. 897.

Antwort auf das Anstellungsdekret als Minister-Resident des Landgrafen von Hessen-Darmstadt in Rom.

Hochwohlgebohrener Herr,
Hochzuverehrender Herr Geheimer Rath und Staatsminister,
Indem mir der H[err] Legationsrath Schnauber mein Anstellungsdekret als Landgräflich Hessen Darmstädtischen Minister-Resident am Römischen Hofe nebst einem gnädigsten Handschreiben Serenissimi zu überschicken die Güte hat,[1] weist er mich an, meine Antwort an Ew. Excellenz gelangen zu lassen, und ich bediene mich um so lieber dieser mir gegebenen Erlaubniß, als es mir überaus schätzbar ist, mich bei dieser Gelegenheit Ew. Exc. gütigem Wohlwollen selbst zu empfehlen. Das Vertrauen, dessen mich des Herrn Landgrafen Hochfürst. Durchlaucht zu würdigen geruhet haben, ist mir in hohem Grade schmeichelhaft gewesen, und ich habe Sr. Hf. Dl. meine dankbaren Gesinnungen dafür in der Anlage, die ich Ew. Exc. Höchstderselben zu übergeben zu[a] bitten wage[b], selbst auszudrücken gesucht. Es ist mir eine vorzüglich[c] erfreuliche Aussicht, bei meinen künftigen Geschäften auch mit Ew. Exc. in nähere Verbindung zu treten, und ich wünsche nur daß auch Dieselbe Veranlassung finden mögen, mit demjenigen zufrieden zu seyn, als es mir gelingen wird, für Sr. Hf. Dl. Dienst u. zu Befolgung Höchstdesselben[d] gnädigsten Befehle zu leisten. Ich glaube wenigstens versichern zu dürfen, daß es mir an meinem Fleiß und Eifer dabei [nicht][e] fehlen soll.

Ich bin so frei gewesen, H[errn] Legationsrath Schnauber über einige Punkte, welche er in seinem Briefe berührte, vorläufig in dem inliegenden Schreiben zu antworten[2], und habe die Ehre mit der ausgezeichnetsten Hochachtung und Verehrung zu verharren [etc.].

---

zu 1: [a] *nachgetragen über der Zeile* [b] *nachgetragen am linken Rand* [c] *nachgetragen über der Zeile statt gestr.:* überaus [d] *korrigiert* [e] *fehlt in der Vorlage*

[1] *Die Konzepte des landgräflichen Handschreibens vom 29. Juni 1803 und des Schnauberschen Anschreibens vom folgenden Tag liegen bei den Darmstädter Akten, StAD E 5 B 1 Nr. 2/2 fol. 48 und 51–53, die Ausf. des Handschreibens bei Humboldts Papieren, ZStADDR Merseburg Rep. 81 Rom 1 C 13 Fasz. 1 (Rom ps. 22. Juli); vgl.* MATTSON *Nr. 886 ff. Entwurf und Ausfertigung des am Vortag unterzeichneten Ernennungsdekrets STAD E 5 B 1 Nr. 2/2 fol. 41, 43.*

[2] *siehe* **3**.

2 An Landgraf Ludwig X. von Hessen-Darmstadt   Rom, 23. Juli 1803

Ausfertigung (quart) StAD E 5 B 1 Nr. 2/2 fol. 54–56.
Konzept ZStADDR Merseburg Rep. 81 Rom I C 13 Fasz. 1.
MATTSON Nr. 899. – Regest: HGS 16 S. 28.

Dank für die Ernennung.

Durchlauchtigster Landgraf,
Gnädigster Landgraf und Herr,
Nichts hätte mir gleich schmeichelhaft seyn können, als der ehrenvolle Auftrag, welchen Ew. Hochfürstliche Durchlaucht mir in Höchstdero gnädigstem Schreiben vom 29. vorigen Monats[1], das ich gestern empfangen, zu geben geruhen wollen. Indem ich dadurch einen mir ewig unschätzbaren Beweis des Vertrauens erhalte, dessen Ew. Hf. Dl. mich zu würdigen die Gnade haben, eröfnen mir Höchstdieselben zugleich die Aussicht, zur Erreichung Höchstdero landesväterlicher Absicht, das[a] Wohl Höchstdero neuer Katholischer Unterthanen [b]auf alle Weise zu befördern[b], mitarbeiten zu können; und beides, so wie besonders die so unendlich gnädige und herablassende Art, mit welcher Ew. Hf. Dl. mir Höchstselbst Dero Willensmeynung bekannt zu machen geruhet haben, beseelt mich zu der tiefsten und ehrfurchtvollsten Dankbarkeit, deren innigste Versicherung ich Ew. Hf. Dl. unterthänigst darzubringen wage. Ich vermag nicht zu entscheiden, ob es mir gelingen wird, den gerechten Erwartungen Ew. Hf. Dl. und der gütigen Empfehlung des Staatsministers, Grafen von Haugwiz, vollkommen zu entsprechen; ich glaube aber Ew. Hf. Dl. mit Gewißheit versichern zu können, daß es wenigstens nie und in keinem Fall an meinem treuesten und wärmsten Eifer fehlen wird, Höchstdero Befehle auf das schnellste, pünktlichste und genaueste zu vollbringen. Wenn mich dazu nicht schon so viele[c] andre mächtige Beweggründe und vorzüglich auch die innige Ueberzeugung aufmunterte, daß die jetzt mit mehreren Deutschen geistlichen Besitzungen vorgegangene Veränderung in den Händen eines so edeldenkenden und erleuchteten Fürsten, als Deutschland in Ew. Hf. Dl. allgemein verehrt, ein Mittel wird, einem großen Theil unseres Vaterlandes den Wohlstand und die Aufklärung zu verschaffen, die er bisher entbehrte; so wäre allein der Gedanke, mich der Gnade und des Zutrauens Ew. Hf. Dl. nicht ganz unwürdig zu beweisen, mehr als hinreichend dazu.

Indem ich mich noch einmal der gnädigen und nachsichtsvollen Huld Ew. Hf. Dl. zu empfehlen wage, ersterbe ich in tiefster Ehrfurcht,
Ew. Hf. Dl. unterthänigster   Humboldt

---

zu 2:   [a] *unleserlich, wohl übergeschrieben über:* des   [b-b] *im K. gestr.:* Ihre ganze Aufmerksamkeit zu widmen   [c] *K.:* vielfache

[1] *siehe Anm. 1 zu* **1**.

3 An Legationsrat Leonhard Schnauber Rom, 23. Juli 1803

Ausfertigung (quart) StAD E 5 B 1 Nr. 2/2 fol. 9–11; ps. 12. August 1803.
Konzept ZStADDR Merseburg Rep. 81 Rom I C 13 Fasz. 1.
MATTSON Nr. 900. – Regest: HGS 16 S. 27.

Freude über die Ernennung zum Minister-Residenten. Titulaturfragen. Ankündigung eines Gutachtens über die Frage eines hessischen Bistums. Geschäftsgang.

Hochwohlgebohrner Herr,
Hochzuverehrender Herr Legationsrath,
So viel ich auch schon der gütigen Gewogenheit des Herrn Staatsministers, Grafen von Haugwiz Excellenz, der mich immer eines besondren Wohlwollens gewürdigt hat, verdanke, so rechne ich doch seine freundschaftliche Empfehlung bei des Herrn Landgrafen Hf. Dl. zu den angenehmsten [a]und schmeichelhaftesten[a] Diensten, die er mir je hätte erweisen können. Urteilen Ew. Hochwohlgeboren daher, mit welcher Freude ich zuerst zwar nicht durch Herrn Minister Lichtenberg, dessen Bekanntschaft ich mich sonst seit Jahren erfreue, aber durch unser Cabinetsministerium die Nachricht des mir von Sr. Hf. Dl. [a]gnädigst geschenkten Zutrauens erhielt[a], und wie vielmehr diese Freude noch bei Empfange Ihres Briefes vermehrt wurde, als ich die so ausnehmend gnädige Art sah, mit welcher Se. Hf. Dl. mich zu behandeln geruhen. Ich statte selbst heute Sr. Hf. Dl. meinen unterthänigsten Dank dafür ab[1], und habe mein Schreiben[b] an Höchstdieselben mit den gegenwärtigen Zeilen an den Herrn Geheimen Rath und Staatsminister, Freiherrn von Barkhaus-Wiesenhütten, Ew. Hwg. Anweisung[c] zu folge, addressirt[2].

Ich werde mich mit dem grössesten Vergnügen allen Aufträgen unterziehen, welche es Sr. Hf. Dl. mir zu geben gefallen wird, und ich gestehe Ew. Hwg. offenherzig, dass es mir eine wahre Freude seyn wird, von jetzt an für eine edelgesinnte und aufgeklärte Regierung mehr mit daran zu arbeiten, einen Theil Deutschlands von den auswärtigen kirchlichen Einschränkungen zu befreien, ohne deren Aufhebung die Verbreitung ächter Aufklärung immer sehr viele Hindernisse findet. Die Preuss. Regierung ist hierin, wie ich unpartheiisch gestehen muß, sehr weit vorgeschritten, und zwar immer ohne alle gewaltsamen Massregeln, und auf eine Weise, bei welcher das gute Vernehmen mit dem hiesigen Hofe nie gestört worden ist.

Ich lege Ew. Hwg. hier, Ihrem Wunsche gemäß, eine wörtliche Abschrift meines Creditivs bei[3]. Indeß ist dies Formular nur gerade in Berlin so beliebt worden und kann übrigens nicht gerade hier üblich genannt werden. Ew. Hwg. werden zu bemerken die Güte haben, daß dies Creditiv bloß auf die neue Besetzung des Postens durch ein andres Subject gerichtet ist. Da Se. Hf. Dl. der Herr Landgraf bisher keinen Minister [d]in Rom[d] gehabt haben, so werden Höchstdieselben und Höchstdero Ministerium am besten beurtheilen, ob es vielleicht im jetzigen Fall rathsam seyn sollte; die literas patentes noch mit einem verschlossenen Schreiben Sr. Hf. Dl. Selbst an den Pabst zu begleiten, eine Maßregel, die freilich dem Pabst in hohem Grade schmeichelhaft seyn würde. Da es doch vielleicht möglich wäre, daß dieser Weg beliebt würde ᵉ(bei dem dann vielleicht auch, wie sonst gewöhnlich, das Creditiv in demselben Brief enthalten, oder vielmehr dieser als solches angesehen seyn könnte)ᵉ so habe ich es wenigstens für meine Schuldigkeit gehalten, auch über das Caerimoniell, das zwischen Sr. Majestät dem König von Preussen und dem Pabst, so oft bei gewissen Vorfällen beide Briefe miteinander gewechselt haben, beobachtet worden ist, einige Worte zu bemerken. Dies ist nemlich lateinisch geschehen, um gewisse Titulaturen zu vermeiden. Das Antwortschreiben des Königs auf ᶠ das Notificationsschreiben des Pabstes bei seiner Besteigung des Päbstlichen Stuhls fängt z. B. folgendermaßen an[4]:

ᵃFrid[ericus] Guil[lelmus] D[ei] G[ratia] B[orussiae] Rex, S[acri] R[omani] I[mperii] Princeps Elector, Supremus Silesiae Dux et cet. Pio VII. Supremo ecclesiae Romanae Pontifici salutem plurimam dicit.

Grato animo accepi quas ad me die – – dedisti literas. – – – Persuasum habere velis[5], Serenissime Princeps – – – Quod superest fausta tibi quaevisᵍ, serenissime Princeps, felicia ac prospera in Pontificatu ac regimine tuo a summo numine expeto et adprecor.

Datae sunt Berolini – – – Unterz. Frid. Guil. R.ᵃ

Dieser Brief warʰ von einem andern des Gr[afen] Haugwiz an den jezigen Staatssecretaire Consalvi, französisch und mit den gewöhnlichen Titulaturen: Monseigneur und Votre Eminence begleitet[6]. Ein solches Schreiben des Ministers an den Staatssecretaire befand sich auch bei den literis patentibus meines Vorgängers[7], nicht aber bei der meinigen. Wie es bei der ersten Errichtung unseres Postens unter Friedrich 2. gegangen ist, kann ich, da unser hiesiges Archiv nicht so weit zurückgeht, Ew. Hwg. in der That nicht sagen[8].

Die Kürze der Zeit hat mir nicht erlaubt, schon heute Ew. Hwg. diejenigen unmaßgeblichen Vorschläge zu schicken, die mir zur Einleitung der Geschäfte der katholischen Unterthanen Sr. Hf. Dl. die dienlichsten scheinen. Ich werde aber mit nächster Post so frei seyn, Ew. Hwg. ein ausführliches Gutachten darüber zuzusendenⁱ. Der Wunsch Sr. Hf. Dl. einen eignen Bischof zu haben, ist zu gerecht und ᵃnatürlichᵃ, als daß er nicht sollte durchgesetzt werden müssen. Die Schwierigkeit wird nur anfangs darin liegen, daß der Römische Hof sich noch ᵃbis jetzt gegen alle partielle arrangements erklärt, und selbst nochᵃ ungewiß ist, wie er ein allgemeines einleiten soll. Allein auch hierüber muß ich Ew. Hwg. bitten, sich bis über 8 Tage zu gedulden. Heute eilte ich nur, Ihr gestern empfangenes Schreiben augenblicklich zu beantworten.

Es wird mir unendlich schätzbar seyn, wenn Ew. Hwg. mir erlauben wollen, mich künftig vertrauensvoll an Dieselben in unsern Geschäften zu wenden. Ich werde das Bedürfniß dazu um so öfter fühlen, als ich mit dem bei Ihnen eingeführten[k] Geschäftsgang und Förmlichkeiten ganz unbekannt bin. Sollte ich daher darin anstoßen, oder schon jetzt angestoßen haben, so bitte ich Sie, mich freundschaftlichst zu entschuldigen. So weiß ich z. B. nicht, ob ich meine Berichte, wie bei uns, an des Herrn Landgrafen Höchste[l] Person, oder an das Ministerium und an dies in welcher Form richten soll[m]?

Die von Ew. Hwg. vorgeschlagene Straße über Mantua ist unstreitig der über Wien weit vorzuziehen, wenn nicht der Weg durch die Schweiz noch kürzer seyn sollte.

Verzeihen Ew. Hwg. meine Eil und erlauben mir, mich mit der vollkommensten Hochachtung und Ergebenheit zu nennen

Ew. Hwg. gehorsamster   Humboldt

---

zu 3: [a-a] *fehlt im K.* [b] *K.:* Brief [c] *K.:* Erlaubnis [d-d] *K.:* hier [e-e] *K.:* in welchem Fall alsdann die literas patentes in diesem Brief enthalten, oder vielmehr derselbe als Creditiv angesehen werden könnte [f] *K.:* an [g] *korr. aus:* quaeque [h] *im K. folgt:* gleich [i] *K.:* zu senden [k] *K.:* geführten [l] *nachgetragen über der Zeile* [m] *K.:* muß

[1] *siehe* **2**.
[2] *siehe* **1**.
[3] *Vgl. StAD E 5 B 1 Nr. 2/2 fol. 6, 37. Die erste der beiden Abschriften hatte Lichtenberg in Berlin beschafft; vgl. seine Berichte vom 16. und 23. Juli, ebd. fol. 4 f.*
[4] *Vgl.* GRANIER, *Preußen und die katholische Kirche 8, S. 340 (Nr. 249). (20. Sept. 1800).*
[5] *Im Notifikationsschreiben lautet die Stelle:* Persuasum habeas velim ...
[6] *Vgl.* GRANIER, *Kath. Kirche 8, S. 339 (19. Sept. 1800).*
[7] *Vgl. ebd. S. 849 (4. Juni 1800); zur Danksagung an Haugwitz vgl. HGS 16 S. 27 (9. Juli 1803).*
[8] *Vgl.* GRANIER, *Kath. Kirche 8, S. 2 (23. Nov. 1797).*

4a An Schnauber Rom, 30. Juli 1803

Ausfertigung (quart) StAD E 5 B 1 Nr. 2/2 fol. 59–61; ps. 20. August 1803.
Konzept ZStADDR Merseburg Rep. 81 Rom I C 13 Fasz. 1.
MATTSON Nr. 905. – Regest: HGS 16 S. 28.

Übersendung eines Gutachtens über die Wahrnehmung der hessischen Geschäfte in Rom und eines Promemoria über die nächsten politischen Schritte in der Bistumsfrage. Form des Kreditivs.

Meinem Ew. Hwg. in meinem letzten Schreiben vom 23. huj[us] gethanen Versprechen gemäß, habe ich die Ehre, Ihnen anliegend mein unterthänigstes Gutachten über die zur Bewahrung des landesherrlichen Interesses mit Einverständniß des Päbstlichen Stuhls zu treffenden Einrichtungen zu übersenden[1].

Ew. Hwg. werden gefälligst zu bemerken belieben, daß ich die allgemein zu treffenden Einrichtungen und die das ganze Verhältniß angehenden Grundsätze besonders ausgeführt, über die nächste Einleitung der Geschäfte aber ein eignes Pro Memoria aufgesetzt habe[2].

Ich wage mir mit der Hofnung zu schmeicheln, daß nicht nur Ew. Hwg. sondern auch Sr. Hf. Dl. Hohes Ministerium das Gesagte klar und hinlänglich finden werden; ich muß mich nur über die Weitläuftigkeit entschuldigen. Allein ich glaubte, mich über alle Gegenstände verbreiten zu müssen und ein Hohes Ministerium in Stand [a]zu setzen[a], die Grundsätze, von welchen ich ausgehen zu müssen glaube, genau zu kennen, um mich desto leichter, da, wo es nöthig seyn sollte, zu verbessern und zurechtzuweisen.

In dem Gutachten bin ich fast durchaus den Instructionen gefolgt, die ich vom König[lich] Preussischen Hofe empfangen habe[3], weil dieselben[b] durch die Erfahrung als heilsam bewährt gefunden worden sind, und Se. Hf. Dl. mir selbst zu äußern geruhten, Sich so nah als möglich in diesen Angelegenheiten an den Preussischen Hof anschließen zu wollen.

In Absicht der Form habe ich, da ich noch nicht weiß, in welcher ich meine Berichte künftig abzustatten haben werde, die gewählte Fassung vorzuziehen zu müssen geglaubt.

Bei dem Pro Memoria habe ich die Unbequemlichkeit gefühlt, nicht auf eine verdecktere Weise schreiben zu können, und auch künftig, jedoch vorzüglich wohl nur bei den nächsten allgemeinen Unterhandlungen, könnte dies ein unangenehmes Hinderniß seyn.

Indem ich die anliegenden Aufsätze Ew. Hwg. gütiger und freundschaftlicher Nachsicht empfehle[c], muß ich Sie um die Erlaubniß bitten, noch wegen meines Creditivs eine Erinnerung zu machen.

Ich nahm mir die Freiheit schon neulich zu bemerken, daß, da bisher gar kein Verhältniß zwischen dem[d] Herrn Landgrafen, Hf. Dl. [und der päpstlichen Kurie] bestanden hat, Hochdieselben vielleicht für zweckmäßig finden dürften, das jetzt anzuknüpfende durch einen eignen Brief an den Pabst einzuleiten. Eine Aeußerung des Cardinal-Staatssecretaires hat mir aufs neue einen Beweis gegeben, wie angenehm ein solches wohlwollendes Betragen Sr. Hf. Dl. hier seyn würde.

30. Juli 1803

Als ich nemlich den Cardinal vorläufig mit dem Entschluße^e Sr. Hf. Dl. mich zu Höchstdero Geschäftsträger hier zu bestellen bekannt machte, äußerte er mir, wie schmeichelhaft dem Pabste diese Absicht^f Sr. Hf. Dl. sey, ein freundschaftliches und näheres Verhältniß mit ihm einzugehen^g, und redete zugleich von dem Creditiv, das ich in dieser Absicht übergeben würde. Bei dieser Gelegenheit nun sagte er mir gesprächsweise, daß die Form meines Preußischen ihn befremdet habe, da es nur ein ofnes Schreiben sey, und ich nicht mit einem eignen für den Pabst versehen gewesen sey. Er setzte indeß sogleich hinzu, daß es vielleicht darum geschehen sey, weil man ehemals hier eigentlich gar keine Agenten Protestantischer Höfe habe annehmen wollen. Er freue sich aber jetzt bemerken zu können, daß dies im geringsten nicht mehr der Fall sey.

Ich erwiederte ihm hierauf, daß man bei meiner Sendung nach Rom nur das alte Formular beibehalten habe, und jeder Hof hierin seinen eignen Gange folge^h, auch Creditive dieser Art nichts weniger als ungewöhnlich wären^i.

^kAuf jeden Fall habe ich indeß^k geglaubt, Ew. Hwg. hiervon unterrichten zu müssen.

Sollten nun Se. Hf. Dl.^l vielleicht in Rücksicht darauf, daß das Verhältniß nun angeknüpft wird, selbst dem Papst zu schreiben für gut finden; so wäre es vielleicht das Beste^l, für mein Creditiv diejenige Form zu wählen, welche Hochdieselben an andern Höfen denjenigen Ihrer Geschäftsträger geben, mit welchen Höchstdieselben^m mir gleiche Qualität zu ertheilen geruht haben; weil alsdann auf keinen Fall etwas zu erinnern wäre, und das hiesige Cärimoniell keine besondre, als wonach mich Ew. Hwg. neulich zu fragen beliebten, nothwendig macht.

Sollten indeß Höchstdieselben auch lediglich dem Formular des Preuss[ischen Creditivs] getreu zu bleiben beschließen; so wird auch dies keine Unbequemlichkeit haben, um so weniger, als hier zwischen den auswärtigen Agenten vom ersten bis zum letzten Range im Zutritt zu den Cardinälen und dem Pabste kein Unterschied herrscht, und es eigentlich gar keine Etiquette und darauf gegründetes Cärimoniell, oder wenigstens keine Gelegenheit es auszuüben giebt.

Nur daß derjenige der Herren Geheimen Räthe und Staatsminister, ^nwelcher das Département der auswärtigen Angelegenheiten dirigirt^n, dem Cardinal-Staatssecretaire zugleich^o schreibe, würde ich unmaßgeblich anrathen. Hierbei scheint es mir auf keine Weise zu befürchten ^pzu seyn^p, daß man sich etwas vergebe, und diese Aufmerksamkeit^q würde nicht wenig dazu beitragen, den Staatssecretaire, der in der That ein sehr artiger und gefälliger Mann ist, für die Geschäfte Sr. Hf. Dl. noch mehr zu gewinnen.

Ich wage es Ew. Hwg. gehorsamst zu bitten, mich über diesen Punkt gefälligst auf jeden Fall mit Antwort zu versehen, auch dann wenn mein Creditiv schon abgegangen seyn sollte. Denn es geschieht hier nicht selten, daß

ᵖauchᵖ ein späterer Brief vor einem früheren durch Nachlässigkeit der Posten ankommt.
Ich habe die Ehre mit der ausgezeichnetsten Hochachtung und der unwandelbarsten Ergebenheit zu verharren
    Ew. Hwg. gehorsamster,   Humboldt

ʳNoch muß ich zur Erläuterung des Obigen bemerken, daß vor mir in mehr als 30 Jahren, von Preuß. Seite kein Creditiv hier abgegeben worden war. Denn mein Vorgänger wurde dem seinigen adjungirt⁴ u. nach dem Tode dieses letzteren erhielt er zwar ebensolche literas patentes als ich, konnte dieselbe(n) aber damals, weil Pius 6. eben nach Florenz geführt worden war⁵, nicht abgeben, und nachher unterblieb esʳ.

zu 4a: ᵃ⁻ᵃ *K.:* setzen zu müssen   ᵇ *K.:* sie   ᶜ *K.:* zu empfehlen wage   ᵈ *im K. folgt:* Römischen Hofe und dem   ᵉ *im K. über der Zeile nachgetragen über gestr.:* Absicht   ᶠ *K.:* Aussicht   ᵍ *im K. folgt:* sey   ʰ *danach im K. gestr.:* und daß man meinen Posten von Anfang an als einen Agentenposten abgesehen habe, und auch noch zum Theil so ansehe, auch bei solchen Stellen ein solches   ⁱ *im K. verbessert aus:* nicht ungewöhnlich sey; *danach folgt im K. gestr.:* Ich schützte übrigens meine Unwissenheit vor, ob nicht der Preuß.Hof bei allen seinen Geschäftsträgern, die nicht Minister des 2. Rangs wären, dieselbe Form beobachte.   ᵏ⁻ᵏ *K.:* Ich habe indeß doch   ˡ⁻ˡ *im K. verbessert aus:* gnädigst genehmigen, so hielte ich es fast für das beste   ᵐ *K.:* sie   ⁿ⁻ⁿ *K.:* Sr.H.D., welcher die auswärtigen Geschäfte besorgt   ᵒ *K.:* einen Brief; *danach gestr.:* hielte   ᵖ⁻ᵖ *fehlt im K.*   ᵠ *K.:* Höflichkeit   ʳ⁻ʳ *links unten nachgetragen; fehlt im K.*

[1] *siehe* **4b**; *Hinweis durch Anlagenstrich am Rand.*
[2] *siehe* **4c**.
[3] *Vgl.* GRANIER, *Kath. Kirche 8, S. 630–644 (22. Aug. 1802, Nr. 473).*
[4] *Vgl.* LEHMANN *7, S. 298f (7. Okt. 1795).*
[5] *Ab Febr. 1798. Vgl. die Berichte W. Uhdens bei* GRANIER, *Kath. Kirche 8, S. 15–18 (Nr. 14), und das Begleitschreiben zu den Kredentialien vom 23. Nov. 1797, ebd. S. 2f (Nr. 3).*

30. Juli 1803

4b Erste Anlage: Gutachten über die diplomatischen Beziehungen mit der Kurie Rom, 30. Juli 1803

Ausfertigung StAD E 5 B 1 Nr. 3/3 fol. 5–13.
Konzept ZStADDR Merseburg Rep. 81 Rom I C 13 Fasz. 1.
Abschriften StAD E 5 B 1 Nr. 2/2 fol. 15–33 und 65–85; mit Vorlage an den Landgrafen vom 31. Aug. 1804 ebd. fol. 128–139.

Grundsätzliche Gesichtspunkte für die Beziehungen eines protestantischen Landesfürsten mit der Kurie. Warnung vor dem Abschluß eines Konkordats oder anderer Abkommen wie vor der Zulassung eines päpstlichen Nuntius. Ausschluß jeder auswärtigen Einmischung in die Belange der Landgrafschaft, auch einer Einwirkung der Kurie im Bereich der sogen. Temporalia. Grundmaximen der künftigen Geschäftsführung. – Unterscheidung der zu erwartenden Geschäfte: Errichtung und Besetzung von Bistümern. Weihbischöfe. Vergabe von Benefizien. Geistliche Gerichtsbarkeit. Klöster. Geistliche Stiftungen. Kompetenzen der Bischöfe. Ehedispensationen. Ehetrennungen. Einsatz von Ordensgeistlichen für Pfarrstellen. Ordenswechsel und Lösung von den Ordensgelübden. Ablaßbreven. Gewissensfälle. Geschäfte von geringerer Bedeutung. Prinzipielles Entgegenkommen der Kurie in den anstehenden geistlichen Geschäften.

Unterthänigstes Gutachten:
ᵃÜber die Grundsätzeᵇ, welche dem Landgräf. Hessen-Darmstädtischen Geschäftsträger beim Päpstlichen Stuhle in Rom in Ansehung der Katholischen Unterthan[en] Sr. Hf. Dl. des H[errn] Landgrafen von Hessen-Darmstadtᶜ zu Bewahrung des Landesherrlichen Interesses und Beförderung des Wohls dieser Unterthanen selbst mit dem Päbstlichen Hofe zu treffen seyn möchtenᵃ.

Um Sr. Hf. Dl. Befehl, Höchstdenselbenᵈ meine unmaßgeblichen Vorschläge über ᵉdie zur Bewahrung des landesherrlichen Interesses in Ansehung Ihrer Katholischen Unterthanen mit dem Päbstlichen Hofe zu treffenden Einrichtungen vorzulegenᵉ, mit der Vollständigkeit auszuführen, welche die Wichtigkeit der Sache erfordertᶠ, glaube ich ᵍdasjenige, was das überhaupt ᵍ und für die Folge zwischen dem Landgräflich Hessischen und Römischen Hofe festzusetzende ʰVerhältniß betrifft, von demjenigen trennen zu müssen, was nur die erste Einleitung dieser Geschäfte angeht. Nur über dies Erstere werde ich mich in dem Folgenden verbreiten; das andre aber, das zum Theil augenblicklich ist, und auch mit andern politischen Verhältnissen in Verbindung steht, einem andern Orte vorbehaltenʰ.

---

zu 4b:

I. ᵃ⁻ᵃ *nur im K.:* ᵇ *über der Zeile ergänzt statt gestr.:* Einrichtungen ᶜ *im K. über der Zeile gestr.:* bei der Betreibung der katholisch-geistlichen Geschäfte seines Hofes zur Richtschnur dienen könnten ᵈ *im K. über der Zeile ergänzt* ᵉ⁻ᵉ *im K. am linken Rand ergänzt; stattdessen gestr.:* diesen Gegenstand aufzusetzen ᶠ *im K. über der Zeile ergänzt* ᵍ⁻ᵍ *im K. am linken Rand ergänzt; stattdessen gestr.:* zuerst von demjenigen Verhältnis welches überhaupt ʰ⁻ʰ *im K. ebenfalls am linken Rand ergänzt; stattdessen gestr.:* seyn würde, nachher aber von den Mitteln reden zu müssen, durch welche der Uebergang aus dem jetzigen in den nachherigen Zustand am leichtesten zu bewürken seyn möchte; *bei der Neufassung wurde dem urspr. vorangehenden Infinitiv festzusetzen die Endung* de *angehängt*

§. 1.ⁱ

Hauptgesichts-
punkt

Ein Protestantischer Landesherr kann den Pabst für nichts andres, als für einen weltlichen Fürsten, ᵏübrigens aber nurᵏ als eine Person ansehen, in welcher derjenige Theil seiner Unterthanen, welcher der Katholischen Religion zugethan ist, das Oberhaupt seiner Kirche erkennt, von ˡwelchem derselbeˡ in vielen, zu seiner Gewissensberuhigung gehörigen Punkten abzuhängen glaubt.

Nur ausᵐ Huld gegen diese ihreⁿ Katholische Unterthanen, und um ihnen jene Beruhigung nicht zu entziehn, erlaubt ᵒeine protestantische Regierungᵒ die Verwendungen nach Rom, und um bei denselben Misbrauch zu verhüten, ᵖbehält sie sichᵖ die nothwendige Aufsicht darüber ᑫimmer selbst vorᑫ.

Die Schranken, welche dieselbeʳ der Einmischung des Römischen Hofes in die Angelegenheiten Ihrerˢ Unterthanen zu setzen veranlaßt wird, entspringen theils aus dem eignen landesherrlichen Interesse, theils aus den, auf das Wohl der Unterthanen selbst berechneten Regierungsmaximen.

In der erstern Hinsicht verhindert dieselbe, daß ihre Souverainitätsrechte circa sacra und alle ihre Gerechtsame in geistlichen Angelegenheiten, in ihrem vollen Umfange genommen, auf irgend eine, auch dem ersten Anblick nach noch soᵗ unbedeutende Weise gekränkt werden.

In der Zweiten giebt sie nicht zu, daß durch die Verfügungen der Katholischen Geistlichkeit oder des Römischen Hofes irgend eine Intoleranz gegen die andern, von ihr geduldeten Religionspartheien ausgeübt; noch auch ihren Katholischen Unterthanen selbstᵘ ein Zwang auferlegt werde, welcher ihr Fortschreiten zu einer aufgeklärteren und liberaleren Denkungsart, so wie dieselbe unter den Protestanten verbreitet zu seyn pflegt, ungerechter Weise hemmen.

Bloß insofern weder der eine, noch der andere Nachtheil zu befürchten steht, kann ein Protestantischer Landesfürst, ohne seinen Rechten etwas zu vergeben, einer Römischen Verfügung sein Placet ertheilen.

Dieser Hauptgesichtspunkt nun müßte, ᵛmeiner unmaßgeblichen Meynung nachᵛ, auch in gegenwärtigem Fall zur höchsten Norm dienen, und nie aus den Augen gesetzt werden. Dies ist um so nothwendiger, als man in ʷRom selbstʷ das Verhältniß leicht umgekehrt ansiehtˣ. Man vergißt nemlich hier sehr leicht, daß eigentlich der Pabstʸ, auf den Antrag der auswärtigen Katholiken, den Hof bitten müßte, seiner Verfügung Cours zu verstatten; und

---

ⁱ *im K. darüber gestr.:* Grundsätze welche dem Land[gr.] Geschäftsträger am Römischen Hofe bei der Betreibung der Katholisch geistlichen Geschäfte seines Hofes zur Richtschnur dienen könnten   ᵏ⁻ᵏ *im K. vor der Zeile ergänzt*   ˡ⁻ˡ *im K. über der Zeile statt gestr.:* dem er   ᵐ *im K. folgt gestr.:* landesväterlicher   ⁿ *im K. übergeschrieben statt gestr.:* seine   ᵒ⁻ᵒ *im K. vor der Zeile ergänzt statt gestr.:* der protestantische Fürst   ᵖ⁻ᵖ *im K. über der Zeile statt gestr.:* macht er   ᑫ⁻ᑫ *im K. vor der Zeile statt gestr.:* zu einem Theil seiner Regierungsangelegenheiten   ʳ *im K. über der Zeile statt gestr.:* er   ˢ *im K. über der Zeile statt gestr.:* seiner   ᵗ *im K. danach gestr.:* kleine Weise   ᵘ *im K. davor gestr.:* ein Z   ᵛ⁻ᵛ *im K. vor der Zeile ergänzt*   ʷ⁻ʷ *im K. über der Zeile ergänzt*   ˣ *im K. folgt gestr.:* Weil es der Geschäftsträger des Hofes ist, welcher etwas verlangt, so glaubt man durch die Gewährung des Antrags dem Hofe eine Gefälligkeit zu erzeigen u.; *stattdessen das Folgende zumeist vor dem Text ergänzt*   ʸ *im K. folgt gestr.:* dem Hof

30. Juli 1803

daß, wenn der Hof selbst[z] die Gesuche seiner Unterthanen anzubringen übernimmt, das nur die nothwendig über dieselben zu führende Aufsicht zur Absicht hat.

§. 2.

Nachteile die [a]aus der Schließung eines Concordats[a],

Diesen Grundsätzen gemäß, würde ich daher niemals Sr. Hf. Dl., dem Herrn Landgrafen[b] zu rathen wagen, mit dem Päbstlichen Hofe ein Concordat, oder unter welchem Namen es sey, irgend einen Vertrag oder Abkommen zu schließen, da ein solches, als ein contractus bilateralis immer voraussetzte, daß auch Se. Hf. Dl. dem Pabst von Ihrer[c] Seite Vortheile bewilligten und sich Verbindlichkeiten auferlegten. Da auch ein einmal geschlossener Vertrag nicht so leicht wieder aufgehoben oder abgeändert werden kann, so würde jeder, und selbst ein vortheilhaft scheinender eine Stätigkeit und Festigkeit in das Verhältniß mit dem Römischen Hofe bringen, welche dasselbe, meiner Meynung nach, nie haben darf[d]. Denn da dies Verhältniß nur auf der Meynung beruht, welche die Katholischen Unterthanen Sr. Hf. Dl. von der Nothwendigkeit ihrer Abhängigkeit vom Oberhaupte der Kirche hegen[e], welcher die Regierung aus Huld gegen sie nachzugeben für gut findet[f], mit der Zeit aber von den weisen, und zweckmäßigen Anstalten zu Beförderung allgemeiner Aufklärung und ächter, von Aberglauben gereinigter Religiosität[g] im Lande selbst zu hoffen steht, daß diese Meynung[h] und die Neigung zu den Recursen nach Rom immer mehr[i] abnehmen wird, so muß als dann auch von selbst das Band mit dem Päbstlichen Hofe loser und lockerer werden.

Aus eben den Gründen würde ich es für gut halten, daß auch jetzt dem Pabst keinerlei Eröfnung über das Ganze der neuen Einrichtung gemacht[k], sondern nur jedesmal dasjenige angebracht würde, was zur Betreibung eines einzelnen Geschäfts, wie z.B. die Errichtung eines neuen Bisthums, die Veränderung der Dioecese eines andern, die Bestellung geistlicher Gerichte u.s.f. ist[l], nothwendig seyn dürfte.

Denn da das Verhältniß zwischen einem Protestantischen Landesfürsten und dem Pabst so äußerst delikat ist, so ist wenigstens[m] von Seiten des Preuß. Hofes mir überall zur Maxime[n] gemacht, soviel als nur möglich ist, das Controvertiren über Grundsätze und allen weitläuftigen Schriftwechsel zu vermeiden, jedes Gesuch kurz und nur mit Anführung der nöthigen Umstände in facto anzubringen, und seine Gewährung als eine Gunst des Oberhauptes der Kirche gegen die Preuß. Katholischen Unterthanen, oder[o] (wenn der Fall danach angethan ist) als eine Gefälligkeit gegen[p] Se. Majestät den König selbst zu verlangen, und so auf dem kürzesten und leichtesten Wege zum Zweck zu gelangen.

---

[z] *im K. hier zunächst gestr. und nach* Unterthanen *über der Zeile eingefügt* II. [a–a] *urspr. Fassung im K.:* aus einem Concordat entspringen können [b] *im K.* Ser[enissi] mo [c] *im K.* Höchstihrer [d] *im K. übergeschrieben statt gestr.:* muß [e] *im K. vor der Zeile statt gestr.:* haben [f] *im K. danach gestr.:* so [g] *im K. folgt gestr.:* zu [h] *im K. folgt gestr.:* immer aber [i] *fehlt im K.* [k] *im K. folgt gestr.:* würde [l] *im K. über der Zeile* [m] *im K. gestr.; danach gestr.:* beim [n] *im K. urspr. zum Grundsatz* [o] *im K. folgt gestr.:* als eine [p] *im K. folgt gestr.:* den Römischen Hof

§. 3.

oder aus der Anstellung eines Päbstlichen Nuncii entstehen könnten.

Es ᵍist sehr wahrscheinlichᵍ, daß der Römische Hof ʳsuchen wird, unterʳ den jetzigen Umständen in einige Theile Deutschlands, wie schon sonst geschehen ist, Päbstlicheˢ Nuncien zu schicken. Auf keine Weise aber könnte ich Sr. Hf. Dl.ᵗ rathen, einem solchen Nuncioᵘ, wenn er außerhalb der Landgräflichen Hessischen Staatenᵛ angestellt wäre, irgend eine, auch noch so unbedeutend scheinende Autorität zu gestatten; oder auch nur zu erlauben, daß demselben irgendein, auf Landgräfliche Unterthanen Bezug habender Auftrag gegeben werde.

Ebensowenig dürfte es rathsam seyn, die Anstellung eines solchen Nuncii oder Vicarii Apostolici, oder wie man ihn sonst nennen möchte, in den Hessischen Landen selbst, oder an Sr. Hf. Dl. Hofe, zu erlauben.

Die nachtheiligen Folgen, die aus der einen und andern Maßregel unvermeidlich entspringen müßten, fallen nur zu sehr von selbst in die Augen.

§. 4.

Verhinderung aller Einmischungʷ auswärtiger Geistlicher in Angelegenheiten Katholischer Hessischer Unterthanen.

Da Se. Hf. Dl.ˣ die für Höchstihre Katholischen Unterthanen wohlthätige Absicht haben, einen eigenen Bischof in Höchstdero Landen anzustellen; so würde ich es für zweckmäßig halten, überhaupt den Grundsatz anzunehmen:

nie und in keinem Fall irgend einem auswärtigen Geistlichen ʸzu verstattenʸ, irgend einen geistlichen Actus, am wenigsten aber einen jurisdictionellenᶻ in den Landgräflichen Landen auszuüben, sondern vielmehr überall und durchaus dieᵃ geistliche Jurisdiction und Autorität mit den Gränzen der weltlichen Landeshoheit zu umschreiben, so daß beide, ohne Ausnahme überall zusammenfallen müßten.

ᵇFreilich könnte jedoch die Locallage eine Ausnahme hier von nothwendig machen, da der aus einer fremden Jurisdiction entstehende Nachteilᶜ durch die Umständlichkeit, einem abgesonderten kleinen District einen eignen Weihbischof zu geben, oder die Schwierigkeit, ihn von einem sehr entfernten Bischof abhängen zu lassen, überwogen werden könnte. ᵈImmer aberᵈ müßte sich indeß in diesem Fall der fremde Bischof fürᵉ diesen Theil seiner Dioecese schlechterdings allen im Landgräf. Hessischen gemachten geistlichen Einrichtungen schlechterdings und ohne Ausnahme unterwerfenᵇ.

ᵍ⁻ᵍ *im K. urspr.:* wäre vielleicht möglich; *dann über der Zeile korrigiert zu:* ist im hohen Grad wahrscheinlich ʳ⁻ʳ *im K. über der Zeile ergänzt* ᵗ *im K.:* Ser [enissi] mo ᵘ *im K.:* Nuncius ᵛ *im K.:* Lande ʷ *im K. urspr.:* Abschaffung aller Einrich ˣ *im K. urspr.:* Ser [enissi] mus ʸ *im K. über der Zeile* ᶻ *im K. gestrichen:* zu gestatten III. ᵃ *im K. folgt gestr.:* Zwang ᵇ⁻ᵇ *ganzer Absatz im K. am Rand ergänzt* ᶜ *im K. folgt gestr.:* manchmal ᵈ⁻ᵈ *im K. verbessert aus:* In jedem Fall ᵉ *im K. davor gestr.:* allein; *danach gestr.:* von

§. 5.

Grundmaxime bei allen Anträgen in katholischen geistlichen Angelegenheiten.

Wenn auf die eben angegebene Weise[f] alles beseitigt worden ist, was die freie Disposition der Landgräflichen Regierung über die geistlichen Angelegenheiten ihrer Katholischen Unterthanen auf irgend eine Weise[g] einzuschränken im Stande wäre; so ist es, dünkt mich, zunächst nothwendig, dafür zu sorgen, daß ihr nichts von demjenigen verborgen bleiben könne, was der Päbstliche Hof in Angelegenheiten ihrer Unterthanen vorzunehmen für gut findet.

Dies wird zwar schon durch die (vielleicht schon jetzt wirklich in den Landgräflich Hessischen Landen ergangene) gesetzliche Verfügung bewirkt, daß keine[h] Bulle, Breve, Rescript, Decret oder andre Verfügung des Pabstes oder eines seiner Tribunäle oder Behörden eher Gültigkeit haben solle, als bis die Landgräfliche Regierung[i] derselben ihre höchste[j] Genehmigung ertheilt haben werde.

Allein auch außerdem würde ich unterthänigst anrathen, zur vollständigen Erreichung jenes Zwecks, dieselbe Einrichtung in Absicht des Geschäftsganges der Katholischen geistlichen Angelegenheiten zu treffen, welche von Seiten der Königlich Preußischen Regierung beliebt worden ist.

In den Preußischen Staaten ist es nemlich als eine Grundmaxime angenommen, daß alle in Rom zu betreibende geistliche Geschäfte schlechterdings und ohne alle Ausnahme, durch die Hände des Königlichen Ministeriums gehen müssen. Der katholische Geistliche oder Laie, welcher in Rom etwas zu suchen hat, wendet sich mit seinem Gesuch an das Ministerium [k]in Berlin[k], das Ministerium trägt das Geschäft, wenn es, nach angestellter Prüfung, den Recurs gestatten will, dem hiesigen Geschäftsträger auf; dieser schickt die Verfügung oder Antwort des Römischen Hofes dem Ministerium zurück; und das Ministerium theilt dieselbe der Parthei mit.

Es ist daher hiernach:

a) den Katholischen[l] Unterthanen verboten, sich je unmittelbar, persönlich[m] oder schriftlich, oder mittelbar durch den Königlichen[n] Geschäftsträger[o] selbst (mit Vorbeigehung des Hofes) oder gar durch andre Agenten oder sogenannte hiesige Spedizionieri, an den Pabst oder ein Römisches Tribunal zu wenden. Die päbstlichen Behörden sind officiell ersucht worden, keine anderen[p] Anträge, als solche anzunehmen, die ihnen durch das Ministerium selbst, das sich dazu jedesmal seines accreditirten Geschäftsträgers bedienen wird, zukommen; und letzterer ist angewiesen, darauf zu wachen, daß keine Contraventionsfälle vorgehn, oder dieselben sogleich anzuzeigen und das durch [q]solche ungebührliche[q] Anträge eingeleitete Verfahren abzuschneiden.

b) dem hiesigen Geschäftsträger[r] selbst alle unmittelbare (nicht durch das Ministerium in Berlin gehende) Correspondenz

---

[f] *im K. folgt gestr.:* die Landgräf. Landesregierung eine vollkommene und uneinge
[g] *im K. folgt gestr.:* zu stören [h] *im K. folgt gestr.:* Päbstl. [i] *im K. davor gestr.:* Höchste
[j] *fehlt im K.* [k-k] *fehlt im K.* [l] *im K. folgt gestr.:* Preu [m] *im K. vor der Zeile ergänzt statt getr.:* mündlich [n] *im K.:* Preuß. [o] *im K. vor der Zeile ergänzt statt gestr.:* Minister-Residenten [p] *im K. übergeschrieben; ursprüngl. nur:* keinen [q-q] *im K. übergeschrieben statt gestr.:* dieselben [r] *im K. übergeschrieben statt gestr.:* Minister-Residenten

mit Katholischen Preußischen Unterthanen über geistliche Geschäfte untersagt. Finden Katholische Unterthanen des Königs nöthig, ihm zu schreiben, und glaubt er ihnen antworten zu müssen, so müssen beide Theile ihre Briefe offen dem Ministerium[s] zur Beförderung überreichen, und bringen katholische Unterthanen unmittelbar auch[t] durchaus unbedeutende Gesuche bei dem Geschäftsträger an, so muß er, ohne das Mindeste darauf zu verfügen, bloß nach Hofe davon Bericht erstatten.

c) allen Bischöfen und andern geistlichen Behörden in den Preußischen Staaten verboten, irgend eine Römische Verfügung zu publiciren, die ihnen nicht vom Hofe zu diesem Behuf zugestellt worden ist.

Die Zweckmäßigkeit[u], ja man kann wohl sagen, die Nothwendigkeit dieser Einrichtung ist in die Augen leuchtend. Der einzige Nachtheil könnte eine gewisse Weitläuftigkeit scheinen.

Allein die geringere Entfernung der Landgräf. Hessischen Staaten[v] macht diesen Nachtheil für sie[w] schon geringer; und im Ganzen werden die Geschäfte gewiß schneller von einem ganz dem Hofe angehörenden Geschäftsträger, als einzelnen nur für den Gewinn arbeitenden Agenten und Spedizionieren, und von dem Geschäftsträger selbst, wenn er je einer Ermunterung [x]zu seiner Pflichterfüllung[x] bedürfen sollte, wiederum[y] schneller betrieben, wenn er unaufhörlich vom Hof controllirt wird, als wenn er bloß mit den Partheien zu tun hat.

§. 6.

In welchen Fällen der Recurs nach Rom zu gestatten ist? Temporalia. Unaufgeforderte[z] Einmischung des Pabstes in Angelegenheiten Katholischer Unterthanen.

In welchen Fällen der Recurs nach Rom zu gestatten seyn dürfte, bleibt[a] natürlich allein [b]der höchsten Beurtheilung[b] der Landgräflichen[c] Regierung[d] überlassen.

Unstreitig dürfte indeß dieselbe nie erlauben[e], daß sich der Römische Hof je, auch nur auf die entfernteste Weise in etwas, das die Temporalia beträfe, einmischte. Dies wäre eine offenbare Kränkung der Souverainitätsrechte circa sacra und um so nachtheiliger, als die Androhung der Einziehung der Temporalien immer das letzte und äußerste Mittel bleibt, die Katholische Geistlichkeit im Gehorsam gegen die Landesgesetze zu erhalten.

Es könnte auch vielleicht der Fall seyn, daß der Römische Hof für gut fände, sich von selbst und unaufgefordert in geistliche Angelegenheiten der Landgräf. Hessischen Länder[f] zu mischen, und [g]daß derselbe[g], wenn[h] nicht Verfügungen ergehen lassen, doch Erkundigungen einziehen wollte.

Dies würde jedoch[i], meiner unmaßgeblichen Meynung nach, auf alle Weise zu verhindern, und nur ein solcher Vorschlag[j] in Prüfung und Betrachtung zu ziehen seyn, der auf dem ordent-

---

[s] *im K. folgt gestr.:* über [t] *im K. gestr.; stattdessen vor der Zeile:* selbst [u] *im K. über der Zeile statt gestr.:* Vortheile [v] *im K.:* Lande; *danach gestr.:* als [w] *im K. über der Zeile, aus* die *verbessert* [x-x] *im K.:* zur Erfüllung seiner Pflicht [y] *im K.* nur *wieder, über der Zeile eingefügt* [z] *im K. übergeschrieben statt gestr.:* Freiwillige

IV. [a] *im K. folgt gestr.:* außer [b-b] *im K. über der Zeile ergänzt* [c] *im K. folgt gestr.:* Höchsten [d] *im K. folgt gestr.:* zu bestimmen; *über der Zeile ergänzt:* selbst [e] *im K. über der Zeile ergänzt statt gestr.:* gestatten [f] *im K.:* Lande [g-g] *im K. über der Zeile ergänzt* [h] *im K. unter der Zeile eingefügt:* auch [i] *im K. stattdessen über der Zeile:* aber [j] *im K. folgt gestr.:* zu gen

lichen Wege durch den Geschäftsträger Sr. Hf. Dl. und bei Hofe angebracht würde.

Solche Vorschläge macht jedoch der Römische Hof, wenigstens meiner geringen Erfahrung nach, nur sehr selten. Er wartet gewöhnlich ab, daß er selbst[k] angegangen werde, um [l]auf diese Weise[l] wenigstens den Schein zu haben, nur zu entscheiden, abzuschlagen oder zu gewähren.

§. 7.

Unterschied zwischen den verschiedenen in Rom zu betreibenden[m] geistlichen Geschäften.

Zwischen den verschiedenen Geschäften, welche in katholischen geistlichen Angelegenheiten in Rom zu besorgen vorkommen, waltet ein Unterschied ob, dessen Beobachtung mir von erheblicher Wichtigkeit scheint.

Einige sind von der Art, daß das landesherrliche Interesse dabei auf eine eminente Weise concurrirt; andre gehen mehr bloß die Partheien an, und sind dem Hofe selbst und unmittelbar gleichgültig.

Zu der ersteren Classe würde ich unmaßgeblich rechnen: die Errichtung neuer Bisthümer und Sprengelveränderung oder Besetzung schon vorhandener; die Vergebung aller, besonders der höheren Beneficien; die geistliche Gerichtsbarkeit; die allgemeine Einrichtung der Klöster; und die etwannigen Stiftungen, welche die jetzt zu den Landgräflich Hessischen Ländern[n] geschlagenen Bisthümer in Rom gehabt haben könnten.

Zu den letzteren hingegen: die Facultaeten der Bischöfe, alle Ehesachen insofern sie den Recurs nach Rom nothwendig machen; die Saecularisation[o] von Ordensgeistlichen; der [p]Uebertritt derselben aus einem Orden in den andern[p]; die Ertheilung von Ablaßbrevien; die Gewissensfälle; und [q]alle andre vom Pabst zu ertheilende Dispensationen, welche[r] einzelne der hier genannten ähnliche Fälle betreffen.

Das Zweckmäßigste nun schiene mir zu seyn, daß[s] des [t]Herrn Landgrafen Hf. Dl.[t] mir erlaubte, nur[u] die[v] Geschäfte der ersteren Art [w]in Höchstihrem Namen[w] anzubringen, die der letzteren hingegen bloß[x] mit dero höchster Verwendung[y] mehr oder minder dringend zu unterstützen.

Dies ist, [z]dünkt mich, auf der einen Seite[z] der Würde des Herrn Landgrafen Hf. Dl. angemessen, da Höchstdieselben in demjenigen, was in Ihrem Namen angebracht wird, niemals, oder nur aus den dringendsten Beweggründen nachgeben können[a]; auf der andern Seite aber[b] scheint es mir auch billig, daß je fester man darauf besteht, daß der Pabst sich nicht in die mindesten Eingriff in die höchsten landesherrlichen Rechte erlaube, man ihm auch desto freier verstatte, in allem demjenigen, was nur die Katholiken, als Katholiken betrifft, und sonst mit nichts collidirt, lediglich nach seinem Gewissen zu verfahren.

---

[k] *fehlt im K.* [l-l] *im K.: so* [m] *in K. und Ausf. folgt gestr.: Katholischen* [n] *im K.: Landen* [o] *im K. verbessert aus: Saecularisationen* [p-p] *im K. vor der Zeile ergänzt* [q] *im K. folgt gestr.: eine Anzahl* [r] *im K. übergeschrieben statt gestr.: die* [s] *im K. folgt gestr.: mir* [t-t] *im K.: Hohe Landgräf. Regierung* [u] *im K. über der Zeile ergänzt* [v] *im K. folgt gestr.: ersten* [w-w] *im K.: im Namen des H. Landgrafen Hf. Dl.* [x] *im K. folgt: allgemein* [x] *im K. folgt gestr.: zu unterstu* [z-z] *im K.: auf der einen Seite, dünkt mich V.* [a] *im K. über der Zeile ergänzt statt gestr.: müssen* [b] *im K. folgt gestr.: ist es um*

Bericht 4b

Jene Abtheilung würde indeß immer nur zur allgemeinen Norm dienen; da es sich von selbst versteht, daß wann ᶜEin Hohes Landgräfliches Ministeriumᶜ für gut fände, auch an irgend einem Geschäft der Zweiten Classe ein unmittelbares Interesse zu nehmen, der hiesige Geschäftsträger nur dessen Befehle hierüber ᵈzu erwarten habenᵈ würde.

§. 8.

Für Römische Verfügungen zuᵉ entrichtende Gebühren.

Ein Punkt ist jedoch auch bei allen Geschäften der zweiten Classe, an welchem ᶠEin Hohes Landgräfliches Ministeriumᶠ sichᵍ vermuthlich veranlaßt fühlen wirdʰ, einen näheren Antheil zu nehmen, und den es daher wohl dem Geschäftsträger erlaubt seyn dürfteⁱ, im Namen des Herrn Landgrafen Hf. Dl. Selbst zu unterstützenʲ, ich meyne die ᵏNiederschlagung oder Verminderung der für Römiᵏschen Verfügungen zu bezahlenden Gebühren.

Im Ganzen glaube ich hierbei bemerken zu müssen, daß der Römische Hof, ˡungeachtet der sehr bedrängten Lage seiner Finanzenˡ, in Absicht ᵐdieses Punktsᵐ sich wenigstens gegen den Preußischen immer überaus willfährig bewiesen hat, und es nur einer geringen Verwendung von meiner Seite bedarf, um dieselbe zu bewirken. ⁿIn der Thatⁿ wird der größeste Theil der Ehedispensationen durchaus unentgeldlich ausgefertigt. Wenn die Päbstlichen Tribunäle hierin nicht noch weiter gehen; so ist hieran ein doppelter Umstand Schuld, der, weil er auswärts minder bekannt seyn möchte, eine besondre Erwähnung zu verdienen scheint.

a) ist ein großer Theil der Salarien der bei den verschiedenen Tribunalen angestellten Officianten auf diese Gebühren angewiesen, und wenn man die Menge der Geschäfte bedenkt, die aus der ganzen Katholischen Christenheit hierher zusammenkommenᵒ; so müßte in der That die Unterhaltung der zu ihrer Betreibung nothwendigen Tribunäle dem Pabste unmöglich werden, wenn nicht die Partheien selbst einen Theil davon über sichᵖ nähmen.

b) giebt esᑫ bei der Päbstlichen Datarie, durch welche vorzüglich alle mit Gebühren verbundene Ausfertigungen gehen, eine Anzahl käuflicher Aemter, welche man Vacabilia nennt, und dieʳ in nichts anderen bestehen, als daß diejenigen, welche sie erworben haben (die sogenannten Vacabilisten)ˢ indem sieᵗ entweder nichts oder eine bloße Kleinigkeit zu thun haben, einen Theil der einkommenden Gebühren ziehen. Diese Einrichtung, vermögeᵘ welcher man für eine große, auf einmal zusammengebrachteᵛ Summe Geld das Rechtʷ auf einen Theil der für alle Zeiten hieraus für geistliche Angelegenheiten zu ziehenden Gebühren verkauftᵘ, ist natürlich höchst schädlichˣ; alleinʸ die heutigen Vaca-

---

ᶜ⁻ᶜ *im K.:* Hochfürst[liche] Regierung ᵈ⁻ᵈ *im K. über der Zeile ergänzt* ᵉ *im K. folgt gestr.:* betreibe ᶠ⁻ᶠ *im K.:* Eine Hohe Landgräf. Regierung; Eine *statt gestr.* die *über der Zeile ergänzt* ᵍ *im K. vor der Zeile ergänzt* ʰ *im K. gestr. und durch* dürfte *über der Zeile ergänzt* ⁱ *im K.:* würde ʲ *im K.:* betreiben ᵏ⁻ᵏ *im K. vor der Zeile ergänzt statt gestr.:* für Römi ˡ⁻ˡ *im K. vor der Zeile ergänzt* ᵐ⁻ᵐ *im K. vor der Zeile ergänzt statt gestr.:* der Niederschlagung u. Verminderung der Kosten ⁿ⁻ⁿ *im K.:* Wirklich; *davor gestr.:* Haß ᵒ *im K.:* zusammenfließen ᵖ *im K. über der Zeile ergänzt* ᑫ *im K. folgt gestr.:* vorzüglich ʳ *im K. über der Zeile statt gestr.:* da ˢ *im K. folgt gestr.:* bald ᵗ *im K. folgt gestr.:* nicht ᵘ⁻ᵘ *im K. am linken Rand ergänzt, am Schluß umgestellt:* zu ziehende Gebühren für geistliche Angelegenheiten verkaufte ᵛ *im K. verbessert aus:* zusammenkommende ʷ *im K. danach gestr.:* verkaufte ˣ *im K. folgt gestr.:* u. nur eine Finanzspeculation rührt aus geldbedürftigen Zeiten her, wo

30. Juli 1803

bilisten haben insgesammt[z] ihre Aemter titulo oneroso erworben, und[a] eine Rente gekauft, um deren Genuß der Pabst sie gerechterweise nicht bringen kann, ohne sie wenigstens für das Kaufpretium aus seiner Kammer zu entschädigen.

[b]Es ist merkwürdig, daß Sixtus 5. diese Vacabilia und die sogenannten Cuoghi di monti (eine ordentliche Staatsrente) schuf, um den Geldreichthum einer Menge von Familien, deren Macht ihm politisch gefährlich war, in seine Hände zu bringen. Er legte das Geld in der Engelsburg nieder, und setzte fest, daß es aus derselben nur bei außerordentlichen Staatsbedürfnissen genommen werden sollte. Die besondern Umstände, unter denen davon Gebrauch zu machen sey, bestimmte er in einer eignen Bulle. Da er zugleich die Einrichtung traf, daß die Vacabilien in gewissen gesetzlich angegebenen Fällen an die Päbstliche Kammer zurückfallen mußten; so verordnete er, daß durch das hierdurch zurückkehrende Capital nach und nach die Cuoghi di monti vernichtet werden sollten. So wurde, seinem Plane zufolge, zugleich die Macht der großen Familien geschwächt u. dem Staat ein beträchtlicher Schatz gesichert; die Staatsschuld aber tilgte sich durch sich selbst. Allein unter seinen Nachfolgern blieb diese unvermindert, und die Engelsburg wurde ausgeleert[b].

Dem allem ungeachtet schmeichle ich mir indeß doch, daß [c]Ein Hohes Landgräfl. Ministerium[c] dennoch die Kosten der geistlichen in Rom zu betreibenden Geschäfte im Ganzen nicht[d] sonderlich bedeutend finden wird.

Von Königl. Preuß. Seite pflegt [e]eine beträchtliche[e] Verminderung der Kosten nur bei sehr geringem Vermögen, die gänzliche Niederschlagung (die jedoch fast nur bei Ehedispensationen vorkommt) nur bei gänzlicher Armuth der Partheien [f]verlangt zu werden[f]. Wenn nichts besonderes [g]gefordert wird[g], sehe ich nur dahin, daß das Uebermaß vermieden werde[h], und wenn der Päbstliche Hof in der [i]Willfährigkeit zur Verminderung und Niederschlagung[i] der Kosten erhalten werden soll, so ist es frei-

---

man dadurch, daß man das Recht auf einen Theil der für alle Zeiten hieraus für geistliche Ausfertigungen zu ziehenden Gebühren verkaufte, eine große Summe Geldes auf Einmal zusammenbrachte [y]*im K.* allein die *übergeschrieben statt gestr.:* Die [z]*im K.* alle; *davor gestr.:* jedoch
VI. [a]*im K. folgt:* gleichsam [b–b]*im K. ist die urspr. Fassung des folgenden Abschnitts am linken Rand zugefügt:* Merkwürdig ist es, daß Sixtus der 5. diese Vacabilia ... schuf, um den Geldreichtum ... in seine Hände zu bringen. Er legte das Geld in die Engelsburg, aus der es nur unter [*urspr.:* in] besondern bestimmten Umständen [*urspr.:* Fällen] genommen werden sollte, und setzte fest, daß mit den in gewissen gesetzlich angegebenen Fällen wieder in die päbstliche Kammer zurückfallenden Vacabilien die Cuoghi di monti [*urspr.:* Staatsschaz] nach und nach vernichtet [*urspr.:* getilgt] werden sollten. So sollte, seinem Plan nach, zugleich die Macht der großen Familien geschwächt, und dem Staat ein beträchtlicher Schatz gesichert werden, die Staatsschuld aber [*gestr.:* sollte] sich durch sich selbst wieder tilgen. Allein unter seinen Nachfolgern ist die Engelsburg ausgeleert worden und die Schulden sind unvermindert geblieben [*urspr.:* seine Nachfolger haben die E. ausgeleert, und die Schulden sind unvermindert geblieben]   [c–c]*im K.:* Eine Hohe Landgräfl. Regierung [d]*im K. über der Zeile ergänzt:* [e–e]*im K. vor der Zeile ergänzt statt gestr.:* man die [f–f]*im K. verbessert aus:* zu verlangen [g–g]*im K. vor der Zeile gefordert ist statt gestr.:* verlangt wird [h]*im K. übergeschrieben statt gestr.:* wird [i–i]*im K. urspr. Bewilligung der Niederschlagung; Willführigkeit zur* und *oder Verminderung vor bzw. über der Zeile nachgetragen*

lich auch nothwendig, in diesem Verlangen einige Billigkeit zu beobachten.

Sehr zweckdienlich ist es, wenn die Bischöfe in ihren, bei den meisten Geschäften zu ertheilenden Zeugnissen[j], dieselben zugleich auf die Vermögensumstände der Partheien ausdehnen[k].

§. 9.

I. Geschäfte, bei denen das landesherrliche Interesse in vorzügliche Betrachtung kommt.
Nach diesen allgemeinen Bemerkungen dürfte es nun wohl[l] nothwendig seyn, noch über die verschiedenen obengenannten einzelnen Geschäfte einige Worte hinzuzufügen:

1.) Errichtung und Besetzung von Bisthümern.
Errichtung neuer Bisthümer und Besetzung schon vorhandener.

Wenn des Herrn Landgrafen Hf. Dl. ein[m] eignes Bisthum [n]zu errichten geruhen[n]; so würde ich unmaßgeblich darauf [o]anzutragen wagen[o], daß dasselbe, [p]insofern die vorher bestandenen Metropolitanrechte nicht vielleicht im Reichsdeputationsschluß besonders bestätigt sind[p], für immediat und keinem Erzbischofe, sondern nur dem Römischen Stuhl unterworfen erklärt würde, wozu der Pabst sich sehr leicht bereitwillig finden wird. Nur auf diese Weise würde fremder Einfluß zu vermeiden seyn.

Die Person [q]des neuen Bischofs[q] würden natürlich des Herrn Landgrafen Hf. Dl. dem Pabste bestimmen. Denn obgleich der Päbstliche Hof eigentlich Protestantischen Fürsten das Nominationsrecht der Bischöfe nicht zugestehen will, so weicht er doch nie von der ernannten[r] Person ab.

Wenn [s]die Ernennung[s] dem Pabste bekannt gemacht ist, muß dem neu Ernannten der Canonische Process formirt und [t]dieser Process[t] zur Prüfung nach Rom gesandt werden.

Die Formirung des[u] Processes nun und die nachher folgende[v] Consecration würden wohl den einzigen Fall ausmachen, in dem wenigstens [w]für jetzt noch[w] des Herrn Landgrafen Hf. Dl. einem fremden Bischof einen Actus in Höchstdero[x] Landen würden gestatten müssen. Denn beides[y] muß nothwendig durch einen Bischof geschehen[z]. Jedoch wird[a] es von Sr. Hf. Dl. abhängen, Höchstselbst zu bestimmen, welchen auswärtigen Bischof Höchstdieselben[b] dabei vorziehen[c], da der Pabst alsdann immer[d] den Auftrag dem vorgeschlagenen [e]zu ertheilen pflegt[e].

Wenn der Canonische Process hier angekommen, und (wie natürlich immer geschieht) richtig befunden worden ist, so muß

---

[j] *im K. gestr.:* Att[este]   [k] *im K. folgt gestr.:* Bei der verlangten gänzlichen Niederschlagung der Kosten pflegt alsdann die Formel: 'qui pauperes et miserabiles existunt et ex labore et industria sua tantum vivunt' gebraucht zu werden: [l] *im K. folgt gestr.:* noch   [m] *im K. urspr.:* einen   [n-n] *im K.:* errichtete   [o-o] *im K.:* antragen   [p-p] *im K. am linken Rand nachgetragen, urspr. in der Form:* insofern es vorher bestanden und vielleicht ...   [q-q] *im K. über der Zeile:* des Bischofs selbst   [r] *im K. übergeschrieben statt gestr.:* vorgeschlagnen   [s-s] *im K.:* dieselbe   [t-t] *im K. übergeschrieben statt gestr.:* derselbe   [u] *im K. übergeschrieben statt gestr.:* dieses   [v] *im K.:* erfolgende   [w] *im K. nur:* jetzt   [x] *im K.:* Ihren   [y] *davor im K. gestr.:* da; *danach gestr.:* durch   [z] *im K. folgt:* und jetzt' wenigstens ist ein solcher in den Landgräf. Hessischen Landen nicht vorhanden. VII.   [a] *im K.:* würde   [b] *im K.:* S[erenissimus]   [c] *im K.:* vorzögen   [d] *im K. nach dem übergeschr.:* den Auftrag   [e-e] *im K.:* ertheilt; *davor gestr.:* den Auftrag

30. Juli 1803

der neue Bischof im Consistorio Secreto vom Pabst proponirt und proclamirt werden[f]; da aber dergleichen Consistoria nur einigemal im Jahre gehalten werden, so wird dadurch die Besetzung eines Bisthums manchmal um ein Paar Monate verzögert.

Hierauf[g] wird endlich die Bulle spedirt und der Auftrag zur Einweihung[h] gegeben. Diese muß eigentlich von drei Bischöfen geschehen; man erhält indeß ohne Mühe, daß[i] nur Ein Bischof adhibitis duabus dignitatibus dieselbe[j] verrichte.

Weihbischöfe.

§. 10.

Sollten des Herrn Landgrafen Hf. Dl. für gut finden, auch noch einen, oder vielleicht[k] (weil etwa[l] ein Theil der Dioecese beträchtlich vom andern entfernt läge) zwei Weihbischöfe zu bestellen, so würde in der Folge die Unbequemlichkeit hinwegfallen, zur Formirung des Processes und Consecration des Bischofs einen Auswärtigen adhibiren zu müssen.

Da die Weihbischöfe immer Bischöfe in partibus sind, so würde von ihrer Bestellung dasselbe, als von der wirklichen gelten.

2.) Vergebung von Beneficien.

§. 11.

Bei der Vergebung von Beneficien gehet das Verhältniß mit dem Römischen Hofe nur die Disposition über diejenigen an, welche eigentlich (wie z. B. die in mensibus papalibus erledigten) dem Pabste zu vergeben zustehen würden.

Auch zu diesen würde indeß des Herrn Landgrafen Hf. Dl. die beliebigen Personen bestimmen und der Pabst dieselben bestätigen, wenn er sich auch vielleicht nicht dieses Ausdrucks, sondern dessen der Provision bediente.

Die Vergebung aller andern Beneficien geht lediglich die inländische Verfassung und die Verhältnisse der Kapitel an. In Rücksicht des Römischen Stuhls kommt hiebei sonst nur die [m]in einigen Fällen, wie z. B. bei Coadjutorien auf Canonicate nothwendige[m] Bestätigung[n] in Betracht, die gegen Erlegung der Gebühren ohne Schwierigkeit erhalten wird.

3.) Geistliche Gerichtsbarkeit.

§. 12.

Ein vorzüglich wichtiger Punkt ist die Anordnung der geistlichen Gerichtsbarkeit.

Das Wichtigste hiebei ist, in allen möglichen Fällen den Recurs nach Rom an den Pabst [o]und seine Tribunäle[o] zu verhindern, und um dies vollkommen zu bewirken, ist in den Königlich Preußischen Staaten folgender Zug der Instanzen angeordnet worden.

Jede Diöecese hat ihre eignen geistlichen Gerichte.

Die 1. Instanz ist das Officialat jedes Bischofs.

Die 2. Instanz ist, bei den unter einem Erzbischof stehenden Bischöfen das Metropolitan Gericht[p] des Erzbischofs; bei den unmittelbar dem Pabste unterworfenen ein eigens[q] in der Dioecese eines jeden angeordnetes Appellationsgericht.

---

[f] *im K. danach gestr.:* und [g] *im K.:* Darauf [h] *im K.:* Consecration [i] *im K. folgt:* sie [j] *fehlt im K.:* [k] *im K.:* auch wegen [l] *im K.:* vielleicht [m–m] *im K. vor der Zeile ergänzt* [n] *im K. folgt gestr.:* einer [o–o] *im K. über der Zeile ergänzt:* [p] *im K. folgt gestr.:* dieses [q] *im K. folgt gestr.:* Appellations

Zur 3. Instanz ist in jeder Dioecese Ein (in größeren auch zwei) aus drei sogenannten Prosynodalrichtern bestehendes Tribunal[r] angeordnet.

Nur diese Prosynodalrichter sind es, welche den Römischen Hof angehen. Denn da sie[s] die Sachen entscheiden, welche, nach[t] den Begriffen der katholischen Hierarchie, eigentlich in Rom verhandelt werden müßten; so bedürfen sie einer päbstlichen Vollmacht. Diese nun wird[u] durch den hiesigen Geschäftsträger dergestalt negociirt, daß Se. Majestät der König die Personen bestimmen, und die sogenannte delegatio facultatum auf den ganzen Umfang aller Sachen, die nur möglicherweise immer vorkommen können, gerichtet und auf 10 Jahre ertheilt wird. [v]Die zu bestimmenden Personen müssen immer Geistliche seyn[v].

In die Anordnung der beiden ersten Instanzen mischt sich der Pabst nicht.

Die [w]so wichtige[w] Gränzbestimmung zwischen der geistlichen und weltlichen Gerichtsbarkeit geht [x]wiederum bloß[x] die inländische Verfassung an.

4.) Klosterverfassung.

§. 13.
Von den Klöstern dürfte[y] nicht bloß die zu genaue[z] Einmischung des Pabstes, sondern auch die der auswärtigen[a] Ordensobern, Provinciale und Generale, zu entfernen seyn. Auch versteht es sich von selbst, daß weder von einzelnen [b]Polizeigesetzen, die Aufnahme der Novizen und andre Gegenstände betreffend, noch von der Aufhebung ganzer Klöster[b] dem Römischen Hof Notiz gegeben zu werden braucht.

Vielfältige Klagen haben in den meisten, auch katholischen Staaten, die Exemtionen der Klöster veranlaßt, und man hat daher mehr als einmal versucht, sie[c] aufzuheben, und die Klöster, wie sie es bis auf das 12. Jahrhundert hie waren, den Bischöfen unterzugeben.

Ich indeß [d]an meinem Theil[d] könnte Sr. Hf. Dl. nicht anrathen gleichfalls hierzu[f] Schritte zu thun.

Einestheils ist es fast unmöglich die Unterwerfung der Klöster unter die Bischöfe in Rom auszuwirken, und die Bischöfe selbst weigern sich, wie die Erfahrung gezeigt hat, die Jurisdiction über dieselben zu übernehmen.

Anderntheils scheint mir, in Rücksicht auf den Landesherrn[g], die Disciplin[h] der Klöster in den Händen der Bischöfe[i] immer noch nicht sicher genug verwahrt.

Meiner unmaßgeblichen Meynung nach, muß daher der Landesherr die so unumgänglich nothwendige Aufsicht über diese

---

[r] *im K. folgt gestr.:* errichtet [s] *im K. folgt gestr.:* eigentlich [t] *im K. folgt gestr.:* hier [u] *im K. folgt gestr.:* alsdann, *ersetzt durch das vor der Zeile ergänzte* nun [v-v] *im K. am linken Rand ergänzt, wobei statt* zu bestimmenden *urspr.* bestimmten *stand* [w-w] *im K. über der Zeile ergänzt* [x-x] *im K. statt gestr.* natürlich nur *über der Zeile ergänzt* [y] *im K. folgt gestr.:* man [z] *im K. übergeschrieben statt gestr.:* große VIII. [a] *im K. über der Zeile ergänzt* [b-b] *im K. am linken Rand ergänzt; stattdessen gestr.:* Verfügungen über das Alter und die Zahl der aufzunehmenden [*urspr.:* anzunehmenden] Novizen noch über die wirkliche Einziehung [c] *im K. folgt gestr.:* wie sie es ursprünglich [d-d] *fehlt im K.* [e] *im K.:* Ser[enissi]mo [f] *im K. mehrfach korrigiert; urspr.:* dies zu versu... *bzw.* gleichfalls zu versuchen hierzu [g] *im K. verbessert aus:* Landesfürsten [h] *folgt gestr.:* in den Händen [i] *im K.:* des Bischofs

Anstalten niemand, als seinen gewöhnlichen weltlichen Behörden anvertrauen, und wenn er seine Souverainitätsrechte circa sacra in ihrem vollen Umfange ausübt, so geben ʲihm dieselben hiezuʲ hinlänglicheᵏ Freiheit.

Denn die beiden wichtigsten Punkte jeder Klostervisitation, die Untersuchung über die Verwaltung des Klostervermögens und die Aufsicht auf die moralische Aufführung der Ordensgeistlichen, so wie auf alles, was in die allgemeine Landespolizei einschlägt, kommenˡ dem Landesherrn ganz unbezweifelter Weise zu; und dasjenige, was nun hiernach noch übrigbleibt ᵐund bloß Spiritualia betriftᵐ, hat, wenn jenes erstere gehörig bestimmt ist, einen so engen und kleinen Kreis, daß es, ohne Gefahr, den Klosterobern selbst überlassen werden kann.

Es scheint mir daher nicht den mindesten Zweifel zu leiden, daß der Landesherr nicht nur, wie schon viele Kanonisten selbst zugeben, den katholischen geistlichen Visitatoren weltliche Commissarien zuordnen, sondern auch, so oft er es für nöthig hält, eigne Visitationenⁿ bloß durch weltliche Behörden anstellen und Visitations Schlüsse abfassen lassen könne.

5.) Besondre geistliche Stiftungen.

§. 14.
Sollten in den ᵒLandgräflich Hessischen Länderⁿᵒ Stiftungen vorhanden seyn, auf welche der Päbstlicheᵖ Stuhl, oder irgend eins seiner hiesigenᵠ Institute, ein unmittelbaresʳ Recht zu haben vermeynte, oder sollte es hier Stiftungen geben, welche Katholischen Anstalten im Hessen-Darmstädtischen gehörten; so würde ein solches besondres Verhältniß lediglich nach den Localumständen zu beurtheilen seyn.

II. Geschäfte, bei denen das landesherrliche Interesse in minder vorzügliche Betrachtung kommt.
1.) Facultäten der Bischöfe.

§. 15.
Unter denjenigen Geschäften, bei welchen das landesherrliche Interesse inˢ minder vorzügliche Betrachtung kommt, ist die Ertheilung der Facultaeten für die Bischöfe unstreitig eins der wichtigsten. Denn je mehr Facultaeten erweitert werden, desto seltener ist derᵗ unmittelbare Recurs nach Rom nothwendig.

ᵘDa es nemlich eine Menge von Fällen giebt, in welchen der Pabst allein Dispensationen ertheilen kann; so pflegt er den Bischöfen die Vollmacht einzuräumenᵛ, in einer größeren oder geringeren Anzahl dieser Fälle seine Rechte auszuüben, und es giebt hierüber in Rom eigne gedruckte Formulare.

Diese sind jedoch nur immer sehr beschränkt, und istʷ schwierig die Ausdehnung derselben hier zu erhalten, da der hiesige Hof immer die Bereitwilligkeit entgegensetzt, die er selbst in jedem einzelnen Fall hat, die verlangte Dispensation, wenn es angeht, zu gewähren, und auch geradezu äußert, daß es doch etwas geben müsse, wodurchˣ die Katholiken noch an das Daseyn ʸ eines Pabstes erinnert würden.

ʲ⁻ʲ *im K.:* diese ihm hiezu ᵏ *im K. über der Zeile; darunter gestr.:* ein vollkommenes Recht ˡ *im K. davor gestr.:* geh ᵐ⁻ᵐ *im K. vor der Zeile ergänzt* ⁿ *im K. folgt gestr.:* anstellen durch ᵒ⁻ᵒ *im K.:* Landgräf. Landen ᵖ *im K. vor der Zeile statt gestr.:* Römische ᵠ *fehlt im K.* ʳ *im K. über der Zeile ergänzt* ˢ *im K. folgt gestr.:* eine ᵗ *im K. folgt gestr.:* recurs ᵘ *im K. davor gestr.:* Da der Pabst nemlich eine Menge von ihm allein vorbehaltenen Rechten hat, so pflegt er den Bischöfen auf ihr Verlangen die Voll[macht] ᵛ *im K.:* zu geben ʷ *im K. folgt gestr.:* sehr ˣ *im K. verbessert aus:* wobei; *danach gestr.:* sich ʸ *im K.:* die Existenz

Bericht 4b

Indeß habe ich einigen Grund zu vermuthen, daß man den bisher unmittelbaren und keiner Landeshoheit unterworfen gewesenen Bischöfen ausgedehntere Vollmachten zugestanden hat, und es schiene mir daher ein sehr billiges und natürliches Verlangen, dem von Sr. Hf. Dl. zu bestellenden Bischof wenigstens eben die Vollmacht einzuräumen, welche[z] durch denjenigen ausgeübt worden ist, dem bisher derselbe Sprengel unterworfen war. In dieser Rücksicht würde ich mir daher[a] zur gehörigen Zeit von [b]einem Hohen Landgräflichen Ministerio[b] Auskunft über die von dem Bischof allein bisher ausgeübten Facultaeten und Auftrag derselben in eben der Art [c]für den neu zu bestellenden[c] zu negociiren unterthänigst erbitten müssen.

Unter der Anzahl derjenigen Facultäten, welche der Pabst gewöhnlich[d] zu ertheilen pflegt, sind mehrere, deren[e] Ausübung [f]Dinge betrifft, über welche dem Bischof in protestantischen Ländern keine Befugniß zugestanden wird[f] wie z. B. die Erlaubniß zu ertheilen, verbotene Bücher zu lesen [g]und andre der Art[g]. [h]Da jedoch die Landesregierung die Ausübung derselben immer verhindern kann, so scheint mir dies besser zu seyn[h], als auf ihre Auslassung in Rom anzutragen.

2.) Ehedispensationen.

§. 16.
Die häufigsten unter den, fast lediglich das Interesse einzelner Partheien betreffenden Geschäften sind die Ehedispensationen in verbotenen Graden.

Diese werden, wenn sie von zwei Katholiken verlangt sind, ohne Schwierigkeit ertheilt, wofern die Bischöfe in ihren allemal dazu nöthigen Zeugnissen nur irgend canonische Ursachen zur Begründung des Gesuchs anführen.

Zwischen Protestanten und Katholiken hingegen pflegen die Päbstlichen Tribunäle Clauseln hinzuzufügen, welche wie z. B. die, daß der Protestantische Theil die Katholische Religion annehme, oder daß der Katholische sein Möglichstes thun solle[i], ihn dazu zu bewegen, und daß alle Kinder, ohne Unterschied des Geschlechts, in der Katholischen Religion erzogen werden sollen, eine protestantische Regierung unmöglich dulden kann.

Da auf der andern Seite eben[j] dies die Grundsätze des (wie man hier ohne großen Rückhalt gesteht) seiner Natur nach, ausschließenden und dadurch intoleranten Katholischen Glaubens selbst betrifft; so dürfte[k] man hier, theils aus persönlicher Gewissenhaftigkeit des Pabstes, theils um nicht eine, den hiesigen Begriffen nach, zu gefährliche Nachgiebigkeit zu beweisen, schwerlich je von diesen Formeln abgehen; sie vielleicht, auf Verlangen, bald so, bald anders modeln, aber das wesentliche Anstößige nicht leicht entfernen.

---

[z] *im K. folgt gestr.:* bisher
IX. [a] *im K. folgt gestr.:* in der Fol [b-b] *im K.:* Einer Hohen Landgräf. Regierung [c-c] *im K. vor der Zeile ergänzt* [d] *im K. übergeschrieben* [e] *im K. davor gestr.:* zu [f-f] *im K. urspr.:* ein protestantischer Landesherr schwerlich Erlaubniß ertheilen kann *bzw.* (*übergeschrieben*) nicht gestatten kann; *dann am Rand verbessert in:* Dinge betrifft, zu welchen der Bischof keine Befugniß hat *bzw.* in protestantischen Ländern keine Befugniß hat [g-g] *im K.:* und andre mehr [h-h] *im K. am linken Rand ergänzt statt gestr.:* In Rücksicht von Diese hat man in den König. Preußischen Staaten für besser geachtet, aus landesherrlicher Machtvollkommenheit zu verrichten [i] *fehlt im K.* [j] *im K. folgt:* aber [k] *vor der Zeile ergänzt statt gestr.:* weicht

§. 17.

3.) Trennung eines matrimonii rati, non consummati.

Obgleich die Trennung einer ͥgültig geschlossenen und wirklich vollzogenenͥ Ehe auch vom Pabst selbst nicht bewirkt werden kann; so können doch bekanntlichᵐ sogenannte matrimonia rata sed non consummata durch päbstliche Machtvollkommenheit geschieden werden.

Von den großen und kostbaren Förmlichkeiten nunⁿ, welche eine Bulle Benedict 14. für diese Fälle festsetzt, pflegt man hier wohl, sobald der Landesherr selbst das Gesuch unterstützt, abzugehen. Allein immer verlangt man die Einsendung wenigstens eines Auszugs derᵒ über einen solchen Fall von den geistlichen Gerichten des Landes verhandelten Acten, um sichᵖ von dem Umstande, ۹auf den nach katholischen Begriffen alles ankommt۹, daß die Ehe nicht wirklich vollzogen worden sey, durch eigne Einsicht zu überzeugen.

§. 18.

4.) Saecularisationenʳ ad quaevis beneficia; Uebertritt aus einem Orden in den andern; Lossprechung von Ordensgelübden.

Bei den zur Anstellung von Ordensgeistlichen als Weltgeistlichen jedesmal nothwendigen Saecularisationen und Habilitationen ad quaevis beneficia, den Autorisationen zum Uebertritt aus einem Orden in den andern, und der freilich schwierigeren Lossprechung von den Ordensgelübden selbst, ist, soviel ich bisher zu bemerken Gelegenheit gehabt habe, für das landesherrliche Interesse gar keine Collission zu befürchten.

In allen diesen Fällen muß bloß ein beifälliges Bischöfliches Zeugniß das Gesuch unterstützen, und in den beiden ersteren sind die Unkosten ganz und gar unbedeutend.

Jedochˢ ist hiebei zu bemerkenᵗ, daß um den Zweck geringer Kosten zu erreichen, in dem bischöflichen Zeugniß kein einzelnesᵘ beneficium genanntᵛ, sondern die Habilitation zu Saecular-Beneficienʷ überhaupt nachgesucht werden muß. Im entgegengesetzten Fall pflegen die Ausfertigungen hier theurer zu seyn.

§. 19.

5.) Ablaßbrevien.

Sogenannte indulgentias plenarias nachzusuchen wird in den Königlich Preußischen Staaten den Kirchen, ohne Schwierigkeit, verstattet.

Nur läßt man immer die Clausel hinzufügen, daß, wenn das Fest, für das der Ablaßˣ verlangt wird, nicht auf einen Sonntag fällt, das Ablaßbreve auf den zunächst vorhergehenden oder nachfolgenden Sonntag gerichtet werde.

Diese Brevien giebt man hier entweder auf eine Anzahl von Jahren, in Deutschland gewöhnlich auf sieben, oder in perpetuum. Da indeß die temporairen durchaus gratis ertheilt werden; so ist die Nachsuchung der perpetuirlichenʸ, die bezahlt werden müssen, nie rathsam.

ˡ⁻ˡ *im K. zunächst:* durchaus gültigen; *dann mit teilweiser Überschreibung:* gültigen und vollzogenen ᵐ *im K. übergeschrieben* ⁿ *im K. über der Zeile* ᵒ *im K. folgt gestr.:* Acten ᵖ *im K. folgt gestr.:* selbst über ۹⁻۹ *im K. vor der Zeile ergänzt* ʳ *im K. folgt:* und Habilitationen ˢ *der gesamte Abschnitt im K. am linken Rand ergänzt* ᵗ *im K.:* nicht aus der Acht zu lassen ᵘ *im K. folgt:* dem Saecularisirten Ordensgeistlichen zu ertheilendes ᵛ *im K. folgt gestr.:* worden ʷ *im K.:* Saecularbeneficien ˣ *im K. folgt gestr.:* erfolgt ʸ *im K. folgt gestr.:* nie rat

§. 20.

6.) Gewissensfälle.
Es giebt bekanntermaßen, den Begriffen der Katholischen Religion gemäß, Gewissensfälle, in denen nicht der Beichtvater, sondern nur der Bischof[z] oder Erzbischof, und andre, in denen nicht diese, sondern nur der Pabst selbst die Absolution ertheilen kann, und es ist, um dies nebenher zu bemerken, merkwürdig genug, daß diese Fälle[a] meistentheils Vergehungen betreffen, die nicht sowohl in sittlichen, als in bloß kirchlicher Hinsicht (in Absicht auf die von der Kirche vorgeschriebenen Förmlichkeiten) einen hohen Grad der Imputabilität haben.

Um nun die vollkommenste Gewissensfreiheit zu gestatten und die größte Schonung gegen Gewissensgeheimnisse zu beweisen, erlauben[b] des Königs von Preußen Majestät, daß die Bischöfe in Ihren Landen versiegelte Schreiben an den Großpoenitentiar in Rom senden, und von ihm gleichfalls versiegelte Antworten erhalten. Nur muß Schreiben und Antwort durch die Hände des Ministeriums und des Königlichen Geschäftsträgers gehen.

Dies ist der einzige Fall, in welchem die Königlich[c] Preußische Regierung sich der[d] Einsicht in Römische[e] Verfügungen begiebt, und hierbei muß der Bischof versichern, daß der Fall sich[f] auf keine Weise auf externa bezieht, sondern lediglich die interna und die Gewissensberuhigung angeht.

§. 21.

7.) Andre weniger bedeutende Geschäfte.
Außer den im[g] Vorigen einzeln aufgeführten[h] Geschäften, giebt es zwar noch mehrere andre, wie z. B. die Ertheilung des beneficii a latere, die Verkürzung der Residenzzeit der Kapitel, die Veränderung ihrer Kleidung, [i]die dispensatio ab pluralitate beneficiorum[i], die visitatio liminum Apostolicorum, und die Einsendung der relationum Status von Seiten der Bischöfe u.s.f.[j]. Allein bei keinem derselben dürfte, außer den allgemeinen Vorsichtsmaßregeln, für das landesherrliche Interesse leicht etwas[k] besonderes zu bemerken seyn.

Dies schiene mir das Vorzüglichste, was in [l]Rücksicht auf die[l] Katholisch-geistlichen Angelegenheiten der [m]Landgräflich-Hessischen Länder[m] zu erinnern wäre. Schließlich kann ich mich jedoch nicht enthalten zu bemerken, daß der Römische Hof in der That, wie ich nicht bloß aus eigner Erfahrung, sondern auch aus der längeren[n] meines Vorgängers weiß, immer die größeste Bereitwilligkeit zeigt, jeden Wunsch des Hofes auf das Schnellste zu erfüllen, und daß man, selbst bei schwierigeren Fällen, hier[o] die Maxime hat, immer soviel nachzugeben, als nur irgend mit der Beibehaltung der eigentlich kirchlichen Grundsätze verträglich[p] ist. Auch muß ich gestehen,

---

[z] *im K. folgt gestr.:* und andre
X.[a] *im K. folgt gestr.:* weniger [b] *im K. über der Zeile; darunter und davor gestr.:* hab bzw. gestatten [c] *im K. gestr.* [d] *im K. folgt gestr.:* Auf [e] *im K. verbessert aus:* in die Römischen [f] *im K. folgt gestr.:* nicht auf [g] *im K.:* in dem; *davor gestr.:* hier [h] *im K.:* angeführten [i-i] *im K. vor der Zeile ergänzt* [j] *im K.:* u. andre mehr [k] *im K. folgt gestr.:* zu befürchten seyn [l-l] *im K.:* Absicht der [m-m] *im K. verbessert aus:* Landgräf. Regierung [n] *im K. vor der Zeile ergänzt* [o] *im K. übergeschrieben* [p] *im K. verbessert aus:* vergleichlich

in allen Unterhandlungen, die [q]mir bisher aufgetragen gewesen sind[q], eine[r] große und ich möchte fast sagen, unerwartete Offenheit angetroffen zu haben.

Der persönliche Charakter des jetzigen Pabstes, eines[s] Fürsten von tadellos moralischen Gesinnungen[t], und des Staatssecretaires, des Cardinals Consalvi, der alle, [u]in seinem gewiß nicht leicht auszufüllenden Posten[u] nothwendigen Eigenschaften in sich vereinigt, verbürgt die Beibehaltung gleicher Maximen auch für die Folge; und ich glaube mit Grund versichern zu können, daß eine zugleich von Würde und Höflichkeit[v] begleitete Sprache, wie es gewiß Sr. Hf. Dl. des Herrn Landgrafen Absicht ist, daß sein Geschäftsträger sie[w] führe[x], ihres Zwecks, die landesherrlichen Rechte ungekränkt und das gute Vernehmen zwischen beiden Höfen ungestört zu erhalten, niemals verfehlen wird.

[q–q] *im K. urspr.:* ich bisher zu führen gehabt habe; *dann z. T. vor der Zeile verbessert in:* mir bisher aufgetragen worden sind [r] *im K. folgt gestr.:* ofen und [s] *im K. urspr.:* der ein Mann [t] *im K. übergeschrieben statt gestr.:* Charakter ist [u–u] *im K. urspr.:* in seiner gewiß nicht leichten Lage; *Korrektur z. T. vor der Zeile* [v] *im K. davor gestr.:* Feinheit [w] *im K.* hier *übergeschrieben; urspr. vor:* sein Geschäftsträger [x] *im K. folgt gestr.:* wie

4c Zweite Anlage: Promemoria Rom, 30. Juli 1803

Ausfertigung StAD E 5 B 1 Nr. 3/3 fol. 2–4.
Abschrift StAD E 5 B 1 Nr. 2/2 fol. 87–93.

Die deutschen Kirchenangelegenheiten aus römischer Sicht. Bitte um Instruktionen.

Unterthänigstes Pro Memoria

Damit ein Hohes Landgräfliches Ministerium in Stand gesetzt werde, die zur neuen Einleitung der geistlichen Angelegenheiten der Hessischen Katholischen Unterthanen dienlichsten Maßregeln auszuwählen, halte ich es für vorzüglich nothwendig, zuerst über die hiesige Lage der Sachen und über die Art, wie man hier die Deutschen Geistlichen Angelegenheiten ansieht, unterthänigst einzuberichten.

I.

Seit dem Augenblick, da man die Saecularisation der zu Entschädigungsstücken bestimmten Erz- und Bischöflichen Länder in Deutschland vorhersehen konnte, hat der Römische Hof auf Mittel gedacht, wenigstens einen Theil derjenigen Vorrechte zu retten, die er ehedem über diese Länder ausgeübt hatte. Denn obgleich er wohl von der Gerechtigkeit und Billigkeit der neuen Protestantischen Besitzer dieser Länder überzeugt seyn konnte, und in der That überzeugt war, daß sie keineswegs die Gewissensfreiheit ihrer nunmehrigen katholischen Unterthanen zu schmälern seyn würden; so konnte doch die Umwandlung so vieler bisher unabhängiger und souverainer Bisthümer und Erzbisthümer in mittelbare, weltlichen und zum Theil protestantischen Fürsten, unterworfene Länder nicht anders als ein empfindlicher Verlust für ihn seyn.

Ueber die Mittel nun, die man zu Erreichung dieses wichtigen Zwecks anwenden könnte, hat man zwar bis jetzt noch keinen eigentlichen festen Entschluß genommen; indeß fühlte man augenblicklich soviel, daß man, um die möglichst vortheilhaften Bedingungen zu erhalten, nicht mit den verschiedenen Fürsten einzeln, sondern mit dem ganzen Reiche auf einmal unterhandeln müßte, und man war glücklich genug, für diese Idee sowohl den kaiserlichen Hof, als den ersten Consul zu gewinnen.

Daher hat man, wie man mich wenigstens hier versichert, mehreren Deutschen Fürsten, welche haben einzelne Einrichtungen treffen wollen, aufschiebende Antworten ertheilt, und daher erklärte mir der Staatssecretaire, Cardinal Consalvi, schon vor ein Paar Monaten, jedoch nur confidentieller Weise, daß der Papst, sobald die Sachen zur Reife gediehen seyn würden, einen Nuncius nach Regensburg zu schicken gesonnen sey.

Gegen diesen Weg, gemeinschaftlich und beim Reichstage zu unterhandeln, haben sich aber nun schon mehrere Fürsten, und namentlich der Churfürst von Pfalz-Baiern bestimmt erklärt. Se. Majestät der König von Preussen haben zwar in Absicht Ihrer Entschädigungsprovinzen noch nicht die mindeste officielle Eröfnung gemacht, allein mich doch autorisirt, Ihren Willen nur in Rom und auf dem gewohnten Wege zu unterhandeln, zu erkennen zu geben[1].

Dieser von mehreren Seiten kommende Widerspruch hat unstreitig gemacht, daß die Absendung eines Nuncii noch immer aufgeschoben worden ist.

Inwiefern des Churfürsten-Erzkanzlers Hochfürstliche[a] Gnaden an diesen Angelegenheiten thätigen Antheil nehmen, habe ich hier, aus leicht begreiflichen Gründen, nicht genau erfahren können. Doch soll der von ihnen nach Wien gesandte Canonicus von Kolborn dem Päbstlichen Nuncius in Wien die ersten Vorschläge zur Organisation der Deutschen Angelegenheiten gemacht haben, und gewiß ist wenigstens, daß alles bis jetzt darin vorgegangene in Wien verhandelt worden ist.

Schwerlich dürfte nun wohl des Herrn Landgrafen Hf. Dl. es für zuträglich halten, die Einrichtung der geistlichen Angelegenheiten Höchstdero katholischer Unterthanen dem ungewissen und langsamen Gange einer Reichtagsverhandlung anzuvertrauen. Es ist vorauszusetzen, daß der Erfolg dort den landesherrlichen Rechten circa sacra leicht nachtheilig seyn kann, und, wäre dies auch in der That nicht der Fall, so hätten Se. Hf. Dl. doch immer dabei nicht, die Höchstderselben, nach der Natur Ihres Verhältnisses zum Pabst, nothwendig zustehende Freiheit, sondern wären durch einen Reichsschluß gebunden. Dies würde aber um so nachtheiliger seyn, als sich schon jetzt voraussehen läßt, daß die Regensburger Unterhandlung über alle Gegenstände der hierarchischen Gewalt ausgedehnt werden, und

30. Juli 1803

mit der Schließung eines förmlichen Concordats (das Protestantischen Fürsten, meiner Meynung nach, nie vortheilhaft seyn kann) endigen würde. Zwar ist zunächst nur davon die Rede, daß durch den nach Regensburg zu sendenden Nuncius die in den Gränzen der verschiedenen Erz- und Bischöflichen Dioecesen nothwendig werdenden Abänderungen angeordnet werden sollen. Allein der Staatssecretaire sagte mir selbst, daß, obgleich noch gar nichts über diese Sache im Einzelnen bestimmt sey, er doch allerdings glaube, daß auch viele andre Dinge mehr, wie z. B. die geistliche Gerichtsbarkeit, das Klosterwesen u. s. f. dort regulirt werden würde. Er äußerste sogar, daß wie ehemals die Katholiken in Protestantischen und die Protestanten in Katholischen Ländern durch das Normaljahr eine Garantie erhalten hätten, ebenso auch eine ähnliche den Unterthanen der katholischen Entschädigungsprovinzen verschaft werden müsse; und sagte bestimmt, daß gleichfalls würde für die Herstellung Päbstlicher Nunciaturen in Deutschland und die Bestimmung ihrer Gerichtssprengel zu sorgen seye. Nur den Namen eines Concordats vermied er durchaus.

Dessen ungeachtet aber ist hier unläugbar von einem ordentlichen Abkommen des Pabstes mit dem gesammten Reiche die Rede, und allein darauf geht auch das ganze Bestreben des hiesigen Hofes hinaus. Denn auf die einzelnen Protestantischen Fürsten, welche jetzt Besitzer von Entschädigungsländern geworden sind, hat er keine Rechte aufzuweisen; aber mit dem gesammten Reiche hat er in Verbindungen gestanden, mit ihm hat er Verträge geschlossen, aus denen er vermeintliche Rechte ableitet, und diese zu retten, sieht er nun kein anderes Mittel vor Augen, als standhaft auf einer Unterhandlung in Regensburg zu beharren. Das Verhältniß mit einzelnen Protestantischen Fürsten bleibt überdies, weil es sich auf keine gegenseitigen Verbindlichkeiten gründet, immer precaire, und der Pabst ist fast beständig gezwungen, darin nachzugeben.

Aus diesem Grunde wird er daher auch diesen Lieblingsplan immer nur mit dem äußersten Widerwillen aufgeben, und sich solange er kann, widersetzen; und die Gründe selbst, die er dem Verlangen der andersdenkenden Höfe entgegenstellt, sind schon an sich von der Art, daß sie zu Weitläuftigkeiten führen.

Nach einem erst vor wenigen Tagen mit dem Staatssecretaire gehabten Gespräch nemlich schützt derselbe die Natur der Deutschen Verfassung vor, die es einzelnen Fürsten verbiete, so weitgreifende und allgemeinen Einfluß habende Angelegenheiten für sich und anders, als durch gemeinschaftlichen Reichsschluß abzumachen. Er bezieht sich ferner namentlich auf den § 62 des Deputationsschlusses, nach welchem die Dioecesanabtheilung bis zu einem, darüber nach den Gesetzen des Reichs (das sey mit Zuziehung des Römischen Stuhls) abzufassenden Schluß unverändert bleiben solle[2]. Er sagte ferner, der Pabst habe dem Kaiser und dem ersten Consul sein Wort gegeben, diese Angelegenheit nicht anders, als reichsverfassungsmäßig zu verhandeln, und er könne von diesem seinem Worte nicht abgehen. Er setzte hernach hinzu, daß der Römische Hof hierbei zugleich seinem eigenen Interesse folge, indem er doch bei der Unterhandlung mit dem Reich wenigstens einige Garantie, und in künftigen etwannigen Beeinträchtigungsfällen die Möglichkeit eines Recurses habe.

Dagegen sagte er mir auch auf der andern Seite, auf meine Bemerkung, daß ein Deutscher Reichsfürst, in allen nicht den Reichsverband selbst angehenden Dingen (zu welchen diese geistlichen Angelegenheiten nicht gerechnet werden könnten) eine völlig uneingeschränkte Souverainität besitze, und daß mir jener §ph des Deputationsschlusses nur von einer zwischen Kaiser und Reich zu nehmenden Verabredung zu sprechen scheine, daß, wenn man dies klar darthun könne, der Pabst sich leichter zu einzelnen Unterhandlungen entschließen werde. Denn alsdann verletze er nicht jenes in Wien und Paris gegebene Versprechen, und sonst sey kein Grund vorhanden, das Verlangen von Fürsten nicht zu erfüllen, welche die Güte hätten, sich unaufgefordert an ihn zu wenden.

Dies ungefähr ist die Lage der Sache[b] im gegenwärtigen Augenblick. Jedoch ist dieselbe, der oft wiederholten Aeußerung des Cardinals nach, noch nicht zur gehörigen Reife gediehen, und kann noch nach Gelegenheit der Umstände, diese oder jene andere Wendung nehmen.

Erlaubten mir nun Se. Hf. Dl., meine unvorgreifliche Meynung zu sagen, so hielte ich es für zweckmäßig, daß Höchstdieselben, ehe Sie diese Sache förmlich beim hiesigen Hofe in Anregung brächten, erst mit dem Preußischen Rücksprache zu nehmen gnädigst geruhten, und alsdann gemeinschaftlich handelten. Bei dem großen Interesse, welches der Päbstliche Stuhl diesmal bei dem Bestehen auf seinem Plane hat, dürfte eine solche Maßregel überaus heilsam seyn.

Bis dahin würde ich mir indeß unterthänigst gnädigste Instruction erbitten, ob ich gleichfalls in Sr. Hf. Dl. Namen, wie von Preußischer Seite, wenigstens confidentiell Höchstihren Entschluß nur in Rom und durch Ihren Geschäftsträger zu unterhandeln zu erkennen geben soll? und sehr meine Schritte erleichternd würde es seyn, wenn Höchstdieselben mir zugleich bekannt machen zu lassen geruhen wollten, ob Sie meine Ansicht des Verhältnisses Höchstdero Entschädigungsländer zum Deutschen Reich, der allgemeinen Verfassung und dem Reichsdeputationsschluß gemäß, gnädigst zu billigen geruhen?

II.

Die Absicht des Herrn Landgrafen Hf. Dl., einen eigenen Bischof in Höchstdero Landen zu bestellen, habe ich, dem höchsten Befehle gemäß, dem Staatssecretaire geäußert; allein darauf vorläufig nur eine, jenen Planen gemäße Antwort bekommen, daß es nemlich Schwierigkeit finden werde, diese Angelegenheit vor der gänzlichen und allgemeinen Dioeceseneinrichtung in Ordnung zu bringen, daß es aber übrigens dem Pabste nicht anders, als höchst schmeichelhaft seyn könne, wenn Se. Hf. Dl. auch auf diese Weise für Ihre Katholischen Unterthanen sorgen wollten.

30. Juli 1803

Da ich indeß, in Gefolge des oben angeführten §phen des Reichsdeputationsschlusses, zu vermuthen wage, daß vor der Errichtung dieses neuen Bisthums, zu welchem selbst der Antrag beim Römischen Hofe nur der letzte Schritt ist, erst noch ein Reichsschluß über das Ganze der Dioeceseneinrichtung vorhergehen möchte; so wird alsdann die Art der Abfassung dieses Schlusses den Gesinnungen des Römischen Hofes eine bestimmtere Wendung gegeben haben, und es wird alsdann leichter seyn, zum Ziel zu gelangen.

Sollte, wie es wahrscheinlich ist, bei der Errichtung dieses Bisthums der Fall eintreten, daß dazu Theile von bisherigen Bisthümern genommen würden, deren Ueberreste in den Händen benachbarter Fürsten blieben; so dürfte es unstreitig die Unterhandlung sehr erleichtern, wenn sämmtliche neuen Besitzer Einer ehemaligen Dioecese dem hiesigen Hofe ihre Absichten zugleich mittheilten, da demselben sonst die nicht ganz ungegründete Einwendung übrigbleibt, über einen Theil einer Dioecese nicht füglich[c] einen Entschluß fassen zu können, solange die Bestimmung des andern noch unbekannt[d] sey.

III.

Welche Einrichtungen bis jetzt vorläufig in Rücksicht der geistlichen Geschäfte in den Landgräflichen Entschädigungsländern getroffen sind? ist mir zwar gänzlich unbekannt. Wenn aber Se. Hf. Dl. von jetzt an, wo Höchstdieselben einen eignen Geschäftsträger hier zu bestellen geruht haben, auch die Höchstderselben nothwendig scheinenden Verhältnisse mit dem Römischen Stuhl sogleich anknüpfen wollten; so glaube ich nicht, daß dies in Ansehung aller derjenigen Geschäfte, die nicht auf die Errichtung eines Bisthums, oder die wesentliche Abänderung der Jurisdiction[e] Einfluß haben, hier Schwierigkeit finden, und daß man soweit gehen sollte, auch dazu erst die gänzliche Einrichtung aller Angelegenheiten abwarten zu wollen, und ich stelle daher Einem Hohen Landgräflichen Ministerio unterthänigst anheim:

> ob dasselbe den in beigeschlossenem Gutachten ausführlich angegebenen Gang aller geistlichen Geschäfte durch das Ministerium und den hiesigen Geschäftsträger sogleich einzuführen, und sogleich hier die deshalb nöthigen Eröfnungen machen zu lassen für gut finde?

Von Königlich Preußischer Seite ist indeß auch dies bisher noch nicht geschehen.

Dies wäre dasjenige, was ich für jetzt hiebei zu bemerken wüßte. Ich wage mir mit der Hofnung zu schmeicheln, daß es wenigstens hinlänglich seyn soll, Se. Hf. Dl. und Dero Hohes Ministerium in Stand zu setzen, mich nunmehr mit bestimmten Instructionen:

> welche Maßregeln ich ergreifen, und insbesondere ob ich gleich jetzt auf die Errichtung des neuen Bisthums dringen, oder mich

fürs erste bei der obigen vorläufigen Antwort begnügen soll? gnädigst zu versehen.

zu 4c: ᵃ *übergeschrieben* ᵇ *korrigiert aus:* Sachen ᶜ *folgt gestr.:* eher ᵈ *folgt gestr.:* ist ᵉ *folgt gestr.:* einen

¹ *Vgl.* dazu den ausführlichen (französischen) Bericht Humboldts an König Friedrich Wilhelm III. von Preußen vom gleichen Tage, abgedr. bei GRANIER, Kath. Kirche 9, S. 11–15 (Nr. 623).
² *Wortlaut:* Die Erz- und Bischöflichen Diöcesen aber verbleiben in ihrem bisherigen Zustande, bis eine andere Diöcesaneinrichtung auf reichsgesetzliche Art getroffen seyn wird, wovon dann auch die Einrichtung der künftigen Domkapitel abhängt. *Vgl.* ZEUMER, Quellensammlung S. 454.

5 An Schnauber
Rom, 15. Oktober 1803

Ausfertigung (quart) StAD E 5 B 1 Nr. 2/2 fol. 97–99; ps. 1. November 1803.
Konzept ZStADDR Merseburg Rep. 81 Rom I C 13 Fasz. 1.
MATTSON Nr. 947. – Regest: HGS 16 S. 31.

Anfrage zum Verbleib von zwei Schreiben Humboldts, für die Antworten noch ausstehen. Übertragung der Geschäfte des Erbprinzen von Oranien-Nassau und Fürsten von Fulda am Römischen Hof.

Ew. Hwg. werden gütigst verzeihen, daß ich so frei bin, Ihnen mit diesen Zeilen beschwerlich zu fallen. Allein da ich auf meine beiden Schreiben an Ew. Hwg. vom 23. und 30. Julius c[urrentis]¹, nebst deren Beilagen noch nicht das Glück gehabt habe, die erwünschte Antwort zu erhalten, so habe ich geglaubt, Ew. Hwg. dies anzeigen und anfragen zu müssen, ob meine beiden Briefe von gedachtem Datum auch wirklich ᵃbei Demselbenᵃ eingegangen sind? Das erste war an Se. Exc. den Herrn Freiherrn von Barkhaus – Wiesenhütten addressirt, und zugleich mit demselben hatte ich Sr. Hf. Dl. und dem Herrn Freiherrn selbst geschrieben²; dem zweiten war[en] das von Ew. Hwg. verlangte Gutachten und noch ein zweites Pro Memoria beigefügt³. Ich fühle zwar sehr gut, daß sowohl Ew. Hwg. als Sr. Hf. Dl. Hohes Ministerium Gründe gehabt haben können, die Antwort länger zu verschieben. Es wäre indeß auch möglich, daß nur eine Unordnung der Post an dem späteren Einlaufen derselben Schuld wäre, und ᵇin diesem Fallᵇ müßten Ew. Hwg. mich für sehr nachlässig halten, die Rückantwort darauf so lange zu verzögern. Nur also zu meiner Rechtfertigung, und um einem möglichen Vorwurf zu begegnen, nehme ich mir die Freiheit, mich mit diesen Zeilen vertrauensvoll an Ew. Hwg. zu wenden.

Ich würde nicht versäumt haben, fernere Berichte an Se. Hf. Dl. abzustatten; allein es ist hier in dieser ganzen Zeit in geistlichen Angelegenheiten nichts vorgefallen, das Höchstihrer Aufmerksamkeit würdig gewesen wäre⁴.

Ich weiß nicht, ob Ew. Hwg. bereits unterrichtet sind, daß auch des Erbprinzen von Oranien und Fürsten von Fulda Dl. mir Ihre Geschäfte am

30. Juli/15. Oktober/3. Dezember 1803

hiesigen Hofe übertragen haben⁵. Da mir der Fürst zugleich mein Creditiv übersandt hat, so habe ich mich sogleich in dieser neuen Qualitaet legitimiren können⁶.

zu 5: ᵃ⁻ᵃ *K.:* richtig ᵇ⁻ᵇ *K.:* alsdann

¹ *siehe 3 und 4a.*
² *siehe 2 und 1.*
³ *siehe 4b und 4c.*
⁴ *Zur Unterbrechung der Korrespondenz mögen auch die familiären Verhältnisse Humboldts, der Tod seines Sohnes Wilhelm am 15. Aug. 1803 und die schwere Erkrankung des zweiten Sohnes beigetragen haben. Vgl. dazu den ungedr. Bericht an den Erbprinzen von Oranien-Nassau vom 20. Aug. 1803, StA Marburg 97a Nr. 50 fol. 16ff, den* MATTSON *Nr. 913 nur im Konzept kannte, sowie den Brief an den Amtsvorgänger Wilhelm v. Uhden vom 15. Okt. 1803, HGS 16 S. 28f.*
⁵ *Die Bestellung zum Geschäftsträger erfolgte mit Schreiben vom 12. Juli 1803; die Bezahlung wurde auf 200 Scudi jährlich festgelegt; Konzept, StA Marburg 97a Nr. 50 fol. 11; dazu das Anschreiben des Erbprinzen von Oranien-Nassau an Humboldt vom gleichen Tage, ZStADDR Rep. 81 Rom I C 14 Fasz. 1;* MATTSON *Nr. 8869.*
⁶ *Humboldt dankte am 3. Aug. 1803 für das vorgenannte Schreiben, konnte die Credentialien jedoch noch nicht überreichen. In den folgenden Berichten vom 20. Aug. und o.D. erwähnte er zwar Unterredungen mit Consalvi; die tatsächliche Übergabe des Beglaubigungsschreibens wird erst im Bericht vom 12. Nov. 1803 gemeldet; StA Marburg a.a.O. fol. 14f, 16–19, 23, 25f; vgl.* MATTSON *Nr. 907, 912f, 920 und 961 nach Humboldts Konzepten im ZStADDR Merseburg.*

6 An Schnauber   Rom, 3. Dezember 1803

Ausfertigung (quart) StAD E 5 B 1 Nr. 2/2 fol. 105–107; ps. 27. Dezember 1802.
Konzept ZStADDR Merseburg Rep. 81 Rom I C 13 Fasz. 1.
MATTSON Nr. 968. – Regest und Auszug: HGS 16 S. 32.

Form des Kreditivs. Haltung der Kurie zur Neuschaffung oder Veränderung von Bistümern und zu den Auswirkungen des Reichsdeputationshauptschlusses. Titulaturfragen. Erklärung für das längere Stillschweigen.

Ich habe mit wahrem Bedauern aus Ew. Hwg. geehrtem Schreiben vom 4. pr[ioris] das mir aber ungewöhnlich spät hier zugekommen ist, ersehen, daß ein früheres vom 25. August c[urrentis] verlorengegangen seyn muß¹. Desto mehr bin ich Ihnen indeß für die freundschaftliche Güte verbunden, mit welcher Ew. Hwg. geeilt haben, mich aus der Ungewißheit zu ziehen, in der ich schwebte; und daher habe ich nicht verfehlen wollen, Ihnen sogleich dafür, so wieᵃ für die gefällige Mitteilung desᵇ Landgräflichen Titels und andrer interessanter Nachrichten meine gehorsamste Danksagung abzustatten.

Mit Vergnügen habe ich aus demselben Briefe ersehen, daß es scheint, als wollten Se. Hf. Dl. meinem Creditiv die Gestalt eines Briefes an den Papst geben, und durch Höchstdero Cabinetsministerium einen an den Cardinal-Staatssecretaire gnädigstᶜ hinzufügen lassen. Es wird dies, obgleich auch gewiß die zuerst vorgeschlagene Art des Creditivs keine Schwierigkeit finden würde, zur besondren Genugthuung des Päbstlichen Hofes gereichen. In Absicht der Errichtung neuer, oder Veränderung der bisherigen Bisthümer hat man zwar hier noch bis jetzt dieselben, schon in meinem neulichen unterthänigsten^c Pro Memoria² angegebenen Grundsätze beobachtet, und daher auch dem Kurfürst-Erzkanzler³ nur die Administration des Bisthums Regensburg, und diese nur provisorisch ertheilt. Indeß müssen die nächsten Reichstagsverhandlungen diesem Gegenstande eine andere Wendung in kurzem^c geben, und der Wille Sr. Hf. Dl., einen eignen Bischof zu haben, ist natürlicher Weise dem hiesigen Hofe in jeder Rücksicht angenehm und schmeichelhaft. Sollte der förmliche Antrag deshalb vielleicht noch zu einer Zeit gemacht werden, wo die gleichen Gesinnungen, als jetzt, hier herrschten, so glaube ich doch, würde man hiervor Maximen ändern, oder eine solche^c provisorische Einrichtung zu treffen bemüht seyn, durch welche der Höchste Wille Se. Hf. Dl. der Sache nach sogleich ausgeführt, und der Name nur auf sehr kurze Zeit verschoben würde.

Gleichergestalt ist der Römische Hof in seinem System beharrt, die Anerkennung des Reichsdeputationsschlusses auch in seinen entfernteren Folgen zu verläugnen, und auf diese Weise hat er noch kürzlich geradezu vermieden, dem Kurfürsten von Salzburg⁴ den ihm gebührenden Kurfürstlichen Titel zu geben, und ihn bloß Erzherzog von Oesterreich genannt – eine Nachricht, die ich jedoch Ew. Hwg. Discretion und vorsichtigem Gebrauch empfehlen muß. Da der Höchste Landgräfliche Titel in seinem Wesentlichen nicht verändert worden ist, und der Römische Hof nicht leicht in den Fall kommen dürfte, genöthigt zu seyn, ihn, in seinem ganzen Détail, zu wiederholen, so kann hierüber in unserem Verhältniß keine Schwierigkeit entstehen. Jedoch dürfte es wohl, wenn ^{d}Ew. Hwg. mir gütigst erlauben, meine unvorgreifliche Meynung zu äußern^d, zweckmäßig seyn, in Creditiv und Briefen zwar, wie sich von selbst versteht, den Titel, in aller seiner Vollständigkeit (insofern dies nemlich überhaupt üblich ist) anzuführen; allein übrigens des Reichsdeputationsschlusses nicht ausdrücklich zu erwähnen, sondern nur allgemein die Sorgfalt Ser[enissi]mi für Höchstdero^e Katholische Unterthanen (ohne die Acte, wodurch sie es geworden sind, zu bezeichnen) als Bewegungsgrund der jetzigen Maßregeln darzustellen.

Denn das System des hiesigen Hofes ist, wie ich es auch jetzt wiederholen muß, durchaus, sich in der That auf keine Weise den gemachten Veränderungen entgegenzusetzen, allein die Worte und der Ausdruck der Billigung oder Anerkennung^f, soviel es nur immer geschehen kann, zu vermeiden.

Ew. Hwg. werden gütigst verzeihen, wenn ich abermals weitläuftiger geworden bin, ich hielt es indeß für meine Pflicht, wenigstens diese wenigen Nachrichten, die mir jedoch für einen eignen Bericht zu dürftig schienen, nachzuholen. Ich würde dennoch aber auf keine Weise versäumt haben, von Zeit zu Zeit officielle Berichte zu erstatten, wenn nicht das gänzliche Stillschweigen auf die eingesendeten pièces mich unruhig gemacht, ich nicht

3./24. Dezember 1803

von Posttag zu Posttag Antwort erwartet, und wirklich gefürchtet hätte Ser[enissi]mo oder Höchstdero^g Ministerio durch unaufgefordert erstattete Berichte zudringlich und lästig zu fallen, um so mehr, als dasjenige, was ich hätte melden können, nicht von dringender Nothwendigkeit war.
Dem Herren Geheimen Referendaire Lichtenberg bitte ich Ew. Hwg. mich freundschaftlichst zu empfehlen, und demselben zur Erlangung seiner neuen, ansehnlichen Würde von Herzem Glück zu wünschen.
In baldiger Erwartung fernerer Nachrichten durch die Güte Ew. Hwg. habe ich die Ehre, mich mit der ausgezeichnetsten Hochachtung und Ergebenheit zu nennen

Ew. Hwg. gehorsamster　　　　　　　　　　　　　　　　Humboldt

---

zu 6:
[1] *Konzepte der beiden Schreiben Schnaubers vom 25. Aug. und 4. Nov. 1803 bei den Darmstädter Akten, StAD E 5 B 1 Nr. 2/2 fol. 63 und 100; vgl.* MATTSON *Nr. 8887, 8886.*
[2] *siehe* **4c**.
[3] *Karl Theodor von Dalberg.*
[4] *Erzherzog Ferdinand von Habsburg-Lothringen, ehem. Großherzog von Toskana, ab 1806 Großherzog von Würzburg. – Zur Frage der Titulatur siehe auch Humboldts Bericht an den König von Preußen vom 12. Nov. 1803, gedr. bei* GRANIER, *Kath. Kirche 9, S. 61f (Nr. 654).*

7　An Schnauber　　　　　　　　　　　　　　　Rom, 24. Dezember 1803

Ausfertigung (quart) StAD E 5 B 1 Nr. 2/2 fol. 108–110; ps. 10. Januar 1804.
Konzept ZStADDR Merseburg Rep. 81 Rom I C 13 Fasz. 1.
MATTSON Nr. 977. – Regest: HGS 16 S. 32.

Form der Gesandtschaftsberichte.

Ich schmeichle mir mit der Hofnung, daß Ew. Hwg. mein letztes Schreiben vom 3. huj.[1] zu seiner Zeit werden richtig empfangen haben. Heute habe ich Veranlassung gefunden, einen officiellen Bericht an Ser[enissim]um zu erlassen[2], und habe dabei die Form beobachtet, welche mir Ew. Hwg. als die, bei Ihnen gewöhnliche, anzuzeigen die Gewogenheit gehabt hatten. Sollte ich indeß noch irgend worin gefehlt haben, so erbitte ich mir Ew. Hwg. gefällige Anzeige. In neuen Verhältnissen ist es immer leicht möglich anzustoßen, und bei einer gewissen Liebe zur Pünktlichkeit auch in unwichtig scheinenden Dingen dennoch darum nicht weniger unangenehm.

Ich bin so frei, Ew. Hwg. bei dieser Gelegenheit zugleich einen Gedanken zu äußern, der vielleicht für die künftige Geschäftsführung von Nutzen seyn könnte. Ew. Hwg. belieben mir zu sagen, daß die officiellen Berichte numerirt zu werden pflegen, und es scheint hiernach, als würden in den jedesmaligen alle, auch verschiedenartige Geschäfte zusammengebracht. Da aber der hiesige Gesandtschaftsposten^a sich dadurch wesentlich von einem andern^b unterscheidet, daß das Hauptgeschäft weniger in einer fortlaufenden Berichterstattung, als in Besorgung sehr verschiedenartiger einzelner Angelegenheiten besteht, so weiß ich nicht, ob es nicht angemessener seyn dürfte, die numerirten Berichte ausschließend nur für diejenigen allgemeinen Gegenstände zu bestimmen, welche Se. Hf. Dl. Ihrer Aufmerksamkeit würdig achten werden, über jede andre Angelegenheit aber jedesmal einen eignen Bericht auf einem besondern Bogen abzustatten. Es erleichtert dies, da nur auf diese Weise von jedem Geschäft ein eignes Actenstück angefertigt werden kann, die Einrichtung des Archivs und das oft so nothwendige Aufsuchen der ante actorum gar sehr, und ist wenigstens ebenso ᶜbei demᶜ König. Preussischen Hofe eingeführt. Die Übersicht, ob nicht auch etwa Rescripte oder Berichte verloren gegangen sind, was man auch ohnehinᵈ ja schon durch die Verspätung der Antwort bemerkt, wird außerdem noch dadurch erhalten, daß ich am Ende jedes Jahres eine chronologisch geordnete Liste sämmtlicher empfangener Rescripte und abgeschickterᵉ Berichte einsende, welche in der Berliner Geheimen Registratur alsdann gehörig confrontirt wird.

Da ich indeß nicht wußte, inwiefern eine solche Einrichtung mit der übrigen Landgräflichen Hessischen Geschäftsführung verträglich seyn dürfte; so habe ich geglaubt, dieselbe Ew. Hwg. erst vertraulich vorschlagen, und Ihnen überlassen zu müssen, inwiefern Sie für gut achten, von diesem Vorschlag Gebrauch zu machen.

In der schmeichelhaften Hofnung, daß Ew. Hwg. mir gütigst verzeihen werden, daß ich auch hierin auf Ihre nachsichtsvolle Gewogenheit und Freundschaft zählte, habe ich die Ehre, mit der herzlichsten Hochachtung und unwandelbarsten freundschaftlichenᶠ Ergebenheit zu verharren

Ew. Hwg. gehorsamster   Humboldt

---

zu 7:   ᵃ *K.:* Posten   ᵇ *im K. folgt:* Gesandtschaftsposten   ᶜ⁻ᶜ *K.:* beim   ᵈ *K.:* ohnedies
ᵉ *K.:* abgesendeten   ᶠ *fehlt im K.*

[1] siehe **6**.
[2] siehe **8**.

8 Bericht Nr. 1/1803   Rom, 24. Dezember 1803

Ausfertigung StAD E 1 M Nr. 93/2 fol. 1a–b; ps. 10. Januar 1804.
Konzept ZStADDR Merseburg Rep. 81 Rom I C 13 Fasz. 2.
MATTSON Nr. 976.

Ankunft des pfalz-bayerischen Gesandten Bischof von Häffelin. Bayerische Pläne zum Vorantreiben der notwendigen Neuordnung der Diözesaneinteilung. Notwendigkeit eines gemeinsamen Vorgehens der deutschen Fürsten. Konkordatsfrage.

Obgleich, seitdem ich die Ehre hatte, unterm 30. Julius c., Ew. Hf. Dl. meinen unterthänigsten Bericht über die Art abzustatten, wie der Römische Hof die Deutschen geistlichen Angelegenheiten ansieht[1], nichts hier vor-

24. Dezember 1803

gefallen ist, das wesentlich Ew. Hf. Dl. Aufmerksamkeit verdiente; so halte ich es doch für meine Pflicht Höchstdenselben in gegenwärtigem Augenblick von der Ankunft des Bischofs v. Häffelin, als bevollmächtigten Ministers Sr. Kurfürst. Dl. des Kurfürsten von Pfalz-Baiern[2], und den ersten Schritten dieses Gesandten unterthänigst Nachricht zu geben, da es scheint, als könnten dieselben diesen Angelegenheiten vielleicht eine schnellere Wendung ertheilen.

Soviel mir der Bischof v. Häffelin vertraulich eröfnet hat[3], geht die Absicht seines Hofes für jetzt vorzüglich auf die neue Einrichtung des Dioecesan-Systems der Kur-Pfalz-Bairischen Staaten, und auf die Feststellung des Grundsatzes, daß die Gränzen der Dioecesen überall dieselben mit den Gränzen der weltlichen Landeshoheit seyn sollen. Diesem Princip, so wenig es auch hier an sich, da es die Subordinirung der geistlichen Gewalt unter die weltliche unmittelbar in sich schließt, angenehm seyn kann, widerspricht nun der hiesige Hof zwar nicht geradezu; allein er hat allen jetzt und gleich im gegenwärtigen Augenblick vorzunehmenden Veränderungen in Rücksicht der Dioecesen alle diejenigen[a] Gründe entgegengesetzt, die ich Ew. Hf. Dl. in meinem letzten unterthänigsten Bericht zu entwickeln[b] gewagt habe[4], daß nemlich das Deutsche[c] Dioecesansystem nur im Ganzen und auf einmal organisirt werden könne, daß dies in Regensburg geschehen müsse, als wohin der Pabst einen Nuncius zu schicken gedenke, daß der hiesige Hof an dies Verfahren selbst durch sein Sr. Kaiserlichen Majestät und dem Ersten Consul gegebenes Wort gebunden sey, und daß man die jetzigen Deutschen Bischöfe und Erzbischöfe nicht, wie in Frankreich unter durchaus verschiedenen Umständen geschehen, zu resigniren nöthigen könne. Nach den Aeußerungen des v. Häffelin scheint aber der Kur-Pfalz-Bairische Hof diesen Gründen nicht das Mindeste einzuräumen, vielmehr allein in Rom unterhandeln zu wollen, und der v. Häffelin hat nicht nur dies geradezu erklärt, sondern auch dem Cardinal-Staatssecretaire vorgestellt, wie weitläuftig und schwierig eine Unterhandlung in Regensburg über diesen Gegenstand werden würde, und wie nichts im Wege stehe, wenn man die nothwendige Uebereinkunft mit den einzelnen Deutschen Fürsten in Rom getroffen habe, dieselben dem Reichstag, wenn dies nöthig seyn sollte, zur Bestätigung vorzulegen. Zu gleicher Zeit versucht, soviel ich habe entnehmen können, der v. Häffelin Schritte zu veranlassen, um die Meynung des Ersten Consuls über diesen Gegenstand zu erfahren, glaubt aber mit Sicherheit vermuthen zu können, daß dieselbe dem Interesse der Fürsten günstig seyn werde, und ich selbst habe hier Aeußerungen zu vernehmen Gelegenheit gehabt, welche auch mich auf dieselbe Vermuthung führen. Der Päbstliche Hof besteht zwar bis jetzt fest auf seinen Behauptungen, auch hat der von Häffelin bis jetzt noch keine Note in dieser Sache übergeben, sondern derselbe begnügt sich erst, die Sache im Stillen vorzubereiten. Es ist indeß wohl nicht zu bezweifeln, daß, wenn zu der Zeit, da Kur-Pfalz-Baiern seine Instanz wirklich erbringt, auch vielleicht Ew. Hf. Dl., Se. Majestät der

Bericht 8

König von Preussen, und andere Fürsten sich zu demselben Zweck vereinen, der Pabst nachzugeben genöthigt seyn wird, da vorzüglich das einstimmige und gemeinschaftliche Verlangen ihm die Ueberzeugung der Unmöglichkeit geben wird, sich demselben mit Erfolg zu widersetzen. Insofern also, wie ich es zu vermuthen wage, Ew. Hf. Dl. höchste Absicht noch auf die Errichtung eines neuen Bisthums in Höchstdero Landen gerichtet seyn sollte, so glaube ich, daß der Zeitpunkt, das^d Verlangen näher einzuleiten, herannaht. So gern der Römische Hof, dem dies Verlangen in hohem Grade schmeichelhaft ist, und in der That nicht anders seyn kann, hierzu die Hände bieten wird, so ist freilich vorauszusehen, daß er der^e Berichtigung dieses Punkts ᶜim gegenwärtigen Augenblickᶜ dennoch große Schwierigkeiten wird entgegensetzen wollen, da er eigentlich bis jetzt sein bisher angenommenes System in nichts geändert hat. Indeß werde ich alle meine Kräfte aufbieten, dieselben zu beseitigen, und selbst eine provisorische und der mit dem Bisthum Regensburg getroffenen ähnliche Uebereinkunft zu entfernen. Als letztes Argument wird man sich vermutlich auf den § 62 des Reichsdeputationshauptschlusses beziehen; allein dem wäre vielleicht dadurch am leichtesten zu begegnen, daß man sagte, die jetzige Uebereinkunft könne unter Vorbehaltung der Genehmigung am Reichstag geschehen.

Das Einzige, was ich unmaßgeblich vorzuschlagen wagen würde, wäre das, was ich schon einmal zu erwähnen die Ehre gehabt habe, daß es nemlich gut seyn dürfte, sich, wo möglich, mit sämmtlichen Fürsten, welche an einer jetzt zu ändernden Dioecese Theil haben, dergestalt vorher zu besprechen, daß der neue vorzulegende Plan gleich das künftige Schicksal dieser ganzen Dioecese bestimmte; da der einzige einigermaßen in der Natur der Sache gegründete Einwurf des hiesigen Hofes nur der seyn kann, daß, wenn einseitig über einen Theil einer Dioecese entschieden wird, die Bestimmung des Überrests Schwierigkeiten finden könne. Die Absicht des Kur-Pfalz-Bairischen Hofes in Betreff der Dioecesaneinrichtung geht, wie ich höre, dahin, daß diejenigen an den Baierischen Grenzen liegenden Reichsständischen und unmittelbare Territorien, deren geringe Größe keinen eignen Bischof zu halten erlaubt, die Wahl haben sollen, ob sie sich zu den Baierischen, oder zu den Dioecesen des auf einer andren Seite angränzenden größeren Fürsten schlagen wollen. Diejenigen Reichsstände aber, deren Besitzungen im gleichen Fall und von Bairischem Gebiet gänzlich eingeschlossen wären, würden sich, ohne Wahl, den ersteren anzuschließen genöthigt sehen.

Der Bischof v. Häffelin hat mir übrigens auf die zuvorkommendste Weise alles nur irgend zu erwartende Vertrauen bewiesen; und indem er mir äußerte, daß er das Interesse aller Deutschen Fürsten auf das engste in dieser Angelegenheit verbunden halte, erbot er sich, wo es nur nöthig scheinen dürfte, gemeinschaftliche Schritte mit mir zu thun. Ich werde mir sein Vertrauen natürlicherweise angelegentlichst zu erhalten suchen, in

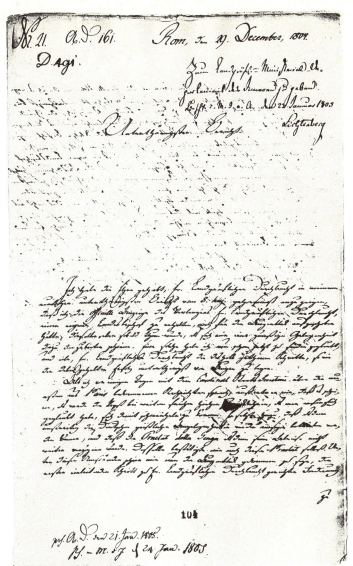

8 Bericht Wilhelm v. Humboldts Nr. 21/1804 mit Präsentations- und Weiterleitungsvermerken.

9 Siegel W. v. Humboldts.

allem Uebrigen aber schlechterdings Ew. Hf. Dl. höchste Instructionen abwarten.

Soweit ich durch den v. Häffelin erfahren habe, räumt der Kurfürst von Baiern dem Päbstlichen Hofe einen sehr wichtigen Punkt dadurch ein, daß er die neu zu errichtenden Bisthümer mit liegenden Gründen dotiren will. Auch ist er gesonnen, ein wirkliches Concordat mit dem Päbstlichen Hofe abzuschliessen, und selbst der Sendung eines Nuncii nach München scheint er keine Schwierigkeiten entgegensetzen zu wollen, sobald derselbe nur verspricht, sich nicht in geistliche Angelegenheiten zu mischen, sondern sich bloß als ein Gesandter des Pabsts zu betragen. Jeder dieser drei Punkte dürfte indeß für einen protestantischen Fürsten bedenklich, oder doch wenigstens nicht von allen Unbequemlichkeiten frei seyn.

Der v. Häffelin hatte, nach den in Deutschland verbreiteten[f] Gerüchten, geglaubt, die Materialien zu einem Deutschen Concordat hier sämmtlich vorbereitet zu finden, und schon zu spät zu kommen gefürchtet. Er hat sich indeß jetzt überzeugt, daß eigentlich noch nichts in dieser Angelegenheit geschehen ist. Auch die Unterhandlungen in Wien zwischen dem Nuncius und dem v. Kolborn[5] sollen nicht beträchtlich weit vorgerückt seyn.

Se. Dl. der Erbprinz von Oranien und Fürst von Fulda, der gleichfalls geruhet hat, mir seine Geschäfte am hiesigen Hofe aufzutragen, hat mich vor einigen Monaten in Stand gesetzt, meine Credentialien zu überreichen[6]. Auch habe ich bereits einige kleinere Aufträge für Katholiken seiner Staaten ohne Schwierigkeit hier sorgen können.

Von Königl. Preussischer Seite ist in Absicht der neu acquirirten Provinzen noch keine weitere officielle Eröffnung allhier geschehen.

Da es nicht unwahrscheinlich ist, daß die geistlichen Angelegenheiten der saecularisirten Deutschen Länder von nun an werden mit mehr Lebhaftigkeit, als bisher, betrieben werden, so schmeichle ich mir mit der Hofnung, bald wieder Gelegenheit zu finden, Ew. Hf. Dl. von der Wendung, welche dieselben nehmen, pflichtmäßig zu unterrichten, und Höchstdemselben auch dadurch einen schwachen Beweis zu geben, wie glücklich ich mich schätze, in Geschäften für Ew. Hf. Dl. und für Höchstdero Staaten thätig seyn zu können.

---

zu 8: [a] *K.:* die [b] *K.:* auseinanderzusetzen [c-c] *fehlt im K.* [d] *K.:* dies [e] *im K. folgt:* jetzigen [f] *K.:* heute gehenden.

[1] *siehe* **4c**.
[2] *Für die Tätigkeit des Bischofs und späteren Kardinals v. Häffelin als bayerischer Gesandter in Rom vgl. Rudolf* FENDLER, *Johann Casimir von Häffelin, 1737–1827. Historiker, Kirchenpolitiker, Diplomat und Kardinal, Mainz 1980, S. 72 ff.*
[3] *siehe* **4c**; *vgl. auch* **6**.
[4] *Die nachfolgenden Darlegungen stimmen auf weite Strecken nahezu wörtlich mit dem französisch abgefaßten Bericht an den König von Preußen vom selben Tage überein; Druck bei* GRANIER, *Kath. Kirche 9, S. 80–83 (Nr. 667).*
[5] *Joseph Hieronymus Karl Frh. v. Kolborn, kurmainzischer Geistlicher Rat.*
[6] *siehe* **5** *mit Anm.* **5**.

24./31. Dezember 1803 / 11. Februar 1804

9   An Landgraf Ludwig X.   Rom, 31. Dezember 1803
Ausfertigung (quart) StAD D 12 Nr. 18/38.
MATTSON Nr. 982.

Glückwünsche zum Jahreswechsel.

Durchdrungen von den Gefühlen der unbegränztesten Ehrerbietung und der innigsten Dankbarkeit, wage ich es, Ew. Hf. Dl. bei dem morgen bevorstehenden Jahreswechsel, die heißen und aufrichtigen Wünsche meines Herzens für Höchstdieselben und Höchstdero erlauchtes Haus ehrfurchtsvoll zu Füßen zu legen. Das mit dem heutigen Tage ablaufende Jahr wird auf ewig für mich auf die ehrenvollste Weise durch Ew. Hf. Dl. huldreiche Gnade, mit welcher Höchstdieselben mich mit Ihren Befehlen zu beehren geruhet haben, bezeichnet seyn, und ich wünschte nur, Höchstdenselben in seiner ganzen Stärke das Gefühl der wahren und ungeheuchelten Verehrung ausdrücken zu können, von der ich jederzeit für einen Fürsten durchdrungen war, der Sich allein dem Wohl und der Veredlung seiner Unterthanen widmet, und das jetzt noch durch die Empfindung der tiefsten und reinsten Dankbarkeit erhöht wird. Ich schmeichle mir mit der Hofnung, daß das jetzt beginnende Jahr mir wenigstens Gelegenheit darbieten wird, Ew. Hf. Dl. die Lebhaftigkeit und Wärme des Eifers zu beweisen, mit welchem ich mich immer Höchstihre Befehle zu vollstrecken bemühen werde, und indem ich Ew. Hf. Dl. um die Fortdauer Ihrer gnädigen und huldreichen Gesinnungen ehrerbietigst zu bitten wage, ersterbe ich,

Ew. Hf. Dl. unterthänigster   Humboldt

10   Bericht Nr. 1/1804[1]   Rom, 11. Februar 1804
Ausfertigung StAD E 5 B 1 Nr. 2/2 fol. 124 f; ps. 27. August 1804.
Konzept (von anderer Hand) ZStADDR Merseburg Rep. 81 Rom I C 13 Fasz. 2.
MATTSON Nr. 998.

Geplante Entsendung des päpstlichen Nuntius Graf della Genga nach Regensburg zur Verhandlung der anstehenden Fragen der kirchlichen Neuordnung mit den deutschen Fürsten. Beschränkung der Möglichkeiten zur Vertretung hessischer Interessen ohne formelles Kreditiv.

Ew. Hf. Dl. werden aus meinem neulichen unterthänigsten Berichte vom 24. December, a[nni] pr[ioris] ᵃgnädigst zu ersehen geruhetᵃ haben, wie ich glaubte, daß anitzt die Einrichtung der Deutschen geistlichen Angelegenheiten, insofern dieselben die saecularisirten Länder betreffen, einen schnelleren Gang nehmen werde[2]. Eine Eröfnung, welche der Cardinal-Staatssecretaire, obgleich bis jetzt nur vertraulicher Weise, vor einigen Tagen sowohl mir, als dem Kur-Pfalz-Baierischen Gesandten gemacht hat, hat mich überzeugt, daß ich mich hierin nicht geirrt habe. Er hat uns nemlich gesagt, daß der Pabst den Erzbischof von Tyrus, Grafen della Genga, bestimmt habe, um ihn als Nuncius nach Regensburg zu senden, woselbst er mit den dort versammelten Gesandten der Deutschen Fürsten das Nöthige verhandeln solle. Dieser della Genga ist derselbe, welcher der Nachfolger des jetzigen Cardinals Pacca in der Nunciatur zu Cölln, oder eigentlicher zu reden, ad tractum Rheni wurde, sich aber hernach, durch die Zeitumstände gezwungen, zurückziehen mußte, und jetzt sich hier aufhält[3]. Nach der Versicherung des Cardinals-Staatssecretaires, wird seine Abreise von hier, ohne weiteren bedeutenden[b] Aufschub vor sich gehen.

In Absicht der Grundsätze, von welchen dieser Praelat bei seinen Unterhandlungen ausgehen soll, wiederholte mir der Cardinal bloß dasjenige[b], was er mir schon früher gesagt hatte, und ich kann mich deshalb nur auf mein unterm 30. Julius a[nni] pr[ioris] an Ew. Hf. Dl. übersandtes unterthänigstes Pro Memoria beziehen[4].

Die Sendung eines Römischen Nuncius an den Reichstag nun, und vorzüglich die Unterhandlung des Deutschen Reichs mit demselben scheint, wie sich beim ersten Anblick ergiebt, für die Souverainitätsrechte der Fürsten, vorzüglich aber der Protestantischen, von manchen Seiten bedenklich. Es ist nur zu bekannt, welche Rechte ehemals durch die sogenannten Aschaffenburger Concordate den Päbsten eingeräumt worden waren, und der Römische Hof gehet jetzt natürlich auf nichts Geringeres hinaus, als von diesen Rechten, soviel als nur immer möglich ist, wieder zu gewinnen. Wäre indeß auch dies nicht der Fall, so läuft es dennoch dem Interesse jedes Fürsten geradezu zu wider, Angelegenheiten, die, der Deutschen Reichsverfassung zufolge, [c]wie es mir wenigstens scheint[c], allein seiner Willkühr überlassen sind, den Reichsverband nicht angehe, und so ganz und gar nicht in das Innere der Landesverfassung eingreifen, dem langsamen und ungewissen Gange einer Reichstäglichen Berathschlagung, bei welcher er durch die Mehrheit überstimmt werden kann, zu überlassen, und es ist nur zu sehr in die Augen fallend, daß, wenn, wie mich[b] der Cardinal-Staatssecretaire[d] mehrmals versichert hat, der Kaiserliche Hof diese Schritte des Pabstes begünstigt, dabei zugleich andre politische Absichten zum Grunde liegen können.

Aus diesen Gründen haben, wie ich es für meine Pflicht halte, es Ew. Hf. Dl. unterthänigst anzuzeigen, Se. Majestät der König von Preussen, mich schon vor mehreren Monaten autorisirt, hier bestimmt und geradezu zu erklären, daß Allerhöchstdieselben nicht allein selbst nicht in Regensburg mit einem Päbstlichen Gesandten unterhandeln, sondern auch auf keine Weise zugeben wollen, daß über irgend einen, noch so kleinen Theil Ihrer Monarchie daselbst in dieser Absicht unterhandelt werde, und daß Sie noch mehr entfernt seyen, je irgend ein Deutsches Concordat, wenn ein solches, ohne Ihr Zuthun, zu Stande kommen sollte, zu unterschreiben[5]; daß Sie dagegen alles was Ihre Deutschen Entschädigungsländer betreffe, wie die Angelegenheiten Ihrer andren Staaten, nur durch mich hier unterhandeln, und ohne Schließung eines eignen Concordats, jedes Geschäft einzeln und besonders anbringen lassen wollten.

Diese Erklärung habe ich hier, obgleich, da bisher der Anlaß daran

11. Februar 1804

fehlte, nicht durch officielle Schritte, auf eine so bestimmte Weise abgegeben, daß man sich wohl überzeugt hat, daß keine Aenderung hierin zu hoffen sey. Ich habe dieselbe[e] jetzt wiederholt, und der Staatssecretaire erwiederte mir darauf, daß der Römische Stuhl das Seinige thue, und mit denjenigen[f] unterhandeln werde[g], die sich dazu willig fänden, wenn auch andre davon abständen. Er hatte die Offenheit hinzuzusetzen, daß, wenn gleich vielleicht gegen Preussen und andre der mächtigeren[h] Deutschen[b] Fürsten eine Unterhandlung am Reichstage nicht mehr Sicherheit, als eine andre, gewähre, der Pabst sich doch gegen die minder mächtigen durch die Möglichkeit des Recurses an die Reichsgerichte und den Reichstag decken müsse. Hieraus erhellet zugleich, daß, wenn auch vielleicht, wie ich sogar glaube, der Erzbischof della Genga anfangs nur den Vorwand gebrauchen wird, daß er bloß nach Regensburg gesandt sey, weil man in Rom die Deutschen Angelegenheiten nicht kenne, auch dort nicht Bevollmächtigte aller Fürsten gegenwärtig seyen, und daß es ja gleichviel sey, ob[b] man mit ihm dort, oder mit eigenen Geschäftsträgern hier unterhandle, die eigentliche Absicht dennoch immer darauf hinausgeht, das Reich, als Reich, mit ins Spiel zu ziehen, und den Fürsten durch die Reichsverfassung die Hände zu binden.

Bei so bewandten Umständen ist daher, wie es mir scheint, deutlich vorauszusehen, daß der große und wichtige Zweck, jedem Deutschen Fürsten vollkommene Freiheit zuzusichern, mit Aufrechthaltung der wahren[i] Religion, Aufklärung zu befördern, und Aberglauben vertilgen zu können, immer zum Theil unerreicht bleiben wird, wenn nicht wenigstens alle Protestantischen Fürsten uneingeschränkt[k] die Unterhandlung mit dem Päbstlichen Nuncius in Regensburg schlechterdings und bestimmt ablehnen. Allein auch außerdem wäre eine solche Einmütigkeit selbst für das Interesse der Einzelnen wünschenswert, welche für sich diesen Weg erwählt haben. Denn obgleich der Pabst diese nie wird nöthigen können, einem mit andern getroffenen Abkommen beizutreten; so wird er doch gewiß jede ihre Länder betreffende, und auf Dioecesaneinrichtung oder andre allgemeine Gegenstände Bezug habende Angelegenheit unter allerlei Vorwänden solange zu verzögern suchen, als er noch irgend Hofnung hat, eine Uebereinkunft zu Stande zu bringen, die auf irgend eine Weise eine Reichsverfassungsmäßige Gültigkeit besitze.

Nach der, mir bisher von Ew. Hf. Dl. mehr als Einmal geäußerten[l] Willensmeynung, in Betreibung der geistlichen Angelegenheiten Höchstihrer katholischen Unterthanen dem Preussischen Systeme folgen zu wollen, glaube ich voraussetzen zu dürfen, daß auch Höchstdieselben einer Unterhandlung in Regensburg abgeneigt seyn werden. Da mir indeß Ew. Hf. Dl. [m]besondere Höchste Entschließung[m] über diesen Punkt noch nicht bekannt war, und ich noch nicht mit Beglaubigungsschreiben von Ew. Hf. Dl. versehen bin; so habe ich bis jetzt hierüber nichts äußern können. Ich wage es indeß anitzt, Ew. Hf. Dl. unterthänigst anheimzustellen:

ob es nicht in gegenwärtigem Augenblicke, da diese Angelegenheit sich einer endlichen Entscheidung zu nähern scheinen, rathsam[n] seyn sollte, mich durch gnädigste Uebersendung meines Creditivs[o] in Stand zu setzen, Höchstdero Interesse allhier [c]auf eine wirksamere Weise[c] wahrzunehmen?

und im Fall Ew. Hf. Dl. es angemessen finden, mich jetzt mit demselben zu versehen, wage ich es mir gnädigste Instruction zu erbitten:

ob Höchstdieselben befehlen, daß ich, wie es mir zweckmäßig[p] schiene, in Höchstdero Namen hier eine der Preussischen ähnliche Erklärung abgeben soll?

Ich würde in diesem Fall den Anlaß dazu von der Ernennung des Erzbischofs della Genga hernehmen, dieselbe aber nur dann schriftlich und officiell machen, wenn mir durch officielle Schritte jene Ernennung bekannt gemacht wäre, bis dahin aber, wie für Preussen, bei dem vertraulichen Wege stehen bleiben.

Da übrigens Ew. Hf. Dl. vielleicht in Absicht dieser Angelegenheiten Verhaltungsbefehle an Höchstdero Gesandten in Regensburg zu senden gesonnen [q]seyn möchten[q], so glaube ich noch bemerken zu müssen, daß der Römische Hof die Rechtmäßigkeit seiner Anträge in Regensburg auf den 62. §ph des Reichsdeputationshauptschlusses vom 25. Februar a[nni] pr[ioris], welcher die Dioecesaneinrichtung betrifft, [r]auf den[r] 2ten und 3ten Artikel des Reichsgutachtens vom 24. März ej[usdem] a[nni], welcher in allen, nicht besonders abgeänderten Stücken die bisherige Verfassung aufrecht erhält, und auf die hiesiger Seits gemachte Behauptung gründen wird, daß die einzelnen Fürsten über diese Punkte nicht ohne Zustimmung des gesammten Reichs gültig abschließen können.

Der Kur-Pfalz-Baierische Gesandte ist übrigens in seinen Unterhandlungen bis jetzt nicht weiter vorgerückt. Er hat zwar bei dem [s]Römischen Hof[s] darauf angetragen, ihm die Basen bekannt zu machen, auf welche der Römische Hof ein Concordat mit dem seinigen gründen wolle. Allein der Staatssecretaire hat ihn an den Erzbischof, Grafen della Genga verwiesen, und dieser sich einige Tage Zeit erbeten, sich mit der Lage der Sachen bekannt zu machen. Uebrigens hat er mir geäußert, daß auch sein Hof nur in Rom und nicht in Regensburg unterhandeln wolle.

---

zu 10: [a–a] *K.:* ersehen [b] *fehlt im K.* [c–c] *fehlt im K.* [d] *im K. folgt:* mir es [e] *K.:* sie [f] *K.:* denen [g] *K.:* würde [h] *K.:* mächtigsten [i] *K.:* echten [k] *K.:* einmüthig [l] *im K. folgt:* Höchsten [m–m] *K.:* besonderer Höchster Willens-Entschluß [n] *K.:* gut [o] *K.:* Beglaubigungsschreiben [p] *K.:* der Sache angemessen [q–q] *K.:* wären [r–r] *K.:* und dem [s] *K.:* Staatssecretair.

[1] *Nach* MATTSON *Bericht ohne Nummer!*
[2] *siehe* **8**.
[3] *Annibale Graf della Genga hatte Erzbischof Bartolomeo Pacca 1794 als Nuntius in Köln abgelöst und wurde dort offiziell bis zum Frühjahr 1800 geführt, residierte*

11. Februar / 17. März 1804

allerdings schon 1794 in Augsburg und war von hier aus interimistisch 1795/96 und dann erneut ab 1800 in München akkreditiert. Während seines Aufenthalts in Rom (seit Ende 1801) wurde er in der bayerischen Nuntiatur durch Graf Troni vertreten. Vgl. Repert. der dipl. Vertreter 3, S. 289, 292; vgl. auch **11** *mit Anm. 1.*
[4] *siehe* **4c**.
[5] *Vgl. Erlaß des Auswärtigen Departements in Berlin vom 5. Juni 1803, abgedr.* GRANIER, *Kath. Kirche 8, S. 858 f (Nr. 612).*

11 Bericht Nr. 2/1804   Rom, 17. März 1804

Ausfertigung StAD E 5 B 1 Nr. 2/2 fol. 126; ps. 27. August 1804.
Konzept (von anderer Hand) ZStADDR Merseburg Rep. 81 Rom I C 13 Fasz. 2.
MATTSON Nr. 1018.

Mission des päpstlichen Geschäftsträgers Graf Troni in Regensburg. Berufung des ehemaligen Jesuiten Zallinger nach Rom.

Ew. Hf. Dl. werden vermuthlich von Regensburg aus benachrichtigt worden seyn, daß der bekanntlich in Diensten des Römischen Hofes stehende Graf Troni daselbst angekommen ist, und ob er gleich mit keinen directen Aufträgen versehen zu seyn vorgegeben, dennoch mehreren Gesandten confidentielle Eröfnungen gemacht hat. Da gedachter Graf sich seit einigen Jahren in Augsburg aufhält und von da diese Reise[a] unternommen hat, so ist es mir nicht möglich gewesen, davon früh genug unterrichtet zu seyn, um Ew. Hf. Dl. seine dortige[b] Ankunft vorher zu melden[1]. Ich eile indeß, Höchstdenselben jetzt pflichtmäßig wenigstens dasjenige anzuzeigen, was ich hier über sein Erscheinen in Regensburg vernommen habe.

Wie mir der Cardinal-Staatssecretaire versichert hat, ist derselbe mit keinen besonderen Aufträgen [c]hingesendet worden[c], sondern hat bloß im Allgemeinen ohngefähr erforschen wollen, in welcher Stimmung sich dort die Gemüther zu einer in Regensburg anzufangenden Verhandlung mit dem Römischen Hofe befinden möchten. Auch ist er, der Versicherung des Cardinals-Staatssecretaires zufolge, nach einem kurzen Aufenthalte wieder[d] abgereist, und befindet sich jetzt[b] bereits wieder in Augsburg. Ich glaube um so mehr, daß dies sich in der That also verhält, als natürlich dem Römischen Hofe alles daran liegen muß, wenigstens ohngefähr sichere Data über das Gelingen eines Schrittes zu haben, durch welchen derselbe sonst leicht[b] unangenehm compromittirt werden könnte. Der Graf Troni war dem Grafen della Genga bei der Nunciatur des letzteren vor mehreren Jahren, als Auditor, zugegeben. Er ist, seitdem der della Genga nach Italien zurückkehren müssen, in Augsburg, zwar ohne öffentlichen Charakter, indeß doch eigentlich als Päbstlicher Agent geblieben, und wird vermutlich auch jetzt den Grafen della Genga wiederum als Auditor nach Regensburg begleiten. Es war daher um so mehr natürlicher Schritt, ihn vorher an Ort und Stelle die Lage der Sachen, soviel es geschehen konnte, erforschen zu lassen. Der Cardinal-Staatssecretaire behauptete mir sogar, der Graf Troni habe diese Maßregel für sich genommen, und ihm dieselbe nur vorher[b] angezeigt.

Uebrigens ist, soviel ich habe erfahren können, in Absicht der allgemeinen geistlichen Einrichtungen in Deutschland nichts weiter hier vorgegangen. Selbst die wirkliche öffentliche Ernennung des Grafen della Genga ist noch nicht geschehen, obgleich der Cardinal-Staatssecretaire von seiner Abreise als sehr nah bevorstehend spricht. Der Römische Hof hat bloß auf seine Kosten einen Ex-Jesuiten, Namens Salinger[2], aus Augsburg hierher kommen lassen, wie man hier versichert, nur um jemand zu haben, welcher mit der Deutschen politischen und kirchlichen Verfassung besser bekannt sey, vielleicht aber auch zugleich um über die in dem Theil von Deutschland, welchen er bewohnte, etwa vorgenommenen Neuerungen Auskunft zu geben. Die Ankunft dieses Ex-Jesuiten ist schon vor einiger Zeit erfolgt; ich habe indeß dieselbe nicht für wichtig genug geachtet, Ew. Hf. Dl. einen eignen unterthänigsten Bericht darüber abzustatten[e].

---

zu 11: [a] *K.:* Excursion [b] *fehlt im K.* [c-c] *K.:* versehen gewesen [d] *K.:* wiederum [e] *im K. folgt:* Ich ersterbe etc.; *hinzugefügt nachträglicher Verweis:* Politischer Bericht Nr. 16 del 14. Novembre, 1804 *(siehe 25); darunter eigenhändig:* S Acta die Errichtung eines Landesbisthums betreffend Ber.d.d. 3. Jul. 1805. H. *(siehe 45).*

[1] *Conte Tiberio Troni war laut Repert. der dipl. Vertreter 3, S. 289, als Auditor während der Abwesenheit des Nuntius Genga 1801–1806 und erneut 1807/08 interimistisch mit der Verwaltung der bayerischen Angelegenheiten in Augsburg betreut; siehe unten.*
[2] *Prof. Jakob Anton Zallinger. Vgl. hierzu und zum vorstehenden den französisch abgefaßten Parallelbericht Humboldts an den König von Preußen, abgedr. bei* GRANIER, *Kath. Kirche 9, S. 121 (Nr. 691); daß der Name des Paters dort zu* Parlinger *verderbt ist, beruht wohl auf der Dechiffrierung. Dazu auch* **25,** *unten S. 109.*

12 Bericht Nr. 3/1804 Rom, 5. Mai 1804

Ausfertigung StAD E 1 M Nr. 93/2 fol. 3 f; ps. 22. Mai 1804.
MATTSON Nr. 1049.

Auslieferung des in der Engelsburg inhaftierten Emigranten Chevalier Vernègues an Frankreich gegen den Protest des russischen Gesandten. Aufenthalt von Laetitia (Madame Mère) und Lucien Bonaparte in Rom.

Obgleich Ew. Hf. Dl. bis jetzt meine Aufmerksamkeit nur auf den Gang der katholisch geistlichen Angelegenheiten am hiesigen Hofe zu richten allergnädigst geruhet haben; so halte ich es dennoch für meine Pflicht, Höchstdemselben einen Vorfall zu melden, der unstreitig auch auswärts Aufsehen erregen wird, und über welchen es daher Ew. Hf. Dl. vielleicht nicht unangenehm seyn dürfte, authentisch unterrichtet zu seyn.

Ew. Hf. Dl. wird ohne Zweifel längst die schon am Ende vorigen Jahres geschehene Verhaftung des Chevalier Vernegues bekannt seyn[1]. Derselbe saß seitdem in der Engelsburg, und da Se. Majestät der Russische Kaiser, welcher demselben kurz vor seiner Verhaftung eine Russische Naturalisa-

17. März / 5. Mai 1804

tion ertheilt hatte, Sich zufrieden zu seyn erklärt hatte, daß derselbe über die ihm vom Französischen Gouvernement, auf dessen Requisition die Verhaftung geschehen war, gemachten Beschuldigungen hier durch vom Pabst ernannte unparteiische Richter gerichtet würde, so hoffte man, der Erste Consul werde diese Entscheidung gleichfalls genehmigen. Allein derselbe hat geglaubt, die Auslieferung des Chevaliers, als eines ehemaligen Emigrirten und der an der neuesten Pariser Verschwörung Theil gehabt habe, verlangen zu müssen, und der Cardinal Fesch hat deshalb hier in Gefolge durch einen am 23. v. M. hier angekommenen Courier erhaltenen Befehle, die dringendsten und nachdrücklichsten Noten übergeben, in denen er vorzüglich auszuführen sucht, daß die erhaltene Russische Naturalisation den Angeschuldigten nicht seiner ursprünglichen rechtmäßigen Obrigkeit und der Strafe der Gesetze entziehen könne.

Der Römische Hof hat zwar diese Auslieferung aus Achtung für Se. Majestät den Kaiser von Russland, der sich ausdrücklich gegen dieselbe erklärt hatte, mehreremale verweigert. Er hat sich aber endlich genöthigt gesehen, seine Einwilligung dazu zu ertheilen, und der Chevalier Vernegues ist unter Bedeckung von 10 Dragonern und in Begleitung des jungen Hédouville, welcher der hiesigen Französischen Gesandtschaft zugegeben ist, und zweier Päbstlicher Officiere am 2. d. M. von hier abgeführt worden. Man hat ihn die Straße von Pesaro nehmen lassen, vermutlich um bis an die Grenze der Italiänischen Republik bloß Päbstliches Gebiet zu berühren. Hierauf nun hat der Russische Geschäftsträger, Graf Cassini, in einer officiellen Note erklärt, daß er sich, den von seinem Hofe im Voraus auf diesen Fall erhaltenen Befehlen gemäß, genöthigt sehe, alle Gemeinschaft mit einer Regierung abzubrechen, die offenbar beweise, daß sie nicht frei und unabhängig sey, und selbst sogleich Rom zu verlassen. Hiernach reist er auch in der Tat übermorgen ab, und begiebt sich fürs erste nach Florenz. Jedoch läßt er das kaiserliche Wappen an seinem Hause, und hat eine Abschiedsaudienz genommen, so daß seine Abreise, die in der Französisch geschriebenen Note départ pas congé genannt wird, nicht eigentlich als ein völliger Bruch anzusehen ist[2]. Demungeachtet sind sowohl der Pabst, als der Cardinal-Staatssecretaire, welchen man in der That die Gerechtigkeit erzeigen muß, zu gestehen, daß sie, ohne sich der Gefahr zu unterziehen, gar nicht zu berechnendes Unglück über den Römischen Staat zu bringen, nicht anders handeln konnten, über diese Erklärung auf das äußerste betroffen, und es ist sogleich ein Courier nach Petersburg abgefertigt worden.

Die Aeußerungen des Französischen Gouvernements nach, sollen die Aussagen der zuletzt ergriffenen Verschwörer auch den Chevalier Vernegues als einen starken Theilnehmer an ihrer Unternehmung dargestellt haben. Sonst behaupteten dessen Verteidiger immer, er habe bloß die Fortbezahlung einer dem Herzog von Berry ehemals gegebenen und hernach nicht weiter bezahlten Pension in Neapel negociirt.

Die Mutter des Ersten Consuls hält sich noch immer hier auf, und der Senator Lucian Bonaparte hat, wie man allgemein versichert, ein dem Prinzen Giustiniani zugehöriges Lehen Bassano bei Ronciglione gekauft, wohin er sich, nachdem er Montag hieher gekommen war, Mittwoch begeben hat³. Ich wage es, mir mit der Hofnung zu schmeicheln, daß Ew. Hf. Dl. die unaufgeforderte Erstattung dieses Berichts nur als einen schwachen Beweis meines Eifers für Höchstdero Dienst anzusehen gnädigst geruhen werden, und bitte Höchstdieselben unterthänigst zu glauben, daß nichts mich so glücklich machen würde, als öfters Gelegenheiten zu finden, in demselben thätig zu seyn.

---

zu 12:

[1] *Über die Verhaftung des Schriftstellers und Agenten Joseph Gautier de Vernègues in der Nacht vom 25./26. Dez. 1803 hatte Humboldt dem Erbprinzen von Nassau-Oranien bereits am 31. Dez. berichtet; StA Marburg 97a Nr. 50 fol. 28 f. Zur weiteren Entwicklung des Falles s.* **13** *mit Anm. 1 und* **14** *mit Anm. 1. Vgl. dazu* E. WINTER, *Rußland und das Papsttum 2, Berlin 1961, S. 154, 156, der den Fall nach den Parallelberichten Humboldts nach Berlin (im ZStA DDR Merseburg) darstellt. Sehr viel ausführlicher dokumentiert ist die Sache in den zwei Bänden der von* M. J. ROUVET DE JOUVEL *hrsg. Korrespondenz der Petersburger Nuntiatur, Nonciatures d'Arezzo 1802– 1806 (Nonciatures de Russie d'après les documents authentiques 3/4), Rom 1922–1927 (Bd. 2 ND 1973). In der ersten Meldung der HDLZ vom 24. Mai 1804 hieß der Verhaftete irrtümlich* Wernek.

[2] *Der seit 1802 als russischer Geschäftsträger an der Kurie tätige Graf Vittorio Cassini ist tatsächlich nicht wieder auf seinen Posten zurückgekehrt; der letzte Bericht datiert laut Repert. d. dipl. Vertreter 3, S. 360, vom 3. Mai 1804. Vgl. auch* **14** *Anm. 1.*

[3] *Letizia Bonaparte, über deren Ankunft Humboldt wohl nur nach Berlin berichtet hatte, wohnte während ihres Rom-Aufenthalts 1804, der sich mit Unterbrechungen vom Frühjahr bis zum Jahresende erstreckte, zunächst im angemieteten Palazzo Corsini, dann im Palazzo Lancelotti, den ihr Sohn Lucien, der ab April 1804 im selbstgewählten Exil in Italien lebte, als Stadtwohnung erworben hatte, schließlich bei ihrem Bruder Kardinal Fesch im Palazzo Falconieri. Der sogenannte Palazzo Bonaparte unweit der Piazza Venezia (früher Palazzo Rinuccini) wurde erst nach Napoleons Sturz als römische Exilwohnung für Madame Mère erworben, die hier bis zu ihrem Tod 1836 lebte. – Für den Erwerb der Giustiniani-Güter vgl. auch HDLZ vom 12. Mai und 5. Juni 1805. Bassano Romano ist nicht weit von dem später von Lucien erworbenen päpstlichen Lehengut Canino entfernt, für das ihm Papst Pius VII. nach der Rückkehr 1814 den Titel eines Fürsten von Canino und Musignano verliehen hat.*

5. Mai / 30. Juni 1804

13 Bericht Nr. 4/1804 Rom, 30. Juni 1804

Ausfertigung StAD E 1 M Nr. 93/2 fol. 6f; ps. 20. Juli 1804.
MATTSON Nr. 1094.

Der Fall Vernègues und seine Auswirkungen auf die diplomatischen Beziehungen zu Rußland. Die politisch-militärische Lage in Italien. Russische Truppen auf Korfu. Der Einfluß Englands in Neapel nach der Abreise des Ex-Premierministers Acton. Nachrichten: Die Königin-Regentin von Etrurien und die Prinzessin Borghese bei den Illuminationen in Pisa. Stand der deutschen geistlichen Angelegenheiten. Erinnerung an das Kreditiv.

Nur die Ungewißheit, in der ich mich darüber befand, ob Berichte über politische Angelegenheiten Ew. Landgräflichen Dl. angenehm seyn dürften, hat mich zurückgehalten, Höchstdenselben bis jetzt fortgesetzte Nachrichten über den Zustand Italiens unterthänigst vor Augen zu legen. Jetzt da mir das höchste Rescript vom 29. pr[ioris] das hier am 26. huj[us] eingelaufen ist, eine solche Berichterstattung ausdrücklich zur Pflicht macht, werde ich nicht verfehlen, Ew. Lg. Dl. von allem, was zu meiner Kenntniß kommen sollte, und Höchstdero Aufmerksamkeit verdienen könnte, umständliche Nachricht zu geben, und bitte Höchstdieselben nur, zugleich meinen tiefsten Dank für die gnädige Art anzunehmen, mit welcher Ew. Lg. Dl. mir diesen Befehl zu ertheilen geruhet haben[1].

Der Chevalier Vernegues ist nicht nach Paris geführt worden. Man hat ihn in Turin gelassen, und ihm, seiner schwächlichen Gesundheit wegen Erlaubnis gegeben, in der Citadelle spatzieren zu gehen. Auf den Courier, welchen der Päbstliche Hof nach Petersburg dieser Angelegenheit wegen, geschickt hatte, ist noch keine Antwort erfolgt. Derselbe war am 31. pr. noch nicht einmal in Petersburg eingetroffen. Der Cardinal-Staatssecretaire hat mir aber selbst im Vertrauen gesagt, daß es ihn nicht wundern würde, wenn man dem Päbstlichen Nuncius dort vielleicht äußerte, daß, da alle officielle Gemeinschaft mit dem Römischen Hofe für den Augenblick abgebrochen sey, seine Anwesenheit in Rußland nicht weiter nothwendig sey.

Seit dieser Begebenheit, ist die Abreise des Generals Acton von Neapel nach Palermo unstreitig die einzige allgemein wichtige, die sich in hiesiger Gegend zugetragen hat[2]. Diese aber gibt auch zu mancherlei Betrachtungen über das Verhältnis von ganz Italien Anlaß.

Ohne den Einfluß, welchen der Englische Hof noch auf den Neapolitanischen ausübt, und ohne die Verbindung, in welcher dieser letzter auch mit dem Russischen stehet, würde Italien in der gegenwärtigen Crise von Europa nur wenig Aufmerksamkeit verdienen. Seitdem aber das Französische Gouvernement sich fast gänzlich von der gemeinschaftlichen Schutzherrschaft der Sieben-Inseln-Republik zurückgezogen hat, und dieser kleine Staat als eine Russische Provinz behandelt wird; muß die nahe Berührung, in welcher jetzt hier diese beiden, sonst durch so viele Länder getrennten Mächte mit einander stehen, immer, je nachdem das Interesse es mit sich bringt, Furcht oder Hofnung erregen[3]. Seit mehreren Monaten

Bericht 13

laufen daher beständige Gerüchte von der Ankunft Russischer Truppen in Corfu und noch im gegenwärtigen Augenblicke schreibt man von dorther, daß 20 000 Mann daselbst erwartet würden. Alle diese Gerüchte bedürfen indeß gar sehr der Bestätigung. Die in der That seit diesem Jahr dort angekommenen Truppen belaufen sich nur auf 2 500 Mann. Es ist von den bekannten friedliebenden Gesinnungen Sr. Majestät des Kaisers von Russland und von der Französischen Regierung zu hoffen, daß, wenn auch zwischen beiden kleine Mishelligkeiten vorhanden seyn sollten, dieselben nicht in einem ofnen Krieg ausbrechen werden. Sollte es indeß auch der Fall seyn, so würde ein Angriff auf die Franzosen im Königreich Neapel immer großen Hindernissen unterworfen seyn. Nicht bloß die Länge des Weges, sondern auch das feste Neutralitätssystem in der Pforte erschweren den Transport der Truppen dahin in hohem Grade, da hingegen die Französische Regierung, ohne große Unkosten, sehr beträchtliche Corps über die Alpen senden, oder die schon in Italien befindlichen zusammenziehen kann. Auch scheint das Französische Gouvernement einen solchen Angriff bis jetzt nicht zu besorgen, da die Truppen im Königreich Neapel nicht mehr, als ungefähr 12 000 Mann ausmachen, und ohne alle militärische Position von Trani bis Taranto zerstreut sind.

Unter diesen Umständen befindet sich natürlich der Neapolitanische Hof in einer Lage, welche ihm die Behauptung seiner Neutralität sehr schwer machen muß, und mit welcher Klugheit auch der General Acton den sehr oft entgegengesetzten Forderungen des Französischen und Englischen Botschafters ein Genüge zu thun bemüht war, so konnte er dennoch Beschwerden von beiden Seiten nicht entgehen. Ja, wenn er auch bei einigen Gelegenheiten große Festigkeit gegen England bewiesen hat, wie z. B. als er einige Personen des Landes verwies, welche Truppen für England anwarben, so war doch seine Vorliebe für die Englische Parthei nicht zu leugnen, und auf keine Weise konnte er das Vertrauen weder des Französischen Botschafters noch der Regierung desselben besitzen.

In dieser Lage war es vorauszusehen, daß sein bloßes Abtreten vom Ministerio und die Ernennung des Chevalier Micheroux zum Director des Départements der auswärtigen Angelegenheiten das einmal entstandene Mistrauen nicht würde aufheben können, und seine wirkliche Entfernung wurde, so sehr sich auch der Englische Botschafter derselben entgegensetzte, ein für die Ruhe des Staats notwendiges Opfer. Seit seiner Abreise hat der Chevalier Micheroux fortwährend die Leitung der politischen Angelegenheiten; allein Ihre Majestät die Königin nehmen selbst den hauptsächlichsten Antheil daran, und das Vernehmen mit dem Französischen Hofe scheint in diesem Augenblick keiner Besorgniß Raum zu lassen. Es befindet sich übrigens noch immer ein Englisches Kriegsschiff auf der Rhede von Neapel, und der General Acton ist mit einem Neapolitanischen abgegangen.

Die Königin-Regentin von Etrurien[4] hat sich vor wenigen Tagen in Pisa bei den Illuminationen befunden, welche dort alle drei Jahre dem Schutzpatron der Stadt zu Ehren gegeben zu werden pflegen. Da die Prinzessin Borghese noch dort war, so ist sie von der Königin mit allen Ehrenbezeugungen, die dem Titel einer Kaiserlichen Prinzessin, den sie jetzt führt[5], zukommen, empfangen worden.

In Absicht der Deutschen geistlichen Angelegenheiten ist hier neuerlich nichts Bedeutendes vorgegangen. Der Päbstliche Nuncius hat bloß einige ihm in Wien mitgetheilte Punkte hieher gemeldet, die aber Schwierigkeiten gefunden haben. Die Bestimmung des künftigen Sprengels der Erzbischöfe scheint dabei hauptsächlich in Frage zu seyn. Auch dürfte die Abreise des della Genga von der Beendigung dieser vorläufigen Unterhandlungen in Wien abhängen.

Einzelne Angelegenheiten habe ich bereits viele sowohl für Fulda, als die neuen Preussischen Provinzen besorgt; und ich halte es in der That, wenn Ew. Lg. Dl. mir diese unterthänigste Bemerkung gnädigst erlauben, für am meisten zweckmäßig, wenn man nach und nach mit diesen die neuen Verbindungen mit dem Römischen Hofe eröfnete.

Ich weiß daher nicht, ob ich es nicht wagen sollte, unterthänigst bei Ew. Lg. Dl. darauf anzutragen, mich nunmehr mit den nöthigen Credentialien zu versehen; ich bin überzeugt, daß das dem hiesigen Hofe in hohem Grade schmeichelhaft seyn würde, und es würde dabei keine andre Förmlichkeit zu beobachten seyn, als welche Ew. Lg. Dl. an andern Höfen bei Beglaubigung eines Ministerresidenten, als welchen Titel Höchstdieselbe mir gnädigst zuzusichern geruhet haben, beobachten zu lassen pflegen.

Erst wenn ich auf diese Weise wirklich accreditirt wäre, würde ich ganz im Stande seyn, Ew. Lg. Dl. den Eifer zu beweisen, von dem ich mich für Höchstdero Dienst beseelt fühle.

---

zu 13:
[1] *In dem Reskript vom 29. Mai 1804 heißt es:* Der von Unserm Geschäftsführer an dem Römischen Hof, dem König. Preußischen Minister Residenten, H. von Humboldt zu Rom, über den Vorfall mit dem Chevalier Vernegues unterm 5 d. M. erstattete Bericht *[siehe 12]* hat uns zum besonderen Wohlgefallen gereicht. Wir finden uns dadurch veranlaßt, demselben zu erkennen zu geben, daß eine Fortsetzung von Nachrichten über alle dasige wichtige, zum allgemeinen europäischen Interesse sich eigneude politische Vorfälle, in den jetzigen Conjuncturen uns äußerst interessant, und auch mit in der Hinsicht um so schätzbarer seyn wird, als die rühmlichst bekannten Einsichten und guten Verbindungen unseres Geschäftsführers dessen jedesmaligen Nachrichten von dergleichen Ereignissen schon und für sich einen vorzüglichen Wert beizulegen im Stande sind. *Konzept StAD E 1 M Nr. 93/2 fol. 2; vgl.* GUNZERT, *Goethe und Darmstadt, S. 278 f.*
[2] *Sir John Francis Edward Acton, der langjährige Premierminister des Königreichs Neapel-Sizilien, war auf französischen Druck am 24. Mai entlassen, zum Herzog von Modica ernannt und nach Sizilien geschickt worden; die HDLZ brachte eine erste Meldung über die Ablösung bereits am 30. Mai!*
[3] *Die der Republik Venedig unterstehenden ionischen Inseln Korfu, Paxos, Leukas, Ithaka, Kephalaria und Zakynthos waren nach dem Frieden von Campo Formio 1797 zunächst von Frankreich in Anspruch genommen, im März 1799 aber von einem russisch-türkischen Geschwader besetzt worden. Im Frühjahr 1800 war dann unter*

Einbeziehung Kytheras, zunächst unter dem gemeinsamen Schutz Rußlands, der Türkei und Englands, die Republik der Sieben Inseln begründet worden. Vgl. dazu den ausführlichen Sonderbericht Humboldts nach Berlin vom 27. Juli 1805, HGS 13 S. 197–201.
[4] *Paolina Bonaparte, seit Nov. 1803 in 2. Ehe mit dem Fürsten Camillo Borghese verheiratet, war mit Napoleons Annahme des Kaisertitels am 18. Mai 1804 Kaiserliche Hoheit geworden.*
[5] *Maria Luisa, die Schwester des spanischen Königs Ferdinand VII., war als Witwe des 1801 zum König von Etrurien erhobenen Erbprinzen Ludwig von Parma seit dessen Tod am 27. Mai 1803 für einige Jahre Regentin des 1807 wieder beseitigten Königreichs.*

14 Bericht Nr. 5/1804   Rom, 21. Juli 1804

Ausfertigung StAD E 5 B 1 Nr. 2/2 fol. 146f; ps. 3. August 1804.
Mattson Nr. 1106.

Russische Reaktion auf die Auslieferung des Chevalier Vernègues. Russische Truppen in der Sieben-Insel-Republik. Truppenstärken in Italien. Meldungen über die Eroberung der Iles d'Hyères durch die englische Flotte. Spanisches Pfründen-Angebot an den Kardinalstaatssekretär. Häffelins Haltung in der Diözesangrenzen-Frage.

Ew. Lg. Dl. werden bereits aus andern Quellen die durch die Auslieferung des Chevalier Vernegues veranlaßte Abreise des Päbstlichen Nuncius, Monsignor Arezzo, von Petersburg erfahren haben, über die ich nicht versäumt haben würde, schon vorigen Posttag einzuberichten, wenn mich nicht ein heftiger Anfall eines Fiebers, von dem ich noch nicht ganz frei bin, daran verhindert hätte. Ich eile indeß, indem ich es wage mir mit der Hofnung zu schmeicheln, daß Ew. Lg. Dl. mir diese Versäumniß gnädigst nachzusehen geruhen werden, Höchstdenselben heute, die näheren Umstände, unter welchen diese Abreise dem hiesigen Hofe angekündigt worden ist, unterthänigst einzuberichten.

Se. Maj. der Kaiser von Russland haben bei dieser Gelegenheit den Pabst mit der äußersten Schonung behandelt. Denn obgleich in der officiellen Note, welche der zurückgekommene Päbstliche Courier überbracht hat, wiederholt ist, daß die Auslieferung des v. Vernegues sowohl dem allgemeinen Völkerrecht, als besonders dem in mehreren vorhergegangenen Noten so deutlich entwickelten Grundsatze zuwiederlaufe, daß Französische Ausgewanderte nicht können wie Französische Bürger behandelt werden, zumal wenn eine andre Macht dieselben naturalisirt habe, so ist doch auch gesagt, daß Se. Maj. der Kaiser indeß wohl einsähen, daß der Pabst bei den Drohungen des Französischen Gouvernements nicht anders habe verfahren können. Nur zeige aber dieser Zwang, daß der Römische Hof nicht frei sey, und deshalb sähe sich Se. Kais. Majestät genöthigt, unter den jetzigen Umständen alle und jede Gemeinschaft mit demselben, sowohl in Rom, als Petersburg abzubrechen. Se. Maj. der Kaiser haben überdies dem Pabste, so wie der Fürst Czartoriski dem Cardinal-Staatssecretaire noch selbst

30. Juni / 21. Juli 1804

geschrieben, und diese mit weniger Rückhaltung, als die officielle Note, geschriebenen Briefe haben hir noch zu einer größeren Beruhigung gedient. Monsignor Arezzo ist übrigens fürs erste nach Töplitz gegangen, und sein Auditor ist wenige Tage nach seiner Abreise ihm nachgefolgt[1]. Briefen aus Corfu vom 15. v[origen] M[onats] zufolge sind aufs neue 1 200 Mann Russischer Truppen daselbst abgekommen. Es heißt sogar in diesen Briefen, daß dies nur die Avant-garde eines Corps von 10 000 Mann sey, das sich im Schwarzen Meere auf 13 theils Linienschiffen, theils Fregatten eingeschift habe. Indeß dürfte diese letztere Nachricht wohl noch der Bestätigung bedürfen. Sicherer scheint diejenige, welche man aus Venedig meldet, daß nemlich ein zweites kleines Détachement von 1 400 Mann angekommen seyn. Auf jeden Fall dürfte auch ein Corps von 30 000 Mann zu einem auf irgend einen Theil Italiens zu wagenden Angriff immer zu schwach seyn. Man muß daher wohl vermuten, daß wenn wirklich mehrere Truppen nach Corfu kommen sollten, dieselben nur bestimmt sind, die Sieben-Insel-Republik und vielleicht selbst Morea, im Fall eines wirklichen Bruchs Frankreichs mit Russland (der jedoch im Ganzen immer unwahrscheinlich ist), gegen feindliche Angriffe zu decken.

In dem gegenwärtigen Augenblicke sind die combinirten Französischen, Italiänischen und Ligurischen Truppen in Italien, außer dem ehemaligen Piemont, zwar nicht sehr zahlreich. Nachrichten zufolge, die ich Grund habe, für durchaus genau zu halten, beläuft sich ihre Anzahl nur zusammen auf 44 000 Mann, von denen 17 000 Mann in der Italiänischen Republik, 3 000 in der Ligurischen, 6 000 auf der Insel Elba, 6 000 im Königreich Etrurien und 12 000 im Königreich Neapel befindlich sind. Allein das Französische Gouvernement kann diese Zahl in jedem Augenblick, ohne alle Anstrengung, sogar mehr als verdoppeln.

Aus Livorno schreibt man, daß Lord Nelson sich der Hierischen Inseln bemächtigt habe. Da dies aber den neuesten Französischen Nachrichten über die Lage der Touloner Flotte zu widersprechen scheint, so ist diese Nachricht wohl aufs mindeste noch zweifelhaft.

Se. Maj. der König von Spanien haben, um ihre Zufriedenheit über die vor einiger Zeit mit dem hiesigen Hofe getroffenen Einrichtungen, die geistlichen Angelegenheiten Spaniens betreffend, zu bezeigen, ihren hiesigen Gesandten, Chevalier Vargas, mit dem Titel eines wirklichen Staatsraths und den Gesandschaftssecretaire mit dem St. Carls-Kreuze belohnt. Dem Cardinal-Staatssecretaire hat der König durch den Friedensfürsten[2] die Präbende von Cuenca antragen lassen, die ein jährliches Einkommen von 5 000 Piastern bringt. Der Cardinal aber hat dieselbe mit der Aeußerung, daß sein Posten ihm nicht erlaube, dieselbe anzunehmen, ausgeschlagen. Wenn man erwägt, daß der Cardinal-Staatssecretaire von einer nicht reichen Familie ist, und daß seine Stelle so wie die Cardinalswürde ihm nur äußerst mäßige Einkünfte geben, so macht dies Betragen seinem Zartgefühl und seiner Uneigennützigkeit noch mehr Ehre.

Berichte 14/15

Der Bairische Gesandte am hiesigen Hofe, Bischof von Haeffelin, hat mit voriger Post seiner Regierung einige Bemerkungen über den Reichsdeputationsrecess übersandt, die er mir mitzutheilen die Güte gehabt hat. Ihr Inhalt ist die Entwiklung der Notwendigkeit des Grundsatzes, der auch, glaube ich, jetzt schon ziemlich allgemein angenommen ist, daß die Dioecesangränzen überall dieselben mit den Territorialgränzen seyn müssen. Er hat bei dieser Gelegenheit zugleich bei seinem Hofe darauf angetragen, ob man nicht nunmehr, dem 62. § des Recesses gemäß zu der allgemeinen Dioecesanregulirung in Regensburg schreiten und ob Se. Kurfürstliche Dl. Sich nicht deshalb mit dem Königlich Preussischen Hofe verständigen wolle[3]. Es ist nicht zu leugnen, daß, wenn es möglich wäre, die Regulirung der Diöcesen bald und ehe der hiesige Hof Zeit hätte, sich wesentlich darin zu mischen, zu Stande zu bringen, damit von selbst fast alle Negociation mit dem Pabst vom Reichstag abgeschnitten würde. Denn einerseits ist dieser 62. § des Recesses der scheinbarste Vorwand, auf welchen der Pabst sein Recht einen Nuncius zu einer allgemeinen Unterhandlung in Regensburg zu schicken, gründet; und andrerseits bleiben den Protestantischen Fürsten, nach geschehener Regulirung der Dioecesen, nur sehr wenige Punkte mit dem Römischen Hofe zu berichtigen übrig.

Für die Erreichung der Höchsten Absicht Ew. Lg. Dl., einen eignen Bischof in Höchstdero Staaten zu besitzen, dürfte insbesondere nichts so zweckdienlich seyn, als die baldige Erledigung dieses Punktes am Reichstage. Außerdem ist nichts zu meiner Kenntniß gelangt, das Ew. Lg. Dl. Höchste Aufmerksamkeit würdig wäre.

---

zu 14:
[1] *Der entgegen Humboldts Darstellung in ungewöhnlich brüsker Form abgeschobene Nuntius, Erzbischof Tommaso Arezzo, der St. Petersburg am 2. Juli 1804 verlassen hatte, residierte bis 1806 in Dresden, um die erhoffte Wiederaufnahme der diplomatischen Beziehungen abzuwarten, zu der es trotz der Freilassung Vernègues in Zusammenhang mit der Papstreise zur Kaiserkrönung in Paris Anfang 1805 durch die nachfolgenden kriegerischen Verwicklungen nicht mehr gekommen ist; vgl. dazu die zu 12 Anm. 1 zitierte Nuntiaturkorrespondenz. Die HDLZ meldete die Freilassung Vernègues am 15. Jan. 1805.*
[2] *Manuel de Godoy, als Liebhaber der Königin und Günstling König Karls IV. bis zu seinem Sturz 1808 der tatsächliche Machthaber Spaniens, führte seit 1795 den Titel Principe de la Paz.*
[3] *Vgl. dazu Humboldts Bericht nach Berlin vom selben Tage; Teilabdruck bei* GRANIER, *Kath. Kirche 9, S. 205 f (Nr. 736).*

21. Juli / 4. August 1804

15 Bericht Nr. 6/1804 Rom, 4. August 1804

Ausfertigung StAD E 1 M Nr. 93/2 fol. 8 f; ps. 20. August 1804.
MATTSON Nr. 1119.

Gerüchte über die Einladung des Papstes zur Kaiserkrönung Napoleons in Paris. Sendung eines französischen Kuriers an den abgesetzten Johanniter-Großmeister v. Hompesch. Lage in Neapel. Rückkehr der Jesuiten. Russische Truppen. Beglaubigung des Kardinals Fesch und anderer französischer Diplomaten.

Seitdem ich die Ehre hatte, meinen letzten unterthänigsten Bericht an Ew. Lg. Dl. abzusenden, hat sich nichts in Italien ereignet, das Höchstdero besondere Aufmerksamkeit verdiente. Nur im gegenwärtigen Augenblick glaubt man aus ein paar Vorfällen auf die Nähe merkwürdiger Begebenheiten schließen zu dürfen.

Schon seit längerer Zeit ging das Gerücht, daß der Französische Kaiser vom Pabst gekrönt zu seyn wünsche, und diesen deshalb eingeladen habe, nach Paris zu kommen. Vor einigen Tagen kam hier der außerordentliche Courier zurück, welcher dem Cardinal Caprara in Paris seine neuen Beglaubigungsschreiben überbracht hat, und seitdem bemerkte man eine ungewöhnliche Thätigkeit in der Päbstlichen Staatskanzlei und unter den Cardinälen. Jetzt ist noch ein Courier von Paris gekommen, und in der letztvergangenen Nacht hat jeder Cardinal einen Brief vom Cardinal-Staatssecretaire bekommen. Zwar wollen viele behaupten, daß diese Briefe und jener Courier in keiner Verbindung stehen, es auch vielleicht nur ein unzeitiger Eifer der Bedienten gewesen sey, dieselben zu einer so ungewöhnlichen Stunde abzugeben. Allein die Meisten glauben, daß der Französische Kaiser jetzt den bestimmten Antrag zur Reise des Pabstes nach Paris gemacht habe, und gewiß ist es wohl, daß in diesem Fall keine entscheidende Antwort ohne vorgängige Berathschlagung mit dem ganzen Cardinals-Collegium gegeben werden würde. Denn man hat noch nicht vergessen, daß die Reise Pius 6. nach Wien, welche nicht die erfreulichsten Folgen für den Päbstlichen Stuhl hatte[1], gegen den Willen der Cardinäle unternommen worden war.

Eine sehr auffallende Erscheinung ist die von Paris aus geschehene Sendung eines außerordentlichen Couriers an den ehemaligen Großmeister des Malteserordens, Herrn von Hompeche. Dieser Courier ist, nach einer überaus schnellen Reise am 30. v. M. in Citta di Castello, einem kleinen Städtchen an der Toscanischen Grenze, wo sich der ehemalige Großmeister jetzt aufhält, angekommen, und hat Befehl gehabt, nach erhaltener Antwort, geradezu und ohne Rom zu berühren, nach Paris zurückzugehen. An dem Factum ist, da es mehreren Leuten hier geschrieben worden ist, und der Cardinal-Staats-Secretaire selbst mir einen Brief, in dem es gemeldet wird, gezeigt hat, nicht zu zweifeln; welchen Grund aber diese unerwartete Erscheinung habe, weiß hier niemand. Man vermutet bloß, daß vielleicht Friedensunterhandlungen zwischen Frankreich und England im Werk seyen, und man in dieser Hinsicht vielleicht von dem v. Hompeche eine

Berichte 15/16

zweite Entsagung seiner ehemaligen Würde verlangt habe, weil die erste nicht von England anerkannt worden sey[2].

In Neapel hat sich neuerlich keine politische Veränderung zugetragen. Der Chevalier de Micheroux besorgt noch als Director des Départements die auswärtigen Angelegenheiten; doch hat man den Titel und das Amt eines Ministers dieses Départements dem Gesandten in London, Marchese di Circello, angetragen. Der General Acton wird, wie es heißt, bald nach Malta abgehen. Die Einführung der Jesuiten im Königreich Neapel, an der schon seit längerer Zeit gearbeitet wurde, ist nun völlig zu Stande gekommen. Es werden 3 Collegia errichtet und diese mit den Russischen in Verbindung gesetzt. Da indeß weder Spanien, noch Frankreich, noch der Deutsche Kaiser (der nicht einmal den, doch von der Erzherzogin Mariane hier begünstigten Paccanaristen[3] den Eintritt in seine Staaten erlaubt) geneigt scheinen die Jesuiten aufzunehmen, so scheint die Hofnung, welche der ihnen persönlich sehr ergebene Pabst zum Wiederaufleben ihres Ordens nähren mag, dennoch vergeblich.

Sämmtliche Russische jetzt in der Sieben-Insel-Republik versammelten Truppen übersteigen, den genauesten Nachrichten nach, die ich mir habe verschaffen können, nicht die Zahl von 7000 Mann.

Der Cardinal Fesch hat in diesen Tagen hier seine neuen Beglaubigungsschreiben überreicht, und dasselbe ist in Neapel von Alquier und in Florenz durch den von dem jetzt in Paris abwesenden General Clarke zurückgelassenen Geschäftsträger geschehen.

---

zu 15:
[1] *Papst Pius VI. hatte bei seinem Aufenthalt in Wien 1782 vergeblich versucht, Kaiser Joseph II. von seiner Kirchenpolitik abzubringen.*
[2] *Ferdinand v. Hompesch war nach der französischen Besetzung Maltas 1798 zum Verzicht auf sein Großmeisteramt gezwungen worden, das zunächst Zar Paul I. von Rußland übernahm; siehe auch* **16** *und* **43** *mit Anm. 6.*
[3] *Mitglieder der 1797 durch Nicola Paccanari begründeten „Societas de fide Jesu" (daher auch „Fideisten"), die an die Stelle des aufgehobenen Jesuitenordens treten wollte. – Über die in Rom lebende Erzherzogin Marie Anna siehe* **40** *mit Anm. 1; zu dem in ihrem Beisein von ehemaligen Jesuiten im römischen Salvati-Palast eingeweihten „Marianischen Kollegium" auch die HDLZ vom 17. Mai 1804, in der die offizielle Wiederzulassung der Jesuiten am 30. Aug. gemeldet wurde.*

16 Bericht Nr. 7/1804   Rom, 11. August 1804

Ausfertigung StAD E 1 M Nr. 93/2 fol. 10; ps. 13. September 1804.
Mattson Nr. 1124.

Französisches Pensions-Angebot an den Ex-Großmeister v. Hompesch. Abdankungsgerüchte. Vermutungen über eine Befragung des Kardinalskollegiums zur Frage der Kaiserkrönung Napoleons.

Seitdem ich die Ehre hatte Ew. Lg. Dl. meinen letzten unterthänigsten Bericht abzustatten, ist hier die Veranlassung zu der so räthselhaft scheinenden Sendung eines außerordentlichen Französischen Couriers an den ehemaligen Großmeister des Malteserordens, Baron von Hompêche authentisch bekannt geworden. Der Kaiser von Frankreich hat demselben eine jährliche Pension von 300 000 francs zugesichert und der Baron von Hompêche hat dies sogleich selbst dem Cardinal-Staatssecretaire und dem Cardinal Fesch angezeigt. Seinen Briefen nach scheint er diese Kaiserliche Gnade als eine Folge der von beiden Cardinälen für ihn geschehenen Verwendungen zu betrachten; sie aber, wie sie mir selbst geäußert, zweifeln, daß diese Verwendungen, vermittelst welchen sie nur (da er sich in einer solchen Bedrängniß befand, daß er seine letzten unbedeutenden Habseligkeiten zu veräußern gezwungen war) um eine Unterstützung für ihn angehalten hatten, die Gewährung einer so beträchtlichen Summe hätten bewirken können. Man fährt daher fort zu vermuten, daß diese Begebenheit mit wichtigerem zusammenhänge, und auf angefangenen Friedensunterhandlungen zwischen England und Frankreich Bezug habe. Von einer von dem Baron Hompêche geforderten oder durch ihn geschehenen Renunciation weiß man bis jetzt nichts mit Bestimmtheit. Doch ist es gewiß, daß derselbe ein Notariatsinstrument ausgestellt und, um sich dabei Toscanischer Notarien (deren Unterschrift von der Französischen Gesandtschaft in Florenz legalisirt werden könne) bedienen zu können, mit dem Courier nach einem kleinen zwischen der Etrurischen und Päbstlichen Regierung streitigen Orte, an welchem sich daher öffentliche Autoritaeten beider befinden, Namens Cospaja begeben hat. Viele behaupten gar, daß dies Instrument nur die Hebung der Pension zum Gegenstande gehabt habe; da aber der Courier ausdrücklich darauf gewartet hat, und also Befehl gehabt haben muß, dasselbe schlechterdings mitzubringen, so scheint es von größerer Wichtigkeit gewesen zu seyn, und könnte leicht eine erneuerte Renunciation betroffen haben[1].

Der Gegenstand, über den, wie ich gleichfalls der Gnade genoß, Ew. Lg. Dl. neulich unterthänigst zu melden, die hiesige Staatssecretarie die Stimmen aller einzelnen Cardinäle schriftlich eingeholt hatte[2], ist bis jetzt noch ein in der That sehr gut bewahrtes Geheimniß. Doch weiß man nunmehr, daß das Abgehen der Briefe bei Nacht nur durch ein Versehen geschehen, und, weil es zu einigen sehr lächerlichen Scenen in den Vorkammern der Cardinäle Anlaß gegeben hatte, bestraft worden ist. Ebenso ist wohl kein Zweifel, daß irgend eine Angelegenheit Frankreichs und namentlich die durch den Pabst vorzunehmende Krönung des Kaisers der Grund zu jener Umfrage gewesen ist. Da man aber mit Recht bemerkt, daß das Gutachten aller Cardinäle nicht leicht über eine politische, wohl aber über eine theologische Frage, über welche der Pabst Beruhigung seines Gewissens sucht, eingeholt werden würde, so vermuthet man, daß man irgend einen religiösen Scrupel in dieser Sache gefunden haben müsse, sey es nur, daß man es für unpassend hält, daß das Oberhaupt der Katholischen Kirche, die sich für die einzig rechtmäßige und wahre ansieht, einen Fürsten kröne, welcher durch seinen verfassungsmäßigen Schwur selbst die Freiheit der gottes-

dienstlichen Uebungen aller Religionen aufrecht zu erhalten verspricht, oder sey es, daß die Fassung des am Krönungstage entweder vom Kaiser selbst, oder von der Französischen Geistlichkeit abzulegenden Eidschwurs Bedenklichkeiten erregt hat.
Mit nächster Post hoffe ich Ew. Lg. Dl. auch hierüber etwas Bestimmteres unterthänigst einberichten zu können.

---

zu 16:
[1] *Hompesch, der angeblich schon länger kränkelte, starb, wie die HDLZ am 8. Juni 1805 meldete, in Montpellier.*
[2] *siehe 15, oben S. 85.*

17 Bericht Nr. 8/1804 Rom, 18. August 1804

Ausfertigung StAD E 1 M Nr. 93/2 fol. 12 f; ps. 19. September 1804.
MATTSON Nr. 1128.

Stellung der Kardinäle zur Frage der Kaiserkrönung Napoleons. Die Rolle der Königin in den Regierungsgeschäften des Königreichs Neapel. Französische Übergriffe. Ausschreibung einer neuen Staatsanleihe. Verstärkung der russischen Truppen auf Korfu. Tod des jungen Leclerc. Der britische Gesandte Elliot als Lebensretter.

Es ist keinem Zweifel mehr ausgesetzt, daß die Angelegenheit, die, wie ich die Ehre hatte, Ew. Lg. Dl. unterthänigst einzuberichten, das Collegium der Cardinäle schon mehrere Tage hindurch beschäftigt, die Abreise des Pabstes zur Französischen Kaiserkrönung betrift. Man weiß sogar mit ziemlicher Gewißheit, daß 19 derselben für, 13 dagegen gegen diese Reise gestimmt haben. Die entscheidende officielle Antwort des Pabstes scheint indeß noch nicht dem Französischen Gesandten übergeben worden zu seyn. Zwar glaubte man es, weil der Cardinal-Staatssecretaire gestern früh eine lange Conferenz mit demselben gehabt hatte, und man wußte daß der Cardinal Fesch den Nachmittag sehr beschäftigt gewesen war. Allein bis zu dem Augenblick, da ich dies schreibe, ist der Courier, welcher die Endantwort nach Paris überbringen soll, noch nicht abgegangen; vielmehr hat der Cardinal Fesch einen neuen von Paris gestern Abend sehr spät empfangen. Aller Wahrscheinlichkeit nach fällt die letzte Entscheidung des Pabstes bejahend aus, und die in diesen Tagen gepflogenen weitläufigeren Unterhandlungen, die man sehr geheimnisvoll betreibt, haben vermutlich nur zur Absicht gehabt[a], theils unter den Cardinälen selbst hier eine größere Einstimmung über diesen Punkt zu bewirken, theils die Art und Weise der Reise und Krönung selbst einigermaßen zu bestimmen. Man weiß jetzt, daß der Cardinal-Staatssecretaire zuerst hat ein Gutachten zweier Advocaten, welche man in wichtigen Angelegenheiten gewöhnlich zu Rathe zu ziehen pflegt, aufsetzen lassen, und daß dies sämmtlichen Cardinälen mitgetheilt worden ist. Diejenigen unter den letzteren, welche gegen die Reise gestimmt, haben sich vor-

11./18. August 1804

züglich darauf gestützt, daß es der Würde des Pabstes nicht angemessen sey, sich zu dieser Feierlichkeit selbst nach Paris zu begeben, daß die Geschichte kein Beispiel aufweise, daß ein Pabst bloß auf die Einladung einer fremden Macht, und ohne in seinen eignen Angelegenheiten dazu eine gleich dringende Veranlassung zu finden, Rom verlassen und eine so weite Reise unternommen habe, daß das Oberhaupt der Kirche unmöglich einen Souverain krönen könne, welcher nicht einmal die Katholische Religion als die herrschende in seinem Reiche erklärt habe, sondern vielmehr durchgängige gottesdienstliche Freiheit beschwöre, und daß in dieser und in mancher andern Rücksicht diese Reise von den Uebelgesinnten, deren Anzahl nur zu groß sey, in ein übles Licht gestellt werden würde. Zu diesen Gründen haben sie die Besorgniß hinzugefügt, daß der Pabst in Paris vielleicht veranlaßt werden dürfte, Gesetze zu bestätigen, denen er in Rom seine Sanction versagt haben dürfte, daß derselbe, da er, bei der großen Schwierigkeit im Winter über die Alpen zu gehen, würde bis zum Frühjahr in Paris bleiben müssen, sogar in dieser Zeit mit Tode abgehen könnte, und eine neue Wahl alsdann, zum Misvergnügen andrer Europaeischer Mächte, vielleicht eine zu einseitige Richtung erhalten dürfte. Alle diese zum Theil weithergeholten Bedenklichkeiten, wird indeß die Gegenparthei vermutlich durch Gründe, die aus der unmittelbaren Lage der Umstände hergenommen sind, und durch die Betrachtung niedergeschlagen, daß der Kaiser von Frankreich dem Pabst gewissermaßen ein neues Recht dadurch einräumt, daß er es für nothwendig oder doch für wesentlich hält, von ihm gekrönt zu seyn.

In Neapel nehmen Ihre Majestät die Königin fortwährend den thätigen Antheil an den Regierungsgeschäften, und der Englische und Französische Gesandte haben jetzt an bestimmten Tagen unmittelbar bei ihr Audienz, so wie sie ehemals die vorkommenden Geschäfte mit dem General Acton abmachten. Letzterer wird, wie es heißt, im Herbst zurückkommen, allein sich, ohne allen Antheil an den Regierungsgeschäften, nur auf seinen Landsitz in Castelamare bei Neapel zurückziehen. Im gegenwärtigen Augenblick befindet er sich krank in Palermo, und es stehet dahin, ob er seine Entfernung, die er stärker empfunden zu haben scheint, als er es selbst vielleicht denken mochte, überleben[b] wird. Zwei ganz neuerlich vorgefallene Irrungen mit den im Königreich befindlichen Französischen Generalen haben in diesen Tagen die Aufmerksamkeit des Hofes beschäftigt. Einer derselben hat, wie die neuesten Briefe aus Neapel melden, einen Neapolitanischen Unterthan, den er beschuldigt hat, mit Banditen in Verbindung zu stehen, ohne Rücksprache mit der Landesobrigkeit und ohne Proceß füsilliren lassen, und der General St. Cyr hat, nach denselben Nachrichten, ein Embargo auf die mit Getreide beladenen Schiffe in den Neapolitanischen Häfen des Adriatischen Meeres gelegt. Wie man behauptet, so hatte er bei dem Hofe vergebens darauf angetragen, die Getreideausfuhr aus diesem Theile des Königreichs nicht zu gestatten, und sich aus Fürsorge für die Bedürfnisse seiner Truppen zu dieser Maßregel, die er ohne Vorwissen des

Gesandten seines Hofes in Neapel getroffen, genöthigt gesehen. Auf dringende Vorstellungen des Neapolitanischen Gouvernements hat er jedoch dieselbe wieder zurückgenommen. Der Hof sowohl, als der Französische Gesandte haben über diese Angelegenheit Couriere nach Paris gesendet, da aber das Vernehmen zwischen beiden Höfen jetzt sehr gut ist, so werden diese Vorfälle unstreitig keine weiteren Folgen haben. Die Finanzen des Königreichs haben zwar seit der einsichtsvollen Verwaltung des Chevalier Medicis eine bei weitem bessere Gestalt gewonnen; allein der König ist dennoch genöthigt gewesen gegenwärtig eine neue Auflage von einer Million Ducati (2 000 000 f.) zu machen. In dem Eingange zu den über diesen Gegenstand gegebenen und durch den Druck bekanntgemachten Decrete finden sich folgende Worte, die ich für nöthig halte in der Sprache der Verfügung selbst anzuführen: „Lusingavasi la Maestà Sua che lo stato di quiete potesse, usandosi la più severa economiá, ristorare le sue reali finanze; mà l'ingresso nel Regno delle amiche truppe Francesi hà distratto le speranze ragionevolmente concepite, ed hà prodotto quel dissequilibrio, che una immensità di spese rende sempre più grande" usw.

In Corfu erwartet man täglich neue Transporte Russischer Truppen. Doch ist, sichren Nachrichten zufolge, das ganze dorthin bestimmte Corps, von welchem nun ein Theil schon seit vorigem Frühjahr angekommen ist, nun von 12 000 Mann. Wenn man bedenkt wie wichtig es schon in bloßer Handelsrücksicht dem Russischen Hofe seyn muß, einen festen Fuß im Mittelländischen Meer zu gewinnen, da erst dadurch der Handel des Schwarzen Meeres und das Etablissement von Odessa die gehörige Sicherheit erhält, und wie bequem in dieser Hinsicht die Lage der sieben Inseln ist, die man als den Schlüssel des Adriatischen Meeres ansehen kann und ohne die selbst der Venetianische Handel nur eine precaire Existenz hat, so darf man sich nicht wundern, daß der Behauptung dieser Besitzung eine vorzügliche Sorgfalt gewidmet wird; und wenn es wahr ist, daß Se. Kaiserliche Majestät zu Russland in Unterhandlungen stehen, die Festungen Prevesa, Parga und Batiento an die Ionische Republik abtreten zu lassen, so ist bei den bekannten in allen Theilen des Türkischen Reichs jetzt gährenden Unruhen ein größeres Truppencorps in diesen Gegenden gewiß nicht überflüssig. Irrigerweise, glaube ich, würde man daher Truppenbewegungen nach dieser Seite hin, als gefährlich für die Ruhe Italiens ansehen.

Der junge Leclerc, Sohn des ehemaligen Generals dieses Namens und der Prinzessin Borghese geb. Bonaparte, welchen seine Mutter bei ihrer Reise in die Bäder von Lucca in Frascati zurückgelassen hatte, ist am verwichenen Dienstag daselbst an einem bösartigen Fieber, an dem er nur drei Tage krank gewesen, verstorben[1].

Die letzten Briefe aus Neapel erwähnen eine Anekdote, welche einen merkwürdigen Beweis der Unerschrockenheit und der Großmuth des dortigen Englischen Gesandten Elliot giebt. Derselbe sah beim Zurückkommen von einer Spatzierfahrt einen armen Sicilianischen Geistlichen, der Schiff-

18./26. August 1804

bruch gelitten hatte, mit den Wellen kämpfen. Die am Ufer versammelte Menge sah diesem Schauspiel müssig zu, und keiner eilte dem Unglücklichen zu Hülfe. Der Gesandte bot beträchtliche Summen für seine Rettung; aber vergebens. Er sprang also selbst aus dem Wagen, warf sich in die stürmischen Wellen, und brachte den armen Schiffbrüchigen glücklich ans Land. Ob er sich gleich in demselben Augenblick entfernte, so war er doch erkannt worden, und der Geistliche kam des andern Tags zu ihm, um ihm seine Dankbarkeit zu bezeugen. Da er aber seinen für Elliot wenig verständlichen Sicilianischen Dialect redete, so antwortete ihm dieser bloß: „Es hat mir mehr Mühe gemacht, mein Herr, Sie zu verstehen, als Sie zu retten"[2].

Übrigens ist nichts zu meiner Kenntniß gelangt, was Ew. Lg. Dl. Höchste Aufmerksamkeit verdiente.

---

zu 17: [a] *folgt gestrichen:* daß [b] *korrigiert*

[1] *Paolina Borghese-Bonaparte (siehe* 13 *Anm. 3) hatte aus ihrer ersten Ehe mit dem 1802 gefallenen General Victor Emanuel Leclerc einen 1798 geborenen Sohn Démide.*
[2] *Der Bericht der HDLZ vom 23. Aug. 1804 hat die Pointe der Geschichte offensichtlich nicht verstanden.*

18 Bericht Nr. 9/1804 Rom, 26. August 1804

Ausfertigung StAD E 1 M Nr. 93/2 fol. 14; ps. 28. September 1804.
MATTSON Nr. 1136.

Verunsicherung durch Meldungen über ein Embargo in Livorno. Ungewißheit über die Entwicklung auf Malta. Verschiebung der Papst-Reise nach Paris.

Seitdem ich die Ehre hatte, Ew. Lg. Dl. meinen letzten unterthänigsten Bericht einzusenden, hatte sich hier eine Nachricht verbreitet, welche allgemeine Unruhe und Besorgniß erregte. Man meldete nämlich von Livorno, daß auf Befehl der Französischen Regierung ein Embargo auf die Russischen und Schwedischen Schiffe gelegt worden sey, welche im Hafen vorhanden waren, und es schien kaum anders möglich, als diese Maßregel einer vorhergegangenen Kriegserklärung beizumessen. Dies Embargo sollte am 19. d. angeordnet gewesen seyn, und die Livorner und Florenzer Briefe meldeten es einstimmig. In vergangener Nacht aber kam hier eine von der Livorner Commerzkammer eigen in dieser Absicht hieher und nach Neapel geschickte Estafette an, und brachte die positive Nachricht, daß dieses Embargo nicht vorhanden sey, und daß man auswärtige Handlungshäuser warne, sich nicht durch die erste Nachricht von demselben zu falschen Speculationen verleiten zu lassen. Über die besondren Umstände jedoch drükken sich die mit der Estafette angekommenen Briefe verschieden und unbestimmt aus. Nach einigen ist die ganze Nachricht eine bloße vielleicht absichtlich ausgestreute Erdichtung gewesen; nach andern wäre das wirk-

Berichte 18/19

lich gelegte Embargo nur wieder aufgehoben worden. Soviel wahrscheinlicher nun auch das Erstere ist, so muß man gestehen, daß die Erfinder dieser Nachricht eine besondre Geschicklichkeit besessen haben müssen, diesem Gerücht Glauben zu verschaffen, da nicht nur alle Handlungshäuser von Livorno von diesem Embargo als von einer gewissen, unter ihren Augen vorgefallenen Begebenheit schrieben, sondern auch mehrere Consuln darüber amtliche Berichte an hiesige Gesandtschaften abgestattet hatten.

Eine andere Nachricht, deren Authenticität ich indeß Ew. Lg. Dl. nicht zu verbürgen im Stande bin, die aber, wenn sie wahr wäre, gleichfalls mit den allgemeinen Begebenheiten in Europa in Verbindung stehen müßte, erfuhren wir zur gleichen Zeit aus Sicilien. Man schrieb nemlich von dort, daß eine Russische Brick in Malta angekommen sey, und dem Englischen Commandanten Ball daselbst Depêchen überbracht habe. Sogleich nach Erbrechung und Durchlesung derselben, habe darauf dieser zwei Englische dort befindliche Regimenter einschiffen lassen, und habe selbst den Pallast des Großmeisters, den er bisher bewohnte, geräumt. Diejenigen, welche den Frieden nahe glauben, schlossen daraus, daß der jetzige Großmeister nach Malta kommen solle; diejenigen aber, welche einer entgegengesetzten Meynung sind, glauben vielmehr daß die Absicht dahin gehe, die Insel in die Hände Russischer Truppen zu liefern.

Das große Interesse, das die Nachricht von dem Livorner Embargo erweckte, hatte in diesen Tagen gänzlich die Aufmerksamkeit von der Reise des Pabstes nach Paris abgewandt. Es heißt jetzt wieder allgemein, daß dieselbe in diesem Herbste nicht Statt haben werde, und gewiß ist, daß der Cardinal Fesch keinen Courier in dem Laufe dieser und der vorigen Woche nach Paris abgesandt hat. Man vermuthet daher mit Recht, daß einer, den er daher vor ungefähr acht Tagen empfangen hat, ihm den Befehl überbracht hat, diese Sache für den Augenblick weniger dringend zu betreiben.

19 Bericht Nr. 10/1804 Rom, 1. September 1804

Ausfertigung StAD E 1 M Nr. 93/2 fol. 16f; ps. 28. September 1804.
MATTSON Nr. 1143.

Bestätigung des aufgrund falscher Kriegsgerüchte durch den französischen General Verdier verhängten Embargos über den Hafen von Livorno. Französische Truppenbewegungen. Meldungen über die Annahme des österreichischen Kaisertitels durch Kaiser Franz. Päpstliche Konfirmation von katholischen Bischöfen in Rußland.

Ich eile, Ew. Lg. Dl. die wahre Beschaffenheit des neulich in Livorno verfügten Embargos unterthänigst zu melden, da dieselbe seit meinem letzten Berichte durch zuverlässige Briefe aus Florenz hier bekannt geworden ist. Es ist vollkommen gewiß, daß dieses Embargo, so wie ich die Ehre hatte, es Ew. Lg. Dl. neulich einzuberichten, am 19. v. M. verfügt, und einige Tage

26. August / 1. September 1804

darauf wieder aufgehoben worden ist, aber es ist auch, so unglaublich es scheinen sollte, gleich gewiß, daß der Befehl zu einer so außerordentlichen Maßregel weder von der Französischen Regierung noch von dem Géneral en Chef Jourdan gegeben; sondern daß dieselbe allein einer unbegreiflichen Voreiligkeit des in Livorno commandirenden Französischen Generals Verdier zuzuschreiben ist, welcher das Embargo bloß für sich auf unverbürgte Kriegsgerüchte hin verfügt hat. Seit längerer Zeit nemlich sagte man hier und in Florenz, daß ein neuer Landkrieg unvermeidlich sey, und die daraus entstehende Besorgniß wuchs mit jeden Tage. Unter diesen Umständen schrieb ein sich in Florenz aufhaltender Franzose, Namens Berenger, an ein Handlungshaus in Livorno, daß man die Nachricht, daß Rußland und Schweden dem Kaiser von Frankreich den Krieg erklärt habe, in Florenz für officiell halte, und setzte hinzu, daß auch Se. Maj. der König von Preussen diesen beiden Mächten beigetreten sey. Das Livorner Handlungshaus, an dessen Spitze ein ehemaliger Französischer Marquis de Livron steht, teilte diesen Brief dem General Verdier mit, und dieser wagte es, ohne auch nur die Französische Gesandtschaft in Florenz vorher zu Rathe zu ziehen, sogleich ein Embargo auf alle in dem Hafen befindliche Russische, Schwedische und Preussische Schiffe zu legen. Denn wenn ich in meinem vorigen Berichte diese letzteren nicht erwähnte, so geschah es nur, weil jedermann diesen letzten Zusatz für falsch ansah. Die ganze Maßregel des Generals war aber um so weniger motivirt, als in der That weder Preussische, noch Russische, sondern bloß zwei Schwedische Schiffe in Livorno vorhanden waren. Der Etrurische Hof ersuchte, sogleich als er die Nachricht dieses unerwarteten Ereignisses empfing, die Französische Gesandtschaft um Aufklärung über dasselbe; da aber der in Abwesenheit des Gesandten Generals Clarke in Florenz zurückgebliebene Geschäftsträger Simeon versicherte, daß ihm nichts davon bekannt sey, so schickte man einen Courier an den General Verdier und vermochte ihn zur schleunigen Wiederaufhebung des Embargos. Er hat sich hernach damit entschuldigen wollen, daß der Berenger gemeldet, die Nachricht von der Französischen Gesandtschaft empfangen zu haben. Allein der Geschäftsträger Simeon hat durch eine nach Paris gesendete Abschrift des Berengerschen Briefes das Gegentheil bewiesen. Berenger ist übrigens sogleich arrêtirt worden.

Die Malta betreffende Nachricht, die ich neulich Ew. Lg. Dl. unterthänigst einzuberichten die Ehre gehabt habe, scheint sich zu bestätigen. – Die Unterhandlungen zwischen dem Cardinal Fesch und dem Cardinal-Staatssecretaire scheinen noch keine entscheidende Wendung genommen zu haben. Wenigstens ist von ihren Resultaten bisher noch nichts bekannt geworden. Alle so vielfach ausgestreuten Gerüchte von außerordentlichen Bewegungen der Französischen Truppen in Italien sind, wie ich Ew. Lg. Dl. mit Gewißheit versichern kann, durchaus ungegründet. Bloß 5 000 Mann sind neuerlich in Bologna angekommen, und 3 000 davon nach Rimini gegangen.

Die Nachricht, daß Se. Kaiserlich-Königliche Majestät den Titel eines Kaisers von Oesterreich angenommen, ist hier durch einen Courier überbracht worden, welchen der Päbstliche Nuncius aus Wien gesendet hat[1]. Derselbe hat die gleiche Nachricht auch dem Etrurischen Hofe überbracht.

Der Päbstliche Nuncius in Petersburg hatte einen Vertrag zwischen dem Russischen und seinem Hofe zu unterhandeln angefangen, durch welchen die hier bei Besetzung der Russischen Bisthümer zu bezahlenden Gebühren anders, als aber bisher, bestimmt werden sollten. Seine Abreise von Petersburg hatte ihn verhindert, diese Unterhandlung zu Ende zu bringen. Demungeachtet hat der Pabst, um Sr. Russisch Kaiserlichen Majestät seine Achtung und Ergebenheit zu bezeugen, in dem neulichen Consistorium vier Russische Bischöfe proclamirt, und die Confirmationsbullen derselben nach Petersburg gesandt, indem er der Apostolischen Datarie die Gebühren dafür vorzuschießen aufgegeben[2].

---

zu 19:
[1] *Päpstlicher Nuntius in Wien war Antonio Gabriele Severoli, Titularerzbischof von Petra. Die Annahme des Kaisertitels war bereits am 10. August erfolgt.*
[2] *Die mit der Berufung von drei Suffraganen für das neuerrichtete Erzbistum Mohilev durch Zar Paul I. im Sommer 1798 aufgeworfene Frage der Bestätigung von in Rußland ernannten „lateinischen" Bischöfen durch die römische Kurie war Hauptthema der diplomatischen Tätigkeit des 1802 nach St. Petersburg entsandten Nuntius Arezzo; die Bullen für die auf seinen Bericht vom Jahresende 1803 im Konsistorium vom 20. Aug. 1804 konfirmierten fünf Bischöfe Ignat. Houvalt (für Troki im Erzbistum Wilna), Fürst Simon Godroye (für Samogitien), Gregor Strognovski (für Luzk), Ivan C. Podlovski (für Shitomir) und Andrej Cholonievski (als Bischof in partibus für die Diözese Kamenez) wurden erst 1805 an Arezzo in Dresden übersandt, der sie bei seiner Rückreise nach Rom im Folgejahr an den Wiener Nuntius Severoli weitergab. Vgl. die ausführliche Darstellung von* M. J. ROUVET DE JOUVEL *in den Einleitungen der von ihm hrsg. Nuntiaturkorrespondenz, Nonciatures d'Arezzo 1802–1806, Bd. 1 S. XLVIIff, 2 S. XXXVIff; siehe oben* **12** *mit Anm. 1, auch* **14** *Anm. 1.*

---

20 Bericht Nr. 11/1804 Rom, 15. September 1804

Ausfertigung StAD E 1 M Nr. 93/2 fol. 18f; ps. 6. Oktober 1804.
MATTSON Nr. 1151.

Vorbereitungen zur Papst-Reise nach Paris. Hoffnungen auf Ernennung des Vizepräsidenten Melzi zum Präsidenten der Italienischen Republik. Englischfranzösischer Zwischenfall im Hafen von Neapel. Weitere Verstärkungen für Korfu. Abberufung Louis Bonapartes aus Turin; Reisen des Kurprinzen von Württemberg und der Madame Mère.

Der gänzliche Mangel an interessanten Nachrichten hat mich genöthigt, gegen meinen Willen den vorigen Posttag zu überschlagen; ich mache es mir um so mehr zur Pflicht, Ew. Lg. Dl. das Wenige unterthänigst vor Augen zu legen, was einigermaßen Höchstdero Aufmerksamkeit verdienen kann.

1./15. September 1804

Die Reise des Papstes zur Französischen Kaiserkrönung ist, wie ich Ew. Lg. Dl. es mit Gewißheit versichern kann, noch bis auf diesen Augenblick unentschieden. Man erwartet die Rückkunft eines nach Paris geschickten Couriers, der, wie man glaubt, gegen den 24. d. hier eintreffen wird, und die letzte Antwort des Kaisers von Frankreich überbringen wird. Wenn nicht wichtigere Begebenheiten die Krönung aufschieben, so scheint es kaum zweifelhaft, daß der Papst nicht dahin gehen sollte. Man hält allgemein seine Abreise sogar nahe bevorstehend und einige Umstände lassen vermuthen, daß der Cardinal Fesch Auftrag hat, die vorläufigen Anstalten zu derselben zu besorgen. Die Hauptbedingung, welche der hiesige Hof dem Französischen gemacht zu haben scheint, ist die, daß während der Anwesenheit des Papstes in Paris weder eine geistliche, noch politische Angelegenheit zur Sprache gebracht werden, weil Se. Heiligkeit sich nicht entschließen könne, irgend etwas über Gegenstände dieser Art abwesend von seiner Residenz und von dem Cardinals-Collegium zu entscheiden. Der Cardinal-Staatssecretaire wird, wie es heißt, hier zurückbleiben, und diese Einrichtung hängt unstreitig mit der eben erwähnten Bedingung, zu der man sich die Einwilligung des Kaisers zu erhalten schmeichelt, zusammen. Die andern auf den Zustand der Katholischen Geistlichkeit in Frankreich Bezug habenden Unterhandlungen, die ohne Zweifel zwischen dem Cardinal Fesch und dem Päpstlichen Stuhle am Werke sind, werden vermuthlich auch vor Anfang des künftigen Monats beendigt seyn, und dürften, wie es scheint, nicht ohne bedeutenden Einfluß auf das Verhältnis aller Katholischen Länder zum Römischen Hofe bleiben.

Mehrere Briefe von sonst gut unterrichteten Personen aus dem oberen Italien versichern, daß der Kaiser Napoleon die Würde eines Praesidenten der Italienischen Republik auf den jetzigen Vicepraesidenten Melzi übertragen werde. Sie setzen hinzu, daß diese Uebertragung die Folge einer Uebereinkunft zwischen Frankreich und Oesterreich sey. Daß die Lage dieser Republik nicht so, wie sie im jetzigen Augenblick ist, bleiben werde, ist allerdings wohl keinem Zweifel ausgesetzt; auch behauptet man vielleicht nicht mit Unrecht, daß die Eifersucht andrer Europäischer Mächte und namentlich Oesterreichs rege werden würde, wenn, indem Bonaparte die Praesidentenwürde unter irgend einem Titel erblich in seiner Familie erklärte, ein so bedeutender Theil Italiens auf immer mit Frankreich verbunden würde. Dennoch scheint diese Nachricht noch gar sehr der Bestätigung zu bedürfen. Denn wenn gleich für jetzt Frankreichs Einfluß auf die Italienische Republik derselbe bleiben würde, so ist es doch zu wichtig für Frankreich sich desselben auch für die Folge zu versichern. Gewiß ist es indeß, daß der Vicepraesident Melzi durch die allgemeine Liebe seiner Mitbürger, durch Thätigkeit, Ordnungsliebe, Mäßigung und Uneigennützigkeit, endlich durch wahre Anhänglichkeit an Frankreich und an die Person seines jetzigen Beherrschers, mehr als sonst irgend ein anderer im Stande seyn würde, dies von der Natur so außerordentlich begünstigte Land unter den jetzigen Umständen mit Weisheit zu regieren, und zu einem hohen Grade des Wohlstandes wiederemporzubringen.

Zu den kleinen Irrungen zwischen dem Neapolitanischen Hofe, und den Französischen Generalen im Königreich, über die ich die Ehre hatte, Ew. Landgräflichen Durchlaucht neulich meinen unterthänigsten Bericht abzustatten, und zu den Klagen, die der Französische Gesandte über einige Ausdrücke des gleichfalls neulich erwähnten Finanzedicts geführt hat, ist seitdem noch ein andres unangenehmes Ereigniß hinzugekommen. Der Befehlshaber eines Englischen Kriegsschiffs im Hafen von Neapel hat sich angemaßt, einige von seinem Schiff entlaufene Matrosen selbst aufsuchen, und deshalb alle Schiffe im Hafen von seinen Leuten visitiren zu lassen. Der Capitaine eines Französischen Schiffes hat sich diesem eigenmächtigen Verfahren widersetzt, die Engländer haben Gewalt gebraucht, und es ist darüber zu ernsthaften Händeln gekommen. Auf die Beschwerde des Französischen Gesandten hat der Hof darauf sogleich von dem Englischen Genugthuung gefordert, und den Neapolitanischen Hafen-Capitaine cassirt und auf die Festung bringen lassen. Der weitere Verfolg dieser Sache ist bisher hier nicht bekannt.

In Corfu sind nach Briefen aus Venedig aufs neue 1800 Mann Truppen und 4000 Sättel für Cavallerie angekommen. Man spricht seitdem noch von andren Truppentransporten, ohne jedoch die Zahl bestimmt anzugeben. – Der Ankunft einer Russischen Brick in Malta, deren ich die Ehre gehabt habe, in meinen vorigen Berichten zu erwähnen, und die unter den jetzigen Umständen eine so große Wahrscheinlichkeit hatte, wird von dem hiesigen Geschäftsträger des Großmeisters förmlich widersprochen[1].

Die plötzliche Zurückberufung Louis Bonaparte's von Turin, deren Ursach bis jetzt noch unbekannt ist, hat hier große Aufmerksamkeit erregt[2]. – Se. Hf. Dl. der Kurprinz von Würtenberg sind gestern hier durch nach Neapel gegangen. Bei Ihrer Rückkunft aus letzterer Stadt werden Sie Sich, wie es heißt, einige Wochen hier aufhalten[3]. – Die Mutter Sr. Majestät des Kaisers von Frankreich ist aus den Bädern von Lucca hieher zurückgekommen.

---

zu 20:
[1] *siehe* **18**, *oben S. 92.*
[2] *Louis Bonaparte war von seinem Bruder im Frühsommer 1804 zum Generalgouverneur der französischen Départements jenseits der Alpen ernannt worden, eine Ehrenstellung, die später der Schwager Camillo Borghese erhielt.*
[3] *Der württembergische Thronfolger Friedrich Wilhelm, später König Wilhelm I., hatte sich im Vorjahr wegen seiner Liaison mit einem bürgerlichen Mädchen mit seinem Vater überworfen und war nach Paris geflohen, wo er zwei Jahre lebte; siehe auch* **24** *mit Anm. 5.*

15. September / 3. Oktober 1804

21 Bericht Nr. 12/1804   **Rom, 3. Oktober 1804**

Ausfertigung StAD E 1 M Nr. 93/2 fol. 20 f; ps. 22. Oktober 1804 (nach Mattson: 23. Okt.).
MATTSON Nr. 1165.

Klärung der Vorbedingungen für die Papst-Reise nach Paris. Vorkehrungen für die Abwesenheit des Papstes. Teilnahme des Kardinalstaatssekretärs an der Krönung. Spannungen zwischen Frankreich und Rußland. Französische Mobilmachungsmaßnahmen in Italien. Russische Truppenstärke in der Sieben-Insel-Republik. Pockenimpfung der Prinzessinnen von Sardinien. Lucien Bonaparte.

Die erwartete entscheidende Antwort in Betreff der Pariser Kaiserkrönung und der Reise des Papstes zu derselben, ist nunmehr angekommen, und der General Caffarelli, Generaladjudant des Kaisers Napoleon, hat am 29. September hier das Schreiben überbracht, in welchem der Kaiser den Papst förmlich einladet, nach Paris zu kommen, um die Krönung daselbst zu verrichten. Ich schmeichelte mir mit der Hofnung Ew. Lg. Dl. zugleich heute den zur Abreise des Papstes bestimmten Tag und das Personale seines Gefolges unterthänigst einberichten zu können; bis auf den Augenblick, in dem ich dies schreibe, weiß man aber nichts Gewisses hierüber, und was darüber gesagt wird, ist bis jetzt bloßes Gerücht. Ich habe die Ehre gehabt, Ew. Lg. Dl. zu melden, daß der hiesige Hof, bei den über diese Angelegenheit, vor dem jetzigen förmlichen, officiellen Schritte, gepflogenen Unterhandlungen, mehrere Bedingungen, unter denen der Papst sich allein zu der Reise nach Frankreich entschließen könne, gemacht hatte. Auf diese Bedingungen muß natürlich jetzt eine Antwort erfolgt seyn, und es ist die Frage, ob dieselbe in jeder Rücksicht befriedigend und beruhigend für den Päpstlichen Stuhl ausgefallen ist? Wenigstens weiß ich, daß die hiesige Französische Gesandtschaft es, ihren öffentlichen Aeußerungen nach, für zweifelhaft ansah, ob der Papst sich der Einladung zu folgen, entschließen werde? Dies Letztere zwar ist wohl unstreitig bloß Sprache der Convenienz, und die Reise des Papstes in sich wird durchaus für gewiß gehalten.

Die ununterbrochenen Conferenzen, die in der That seit der Ankunft des Generals Caffarelli zwischen dem Cardinal-Staatssecretaire und dem Cardinal Fesch Statt gefunden haben, beziehen sich wohl nur theils auf jene noch nicht ganz berichtigte Bedingungen, theils auf so viele, bei der Reise selbst in Betrachtung kommende und einzeln festzusetzende Nebenumstände. Wie man allgemein glaubt, so wird der Papst, vor seinem Weggehen von Rom, in einer eignen Bulle, nicht nur die Art der Geschäftsführung während seiner Abwesenheit, sondern auch alles, was in dem unvorhergesehenen und unglücklichen Fall, daß er außerhalb Franckreich verstürbe, Statt finden solle, festsetzen, und ein Hauptpunkt hierbei wird der seyn, daß das Conclave zu der neuen Papstwahl in jedem Fall in Rom gehalten werden solle. Wie ich Ew. Lg. Dl. unterthänigst anzuzeigen die Ehre hatte, so war es ausgemacht, daß, weil nur die Person des Souverains, nicht aber die Regierung sich entferne, der Cardinal-Staatssecretaire hier zurückbleiben sollte. Jetzt aber hat der Kaiser Napoleon seinen dringenden Wunsch, daß auch er bei der Krönung zugegen sein möge, geäußert, und vermuthlich wird der Cardinal, wenn auch nicht gleich, doch, da er geschwinder reisen kann, später, dem Papst nachfolgen, und der Krönung beiwohnen, aber, sobald es ihm nur irgend möglich seyn wird, hierher zurückkehren. Das Gerücht, daß der Kaiser Napoleon, da es Sitte sey, dem Prälaten, welcher die Krönung verrichte, ein Geschenk zu machen, dem Papst eine der drei Legationen zurückgeben werde[1], ist bis jetzt zu wenig verbürgt, als daß ich es wagen sollte, auch nur eine Vermuthung darüber zu äußern.

Die Furcht vor einem förmlichen Bruch zwischen Frankreich und Russland erregt gegenwärtig, da nun auch die Geschäftsträger beider Höfe von ihren Posten zurückberufen worden sind[2], durch ganz Italien die lebhaftigsten Besorgnisse. Wenn man auch nicht gerade befürchtet, daß bei dem Ausbruche eines wirklichen Krieges, dies unglückliche Land eines der Theater desselben werden sollte, da eine Landung Russischer Truppen immer mit den größesten Schwierigkeiten verknüpft seyn würde; so sieht man doch voraus, daß die jetzt in der Lombardei, Etrurien und dem Königreich Neapel befindlichen Französischen Truppen beträchtliche Verstärkungen erhalten werden, wodurch den Bewohnern dieser Gegenden nicht anders als eine sehr drückende Last erwachsen kann. Durch officielle Anzeige des bevorstehenden Durchmarsches durch den Römischen Staat, ist bis jetzt bloß der Marsch zwei Französischer Regimenter von Bologna aus, eines Cavallerie- und des 67. Infanterie-Regiments, nach dem Königreiche Neapel gewiß. Gleichfalls, nach den sichersten Nachrichten, keinem Zweifel unterworfen, ist es, daß 10 000 Mann von Genua, Parma, und andern Orten der Lombardei aus nach Bologna unterwegs sind, und durch die gleiche Anzahl aus dem Innern Frankreichs in ihren bisherigen Standquartieren ersetzt werden sollen. Auch macht der General Verdier in Livorno mannigfaltige Vorkehrungs-Anstaltungen zur Sicherung der Etrurischen Küste, die er, ihrer ganzen Länge nach, mit seinen Truppen besetzen wird. Von der Besetzung der Hafen des Kirchenstaats, namentlich Ancona's und Civita-Vecchia's mit Französischen Truppen, redet man bis jetzt nur, als von einem ungewissen Gerücht. Vermuthlich aber dürfte dennoch diese Maßregel in Kurzem Statt finden. Weniger zuverlässig endlich, als die ebenerwähnten Truppenbewegungen, ist es, daß, wie man aus Mailand meldet, 50 000 Mann von der Französischen Küstenarmée aus nach Italien in Marsch seyen, daß sich dieselben zwar durch ganz Italien vertheilen, indeß ein beständiges Lager von 15 000 Mann zwischen Bologna und Rimini errichtet werden würde, und daß General St. Cyr im Norden, der Marschall Soult aber im Süden Italiens das Obercommando führen werde. In der Voraussetzung so beträchtlicher Verstärkungen der Französischen Armée in Italien, glauben viele, da es nicht wahrscheinlich ist, daß der Kaiser von Frankreich einen Angriff der Russen auf dieses Land besorge, daß er selbst weiter aussehende Plane habe, und die Gerüchte Französischer Expeditionen, die nach Morea, Sardinien oder Sicilien hie im Werk seyn sollen, erneuern sich

3. Oktober 1804

von allen Seiten. Immer aber schiene eine Besetzung Siciliens durch Russische Truppen, unter Begünstigung der Englischen Flotte, wahrscheinlicher und leichter, wenn nicht ein solcher Plan aus Schonung gegen den Neapolitanischen Hof unterbleibt.

Die Russischen Truppen in der Sieben-Insel-Republik beliefen sich, nach einem sehr zuverlässigen Briefe vom 15. August aus Corfu, auf 8 000 Mann, zu denen man noch 3 000 erwartete. Nach andern, aber minder authentisch scheinenden Briefen, betrüge die Anzahl derselben 13 000, bei welchen indeß jene 3 000 Mann schon mitgerechnet sind. Nachrichten aus Constantinopel zufolge soll aber ein neuer Convoy Russischer Schiffe mit 17 000 Mann Landungstruppen an Bord durch die Dardanellen gegangen seyn.

Se. Majestät der König von Sardinien gehen von Gaeta aus auf einige Wochen nach dem, wenige Meilen von Gaeta entfernten Orte Castellone, um den Prinzessinnen, Ihren Töchtern, die Blattern einimpfen zu lassen. Es ist nicht wahrscheinlich, daß Se. Majestät während der Abwesenheit des Papstes nach Rom zurückkehren werden[3].

Der Cardinal Fesch wird sich zur Kaiserkrönung nach Paris begeben. Der Senator Lucian Bonaparte scheint noch in Unterhandlungen über seine Rückkehr zu stehen. Wenigstens hat er vor Kurzem einen Courier an seinen Bruder, den Kaiser, geschickt, und einen von seinem älteren Bruder, dem Prinzen Joseph erhalten.

Vor mehreren Tagen starb hier Madame Clary-Guey, die in Begleitung der Madame Letitia Bonaparte hieher gekommen war. In den Notificationsbilletten ihres Todes wird sie Dame d'honneur de Son Altesse Impériale Madame Mère de l'Empereur des François genannt.

---

zu 21:
[1] *Der im Frieden von Tolentino vom 19. Febr. 1797 erzwungene Verzicht Papst Pius VI. auf die päpstlichen Legationen Bologna, Ferrara und Romagna, die mit der zunächst gebildeten Cispadanischen Republik Teil der neubegründeten Cisalpinischen, später Italienischen Republik wurden, blieb auch nach der Wiederherstellung des mit Errichtung der Römischen Republik 1798 suspendierten Kirchenstaats im folgenden Jahr bestehen.*
[2] *Der russische Geschäftsträger in Paris, Peter Jakovlevitch Oubril, war Anfang September, sein französischer Kollege in St. Petersburg, Graf Gérard de Rayneval, am 20./21. Sept. 1804 abgereist; vgl. Repert. d. dipl. Vertr. 3, S. 133, 354.*
[3] *König Viktor Emanuel I., seit dem 1796, im Todesjahr seines Vaters Viktor Amadeus, durch den ersten Italien-Feldzug Napoleon Bonapartes erzwungenen Verzicht auf die Savoyer Stammlande mit Turin auf Sardinien beschränkt, hielt sich nur besuchsweise in der zum Königreich Neapel gehörigen Festung Gaeta auf, nachdem er Rom, angeblich auf französischen Druck, hatte verlassen müssen; vgl. HDLZ vom 23. Aug. und 27. Sept. 1804.*

22 Bericht Nr. 13/1804 Rom, 10. Oktober 1804

Ausfertigung StAD E 1 M Nr. 93/2 fol. 22 f; ps. 25. Oktober 1804.
MATTSON Nr. 1170.

Endgültige Festlegung der Reisetermine und des päpstlichen Gefolges für die Paris-Reise. Übermittlung des Berichts durch einen bayerischen Kabinettskurier. Erläuterungen des Kardinalstaatssekretärs zu den politischen Bedingungen der Kaiserkrönung.

Die Unterhandlungen zwischen dem Cardinal Fesch und dem Cardinal-Staatssecretaire über die Reise des Papstes nach Paris, von denen ich die Ehre hatte, Ew. Lg. Dl. in meinem letzten unterthänigsten Berichte zu schreiben, haben noch die ganze vergangene Woche fortgedauert, und erst am 6. des Abends spät hat der Cardinal Fesch die entscheidende Antwort des Papstes erhalten, die er sogleich mit einem außerordentlichen Courier abgesandt hat, welchem, zwei Tage darauf, der General Caffarelli selbst nachgefolgt ist. Diese Antwort ist nunmehr dahin ausgefallen, daß der Papst erklärt hat, am 3. November von hier abreisen, und in Paris die Krönung des Kaisers, jedoch in einer Kirche und nach Römischem Ritual, verrichten zu wollen.

Der Kaiser Napoleon hatte erwartet, daß der Papst noch Zeit haben würde, am 9. November, als dem zur Krönungsfeierlichkeit festgesetzten Tage, in Paris einzutreffen; allein theils die Unmöglichkeit, die zur Reise nöthigen Anstalten in so wenigen Tagen zu besorgen, die noch dadurch wuchs, daß man, dem Wunsche des Kaisers gemäß, jetzt ein größeres Gefolge, als erst bestimmt war, mitzunehmen beschlossen hat, theils der Zustand der in der That schwächlichen Gesundheit des Papstes haben einen Aufschub unumgänglich nothwendig gemacht. Vielleicht hat auch die Hofnung, in der Zwischenzeit auf einige der vorgeschlagenen Bedingungen deren ich öfter in meinen unterthänigsten Berichten an Ew. Lg. Dl. zu erwähnen Gelegenheit gehabt habe, und auf welche bisher keine Antwort erfolgt zu seyn scheint, befriedigende Erklärung zu erhalten, mit dazu beigetragen.

Die Zwischenzeit bis zu seiner Abreise nach Paris wird der Papst auf seinem Landsitz zubringen, nach welchem er gestern abgegangen ist. Man erwartet ihn von dort am 26. und 27. zurück, und alsdann wird ein feierliches Consistorium gehalten werden. Ueber die Zeit, welche der Pabst in Paris bleiben wird, läßt sich zwar vorläufig nichts bestimmen; indeß schmeichelt man sich, ihn im Februar wieder hier zurück zu sehen. Die Krönung wird, wie man vermuthet, jetzt am 24. December Statt haben.

Das Gefolge des Papstes wird, um nur die vorzüglichsten Personen zu nennen, außer dem Cardinal Fesch, aus vier Cardinälen: Borgia, Vorsteher der Propaganda, Antonelli, Groß-Poenitentiarius, DePietro und Caselli, dem Maggiordomo, Msgr. Gavotti, dem Maestro di Camera, Msgr. Altieri, vier Bischöfen, Msgr. Menochio, Sagrista und Beichtvater des Papstes, Msgr. Fenaja, Vicegerente, Msgr. Bertazzola, Almosenierer, und Msgr.

10. Oktober 1804

Devoti, Secretaire der Briefe an die Fürsten, den beiden Capitainen der Garde, dem Herzog Braschi und Prinzen Altieri, und dem Fourier Sacchetti bestehen. Die Reise-Route geht, um Bologna zu vermeiden, über Florenz, Pistoja, Modena, Parma, Turin und den Berg Cenis. Auf der Stelle, wo es möglich ist, diesen mit Wagen zu passiren, werden Französische Wagen den Papst und sein Gefolge erwarten, und die seinigen werden zurückbleiben. Auch wird er durch ganz Frankreich in allen Kosten frei gehalten werden. Ein Gleiches wird in Etrurien geschehen, und wie man sich schmeichelt, auch in der Italiänischen Republik. Um für die Postpferde sowohl, als die Quartiere weniger Schwierigkeit zu finden, wird der ganze Zug in drei Abtheilungen reisen.

Das Gerücht, daß auch der Cardinal-Staatssecretaire sich nach Paris begeben würde, hat keinen Grund gehabt. Er bleibt vielmehr hier; es wird ihm auch keine Regentschaft an die Seite gesetzt. Der Papst hinterläßt aber jedem Tribunal und jeder Congregation die nöthigen Vollmachten, alle Geschäfte indeß besorgen zu können, und diese werden daher auch die Zeit der Abwesenheit des Papstes hindurch ungehindert ihren Gang fortgehen. Dies ist ungefähr alles, die Reise des Papstes Betreffendes, was Ew. Lg. Dl. höchste Aufmerksamkeit auf Sich ziehen könnte.

Aus Corfu meldet man abermals die Ankunft von 22 Transportschiffen mit Russischen Truppen.

Ich benutze die Rückkehr eines Kurfürstlich Baierischen Cabinetscouriers, um Ew. Lg. Dl. diesen unterthänigsten Bericht schneller zukommen zu lassen. Die Sendung dieses Couriers scheint übrigens nur innere Landes-Angelegenheiten, die man schnell zur Kenntniß des hiesigen Gesandten hat bringen wollen, zum Gegenstande zu haben.

Unterthänigste Nachschrift:
Eine Unterredung, die ich, noch vor Abgang dieses Berichts, unvermuthet mit dem Cardinal-Staatssecretaire gehabt habe, veranlaßt mich, dasjenige, was ich Ew. Lg. Dl. in Absicht der bei der Krönung gemachten Bedingungen gesagt habe, einigermaßen zu berichten.

Der Versicherung des Cardinals zufolge, erwartet man keinerlei Antwort mehr von Paris, vielmehr ist die Hauptschwierigkeit, welche die Leistung des im organischen Senatus-Consultum bestimmten Eides, in welchem die Aufrechterhaltung der Freiheit aller Religionspartheien enthalten ist, betraf, dadurch gehoben, daß der Französische Kaiser in der Kirche, bei der durch den Papst zu verrichtenden Krönung, nicht diesen, sondern, dem Wesentlichen nach, den Eid des Römischen Rituals ableisten wird. Jener constitutionelle Eid wird, vermuthlich vor oder nach der religiosen Caerimonie, den Gegenstand einer eignen, abgesonderten, bürgerlichen abgeben. Die wahren Ursachen des Aufschubs sind die Gesundheit des Papstes und vorzüglich die Zubereitung zur Reise, da, wie der Cardinal mir im Scherz, aber nicht mit Unrecht sagte, es leichter ist, eine Armée in Bewegung zu setzen, als einen Papst und bejahrte Cardinäle und Praelaten.

Die Frage, ob der Papst auch jeden der Nachfolger Bonapartes selbst krönen werde, die allerdings erhoben werden könnte, hat man lieber ganz und gar nicht für jetzt zu berühren, für gut befunden.

23 Bericht Nr. 14/1804 Rom, 24. Oktober 1804

Ausfertigung StAD E 1 M Nr. 93/2, fol. 24, 26; ps. 6. November 1804.
MATTSON Nr. 1183.

Übermittlung der offiziellen Mitteilung des Kardinalstaatssekretärs zur Paris-Reise des Papstes. Französische Truppenbewegungen. Einquartierungsbeschwerden im Königreich Neapel. Gerüchte über mögliche Veränderungen in Neapel und Genua. Epidemie in Livorno. Ausbruch des Vesuvs. Durchreise des Schriftstellers v. Kotzebue.

Der Cardinal-Staatssecretaire hat nunmehr dem hiesigen Corps Diplomatique die bevorstehende Abreise des Papstes nach Paris angezeigt, und ich halte es für meine Schuldigkeit, Ew. Lg. Dl. eine Abschrift der an mich ergangenen Note in der Anlage unterthänigst zu überreichen[1]. Sie ist wenigstens insofern nicht unmerkwürdig, als sie den Gesichtspunkt zeigt, aus welchem der hiesige Hof die Reise des Papstes angesehen haben will. Die Religionsangelegenheiten, welche als ein Hauptzweck der Reise angegeben werden, sollen wie mich der Cardinal-Staatssecretair versichert hat, bloß die geistlichen Geschäfte Frankreichs betreffen. Indeß scheint dieser Punkt doch dem anfangs geäußerten Wunsche Sr. Heiligkeit, jede Unterhandlung während seines Aufenthalts in Paris zu entfernen, nicht vollkommen zu entsprechen. Der Papst wird am 27. d. von seinem Landaufenthalte in die Stadt zurückkehren, und am 28st[en] ein feierliches Consistorium halten, in welchem er zugleich dem erst vor Kurzem aus Wien hier angekommenen Cardinal Albani den Cardinalshut ertheilen wird. Die Abreise nach Paris bleibt noch auf den 3. November festgesetzt. Sie würde schon den 1. Statt finden, wenn nicht die am 1. und 2. fallenden Feste Aller Heiligen und Aller Seelen den Papst bewogen hätten, sie bis zum 3. hinauszusetzen. Ihre Majestät die Königin von Etrurien haben Se. Heiligkeit ersucht, bei Ihrer Durchreise durch Florenz in Ihrem Pallast zu wohnen, und es scheint, als werde der Papst dies Anerbieten annehmen.

Von den vielfältig angekündigten Bewegungen der Französischen Truppen in Italien hat sich bis jetzt nur noch wenig wirklich bestätigt. Erst eins der beiden Regimenter, welche zu der Neapolitanischen Armée des Generals St. Cyr stoßen sollten, ist wirklich in den Römischen Staat eingerückt. Dagegen kehren auch Truppen aus dem Königreiche Neapel nach der Italienischen Armée zurück, und da die einen und die andern sehr langsam marchiren, so dürften die Staaten des Papstes auf der Küste des Adriatischen Meeres noch geraume Zeit hindurch nicht ohne Französische Truppen seyn.

10 Die französische Flotte im Hafen von Livorno, 1796.

Medicinische Beobachtungen

über die

in Livorno herrschende

Fieberkrankheit.

Aufgesetzt zum Unterricht der am neuen provisorischen Hospital von St. Jakob angestellten Aerzte; von dem dieser Krankheit wegen eigens von der Regierung nach Livorno abgeordneten Doktor und Professor

Gaetano Palloni.

Aus dem Italiänischen übersetzt und mit Zusätzen versehen
von
D. J. J. Römer und D. Balthasar Zwingli.

Zürich,
bey Orell Füßli und Compagnie 1805.

HISTOIRE DE LA MALADIE RÉGNANTE À LIVOURNE EN 1804.

PAR FELIX DUFOUR

OFFICIER DE SANTÉ FRANÇAIS.

11 Schriften von Gaetano Palloni und Felix Dufour über die Epidemie in Livorno.

In die Italienische Republik sind, wie man versichert 8000 Mann aus dem mittäglichen Frankreich eingerückt, und ihnen sollen 12000 andre folgen.

Briefen aus dem Königreiche Neapel zufolge, herrschen in diesem Augenblicke einige Mishelligkeiten zwischen den Französischen Truppen daselbst und den Einwohnern des Landes, die jedoch unstreitig sehr bald werden beigelegt sein. Die Französischen Soldaten sollen nemlich bei dem Verändern ihrer Stellungen, die ihnen an den Orten, die sie verließen, zum Gebrauch eingeräumten Betten und andre Geräthschaften verkauft haben, und die Einwohner sich jetzt, da die Truppen in dieselben Quartiere zurückkehren, weigern diese Sachen aufs neue herzugeben. Der Cardinal Ruffo, hiesiger Neapolitanischer Gesandter, ist schleunig nach Neapel abgereist. Man weiß, daß seine Reise auf ausdrücklichen Befehl seines Hofes geschehen ist, kann aber bis jetzt hier noch nicht den bestimmten Endzweck derselben angeben. Man vermuthet indeß mit vieler Wahrscheinlichkeit, daß er über die allgemeinen politischen Angelegenheiten zu Rathe gezogen werden solle, und vielleicht bestimmt sey, die Stelle eines Ministers der auswärtigen Geschäfte zu erhalten.

Gleich räthselhaft ist bis jetzt die auf die Ankunft eines Couriers aus Paris erfolgte schleunige Zusammenberufung des Senats in Genua. Die Berathschlagung desselben hat sehr lang gedauert und der Courier ist sogleich wieder zurück abgefertigt worden. Da man versichert, daß der in jedem Augenblick zurückerwartete Französische Gesandte Salicetti mit fast uneingeschränkten Vollmachten zurückkomme, so wäre es nicht unmöglich, daß irgendeine Veränderung mit der Verfassung der Ligurischen Republik vorgehen solle.

Ein ansteckendes Fieber, das sich in Livorno gezeigt und viel Menschen hinweggeraft hat, war anfangs für das gelbe Fieber gehalten worden, Genaue Untersuchungen haben indeß bald das Gegentheil gezeigt. Doch war die Ligurische Republik nach der Seite von Toscana zu gesperrt. Im gegenwärtigen Augenblick hat das Uebel beträchtlich nachgelassen.

Auch der Vesuv ist seit einigen Tagen wieder ruhig geworden[2]. Sein Ausbruch ist zwar nicht gerade sehr stark gewesen, allein desto beträchtlicher der Ausfluß der Lava, die sich in mehreren Strömen ergossen hat, ohne jedoch sehr großen Schaden anzurichten. Ein sehr merkwürdiger Umstand ist der, daß, da das in dem Hafen von Neapel liegende Englische Kriegsschiff, während der Eruption, seine Stelle veränderte, einer der Anker so glühend gefunden wurde, daß die Matrosen ihn kaum anfassen konnten. Dies scheint zu beweisen, daß der Vulkan hauptsächlich unter dem Meeresgrunde seinen Sitz habe.

An die Stelle des neulich verstorbenen Französischen Ersten Gesandtschaftssecretaires Gandolphe ist ein andrer Namens Artaud gekommen, der schon einmal, als noch Cacault Minister war[3], diese Stelle bekleidete. – Der bekannte Schriftsteller v. Kotzebue ist seit zwei Tagen hier angekommen, setzt aber sogleich seine Reise nach Neapel weiter fort[4].

24. Oktober/3. November 1804

zu 23:

[1] *Die Abschrift der Note Consalvis vom 20. Okt. 1804 liegt bei den Darmstädter Akten, StAD E 1 M Nr. 93/2 fol. 25. Vgl. dazu Humboldts Antwort an den Kardinalstaatssekretär vom 21. Okt., nach der mit Bericht vom 24. Okt. 1804 nach Berlin gesandten Abschrift, ZStADDR Rep. 11 Nr. 24 Fasz. 42 fol. 109, gedr. bei* GRANIER, *Kath. Kirche 9, S. 242 (Nr. 761).*
[2] *Die HDLZ hatte verschiedentlich über den Vesuv-Ausbruch berichtet, so am 18. Sept., am 4. Okt. und besonders eingehend am 24. Okt. 1804 mit einer Schilderung der von dem römischen Professor Scotti am 21./22. Aug. organisierten Erkundungs-Tour.*
[3] *François Cacault war als Vorgänger Kardinal Feschs vom Frühjahr 1801 bis zum Sommer 1803 französischer Gesandter in Rom; vgl. Repert. d. dipl. Vertr. 3, S. 128.*
[4] *Vgl. dazu August v.* KOTZEBUE, *Erinnerungen von einer Reise aus Livland nach Rom und Neapel, 3 Tle., Berlin 1805–07, in denen ein Zusammentreffen mit Humboldt allerdings nicht erwähnt wird.*

24 Bericht Nr. 15/1804   Rom, 3. November 1804

Ausfertigung StAD E 1 M Nr. 93/2 fol. 27, 32; ps. 6. Dezember 1804.
MATTSON Nr. 1186. – Druck (gekürzt): W. GUNZERT, Darmstadt zur Goethezeit, 1982, S. 280 f.

Vorgezogene Abreise des Papstes wegen angeblicher Vorverlegung des Krönungstermins. Fortgang der französischen Truppenbewegungen. Quarantäne-Cordons um das fieberverseuchte Livorno. Übergreifen der Epidemie auf Pisa. Hofnachrichten.

Der Papst ist gestern von hier um 1/2 9 Uhr Morgens abgereiset. Er war am 27. v. M. von seinem Landsitze, auf dem er sich, wie ich die Ehre gehabt habe, Ew. Lg. Dl. unterthänigst einzuberichten, begeben hatte, zurückgekommen, hielt am 29sten ein geheimes und ein öffentliches Consistorium und empfieng am 30. und 31. die Glieder des Corps diplomatique, die Cardinäle und andre ausgezeichnete Personen der Stadt. Gestern früh um 7 Uhr begab er sich nach der Peterskirche, und von da reiste er, nachdem er eine Messe selbst gelesen und eine gehört hatte, von den Cardinälen, die sein Gefolge ausmachen, und den unmittelbar seine Person umgebenden Praelaten begleitet, ab. Der Zulauf des Volks war unglaublich; mehr als eine halbe Meile außerhalb der Stadt noch, fuhren die Wagen durch eine dichtgedrängte Reihe von Personen aus allen Ständen und von allen Altern, die vor dem Papst niederknieeten, und laut noch einmal seinen Segen zu empfangen verlangten. Das laute Rufen des Volks währte unaufhörlich und besonders häufig hörte man: „ritornate presto, Santo padre, ritornate prestissimo!" Der Papst schien über diese Beweise der Liebe und Anhänglichkeit seines Volks tief gerührt und weinte heftig, als er zum Thor hinausfuhr. Unter dem Gefolge des Papstes bezeugte das Volk vorzüglich den beiden Braschi, Neffen Pius 6. und gleichfalls Verwandten des jetzigen Papstes, seine Zuneigung[1].

Ew. Lg. Dl. werden Sich gnädigst zu erinnern geruhen, daß die Abreise des Papstes eigentlich auf den heutigen Tag festgesetzt war. Allein seit dem Abgange meines letzten unterthänigsten Berichtes kamen hier, unmittelbar

Bericht 24

hinter einander, zwei Couriere aus Paris an. Der erste meldete dem Cardinal Fesch, daß der 2. December zum Krönungstage bestimmt sey, und der nachfolgende brachte die Nachricht, daß der Tag verändert und die Krönung auf den 25. dieses Monats verlegt sey. Der Kaiser ließ zu gleicher Zeit den Papst dringend einladen, seine Reise hiernach, soviel es nur immer möglich sey, zu beschleunigen. Dies machte in allen bis dahin zur Abreise des Papstes getroffenen Anstalten eine plötzliche Aenderung nöthig; die Abreise selbst wurde um einen Tag vorgerückt, obgleich dies der Festtag Aller Seelen war; man strich in der Reiseroute alle Ruhetage, einen einzigen in Florenz ausgenommen, weg, und vergrößerte die Tagereisen. Auf diese Weise hoft man, daß Se. Heiligkeit wird den 23. d. M. in Paris eintreffen können. Der Uebergang über den Po und andre Flüsse in der Lombardei aber, die keine Brücken haben, kann leicht einen Aufschub verursachen, und da auch zum Ausruhen des Papstes und zur Vorbereitung auf die Feierlichkeit ein Tag nicht hinreichend scheint; so glauben viele Personen fortdauernd, daß die Krönung dennoch erst am 2. des künftigen Monats Statt haben wird. Zu den vier Cardinälen, deren Namen ich die Ehre gehabt habe, Ew. Lg. Dl. in einem meiner früheren unterthänigsten Berichte, als die Reisebegleiter des Papstes zu melden[2], hat man noch zwei, Braschi und de Bayane hinzugefügt, weil man vorher nicht bedacht hatte, daß man zu der Krönungsfeierlichkeit auch zwei Diaconen brauche, und jene vier sämmtlich Bischöfe und Priester sind. Die Kosten der zu der Reise des Papstes gemachten Anstalten und Vorbereitungen, und vorzüglich die von ihm zu Geschenken mitgenommenen Gegenstände, die in silbernen und goldenen Geräthen, geschnittenen Steinen, Teppichen, Kupferstichen, Büchern, Rosenkränzen, Denkmünzen u. s. f. bestehen, sollen sich bis jetzt auf 200 000 Scudi belaufen. Zur Deckung dieser außerordentlichen Ausgabe soll ein Stempelpapier eingeführt werden.

Die lateinische Anrede, in welcher der Papst im geheimen Consistorio den Cardinälen seinen Entschluß nach Frankreich zu reisen bekannt gemacht hat, und in welcher es unter anderem heißt, daß der Kaiser Napoleon gewünscht habe, die kaiserliche Krone von dem Papst zu empfangen – ein Ausdruck, der vor 30 bis 40 Jahren vielleicht in Frankreich nicht gleich gern gesehen gewesen seyn würde – hat mir merkwürdig genug geschienen, um es zu wagen, dieselbe diesem Berichte in der Anlage unterthänigst beizufügen[3].

Der Cardinal Fesch ist einen Tag vor dem Papst mit einem zahlreichen Gefolge abgereiset. Während seiner Abwesenheit ist Monsignor Isoard, Französischer Auditor der Rota, einem hier herrschenden Gebrauche gemäß, Minister ad interim. – Die Mutter des Französischen Kaisers und sein Bruder Lucian wohnen der Krönung nicht bei, sondern werden sich noch einige Zeit hier aufhalten.

Die beiden aus 3 000 Mann bestehenden Regimenter, welche durch den Kirchenstaat nach dem Neapolitanischen gehen sollen, sind jetzt ganz in den

3. November 1804

ersteren eingerückt, und ihnen folgen 3300 andre nach. Da aber auch, wenn gleich kleine Détachements von der Neapolitanischen Armée zurück nach der Italienischen Republik marchiren, und diese Armée schon manchen Abgang erlitten hat, so wird dieser Zuwachs von 6300 Mann, wie man sagt, nur die 18000 vollzählig machen, aus welchen sie eigentlich bestehen sollte.

Das ansteckende Fieber in Livorno, von dem die Nachrichten bei Abgang meines letzten unterthänigsten Berichts so wenig beunruhigend lauteten, hat von neuem viel stärker zu wüten angefangen. So widersprechend auch die Nachrichten darüber lauten – ein Umstand, der wohl daher rührt, daß man in Livorno, um eine gänzliche Sperrung der Stadt zu verhindern, die Gefahr geringer, in Florenz aus Furcht größer vorstellt, als sie wirklich ist – so ist doch so viel gewiß, daß seit dem 22./23. October täglich 30 bis 35 Menschen sterben, da im Anfange sie nur 4 bis 6 wegrafte, und daß das Flüchten aus Livorno nach Pisa und Florenz allgemein gewesen ist. Die Italienische, Ligurische und Lucchesische Republik sind gegen Livorno hin schon seit einiger Zeit gesperrt; die Etrurische Regierung hat leider erst am 29. October einen Cordon zwischen Livorno und Pisa ziehen lassen, und daher leitet man es ab, daß auch in Pisa schon einige Menschen an derselben Krankheit gestorben sind. Jetzt soll auch Pisa gesperrt seyn. Das Einzige Tröstliche ist die jetzt kälter zu werden anfangende Jahreszeit. Die Art der Krankheit ist bis jetzt fast unmöglich zu bestimmen. Das Publicum nennt sie das gelbe Fieber, und wirklich soll ein aus Mallaga angekommenes Schiff sie zuerst hingebracht haben[4]. Die von der Regierung zur Untersuchung der Krankheit beauftragten Aerzte beschreiben sie, als ein durch einen Anstekkungsstoff (Miasma) entstandenes gallichtes Nervenfieber.

Ihre Königliche Hoheit, die Kronprinzessin von Neapel ist glücklich von einer Tochter entbunden worden. – Se. Dl. der Kurprinz von Württemberg sind vor einigen Tagen von Neapel hier eingetroffen, und werden sich einige Wochen hier aufhalten[5].

---

zu 24:
[1] *Der erste Absatz findet sich faktisch gleichlautend (aber französisch) in Humboldts Bericht nach Berlin vom gleichen Tage; Teilabdruck in HGS 10 S. 9f.*
[2] *siehe* **22,** *oben S. 100.*
[3] *Der gedruckte Text* Sanctissimi domini nostri Pii divina providentiae papae VII. allocutio habita in consistorio secreto. Feria secunda die XXIX. octobris MDCCCIV *liegt bei.*
[4] *Nach G.* Costa, *Giovanni Fabbroni e i fratelli Humboldt, 1970, S. 545, wurde die Krankheit durch ein am 25. Sept. 1804 in Genua eingelaufenes Schiff aus Mexiko eingeschleppt.*
[5] *siehe bereits* **20** *mit Anm. 3 sowie unten* **26.** *– Die HDLZ hatte am 24. Okt. die Ankunft des Prinzen in Neapel gemeldet, wo er mit großer Auszeichnung empfangen worden sei; in Zeitungsberichten vom 4. und 15. Dez. 1804 hieß es, der Kurfürst und nachmalige König Friedrich I. habe seinen Flügeladjutanten Oberst v. Varnbüler nach Italien geschickt, um dem Kurprinzen für den Fall der Rückkehr nach Stuttgart eine Apanage von 60000 Gulden anzubieten.*

25 Bericht Nr. 16/1804   Rom, 14. November 1804

Ausfertigung StAD E 5 B 1 Nr. 3/3 fol. 59–64; ps. 6. Dezember 1804.
MATTSON Nr. 1190.

Übergabe der hessischen Beglaubigungsschreiben an den Kardinalstaatssekretär. Einladung des designierten Nuntius della Genga nach Paris zu vom Kurfürst-Erzkanzler geplanten Konkordatsverhandlungen. Haltung des Landgrafen und anderer Fürsten in der Konkordatsfrage. Allgemeine Neugliederung der Diözesen als Voraussetzung des erstrebten hessischen Landesbistums. Mögliche Interimslösungen, insbesondere für Westfalen. Kirchliche Bestrebungen zur Sicherung einer Bischofswahl durch Domkapitel. Genueser Beratungen über die Zukunft der Ligurischen Republik. Schiffsbau für die französische Flotte. Verstärkung der Schutzmaßnahmen gegen die Epidemie in Livorno. Wirtschaftlicher Mißbrauch der Krankheitsfurcht durch Genua. Hofnachrichten.

Seit dem Abgange meines letzten unterthänigsten Berichts vom 3. huj[us] habe ich die Ehre gehabt, den Extractus protocolli Ministerii d[e] d[ato] 10. pr[ioris] nebst meinem Creditiv-Schreiben am 6. huj[us] zu empfangen[1]. Je größer meine Freude ist, mich nunmehr im Stande zu sehen, für Ew. Lg. Dl. höchsten Dienst in volle Wirksamkeit zu treten, desto tiefer bin ich von der ehrfurchtsvollsten Dankbarkeit für die gnädigen Aeußerungen durchdrungen, von welcher meine Accreditierung persönlich für mich begleitet ist, und ich wage es, Ew. Lg. Dl. den Ausdruck dieser Gesinnungen unterthänigst zu Füßen zu legen. Ich glaube, Höchstdenselben versichern zu dürfen, daß es an meinem Eifer, Höchstdero Geschäfte immer und unausgesetzt mit gleicher Schnelligkeit, Pünktlichkeit und Sorgfalt auszuführen nie fehlen soll, und das Einzige, um das ich Ew. Lg. Dl. zu bitten wage, ist, mir überall da die nöthigen Weisungen zukommen zu lassen, wo es mir vielleicht einmal nicht vollkommen gelingen sollte, Höchstdero Absichten genau nachzukommen.

Sobald ich nur sah, daß der Cardinal-Staatssecretaire von den, durch die Abreise des Papstes, und gleich darauf durch die Ziehung des Cordons um Toscana wegen des epidemischen Fiebers von Livorno entstandenen Geschäften ein klein wenig freier war, überreichte ich ihm das Höchste Creditiv-Schreiben an den Papst nebst einer Abschrift desselben, so wie auch das Schreiben Ew. Lg. Dl. Staatsministers, Reichsfreiherrn von Barkhaus-Wiesenhütten[2], und da Ew. Lg. Dl. die nöthige Aufklärung über die Verspätung der Ueberreichung dieser Schreiben mir selbst zu überlassen gnädigst geruhet hatten, so eröffnete ich ihm vertraulicher Weise dabei, daß Höchstdero Ministerium, erfüllt von dem Wunsche, gleich von Anfang meiner Accreditirung an in nähere Verhältnisse mit dem Römischen Hofe treten zu können, von Woche zu Woche gewartet hätte, die Deutschen geistlichen Angelegenheiten überhaupt eine entscheidendere Wendung nehmen zu sehen. Der Cardinal-Staatssecretaire bezeugte mir hierauf auf das lebhafteste, wie erfreut Se. Päpstliche Heiligkeit über die ausgezeichnete und wohlwollende Art seyn werde, mit welcher Ew. Lg. Dl. gnädigst geruhet haben, Höchstihre Verhältnisse mit ihm zu eröffnen, und wie ich nicht zwei-

14. November 1804

feln dürfe, mit Vergnügen von dem hiesigen Hofe in der mir von Ew. Lg. Dl. ertheilten Qualität anerkannt zu werden. Er setzte hinzu, daß er mir, sobald als nur immer möglich, seine Antwort an den Freiherrn von Barkhaus-Wiesenhütten zuschicken, Ew. Lg. Dl. Höchstes Schreiben aber an Se. Heiligkeit nach Paris senden werde. Ueber den einzigen Punkt, ob seine, ihm vom Papst hinterlassenen Vollmachten ihn berechtigten, mich schon jetzt als accreditirt anzusehen, oder ob er zu diesem Behuf die Antwort des Papstes an Ew. Lg. Dl. abwarten müsse, schien er noch selbst zweifelhaft, und hierüber sehe ich noch seiner Endantwort entgegen.

Nachdem ich nunmehr berechtigt bin, Schritte in Ew. Lg. Dl. Höchstem Namen vorzunehmen, so werde ich mich auf jede Art bemühen, alle Gesuche, die hier auf eine, dem jetzt von Ew. Lg. Dl. so wirklich angeordneten Gange entgegenlaufende Weise angebracht werden könnten, sogleich abzuschneiden, und darüber an Ew. Lg. Dl. Bericht abzustatten. Ich werde zu dem Ende die genauesten Erkundigungen einzureichen suchen, obgleich dies freilich, solange die Lg. Hessischen katholischen Unterthanen zu mehreren Diöcesen gehören, einiger Schwierigkeit unterworfen seyn wird.

Was Ew. Lg. Dl. gerechte Forderung betrift, einen eignen Landesbischof zu erhalten, so werde ich, sobald ich nur, wie ich mir in wenigen Tagen zu seyn schmeichle, förmlich anerkannt bin, deshalb die mir von Höchstdemselben anbefohlenen vorläufigen Schritte zu thun bemüht seyn. Ich sehe zwar den Erfolg derselben für den Augenblick wohl voraus; indeß werde ich von nun an diese Sache auf keine Weise ruhen lassen, bis sie entweder vollendet, oder es doch insofern Ew. Lg. Dl. dies gnädigst zu genehmigen geruhen, zu einem interimistischen, den Wirkungen nach, gleich befriedigenden Arrangement gekommen ist.

Ehe ich aber tiefer in diese Materie eingehe, muß ich Ew. Lg. Dl. einen Vorfall einberichten, den ich auch unter heutigem Dato Sr. Majestät dem Könige von Preussen melde[3], und der mit der Einrichtung der Deutschen geistlichen Angelegenheiten in der engsten Verbindung steht.

Monsignor della Genga, der seit nunmehr fast einem Jahr zum Nuncius nach Regensburg bestimmt ist, hat vor wenigen Tagen ein Einladungsschreiben des Kurfürsten-Erzkanzlers erhalten, in welchem Se. Kurfürstliche Gnaden ihn bitten, sich sogleich, in Begleitung des Exjesuiten Zallinger, nach Paris zu begeben, um dort den Conferenzen beizuwohnen, welche der Kurfürst daselbst mit den den Papst begleitenden Cardinälen zu halten gedenkt. Dieser von Mainz datirte und über Paris hieher gelangte Brief ist ohne Zweifel eine Folge der Unterredungen des Kurfürsten-Erzkanzlers und des Französischen Kaisers in ersterer Stadt. Es scheint zwar nicht, als solle Monsignor della Genga dieser Einladung Folge leisten, da mir der Cardinal-Staatssecretaire noch vorgestern gesagt hat, daß er vielmehr sogleich nach der Zurückkunft des Kurfürsten-Erzkanzlers in Deutschland nach Regensburg abgehen, und ohne die Abreise des Kurfürsten schon jetzt dort seyn würde. Indeß bin ich doch in diesem Augenblick noch nicht sicher, ob derselbe nicht demungeachtet seinen Weg über Paris nach Deutschland nimmt, und erst in meinem nächsten unterthänigsten Bericht werde ich Ew. Lg. Dl. hierüber befriedigende Auskunft geben können. Wie dem aber auch sey, so ist es gewiß, und wird Ew. Lg. Dl. bereits längst bekannt seyn, daß die Absicht wirklich dahin geht, die jetzige Anwesenheit des Papstes in Paris zur Unterhandlung und vielleicht gänzlichen Schliessung des Deutschen Concordats zu benutzen; obgleich ich die triftigsten Gründe zu glauben habe, daß dieser Plan nicht sowohl vom hiesigen Hofe, der vielmehr immerfort auf der Unterhandlung am Reichstag besteht, und überhaupt jede schnellere Entscheidung dieser Angelegenheiten fürchtet, als vom Kurfürsten-Erzkanzler herrührt, welchem natürlich an der endlichen Festsetzung seiner Metropolitangerechtsame gelegen sein muß.

Ew. Lg. Dl. werden vielleicht geruhet haben, Höchstdero Gesandten in Paris mit den nöthigen Instructionen auch in Ansehung dieser Angelegenheit zu versehen; da Höchstdieselben indeß die Gnade gehabt haben, es mir zu einer ausdrücklichen Pflicht zu machen, meine Aufmerksamkeit auf alle, das beabsichtigte Concordat mit dem Deutschen Reiche betreffende Gegenstände zu richten, so wage ich es, mir folgende unmaßgebliche, aus der Ansicht dieser Dinge auf meinen hiesigen Standpunkt geschöpfte Bemerkungen zu erlauben.

Ich ersehe aus der, mir von Ew. Lg. Dl. gnädigst ertheilten Instruction, daß Höchstdieselben die weise und für die Gewissensfreiheit Höchstihrer Unterthanen wohltätige Absicht haben, kein Concordat mit dem Römischen Hofe zu schließen, sondern die Geschäfte Höchstdero Unterthanen nur einzeln erbringen zu lassen. Ich darf daher voraussetzen, daß Ew. Lg. Dl. noch weniger geneigt seyn würden, einem allgemeinen Deutschen Concordate beizutreten, das in der That keine andere Folge haben könnte, als den Deutschen Fürsten in Rücksicht ihrer Katholischen Unterthanen, zum Nachtheil dieser selbst, und bloß zum Vortheil des Römischen Hofes, die Hände zu binden. Ich werde nicht anstehen, da der Preussische Hof mit einer gleichen Erklärung vorangegangen, und auch der Kur-Pfalz-Bairische von derselben Gesinnung ist, dem Cardinal-Staatssecretaire dies, in dem Augenblick, wo ich mir schmeicheln darf, daß es von Nutzen seyn werde, Ew. Lg. Dl. höchstem Willen gemäß, zu eröffnen. Allein nur Ew. Lg. Dl. bestimmte Erklärung hierüber am Reichstag, oder jetzt in Paris, soviel die Umstände dieselbe dort erlauben, kann hierin von gehöriger Wirkung seyn. Soviel ich einzusehen vermag, kann kein Reichsstand einem Deutschen Concordat beizutreten gleichsam genöthigt werden; weder die Verfassung des Reiches an sich (welcher, als der eines Staatskörpers verschiedener Religion das Verhältniß mit dem Papst, als Oberhaupte Einer besondren Kirche im Allgemeinen fremd seyn muß) noch der Reichsdeputationsrecess enthält dazu eine Verbindlichkeit, und die Frage: ob ein Concordat zwischen dem gesammten Reiche und dem Römischen Hofe zu schließen sey? scheint mir nicht der Stimmenmehrheit unterworfen werden zu können.

14. November 1804

Was Ew. Lg. Dl. Hohe Mitstände betrifft, so werden zwar Höchstdieselben von ihren Gesinnungen hinlänglich unterrichtet seyn. Insofern es aber meine Pflicht ist, dasjenige, was ich aus den Schritten derselben an hiesigem Hofe schließen kann, unterthänigst einzuberichten; so glaube ich gewiß seyn zu können, daß Kur-Pfalz-Baiern, ob es gleich ein eignes abgesondertes Concordat zu schließen wünscht, nicht freiwillig ein allgemeines eingehen wird. Se. Majestät der König von Preussen haben öfters ihren Willen, ihre Verhältnisse mit dem Römischen Hofe auf dem alten Fuße fortzusetzen, geäußert, und der Consequenz ihrer Grundsätze gemäß, läßt sich mit Gewißheit annehmen, daß dieselben ebensowenig für die anderen Stücke des Reichs ein Concordat wünschen, gewiß aber im äußersten Fall kein anderes billigen können, als ein solches, das durchaus und überall dem Systeme allgemeiner Gewissensfreiheit gemäß sey, dessen Grundfrage der Westfälische Friede und der Reichsdeputationsschluß ausmache, und das die Nothwendigkeit der Uebereinkunft der Dioecesan- und Territorialgrenzen überall feststelle. Kur-Baden dürfte, wie ich hinlänglichen Grund zu glauben habe, der Schließung eines allgemeinen Concordats nicht ungünstig seyn. Ueber Kur-Wirtemberg und den Kaiser, von dessen Entscheidung vermuthlich auch Kur-Salzburg abhängen würde, weiß ich nichts Bestimmtes zu sagen. Nur soviel hat mir der Cardinal-Staatssecretaire wiederholt eröffnet, daß, nachdem die aus Wien über die geistlichen Angelegenheiten empfangenen Praeliminarvorschläge hier keinen Beifall gefunden haben, weiter nichts von daher hier mitgetheilt worden ist.

Welches jedoch auch die Gesichtspunkte seyn möchten, aus welchen die verschiedenen Deutschen Höfe diese Angelegenheit betrachten möchten, so dürfte immer die Freiheit eines Einzelnen, nur seiner Ansicht zu folgen, und von einer zu treffenden Uebereinkunft ausgeschlossen zu bleiben, dadurch, wie es mir wenigstens scheint, keinen Eintrag leiden. Die beiden einzigen Punkte, in welcher der Reichsdeputationsschluß selbst die einzelnen Reichsstände der gemeinschaftlichen Berathschlagung unterwirft, ist die neue Dioecesaneinteilung, und die Beibehaltung der Metropolitanrechte des Kurfürsten-Erzkanzlers. Aus diesem Grunde aber wäre in hohem Grade zu wünschen, daß die Berathschlagung über den 62. § des Reichsdeputationsschlusses beschleunigt würde, und was den Grundsatz der Uebereinkunft der Territorial- und Dioecesangränzen betrifft, so bin ich überzeugt, daß man demselben von hier aus nur sehr wenig Schwierigkeiten entgegensetzen wird. Ehe nun dieser Punkt in Regensburg berichtigt seyn wird, darf ich mir, wie ich Ew. Lg. Dl. offenherzig gestehen muß, schwerlich zu schmeicheln wagen, die Errichtung eines eignen Bisthums in Höchstdero Staaten zur definitiven Entscheidung zu bringen. Man wird sich hier immer auf die Schwierigkeit einer partiellen Dioecesaneinrichtung und auf jenen §phen des Recesses beziehen.

Wenn ich der Versicherung des Cardinal-Staatssecretaires trauen darf, so werden die Deutschen geistlichen Angelegenheiten sogleich nach der

Zurückkunft des Kurfürsten-Erzkanzlers in Regensburg zur Sprache gebracht werden. Sollte indeß diese Hofnung abermals fehlschlagen, so scheint es mir nicht, daß Ew. Lg. Dl. Höchstdero gerechter und wohlthätiger Wunsch eines eignen Landesbischofs, wenigstens seiner Hauptwirkungen nach, länger verzögert sehen dürfen.

Alsdann würde ich unmaßgeblich vorzuschlagen wagen, wenigstens auf eine interimistische Einrichtung zu dringen, die z. B. dergestalt getroffen werden könnte, daß einem, von Ew. Lg. Dl. zu nennenden, mit bischöflicher Weihe schon versehenen, oder noch zu versehenden Geistlichen die bloße Administration über die neuen katholischen Staaten Ew. Lg. Dl. übertragen würde. Ich kenne zwar die Schwierigkeiten, welche man diesem Vorschlage, den man vermuthlich anfangs für geradezu unausführbar erklären möchte, hier entgegensetzen würde, sehr wohl. Wenn sich aber mit Grunde sagen ließe, daß die definitive Entscheidung der allgemeinen Dioecesaneinrichtung sich noch auf ungewisse Zeit hinaus verzögere, so würde ich nicht verzweifeln, irgend ein, Ew. Lg. Dl. Höchstem Interesse gemässes Interimisticum zu Stande zu bringen, um so weniger, als Ew. Lg. Dl. Staaten sich gerade in dem glücklichen Falle befinden, daß[a] der beträchtlichste Theil der neuen Provinzen von der jetzt vacanten Münsterschen Dioecese abhängt, wobei daher kein Streit mit einem einsprechenden Bischof zu befürchten ist, und der Ueberrest (soweit mir bekannt ist) gänzlich zum Sprengel des Kurfürsten-Erzkanzlers gehört, mit welchem gleichfalls leichter eine Uebereinkunft zu treffen seyn dürfte. Besonders bequem zu einem baldigen und leichten Abkommen liegt das ganz abgesonderte, und in sich so bedeutende Herzogthum Westphalen[4].

Vielleicht fänden auch Ew. Lg. Dl., daß schon die Anstellung von vicariis generalibus wenigstens einigermaßen Höchstihrem Zweck fürs Erste erfüllen, so daß die Absicht, auch bis zur allgemeinen Dioecesaneinrichtung, vollkommene Freiheit von auswärtiger Jurisdiction zu erhalten, sich auf eine, leichter an die jetzige Verfassung anzukämpfende Weise erlangen ließe.

Der gleiche Fall ist z. B. jetzt in den Preussischen neuen Provinzen in dem Theile des ehemaligen Erzbisthums Mainz. Es befindet sich dort ein Vicarius Generalis[5]; ich lasse die Päpstlichen Ausfertigungen nur generell an den Official der Mainzischen Diöcese richten, und dieselben kommen auf diese Weise von keiner auswärtigen Behörde.

Das Nominationsrecht des neuen Bischofs kann Ew. Lg. Dl. auf keine Weise streitig gemacht werden, und ich glaube überzeugt seyn zu dürfen, daß wenigstens der hiesige Hof, insofern er nicht von Deutschland aus dazu angetrieben wird, hierbei keine Schwierigkeiten erheben wird, da der Papst längst nicht mehr gewohnt ist, fremden Staaten Bischöfe aufzudringen. Wenn hier eine Gefahr zu besorgen ist, so kommt dieselbe allein aus Deutschland selbst.

Es ist natürlich, daß, sobald die Deutschen Bischöfe bloß Landesbischöfe

14. November 1804

sind, keine Jurisdiction außer den Gränzen des landesherrlichen Territorii haben, in allen Stücken seinem Willen unterworfen sind, und von ihm allein, dem Wesen und der Form nach, ernannt werden, alsdann die höhere Deutsche Geistlichkeit (wie es, wenn die landesherrliche Gewalt so uneingeschränkt seyn soll, als es die Sorge für das wahre Wohl der Unterthanen verlangt, auch schlechterdings nothwendig ist) ganz und gar aufhört, einen zusammenhängenden Körper auszumachen, und mithin das ganze eigentliche hierarchische System in Deutschland über den Haufen fällt. Nicht zu verwundern wäre es daher, wenn die noch vorhandenen Anhänger dieses Systems diesem Ausgange vorzubeugen suchten und mancherlei politische Gründe könnten ihnen auch höchsten Orts ᵇin Wienᵇ Unterstützung verschaffen. Das wichtigste Mittel aber, auch nach geänderter Dioeceseneintheilung dennoch noch eine Art allgemeinen Verbandes unter der hohen Deutschen Geistlichkeit zu bewirken, wäre, wenn man überall mit gewissen Privilegien versehene Capitel herstellen, und ihnen, und zwar, wo möglich, mehr, als bloß dem Namen nach, die Wahl der Bischöfe in die Hände geben könnte. Denn die bloßen Metropolitanrechte, wenn auch wirklich einmal in der Folge der Primat von Deutschland unglücklicher Weise in den Händen eines minder aufgeklärten, gerechten, und billig denkenden Fürsten, als jetzt, seyn sollte, lassen sich immer durch die landesherrliche Gewalt in ihrer Ausübung dermaßen in Aufsicht halten, daß daraus ein schädliches Uebergewicht einer auswärtigen Autoritaet viel weniger zu befürchten ist. Sollte indeß, wie mir nicht bekannt ist, irgendwo ein solcher Plan in der That im Werke seyn; so könnte er nur in Regensburg, oder jetzt in Paris in Ausübung gebracht werden, und nur dort kann ihm daher auch mit Nachdruck entgegengearbeitet werden. Den hiesigen Hof würde man freilich gleichfalls mit hineinzuziehen bemüht seyn. Aber ich glaube nicht, daß derselbe einen sehr lebhaften Antheil daran nehmen würde. Denn die Erfahrung hat ihn zu sehr gelehrt, daß die auswärtige, vorzüglich Deutsche hohe Geistlichkeit ihm nur huldigt, solange sie seiner bedarf, übrigens aber seinem besonderen Interesse nach mehr entgegensteht, als die landesherrliche Gewalt selbst, vorzüglich in Protestantischen Staaten.

Wenn Ew. Lg. Dl. mir gnädigst zu erlauben geruhen, das Resultat aus allem bisher Gesagten zu ziehen, so bestünde es in Folgendem:

es schiene mir von der äußersten Wichtigkeit, auf der einen Seite den § 62 des Reichsdeputationsschlußes zur Sprache und endlichen Entscheidung zu bringen; auf der andern aber ein Concordat zwischen dem Römischen Hofe und dem Deutschen Reiche entweder ganz abzulehnen, oder wenigstens Ew. Lg. Dl. Höchste Staaten von selbigem auszunehmen. Das Eine oder Andre zu bewirken, dürfte jetzt weniger Rom, als Regensburg, und in der jetzigen Verbindung von Umständen, Paris der Ort seyn. Sollten jedoch die Unterhandlungen in jenen beiden Orten sich zu sehr in die Länge ziehen; so würde man hier den dringenden Grunde, daß das Wohl der katholischen Unter-

Bericht 25

thanen selbst durch diesen Zustand der Ungewißheit leidet, nichts so Wichtiges entgegensetzen können, daß nicht Ew. Lg. Dl. höchstem Verlangen in Ansehung eines eigenen Bischofs auf irgend eine Weise genügt werden sollte.

Ich habe geglaubt, Ew. Lg. Dl. über diese so überaus wichtige Angelegenheit offenherzig und ohne allen Rückhalt meine unterthänigste Meynung sagen zu müssen. Höchstdero katholische Unterthanen können nicht anders, als dabei gewinnen, wenn Ew. Lg. Dl. Gerechtsame gegen jeden fremden Eingriff sicher gestellt werden. Das Interesse der Aufklärung, der Gewissensfreiheit und der katholischen Religion selbst ist bei einer gerechten und allgemeine kirchliche Freiheit beschützenden Regierung kein andres, als das Interesse der landesherrlichen Gewalt selbst. Allein es ist natürlich und selbst verzeihlich, daß insofern andre Behörden ehemals ausgedehntere, nunmehr aufgehobene Rechte besaßen, sie versuchen dieselben wiederherzustellen, und um diese Anmaßungen, die nichts mit dem wahren Wohl der Unterthanen und der Religion zu thun haben, ist es nothwendig entgegenzuarbeiten.

Für jetzt werde ich, wie ich die Ehre hatte, Ew. Lg. Dl. weiter oben zu sagen, die Angelegenheit der Einrichtung eines neuen Bisthums keinen Augenblick aus den Augen verlieren, auf die definitive Entscheidung derselben dringen, und vor allem die abgesonderte Lage des Herzogthums Westphalen geltend machen. Nur ist es schlimm, daß im gegenwärtigen Augenblick die Abwesenheit des Papstes einen Vorwand zum Aufschub geben wird.

Noch wage ich es, Ew. Lg. Dl. eine unterthänigste Bitte ehrfurchtsvoll anheimzustellen: Um die Geschäfte Höchstdero katholischer Unterthanen überhaupt, besonders aber um jetzt und in der Folge die Anstellung eines Landesbischofs mit gehöriger Sachkenntniß betreiben zu können, wäre es in höchstem Grade nützlich, um nicht zu sagen nothwendig, genauer von den geistlichen Verhältnissen Höchstdero neuer Staaten unterrichtet zu seyn, und besonders bestimmt zu wissen:

welche bisherige Dioecesen Antheil an diesen Ländern gehabt haben?

welche Stücke bestimmt zu dieser oder jener gehört? und ob und wo in denselben Generalvicarien vorhanden oder wie seit der neuen Besitznahme die geistlichen Angelegenheiten darin verwaltet worden sind?

Gewissermaßen ließen sich freilich diese Nachrichten (welche der bloße Deputationsrecess nicht bestimmt genug angiebt) aus Druckschriften schöpfen. Allein theils sind dieselben hier nicht zu haben, theils ist ihre Glaubwürdigkeit doch immer einigem Zweifel unterworfen. Ich weiß daher nicht, ob Ew. Lg. Dl. nicht gnädigst geruhen möchten, Höchstdero Ministerium zu autorisiren, ᶜmir dieseᶜ Notizen, welchen Höchstdieselben vielleicht einige Ideen über das neu zu errichtende Bisthum: welchen Sprengel

14. November 1804

Höchstsie demselben einräumen wollen? welchen Namen es führen? und an welchem Ort der Bischof seinen Sitz haben soll? beifügen zu lassen die Gnade hätten, baldmöglichst mitzutheilen.

Von politischen Neuigkeiten werde ich seit meinem letzten unterthänigsten Bericht nur wenig nachzutragen haben.

In Genua sind die Berathschlagungen des Senats, unmittelbar nach der Zurückkunft des jetzt mit dem Titel eines Botschafters versehenen Französischen Gesandten Salicetti, häufiger und anhaltender gewesen, als vorher. Man glaubt allgemein, daß ein Plan die Verfassung der Ligurischen Republik zu verändern im Werk, und daß mit demselben vielleicht auch ein zweiter, die Italiänische Republik betreffender verbunden[d] sey. Zugleich behauptet man, daß der Französische Kaiser von Ligurien nicht bloß die Abtretung des Genuesischen Arsenals, sondern auch dasselbe auf eigne Unkosten in einen solchen Stand zu setzen, daß dasselbe zur Erbauung Französischer Kriegsschiffe dienen könne (wozu mehrere Millionen erforderlich sind), wie auch 6 000 Matrosen verlangt habe. Dagegen soll derselbe versprochen haben, nicht nur die Ausfuhr Ligurischer Produkte und anderer Waaren nach Piemont, die jetzt mit so schweren Abgaben belastet ist, auf denjenigen Fuß, auf welchem sie sich zu Zeiten der Könige von Sardinien befand, wiederherzustellen, sondern auch ein Jahr nach Beendigung des Seekrieges der Republik Friede und Schutz von Seiten der Barbaresken zu verschaffen[6]. Bisher haben die Franzosen Schiffe in dem neuen, in einiger Entfernung von der Stadt belegenen Arsenale gebaut, und darin bis jetzt ein Kriegsschiff von 74, eine Fregatte von 44 und zwei Briggs von 22 Kanonen vollendet. Ein Kriegsschiff von 120 Kanonen wird jetzt in Arbeit gesetzt. Das Holz zu diesen Schiffen kommt unter Bedeckung bewafneter Französischer Fahrzeuge aus Toscana, Romagna und dem Königreich Neapel, und die Schiffe, die es bringen, entgehen ohne große Schwierigkeit der Englischen Flotte, da die Aufmerksamkeit des Admirals Nelson allein auf die Flotte von Toulon gerichtet scheint.

Das ansteckende Fieber in Livorno setzt in diesem Augenblick ganz Italien in einen allgemeinen Schrecken. Das unglückliche Toscana ist von allen Seiten mit Cordons umgeben, da auch die hiesige Regierung jetzt den ihrigen gezogen hat, und, so wie alle benachbarte, behauptet, man müsse diese Vorsichtsmaßregel deshalb auf ganz Toscana ausdehnen, weil die Etrurische Regierung nicht früh genug die Gemeinschaft zwischen Livorno und dem übrigen Lande zu unterbrechen gesucht habe. Doch haben sich bis jetzt bloß in Pisa, und auch da nur geringe Spuren des Uebels gezeigt. In Neapel werden selbst Römische Schiffe einer Quarantaine unterworfen; fast alle Regierungen fordern und geben gegenseitig Gesundheitspässe, und in Genua ist eine Proclamation erlassen worden, die in der That in einem unpassenden declamatorischen Stil abgefaßt ist, und gleich mit den Worten: „Bürger, hört und zittert!" anhebt. Demungeachtet ist es noch in diesem Augenblick zweifelhaft, ob die Krankheit wirklich die in Spanien herrschende und von dort herübergebracht ist, oder ob nur die in Livorno fast in jedem October gewöhnlichen Faulfieber gegenwärtig mehr Menschen hinwegraffen? Es ist unläugbar, daß eine heftige Erbitterung über diese Angelegenheit zwischen der Etrurischen und der Genuesischen Regierung herrscht, da jene diese beschuldigt, geflissentlich, und vielleicht gar in der Absicht, den Handel von Livorno an sich zu reißen, die Gerüchte des Uebels zu vergrößern, und diese jene geflissentliche Verheimlichung und Verringerung des Uebels zum Vorwurf macht. Wahr ist es, daß die Genuesische Proclamation Thatsachen enthält, die wenigstens durchaus falsch vorgestellt sind. So z. B. sagt dieselbe, daß die Krankenwärter und Aerzte stürben. Es ist aber bisher nur der Tod eines Wundarztes, der ein alter Mann war, und seit 18 Monaten sein Haus nicht verlassen hatte, und eines Arztes, bei dem die Leichenöfnung Lungengeschwüre gezeigt hat, bekannt geworden. Wahr aber ist es auch, daß sich der Etrurische Hof bis jetzt auf keine Weise darauf eingelassen hat, die vorzüglichste Thatsache, auf welche sich die meisten Besorgnisse gründen, die der Ankunft und Zulassung des angesteckten Spanisches Schiffes, auf irgend eine Weise in ein helleres Licht zu setzen. Tröstlich ist der herannahende Winter, und daß selbst die höchsten Angaben die Anzahl der täglich in Livorno Sterbenden nur auf 18 bis 20 Menschen setzen.

Der Senator Lucian Bonaparte ist mit seiner Familie am 10. d. M. nach Mailand zu, ohne daß man jedoch seine eigentliche Absicht kennt, abgereiset. In wenigen Tagen verläßt auch die Mutter des Kaisers von Frankreich Rom, um sich nach Paris zu begeben. An dieser doppelten Abreise hat, wie ich glaube, die Besorgnis von der Livorner Krankheit keinen geringen Antheil[7]. – Die Schwester der Herzogin von Kurland, Frau von der Recke, ist vor einigen Tagen hier eingetroffen[8].

---

zu 25: [a] *folgt gestr.:* keiner noch jetzt [b-b] *über der Zeile nachgetragen* [c-c] *mit teilweiser Überschreibung korrigiert aus:* mich mit dieser [d] *übergeschrieben statt gestr.:* vorhanden

[1] *Konzept des als Extractus protocolli formulierten Schreibens des Ministerialdepartements der ausw. Angelegenheiten vom 10. Okt. 1804 (abges. 16. Okt.) mit den Entwürfen der Beglaubigungsschreiben (s. unten Anm. 2) und der Humboldt erteilten Instruktion vom 31. Aug. 1804 StAD E 5 B 1 Nr. 2/2 fol. 140–145; Abschrift der Instruktion mit entspr. Mitteilung vom 10. Okt. 1804 in den Akten des Innen-Departements, E 5 B 1 Nr. 3/3 fol. 41–45; Abdruck bei* K. WALTER, *Hessen-Darmstadt und die katholische Kirche in der Zeit von 1803–1830, 1933, S. 104–107.*
[2] *Das lateinische Beglaubigungsschreiben des Landgrafen war bereits am 1. Febr., das französisch abgefaßte Begleitschreiben Barkhaus-Wiesenhüttens an Consalvi am 2. Febr. 1804 ausgefertigt worden; StAD E 5 B 1 Nr. 2/2 fol. 148–151; ebd. fol. 13 die nicht abgegangene Erstfassung des Kreditivs vom 28. Juni 1803.*
[3] *Auszug des französisch geschriebenen Berichts an König Friedrich Wilhelm III. gedr. bei* GRANIER, *Kath. Kirche 9, S. 246 f (Nr. 766). – Ebd. ein weiterer Bericht Humboldts nach Berlin vom 17. Nov. 1804, S. 247–251 (Nr. 767).*
[4] *Das 1803 hessisch gewordene, vormals kurkölnische Herzogtum Westfalen gehörte weitgehend zum Bistum Münster, das von 1801, d. h. vom Tode des Bischofs*

14./21. November 1804

Erzherzog Maximilian Franz, der zugleich Kurfürst-Erzbischof von Köln war, bis 1820 unbesetzt blieb.
⁵ Der noch unter Dalbergs Vorgänger Friedrich v. Erthal ernannte Generalvikar Joseph Kasimir v. Redwitz (Sitz Aschaffenburg) war auch für die preußisch gewordenen Teile des Eichsfelds zuständig. In Erfurt residierte jedoch der 1807 verstorbene Weihbischof Joseph Maximilian v. Haunold.
⁶ Weitere Einzelheiten siehe **32**, unten S. 136.
⁷ In einem in Luciens Memoiren überlieferten Brief, den er im März 1805 aus Mailand an Napoleon schrieb, begründete Lucien die Abreise tatsächlich mit der auch Rom bedrohenden Epidemie; vgl. F. GRAYEFF, *Lucien Bonaparte*, 1966, S. 181f.
⁸ Elisabeth v. d. Recke geb. v. Medem war die Halbschwester der Herzogin Dorothea von Kurland; vgl. Elise V. D. RECKE, *Tagebuch einer Reise durch einen Teil Deutschlands und durch Italien in den Jahren 1804 bis 1806*, 4 Bde., Berlin 1815–17; in den Aufzeichnungen über den Rom-Aufenthalt vom 7. Nov. 1804 bis 20. Mai 1805 wird Humboldt nicht erwähnt.

26 Bericht Nr. 17/1804   Rom, 21. November 1804

Ausfertigung StAD E 5 B 1 Nr. 2/2 fol. 156; ps. 7. Dezember 1804.
MATTSON Nr. 1195.

Vorläufige Bestätigung der Akkreditierung durch den Kardinalstaatssekretär. Eindämmung der Epidemie in Livorno. Hofnachrichten.

Ew. Lg. Dl. werden meinen ausführlichen unterthänigsten Bericht vom 14ten huj[us] zu empfangen gnädigst geruhet haben. Am folgenden Posttag, 17. huj[us], allein zu spät, um noch an jenem Tag davon Gebrauch zu machen, erhielt ich die officielle Antwort des Cardinals-Staatssecretaires auf das Schreiben Ew. Lg. Dl. Staatsministers, Reichsfreiherren von Barkhaus-Wiesenhütten, welche ich in der Anlage Ew. Lg. Dl. offen, so wie ich sie empfangen, unterthänigst zu überreichen wage¹. Ich glaube mir mit der Hofnung schmeicheln zu können, daß Höchstdieselben in dem Inhalte derselben die Bestätigung des lebhaften Vergnügens finden werden, welches dem hiesigen Hofe die für denselben so schmeichelhafte Anknüpfung eines unmittelbaren Verhältnisses mit Ew. Lg. Dl. gewährt. Die Antwort des Papstes wird natürlich hier entworfen, und sobald dieselbe vollzogen zurückkommt, wie mir der Cardinal-Staatssecretaire geäußert hat, mir eingehändigt werden. Bis dahin glaube ich, obgleich ich nicht Gelegenheit gehabt habe, den Cardinal weiter zu sprechen, keine Schwierigkeit anzutreffen, wenn ich auch in den Fall kommen sollte, vor dem Einlaufen jener Antwort, einen Auftrag in Ew. Lg. Dl. höchstem Namen anzubringen.

Der einzige Gegenstand, welcher in diesem Augenblick das Publicum beschäftigt, ist die Epidemie von Livorno. Die Nachrichten, welche mit der letzten Post ankamen, und die von Florenz bis zum 13. gingen, waren noch nicht sehr günstig. Am 4. huj[us] waren 40 Personen, und von diesen 30 an dem ansteckenden Fieber gestorben, nachher aber war die Sterblichkeit auf ungefähr 20 gesunken. Eine später angekommene Estafette, die Florenz am 16. verlassen, hat aber bei weitem beruhigendere Nachrichten mitgebracht. Nach derselben sterben nur noch etwa 12 Menschen den Tag. Die

Vorsichtsmaßregeln der benachbarten Länder dauern indeß noch in aller Strenge fort. Doch ist es nunmehr gewiß, daß die Gerüchte, daß auch in Pisa die Krankheit sich gezeigt habe, voreilig gewesen sind. Sie ist einzig und allein auf Livorno beschränkt.

Die Mutter des Kaisers Napoleon ist nunmehr von hier nach Paris abgereist. – Einige Tage später haben auch Se. Hf. Dl. der Kurprinz von Würtemberg Rom verlassen, vermuthlich in der Besorgniß, daß, wenn die Krankheit weiter um sich griffe, auch gegen den Römischen Staat ein Cordon gezogen werden möchte. Se. Dl. sind zunächst nach Venedig gegangen, um sich von dort nach Mailand zu begeben.

Von politischen Ereignissen ist schlechterdings nichts zu meiner Kenntnis gelangt, das Ew. Lg. Dl. höchste Aufmerksamkeit verdiente.

zu 26:
[1] *Das italienisch abgefaßte Schreiben Consalvis vom 17. Dez. 1804, auf das durch Anlagestrich am Rande hingewiesen wird, liegt samt besiegeltem Umschlag bei den Akten, StAD E 5 1 Nr. 2/2 fol. 162–164. Für das Bezugsschreiben Barkhaus-Wiesenhüttens vom 2. Febr. 1804 siehe* **25** *mit Anm. 2.*

27 Bericht Nr. 18/1804 Rom, 8. Dezember 1804

Ausfertigung StAD E 5 B 1 Nr. 2/2 fol. 165 f; ps. 27. Dezember 1804.
Abschrift (Auszug) StAD E B 1 Nr. 3/3 fol. 83.
Mattson Nr. 1209.

Stagnation der Politik während der Abwesenheit des Papstes. Gespräche mit dem Kardinalstaatssekretär. Spekulationen über die Zukunft der Italienischen und Ligurischen Republiken. Aussetzung der angeordneten Beschlagnahme englischen Eigentums in Livorno. Fortdauer der Quarantäne-Maßnahmen trotz Abflauens der Epidemie. Gerüchte über eine neapolitanisch-französische Allianz. Hofnachrichten.

Die Abwesenheit des Papstes und die von allen Seiten um Toscana gezogenen Cordons, welche eine allgemeine Stockung in allen Geschäften, und selbst große Unordnungen in der Ankunft der Posten hervorbringen, machen, daß wir uns in einem solchen Mangel wichtiger Ereignisse innerhalb Italiens und interessanter Nachrichten von außenher befinden, daß ich nicht geglaubt habe, Ew. Lg. Dl. in den letztverflossenen 14 Tagen einen eignen unterthänigsten Bericht abstatten zu müssen. Alle irgend wichtigen Geschäfte werden hier bis zur Zurückkunft des Papstes aufgeschoben, nur die gewöhnlichen geistlichen Ausfertigungen gehen ihren Gang ungehindert fort, und selbst die allgemeineren Angelegenheiten Italiens, wie z. B. das Schicksal der Italienischen und Ligurischen Republik, das deutsche Concordat u. a. m. sollen, wie es scheint, in Paris entschieden und dort betrieben werden.

Der Cardinal-Staatssecretaire, den ich seit meinem letzten unterthänigsten Bericht mehrmals zu sehen Gelegenheit gehabt habe, hat mir gesagt,

21. November /8. Dezember 1804

daß er Ew. Lg. Dl. höchstes Schreiben an den Papst nach Paris gesandt habe. Zugleich hat er einen in den hiesigen Archiven vorgefundenen Brief beigefügt, welcher bei Gelegenheit einer unmittelbar gepflogenen Verhandlung zwischen Ew. Lg. Dl. und dem Römischen Hofe Pius 6. geschrieben hat, um zu einem Muster in Rücksicht der Titulatur und Formalien dienen zu können[1]. Ich habe diese Gelegenheit sogleich benutzt, mit dem Cardinal abermals von Ew. Lg. Dl. Höchstem und gerechten Wunsch, einen eignen Landesbischof zu besitzen, zu reden. Er hat mir aber darauf geäußert, daß seine ihm vom Papst hinterlassenen Vollmachten sich nicht so weit ausdehnen, um über diese Angelegenheit in Unterhandlung zu treten, sondern daß er vielmehr rathen müsse, dieselbe bis zur Zurückkunft des Papstes hinauszuschieben. Aus diesem Grunde habe ich nicht geglaubt, schon für jetzt deshalb einen officiellen Schritt, der keine andre Antwort bewirkt haben würde, zu thun, und wage es, mir mit der Hofnung zu schmeicheln, daß Ew. Lg. Dl. dies Betragen zu genehmigen gnädigst geruhen werden. Indeß werde ich nicht verfehlen, genau Acht zu geben, ob sich nicht vielleicht, auch vor der Rückkehr des Papstes durch die Wendung, welche die Deutschen geistlichen Angelegenheiten in Paris oder in Regensburg nehmen werden, eine für diese Sache günstige Gelegenheit eröffnen sollte, und dieselbe alsdann ungesäumt benutzen.

Von Mailand aus ist nicht nur der Vice-Praesident Melzi, sondern auch der ganze Staatsrath (Consulto di Stato) nach Paris berufen worden, und es ist wohl keinem Zweifel ausgesetzt, daß die Verfassung dieses Landes nunmehr daselbst eine veränderte Gestalt erhalten wird. Das schon seit langer Zeit herrschende Gerücht, als werde der Kaiser Napoleon die Republik einem seiner Brüder übergeben, erneuert sich jetzt abermals, und man glaubt, daß Joseph Bonaparte sie erhalten, zugleich aber die männlichen Nachkommen Lucians zur Nachfolge gerufen werden würden. Wie dem indeß auch sey, so scheint es mir nicht glaublich, daß der Kaiser Napoleon diesen wichtigen Strich Landes eigentlich von Frankreich trennen, und auch nur für die Zukunft in eine Art von Unabhängigkeit versetzen werde.

Von dem Fortgange der neulich angefangenen Unterhandlungen zwischen Frankreich und der Genuesischen Republik haben wir hier keine ferneren Nachrichten erhalten. Es scheint aber wohl gewiß, daß auch das Schicksal Genuas, so wie das der Parmesanischen Staaten, jetzt entschieden werden dürfte.

Der, wie wir hier hören, nach der Wegnahme der Spanischen Fregatten durch die Engländer gegebene allgemeine Befehl, alles Englische Eigenthum in allen Orten in Beschlag zu nehmen, in welchen Französische Truppen sind, sollte auch in Livorno ausgeführt werden. Auf die dringenden Vorstellungen des Etrurischen Hofes aber hat der General Verdier, dessen Mäßigung und Uneigennützigkeit allgemein gerühmt werden, es über sich genommen, die Vollstreckung desselben aufzuschieben, indem er nach Paris berichtet, daß, da nur noch sehr weniges Englisches Eigenthum in

Livorno vorhanden sey, diese Maßregel bloß den Etrurischen Hof compromittiren werde, ohne der Französischen Regierung Nutzen zu bringen, oder der Englischen Schaden zuzufügen. Die epidemischen Fieber in Livorno scheinen sich in ihrem Ende zu nähern, welches man den zuletzt getroffenen energischen Polizeianstalten und der Absonderung aller Kranken in eigen dazu eingerichteten Hospitälern dankt. In den Tagen vom 21. zum 27. November hatte man gerade soviel Geheilte als Todte gezählt, am 27. waren nur noch 45 Kranke, vom 30. November bis 3. December war nur Ein einziger gestorben, und in ganzen zwei Tagen hatte man keinen neuen Kranken entdeckt. Die Vorsichtigkeitsmaßregeln der benachbarten Staaten dauern indeß noch immer fort, und selbst mit Quarantaine läßt man in der Italienischen Republik und im Kirchenstaat niemand aus Toscana zu, so daß eine große Anzahl von Fremden sich in Florenz förmlich eingeschlossen befinden. Nur dem Dänischen und Kaiserlichen Gesandten am Neapolitanischen Hofe, die sich eben nach ihrem Posten zurückbegeben wollten, hat man Erlaubnis hieherzukommen ertheilt[2]; doch sollen beide eine strenge Quarantaine halten, und nur das nothdürftigste Gepäck mitnehmen. Ueber die Natur des Uebels streitet man zwar noch immer fort. Doch scheint der Urspung desselben aus Spanien fast erwiesen, und die Symptome kommen größtentheils mit den jetzt vom gelben Fieber allgemein bekannten überein[3].

Von dem Neapolitanischen Hofe hatte man hier das Gerücht verbreitet, daß er eine Off- und Defensivallianz mit Frankreich geschlossen habe; es hat sich dies indeß bis itzt nicht bestätigt. Doch scheint das Vernehmen mit Frankreich im gegenwärtigen Augenblick sehr gut zu seyn, und man sagte sogar, daß die Französischen Truppen im Königreich vermindert werden sollten. Cardinal Ruffo wird, wie man allgemein vernimmt, in Kurzem auf seinen Posten hieher zurückkommen.

Der Senator Lucian Bonaparte hatte sich zwar zuerst, nach seiner Abreise von hier, in Pesaro aufgehalten, gleich darauf aber diesen Ort wieder verlassen. Er ist von da nach Mailand gegangen, wo er sich unter dem Namen eines Generals Boyer aufhält[4]. Auch die Mutter des Kaisers Napoleon ist fürs Erste in Mailand geblieben.

---

zu 27:
[1] *In den Darmstädter Akten ist ein entsprechendes Breve Papst Pius VI. nicht nachweisbar. Das am 8. Nov. 1804 in Paris ausgefertigte Bestätigungs-Breve Pius VII. ging direkt nach Darmstadt und von dort als Anlage zum Erlaß vom 9. Jan. 1805 abschriftlich an Humboldt; Ausf. auf Perg. StA D E 1 M Nr. 93/1; Abschrift E 5 B 1 Nr. 3/4 fol. 8; siehe* **33** *mit Anm. 2.*
[2] *Dänischer Gesandter in Neapel und „Generalintendant" für die dänischen Interessen an allen italienischen Höfen war Baron Hermann v. Schubart; der kaiserliche Geschäftsträger Franz v. Cresceri wurde zum Jahresende 1804 durch Graf Kaunitz-Rietberg abgelöst.*
[3] *Für die Landgrafschaft Hessen-Darmstadt wurde am 21. Dez. 1804 zu Sicherstellung der Landgräflichen Lande gegen das gelbe Fieber angeordnet: Allen Reisen-*

8. /19. Dezember 1804

den, welche von Orten oder aus Gegenden kommen, wo das gelbe Fieber herrscht oder herrschte, insonderheit aus dem südlichen Spanien, der Hetrurischen Provinz Pisa samt Livorno und dem am Meer liegenden Italien, ist der Eintritt ins Land durchaus zu versagen. *Auch Einfuhren aus den infizierten Gebieten wurden untersagt, und sonstige Fernreisende brauchten Gesundheitspässe. Vgl. HDLZ vom 10. Jan. 1805; die Zeitung berichtete regelmäßig über die Epidemie.*
[4] *Boyer war der Mädchenname der 1800 verstorbenen ersten Ehefrau Luciens, deren Bruder zu seiner Begleitung zählte.*

28 Bericht Nr. 19/1804 Rom, 19. Dezember 1804

Ausfertigung StAD E 1 M Nr. 93/2 fol. 33 f; ps. 7. Januar 1805.
MATTSON Nr. 1212.

Ausschaltung des etrurischen Ministerpräsidenten Graf Salvatico. Gründe für seinen wohl von Spanien erzwungenen Sturz. Bedrohung der Stellung Graf Mocenigos in der Sieben-Insel-Republik. Unsicherheit über die Zukunft Neapels nach dem Bruch zwischen England und Spanien. Auswirkungen auf die Truppenstationierung. Überführung von gefangenen Spaniern nach Malta. Weiteres Abflauen der Epidemie in Livorno. Ungewißheit über die Ankunft des Papstes in Paris. Tod des Kardinals Borgia. Hofnachrichten. Gerüchte über die Touloner Flotte und über die Flucht eines russischen Agenten aus Genua.

Obgleich der Mangel merkwürdiger Vorfälle hier und interessanter Nachrichten aus den übrigen Theilen Italiens noch immer fortdauert, so haben uns doch die letzten Briefe aus Florenz von einer Begebenheit unterrichtet, die wenigstens für Toscana von entschiedener Wichtigkeit ist, und die ich daher eile, Ew. Lg. Dl. unterthänigst einzuberichten. Der Graf Salvatico, der, indem er das ausschließende und ungetheilte Vertrauen des verstorbenen Königs, und nach dem Tode desselben, der jetzigen Königin-Regentin besaß, alle Schritte des Etrurischen Hofes, sowohl in auswärtigen als in inneren Angelegenheiten leitete, ist plötzlich von den Geschäften entfernt, und außer Thätigkeit gesetzt worden. Die besonderen Beweggründe zu dieser unerwarteten Veränderung sind zwar bis jetzt nicht genau bekannt geworden. Nur muß der Graf nicht in Verdacht eines geheimen, gefährlichen Planes gestanden haben, da seine Papiere weder durchsucht, noch weggenommen worden sind. Auch hat man ihm sowohl Ehrentitel, als Besoldung, die sogar noch vermehrt worden ist, gelassen, und ihm bloß seine Entlassung von dem Posten eines Staatsministers und Präsidenten des geheimen Staatsraths zugeschickt, und ihm angedeutet, in 24 Stunden Florenz und sobald die jetzt gezogenen Cordons es erlauben würden, auch Toscana zu verlassen[1]. Diesen Befehl hat er durch den Chevalier Mozzi, den Minister der auswärtigen Angelegenheiten erhalten, welchem derselbe in einem eigenhändigen Billet Ihrer Majestät der Königin mitgetheilt worden ist; und da dies unmittelbar nach der Ankunft der Spanischen Post und nach einer Privataudienz des Spanischen Gesandten Labrador[2] bei der Königin geschehen ist, so vermuthet man mit Recht, daß der Graf Salvatico dem Spanischen Hofe misfallen habe, und der Befehl seiner Verbannung von

Madrid gekommen sey. Ihre Majestät die Königin sollen sehr bestürzt darüber gewesen seyn, und heftig geweint haben; auch sind die Wachen des Pallastes verdoppelt worden, und man hat streng verboten, dem Grafen von der Zeit der ihm angedeuteten Verbannung an bis zu seiner wirklichen Abreise, den Zutritt zu demselben zu gestatten. Der Graf Salvatico war übrigens, nach der Versicherung derer, die ihn persönlich kannten, weder ein boshafter noch eigennütziger Mann. Allein er hat den doppelten Fehler begangen, die Finanzen des Hofes durch unnütze Vervielfältigung von Jahresgeldern und Staatsämtern in eine solche Unordnung zu bringen, daß dieselben im gegenwärtigen Augenblicke im höchsten Grade zerrüttet sind, und die Geistlichkeit über alles Verhältniß und alle Schranken hinaus zu begünstigen, da alle Verfügungen in geistlichen Sachen unter der vorigen und jetzigen Regierung, die mit Recht soviel Unzufriedenheit im Lande hervorgebracht haben, allein von ihm herrühren.

Zu gleicher Zeit redet man von der bevorstehenden Entfernung des Grafen Mocenigo aus der Sieben-Insel-Republik. Man behauptet theils, daß es Mishelligkeiten zwischen ihm und den Russischen Generalen gebe, theils, daß der Geschäftsführer der Republik in Petersburg sich über eigenmächtige und gewaltthätige Schritte des Grafen beschwert habe. Auch sagt man, daß demselben die Schuld der Einmischung in die Angelegenheiten des Türkischen Albanien, vorzüglich bei Preveza, über die sich die Pforte beklagt, beigemessen werde[3]. Da aber der Russische Hof bisher immer mit dem Betragen des Grafen Mocenigo zufrieden gewesen zu seyn scheint, so scheinen alle diese verschiedenen Gerüchte fernerer Bestätigung zu bedürfen. An bestimmten Angaben über die in der Sieben-Insel-Republik jetzt vorhandenen Russischen Truppen fehlt es uns in gegenwärtigem Augenblicke durchaus. Einige behaupten, daß sich die Anzahl derselben auf 20000 belaufe, welches indeß schwer zu glauben ist.

Ueber die nähere Vereinigung Frankreichs mit Neapel, die wie man seit einiger Zeit behauptet, im Werke ist, weiß man noch immer nichts Gewisses. Wenn die darüber herrschenden Sagen gegründet sind, so hat der Bruch zwischen Spanien und England die Veranlassung zu den neuen Eröfnungen des Kaisers Napoleon gegeben. – Man schmeichelt sich in Mailand mit der Hofnung, daß die jetzt in Frankreich befindlichen Truppen der Republik zurückkehren, und die in derselben befindlichen Französischen nach dem Königreich Neapel gehen werden, welches allerdings zu einer großen Erleichterung des Landes gereichen würde. – Die Engländer haben vor kurzem 800 Spanische, neulich weggenommene Soldaten nach Malta gebracht.

Die epidemischen Fieber in Livorno scheinen ihrem Aufhören nahe. Vom 5ten bis zum 10ten d. M. ist niemand gestorben, und niemand aufs neue daran krank geworden. Den 8ten waren nur noch 10 Kranke, und nur ein einziger davon in Gefahr. Sonderbar ist es, daß von den vielen Personen, welche man anwendet, um die Effecten der Kranken und Gestorbenen zu reinigen, und die nicht selten auf denselben Betten schlafen, auf welchen

19. Dezember 1804

kurz vorher andre verschieden sind, keine angesteckt worden ist. Dies, so wie einige andre Umstände, macht die Natur der Krankheit noch immer zweifelhaft. Doch hat man die ganze Ladung des Schiffes, dem man ihren Ursprung zuschreibt, unter Siegel gelegt.

Von der Ankunft des Papstes weiß man bisher noch nichts, und es ist wunderbar, daß der Cardinal-Legat in Paris dieselbe dem Staatssecretaire nicht durch einen außerordentlichen Courier gemeldet hat. Seine letzten Briefe sind erst vom 24st[en] Nov. aus Fontainebleau. Der Tod des Cardinals Borgia hat hier allgemeines Bedauern erregt. Wie man vernimmt, hat derselbe seine ganze Verlassenschaft der Congregation der Propaganda [Fide] vermacht, deren Vorsteher er als Cardinal, und deren Secretaire er vorher gewesen war. Nur sein, vorzüglich in Rücksicht der Aegyptischen Alterthümer seltenes und kostbares Museum ist davon ausgenommen[4]. Bemerkenswerth ist es noch, daß der Cardinal Borgia wohl der einzige Cardinal war, welcher eine Pension von einem protestantischen Monarchen genoß. Einige Dänische Reisende, denen er hier Gefälligkeiten erwiesen hatte, und an deren Spitze sich der jetzige hiesige Dänische Agent Zoëga, einer der gelehrtesten Alterthumsforscher, befand, hatten ihren König vermocht, dem Cardinale in den unglücklichen Zeiten der Revolution, in welchen er sich auf einmal aller seiner Einkünfte beraubt sah, ein Jahrgeld von 800 [Reichsthaler] zu verleihen, das ihm seitdem bis an seinen Tod verblieben ist.

Die Mutter des Französischen Kaisers ist von Mailand nach Paris abgereist, nachdem sie vorher in Mailand die Niederkunft ihrer Schwiegertochter, der Madame Lucien, abgewartet hatte, die von einer Tochter entbunden worden ist[5].

Ich beschließe diesen unterthänigsten Bericht mit zwei Nachrichten, deren Aechtheit ich Ew. Lg. Dl. so wenig verbürgen kann, daß ich sie vielmehr beide für durchaus falsch halte, und sie nur anzuführen wage, weil sich das Gerücht davon auch in Deutschland verbreiten könnte. Die eine behauptet das Auslaufen der Flotte von Toulon und die Einschiffung der Französischen Truppen auf der Insel Elba, worauf man abentheuerliche Vermuthungen von Abgriffsplanen auf Sicilien und selbst Sardinien gründet. Der andren Nachricht zufolge, hätte ein Russe, Namens Sabosky, der sich zur Besorgung der Russischen Anleihen in Genua in dieser Stadt befand, auf Befehl des Französischen Gouvernements arretirt werden sollen, wäre indeß so glücklich gewesen, nach Venedig zu entkommen[6]. Die zuverlässigsten Briefe aus Genua und Toscana schweigen von dem einen und dem andern dieser Ereignisse.

---

zu 28:
[1] *Graf Odoardo Salvatico wird im Genealogischen Staatshandbuch für 1805 gleichwohl noch als Ehrenmitglied des etrurischen Staatsrats geführt.*
[2] *Pedro Gomez Havelo, Marques von Labrador.*

[3] *Graf Giorgio (Georgij Dimitrijevitch) Mocenigo war offiziell russischer Gesandter auf Korfu.*
[4] *Die Sammlungen des Kardinals befinden sich heute im Borgia-Museum in Velletri, seine wertvollen Manuskripte in der Vatikanischen Bibliothek.*
[5] *Die nach der Großmutter Laetitia benannte Tochter Lucien Bonapartes und seiner zweiten Frau Alexandrine de Bleschamp wurde am 1. Dez. 1804 geboren.*
[6] *Zur Richtigstellung der Meldung über den russischen Staatsrat v. Sarkoski siehe 29, unten S. 126.*

29 Bericht Nr. 20/1804   Rom, 22. Dezember 1804

Ausfertigung StAD E 1 M Nr. 93/2 fol. 35 f; ps. 16. Januar 1805.
MATTSON Nr. 1216.

Landung eines in Paris gestarteten Heißluftballons mit einer Meldung über die Kaiserkrönung Napoleons am Lago di Bracciano. Richtigstellung der Meldung über den russischen Agenten v. Sarkoski in Genua. Hoffnungen auf Rückkehr Vizepräsident Melzis in die Mailänder Regierung. Neuordnung der Finanzverwaltung in Florenz nach Rücktritt des Marchese Corsi. Österreichischer Schutz-Cordon gegen die an sich bereits erloschene Epidemie in Livorno.

Ein in der That höchst sonderbares Ereigniß beschäftigt in diesem Augenblick alle Gesellschaften Roms. Ew. Lg. Dl. werden aus meinem letzten unterthänigsten Berichte gnädigst zu ersehen geruhet haben, daß es uns seit einigen Wochen durchaus hier an direkten und frischen Nachrichten aus Frankreich fehlte, und selbst der Cardinal-Staatssecretaire nichts Bestimmtes über den letzten Theil der Reise des Papstes wußte. Jetzt ist am 17. huj[us] Abends ein Luftballon, der in Paris am 16. Abends bei Gelegenheit eines dem Französischen Kaiser von der Stadt Paris gegebenen Festes in die Höhe gestiegen ist, ohngefähr 6 Deutsche Meilen von Rom, in dem See Bracciano bei Anguillara niedergesunken, und durch einen daran befestigten Zettel hat man hier in der That zuerst ersehen, daß die Krönung des Kaisers vor sich gegangen seyn müsse. Im ersten Augenblicke wollte niemand dieser Nachricht Glauben beimessen. Allein die officiellen, von dem Orte selbst an den Cardinal-Staatssecretaire eingelaufenen Berichte räumten bald über die Thatsache selbst jeden Zweifel hinweg. Diesen Berichten zufolge sahen Fischer von Anguillara einen Luftballon über dem Orte schweben und in den See fallen. Ein heftiger Sturm verhinderte sie, noch denselben Abend zu demselben hinzuschiffen. Am folgenden Tag aber thaten sie es, und fanden einen Ballon von außerordentlicher Größe, von gefirnißtem Taffent mit einer Gallerie versehen, die aus einigen zerbrochenen Lampen zu schließen, erleuchtet gewesen war, und an demselben einen französischen Zettel folgenden Inhalts:

„Der Luftballon welcher diese Zeilen überbringt, ist am 25. Frimaire (16. December) in Paris bei Gelegenheit des Festes, welches die Stadt Paris dem Kaiser Napoleon gegeben, in die Höhe gestiegen. H[err] Garnerin bittet diejenigen, die denselben fanden, ihn wohl in Acht zu nehmen, und ihm anzuzeigen, wo er sich befindet. Er wird sich alsdann, wenn es möglich ist, selbst an Ort und Stelle begeben"[1].

12 Place de la Concorde in Paris mit dem anläßlich der Kaiserkrönung Napoleon Bonapartes am 3. Dez. 1804 von André Garnerin gestarteten Heißluft-Ballon.

13 Lucien Bonaparte.

Berichte 29/30

Soweit ist das Factum außer allen Zweifel gesetzt. Freilich giebt es aber nun noch Leute, welche sich nicht überzeugen können, daß dieser Ballon wirklich aus Paris gekommen sey, sondern meynen, er sey mit Fleiß in irgend einer Stadt Italiens gemacht und hiehergesandt worden, um dadurch auf die Meynung des Volks einzuwirken. Wenn man indeß bedenkt, daß die Verfertigung eines solchen Ballons einen beträchtlichen Aufwand erfordert, daß man, indem man ihn steigen läßt, schlechterdings nicht voraussehen kann, wohin er gehen, und wo niederfallen wird, und daß es selbst schwer zu begreifen ist, welchen Zweck man bei einem solchen Scherze oder Betruge gehabt haben könne, so hat diese Annahme in der That nur sehr wenig für sich. Immer bleibt es indeß in hohem Grade sonderbar, daß ein Luftball einen so beträchtlichen Weg in ungefähr 22 Stunden zurücklegt, daß derselbe, ohne irgend einiges Hinderniß die Alpen und vielleicht einen Theil des Meeres passirt, und in den verschiedenen Höhen, die er durchlaufen haben muß, Luftströme findet, die ihn immer in gleicher Richtung erhalten. Auch wird, wenn der Luftball in der That der Pariser ist, der Umstand, daß der bei Gelegenheit der Krönung Bonapartes gestiegene Ballon sich gerade bei der Hauptstadt der alten Welt niederläßt, zu mancherlei Anspielungen[a] Anlaß geben.

Das falsche den Russischen Agenten in Genua betreffende Gerücht, dessen ich in meinem letzten unterthänigsten Berichte erwähnte, ist daher entstanden, daß derselbe in der That, man weiß nicht aus welchen Gründen, plötzlich, jedoch mit Zurücklassung seiner Familie, nach Venedig gegangen ist. Man hatte mir aber neulich den Namen desselben falsch geschrieben[2]. Es ist der Staatsrath von Sarkoski, der übrigens aber nicht förmlich bei der Ligurischen Regierung accreditirt war, sondern nur die auf die Anleihen Bezug habenden Geschäfte besorgte.

Alle Briefe aus Mailand reden von der Hofnung, den Vicepraesidenten Melzi an der Spitze der Geschäfte zurückkehren zu sehen. Dies beweist wenigstens, in welchem Ansehen und welcher Liebe dieser Mann von in der That seltnen Geistes- und Charaktereigenschaften bei seinen Mitbürgern steht. Man spricht zugleich von der Vereinigung der Italiänischen und Ligurischen Republik.

Se. Maj. der Kaiser haben befohlen, einen militärischen Cordon gegen die Epidemien von Livorno und die Krankheiten Spaniens von der ganzen Länge der Gränzen Ihrer Staaten[3] gegen Italien und Dalmatien zu, von Tirol bis Cattaro zu ziehen. Mehrere Regimenter aus dem Innern der Erblande sind deshalb in Bewegung gesetzt worden, und man glaubt, daß 30 000 Mann dazu erforderlich seyn werden.

Der Finanzminister Marchese Corsi in Florenz hat sich genöthigt gesehen, nach der Entfernung des Gr[afen] Salvatico gleichfalls seinen Abschied zu nehmen. Die gesammte Finanzadministration ist nunmehr einer Commission von fünf Mitgliedern übergeben worden, unter welchen

22. Dezember / 29. Dezember 1804

der Prinz Corsini und der durch mehrere wissenschaftliche und litterarische Arbeiten bekannte Fabbroni sind. Die Gesundheitsdeputation in Livorno hat am 12. d. durch den Druck bekannt gemacht, daß in den letzten 6 Tagen nur ein einziger 8jähriger Knabe, der zugleich epileptische Anfälle bekommen, an der epidemischen Krankheit gestorben, und in der gleichen Zeit nur ein einziger neuer Kranker, von dem es noch überdies zweifelhaft ist, ob er in der That das herrschende Fieber hat, entdeckt worden ist. Aus einer Schrift des D. Palloni, welche auf Befehl der Regierung gedruckt ist, sieht man daß die Anzahl aller seit dem 20. Aug. bis 6. Dec. in Livorno an der Epidemie gestorbenen Personen nur 711 beträgt[4]. In einer Epidemie bösartiger Fieber hier in Rom im Winter 1803 zählte man zwischen 15–18 000 Todten.

---

zu 29: [a] *folgt gestr.*: Gelegenh

[1] *Der Originaltext der Botschaft findet sich im französisch abgefaßten Bericht Humboldts nach Berlin vom gleichen Tage:* Le ballon, porteur de cette lettre, a été lancé à Paris le soir du 25 Frimaire (16 Décembre) à l'occasion de la fête donnée à l'Empereur Napoleon par la ville de Paris. M. Garnerin prie les personnes qui le trouveront, d'en avoir soin et de l'en avertir. Il se rendra, s'il est possible, lui-même là où il sera tombé; *Abdruck HGS 10 S. 10 f. – Die HDLZ meldet am 3. Aug. 1805, Garnerin, der anläßlich der Krönungsfeierlichkeiten in Mailand ebenfalls einen Ballon gestartet hatte, sei Mitte Juli von Genua über Florenz nach Rom abgereiset, um daselbst seinen Luftballon wieder abzuholen, den er bei der Krönung zu Paris aufsteigen ließ.*
[2] *siehe* **28**, *oben S. 123.*
[3] *D. h. der österreich-ungarischen Erblande Kaiser Franz II.*
[4] *Gaetano* PALLONI, *Osservazioni mediche sulla mallatia febrile dominante in Livorno..., Livorno 1804; Anzeige in HDLZ vom 5. Febr. 1805. Zwei deutsche Übersetzungen der Arbeit finden sich im Bestand der ehemaligen Darmstädter Hofbibliothek (heute Hess. Landes- und Hochschulbibliothek Darmstadt):* Medicinische Beobachtungen über die in Livorno herrschende Fieberkrankheit, *dt. von J. J.* RÖMER *und Balth.* ZWINGLI, *Zürich 1805, und* Über das Fieber in Livorno, *Leipzig 1805 (verbunden mit einer weiteren Schrift von C. A.* LACOSTE *zum gleichen Thema).*

30 Bericht Nr. 21/1804   Rom, 29. Dezember 1804

Ausfertigung StAD E 5 B 1 Nr. 3/3 fol. 104, 107; ps. 21. Januar 1805[a].
Konzept (von anderer Hand) ZStADDR Merseburg Rep. 81 Rom I C 13 Fasz. 6.
MATTSON Nr. 1220.

Notenwechsel mit dem Kardinalstaatssekretär zur Frage der Errichtung eines hessischen Landesbistums. Unterredung mit Nuntius della Genga. Truppenverschiebungen zwischen Oberitalien und Neapel. Beilegung des Streits um die sogenannten „konstitutionellen" Bischöfe in Frankreich. Fortdauer der Vorsichtsmaßnahmen nach dem offiziell erklärten Ende der Livorneser Epidemie. Neujahrswünsche.

Ich habe die Ehre gehabt, Ew. Lg. Dl. in meinen neulichen unterthänigsten Bericht vom 8. huj[us] gehorsamst anzuzeigen, daß ich die officielle Anzeige des Verlangens Ew. Lg. Dl., einen eignen Landesbischof zu erhalten, noch für den Augenblick aufgeschoben hätte, dieselbe aber sobald thun würde,

Bericht 30

als sich mir eine günstige Gelegenheit dazu darzubieten schiene. Eine solche habe ich nun schon jetzt zu finden geglaubt, und eile, Ew. Lg. Dl. die deshalb gethanen Schritte, so wie den dabei gehabten Erfolg unterthänigst vor Augen zu legen.

Als ich vor einigen Tagen mit dem Cardinal-Staatssecretaire über die neuesten aus Paris bekommenen Nachrichten sprach, äußerte er mir, daß es scheine, als werde der Papst bei weitem früher hieher zurückkehren, als man anfänglich geglaubt habe, sich damit schmeicheln zu können. Er setzte hinzu, daß alsdann unstreitig die Deutschen geistlichen Angelegenheiten würden emsiger betrieben werden können, und daß der Praelat della Genga alsdann seine Abreise nicht weiter verzögern würde. Dasselbe bestätigte mir auch dieser Praelat selbst. Unter diesen Umständen schien mir nun der Augenblick gekommen zu seyn, den ersten einleitenden Schritt zu Ew. Lg. Dl. gerechter Forderung zu thun[b], und somit übergab ich dem Cardinal die officielle Note, von der ich es wage, diesem unterthänigsten Bericht in der Anlage eine Abschrift unterthänigst beizufügen. Ich habe mich darin bemüht, so kurz und bündig, als möglich, die Gründe auseinanderzusetzen, auf welche Ew. Lg. Dl. Höchstes Verlangen sich stützt, und nach dem an mich deshalb ergangenen ausdrücklichen Befehl, vorzüglich diejenigen herausgehoben, welche das Wohl der Religion selbst betreffen. Zugleich habe ich nicht versäumt, bemerklich zu machen, daß ein eigner Landesbischof sowohl Ew. Lg. Dl. Höchster Würde, als der Ausdehnung Höchstihrer neuen Staaten angemessen ist. Bestimmt schon jetzt den Grundsatz zu äußern, daß Ew. Lg. Dl. keine fremde geistliche Jurisdiction gestatten würden, habe ich bis jetzt noch vermieden, theils weil Höchstdieselben mir dies nicht ausdrücklich befohlen haben, theils weil das nur auf den Fall nöthig gewesen wäre, wenn ich Widerspruch hätte befürchten müssen, da ich dagegen bei einem Wunsche Ew. Lg. Dl., der dem Römischen Stuhl nicht anders als erfreulich seyn konnte, nur Bereitwilligkeit von seiner Seite [c]zu erwarten hatte[c]. In dieser Hofnung habe ich mich denn auch nicht betrogen. Der Cardinal-Staatssecretaire hat mir gestern mündlich geäußert, daß er hoffe, daß diese Angelegenheit werde ganz und gar zur Höchsten Zufriedenheit Ew. Lg. Dl. beendigt werden können, und daß wenigstens der Antrag, ein neues Bisthum zu errichten, dem Oberhaupte der Kirche nicht anders als schmeichelhaft seyn könne. Nur setzte er hinzu, bedaure er bemerken zu müssen, daß er jetzt, in Abwesenheit des Papstes sich nicht auf eine Unterhandlung darüber einlassen könne, so wie überhaupt die Entscheidung der Sache selbst so genau mit dem Ganzen der Deutschen[d] Angelegenheiten verbunden sey, daß sich dieselbe unmöglich einzeln abmachen lasse. In gleicher Art ist nun auch die officielle Antwort abgefaßt, die ich heute erhalten habe, und Ew. Lg. Dl. gleichfalls in Abschrift beizufügen wage, nur daß der Cardinal-Staatssecretaire darin verspricht, den von mir in Ew. Lg. Dl. Höchstem Namen geschehenen Antrag ungesäumt zur Kenntniß des Papstes zu bringen[1].

29. Dezember 1804

Ich glaube mir jetzt mit der Hofnung schmeicheln zu können, daß Ew. Lg. Dl. es gnädigst zu genehmigen geruhen werden, daß diese wichtige Angelegenheit nunmehr auf eine officielle Weise zur Sprache gebracht worden ist. Es hat dies wenigstens schon jetzt den unläugbaren Nutzen, daß nichts in Ansehung der Deutschen geistlichen Angelegenheiten vorgenommen werden kann, ohne auf Ew. Lg. Dl. Höchsten Antrag die geziemende Rücksicht zu nehmen. Wie bald die näheren Einrichtungen zur Anordnung dieses neuen Bisthums in Ew. Lg. Dl. Staaten werden getroffen werden können, wird nun freilich theils von der wirklichen Rückkehr[e] des Papstes, theils von der Wendung abhängen, welche die geistlichen Angelegenheiten Deutschlands nehmen werden. Ich sollte indeß, wenn Ew. Lg. Dl. mir dies unmaßgeblich zu äußern erlauben, meynen, daß unmittelbar nach der Rückkunft des Papstes ein neuer Antrag zur wirklichen Vorbereitung und nachherigen Beendigung dieses Geschäfts gebildet werden müsse, und warte darüber nur Ew. Lg. Dl. mir neulich unterthänigst erbetene Instructionen und neue[f] Befehle ab, da ich dem ersten der officiellen Anzeige nunmehro ein Genüge geleistet habe.

Noch muß ich bemerken, daß der Praelat della Genga, dessen Aeußerungen über diese Gegenstände vorzüglich Aufmerksamkeit verdienen, weil er, seiner Kenntniß von Deutschland wegen, darin beständig zu Rathe gezogen wird, und auch meine Note ihm gleich zugefertigt worden war, mir mit Bestimmtheit gesagt hat, daß er nicht absehe, wie die Errichtung eines Hessischen Landesbisthums Schwierigkeiten finden könne[2]. Die einzige, die vielleicht Statt finden könne, sey, daß der Kurfürst-Erzkanzler vielleicht unzufrieden seyn dürfte, diejenigen Stücke, die ehemals zu seinem bischöflichen Sprengel gehört, jetzt davon abgerissen zu sehen. Diese Schwierigkeit aber könne sehr leicht durch ein gütliches Abkommen zwischen Ew. Lg. Dl. und dem Kurfürsten abgeholfen werden, und ein solches dürfte, wie es mir scheint, um so weniger schwierig seyn, als der Cardinal-Staatssecretaire mir jetzt, wie schon öfter, gesagt hat, daß man über die Begränzung der bischöflichen Sprengel durch die landesherrlichen Gränzen schon ziemlich einig sey und nur die Ausdehnung der erzbischöflichen Gerichtsbarkeit in Frage gestellt werde.

Ich habe in meiner Note ausdrücklich gesagt, daß Ew. Lg. Dl. durch die Anstellung eines eignen Bischofs für die katholischen Unterthanen Höchstihrer neuen Staaten sorgen wollen, und glaube damit dem 9. §phen der mir gnädigst ertheilten Instruction ein Genüge geleistet zu haben. Ich habe mit Vergnügen bemerkt, daß der Cardinal-Staatssecretaire in seiner Antwort diesen Ausdruck wiederholt hat, ob er sich gleich bisher, und sogar mit einiger Affectation, eines jeden zu enthalten pflegte, der an die in Deutschland vorgegangenen Veränderungen erinnern kann.

Von politischen Ereignissen werde ich Ew. Lg. Dl. heute nur äußerst wenig einzuberichten haben. Aus zwei kurz hintereinander hier durchgekommenen Neapolitanischen außerordentlichen Courieren, von denen der erste von Paris kam, der zweite dahin ging, schließt man, daß die mit Frankreich jetzt, wie es scheint in Rede stehenden Punkte noch nicht berichtigt sind. Indeß marchiren 450 Mann Italienische Truppen aus dem Königreich Neapel nach dem obern Italien zurück und es geht ein, jedoch unverbürgtes Gerücht, daß die Französisch-Neapolitanische Armée wieder auf die Zahl von Truppen gebracht werden solle, die sie vor den letzten Verstärkungen hatte.

In Paris ist neuerlich ein für den Römischen Stuhl wichtiger Punkt berichtigt worden. Von den ehemaligen constitutionellen und jetzt wieder mit Bisthümern beliehenen Bischöfen waren noch sechs übrig, welche ihre ehemaligen Irrthümer nicht zurückgenommen, die constitutionelle Verfassung der Geistlichkeit nicht abgeschworen, und die dagegen durch Pius 6. ergangenen Decrete nicht anerkannt hatten. In den Unterhandlungen über die Reise des Papstes war es von hier aus zu einer Bedingung gemacht worden, daß dies geschehen sollte, und in der That haben nun^g diese Bischöfe kurz vor der Krönung ihren Widerruf unterschrieben. Der einzige Bischof von Strasburg hat es bis jetzt noch standhaft verweigert[3].

Die Livorner Gesundheitsdeputation hat nunmehr öffentlich bekannt gemacht, daß die Epidemie aufgehört hat, und alle Livorneser Flüchtlinge zur Rückkehr eingeladen. Die Cordons dauern noch fort; doch läßt die Italienische Republik jetzt auch Fremde zur Quarantaine zu, die aber von 40 Tagen seyn muß.

Ich beschließe diesen unterthänigsten Bericht, in dem ich es wage, Ew. Lg. Dl. meine wärmsten und aufrichtigsten Wünsche für Höchstdero Person, Höchstdero Landgräfliches Haus und das Glück Ihrer Regierung bei dem jetzt bevorstehenden Jahreswechsel unterthänigst zu Füßen zu legen. Ich würde mich überaus glücklich schätzen, wenn Ew. Lg. Dl. dieselben anzunehmen gnädigst geruhen und mir zugleich erlauben wollten, die Versicherung hinzuzufügen, daß die Gesinnungen der tiefsten Dankbarkeit für die vielfachen von Höchstdemselben empfangenen Beweise der Gnade und des Wohlwollens ebenso unauslöschlich und unbegränzt in mir seyn werden, als mein Eifer in Höchstdero Dienst, und meine Pünktlichkeit in der Befolgung Höchstdero gnädigster Befehle.

---

zu 30: ^a *Auf der Ausf. Vermerk des Geh. Referendärs F. A. Lichtenberg:* Zum Landgräfl. Ministerial-Departement des Inneren zu geben. Beschl. i[m] M[in.] d[er] a[usw.] A[ngelegenheiten] den 23. Januar 1805. Lichtenberg. ^b *im K.:* machen ^{c-c} *im K.:* erwarten konnte ^d *folgt im K.:* Geist. ^e *im K.:* Rückkunft ^f *fehlt im K.:* ^g *folgt gestr.:* fünf

[1] Die von Humboldt selbst gefertigten Abschriften seiner Note an den Kardinalstaatssekretär vom 27. Dez. 1804 und der Antwort Consalvis vom 29. Dez. liegen als Anlage seines Berichts bei den Akten, StAD E 5 B 1 Nr. 3/3 fol. 105f; vgl. auch das Konzept der Humboldt'schen Note ZStADDR Rep. 81 Rom I C 13 Fasz. 6; MATTSON Nr. 1217 und 8968.

[2] Über della Genga und seine Mission siehe **10** mit Anm. 4.

29. Dezember 1804 / 16. Januar 1805

³ *Die aufgrund der revolutionären „Constitution civile du clergé" vom 12. Juli 1790 für die 89 Départements Frankreichs von Staats wegen ernannten Bischöfe hatte der Vatikan nie anerkannt. Die Annullierung der Zivilkonstitution war ein wesentlicher Punkt des Konkordats vom 15. Juli 1801, das die Zahl der Bistümer auf 60 reduzierte. Unter den von Napoleon neuberufenen Bischöfen befanden sich 12 ehemalige „konstitutionelle". Nach einem Bericht des Präfekten der Propaganda Fide, Kardinal Antonelli, von 1802 fehlten damals die geforderten Widerrufserklärungen des neuen Erzbischofs von Toulouse C. F. M. Primat (vorher Erzbischof von Lyon) sowie der Bischöfe J. C. Le Blanc Beaulieu in Soissons (vorher Rouen), L. Belmas in Cambrai (vorher Narbonne), D. Lacombe in Angoulême (vorher Erzbischof in Bordeaux), C. Le Coz in Besançon (vorher Erzbischof in Rennes), H. Raymond in Dijon (vorher Grenoble) und J. Saurines in Straßburg (vorher Oléron); vgl. ASV at Epoca Napoleonica/Francia 16/4.*

31 Bericht Nr. 2/1805[1]   Rom, 16. Januar 1805

Ausfertigung StAD E 5 B 1 Nr. 3/5 fol. 19 f; ps. 30. Januar 1805.
Teilkonzept ZStADDR Merseburg Rep. 81 Rom I C 13 Fasz. 6.
Abschrift (Auszug) StAD E 5 B 1 Nr. 3/3 fol. 109.
MATTSON Nr. 1238.

Abgrenzung des künftigen Landesbistums. Beruhigung der politischen Lage. Sendung des neapolitanischen Diplomaten Fürst Carditto an General St. Cyr. Ungewißheit über den französisch-ligurischen Vertrag. Streit des Florentiner Hofs mit Nuntius Morozzi über die Abwerbung von zwei Ballettänzern. Wirtschaftliche Folgen der Quarantäne-Sperren. Politische und publizistische Kontroversen über Ursachen und Auswirkungen der Epidemie von Livorno.

Ich[a] habe die Ehre gehabt, am 13. huj[us] das Befehlschreiben zu erhalten, das Ew. Lg. Dl. gnädigst geruhet haben, mir unterm 21. m[ensis] et a[nni] p[rioris] durch Höchstdero Staatsminister Freiherrn von Barkhaus-Wiesenhütten zufertigen zu lassen[2], und statte Höchstdenselben für die mir darin[b] über die geistliche Verfassung [c]der Landgräflich Hessischen Entschädigungslande[c] gnädigst mitgetheilten Notizen meinen unterthänigsten Dank ab. Ew. Lg. Dl. werden jetzt vermutlich schon die Gnade gehabt haben aus meinem unterthänigsten Bericht vom 29. m. et a. pr. zu ersehen, welche Schritte ich hier zur Errichtung eines Landesbisthums in Höchstdero Staaten gemacht habe[3], und da ich jetzt durch den Staatsminister von Barkhaus höre, daß Se. Kurfürstliche Gnaden, der Kurfürst-Erzkanzler bereits über diese Angelegenheit mit Ew. Lg. Dl. einig sind, so wird dieselbe gewiß von keiner Seite[d] die mindesten Schwierigkeiten antreffen. Ich sehe daher nun Ew. Lg. Dl. ferneren höchsten Befehlen entgegen, um weiter darin[e] thätig zu seyn.

In meiner neulichen Note an den Cardinal-Staatssecretaire hatte ich meinen bisherigen Instructionen gemäß, den künftigen Sprengel des neuen Bischofs nur auf Ew. Lg. Dl. neue Unterthanen beschränkt. Ich sehe jetzt, daß Höchstdieselben geruhen, denselben auf Höchstdero sämmtliche Staaten ausdehnen zu wollen, und in der That ist es, da einmal, nach katholischen Grundsätzen, jede Gemeine einem Bischof unterworfen seyn muß, besser, alle Katholische Unterthanen, ohne Unterschied, ob sie auf eine

131

Bericht 31

solche Gnade Anspruch machen können, oder nicht, einem anerkannten Bischof zu unterwerfen, als den verdeckteren und darum weniger unbedenklichen Einfluß der Missionen zu gestatten. Dem Päpstlichen Hof insbesondere aber kann eine solche Huld Ew. Lg. Dl. gegen Höchstdero Katholische Unterthanen nicht anders als in höchstem Grade schmeichelhaft seyn, und da Ew. Lg. Dl. hierin offenbar von Höchstihren unläugbaren und unbestreitbaren Rechten nachzugeben geruhen, so muß der Römische Hof in diesem großmüthigen Verfahren die stärksten Beweggründe finden, Ew. Lg. Dl. seine Dankbarkeit dafür zu bezeugen[f].

In der politischen Lage Italiens hat sich, seit meinem letzten unterthänigsten Bericht schlechterdings keine, nur irgend bedeutende Veränderung zugetragen. Es gewinnt vielmehr das Ansehen, als sollte dieselbe noch eine Zeit hindurch dieselbe bleiben, und selbst Truppenbewegungen sind jetzt selten, oder wo sie vorgehen, unbedeutend. So kommen noch jetzt kleine Détachements von der Französischen Armée im Königreich Neapel nach der Italienischen Republik zurück.

Von Neapel aus hat man vor kurzem den Prinzen Carditto, der ehemals Gesandter seines Hofes in Coppenhagen war[4], sonst aber jetzt keine bedeutende Rolle spielte, an den General St. Cyr abgesandt, und der Hof hat sich, nach seiner Zurückkunft, sehr zufrieden mit der Ausrichtung seines Auftrags bezeigt. Mehrere Personen behaupten, daß er durch seine Unterhandlungen die drohende Gefahr einer Besetzung der Stadt Neapel durch Französische Truppen abgewandt habe. Indeß ist keine solche Absicht von Seiten des Französischen Hofs bekannt geworden, und hätte man sie gehabt, so würde der General St. Cyr nicht haben wagen dürfen, die Befolgung dieses Befehls aufzuschieben. Die gepflogenen Unterhandlungen scheinen also nur geringere Gegenstände und Misverständnisse betroffen zu haben, die indeß immer von einiger Erheblichkeit gewesen seyn müssen, da der General sogleich einen Courier nach Paris abgesendet hat.

Die Ratification des neuerlich zwischen der Ligurischen Republik und Frankreich geschloßnen Vertrages wird noch immer von Paris zurückerwartet. Die eigentlichen Bedingungen dieses Tractats sind bis jetzt noch völlig unbekannt.

Ein Streit zwischen dem Florentinischen Hofe und dem Päpstlichen Nuncius bei demselben über zwei Tänzer, über welche ein Florentinisches und ein Römisches Theater mit einander im Rechtsstreit begriffen waren, und welche der Päpstliche Nuncius, Monsignor Morozzi, für letzteres reclamirte, hat in diesen Tagen einiges Aufsehen erregt, weil außerordentliche Couriere darüber gewechselt worden waren. Es ist indeß jetzt alles beigelegt. Da in der 1. Instanz das Römische Theater gewonnen hatte, so hatte der Nuncius verlangt, daß die Tänzer provisorisch, und bis zur Entscheidung der zweiten ihre Quarantaine halten sollten, aber versprochen, wie wenigstens der Gegentheil versichert, dieselben, im Fall die zweite Instanz ihnen und dem Florentiner Theater günstig sey, zurückzuliefern. Die Tän-

16. Januar 1805

zer wurden in der That durch Sbirren nach dem Quarantaine-Ort geschickt. Als aber der Fall des Versprechens eintraf, weigerte sich der Nuncius, sie zurückzugeben, weil er dazu nicht von seinem Hofe autorisirt sey. Hierüber wandte man sich an den Cardinal-Staatssecretaire, und dieser befahl sogleich, die Tänzer nach Florenz zurückzuschicken.

Die Etrurische Regierung hat sich durch die Stockung des Handels, welche eine Folge der jetzigen Sperrung Toscanas ist, in der Nothwendigkeit gesehen, eine neue außerordentliche Auflage auszuschreiben, welche sowohl vom Grundeigenthum, als vom Geldvermögen erlegt werden soll. In den deshalb ergangenen Edikten wird sogar noch eine andre angekündigt, welche in Kurzem angeordnet werden soll, und auf Gegenstände des Luxus gelegt werden soll. Auch ist die Königliche adliche Garde bis auf 36 Mann reformiret worden.

Obgleich die Livorner Epidemie nunmehr gänzlich aufgehört hat, so hat dennoch die Ligurische Republik eine Proclamation ergehen lassen, die in den härtesten Ausdrücken gegen die Toscanische Regierung abgefaßt ist, und von dem Tone einer gehässigen Partheilichkeit schwerlich frei gesprochen werden kann. Sie ist zu einer Zeit bekannt gemacht worden, wo noch die Krankheit nicht gänzlich aufgehört hatte, aber die Gesundheitscommission in Livorno ihre Abnahme angekündigt hatte, und es ist unter andern die Todesstrafe darauf gesetzt, wenn jemand wagen sollte, im Genuesischen das gänzliche Aufhören der Livorner Epidemie zu behaupten, ehe die Genuesische Gesundheits-Commission dasselbe als erwiesen erklären wird.

Ein Französischer Arzt in Livorno Dufour hat in diesem Augenblick eine kleine interessante Schrift über diese Epidemie herausgegeben, die auf Erlaubniß des Generals Verdier gedruckt, aber in Livorno von der Regierung verboten worden ist[5]. Er erklärt die Krankheit geradezu für das gelbe Fieber, und hat dieselbe Erklärung gleich von Anfang auf eine solche Weise gethan, daß es in der That unbegreiflich ist, daß man nicht darauf geachtet hat. So bitter er sich auch über die Schlechtigkeit und Nachlässigkeit der Livorner Polizei beklagt, so ist er doch mit der jetzigen dortigen Gesundheits-Commission und dem Dr. Palloni vollkommen einverstanden, und seine Klagen gehen nur bis auf die Epoche wo diese Commission organisirt wurde und Dr. Palloni nach Livorno kam[6].

Se. Hf. Dl., der Kurprinz von Baiern, sind am vorigen Sonnabend in Begleitung des Kammerherrn Grafen von Seinsheim, des Geheimen Raths Krischbaum[7] und eines Arztes über Ancona hier angekommen. Sie gehen aber schon gegen das Ende dieser Woche wieder von hier nach Neapel ab, und werden erst zum Ende des Karnevals wieder hier eintreffen. Sie reisen unter dem Namen eines Grafen von Haag.

---

zu 31: [a] *auf dem linken Rand des K. Vermerk:* Auszug aus dem politischen Bericht Nr. 2 an den Landgrafen von Hessen [b] *im K.:* darinn [c-c] *fehlt im K.* [d] *im K. über der Zeile eingefügt* [e] *fehlt im K.* [f] *Ende des Konzept-Auszugs*

[1] *Ein Bericht Nr. 1/1805 ist weder in der Ausf. noch im Konzept nachweisbar.*
[2] *Unsign. Konzept des Erlaßschreibens an Humboldt vom 21. Dez. 1804 (abges. 24. Dez.) StAD E 5 B 1 Nr. 3/3 fol. 80f.; Ausf. ZStADDR Merseburg Rep. 81 Rom I C 13 Fasz.; vgl.* MATTSON *Nr. 8966.*
[3] *siehe* **30***, oben S. 128 f.*
[4] *Ludovico Venceslao Loffredo Fürst von Carditto war in den Jahren 1786 bis 1789/90 Gesandter in Dänemark.*
[5] *Felix* DUFOUR, *Histoire de la maladie régnante à Livourne en 1804, Pisa 1804. – Ein Exemplar der General Verdier gewidmeten Schrift, in der sich D.* als officier de santé français *bezeichnet, befindet sich im StA Livorno.*
[6] *Vgl. dazu die im Bericht vom 22. Dez. 1804 genannte Schrift Pallonis; siehe* **29** *mit Anm. 4.*
[7] *Der Erzieher Kurprinz Ludwigs, nachmals König Ludwig I. von Bayern, war Joseph v. Kirschbaum. In der knappen Darstellung der Italienreise in der neuen Biographie von H.* GOLLWITZER, *Ludwig I. von Bayern, München 1986, S. 99–103, wird das Zusammentreffen mit Humboldt nicht erwähnt.*

32 Bericht Nr. 3/1805   Rom, 6. Februar 1805

Ausfertigung StAD E 1 M Nr. 93/3 fol. 1 f; ps. 26. Februar 1805.
MATTSON Nr. 1253.

Auslaufen der französischen Flotte aus Toulon und Gegenmanöver der englischen Flotte unter Admiral Nelson. Vorbereitungen zum Empfang Kaiser Napoleons und zur angeblich geplanten Königskrönung Joseph Bonapartes in Mailand. Französische Truppenverstärkungen. Inhalt des in Paris ratifizierten Vertrags zwischen Frankreich und der Ligurischen Republik. Nachwirkungen der Epidemie von Livorno. Ankunft der Mme. de Stael.

Ich würde nicht versäumt haben, Ew. Lg. Dl. seit meinem letzten unterthänigsten Berichte aufs neue zu schreiben, wenn mich nicht der gänzliche Mangel an interessantem Stoff zum Stillschweigen genöthigt hätte. Erst die Abseglung der Französischen Flotte des Admirals Villeneuve aus dem Hafen von Toulon, die wir in den ersten Tagen dieses Monats hier erfahren haben, scheint mir wichtig genug, um Ew. Lg. Dl. alle damit verbunden gewesene Umstände, so wie ich sie aus sichren Quellen erfahren habe, unterthänigst vor Augen zu legen.

Es war am 28. v. M. als die Englische Fregatte 'the Seahorse' die Nachricht dieses Ereignisses nach Neapel überbrachte. Die Französische Flotte war am 18. Januar aus dem Hafen von Toulon ausgelaufen; ihre Stärke wird verschieden angegeben. Die Zahl der Linienschiffe setzt man auf 9 bis 12, die der Fregatten auf 6–8. Außerdem hatte sie mehrere Transportschiffe bei sich. Die Zahl der auf denselben eingeschifften Landungstruppen soll zwar 12 000 Mann betragen, indeß scheint mir diese Angabe sehr übertrieben. Gewiß ist indeß, daß noch kurz vor ihrem Auslaufen 4 000 Mann von Turin in forcirten Märschen nach Toulon beordert worden sind. Die Englische Fregatte 'the Active' bemerkte zuerst das Auslaufen des Französischen Admirals und gab schon am 19. dem Admiral Nelson Nachricht davon. Dieser begab sich sogleich in See und verließ seine Station bei den Magdalenen-Inseln zwischen Sardinien und Corsica. Die Französische Flotte war mit

16. Januar / 6. Februar 1805

einem Nord-West-Winde abgesegelt, und hatte sich Südostwärts gehalten, als hätte sie die Absicht um die mittägliche Spitze Sardiniens hinumzugehen. Der Admiral Nelson folgte ihr daher auch auf demselben Wege, und war nicht ohne Hofnung sie zu erreichen, als am 20. der außerordentlich heftige Sturm sich erhob, der mehrere Tage lang gewüthet und sehr beträchtlichen Schaden auf der See und auf dem Lande angerichtet hat. Durch diesen wurden, wie es scheint, beide Flotten gänzlich auseinander getrieben, und Lord Nelson verlor durchaus die Spur des Feindes. Er folgte indeß der Richtung, welche diese anfänglich genommen, und befand sich am 25. in den Tiefen von Cagliari. Von da ging er nach Palermo, wo er am 28. war, und einen Officier ans Land setzte, Erkundigungen von der Französischen Flotte einzuziehen. Als er schlechterdings keine Nachricht von ihr erhielt, segelte er gegen Messina und die letzten Nachrichten, die man hier von ihm hat, sind vom 30. wo er sich bereit machte durch die Meerenge von Messina durchzugehen. Seine Flotte hatte durch den Sturm nicht das Mindeste gelitten. Die Französische scheint nicht ganz so glücklich gewesen zu sein. Das Kriegsschiff 'le Montblanc' von 80 Kanonen hat alle seine Masten verloren und sich genöthigt gesehen in Ajaccio einzulaufen; eine Fregatte hat in dem Hafen von Genua Zuflucht gesucht, und jetzt geht sogar ein, jedoch noch unverbürgtes Gerücht, daß die ganze Flotte, nachdem sie außerordentlich vom Sturme gelitten, nach Toulon zurückgekehrt sey.

Die Vermuthungen, welche man sich über die Bestimmung der Französischen Flotte erlaubt, sind natürlich sehr verschieden. Ihrer bei ihrem Auslaufen genommenen Richtung gemäß, lassen sie viele nach Aegypten und Morea gehen; andre meynen, die wahre Absicht sey, den Hafen von Tarent auch zur See besetzt zu halten; mehrere endlich glauben, daß ihre Bestimmung gar nicht das Mittelländische Meer sey, sondern daß sie durch die Meerenge von Gibraltar entweder nach Irrland, oder gar nach Indien segeln solle. Noch eine andre, und vielleicht nicht am wenigsten[a] wahrscheinliche Meynung ist die, daß die auf ihr eingeschiften Landungstruppen zu den Spanischen im Lager von St. Roch von Gibraltar stoßen sollen. Lord Nelson scheint, soviel sich bis jetzt schließen läßt, nicht den Plan zu haben, sie eigentlich aufzusuchen. Er beschränkt sich vielmehr darauf, sie zwischen Sicilien und der Afrikanischen Küste zu erwarten, im Fall dieselbe die Richtung gegen Osten weiter verfolgte, und überläßt es den Geschwadern in der Meerenge von Gibraltar und im Atlantischen Meer sich ihr im entgegengesetzten Fall entgegenzustellen.

Gerade an dem Tage, als die Englische Fregatte 'the Seahorse' in Neapel ankam, kehrte auch die Neapolitanische Escadre von Palermo dahin zurück. An die Stelle des bisher vor Neapel gelegenen Englischen Kriegsschiffs 'the Renown'[b] ist ein neues, 'the Excellent', getreten.

Die Veränderungen, welche in diesem Augenblick in der Lombardei vorgehen sollen, werden Ew. Lg. Dl. von Paris aus zu vollständig bekannt seyn, als daß ich es wagen dürfte, etwas über dieselben hinzuzufügen. Schon jetzt werden in Mailand alle Anstalten zum Empfange des Kaisers Napoleon getroffen. Es ist von Paris aus Befehl gekommen, die Villa Bonaparte (welche der ehemalige Pallast Belgiojoso ist), den Pallast der Regierung und den Erzbischöflichen zum 26. Februar bereit zu halten; auch für Talleyrand ist ein eigner Pallast, und für alle Wahlbürger (Electeurs) der ganzen Republik sind Quartiere bestellt. Daß der Papst den Kaiser nach Mailand begleiten, und den Prinzen Joseph daselbst zum König von Italien krönen wird, wird hier allgemein behauptet, allein officielle Nachrichten sind bis jetzt noch nicht hierüber eingelaufen. In der letzten, hier durch einen Neapolitanischen Courier angekommenen zeigt man dem Staatssecretair, seiner Versicherung nach, lediglich an, daß Se. Heiligkeit am 15. d. M. von Paris abzureisen entschlossen ist.

In Absicht der Französischen Truppen in Italien haben sich in den letzten verflossenen Wochen einige Veränderungen zugetragen. In Livorno sind aufs neue 600 Mann angekommen, und 2000 andre begaben sich von Bologna aus über Prato dahin. In Bologna bereitet man mehrere ehemalige Klöster zum Empfange neuer Truppen zu. Ein großes Corps ist indeß bis jetzt, soviel ich weiß, noch nicht angekommen; doch sagt man allgemein und mit großem Grund der Wahrscheinlichkeit, daß ein solches den Kaiser Napoleon entweder begleite, oder doch ihm unmittelbar nachfolgen werde.

Der zwischen der Genuesischen Republik und Frankreich abgeschlossene Tractat, dessen ich in meinem unterthänigsten Berichte vom 14. Nov. a[nni] pr[ioris] zu erwähnen die Ehre gehabt habe[1], ist, wie ich höre, jetzt in Paris ratificirt worden. Obgleich die einzelnen Bedingungen desselben hier noch nicht vollständig bekannt sind, so ist im Ganzen soviel gewiß, daß die Republik dadurch Abhülfe zweier Nachtheile gewinnt, die sich bis jetzt ihrem inneren Wohlstande am meisten entgegensetzten, nemlich des Kriegs mit den Barbaresquen, gegen welche der Kaiser Napoleon ihr Sicherheit verspricht, und der starken Zölle, mit welchen die Einführung aller Genuesischen Produkte in das Piemontesische belegt war. Dagegen verliert die Republik freilich ihre ganze Seemacht mit allen dazu gehörigen Gebäuden und Einrichtungen, welche Frankreich abgetreten werden. Ob sie außerdem auch Matrosen und Geld zu liefern verbunden ist, kann ich bis jetzt noch nicht mit Gewißheit angeben[2].

Zur Herstellung der aufs Aeußerste zerrütteten Finanzen hat man die Bank von St. George hergestellt. Die Regierung hat derselben einen gewissen Theil ᶜder Staatsᶜ-Einkünfte abgetreten, und bezahlt nun ihre Schulden mit den Actien der Bank, welche der Staat theils schon eigenthümlich besitzt, theils aufkauft. Der Hauptvortheil bei dieser Einrichtung ist das Steigen des Preises der Actien, das dadurch unstreitig bewirkt werden wird, da schon der bloße Entwurf derselben ihren Cours um das Doppelte erhöht hat. Allerdings aber werden dem Lande auch neue Auflagen aufgebürdet, ohne welche die Ausführung dieser Reform unmöglich gewesen seyn würde. Indeß soll der Betrag aller von der Nation zu bezahlenden Abgaben

6. Februar 1805

nicht die Summe von 7 1/2 Million Liren (welche etwa 2 900 000 fl. ausmachen) übersteigen. Die ganze Nationalschuld soll mit 43 Millionen Lire (etwa 16 400 000 fl.) getilgt werden können.

Da die Epidemie in Livorno seit dem Ende des vorigen Jahres durchaus aufgehört hat, so hat die Etrurische Regierung den Truppen-Cordon zwischen Pisa und Florenz aufgehoben. Diese Maßregel ist am 19. v. M. getroffen worden, und da damals seit der Bekanntmachung des gänzlichen Aufhörens am 24. Dec. noch nicht einmal ein Monat verflossen war; so haben die benachbarten Regierungen diese Aufhebung zu voreilig gefunden, und sind ihrem System, Toscana einzuschließen, getreu geblieben. Lucca und Neapel sind die einzigen italienischen Regierungen, welche die Communication mit Toscana und selbst mit Livorno zu Wasser und zu Lande ohne Einschränkung frei gegeben haben. Diese Maßregel hat aber auch die Folge gehabt, daß die Italienische und Ligurische Republik und der hiesige Staat Lucca ebenso wie Toscana behandeln, und die hiesige Regierung die aus den Neapolitanischen Häfen kommenden Schiffe einer Quarantaine unterwirft.
– Daß das gelbe Fieber auf der kleinen, an der Ostküste von Morea liegenden Insel Hydra ausgebrochen sey, bedarf noch der Bestätigung.

Frau v. Stael ist vor einigen Tagen aus Genf hier angekommen, und wird in kurzem nach Neapel gehen; nach ihrer Zurückkunft von dort aber sich einige Monate hier aufhalten[3].

---

zu 32: [a] *folgt gestr.:* unw... [b] *korr. aus:* Renoown [c-c] *über der Zeile nachgetragen statt gestr.:* seiner

[1] *siehe* **25**, *oben S. 115; auch* **31**, *S. 132*.
[2] *Nach dem Teilabdruck der am 20. Okt. 1804 in Genua unterzeichneten Konvention bei G. F.* MARTENS, *Recueil de traités, Suppl. 4, Göttingen 1808, S. 96 (Nr. 49), verpflichtete sich die Ligurische Republik neben der Abtretung der Kriegshäfen, des Arsenals und der Werft auf Kriegsdauer 6 000 Seeleute zu stellen; vgl. dazu HDLZ vom 5. Jan. 1805, S. 2. Über die Rekrutierungsschwierigkeiten wird später verschiedentlich berichtet.*
[3] *Zur während Humboldts Paris-Aufenthalt begründeten Freundschaft mit Mme. de Stael und dem daraus resultierenden Briefwechsel vgl. Alb.* LEITZMANN, *W. v. H. und Frau von Stael, in: Deutsche Rundschau 169–171, 1916–17.*

---

33 Bericht in Kirchensachen   Rom, 6. Februar 1805

Ausfertigung StAD E 5 B 1 Nr. 3/4 fol. 9; ps. 26. Februar 1805[a].
Konzept ZStADDR Merseburg Rep. 81 Rom I C 13 Fasz. 1.
MATTSON Nr. 1254[1].

Neuordnung des Geschäftsgangs: Gesonderte Berichterstattung in kirchlichen Angelegenheiten. Absprache mit dem kurmainzischen Residenten Scrilly.

Ich habe mit gestriger Post das Höchste Rescript vom 9. pr[ioris] empfangen, in welchem Ew. Lg. Dl. Staatsminister, der Reichsfreiherr von Barkhaus-Wiesenhütten eine Abschrift des Päpstlichen Antwortschreibens an Ew. Lg. Dl. mittheilt, und mir in Höchstdero Namen künftig diejenigen

Berichte, welche kirchliche Angelegenheiten betreffen, von den politischen abzusondern befiehlt[2]. Ich werde nicht verfehlen, dieser Weisung auf das pünktlichste Folge zu leisten, und da eine solche Absonderung in jeder Rücksicht, und vorzüglich auch zur Anordnung des hiesigen Archives, überaus zweckmäßig ist; so werde ich von jetzt an über jede einzelne kirchliche Angelegenheit einen eignen unterthänigsten Bericht anfertigen, und nur dann mehrere in denselben zusammenfassen, wenn dieselben ihrer Natur nach nothwendig mit einander zusammenhängen.

Für heute glaube ich Ew. Lg. Dl. unterthänigst anzeigen zu müssen, daß der Praelat Scrilly, Resident Sr. Kurfürstlichen Gnaden des Kur-Erzkanzlers am hiesigen Hofe, bei mir gewesen ist, und mir angezeigt hat, daß er Kenntniß von der von Ew. Lg. Dl. erlassenen Weisung, alle geistlich-katholische Geschäfte allein durch mich hier erbringen zu lassen, erhalten hat. Er hat mir versichert, daß er nicht verfehlen werde, sich derselben zu fügen, und alles was ihm etwa aus dem Ew. Lg. Dl. anheimgefallenen Theile der Mainzer Diöcese zukommen könne, sogleich an mich abzugeben. Ich habe meinerseits diese Erklärung auf eine solche Weise beantwortet, als seine Bereitwilligkeit, sich diesen neuen Einrichtungen anzupassen, und seine Freimüthigkeit mir es zu erfordern[b] schienen[c].

---

zu 33: [a] *dazu im Kopf des Schreibens Kanzleivermerk:* Zum Landgräflichen Ministerium des Inneren zu geben. Besch[luß] i[m] M[inisterial] D[epartement] d[er] a[uswärtigen] A[ngelegenheiten], den 27. Febr. 1805, Lichtenberg [b] *im K. nur:* fordern [c] *im K. danach:* etc. etc.

[1] *Bei* MATTSON *ist das Konzept irrt. dem Bericht Nr. 3/1805 vom gleichen Tage (Nr. 1253) zugeordnet.*
[2] *Konzept des Erlaßschreibens vom 9. Jan. 1805 (abges. 17. Jan. 1805) StAD E 5 B 1 Nr. 3/5 fol. 14; vgl.* MATTSON *Nr. 8971. Die entsprechende Weisung zur Absonderung der Berichterstattung in Kirchensachen erging am gleichen Tag auch an die Gesandtschaften in Berlin, Paris und Regensburg; der zugehörige Vorgang ebd. 3/4 fol. 6 ff. – Ebd. fol. 8 eine Abschrift des erwähnten päpstlichen Breves vom 8. Nov. 1804; siehe auch Anm. 1 zu* 27.

34 Bericht Nr. 4/1805 Rom, 20. Februar 1805

Ausfertigung StAD E 1 M Nr. 93/3 fol. 3 f; ps. 9. März 1805.
MATTSON Nr. 1263.

Verluste der nach Toulon zurückgekehrten französischen Flotte. Unbestätigte Meldung über die Einnahme von Port Mahon durch die Engländer. Verstärkung der russischen Kräfte in Korfu durch das Baltische Geschwader. Verlegung französischer Truppen von Korsika nach Italien. Ungewißheit über die bevorstehende Umwandlung der Republik Italien zum Königreich. Lockerung der Quarantäne-Maßnahmen.

Ew. Lg. Dl. Höchstes Befehlschreiben vom 2. huj[us] habe ich heute früh empfangen, und werde nicht verfehlen, die mir darin gegebenen Befehle pünktlich zu vollziehen[1].

6. Februar / 20. Februar 1805

Höchstdieselben werden seit meinem letzten unterthänigsten Bericht unstreitig schon auf näheren Wegen die Rückkehr der Französischen Flotte in den Hafen von Toulon erfahren haben[2]. Sie ist drei Tage nach dem Auslaufen erfolgt. Die Flotte hat einen beträchtlichen Schaden erlitten und außer der in den Hafen von Genua eingelaufenen Fregatte und dem nach Ajaccio gegangenen Kriegsschiff, welches aber nicht der 'Mont-blanc', sondern das 'Droit de l'homme' seyn soll, sind noch zwei andre Fregatten von ihr getrennt worden. Eine dieser letzteren hat sich in den kleinen bei Savona gelegenen Hafen Vadi gerettet, wie man sagt; das Schicksal der andern ist noch unbekannt. Toulone Briefe geben die Flotte bestimmt zu 11 Linienschiffen, 7 Fregatten und mehreren Briggs an, und setzen hinzu, daß sie auf der Höhe von Minorca einem Englischen Cutter begegnet sey, den sie, nach Gefangennehmung der Mannschaft, verbrannt habe. Dieser Cutter soll auf dem Wege gewesen seyn, dem Admiral Nelson Depechen zu überbringen, und man vermuthet, daß er ihm habe die Einnahme von Port Mahon anzeigen wollen[3]. Diese Vermuthung scheint indeß unbegründet, da sich nicht einmal absehen läßt, durch welche Escadre diese Einnahme habe geschehen können, vorzüglich da Landungstruppen zu derselben nothwendig gewesen seyn würden. Seit der Rückkehr dieser Flotte hat man zwar nun schon zu wiederholtenmalen behauptet, daß dieselbe aufs neue ausgelaufen sey. Allein ein vor 5 bis 6 Tagen in Neapel angekommenes Englisches Schiff hat versichert, daß es dieselbe ruhig im Hafen von Toulon gesehen habe. Da dies Schiff in aller Eil gesegelt war, um dem Admiral Nelson diese Nachricht zu hinterbringen und nur in Palermo eingelaufen war, um denselben dort aufzusuchen, von Neapel aber sogleich seinen Weg nach Malta fortgesetzt hatte, so läßt sich berechnen, daß es die Französische Flotte noch am 8. oder 10. Februar in ihrem Hafen beobachtet hatte. Indeß steht allerdings zu vermuthen, daß der Französische Admiral die Abwesenheit des Feindes zu einem neuen Auslaufen zu benutzen suchen wird, und die jetzige Erfahrung hat gelehrt, daß selbst in größerer Nähe die Englische nicht im Stande ist, ihn durchaus daran zu verhindern. Von Lord Nelson habe ich bloß soviel erfahren, daß er durch die Meerenge von Gibraltar gegen Malta gesegelt ist.

In Corfu ist jetzt das Baltische Geschwader von 4 Linienschiffen und 2 Fregatten unter Anführung des Admirals Lohmann wirklich angekommen, und die ganze dort versammelte Russische[a] Flotte besteht, wie ich aus zuverlässigen Nachrichten weiß, jetzt aus 14 großen Schiffen, ohne die kleineren zu zählen. Admiral Greich[4] führt das Commando über dieselbe. Die Landtruppen in der Sieben-Insel-Republik haben zwar auch mehrere Verstärkungen erhalten, indeß kommen sie, den glaubwürdigsten Angaben nach, noch immer nicht an Zahl den Französischen Truppen im Königreich Neapel gleich.

In Piombino sind ungefähr 1 000 Mann Französische Truppen aus Corsica angekommen, und noch ein Regiment derselben wurde später erwartet.

Sonst sind, soviel man annimmt, alle Bewegungen der Französischen Truppen in Italien, die auf die Möglichkeit eines Krieges in der Lombardei Beziehung hatten, eingestellt worden, so wie man auch den wirklich schon gegebenen Befehl, Mantua und Peschiera zu verproviantiren, zurückgenommen hat.

Über das künftige Schicksal der Italienischen Republik herrscht hier noch eine durchgängige Ungewißheit. Nun glaubt man nicht mehr, daß der Papst den neuen König krönen werde, obgleich seine Abreise von Paris sich noch immer verzögert. Nach den letzten Briefen an den Cardinal-Staatssecretaire soll dieselbe am 15. März erfolgen.

Da die hiesige Regierung erfahren hat, daß die Sicherheitsmaßregeln gegen Livorno und Toscana in Neapel nicht[b], wie man glaubte, ganz und gar eingestellt, sondern nur gemäßigt sind, so werden die aus dem Königreich Neapel kommenden Schiffe nicht mehr der Quarantaine im Kirchenstaat unterworfen.

Se. Hf. Dl., der Kurprinz von Baiern werden heute Abend von Neapel hier zurück erwartet.

---

zu 34: [a] *über der Zeile nachgetragen* [b] *folgt gestr.:* ganz

[1] *Ein Erlaß vom 2. Febr. 1804 ist nicht nachweisbar. Vermutlich handelt es sich um die mit Schreiben (Extractus protocolli) vom 5. Febr. an Humboldt weitergeleiteten Weisungen des Ministerialdepartements des Innern vom 31. Jan. in der Bistumsfrage; StAD E 5 B 1 Nr. 3/3 fol. 103 und Nr. 3/5 fol. 24; vgl.* MATTSON *Nr. 8981.*
[2] *Ein am 2. März in Paris datierter Bericht erschien am 7. März in der HDLZ.*
[3] *Die HDLZ berichtete am 19. Januar (mit Bericht aus Madrid vom 23. Dez. 1804), Nelson habe die Festung Port Mahon zu Wasser und zu Lande angegriffen; Port Mahon liegt an der Südostecke der Insel Menorca.*
[4] *Admiral Alexei Samuilovitch Greig.*

35 Bericht Nr. 5/1805   Rom, 2. März 1805

Ausfertigung StAD E 1 M Nr. 93/3 fol. 5, 8; ps. 15. März 1805.
MATTSON Nr. 1273.

Alarmierende Abreise des französischen Botschafters aus Neapel. Druck zur Parteinahme Neapels für Frankreich. Wegnahme eines englischen Handels-Konvoi durch französische Fregatten. Französischer Schiffbau in Genua. Begründung der fortdauernden Quarantäne-Maßnahmen mit Fehlleistungen der Behörden in Livorno. Abschrift über die Herkunft der Familie Bonaparte.

Obgleich seit meinem letzten unterthänigsten Bericht das Schicksal des oberen Italiens, soviel wir hier wissen, noch nicht näher entschieden ist, so hat das untere in diesen Tagen hier lebhafte Besorgnisse erregt. Der Französische Botschafter[1] war plötzlich am 20. Febr. von Neapel nach der Armée in diesem Königreiche abgereist und hatte sich mit dem General St. Cyr ein Rendez-Vous in Arriano[a], auf der Hälfte des Weges von Neapel nach Barletta (dem Hauptquartiere der Französischen, im Königreich Neapel

20. Februar /2. März 1805

stehenden Truppen), gegeben. Die Briefe, durch welche man hier diese Nachricht erhielt, sagten zugleich, daß er nicht nur alle gerade in Neapel gewesene Französische Officiere mit sich genommen, sondern auch allen seinen übrigen Landsleuten daselbst befohlen habe, sich bereit zu halten, die Stadt auf den ersten Wink zu verlassen. Indeß ist derselbe am 23. bereits zurückgekehrt, und alle Besorgnisse scheinen im gegenwärtigen Augenblicke wiederum verschwunden.

Von dem eigentlichen Zusammenhange der Ursachen dieses Ereignisses bin ich nicht genau genug unterrichtet, um denselben Ew. Lg. Dl. vollständig vor Augen legen zu können; allein soviel ist gewiß, daß wenige Tage vor der Abreise des Französischen Botschafters ein Adjudant des Generals St. Cyr in Neapel ankam, und gleich darauf der Prinz Carditto abermals vom Hofe ins Hauptquartier gesandt wurde. Wie man versichert, hatte der General St. Cyr aufs neue im Namen des Kaisers der Franzosen verlangt, daß der Neapolitanische Hof sich für Frankreich erklären, und alle Verbindungen mit dessen Feinden aufgeben solle, und der Prinz Carditto hatte vergeblich gesucht, ihn von dieser Forderung abzubringen. Er soll vielmehr, im Weigerungsfall gegen die Hauptstadt zu marchiren, gedroht haben. Da aber, wie man ferner versichert, die Instructionen, nach denen er handelte, schon 10 bis 12 Tage in seinen Händen waren, und der Hof indeß Depechen seines Gesandten aus Paris[2] erhalten hatte, die durchaus friedlichen Inhalts waren, und die Beilegung aller Misverständnisse zwischen den Pariser und Wiener Cabinetten meldeten, so soll der Französische Botschafter sich selbst erboten haben, den General St. Cyr von seinem Vorhaben abzubringen, und auch hierin glücklich gewesen seyn. Indeß sind dies alles Erzählungen, deren Gewißheit, ob sie gleich aus an sich guten Quellen herkommen, ich nicht zu verbürgen im Stande bin.

Die Flotte des Admirals Villeneuve befand sich, den letzten Briefen vom 16. d. M. aus Genua zufolge, noch ruhig in dem Hafen von Toulon. Von den Fregatten aber, welche durch den Sturm von ihr getrennt worden sind, sind zwei, wie die neuesten Briefe aus Sicilien sagen, glücklich genug gewesen, eine reiche Beute zu machen. Sie haben sich nemlich eines Convoys von Englischen Kauffartheischiffen, die, nach erhaltener Nachricht von[b] der Rückkehr der Flotte nach Toulon, ohne alle Besorgniß von Malta abgesegelt waren, bemächtigt. Die Zahl der genommenen Schiffe soll sich auf 29 belaufen, und alle waren, wie man sagt, reich mit Waaren aus der Levante beladen[3].

Vom Admiral Nelson weiß man dagegen schlechterdings nichts Bestimmtes. Soviel nur scheint gewiß, daß er nicht auf seine alte Station zurückgekehrt ist, sondern sich noch in den Gewässern jenseits Sicilien aufhält. Dennoch scheint er wenigstens nicht gleich in Malta angelandet zu seyn, da sonst schon Nachricht davon vorhanden seyn müßte.

In Genua, wo, wie ich die Ehre hatte, Ew. Lg. Dl. schon früher unterthänigst einzuberichten, die Französische Regierung mehrere Schiffe bauen läßt[4], ist vor wenig Tagen eine Fregatte, die 'Pomona', vom Stapel gelassen, und wird in spätestens zwei Monaten bemannt und segelfertig seyn. Einige andre sind in voller Arbeit. Die Materialien zu diesen Schiffen kommen großentheils von Toulon, und die Schiffe, die sie brachten, wurden bisher von einem kleinen mit 60 Mann bemannten, bewafneten Fahrzeug escortirt. Vor Kurzem aber ist dieses von zwei Englischen Kapern nach einem hartnäckigen Gefecht weggenommen worden. Man fängt jetzt auch an das Bassin des sogenannten Galeren-Arsenals für Frankreich zuzurichten. Die Kosten dieser Veränderung, welche die Ligurische Republik tragen muß, werden sich aber auf 4 Millionen Lire, mehr als 1 1/2 Millionen Gulden belaufen. Dennoch hält die Genuesische Regierung den mit dem Kaiser von Frankreich abgeschlossenen Vertrag, von welchem dies eine Bedingung ausmacht, für so vortheilhaft, daß sie aus Erkenntlichkeit dem Französischen Botschafter Salicetti ein Geschenk von 200 000, seinem Secretaire aber von 30 000 Livres gemacht hat.

Von der Epidemie von Livorno hat sich seit dem 21. December keine weitere Spur gezeigt. Weil man aber immer die Rückkehr des Übels befürchtet, so ist in den Maßregeln der benachbarten Staaten bis jetzt noch nichts geändert worden. Vielmehr haben die Gesundheits-Commissionen von Mailand und Genua am 11. Februar[c] einen gemeinschaftlichen Beschluß gefaßt, durch welchen sie festsetzen, daß beide Regierungen wenigstens noch den ganzen künftigen Sommer hindurch einen Cordon und zwar gegen ganz Toscana unterhalten wollen. Die gleiche Maßregel soll gegen jedes andre Land genommen werden, welches gegen die unmittelbare Gemeinschaft mit Etrurien geringere Maßregeln, als sie selbst, anwenden würde. Die Zeit der Quarantaine ist für Sachen auf 40, für Personen auf 30 Tage bestimmt. Besonders merkwürdig aber sind die Erwägungsgründe dieses Beschlusses. Denn in diesen wird ausdrücklich und, wie es heißt, nach genauer Untersuchung festgesetzt:
1. daß die Livorner Epidemie das gelbe Fieber gewesen sey;
2. daß es durch ein angestecktes Schiff dahin gekommen sey;
3. daß die Livorner Gesundheits-Commission die Krankheit nie bei ihrem rechten Namen genannt, und da sie um die Mitte Augusts entstanden sey, erst im November Anstalten dagegen getroffen habe; und
4. daß der Cordon zwischen Pisa und Florenz so spät gezogen und so unordentlich gehalten worden sey, daß man ihn[d] so ansehen müsse, als habe er ganz und gar nicht existirt; u. s. f.

Bis jetzt ist dieser Beschluß noch nicht öffentlich bekannt gemacht worden. Wenn das aber geschieht, ist man begierig zu sehen, ob die Etrurische Regierung so starke Beschuldigungen unbeantwortet lassen wird.

Se. Hf. Dl.[e] der Kurprinz von Baiern sind glücklich, allein erst am 23. Februar, Abends, von Neapel hieher zurückgekommen.

Schließlich wage ich es, Ew. Lg. Dl. Abschrift einer Eingabe zu übersenden, welche der Bruder des Kaisers Napoleon, Joseph, im Jahr 1789 dem

2./9. März 1805

Großherzog von Toscana überreicht hat. Obgleich ihr Inhalt nicht bedeutend ist, so enthält sie doch historische data über das Alter und den Ursprung einer Familie, welche unfehlbar eine große Rolle in der Geschichte spielen wird[5].

zu 35: [a] *folgt gestr.:* einem? [b] *über der Zeile nachgetragen* [c] *über der Zeile nachgetragen statt gestr.:* d. M. [d] *folgt gestr.:* als [e] *folgt gestr.:* sind glücklich

[1] *Seit 1801 war Charles Jean Marie Alquier französischer Gesandter in Neapel.*
[2] *Marzio Mastrilli Marchese di Gallo.*
[3] *Vgl. die genaueren Angaben des Folgeberichts vom 9. März, unten S. 143 f.*
[4] *Vgl. den Bericht vom 14. Nov. 1804, **25**, oben S. 115.*
[5] *Humboldts Abschrift des von V. Martini und R. Galluzzi unterzeichneten Texts vom 10. Sept. 1789, der Louis Bonapartes Eingabe um Anerkennung der italienischen Abstammung seiner Familie den ablehnenden Bescheid des Großherzogs von Toskana beifügte, findet sich bei den Akten; StAD E 1 M Nr. 93/3 fol. 6 f.*

36 Bericht Nr. 6/1805 Rom, 9. März 1805

Ausfertigung StAD E 1 M Nr. 93/3 fol. 9; ps. 22. März 1805.
MATTSON Nr. 1280.

Entlassung des neapolitanischen Generalinspekteurs Damas auf Druck der Franzosen. Präzisierung der Meldungen über die gekaperten englischen Handelsschiffe. Vorbereitungen auf einen Besuch Kaiser Napoleons in Genua. Beschlagnahme von Geldern für die französischen Truppen in Etrurien. Spekulationen über die Ernennung des Marquis François Beauharnais zum Botschafter in Florenz.

Seit dem Abgange meines letzten unterthänigsten Berichts hat sich zwar, soviel ich weiß, kein neues wichtiges Ereignis in hiesiger Gegend zugetragen; ich halte es indeß dennoch für meine Pflicht, Ew. Lg. Dl. die fernere Wendung, welche die Neapolitanischen Angelegenheiten genommen haben, unterthänigst einzuberichten.

Den neuesten Briefen aus Neapel zufolge hat der General Roger Damas um seine Entlassung nachgesucht, und geht nach Sicilien[1]. Zugleich meldet man, daß nunmehr alle Misverständnisse mit den Agenten des Französischen Hofes gehoben seyen, und man nicht mehr befürchte, die öffentliche Ruhe gestört zu sehen. Hiernach scheint es, daß die Entlassung und Entfernung des Generals Damas von dem General St. Cyr gefordert worden sey, und in der That war, wenn der Französische Hof (so wenig glaublich dies auch scheint) den friedlichen Gesinnungen des Neapolitanischen nicht ganz trauen zu dürfen glaubte, der General Damas vielleicht der einzige Mann, welcher die Disciplin in der Neapolitanischen Armée herzustellen, und den Truppen Muth einzuflößen verstand. Die ausgezeichnete Art, mit der er sich im vorigen Kriege[a] betragen hat, ist hierfür allein ein mehr als hinreichender Beweis.

Die Wegnahme der Englischen Kauffartheischiffe durch die beiden Französischen Fregatten hat sich durch die letzten Nachrichten aus Genua und

Berichte 36/37

von der mittäglichen Küste Spaniens bestätigt. Nur, scheint es, ist die Anzahl der den Franzosen in die Hände gefallenen Schiffe zu hoch angegeben worden. Authentischere Berichte erzählen den Vorfall folgendergestalt. Der Englische Convoi bestand aus 36 Schiffen und segelte von Malta gegen die Straße von Gibraltar zu. Er war von einem Cutter und einer Bombarde, beides kleinen Fahrzeugen, escortirt. Der Cutter sank nach einem hartnäckigen Gefecht in den Grund, die Bombarde sprang in die Luft; da aber beide die Französischen Fregatten eine geraume Zeit hindurch beschäftigten, so gab dies den Kauffartheischiffen Zeit auf ihre Rettung zu denken. Wirklich sollen die Franzosen nur 10 bis 12 bekommen haben.

Ungefähr die gleiche Anzahl ist in mehrere Neapolitanische und Sicilianische Häfen eingelaufen, und 2, auf denen unglücklicherweise sehr viele Passagiere waren, sind in einem gleich darauf entstandenen Sturm untergegangen. Auch haben die meisten dieser Englischen Schiffe nur unbedeutende Ladungen gehabt. Bloß acht, die von Smyrna kamen, sind von Werth, und man zweifelt, daß die Franzosen sich dieser haben sämmtlich bemächtigen können.

Ueber die Ankunft des Kaisers Napoleon weiß man hier immer noch nichts vollkommen Gewisses. Sobald er in Mailand eintreffen wird, wird sich der Doge, in Begleitung von 10 bis 12 Senatoren, von Genua aus dahin begeben, um ihm zu seiner glücklichen Ankunft in Italien Glück zu wünschen, und ihn einzuladen, auch Genua zu besuchen. In der That bereitet man in dieser letzteren Stadt schon den Pallast Doria, in welchem auch Carl 5. vormals gewohnt hat, zu seinem Empfange zu.

In Florenz waren über die Bezahlung der zur Unterhaltung der im Königreich Etrurien stehenden Französischen Truppen nöthigen Gelder Irrungen entstanden. Der commandirende General Verdier hat sich daher genöthigt gesehen, auf alle Livorner Cassen Beschlag[b] zu legen, jedoch dabei zugleich erklärt, daß er den Ueberschuß der darin vorhandenen Bestände, insoweit er nicht zur Unterhaltung seiner Truppen nothwendig sey, nach Florenz schicken werde. Man vermuthet, daß der Etrurische Hof deshalb einen außerordentlichen Gesandten nach Paris senden werde.

Die Bestimmung des Schwagers der Kaiserin von Frankreich, Beauharnois zum Botschafter in Florenz giebt zu allerhand Gerüchten Anlaß, die, wenn sie gegründet sind, Ew. Lg. Dl. schneller und sicherer von Paris aus erfahren haben werden[2].

---

zu 36: [a] folgt gestr.: bewiesen [b] über der Zeile nachgetragen

[1] Vgl. dazu den nachfolgenden Bericht vom 20. März, unten S. 145.
[2] François de Beauharnois war von April 1805 bis Mai 1806 in Florenz akkreditiert; vgl. die Berichte zu seiner Verabschiedung, unten **85 und 87**.

9./20. März 1805

37 Bericht Nr. 7/1805 Rom, 20. März 1805

Ausfertigung StAD E 1 M Nr. 93/3 fol. 11f; ps. 6. April 1805.
Mattson Nr. 1290.

Beruhigung in Neapel nach der Abreise von Damas nach Sizilien. Gerüchte über angebliche Unternehmungen der in der Sieben-Insel-Republik stationierten russischen Streitkräfte. Freigabe der in Livorno beschlagnahmten Gelder. Widerstand gegen das Pressen von Matrosen für die in Genua gebauten französischen Schiffe. Durchmarsch französischer Truppen durch das Quarantäne-Gebiet. Aufenthalt Lucien Bonapartes in Pesaro.

Die Nachrichten aus Neapel lauten mit jedem Posttag beruhigender und friedlicher. Der General Damas, welcher vorzüglich der Gegenstand der Besorgnisse des Französischen Hofes gewesen zu seyn scheint, hat sich nach Sicilien begeben, und man versichert, daß der Kaiser Napoleon einen eigenhändigen Brief an Ihre Majestät die Königin geschrieben habe, in welchem er ihr die bündigsten Versicherungen seiner freundschaftlichen Gesinnungen giebt, und ihr sogar, sobald es nur die Umstände irgend erlauben würden, seine Truppen aus dem Königreiche zurückzunehmen verspricht. Wenn ich aber Ew. Lg. Dl. übrigens in meinem letzten allerunterthänigsten Bericht von einer Entlassung des Generals Damas schrieb, so muß ich dies dahin berichtigen, daß dies nur von einer Entfernung von den Geschäften zu verstehen ist. Denn sonst hat der General seinen Posten eines Generalinspectors der Neapolitanischen Armée, nebst dem aus 11000 Ducati (ungefähr 22 000 fl.) bestehenden Gehalte, und den andern damit verbundenen Vortheilen, behalten. Man hat ihm sogar, vor seiner Abreise, den Orden des Heil. Ferdinand ertheilt. Er hat sich gegenwärtig nicht nach Palermo, sondern nach Messina begeben, vermuthlich um sich nicht mit dem General Acton in demselben Ort zu befinden. Denn es ist bekannt, daß beide in Feindschaft mit einander leben, und noch bei seiner Ernennung zum Generalinspector war der General Damas dem Bruder des Generals Acton, der seit langer Zeit General der Cavallerie ist, vorgezogen worden[1].

Die Französischen Truppen haben bei dieser Gelegenheit keine Bewegungen gemacht, sondern befinden sich noch in ihren alten Standquartieren. Ihre Anzahl beläuft sich, den gewissesten Nachrichten zufolge, gegenwärtig auf 18 000 Mann, und auf jeden Fall sind sie den Russischen Truppen in der Sieben-Insel-Republik an Zahl überlegen.

Ueber diese liefen hier seit meinem letzten unterthänigsten Berichte Gerüchte, die sich indeß nicht bis jetzt bestätigt haben, und eine nicht geringe Unwahrscheinlichkeit in sich selbst besitzen. Man behauptete nemlich: Sämmtliche in der Republik der Sieben Inseln befindliche Truppen wären, bis auf 4 000 Mann, die man zurückgelassen, eingeschifft und zu einer geheimen Expedition ausgesandt worden. In der That schrieb man auch kurz darauf von Palermo, daß vier Russische Linienschiffe sich mit der Flotte des Admirals Nelson, welcher auf seine Station vor Toulon zurückgekehrt ist, vereinigt hätten, und in Neapel ging allgemein die Sage, daß man

Russische Truppen in Sardinien ans Land gesetzt habe. Allein seitdem hat man nichts Bestimmteres darüber vernommen, und es ist auch in der That schwer abzusehen, welcher Zweck damit verbunden gewesen seyn sollte.

Noch weniger Grund scheint das zu gleicher Zeit entstandene Gerücht zu haben, daß ein Russisches Schiff den König von Sardinien mit seiner Familie von Gaëta nach Corfu abholen werde.

Der, wie ich die Ehre hatte, Ew. Lg. Dl. unterthänigst einzuberichten, von dem General Verdier auf die Königlich Etrurischen Cassen in Livorno gelegte Beschlag[2], ist wiederum aufgehoben worden, da der Hof dem General eine Summe von 60 000 Französischen Livren auf Abschlag der von ihm für seine Truppen geforderten geschickt hat.

In Genua hält man sich auf die Ankunft des Kaisers von Frankreich bereit. Die Kosten der nach Mailand zu sendenden Deputation, und des Empfanges des Kaisers werden auf 2 Millionen Lire (über 750 000 fl.) angeschlagen, und es dürfte eine neue Auflage gemacht werden, diese Summe aufzubringen. Auf dem Schiffswerfte ist wiederum eine Corvette fertig geworden. Bei dem Pressen der Matrosen aber zur Bemannung der für das Französische Gouvernement gebauten Schiffe, das gleichfalls durch den neuen Vertrag mit Frankreich ausbedungen ist[3], ist neulich in einem Dorfe dicht bei Genua ein kleiner Aufruhr entstanden, bei dem aber meist nur Weiber thätig gewesen sind, und der daher ohne alle Mühe gestillt worden ist. Um indeß künftig ähnliche Auftritte zu verhüten, hat man dem Dorfe eine Strafe von 25 000 Lire (über 9 500 fl.) zu bezahlen auferlegt, und 200 Mann Soldaten daselbst einquartiert.

Vor Kurzem sind 1 200 Mann Französischer Truppen, die von Corsica gekommen waren, durch Toscana in die Italienische Republik gegangen. Ungeachtet dieselben in Forte Urbano (einem Kastell an der Modenesischen Gränze des Bolognesischen Gebiets) Quarantaine halten, und bis dahin von Gendarmen escortirt worden sind, wie denn hierüber eine eigne Convention abgeschlossen worden war; so hat man dennoch große Besorgnisse wegen dieses Durchmarsches, die auch, insofern wirklich noch Gefahr einer Ansteckung vorhanden seyn sollte, nicht ganz ungegründet sind. Denn nicht nur daß diese Truppen, dem ersten Artikel jener Convention entgegen, wirklich durch Livorno selbst gegangen sind, so ist es auch kaum möglich, bei einem so großen Haufen alle Communication mit den Einwohnern theils unterwegs, theils in Städten, wie Bologna und Modena, zu verhüten. In der That schreiben auch Privatbriefe, daß eine solche Communication, besonders von Seiten der Officiere und der das Gepäck führenden Toscanischen Bauern, nur zu sehr stattgefunden hat.

Der Senator Lucian Bonaparte hat sich plötzlich nach Pesaro begeben, und will sich dort eine Zeitlang aufhalten. Der Grund, warum er, da er einmal Mailand verlassen wollte, diesen Ort dem Aufenthalt in Rom vorgezogen hat, scheint bloß in der Furcht vor dem möglichen Wiederausbrechen der Livorner Epidemie zu liegen.

20. März / 17. April 1805

zu 37:
[1] General Joseph Acton war der jüngere Bruder des Ex-Ministers; siehe 13 mit Anm. 1.
[2] Vgl. den vorangegangenen Bericht Nr. 6/1805, oben S. 144.
[3] siehe 32 mit Anm. 2.

38 Bericht Nr. 8/1805 Rom, 17. April 1805

Ausfertigung StAD E 1 M Nr. 93/3 fol. 13 f.; ps. 3. Mai 1805.
MATTSON Nr. 1306.

Auswirkungen der Neugründung des Königreichs Italien. Künftige Stellung des seitherigen Vizepräsidenten Melzi. Erwägungen über Gebiets- und Grenzveränderungen. Haltung Österreichs und Rußlands. Einmarsch französischer Truppen in Lucca und im Herzogtum Parma. Vorbereitungen für den Italienbesuch Napoleons. Erneutes Auslaufen der französischen Flotte. Hofnachrichten.

Wenn ich seit der Einsendung meines letzten unterthänigsten Berichts habe eine längere Zeit, als gewöhnlich, verstreichen lassen, so ist es nur geschehen, weil es mir an interessanten Nachrichten fehlte, welche ich Ew. Lg. Dl. von hier aus zuerst hätte melden können. Alle Aufmerksamkeit ist während dieses Zeitraums allein hier auf die Schicksale der bisherigen Italienischen Republik gerichtet gewesen, und die großen Veränderungen, welche diesen Theil von Italien betroffen haben, werden Ew. Lg. Dl. von Höchstdero Gesandtschaft in Paris vollständig einberichtet worden seyn. In dem Königreich Neapel ist alles vollkommen im alten Zustande geblieben, und was außerdem im übrigen Italien vorgegangen ist, kann höchstens insofern interessant scheinen, als es dienen kann, Vermuthungen für die Zukunft darauf zu gründen.

In Absicht des in der Lombardei errichteten neuen Königreichs sind noch zwei Fragen unentschieden für uns: auf welche Weise dasselbe, in Abwesenheit des Kaisers, verwaltet werden wird? und welche der angränzenden kleineren Staaten etwa damit noch verbunden werden möchten?

Was die erste dieser beiden Fragen betrifft, so glaubt man allgemein, daß der ehemalige Vicepräsident Melzi die Verwaltung des Staats, so wie solche bisher in seinen Händen gewesen ist, auch künftig behalten wird. Nur ob er den Titel eines Vicekönigs erhalten wird, dürfte zweifelhafter scheinen und wohl großentheils von dem Umstande abhängen, ob der Prinz Eugen Beauharnois, den man für den designirten Nachfolger des Kaisers Napoleon im Königreiche Italien hält, wie einige behaupten, indeß Parma und Piacenza bekommen wird, oder nicht. In diesem letzteren Falle könnte leicht dieser selbst Vicekönig werden, und Melzi nur unter ihm die Verwaltung führen.

Daß die Parmesanischen Staaten und ein Theil der Ligurischen Republik werden mit dem neuen Reiche vereinigt werden, wird kaum noch bezweifelt, nur wäre es möglich, daß die Vereinigung vielleicht nicht gleich in diesem Augenblicke geschähe. Von Parma hat man vor Kurzem die Papiere abgefordert, welche die ehemalige Besitzergreifung durch den König Carl und den Infanten D[on] Philipp betreffen, und dieselben nach Paris geschickt, welches natürlich zu allerhand Vermuthungen Anlaß gegeben hat[1].

Wenn das neue Italienische Königreich bestimmt seyn sollte, je einen nur irgend selbstständigen und unabhängigen Staat zu bilden, so würde es fast unvermeidlich seyn, nicht noch verschiedene Aenderungen in seinen Gränzen zu treffen, die zum Theil durch den Zufall bestimmt worden sind, und daher vielerlei Unbequemlichkeiten mit sich führen. Die gegen Osten und den Venetianischen Staat hat, wenn man vom Bergamaskischen an bis gegen Pesaro hinuntergeht, eine so übermäßige Länge, daß es nie möglich seyn würde, dieselbe mit eignen Truppen zu vertheidigen. Selbst aber für die Landesverwaltung im Frieden entstehen Nachtheile aus diesem Misverhältniß. Daß gegen Süden ein Stück des ehemaligen Piemonts zwischen dem neuen Staat und der Ligurischen Republik liegt, unterwirft den interessantesten Theil des Landes dem Douanensystem Frankreichs.

Die Sesia endlich, welche gegen Westen zur Gränze dient, bietet eine sehr wenig feste Scheidungslinie dar, da sie in einer Ebne fließt, und als ein Bergstrom, ihr Bett oft verändert. Das Interesse des Italienischen Staats würde hier erfordern, die Gränze bis an die Doura, die in ihrem Laufe von Gebirgen eingeschlossen ist, zurückzuverlegen; das des Französischen vielleicht mit derselben bis an den Tessin vorzugehen, welcher in militairischer Rücksicht eine wichtige Stellung ist.

Es scheint nicht, daß man bisher auf Veränderungen bedacht sey, welche die bessere Rundung und innere und äußere Befestigung des neuen Staats zur Absicht hätten; auch ist in der That schwer vorauszusehen, ob je, oder wenigstens: wann? die Bedingungen in Erfüllung gehen werden, unter denen die Italienische Krone wieder von der Französischen getrennt werden soll. Wenn aber die Vereinigung lange besteht und eine Art der Festigkeit gewinnt, so muß sie unausbleiblich die wichtigsten Folgen auf die politische Lage Europas ausüben.

Die Eifersucht Frankreichs und Oesterreichs, welche bisher vorzüglich in Italien Beschäftigung und Nahrung fand, kann sich auf dieser Seite immer weniger und weniger äußern. Die Politik Oesterreichs, sie sey nun auf Vergrößerung oder bloße Befestigung bedacht, muß, je mehr sie Italien völlig zu entsagen gezwungen ist, eine andere Richtung nehmen.

Russland, das durch die Sieben-Insel-Republik einen Punkt im Herzen von[a] Europa gewonnen hat, wird denselben nicht leicht aufzugeben bereit seyn, sondern ihn vielmehr von allen Seiten sichern und schützen wollen. Nun[b] auf der einen Seite durch die Macht Frankreichs in Italien in diesem Besitz bedroht, auf der andern in der unmittelbaren Nähe eines Staates, der sich mit jedem Jahre mehr seiner gänzlichen Auflösung nähert, kann es kaum fehlen, daß es sich nicht eines Theils von Griechenland zu bemächtigen suchen sollte, um so die zerstreuten und immer schwerer zu schützenden Inseln an eine sichere Continentalbesitzung anzulehnen. Vielleicht findet

14 Feierlicher Einzug Napoleons mit Kaiserin Josephine und Gefolge in Mailand am 8. Mai 1805.

15 Eugène Beauharnais, Vizekönig von Italien.

sogar schon jetzt der Kaiser Alexander nothwendig, die Sieben-Insel-Republik, über die er bis jetzt die Herrschaft weniger dem Namen, als der That nach, ausgeübt hat, geradezu mit seinem Reiche zu vereinigen.

Die nächsten Monate werden unstreitig über diese Punkte hinreichende Aufschlüsse geben. Bis dahin aber dürfte man schwerlich, besonders in Italien, andre, als sehr unerhebliche Veränderungen erwarten.

Eine solche ist z. B. diejenige, welche wie man behauptet der Republik Lucca bevorsteht. Man glaubt nemlich, daß die bisherige Regierung derselben werde aufgehoben, und vielleicht über diesen kleinen Staat ebenso verfügt werden, als kürzlich mit dem Fürstenthume Piombino geschehen ist². In der That sind neuerlich 600 Mann Französischer Truppen in die Republik eingerückt, und General Verdier, von dessen Livorner Garnison sie détachirt waren, ist selbst in Lucca gewesen, um ihre Einquartirung zu besorgen. 500 sind in der Stadt geblieben, und 100 Mann sind nach Viareggio gelegt worden, dem kleinen Hafen dieses Ländchens, von welchem aus der Carrarische Marmor gewöhnlich nach dem Golf della Spezia in kleinen Schiffen verfahren wird, um hernach auf größere geladen zu werden.

In das Herzogthum Parma sind gleichfalls zwei Französische Infanterieregimenter neuerlich eingerückt. Sie standen vorher in Corsica, sind in Piombino gelandet, und in forcirten Märschen nach Parma gegangen.

In der Ligurischen Republik erwartet man 4000 Mann[c] Französischer Truppen, von welchen 1500 in die Stadt Genua gelegt werden sollen. Man zweifelte bisher, ob der Doge selbst die nach Mailand bestimmte Deputation von Senatoren begleiten werde. Nach der Ankunft eines kürzlich von Paris gesandten außerordentlichen Couriers scheint es keinem Zweifel mehr unterworfen zu seyn. Die nach Mailand gehenden Senatoren haben Befehl erhalten, dort mit goldenen Schuhschnallen und goldenen Degengefässen zu erscheinen, und ein Schneider ist nach Lyon geschickt worden, daselbst 32 gestickte Galakleider zu kaufen. Zu Bestreitung der Unkosten hierzu, hat jeder der Senatoren 1000 fl. zu seiner Einrichtung erhalten.

In Florenz geht ein, bis jetzt aber noch durchaus unverbürgtes Gerücht, daß Ihre Maj. die Königin von Etrurien sich selbst nach Mailand begeben werde, um mit dem Kaiser Napoleon Unterhandlungen über eine Verminderung seiner Truppen in ihren Staaten zu pflegen.

Der Papst wird bei seiner Rückreise durch Toscana und von da über Perugia gehen. Man weiß aber noch nicht, ob bis dahin die Cordons werden aufgehoben, oder ob vielleicht nur die schon jetzt bloß auf 14 Tage gesetzte Quarantaine wird noch mehr verkürzt werden. Die officiell hierher gesandte Reiseroute des Papstes war mit so auffallender Eilfertigkeit abgefaßt, daß sogar der 31. April darin aufgeführt war.

Seit wenigen Tagen haben wir hier das abermalige Auslaufen der Touloner Flotte, das Ew. Lg. Dl. schon auf andren Wegen bekannt geworden seyn wird, erfahren. Sie hat den Hafen, nach einigen mit 8, nach andren mit 17 Linienschiffen, 6 Fregatten und 4000 Mann Landungstruppen verlassen

17. April/8. Mai 1805

und ist am 30. oder 31. v. M. ausgeschift. Admiral Nelson hat, wie er selbst hierher unterm 7. d. schreibt, ihr Auslaufen erst am 4. erfahren, und sich, da er schlechterdings nicht wußte, wohin sich dieselbe gewandt hatte, von seiner Station der Magdalenen-Inseln gegen die Africanische Küste begeben wollen, um ihr wenigstens entweder die Möglichkeit abzuschneiden, nach Morea oder Aegypten zu segeln, oder, im Fall sie es thäte, ihr dahin zu folgen. Man vermuthet indeß mit Recht, daß sie bestimmt ist, sich mit der Spanischen Escadre in Cadiz zu vereinigen, und hernach mit ihr zur Flotte von Rochefort zu stoßen.

Die Herzogin von Cumberland ist von hier nach dem Venetianischen abgereist, wo sie sich eine Zeitlang aufzuhalten gedenkt[3]. – Der Französische Botschafter in Neapel, Alquier, wird auf seiner Durchreise zum Kaiser nach Mailand hier in einigen Tagen erwartet.

---

zu 38: [a] *folgt gestr.:* Deutschland [b] *folgt gestr.:* durch [c] *über der Zeile nachgetragen*

[1] *Als Söhne des mit der letzten Farnese von Parma verheirateten ersten spanischen Bourbonen-Königs Philipp V. waren Don Carlos (später König Karl III. von Spanien) 1731–1735, sein jüngerer Bruder Don Felipe oder Philipp 1748–1765 Herzog von Parma, Piacenza und Guastalla. Seit dem Verzicht von Philipps Sohn und Enkel, Ferdinand und Ludwig, die 1801 mit der neugeschaffenen Königskrone von Etrurien entschädigt wurden, standen die Herzogtümer unter französischer Verwaltung; dazu 43 mit Anm. 2.*
[2] *siehe 42 mit Anm. 2.*
[3] *Die Witwe des 1790 verstorbenen zweitjüngsten Bruders König Georgs III. von England, Anne geb. Luttrel; der spätere König Ernst August von Hannover, der 1799 den verwaisten Titel Cumberland übernahm, heiratete erst 1815.*

---

39 Bericht Nr. 9/1805 Rom, 8. Mai 1805

Ausfertigung StAD E 1 M Nr. 93/3 fol. 15 f; ps. 24. Mai 1805.
MATTSON Nr. 1325.

Ausdehnung der Berichterstattung auf das Kunstgeschehen. Verstärkte Kriegsfurcht aufgrund der französischen Truppenbewegungen in Verbindung mit der Krönung in Mailand. Vertretung Neapels und Etruriens bei den Krönungsfeierlichkeiten in Mailand. Reiserouten Napoleons und des Papstes. Genueser Schiffbau. Erfassung aller Schiffe und Matrosen in der Ligurischen Republik. Vereinigung der vorübergehend in Cadiz eingelaufenen französischen Flotte mit dem spanischen Geschwader. Attentat auf den Dey von Algier. Ankunft Alexander v. Humboldts.

Ew. Lg. Dl. Höchstes Rescript vom 26. März c[urrentis] habe ich, wiewohl ungewöhnlich spät zu erhalten die Ehre gehabt, und nichts hätte mir gleich schmeichelhaft seyn können, als die gnädige Zufriedenheit, welche Höchstdieselben mir darin aufs neue mit meiner bisherigen Amtsführung, und insbesondre mit den nach einander abgestatteten politischen Berichten, huldreichst zu bezeigen geruhet haben[1]. Ich werde mich aus allen meinen Kräften bestreben, Ew. Lg. Dl. meine tiefste Dankbarkeit dafür an den Tag zu legen, und mich auch ferner dieser Höchsten Zufriedenheit würdig zu machen, und ich habe mich unendlich gefreut, durch Höchstdero gnädigsten Befehl, mich künftig auch auf merkwürdige Gegenstände aus dem Gebiete der Kunst auszubreiten, eine neue Veranlassung dazu erhalten zu haben. Ich habe bereits angefangen, mich genauer nach demjenigen umzusehen, was Ew. Lg. Dl. Aufmerksamkeit in dieser Hinsicht verdienen könnte, und werde nicht verfehlen, es in einem meiner nächsten Berichte Höchstdenselben ausführlich vor Augen zu legen. Für heute wage ich es, mich auf diejenigen politischen Nachrichten zu beschränken, die, seit dem Abgange meines letzten unterthänigsten Berichts, zu meiner Kenntniß gekommen sind.

Es war vorauszusehen, daß die neulich im oberen Italien vorgenommenen Veränderungen, solange sie nicht von den vornehmsten Mächten Europas anerkannt wären, die Gerüchte eines Landkriegs erneuern würden, mit denen man sich schon so oft hier getragen hat. In der That ist die Furcht vor einem Kriege, dessen vorzüglichster Schauplatz unstreitig Italien werden würde, im jetzigen Augenblick allgemein, und dieselbe gründet sich zum Theil auch auf die außerordentlichen Bewegungen, die man unter den hiesigen Französischen Truppen bemerkt, und auf die Verstärkungen, welche dieselben aus dem Innren von Frankreich erhalten. Da es aber natürlich ist, daß der Kaiser Napoleon es seiner Würde gemäß findet, bei seiner Anwesenheit in Italien von beträchtlichen Truppencorps umgeben zu seyn, und man weiß, daß mehrere Uebungsläger formirt werden sollen, so scheint alle hiervon hergenommene Besorgniß vergeblich zu seyn. Der General Jourdan hat sogar dem General Bellegarde ausdrücklich durch einen an ihn abgesandten Adjudanten angezeigt, daß, da es die Absicht des Kaisers Napoleon sey, seine Truppen in Italien zu mustern, er sie, bloß jedoch zu diesem Zweck, in einige Läger versammle, und es sich um so mehr zur Pflicht mache, dem General Bellegarde davon im Voraus Nachricht zu geben, als der Kaiser ihm ausdrücklich aufgetragen habe, alles zu thun, was zur Unterhaltung des guten Vernehmens zwischen Frankreich und Oesterreich beitragen könne. Man behauptet, daß in Kurzem in der Lombardei 120 000 Mann versammelt seyn sollen. Allein da jetzt nur zwischen 30 und 40 000 dort zu seyn scheinen, so rechnet man nicht bloß auf Verstärkungen aus Frankreich, die auch in der That täglich ankommen, sondern auch auf eine Truppenausschreibung im Lande selbst. 3 000 Mann, welche in Toscana und größtentheils in Livorno standen, sind ins Mailändische gerückt und durch zwei Schweizer Bataillone abgelöst worden. Von der Neapolitanischen Armée sind gleichfalls 1400 Mann auf dem Rückmarsch begriffen, obgleich zugleich behauptet wird, daß diese Armée in Kurzem eine Verstärkung von 5 000 Mann erhalten werde. Die drei Uebungsläger, von deren Zusammenziehung man spricht, sollen bei Marengo, bei Monte Chiaro in der Gegend von Brescia und an den Ufern des Mincio Statt haben.

In Neapel hat alles ein durchaus friedliches Ansehen. Der Französische

8. Mai 1805

Botschafter daselbst[2] und der General St. Cyr begeben sich beide zur Krönung nach Mailand. Letzterer ist bereits hier durchgereist; ersterer ist zwar hier angekommen, aber wegen einer ihm hier zugestoßenen Unpäßlichkeit noch nicht wieder abgegangen. Der Neapolitanische Hof selbst wollte, wie es anfangs hieß, den Prinzen Carditto nach Mailand an den Kaiser absenden; jetzt aber scheint es, als würde der Marquis del Gallo diese Bestimmung erhalten. Aus Florenz gehen der Prinz Corsini und Cavaliere Fossombrone als außerordentliche Gesandten zur Krönung.

Die näheren Einrichtungen, welche nach der Abreise des Kaisers aus Italien für die Folge in Absicht der innern Verwaltung des Italienischen Staats werden getroffen werden, sind bis jetzt noch unbekannt. Es scheint aber, daß der ehemalige Vicepräsident Melzi nicht das Amt eines Vicekönigs, sondern nur das eines Erzkanzlers bekleiden werde.

Den Kaiser selbst erwartet man jetzt erst am 8. d. in Mailand. Er wird nicht geradezu von Turin, sondern über Alexandria dort eintreffen, und man hat daher den schon errichteten Triumphbogen in äußerster Schnelligkeit von einem Thore zum andern verlegen müssen.

Auch die Reise des Papstes hat sich verzögert. Er sollte erst am 6. d. in Florenz eintreffen, und da es heißt, daß er sich in Perugia einen Tag aufhalten, und nachher auch Assisi, den Geburtsort des H[eiligen] Franciscus, besuchen wolle, so dürfte er vor dem 19. d. schwerlich hier eintreffen. Es werden hier übrigens bereits Anstalten zu seinem Empfange gemacht, die Peters-Kuppel wird, wie sonst bloß am Peters-Tage geschieht, erleuchtet, und von der Engelsburg die sogenannte Girandola, ein großes Feuerwerk, abgebrannt werden[3]. Die Kosten hierzu schießt der Adel freiwillig zusammen.

Die auf den Gränzen Toscanas bisher gezogenen Cordons sind jetzt sämmtlich aufgehoben worden. Die hiesige Regierung hatte zuerst das Beispiel hierzu gegeben, und diesem sind die Italienische und Ligurische gefolgt.

In Genua wird der Bau neuer Schiffe für Frankreich mit außerordentlicher Thätigkeit fortgesetzt. Um, dem geschlossenen Vertrage gemäß, die ganze Ligurische Seemacht an den Kaiser Napoleon zu übergeben, ist neulich ein Verzeichniß aller jetzt an der ganzen Küste der Republik befindlichen Schiffe, und aller Seeleute aufgenommen worden. Die Zahl der ersteren hat sich mit kleinen und großen, auf 2 000, der letzteren, alle diejenigen mitgerechnet, die auch nur für die Marine auf irgend eine Weise beschäftigt sind, auf 13 000 belaufen[a]. Die neue Ausschreibung von Matrosen aber hat bis jetzt noch nicht den erwünschten Fortgang. Von 600, die zusammengebracht worden waren, hat der Minister Salicetti 450, die niemals die See gesehen, noch auf Schiffen gedient hatten, zurückschicken müssen, und hat nur 150 zur Bemannung der neuerbauten Fregatte 'Pomona', und den gleichfalls erst jetzt beendigten Bricks 'Endymion' und der 'Cyclop' behalten können.

Die bei weitem wichtigste Nachricht aber, die wir in diesen Tagen hier erhalten haben, betrift die Flotte von Toulon. Sowohl nach demjenigen, was ein Oesterreichischer und Americanischer Schiffscapitaine, welche von Cadix in Livorno angekommen sind, ausgesagt haben, als nach demjenigen, was die letzten Briefe aus Spanien melden, ist dieselbe am 9. v. M. in Cadix eingelaufen, hat aber gleich 6 Stunden darauf diesen Hafen wiederum verlassen, nachdem sie sich daselbst mit der Spanischen Escadre vereinigt hat. Die Stärke der Touloner Flotte wird auf 12 Linienschiffe, 7 Fregatten und 1 Cutter mit 7 000 Mann Landtruppen; die der Spanischen Escadre auf 6 Linienschiffe und 1 Fregatte mit 2 500 Mann Landtruppen angegeben. Eins der spanischen Schiffe hat jedoch zurückbleiben müssen, weil es beim Auslaufen aus dem Hafen auf eine Untiefe gerathen war. Man versichert, daß diese vereinigte Flotte nur wenig Provisionen mit sich führt, und glaubt daher, daß dieselbe bloß fürs erste bestimmt sey, das Geschwader in Ferrol zu entsetzen, oder sich mit der Brester Flotte zu vereinigen.

Die letzten Briefe aus Algier melden, daß der Dey sich in dringender Gefahr befunden hat, durch Meuchelmord das Leben zu verlieren. Beschäftigt Befestigungsarbeiten anzusehen, die er eine Viertelmeile vor der Stadt anlegen läßt, ist er unvorhergesehener Weise von vier Türken überfallen worden, die, nachdem sie, ohne ihn zu treffen, ihre Pistolen auf ihn abgeschossen haben, mit ihren Säbeln auf ihn eingedrungen sind. Seine Wache ist zwar zu Hülfe geeilet, und hat zwei der Meuchelmörder getödtet, auch hat man von den beiden andern, welche entflohen waren, einen eingeholt und am folgenden Tage erdrosselt. Allein der Dey hat dennoch zehn Wunden empfangen, und man hat mehrere Tage lang an seinem Aufkommen gezweifelt. Bei Abgang dieser Briefe aber befand er sich wiederum außer Gefahr.

Der Herzog von Piombino, welcher sich hier in Rom aufhielt, ist kürzlich verstorben. Sein Sohn, der Prinz Venosa, hat jetzt den Titel eines Herz[ogs] von Piombino angenommen[4].

Mein Bruder, welcher im vergangenen Sommer von seiner Americanischen Reise zurückgekehrt ist, ist vor einigen Tagen hier angekommen, und wird sich mit Erlaubniß Sr. Majestät des Königs von Preussen einen Theil des Sommers über hier aufhalten[5].

---

zu 39:   [a] *über der Zeile nachgetragen*

[1] *Konzept des landgräflichen Schreibens vom 26. März 1805, StAD E 5 B 1 Nr. 2/2 fol. 167; vgl.* MATTSON *Nr. 8993.*
[2] *Alquier.*
[3] *Die sogenannte Girandola (eigentlich ein dreiarmiger Leuchter) als Schlußpunkt der an hohen Kirchenfesten vor allem am jeweiligen Krönungstag der Päpste und an Peter und Paul (29. Juni) veranstalteten Prunk-Feuerwerke wird bereits unter Julius III. im 16. Jahrhundert genannt. Seit 1870 findet das Feuerwerk am italienischen Verfassungstag Anfang Juni statt.*
[4] *Der letzte regierende Fürst Antonio von Piombino aus dem Hause Boncompagni-Ludovisi, den die Franzosen 1799 verjagt hatten, war am 26. April 1805 verstorben.*

8./18. Mai 1805

Sein Sohn Ludovico Maria führte den Titel Fürst von Venova. Den Fürstentitel von Piombino hatte Napoleon bereits am 18. März 1805 seiner Schwester Elisa verliehen; siehe 42 mit Anm. 2.
[5] *Alexander v. Humboldt war Anfang August 1804 von seinen mehrjährigen Forschungsreisen in Mittel- und Südamerika nach Europa zurückgekehrt, hatte sich einige Monate in Paris aufgehalten, wo er mit der Schwägerin Caroline zusammentraf, und war nach fast zweimonatiger Reise am 1. Mai 1805 zusammen mit dem Chemiker Gay-Lussac in Rom eingetroffen, wo die beiden Freunde, unterbrochen durch einen vierwöchigen Aufenthalt am Vesuv, bis zum 18. Sept. 1805 blieben.*

40 Bericht Nr. 10/1805 Rom, 18. Mai 1805

Ausfertigung StAD E 1 M Nr. 93/3 fol. 17f; ps. 4. Juni 1805.
MATTSON Nr. 1334.

Feierlichkeiten zur Rückkehr des Papstes in Rom. Ernennung der Großwürdenträger des Königreichs Italien. Teilnehmer der Krönungsfeierlichkeiten. Spekulationen über die Zukunft der Ligurischen Republik. Jérome Bonaparte in Genua. Abschiebung eines russischen Offiziers aus Neapel. Nachrichten von der englischen Flotte. Aufrechterhaltung des Quarantäne-Cordons an der österreichischen Grenze.

Ich eile Ew. Lg. Dl. von der endlich erfolgten glücklichen Ankunft des Papstes pflichtmäßig Nachricht zu geben. Se. Heiligkeit haben vorgestern Nachmittags ihren feierlichen Einzug in Rom gehalten. Ehe dieselben sich in ihren Pallast begaben, gingen sie nach der Peterskirche, wo alle Cardinäle und Prälaten versammelt waren, und wo Ihre König. Hoheit die Erzherzogin Mariana und Se. Hf. Dl. der Erbprinz von Baiern dem Papst vorgestellt wurden[1]. Am Abend war die ganze Stadt erleuchtet, und auch die sonst nur am Peterstage gewöhnliche Erleuchtung der Kuppel der Peterskirche und die sogenannte Girandola (ein immer mit derselben verbundenes Feuerwerk auf der Engelsburg) wurden auf Kosten des hiesigen Adels veranstaltet[2]. Von den sieben Cardinälen, welche den Papst bei seiner Abreise begleitet hatten, sind jetzt nur zwei mit demselben zurückgekommen, der Cardinal De Pietro und De Bayane. Braschi war bei der Abreise des Papstes aus Paris krank zurückgeblieben; Fesch wohnt der Krönung in Mailand bei; Caselli steht wiederum seinem Bisthum in Parma vor; Antonelli ist nach Loreto, dort seinen Bruder zu besuchen gegangen, und Borgia starb bekanntermaßen in Lyon an einer auf der Reise bekommenen Erkältung. Der Papst selbst scheint etwas abgenommen zu haben, befindet sich aber übrigens vollkommen wohl.

Die seit der Ankunft des Kaisers Napoleon in Mailand von dorther hier angekommenen Briefe reden bis jetzt nur noch von den Zurüstungen zur Krönungsfeierlichkeit, ohne noch wichtigere Veränderungen zu erwähnen. Selbst über die künftige innere Verwaltung des Landes ist noch nichts festgesetzt, obgleich man vermuthet daß der ehemalige Vicepräsident Melzi unter irgend einem Titel als Statthalter die Regierung in Mailand führen wird. Denn sogar die jetzt geschehenen Ernennungen sollen fürs erste nur provisorisch seyn. In Gemäßheit derselben ist Melzi zum Großkanzler,

Bericht 40

Antonio Litta zum Oberkammerherrn, Fenaroli aus Brescia zum Gran Maggiordomo, Caprara zum Oberstallmeister und der Erzbischof von Ravenna, Codronchi zum Großalmosenierer bestimmt worden. Der Marquis Lucchesini ist aus Paris in Mailand angelangt[3]. Er hat dem Französischen Kaiser sechs schwarze Adlerorden überbracht, und am 12. d. seine Audienz gehabt. Auch der Prinz Carditto aus Neapel ist dahin hier durchgegangen, ohne daß man indeß noch bisher bestimmt weiß, ob er[a] dem Kaiser bloß zu seiner glücklichen Ankunft in Italien, oder zur Annahme seines neuen Titels Glück wünschen soll.

Die Deputation der 10 Ligurischen, nach Mailand gesandten Senatoren ist noch mit zweien vermehrt worden, und außerdem sind zu dieser Anzahl noch viere gestoßen, welche man dem Kaiser nach Alessandria entgegengeschickt hatte. Aus diesem Umstande, daß in gegenwärtigem Augenblick in diesen 16 Senatoren (da nur 11 in Genua zurückblieben), mit dem Dogen an ihrer Spitze, die Mehrheit des Ligurischen Senats sich in Mailand befindet, wollen viele wichtige Folgen für das künftige Schicksal der Republik ziehen. Man verbindet hiermit, daß eine beträchtliche Menge Französischer Truppen in Genua eingerückt sind, und das Arsenal, den Hafen und die Forts der Stadt besetzt haben, ja man behauptet, daß der Französische Gesandte in Genua, Salicetti, mit Beibehaltung seines Gesandtenpostens, zum Praefecten des See-Departements in Ligurien ernannt sey. Alle diese Umstände sind indeß noch nicht hinlänglich, um daraus auf eine Einverleibung der Ligurischen Republik mit dem Französischen Reich oder dem Italienischen Staat zu schließen. Die Besetzung der Hauptposten der Stadt Genua durch Französische Truppen kann vielleicht nur die persönliche Sicherheit des Kaisers bei seiner beabsichteten Reise dahin zur Veranlassung haben, und die Ernennung Salicettis, wenn sie gegründet ist, nur sogar wollen, daß ihm die Aufsicht über die an Frankreich abgetretene Ligurische Marine ertheilt wird. Gewiß ist es, daß der Kaiser Napoleon die Genuesische Deputation in Alessandria sehr gut empfangen, und auf die ihm von dem Redner derselben De Rossi gemachte Schilderung des traurigen Zustandes des Landes geäußert hat, wie er die Anhänglichkeit, welche ihm die Ligurische Regierung und Nation immer bewiesen, und die Dienste, die sie ihm geleistet habe, zu schätzen wisse und sich bemühen werde, zur Wiederherstellung ihres Wohlstandes und besonders ihres Handels, auf welchem der erstere vorzüglich beruhe, alles zu thun was in seinen Kräften stehe. Auf die fernere Aeußerung De Rossi's aber, daß sowie die Genuesen ihre jetzige Unabhängigkeit dem Kaiser dankten, sie sich auch schmeichelten, daß er dieselbe zu erhalten ferner geneigt seyn werde, soll der Kaiser bloß geantwortet haben, daß er insofern es ihm die Umstände nur irgend erlaubten, selbst nach Genua kommen werde.

Ein sonderbares Ereigniß ist es, daß Hieronymus Bonaparte unvermuthet in Genua angekommen ist. Er wohnt bei dem Französischen Gesandten, und soll, wie es scheint, die Ankunft des Kaisers dort abwarten.

18. Mai 1805

Ob seine Frau ihn auf dieser Reise begleitet habe, wird nicht bestimmt gesagt[4].

Der Neapolitanische Hof scheint in gegenwärtigem Augenblicke in dem besten Vernehmen mit dem Französischen zu stehen. Den 1400 Mann, welche, wie ich Ew. Lg. Dl. neulich einzuberichten die Ehre hatte, nach der Lombardei zurückmarchirt waren, sind seitdem noch 1000 andre nachgefolgt, und es heißt mit Gewißheit, daß die im Neapolitanischen stehende Französische Armée um 6000 Mann vermindert werden soll, wobei also nicht mehr, als nur etwa 2/3 derselben zurückbleiben würden.

Dagegen hat sich neulich ein Vorfall ereignet, welcher vielleicht auf das Verhältniß des Neapolitanischen Hofes mit dem Russischen von unangenehmer Folge seyn könnte. Der Prinz Tscherbatoff, welcher Obristlieutenant in der Suite des Kaisers Alexander ist, und das Unglück hatte, vor einigen Jahren den Chevalier de Saxe im Duel zu erschießen, gieng nach Neapel um dort die Seebäder zu gebrauchen[5]. Er hielt sich aber kaum einige Tage daselbst auf, so wurde er auf Befehl der Polizei aufgehoben, und über die Gränze nach dem Römischen Staate gebracht. Diese auffallende und gewaltsame Maßregel hat einen Notenwechsel zwischen dem Russischen Geschäftsträger in Neapel und dem Hofe veranlaßt, und der Prinz hält sich indeß noch hier in Rom auf.

Ueber das Schicksal der Französischen und Englischen Flotten weiß man, seit dem Auslaufen der ersteren aus der Meerenge von Gibraltar nur soviel, daß sicheren Nachrichten nach, Admiral Nelson sich am 3. huj[us] bei dem spanischen Vorgebirge Capo de Gateo bei Almeria befand.

Die Oesterreichische Regierung in Venedig ist dem Beispiel der Italienischen in Aufhebung des gegen die Livorner Epidemie gezogenen Cordons nicht gefolgt. Vielmehr werden alle gegenwärtig aus Toscana kommende Personen und Waaren an der Gränze der Kaiserlichen Italienischen Staaten der Quarantaine unterworfen – eine aufs mindeste nicht consequente Maßregel, da, bei der nunmehr zwischen Etrurien und dem übrigen Italien durchaus hergestellten Gemeinschaft, entweder ganz Italien hätte in die Vorsichtsmaßregeln mit begriffen[b], oder auch die Communication mit Toscana freigegeben werden müssen.

---

zu 40: [a] *folgt gestr.:* blo [b] *folgt gestr.:* werden

[1] *Erzherzogin Marie Anna, eine jüngere Schwester Kaiser Franz II., Äbtissin des fürstlichen Damenstifts in Prag, verbrachte ihre letzten Lebensjahre in Rom. Zum Italien-Aufenthalt des bayerischen Kronprinzen Ludwig siehe* **31 mit Anm. 7**.
[2] *siehe bereits* **39 mit Anm. 3**.
[3] *Marchese Girolamo Lucchesini war preußischer Gesandter in Paris; siehe unten* **143 mit Anm. 2**.
[4] *Die im Dez. 1803 geschlossene Ehe des jüngsten Napoleonbruders Jérome mit der Amerikanerin Elizabeth Patterson wurde bereits im März 1805 annulliert.*
[5] *Der am 26. Juni 1802 in einem Duell in Teplitz gefallene Chevalier Joseph de Saxe war ein morganatischer Sohn des Prinzen Franz Xaver von Sachsen.*

41 Bericht Nr. 11/1805 Rom, 1. Juni 1805

Ausfertigung StAD E 1 M Nr. 93/3 fol. 19–21; ps. 3. Juli 1805ª.
MATTSON Nr. 1344.

Anwendung des mit der italienischen Republik geschlossenen Konkordats im Königreich Italien. Englische und russische Flotten-Präsenz in Neapel. Gewalttätigkeiten zwischen französischen Truppenteilen in Livorno. Beschreibung des von Canova gefertigten Grabmals für Maria Christina von Sachsen-Teschen. Statuen der Familie Bonaparte und sonstige Bildhauerarbeiten Canovas.

Da ich soeben erfahre, daß Ew. Lg. Dl. gnädigst geruhet haben, einen außerordentlichen Gesandten nach Mailand zu schicken[1], so glaube ich mir mit Höchstdero Genehmigung schmeicheln zu können, wenn ich die Ereignisse des oberen Italiens, die es mir nicht möglich wäre, weder gleich authentisch noch gleich früh, einzuberichten für jetzt mit Stillschweigen übergehe, und mich bloß auf den hiesigen Staat, Neapel und Etrurien einschränke.

Ein in verwichener Dienstag Nacht hier von Mailand angekommener Courier, welcher dem Papste ein eigenhändiges Schreiben des Kaisers von Frankreich überbrachte, hat die allgemeine Aufmerksamkeit erregt. Indeß betrift dieses Schreiben, wie ich mich dessen versichert halten zu können glaube, doch nur die geistlichen Angelegenheiten des Italienischen Staats, und ist eine Antwort auf das Päpstliche Breve, vermittelst welches der hiesige Hof den Kaiser Napoleon als König von Italien anerkannt hatte. Ew. Lg. Dl. geruhen vielleicht noch sich gnädigst zu erinnern, daß, unmittelbar nach dem Abschluß des Concordats mit der Italienischen Republik, der damalige Vice-Praesident Melzi sogenannte organische Gesetze gemacht hatte, durch welche viele der dem Römischen Hofe in dem Concordate zugestandene Vortheile wiederum vereitelt wurden[2]. Es scheint nunmehr gewiß, daß der Kaiser dem Papst die Aufhebung dieser Gesetze entweder wirklich schon angezeigt, oder doch gewiß versprochen hat.

Von Neapel hatte sich das Englische Kriegsschiff, das dort seit längerer Zeit auf der Rhede liegt, plötzlich entfernt, und man hatte schon auf dies sonderbare Ereigniß, da in der That, seit dem Anfange des Krieges, ununterbrochen ein Englisches Kriegsschiff sich im Hafen von Neapel aufgehalten hat, mehrere politische Muthmaßungen gegründet. Das Schiff ist aber zurückgekommen, und man weiß jetzt, daß es bloß einige Evolutionen zur Uebung der Mannschaft gemacht hat. Außer demselben befindet sich noch das Russische Kriegsschiff vor dem Hafen von Neapel, eine Russische Fregatte aber, welche vor einiger Zeit zu demselben gestoßen war, ist wiederum abgesegelt.

In Livorno hat sich ein an sich unbedeutender Vorfall ereignet, der aber in der Entfernung leicht vergrößert werden könnte. Erst kürzlich angekommene Französisch-Corsische Truppen haben mit Schweizerisch-Französischen, die schon länger dort in Garnison lagen, einen Streit angefangen, der am 23. v. M. Abends um 8 Uhr beinahe zu einem förmlichen Handge-

1. Juni 1805

menge ausgebrochen wäre. Die erste Veranlassung ist ein Zank eines jener ersteren Soldaten mit einem Livorner Bürger, hernach aber die Forderung der Corsischen Trommelschläger gewesen, bei dem Retiradetrommeln den Schweizerischen Trommelschlägern vorauszugehen. In einem Augenblick ist die Hauptstraße Livorno's mit Soldaten angefüllt gewesen, die mit Dolchen und zum Theil mit Flinten bewafnet gewesen sind. In der That sind auch einige Schüsse gefallen, und ein Unglücklicher, der eben eine Straßenlaterne anzünden wollte, ist todt geschossen worden. Eine von der übrigen Französischen Besatzung gesandte Wache hat indeß dem Lärmen bald ein Ende gemacht, indem sie 40 der unruhigsten unter den Corsischen Truppen arretirt hat. Die übrigen sind in ihre Kasernen zurückgeschickt und ihnen verboten worden, dieselben bis auf Weiteres zu verlassen. Die Etrurische Wache an dem dem Auflaufe zunächst gelegenen Thore hat, gleich bei Entstehung des Lärmens, die Flucht ergriffen, und ihren Posten, mit Zurücklassung ihrer Waffen, verlassen. Dies hat den Französischen Commandanten bewogen, da er bisher nur die Citadelle inne hatte, nunmehr auch, wenigstens vorläufig, die Thore mit seinen Truppen zu besetzen.

Der als Bildhauer berühmte Canova ist vor einigen Tagen nach Wien abgereist, um dort das Monument aufzustellen, das er auf Bestellung Sr. König. Hoheit des Herzogs Albert zu Sachsen-Teschen für dessen im Jahr 1798 verstorbene Gemahlin Maria Christina (Kaiser Josephs 2. Schwester) gemacht hat, und welches für die Kirche des H[eil.] Augustin in Wien bestimmt ist[3]. Da Ew. Lg. Dl. mir gnädigst anzubefehlen geruht haben, auch Gegenstände aus dem Gebiete der Kunst in meinen unterthänigsten Berichten zu berühren, so glaube ich, über dies Monument und einige andre der neuesten Canovaschen Arbeiten einige Worte hinzufügen zu müssen.

Schon die Erfindung dieses Grabmals zeichnet sich durch seine Neuheit aus, da es aus mehreren künstlerisch mit einander verbundenen Figuren besteht. Das Ganze stellt nemlich die Grabpyramide der Verstorbenen vor, in welche die T u g e n d , von andern allegorischen Figuren begleitet, ihre Aschenurne hineinträgt. Die Pyramide ist aus Cararischem Marmor 32 Palmen hoch aufgeführt und steht auf einer breiten Basis aus gleichem Marmor. An der Vorderseite derselben befindet sich in der Mitte ein kleiner Eingang, zu welchem zwei niedrige Stufen führen, und über welcher die einfache Inschrift: „Mariae Christinae Austriacae Alberti Saxoniae Principis Conjugi" eingehauen ist. Ueber der Inschrift sieht man im Basrelief die Figur der Glückseligkeit in natürlicher Größe, welche in ihren Armen das Bildniß der Verstorbenen trägt. Um das Medaillon schlingt sich, als Sinnbild der Ewigkeit, eine Schlange herum, und von der andern Seite fliegt, gleichfalls in Basrelief, ein kleiner Genius herbei, der Abgebildeten die Palme ihrer Tugenden zu reichen. Der Zug, welcher in die Grabthür eingehen will, naht sich derselben auf einem Teppich, welcher über beide Stufen und einen Theil der Basis gelegt ist, und besteht aus zwei Gruppen. Die Figur der T u g e n d trägt in beiden Händen die Aschenurne, und hat, indem sie sich mit langsamen und traurigen Schritten der Pyramide nähert die Stirn auf den Rand des Gefäßes aufgelegt. Von der Urne selbst hängen zwei freie Blumenguirlanden herab. Der Charakter dieser Figur ist am meisten mit demjenigen zu vergleichen, welchen die Alten der Mnemosyne und den ernsteren Musen gaben; ihr Haar, das frei zu den Schultern herabhängt, ist von einem goldnen Olivenkranze umgeben, und ihr Gewand besteht in einer reichen und langen Tunica[b], und einem in schönen Falten über den Rücken hinunterfallenden Mantel. Zu bedauern ist es, daß theils die Stellung der ganzen Figur, theils die Neigung des Kopfes zur Urne, ihr Gesicht zu sehen hindert; indeß war es schwer, diesen Uebelstand zu vermeiden. Die Enden der beiden Blumenguirlanden der Urne[c] ruhen auf den Armen zweier kleiner Mädchen, welche, jede eine angezündete Fackel in der Hand, die Tugend begleiten. Die eine dieser Kleinen geht der Tugend voraus, und da sie also die erste ist, welche die Schwelle des Grabes betritt, so bemerkt man in einer sanften Biegung ihres Leibes eine gewisse kindische Scheu, in die dunkle Gruft hineinzugehen. Die andere geht zur Linken der Tugend. Die zweite der beiden Gruppen, gleichsam das Gefolge der ersten, steht tiefer auf der unteren Stufe der Pyramide. Die Figur der W o h l t h ä t i g k e i t führt einen armen blinden Alten dem Grabe zu; er stützt sich mit der Rechten auf seinen Stock, und an seiner linken Seite[d] geht ein < . . . >[e] Jahren. Die Wohlthätigkeit ist eine der schönsten Figuren dieses Monuments; sie trägt ein feines Unterkleid ohne Aermel, aber ihr[f] linker Arm ist von einem Mantel bedeckt, der an der Schulter derselben Seite angeknüpft ist. Ihr Haupt ist ein wenig gesenkt, und die Hände hält sie unter dem Busen verschränkt, so daß der Alte sich an ihrem rechten Arme festhält. Dieser setzt gerade den linken Fuß auf die Stufe, auf welcher die Wohlthätigkeit steht, und ruht mit dem rechten noch auf der Basis der Pyramide; seine etwas gebückte Stellung macht, daß die Häupter der drei großen Figuren in einer nirgend unterbrochenen sanften Diagonallinie von dem Architrav der Grabthüre bis zur Basis herabsteigen. In der Hand mit welcher er die Wohlthätigkeit erfaßt, trägt auch er eine Blumenguirlande welche ebenfalls auf dem Arm des Kindes ruht, welches ihm zur Seite geht. Die hier beschriebenen beiden Gruppen nähern sich der Thür von der rechten Seite her. An der Linken liegt ein Löwe, den Kopf traurig auf seine Klauen angelehnt, und gleichsam über denselben hingestreckt ruht ein geflügelter Genius nakt mit abgeworfenem Gewande, eine vorzüglich schöne und ausdrucksvolle Figur. Neben dem Kopf des Löwen ist das Wappen der Verstorbnen an die Pyramide angelehnt. Die Arbeit in den einzelnen Figuren ist vollendet und in jeder Rücksicht vortreflich, aber was die Anordnung des Ganzen betrifft, so fragt sich, ob es eine glückliche Idee ist, eine Pyramide und menschliche Figuren so dicht zusammenzustellen? Es ist dabei kaum zu vermeiden, daß nicht entweder, wie hier vermuthlich der Fall seyn wird, die Pyramide klein und spielend aussehe, oder die menschlichen Figuren gegen ihre Größe verschwinden. Ja, schon an sich ist eine Pyramide im Innern einer Kirche ein sonder-

16 Antonio Canovas Grabmahl der Erzherzogin Maria Christina, Herzogin von Sachsen-Teschen.

17 Standbild Kaiser Napoleon Bonapartes als Mars von Antonio Canova.

barer Gedanke. Zu wünschen wäre auch unstreitig gewesen, daß der Künstler statt des Alten, der nothwendig die graziöse Harmonie des Ganzen stören muß, eine andere Gestalt gewählt hätte.

Die große Statue des Kaisers Napoleon, an welcher Canova jetzt arbeitet, wird in einem Jahre ungefähr beendigt seyn. Der Kopf ist überaus schön, und behält, wenigstens meinem Urtheile nach, ungeachtet des heldenmäßigen Ausdrucks, noch eine große und auffallende Aehnlichkeit bei. Allein der durchaus nackte Körper, da die Figur nur in der Linken eine Lanze auf den Boden gestützt hält, in der Rechten aber eine auf einer Erdkugel stehende Siegsgöttin trägt, und der Mantel bloß über dem linken Arme hängt, wird sich schwerlich mit Glück behandeln lassen. Es ist sogar unbegreiflich, daß Canova dies nicht gefühlt und nicht bedacht hat, daß, wenn auch das Alterthum uns einige nackte Kaiserfiguren hinterlassen hat, doch ein großer Unterschied zwischen unsern und den damaligen Sitten herrscht.

Von der Prinzessin Borghese, Schwester des Kaisers Napoleon, hat Canova, auf Bestellung ihres Mannes, gleichfalls eine Statue gemacht. Sie ruht (in Gestalt einer Venus victrix) < ... >^e auf einem Polster[4]. Die Mutter des Kaisers ist auf einem Stuhle sitzend vorgestellt, in eben der Stellung, wie man in dem Capitolinischen Museum hier eine Agrippina sieht. Die Aehnlichkeit ist sprechend, und das Gewand unstreitig das schönste, das Canova, der sonst in Gewändern nicht außerordentlich glücklich ist, gemacht hat. Ueberhaupt ist dies eine seiner vorzüglichsten Statuen.

In gegenwärtigem Augenblick hat er aber das Modell eines Theseus beendigt, welcher einen Centauren erlegt. Diese Gruppe ist in colossaler Größe, aber obgleich der Centaur vorzüglich in dem Uebergange von der menschlichen zur thierischen Natur sehr viel Verdienstliches hat, so vermißt man an dem Helden Adel und Haltung. Es scheint, als habe Canova durch diese Gruppe den Vorwurf widerlegen wollen, den man ihm oft gemacht hat, daß er für heldenmäßige Gegenstände weniger Talent besitze und daß er nur den Ausdruck der Stärke und des Zorns übertrieben habe[5].

Eine gleichfalls vor Kurzem gemachte Statue, ein Palamedes, hätte dem Künstler vor einigen Wochen beinahe das Leben gekostet. Die große Ueberschwemmung, der ein Theil Roms in dem verwichenen Winter ausgesetzt gewesen ist, war bis in die Werkstatt Canovas gekommen, und muß vermuthlich nach unten große Löcher ausgehölt haben. Als daher Canova einige Tage, nachdem das Wasser wieder zurückgetreten war, in seiner Werkstatt an dieser Bildsäule etwas nachsehen wollte, fiel dieselbe plötzlich um und so nah an ihm vorbei, daß der eine Arm derselben ihm noch das Ohr streifte. Da zufälligerweise neben Canova gerade Camuccini, der unstreitig jetzt der erste der hiesigen Mahler ist, stand, so hätte dasselbe unglückliche Ohngefähr die beiden vorzüglichsten Künstler auf einmal tödten können.

1./15. Juni 1805

zu 41: ᵃ *dazu im Kopf von der Hand Landgraf Ludwigs X.*: Durch Verlegung dieses schon lange erhaltenen Berichts kann ich ihn erst jetzt schicken, da ich ihn wiedergefunden habe. D[arm]s[ta]dt den 3. July 1805, Ludwig L. ᵇ *folgt gestr.:* über ᶜ *folgt gestr.:* hängen und ᵈ *über der Zeile nachgetragen* ᵉ *Textlücken durch Brandschaden* ᶠ *folgt gestr.:* rechter

[1] *Hessischer Sondergesandter bei den Feierlichkeiten zur Mailänder Krönung Napoleons mit der „Eisernen Krone" der Langobarden am 23. Mai 1805 war der landgräfliche Generaladjutant Oberst Hendrik van Oyen; vgl. HDLZ vom 8. Juni 1805. Die Zeitung hatte noch am 14. Mai aus Italien berichtet:* Der Königl. preußische Minister Humboldt geht mit seinem Bruder, dem Reisevirtuosen, von Rom nach Mailand zur Krönung. *Daß H. zugleich hessischer Ministerresident war, hat man in der Darmstädter Redaktion offenbar nicht gewußt. Für den tatsächlich erteilten Auftrag zur Vertretung Preußens bei der Krönung in Mailand vgl. H.s Schreiben an Staatskanzler Hardenberg in Berlin vom 22. Mai 1805, HGS 16 S. 44 (Nr. 61); H. war jedoch am Krönungstag nachweislich in Rom.*
[2] *Das Konkordat mit der Italienischen Republik vom 16. Sept. 1803 ist abgedr. bei* MARTENS, *Recueil des traités, Suppl.* 3, 1805, S. 559.
[3] *Die 1805 in Rom erschienene Publikation von E. C. J.* VAN VIVERE, Le mausolée de S.A.R. Marie Christine d'Autriche, exécuté par le chevalier Antoine Canova, *findet sich im Altbestand der Darmstädter Hofbibliothek (heute Hess. Landes- und Hochschulbibliothek Darmstadt).*
[4] *In Rom ist heute nur noch die vielfach abgebildete Statue der Fürstin Paolina Borghese als Venus victrix in der Villa Borghese. Die Marmorfassung der ebenfalls vieldiskutierten „klassischen" Darstellung Napoleons kam 1811 ins Napoleon-Museum in Paris, dann als Kriegsbeute Wellingtons ins Wellington-Museum im Londoner Apsley House; einen Bronzeguß besitzt das Museo di Brera in Mailand (s. Abb. 17). Die Sitzstatue der Madame Mère befindet sich in der Sammlung des Duke of Devonshire im Chatsworth House.*
[5] *Canovas Darstellung von Theseus mit dem Zenturen steht im Kunsthistorischen Museum in Wien, der Palamedes in der Villa Carlotta in Cadenabbia.*
[6] *August v.* KOTZEBUE *gibt in seinen* Erinnerungen von einer Reise aus Liefland nach Rom und Neapel, *Tl. 2, Berlin 1805, S. 435–446, eine ausführliche Schilderung der Canova-Werkstatt und des fast fertiggestellten Grabmals der Herzogin von Sachsen-Teschen.*

42 Bericht Nr. 12/1805   Rom, 15. Juni 1805

Ausfertigung StAD E 1 M Nr. 93/3 fol. 23 f; ps. 5. Juli 1805.
MATTSON Nr. 1356.

Staatliche Neuordnung in Oberitalien. Organisation des mit Frankreich vereinigten Gebiets der ligurischen Republik (Genua). Unsicherheit über die Zukunft von Lucca, Parma und Piacenza. Weitere Ernennungen im Königreich Italien. Flottenkommando Jérome Bonapartes in Genua. Verstimmung zwischen Napoleon und Neapel. Englische Flottenbewegungen. Herabsetzung der etrurischen Truppenzahlungen. Beendigung des amerikanischen Seekriegs gegen Tripolis. Reisepläne Erbprinz Ludwigs von Bayern. Darstellung der Konkordats-Unterzeichnung durch den französischen Maler Wicar.

Die beiden wichtigsten Begebenheiten, welche sich, seit Abgang meines letzten unterthänigsten Berichts an Ew. Lg. Dl., im oberen Italien zugetragen haben, sind so unmittelbar durch die öffentlichen Blätter bekannt gemacht worden, daß Ew. Lg. Dl. bereits alle Hauptumstände derselben erfahren haben werden. Sowohl die eine als die andere, die Aufhebung der politischen Existenz Genuas und Lucca's, hatte man seit längerer Zeit voraussetzen können; allein unerwartet war es vielleicht, daß Genua geradezu mit Frankreich vereinigt wurde, und die Entscheidung des Schicksals von Lucca ist uns noch unbekannt[1]. Der Gonfaloniere und die Aeltesten (Anziani) haben bis jetzt nur den Kaiser Napoleon gebeten, ihnen eine neue politische Verfassung zu geben, und ihre Regierung einem Französischen Prinzen anzuvertrauen. Man vermuthete anfangs, daß dies Lucian Bonaparte seyn würde; allein die letzten Briefe aus Mailand nennen den Prinz Piombino (Baciocchi) als dazu bestimmt, und da das Decret der Regierung von Lucca nur allgemein von einem Prinzen der Familie des Kaisers spricht, so scheint dasselbe allerdings auch seine Schwäger keineswegs auszuschließen[2]. Von Parma und Piacenza ist bis jetzt noch nichts Entscheidendes bekannt geworden; allein das Decret, das alle Lehenrechte und Fideicommisse in diesen beiden Staaten abschaft, und an der Stelle des Römischen Rechts das Napoleonische Gesetzbuch in dieselben einführt, läßt eine baldige Vereinigung dieser Länder mit Frankreich vermuthen.

In Genua und Mailand ist man gegenwärtig mit der innern Organisation dieser Länder beschäftigt. In Genua ist der Minister Champagny angekommen; die alte Verfassung ist abgeschaft; die Französische Fahne überall aufgesteckt worden, und ein aus mehreren Artikeln bestehendes Decret theilt ganz Ligurien in drei Departementen (Genova, Montenotte und Degli Apennini) ab, und bestimmt die administrative und gerichtliche Verfassung derselben. Ein Stück des ehemaligen Piemonts (nemlich die Districte von Bobbio, Voghera, Tortona, Leva und Acqui) ist vermöge desselben mit Ligurien verbunden, dagegen wird der Winkel Liguriens, der am rechten Ufer der Taggia liegt und die Districte von S[an] Remo und Ventimiglia enthält, zu dem[a] Département der Alpes maritimes geschlagen. Genua ist zu einem Freihafen erklärt, und die Zölle zwischen Ligurien und Piemont sollen noch im Laufe dieses Jahres aufgehoben werden.

In Mailand sind mehrere Ernennungen vorgenommen worden. Außer der des Prinzen Eugen zum Vicekönig, sind die merkwürdigsten die der Mitglieder des geheimen Raths, welchen Melzi, Luosi und Prina ausmachen werden, des Staatssecretaires (der sich immer in Paris aufhalten wird) in der Person Paradisi's, des Intendanten der Krongüter in der Contarini's, und des Präsidenten des öffentlichen Unterrichts in der Moscati's. Marescalchi bleibt Minister der auswärtigen Angelegenheiten in Paris. Für die Unterhaltung des Hofes des Vicekönigs sollen 6 Millionen Mailändischer Liren (etwa 2 100 000 fl.) bestimmt seyn, und für die Unterhaltung der im Lande befindlichen Französischen Truppen wird Frankreich, wie man versichert, 30 Millionen (etwa 10 650 000 fl.) jährlich erhalten. Die Einkünfte der bisherigen Italienischen Republik wurden auf 80 Millionen Liren (etwa 28 400 000 fl.) geschätzt und nur mit Mühe wird man dieselben auf 100 Millionen (etwa 35 1/2 Million fl.) bringen können.

15. Juni 1805

Der Kaiser Napoleon ist den 10. d. von Mailand nach Brescia zum Lager bei Monte Chiaro, das aus 33 000 Mann bestehen soll, und Bologna abgegangen, und wird den 26. d. in Genua erwartet. Von da, heißt es, wird er geradezu nach Frankreich zurückkehren.

Sein Bruder Jerôme ist fortdauernd in Genua, wo er das Commando über drei Französische, im Hafen befindliche Schiffe übernommen hat. Jedoch ist er auf 24 Stunden in Mailand gewesen.

Von den übrigen Italienischen Staaten scheint sich der Hof von Neapel in einiger Verlegenheit zu befinden. Er hatte den Prinzen Carditto zwar nach Mailand an den Kaiser gesandt, aber denselben nicht mit Beglaubigungsschreiben an den Kaiser, als König von Italien versehen. Vielmehr scheint es, als habe er seiner Anerkennung dieses neuen Titels Bedingungen hinzufügen wollen. Dies hat, wie Mailänder Briefe versichern, zu sehr starken Aeußerungen des Kaisers gegen den Prinzen Carditto am öffentlichen Hofe Anlaß gegeben, und man behauptet, daß der erstere jetzt auf eine einfache und schleunige Anerkennung dringe. Der Marquis Circello, welcher zum ersten Minister in Neapel bestimmt ist, ist vor wenig Tagen auf einem Englischen Transportschiffe, von einer Corvette und einem Cutter begleitet, in Neapel angekommen[3]. Da er aber über Gibraltar gegangen war, so muß er eine Quarantaine von 40 Tagen machen, welche von seiner Abreise von Gibraltar an gerechnet werden, und zu welcher ihm ein Haus bei Pausilippo angewiesen worden ist. Bei Gelegenheit seiner Ankunft hat man zugleich erfahren, daß die Englische Expedition unter Befehl des Generals Craig, welcher 4 500 Mann Landungstruppen bei sich hat, in Gibraltar angekommen ist. Die Neapolitanischen Briefe fügen hinzu, daß selbige bis auf Weiteres auch daselbst bleiben solle. Allein indeß sind, wie in der letzten Genuesischen Zeitung angegeben wird in Genua beim Capo delle Mele etwa 40 Segel in See gesehen worden, und man kann kaum eine andre Vermuthung machen, als daß dies dieselbe Escadre gewesen sey. Einige Personen behaupten sogar schon von ihrer Ankunft in Malta Nachricht zu haben. Doch ist dies Gerücht unstreitig zu voreilig, und immer ist es nicht leicht zu begreifen, wie ein Geschwader, das für Malta bestimmt seyn soll, die Ligurischen Küsten berührt.

Von Lord Nelson ist die letzte in Neapel angekommene sichere Nachricht vom 9. v. M. Er befand sich damals im Angesichte des Vorgebirges St. Vincente[4].

Die Königin von Etrurien hat von dem Kaiser Napoleon eine sehr beträchtliche Erleichterung in Absicht dessen, was ihre Staaten bisher für die Unterhaltung der Französischen Truppen zahlten, erhalten. Es werden von jetzt an nur 60 000 Französische Livres monatlich bezahlt werden, die wenig über ein Drittel des bisherigen Beitrags ausmachen.

Der Englische Gouverneur Ball in Malta hat dem Gesandten seines Hofes in Neapel gemeldet, daß der Friede zwischen den vereinigten Staaten Nordamerica's und Tripolis endlich wirklich zu Stande gekommen sey. Die

Bedingungen, die unmöglich sehr vortheilhaft für die vereinigten Staaten seyn können, sind aber noch nicht bekannt[5].

Man erwartet in wenigen Tagen einen neuen Portugiesischen Gesandten hier. Der bisherige Geschäftsträger Gr[af] Souza, ein thätiger und talentvoller junger Mann, hat von seinem Hof in Rücksicht auf die Verdienste seines Vaters, eine Pension von jährlichen 6000 Scudi (etwa 15500 fl.) bekommen[6]. Se. Hf. Dl. der Erbprinz von Baiern sind gestern Nacht von hier abgereist. Se. Dl. gehen von hier zunächst über Livorno nach Florenz und erst, wenn Sie Ihre Reise durch ganz Italien und das mittägliche Frankreich vollendet haben, im Herbst nach Paris. Der Geheime Rath Kirschbaum, welcher den Kurprinzen bisher begleitete, ist plötzlich zurückberufen worden, und der General Graf Reuss aus München hierhergekommen, um an seiner Stelle die Reise mit dem Prinzen zu vollenden[7]. – Der Cardinal Fesch ist vorgestern von Mailand über Pesaro hier eingetroffen.

Der Maler Vicar, ein Franzose, hat in diesen Tagen ein Gemälde vollendet, das vorzüglich seines Gegenstandes wegen merkwürdig ist. Es stellt die Schließung des Päpstlichen Concordats mit Frankreich vor. Der Papst sitzt in der Mitte an einem Tisch und überreicht dem vor ihm stehenden Cardinal-Staatssecretaire Consalvi das unterzeichnete Concordat. Zur Linken sitzt der Cardinal De Pietro und liest in einem Papier, welches die Aufschrift „Voto del Sagro Collegio" führt, und zur Rechten sitzen die Cardinäle Spina und Caselli und reden mit einander. Durch eine ofne Thür sieht man noch Monsignor Braga, Capellano segreto des Papstes. Da de Pietro, Spina und Caselli zur Zeit der Schließung des Concordats noch nicht Cardinäle waren, so hat der Maler die verschiedene Kleidung, die sie als Praelaten trugen, benutzt, mehr Mannigfaltigkeit in das Ganze zu bringen, und zugleich eine große Fertigkeit in Behandlung der verschiedenen Stoffe gezeigt. Die Aehnlichkeit aller Personen ist sprechend und auch übrigens ist in der Behandlung viel Verdienstliches. Das Bild ist für Paris bestimmt. Eine kleine Zeichnung desselben Gegenstandes, auf der aber nur der Papst und der Cardinal Consalvi allein vorgestellt sind, hatte derselbe Maler schon vor zwei Jahren gemacht und in Kupfer stechen lassen[8].

Soeben erhalte ich neuere Briefe aus Mailand, nach welchen es nicht Paradisi, sondern Aldini (jedoch nicht der bekannte Gelehrte dieses Namens) ist, der als Staatssecretaire in Paris angestellt wird. Auch meldet man, daß der ehemalige Vice Praesident Melzi Urlaub erhalten hat, in ein Bad in den Pyrenaeen zu gehen, und man vermuthet, daß er von da auf seine Güter in Aragonien gehen, und sich so gut als ganz von den Geschäften zurückziehen dürfte.

---

zu 42: [a] *folgt gestr.:* Fran

[1] *Die durch ein Dekret des Senats der Ligurischen Republik vom 25. Mai 1805 eingeleitete Vereinigung mit Frankreich war in einem Staatsakt anläßlich von Napoleons*

18 Kardinalstaatssekretär Ercole Consalvi übergibt Papst Pius VII. die französische Konkordats-Urkunde vom 15. Juli 1801 (Stich nach Zeichnung von John Wicar).

19 Die Tiara Papst Pius VII.

Besuch in Genua am 4. Juni vollzogen worden; die formelle Proklamation durch den französischen Sondergesandten Champagny folgte am 9. Juni; für die Texte vgl. MARTENS, Recueil des traités, Suppl. 4, S. 120 f; vgl. dazu die ausführlichen Berichte in der HDLZ am 15. und 18. Juni 1805.

[2] *Napoleons älteste Schwester Elisa und ihr Mann, der korsische Senator Felice Baciocchi, waren am 18. März 1805 zu Fürsten von Piombino ernannt worden, wobei Napoleon ausdrücklich auf die Rolle Piombinos als Zugang nach Elba und Korsika hinwies; vgl. den Bericht in der HDLZ vom 6. April 1805. Die Übertragung der vormaligen Republik Lucca an das Fürstenpaar, um die Gonfaloniere und Älteste in formellen Beschlüssen vom 4. und 12. Juni 1805 ersucht hatten, wurde mit der von Napoleon am 24. Juni 1805 in Bologna unterzeichneten Verfassung des nunmehrigen Fürstentums vollzogen. Im Zuge der am 30. März 1806 verfügten Veränderungen wurden die Baciocchi dann mit Angliederung der entsprechenden Gebiete Herzöge von Massa-Carrara. Abdruck der einschlägigen Texte bei* MARTENS, *Recueil des traités, Suppl. 4, S. 139–157 und 261 f.*

[3] *Tommaso Somma Marchese de Circello, bis 1800 Gesandter Neapels in London, wurde nach dem Tod Antonio Micheroux im Sommer – nach einem Interim unter Prinz Luzzi – Staatssekretär der auswärtigen Angelegenheiten: siehe* **47** *und oben* **15**.

[4] *Tatsächlich war Nelson, der die vereinigte spanisch-französische Flotte nach Westindien verfolgte, bereits am 4. Juni vor Barbados und wenige Tage später in Antigua eingetroffen; vgl. den Bericht der HDLZ vom 27. Juli 1805; die Zeitung berichtete aufgrund der in London und Paris veröffentlichten Depeschen regelmäßig über die Flottenbewegungen.*

[5] *Die Vereinigten Staaten hatten nach Aufkündigung eines 1796 geschlossenen „Freundschaftsvertrags", der amerikanische Schiffe gegen die Seeräuberei der Barbaresken schützen sollte, einen mehrjährigen Seekrieg gegen den Pascha von Tripolis geführt; für die Bedingungen des tatsächlich erst am 3. Juli 1805 abgeschlossenen Vertrags siehe* **51** *mit Anm. 6.*

[6] *Der Sohn des zur Jahreswende 1803/04 verstorbenen Gesandten Alesandro Domingo Conde de Souza Holstein wird im Repert. d. dipl. Vertreter nicht als Geschäftsträger geführt; Nachfolger wurde José Manoel Pinto; siehe auch* **45**.

[7] *Zur Ablösung Kirschbaums durch den kgl. Generaladjutanten Graf Heinrich LII. Reuß vgl. H.* GOLLWITZER, *König Ludwig I., S. 102; vgl. auch HDLZ vom 6. Juli 1805.*

[8] *Das Gemälde des seit 1800 in Rom ansässigen Malers Jean Baptiste Wicar (auch Vicar, Vicart) zur Verherrlichung des Konkordats hängt heute wieder in der Villa Barberini am päpstlichen Sommersitz Castel Gandolfo; vgl. die Abb. des am Schluß erwähnten Stichs Abb. 18, S. 167.*

43 Bericht Nr. 13/1805 Rom, 26. Juni 1805

Ausfertigung StAD E 1 M Nr. 93/3 fol. 25 f; ps. 12. Juli 1805.
MATTSON Nr. 1363.

Französische Truppenbewegungen. Ernennung Baciocchis zum Herzog von Lucca. Die Töchter des letzten Herzogs von Parma. Die von Napoleon gestiftete Papst-Tiara.

Es hat sich zwar seit der Abreise des Kaisers Napoleon aus Mailand keine eigentlich neue, nicht schon leicht vorherzusehende Begebenheit in Italien zugetragen; indeß halte ich es dennoch für meine Pflicht, Ew. Lg. Dl. die wenigen Nachrichten unterthänigst einzuberichten, die in diesen nächstverflossenen Tagen zu meiner Kenntniß gekommen sind.

Die Truppen, welche das Lager von Monte Chiaro ausmachten, sollen, wie die letzten Briefe aus dem oberen Italien versichern, nicht sogleich wie-

15./26. Juni 1805

der in ihre alten Standquartiere zurückkehren. Man behauptet vielmehr, daß dieselben Bewegungen gegen die Etsch zu machen, und an den Ufern dieses Flusses in Cantonnirungsquartiere gelegt werden sollen. Diejenigen Personen, welche immerfort an das Wiederausbrechen eines Landkriegs denken, deuten diese Maßregel, die noch dazu (wenn sie auch gegründet seyn sollte) vielleicht nur vorübergehend wäre, auf feindselige Absichten gegen Oesterreich, und verbinden damit die in den Kaiserlich-Königlichen Staaten neuerlich gemachten Bewafnungen und Zusammenziehungen von Truppen. Allein diese Vermuthungen scheinen glücklicherweise, sowohl durch die kleine Zahl der bei Monte Chiaro versammelt gewesenen Truppen, als durch die allgemeine Lage Europas widerlegt zu werden.

Man glaubt allgemein, daß die Anerkennung des neuen Königs von Italien durch den Neapolitanischen Hof nunmehr geschehen sey. Zugleich sagt man, daß 8000 Mann Französischer Truppen aufs neue in das Königreich Neapel zurückmarchiren.

Die Nachricht, daß der Schwager des Kaisers, Baciocchi, Herzog von Lucca geworden sey, bestätigt sich[1]. Briefen von Lucca zufolge ist das Decret hierüber schon öffentlich bekannt gemacht worden. Von Lucian Bonaparte in Pesaro bemerkt man, daß er sich nicht mehr General Boyer, sondern Lucian, Bruder des Französischen Kaisers nennt, und von mehr Wagen und Bedienten, als bisher, begleitet, ausfährt. – Die Herzogthümer Parma und Piacenza sollen jetzt wirklich zur 29. Militair-Division Frankreichs erklärt seyn[2].

Da der Peterstag herannaht, so erneuert sich abermals das Gerücht, daß der Neapolitanische Hof eine Uebereinkunft mit dem hiesigen über die nun schon so viele Jahre unterlassene Sendung des Zelters getroffen habe[3]. Ich habe indeß starke Gründe zu bezweifeln, daß hierüber in der That etwas zu Stande gekommen sey, obgleich es der Neapolitanische Hof, soviel ich habe erfahren können, nicht hat an Versuchen fehlen lassen, den hiesigen zu vermögen, die gewöhnliche Protestation entweder ganz zu unterlassen, oder doch auf irgendeine Weise zu mildern. Merkwürdig ist es, daß, wie man versichert, die Engländer seit der ganzen Zeit, da sie Malta in Besitz haben, jedes Jahr den Falken nach Neapel schicken, welchen[a] Karl 5. den Rittern auferlegt hatte alljährlich am Tage Allerheiligen als ein Zeichen der Anerkennung der Lehnsherrschaft dahin zu senden[4].

Das Gerücht, daß die Expedition unter den Befehlen des General Craig wirklich in Malta angekommen sey, erhält sich noch immer.

Die Infantin Charlotte, Tochter des letztverstorbenen Herzogs von Parma, welche als Nonne in den Orden der Dominicanerinnen getreten ist, ist vor wenigen Tagen aus Colorno hier eingetroffen. Sie wurde von dem ehemaligen Spanischen Gesandten in Parma, Marchese della Grua, hieher begleitet und begab sich sogleich nach dem Kloster S[an] Domenico e Sisto auf dem Quirinalischen Hügel, in welchem sie ihre Tage zuzubringen beschlossen hat. Ihre Schwester, die Infantin Antonia ist noch in Parma

Bericht 43

geblieben, da sie zu dem auch in Frankreich fortbestehenden Orden der Ursulinerinnen gehört. Man glaubt indeß, daß auch sie sich in einiger Zeit hierher begeben wird.

Der Papst hat nunmehr die Tiara, oder dreifache Krone (das sogenannte Triregno) empfangen, welche der Kaiser Napoleon ihm zum Geschenk gemacht hat, die aber bei seiner Abreise aus Paris noch nicht fertig war. Sie besteht in einer hohen Mütze, die von drei in Gold gearbeiteten Ringen oder Kronen umgeben ist. Jede dieser Kronen ist in Perlen eingefaßt, und mit Rubinen, Saphiren und Smaragden von bedeutender Größe besetzt. Jede ist überdieß mit einem kleinen goldenen Basrelief versehen. Aus dem obersten dieser Basreliefs ist die Wiederherstellung der Katholischen Religion in Frankreich, auf dem mittleren die Schließung des Französischen Concordats, auf dem untersten die Kaiserkrönung in Paris vorgestellt. In dieser letzten Vorstellung setzt sich der Kaiser Napoleon selbst die Krone auf, und der Papst steht zwischen ihm und der Kaiserin. Der Grund dieser Tiara, der bei der ehemaligen ganz und gar aus ächten Perlen bestand, ist von glacirtem weißen Sammet, und auf der Spitze ist der große Smaragd Gregors 13. welcher ehemals die größeste der Päpstlichen Tiaren schmükte und den die Franzosen von hier mit wegnahmen. Er wiegt 404 1/2 Karat, ist in Form des Felsen Petri geschnitten, wie man denselben auf dem Päpstlichen Wappen sieht, und rund herum ist der Name des Papstes Gregorius 13. eingegraben. Auf demselben erhebt sich ein diamantenes Kreuz. Man findet allgemein, daß diese Tiara ungleich schöner und geschmackvoller gearbeitet, aber minder reich ist, als die ehemalige. Denn Papst Pius 6. besaß derer viere, drei große und eine kleinere, deren er sich gewöhnlich bediente. Alle aber wurden auseinandergenommen, um mit den an denselben befindlichen Edelsteinen einen Theil der von den Franzosen geforderten Contribution zu bezahlen[5].

Briefe aus Mailand versichern, daß Melzi die ihm zum Zeichen der öffentlichen Dankbarkeit angetragenen Nationalgüter ausgeschlagen hat. Er geht nicht, wie man anfangs behauptete, nach den Pyrenaeen, sondern nach Spa.

Der hiesige erste Französische Gesandtschaftssecretaire Artaud ist von hier nach Florenz versetzt, und der bisher in der gleichen Qualität in Florenz gestandene Simeon hierher berufen worden. – Der Oesterreichische Gesandschaftssecretaire Ritter von Lebzeltern geht auf einige Monate auf Urlaub nach Wien.

So eben erhalten wir hier die Nachricht, daß der Großmeister des Ordens der Malteser-Ritter Tommasi am 13. d. M. nach einer sechswöchentlichen Krankheit verstorben ist. Ehemals wurde in einem solchen Fall der Hafen von Malta sogleich geschlossen, und man erfuhr den Tod des Großmeisters auswärts immer nur zugleich mit der schon vollzogenen Wahl seines Nachfolgers. Jetzt, da der Orden sich zu Catania, also in einem fremden Lande befindet, hat eine solche Vorsicht nicht angewendet werden können. Man

26. Juni 1805

ist nicht einmal gewiß, ob die in Catania vorhandenen Ritter es wagen werden, den Statuten des Ordens gemäß, sogleich zu einer neuen Wahl zu schreiten, oder ob sie für nöthig halten, erst über die vorzunehmende Wahl die Gesinnungen der vornehmsten Höfe zu Rathe zu ziehen[6]. Der Cardinal Fesch hat diesen Todesfall sogleich durch einen außerordentlichen Courier dem Kaiser Napoleon gemeldet.

Da heute vormittag ein Consistorium zur Proclamirung mehrerer Bischöfe gehalten worden ist, in welchem der Papst den versammelten Cardinälen zugleich eine Art von Rechenschaft über seine Reise nach Frankreich abgelegt hat, so wage ich es, ein Exemplar dieser sogenannten Allocution Ew. Lg. Dl. in der Anlage unterthänigst beizuschließen[7].

zu 43: [a] *folgt gestr.:* als

[1] *Vgl. bereits* **42** *mit Anm. 2.*
[2] *Die vormaligen Herzogtümer Parma und Piacenza gehörten an sich schon seit 1801/02 zu Frankreich. Für die im Frühsommer kursierenden Gerüchte, Napoleon wolle seine Mutter zur Herzogin von Parma und Piacenza machen, vgl. HDLZ vom 6. Juli 1805. Die formelle Angleichung an die französischen Departements begann mit der Einführung des Code Napoleon am 3. Juni 1805; die endgültige Gleichstellung wurde am 21. Juli 1805 verfügt; vgl.* MARTENS, *Recueil des traités, Suppl. 4, S. 115 ff.*
[3] *Bei der Belehnung Karls von Anjou mit Neapel 1265 war festgelegt worden, daß er und alle Nachfolger dem Papst als Huldigungs-Tribut alljährlich 8 000 Unzen Gold und ein Reitpferd* (unum palafridum album pulchrum et bonum) *liefern sollten. Nach einer ersten Kontroverse 1775 hatten die bourbonischen Könige von Neapel und Sizilien 1788 entschieden, daß sie den Zelter, die sogenannte „chinea", künftig nur noch als Geschenk an die Heiligen Petrus und Paulus, nicht mehr in der herkömmlichen, zeremoniellen Form des Lehnstributs leisten wollten, was die Kurie mit einem formellen Protest beantwortete, der künftig an jedem 29. Juni wiederholt wurde. Vgl. dazu die Denkschrift des Kardinals Stefano* BORGIA, *Breve istoria del dominio temporale della sede Apostolica nelle due Sicilie, Rom 1788/89, sowie G.* LIOY, *L'abolizione della Chinea, in: Arch.sto. per la prov. Napoletane 7, 1882.*
[4] *Die jährliche Lieferung eines Malteser-Falken an den Vizekönig von Sizilien als ewiges Zeichen des Danks für die Genehmigung zur Niederlassung des aus Rhodos vertriebenen Ordens auf Malta hatte das Generalkapitel 1527 beschlossen.*
[5] *An der noch heute in der Sakristei der päpstlichen Kapelle verwahrten Tiara wurden die beschriebenen* Bas-Reliefs *offensichtlich später zumindest teilweise durch Schriftplatten ersetzt bzw. überdeckt; siehe Abb. 19, S. 167.*
[6] *Nach der englischen Besetzung Maltas hatte zunächst Zar Paul I. von Rußland das Großmeisteramt des abgesetzten Ferdinand v. Hompesch übernommen; siehe* **15, 16.** *Da sein Sohn und Nachfolger Alexander I. sich auf die Protektor-Rolle beschränkte, wurde am 16. Sept. 1802 zunächst Bartolomeo Ruspoli und nach dessen Verzicht am 9. Febr. 1803 Giovanni Battista Tommasi gewählt, der in Catania residierte; vgl. M.* MONTERISI, *Storia politica S. 221 f. Zum Tode Tommasis siehe HDLZ vom 20. Juli 1805; zur Nachfolgefrage* **45,** *unten S. 173 f.*
[7] *Die wohl wiederum gedruckte* Allocution *liegt nicht bei den Akten.*

44 Bericht in Kirchensachen   Rom, 26. Juni 1805

Ausfertigung StAD E 5 B 2 Nr. 12/3 fol. 8f; ps. 13. Juli 1805[a].
MATTSON Nr. 1364.

Ehedispens für Hofgerichtsrat A. J. Joss. Bemühungen um Kostenermäßigung. Vorschlag zur Einrichtung eines Vorschuß-Fonds zur Beschleunigung entsprechender Verfahren.

Ew. Lg. Dl. M[inisterial-] D[epartement] des Innern hat mir per extractum protocolli vom 30. pr[ioris] welcher hier am 18. huj[us] eingegangen ist[1], aufgetragen, für den L[andgräfl.] Hofgerichtsrath und Amtskeller Joss und die Theresa Heydel in Lampertheim, ehemaliger Wormser Diöcese, die nöthige Ehedispensation auszuwirken.

Dieser Befehl war bloß von der an den Papst gerichteten Bittschrift der Supplicanten begleitet. Da aber Ehedispensationsgesuche, der hiesigen Praxiß gemäß, immer von einem Zeugniß des Bischofs der Dioecese, oder wenigstens des Vicarii generalis, oder eines andern geistlichen Obern unterstützt seyn müssen, so fürchtete ich anfangs, daß mir die Erhaltung der Dispensation für den Augenblick nicht gelingen würde. Indeß habe ich es dennoch durch dringende Empfehlung bei dem Cardinal-Prodatarius dahin gebracht, daß der Papst dieselbe bewilligt hat, und ich würde dieselbe schon heute Ew. Lg. Dl. unterthänigst einzusenden im Stande seyn, wenn ich mich nicht genöthigt sähe, erst wegen des Kostenpunktes noch vorläufig einzuberichten.

Meinen allgemeinen Instructionen gemäß, habe ich nicht versäumt, in meinem Antrag bei dem Cardinal-Prodatarius zugleich die möglichste Kostenermäßigung zu empfehlen, und in der That muß ich gestehen, daß man hierauf eine nicht geringe Rücksicht genommen hat. Denn da eine Ehedispensation in secundo gradu affinitatis attingente primum sine causa pro ex[b] honestis der Taxe nach gegen 1 200 Scudi kosten würde, hat man hier die Bestimmung dergestalt gemacht, daß alle Kosten ohne Ausnahme werden mit 200 Scudi bestritten werden können. Indeß scheint mir auch diese Summe noch immer sehr beträchtlich, zumal wenn etwa der Rath Joss wenig oder gar kein eigenes Vermögen besitzen, sondern bloß von seinem, vielleicht nur zu seinen gewöhnlichen Bedürfnissen hinreichenden Gehalte leben sollte. Ich habe daher erst vorläufig bei Ew. Lg. Dl., in der Unbekanntschaft mit diesen Umständen, anfragen wollen, ob Höchstdieselben befehlen, daß ich noch einmal auf eine anderweitige Ermäßigung antragen soll?

In diesem Fall müßte ich aber Ew. Lg. Dl. unterthänigst bitten, mich mit einem wo möglich recht bestimmt und dringend abgefaßten Zeugniß des Generalvicars, in welchem die gänzliche Vermögenslosigkeit oder wenigstens der geringe Vermögenszustand des Raths Joss bescheinigt würde, zu versehen. Mit Hülfe eines solchen Zeugnisses hoffte ich wohl noch ein Viertel der Summe oder mehr zu ersparen; ohne dasselbe aber dürfte ich mir schwerlich mit einer anderweitigen Verminderung schmeicheln.

26. Juni / 3. Juli 1805

Wenn der Rath Joss zugleich seine Dispensation bald zu haben wünscht, so würde er gut thun^c, einem hiesigen Banquier Auftrag zu geben, mir die zur Auslösung derselben nöthigen Gelder, und eventualiter bis zur Concurrenz von 200 Scudi auf mein Verlangen auszuzahlen. Denn die Ausfertigungen der hiesigen Tribunäle werden nie anders als nach Berichtigung der Gebühren verabfolgt, und ich würde mich außer Stande sehen, einen so beträchtlichen Vorschuß aus dem Meinigen zu machen.

In dieser Rücksicht erlauben mir Ew. Lg. Dl. vielleicht eine allgemeine Bemerkung. Die Besorgung der Aufträge in geistlichen Angelegenheiten wird erstaunlich aufgehalten, wenn jedesmal nach Bewilligung eines Gesuchs, aber vor Ausfertigung des demselben entsprechenden Decrets die nothwendigen Gelder von auswärts her erwartet werden müssen. Dennoch ist es, wie Ew. Lg. Dl. gewiß gnädigst einzusehen geruhen, unmöglich andere als sehr kleine Auslagen aus dem Meinigen zu machen. Deshalb haben Se. Majestät der König von Preussen und der Fürst von Oranien-Fulda die Einrichtung getroffen, mich ein für allemal mit einem Vorschußfonds zu versehen. Aus diesem leiste ich die jedesmalige Zahlung, und zwar, wo mir der Fall unbedenklich scheint, sogleich und ohne Anfrage, und berichte den Betrag der geleisteten Zahlung ein. Diese wird mir alsdann sogleich wiederum erstattet, und auf diese Weise leidet der Vorschußfonds niemals eine Verminderung. Zugleich lege ich alle Jahre eine vollständige Rechnung über den selben ab. Noch muß ich bemerken, daß alle Wiedererstattungen geleisteter Zahlungen an mich nicht durch die Partheien, sondern durch die Landesherrlichen Cassen geschehen, welche in der That auch besser im Stande sind, die Extrahenten zu denselben anzuhalten.

Ich wage es nicht zu entscheiden, ob Ew. Lg. Dl. es nicht für zweckmäßig halten sollten, eine ähnliche Einrichtung auch für Höchstihre katholische Unterthanen zu treffen.

---

zu 44: ^a*im Kopf des Berichts außer dem Eingangsvermerk die Verfügung:* Detur zum Landgräf[lich]en Ministerial-Departement des Inneren. Besch[luß] M[in.-] D[ep.] d. a[usw.] A[ngelegenheiten], den 17. Juli 1805. Lichtenberg ^b*über der Zeile nachgetragen* ^c*folgt gestr.:* mich mit

¹ *Konzept vom 30. Mai 1805 mit dem gesamten Vorgang StAD E 5 B 2 Nr. 12/3; vgl.* MATTSON *Nr. 9004.*

45 Bericht Nr. 14/1805 Rom, 3. Juli 1805

Ausfertigung StAD E 1 M Nr. 93/3 fol. 27; ps. 18. Juli 1805^a.
MATTSON Nr. 1371.

Kontroversen um die Wahl eines neuen Johanniter-Großmeisters. Stationen der Reise Kaiser Napoleons nach Mantua. Ernennungen in Genua. Ankunft des neuen portugiesischen Gesandten in Rom.

Ew. Lg. Dl. werden aus meinem letzten unterthänigsten Bericht den Tod des Großmeisters von Malta, Tommasi, zu ersehen gnädigst geruhet haben.

Seitdem ist hier bereits die Nachricht der neuen, von den in Catania versammelten Rittern vorgenommenen Wahl eingelaufen, welche jedoch noch nicht als entscheidend anzusehen ist, sondern noch einer anderweitigen Bestätigung bedarf.

Die Wahl eines Großmeisters des Maltheserordens geschieht bekannterweise, den Statuten des Ordens gemäß, nach der Stimmenmehrheit der verschiedenen Zungen. Da aber gegenwärtig die Zahl der in Catania anwesenden Ritter nicht groß genug war, um eine eigentliche Vertheilung in Zungen zu erlauben, so beschlossen sie Eine allgemeine Versammlung zu bilden und auf diese Weise zur neuen Wahl zu schreiten. In dieser Versammlung nun befanden sich 36 stimmgebende Ritter, von denen 22 ihre Stimmen einem Neapolitaner, dem Grafen Caraccioli di S. Elmo, 9 einem Venetianer, dem Grafen Miari, und 5 einem Spanier dem, vom verstorbenen Großmeister, auf seinem Todesbette, zum Lieutenant ernannten Ritter Guevara ertheilten[1]. Hiernach wäre demnach der Gr[af] Caraccioli Großmeister geworden. Es scheint aber, als habe ein Theil der Ritter Unzufriedenheit mit dieser Wahl bezeigt, weil bei derselben die Neapolitaner und Sicilianer, welche die Ritter der anderen Nationen bei weitem an Zahl übertreffen, ein in die Augen fallendes Uebergewicht gehabt hatten, und alle haben besorgt, ihre Wahl möchte, als nicht genau den Ordensstatuten entsprechend, für unregelmäßig und ungültig erklärt werden. In dieser Verlegenheit haben sie beschlossen, den Gr[afen] Caraccioli fürs erste nicht Großmeister, sondern Adspiranten zum Großmeisterthum zu nennen, und zwei Ritter, Trotti und Guron, nach Rom zur Erforschung der Gesinnungen des Papstes zu schicken. Diese sind am 21. v. M. von Catania abgegangen, und werden heute oder morgen hier erwartet. Es ist nicht wahrscheinlich, daß der Papst eine so wichtige Angelegenheit für sich, und ohne die dabei interessirten Höfe zu Rathe zu ziehen, entscheiden werde. Die große Frage ist nun, ob man es für nöthig halten wird, die Stimmen der verschiedenen Ordenspriorate einzuholen, oder man es dem Papst überlassen wird, unter den drei von den Rittern in Catania vorgeschlagenen Kandidaten[b] einen nach eigener Willkühr zu wählen.

Der Kaiser Napoleon kam am 16. v. M. in Verona an, und reiste am folgenden Tage wieder von da ab. Er ging aber nicht geradezu nach Mantua, sondern besuchte erst Legnago[!], nachdem er bis dahin den Ufern der Etsch gefolgt war. Unmittelbar nach seiner Abreise von Verona wurden 12[c] Kanonen schweren Geschützes nach Mantua gesendet und 5 Cavallerie Regimenter erhielten Befehl an den Ufern der Etsch die Cantonnirungsquartiere zu beziehen. Doch wurden für jetzt die Fouragen nur auf 10 Tage bestellt. Nachher haben noch 3 000 Mann, gleichfalls Cavallrie, denselben Befehl erhalten. Am 24. wollte der Kaiser in Piacenza eintreffen, und hatte den Vicekönig und die Minister aus Mailand dahin beschieden. In Genua erwartete man ihn, weil er in Bologna länger geblieben war, erst am 30. v. oder 1. d. M. Man vermuthete aber, daß er sich auch dort länger aufhalten

3. Juli 1805

werde, indem er mehrere Personen, von Paris aus dahin zu kommen geschrieben hatte. Der Ex-Doge Durazzo ist zum Praefecten, und der Ex-Senator Michel Angelo Cambiaso zum Maire von Genua, beide jedoch nur provisorisch, ernannt worden.

Der neue Portugiesische Gesandte am Päpstlichen Hofe, Pinto ist vorgestern hier eingetroffen, und der Französische am Neapolitanischen, Alquier von Mailand aus hier durchgekommen, um sich nach Neapel zu begeben. – Sonst ist schlechterdings nichts vorgefallen, das Ew. Lg. Dl. Höchste Aufmerksamkeit verdiente.

zu 45: [a] *der versehentlich offenbar zunächst hier aufgebrachte Abgabevermerk für das Innen-Departement, der für den Kirchensachen-Bericht vom selben Tage bestimmt war (siehe* **46**), *ist getilgt* [b] *über der Zeile nachgetragen statt gestr.:* Rittern [c] *die Lesung der Zahl durch Papierfehler unsicher*

[1] *Guiseppe Caracciolo und der zum interimistischen Statthalter* (Luogotenente) *berufene Innigo Guevara Sardo waren Baillis, der Vizekanzler Miari Komtur des Ordens. Nach M.* MONTERISI, *Storia politica, S. 231 f, wurde als zweiter Gesandter, neben dem Bailli Graf Trotti, der Komtur Carlo Luigi [Guron] de Rechignevoisin nach Rom geschickt.*

46 Bericht in Kirchensachen   Rom, 3. Juli 1805

Ausfertigung StAD E 5 B 1 Nr. 3/3 fol. 196, 199; ps. 18. Juli 1805[a].
Konzept ZStADDR Merseburg Rep. 81 Rom I C 13 Fasz. 6.
MATTSON Nr. 1372.

Haltung der Kurie zur Frage eines hessischen Landesbistums. Zurückstellung der Entscheidung bis zur generellen Regelung der deutschen Kirchenangelegenheiten auf dem Regensburger Reichstag. Wahrung der landesherrlichen Rechte in einem künftigen Konkordat.

Ich würde nicht bis heute gezögert haben, den mir unterm 18. April c[urrentis] durch Ew. Lg. Dl. M[inisterial-] D[epartement] des Innern zugefertigten und hier am 7. Mai c. eingegangenen Extractus protocolli[1] pflichtmäßig zu beantworten, wenn ich nicht abzuwarten gewünscht hätte, Höchstdenselben auf Einmal sowohl über Ew. Lg. Dl. gnädigstes Verlangen, einen eignen Landesbischof zu besitzen, als über die Deutschen Kirchenangelegenheiten überhaupt, vollständigen Bericht abzustatten, als wozu ich mich erst heute im Stande sehe.

Seit der Rückkehr des Papstes aus Frankreich war mein erstes Geschäft in dieser Sache die Antwort in Anregung zu bringen, welche der hiesige Hof noch auf meine, Ew. Lg. Dl. unterm 29. December a[nni] pr[ioris] unterthänigst eingesandte Note[2] schuldig war, und welche die Abwesenheit des Papstes verspätet hatte. Zwar war Ew. Lg. Dl. höchste Forderung, ein eignes Bisthum in Ihren Staaten zu errichten, zu gerecht, als daß dieselbe je hätte Widerspruch antreffen können, und da sich, wie Höchstdieselben mir gnädigst bekannt [b]machen zu lassen[b] geruhten, der Kurfürst-Erzkanzler, wie sich sogleich erwarten ließ, denselben beifällig erzeigt hatte, so war die

Einwilligung des Papstes auf keine Weise zweifelhaft. Indeß schien es mir dennoch gut, auch eine von seiner Seite geschehene Erklärung in Händen zu haben, um die künftigen Verhandlungen darauf fußen zu können.

Der hiesige Hof nun würde an sich schlechterdings keine Schwierigkeit gefunden haben, die Errichtung eines Landgräflich Hessischen Bisthums, soweit dieselbe von ihm abhängt, geradezu zu versprechen, wenn das aus dem Gefühl seiner Schwäche entstehende allgemeine Mistrauen ihn nicht in der gegenwärtigen Krise auf eine in der That auffallende Weise ängstlich und vorsichtig machte. Allein so fürchtet derselbe bei jedem nur irgend bestimmten Schritte, sich sogleich für künftig die Hände zu binden, und zugleich ohne Kenntniß der gegenwärtigen Lage, und ohne System, welchen Gang er gehen will, möchte er am liebsten nichts thun, und eine Zeit nach der andern verstreichen lassen, ohne, wie deutlich man es auch sagen mag, zu begreifen, daß eine solche Politik[c] keine der unangenehmen Folgen zu verhüten im Stande ist, welche der Papst von der neuen kirchlichen Lage in Deutschland für sich befürchtet, wohl aber ihr nur den Vortheil bringen kann, sich die Fürsten durch zuvorkommende Bereitwilligkeit geneigt zu machen.

Aus diesen allgemeinen Gründen kostete es auch in dem gegenwärtigen Fall erst viele Berathschlagungen, ehe man über die Art der Antwort übereinkommen konnte, und am 21. pr[ioris] erhielt ich endlich eine, die, ob sie gleich in den achtungsvollsten und freundschaftlichsten Ausdrücken die Bereitwilligkeit des Papstes versicherte, jedem Wunsche Ew. Lg. Dl. ein Genüge zu leisten, doch eigentlich ganz und gar nichts bestimmt[d] Befriedigendes über den in Rede stehenden Gegenstand sagte. Ueber diese sprach ich daher noch weiter mit dem Cardinal-Staatssecretaire und leitete es so ein, daß er dieselbe zurücknahm, und mir eine andre zweckmäßiger abgefaßte zu schicken versprach, die ich nun auch gestern, aber unter dem nemlichen Datum, empfangen habe, und Ew. Lg. Dl. in der Anlage unterthänigst in Abschrift zu überreichen wage[3].

In dieser sagt nun zwar der Papst, wie Ew. Lg. Dl. zu sehen gnädigst geruhen werden, daß die Angelegenheit der Errichtung eines Hessischen Landesbisthums von den allgemeinen Deutschen kirchlichen Angelegenheiten unzertrennbar sey, und daher mit ihnen an den Reichstag in Regensburg gebracht werden müsse; allein er versichert doch zugleich bestimmt, daß er zu derselben, soviel nur immer von ihm abhängen werde, mitzuwirken bereit sey. Und mehr konnte er in der That nicht sagen, theils seinem einmal angenommenen System nach, theils weil die Diöcesanabtheilung eigentlich nicht von ihm abhängt, sondern durch den § 62 des Deputationsschlusses dem Reichstag vorbehalten ist. Uebrigens aber bin ich überzeugt und kann Ew. Lg. Dl. mit Gewißheit versichern, daß sobald nur einmal in Regensburg diese Diöcese festgesetzt und der Bischof durch Ew. Lg. Dl. ernannt ist, die hiesige Bestätigung in sehr wenig Wochen zu erhalten stehen wird.

Ueberhaupt kann man nicht genug wiederholen, daß, wenn die endliche

3. Juli 1805

Einrichtung der Deutschen katholischen Kirchenangelegenheiten noch immer Schwierigkeiten antrift, dies gewiß nicht die Schuld des Römischen Hofes ist, der weder den Willen, noch das Vermögen hat, eigentlichen Widerstand zu leisten. Die ganze Sache beruht bloß auf dem einzigen Punkte der Dioeceseneintheilung. Ist diese in Regensburg abgemacht, so ist jede Art der Schwierigkeit überwunden, oder wird es doch leicht mit nur einiger Standhaftigkeit; solange diese aber unberichtigt bleibt, ist es auch durchaus unmöglich, hier im Einzelnen irgend etwas, das auf das Allgemeine Bezug hat, durchzusetzen.

Denn bis dahin bleibt es hier immer, wie Ew. Lg. Dl. auch aus der anliegenden Note des Cardinal-Staatssecretaire ersehen werden, der Plan, Monsignor della Genga nach Regensburg zu schicken, um dort alle Deutschen Angelegenheiten auf einmal abzumachen; und obgleich ich aus den oft auseinandergesetzten Gründen eine solche Unterhandlung der kirchlichen Angelegenheiten selbst keineswegs vortheilhaft halte, so hat man sich doch von Deutschland aus nicht stark genug gegen diese Maßregel erklärt, um dieselbe rückgängig zu machen.

Ew. Lg. Dl. höchste Entscheidung wird allein bestimmen ob Höchstsie einer solchen allgemeinen Unterhandlung beitreten, oder, ohne Sich auf irgend ein weiteres Abkommen oder Concordat mit dem Papste einzulassen, die Errichtung des gewünschten Bisthums nur in Regensburg am Reichstag und nachher hier in Rom zu betreiben gnädigst geruhen wollen. Ich zweifle nicht, daß[e] Se. Majestät der König von Preussen bei dieser letzteren Parthei beharren werden, und wenn ich gleich nicht glaube, daß der hiesige Hof jemals in die neue Errichtung eines einzelnen Bisthums vor den über das Ganze zu nehmenden Maßregeln willigen wird, so wird er schlechterdings nachher der Absonderung einzelner Fürsten von dem vielleicht für das Ganze zu schliessenden Abkommen nichts entgegensetzen können, und nur diejenigen Schwierigkeiten, welche eine solche Absonderung in Deutschland selbst, am Reichstag und in Wien, finden könnte, dürften eigentliche Rücksicht verdienen.

Was nun die Zeit des Anfanges der Regensburger Unterhandlungen betrift, so versichert der Cardinal-Staatssecretaire, daß Monsignor della Genga am 1. September in Regensburg angekommen seyn werde. Allein er selbst hat noch keinen Befehl zur Abreise, und der Cardinal Fesch, welcher von Kaiser Napoleon Auftrag hat, die Angelegenheit des Deutschen Concordats möglichst zu beschleunigen, sagte mir neulich selbst, daß er eine Note zu dem Behuf übergeben habe, daß della Genga nun gewiß und unfehlbar am 1. November dort anwesend sey[4].

In dieser Zwischenzeit nun hat der Cardinal-Staatssecretaire sowohl gegen mich, als gegen den Kurfürstlich Baierischen Gesandten[5] alle Unterhandlungen abgelehnt. Zwar setzte er hinzu, werde es keiner Schwierigkeit unterworfen seyn, daß wir ihm oder auch Monsignor della Genga die näheren Absichten unserer Höfe eröfnen könnten, nur bestimmte Gegenerklä-

Der Ritter Micheroux, welcher bisher die Stelle eines Directors der Staatssecretarie in Neapel bekleidete, ist im Laufe der vergangenen Woche plötzlich verstorben. Man hat den Prinzen Luzi, einen Bruder des hiesigen Cardinals Firrao, an seine Stelle gesetzt, und es heißt allgemein, daß ebenderselbe die eines wirklichen Ministers der auswärtigen Angelegenheiten annehmen werde. Der Marquis Circello, welcher eigentlich für dieselbe bestimmt war, bleibt, wie es scheint, fürs erste ohne weitere Anstellung[3].

Die Gerüchte von einer bevorstehenden Heirath zwischen dem Prinzen Eugen und Ihrer Majestät, der Königin Regentin von Etrurien erneuern sich seit kurzem mehr wie jemals[4], und es heißt, daß der Spanische Gesandte in Paris, Masserano, sich nur dieses Gegenstandes wegen in Florenz gegenwärtig aufhalte. Das Gerücht, daß einige Livorner Briefe hier verbreitet hatten, daß der Marquis Salvatico in Fesseln von seinem jetzigen Aufenthaltsorte Piacenza nach Mailand gebracht worden sey, hat sich ebenso unrichtig befunden, als es gleich anfangs unwahrscheinlich war.

Briefen aus Malta vom 25. pr[ioris] zufolge, war damals die Expedition des Generals Craig noch nicht daselbst angekommen. Einige versichern sogar, dieselbe werde jetzt, da keine Französische Seemacht mehr im Mittelländischen Meere vorhanden sey, nicht nach Malta, sondern nach Westindien gehen.

Der Baron Dalberg, Kur-Badenscher Gesandter in Paris, ist von hier nach Neapel abgereist[5].

Ein Architect Namens Lucangeli, arbeitet seit mehreren Jahren an einem Modell des Colosseums, das er, wenn es vollendet seyn wird, in den vorzüglichsten Städten Europas sehen zu lassen gedenkt. Da er aber ein Mann ist, der seine Kunst und die Alterthumskunde liebt, so sucht er seinem Werk eine Vollendung zu geben, die selbst für die antiquarische Kenntniß dieses berühmten Gebäudes wichtig seyn wird. Er läßt zu dem Endzweck im Innern des Colosseums Nachgrabungen anstellen, zu welchen ihm die Regierung einige sogenannte Galeerensklaven oder Baugefangene überläßt, und diesen Bemühungen dankt man schon mehrere merkwürdige Aufschlüsse über die Einrichtung dieß Amphitheaters. Die Regierung, dadurch aufmerksam gemacht, hat jetzt beschlossen, das ganze Gebäude inwendig aufgraben, und bis auf den ehemaligen Boden aufräumen zu lassen, doch dürften darüber, da das Fortbringen der Erde so schwierig ist, mehrere Jahre verstreichen. Indeß hat dieselbe angefangen[a], in den oberen Stockwerken den Schutt, der auch dort liegt, wegbringen zu lassen, und einige der innern Treppen aufzudecken. Bei dieser Arbeit hat man in vergangener Woche zwei bekleidete weibliche Statuen, jedoch ohne Kopf, gefunden, die von Seiten der Arbeit nicht ohne Werth seyn sollen. Auch an andern Orten läßt die Regierung im gegenwärtigen Augenblick graben, nur ist zu bedauern, daß es nicht nach einem gehörig überdachten Plane und nicht unter Direction Eines Mannes geschieht. Doch ist neulich bei der jetzigen Karthause, den ehemaligen Bädern des Diocletian, ein Venuskopf gefun-

10. Juli / 17. Juli 1805

den worden, der, wenn er gleich nicht so vortrefflich ist, als man ihn hat vorstellen wollen, sich doch immer durch seine Schönheit auszeichnet.

zu 47: [a] *korrigiert aus.:* anfangen lassen

[1] *v. Häffelin.*
[2] *Ein neuer Großmeister wurde tatsächlich erst mit der Wiedererrichtung des Malteserordens durch Papst Leo XIII. im Jahre 1879 ernannt.*
[3] *siehe* **42** *mit Anm. 3; dazu bereits* **15**.
[4] *Napoleons Stiefsohn Eugène Beauharnais, Vizekönig von Italien, heiratete am 14. Jan. 1806 Prinzessin Auguste von Bayern.*
[5] *Emmerich Joseph, der spätere Herzog von Dalberg.*

48 Bericht Nr. 16/1805   Rom, 17. Juli 1805

Ausfertigung StAD E 1 M Nr. 93/3 fol. 31f; ps. 1. August 1805.
MATTSON Nr. 1381.

Unruhen in Algier. Aufhebung der Klöster in Parma und Piacenza. Abreise Kaiser Napoleons von Genua nach Paris. Orden vom Goldenen Vließ.

Ich eile, Ew. Lg. Dl. unterthänigst eine Begebenheit einzuberichten, welche sich in Algier zugetragen hat, und von da die Nachricht durch ein, von dem dortigen Hafen am 1. huj[us] abgegangenes Schiff nach Livorno gebracht worden ist. Die unglückliche Stadt Algier ist Zeuge eines Aufruhrs und eines Blutbades gewesen, in welchem eine große Menge Türken, Juden, und Christen umgekommen sind. Nach den meisten Briefen sind die Urheber dieser Unruhen die Bergbewohner gewesen, welche den Namen der Cabilen führen, und die ursprünglichen Einwohner des Landes sind, welche die Türken, die Algier inne haben, in die Gebirge zurückgedrängt haben. Diese sind in die Ebene herabgestiegen und haben sich, in Vereinigung mit den Bewohnern des platten Landes, nach einem hartnäckigen Gefecht mit den Janitscharen und andern Truppen des Bey's der Stadt bemeistert[1]. Andren Briefen nach, ist der Aufruhr mehr im Innern der Stadt, als von außen her entstanden; wie dem aber auch sey, so ist immer gewiß, daß diese Barbaren alles, worauf sie gestoßen sind, ohne Unterschied des Alters und Geschlechtes, niedergemetzelt haben. Der Bey selbst ist – denn hierüber weichen die Berichte von einander ab – entweder ermordet, oder zum Gefangnen gemacht worden. Die Wuth der Rebellen war vorzüglich gegen die Juden gerichtet, und alle Individuen dieser Nation, die sich nicht durch die Flucht haben retten können, sind, ohne Erbarmen, niedergemacht worden. Unter den Ermordeten befindet sich auch der, durch seine Reichthümer und seine ausgebreiteten Handelsverhältnisse bekannte Busnach[2]. 350, die sich auf ein Schwedisches Schiff retten wollten, wurden, ehe sie den Hafen verlassen konnten, an Bord desselben selbst ermordet. Andern hingegen gelang es zu entkommen, und 150 sind auf einem Ragusischen Schiff in Livorno angelangt, wo man sie sogleich in das Lazareth von St. Jacob

49 Bericht in Kirchensachen Rom, 17. Juli 1805

Ausfertigung StAD E 5 B 1 Nr. 3/3 fol. 204f, 212; ps. 14. August 1805[a].
Konzept ZStADDR Merseburg Rep. 81 Rom I C 13 Fasz. 2.
MATTSON Nr. 1382.

Aufzeichnungen über die in Paris geführten Gespräche des Kurfürst-Erzkanzlers mit mehreren Kurienkardinälen über den Konkordatsentwurf Dalbergs. Bedenken Humboldts gegen verschiedene Artikel des Entwurfs, die eine mit der Fürstensouveränität unvereinbare Stärkung des päpstlichen Einflusses bewirken würden. Empfehlung, in den Regensburger Verhandlungen auf eine Trennung zwischen Diözesanfrage und Konkordat zu dringen.

Ein glücklicher Zufall hat mir die Abschrift zweier in Paris zwischen dem Kurfürsten-Erzkanzler und den Cardinälen Antonelli, De Pietro und Caselli gehaltenen Conferenzen in die Hände geführt, und obgleich es möglich wäre, daß Ew. Lg. Dl. diesen Aufsatz schon von einem andern Orte her erhalten hätten, so scheint mir derselbe dennoch interessant genug, um ihn Höchstdenselben, auch auf diese Gefahr hin, in der Anlage unterthänigst zu übersenden[1]. Ich würde mir Vorwürfe machen, dies nicht früher gethan zu haben, wenn ich nicht Ew. Lg. Dl. mit Zuverlässigkeit versichern könnte, daß weder die gegenwärtige Beilage, noch der Aufsatz, auf den sich dieselbe bezieht, so unbegreiflich dies auch scheinen mag[b], hier vorhanden ist, und ich nicht hätte abwarten müssen, daß mir dieselbe von auswärts her zukam.

Wie Ew. Lg. Dl. gnädigst zu sehen geruhen werden, so beziehen sich diese beiden anliegenden Conferenzen auf einen Entwurf eines[c] Deutschen Concordats, welchen der Kurfürst-Erzkanzler dem hiesigen Hofe mitgetheilt hat. Diesen Entwurf selbst zu erhalten, ist es[d] mir zwar bis jetzt nicht gelungen, da aber sein Inhalt, bis auf zwei oder drei Artikel etwa, aus den darüber gemachten Bemerkungen fast vollständig ersichtlich ist, so kann derselbe fürs erste allenfalls entbehrlich scheinen.

Ich wage es, mir mit der Hofnung zu schmeicheln, daß Ew. Lg. Dl. in der Lesung der Inlage dasjenige bestätigt zu finden geruhen werden, was ich mir in meinen früheren unterthänigsten Berichten über diese Angelegenheit zu bemerken erlaubt habe. Ich halte es daher schon aus diesem Grunde für unnütz, mich ausführlich über dieselbe zu verbreiten, und bitte Ew. Lg. Dl. bloß, mir folgende einzelne Bemerkungen zu verstatten.

Diejenigen Punkte, welche den Deutschen Fürsten in Absicht der Erhaltung ihrer Souverainitätsrechte, wie es mir scheint, am wenigsten gleichgültig seyn können, und auf deren Abänderung, wenn in der That ein solches Concordat, als hier entworfen wird, zu Stande kommen sollte, man am meisten dringen müßte, sind diejenigen, welche die Dotation der Geistlichkeit, das Recht sich frei und uneingeschränkt unmittelbar an den Römischen Stuhl zu wenden, die ausdrückliche Erwähnung des Concordats Nikolaus 5. und einen gewissen Einfluß betreffen, den, wie es das Ansehen hat, die Bischöfe auf die öffentliche Erziehung ausüben sollen.

Der in dem 4. Artikel des gegenwärtigen Entwurfs aufgestellte Grundsatz, der Geistlichkeit liegende Gründe zu ihrer Unterhaltung anzuweisen

17. Juli 1805

und dieselben den Bischöfen zur eignen freien Verwaltung zu übergeben, dürfte dieselbe[e] auf gewisse Weise von ihren Landesherren unabhängig machen, um so mehr, als der 10. Art. untersagt, diese Dotation in Jahrgehalte zu verwandeln, und die Bischöfe sich nur an den, nach demselben Entwurf in Regensburg anzustellenden Nuncius des Papstes wenden dürften, um die Aufrechthaltung des Concordats in diesem Punkte zu erlangen. Dadurch, daß sich die Fürsten zu dieser Dotation in einem mit dem Römischen Hofe geschlossenen Vertrage anheischig machten, würde diesem zugleich eine, ihm auf keine Weise gebührende Einmischung in das Temporale verstattet, und die Landesherren setzten sich der doppelten Gefahr aus, entweder die der Geistlichkeit eingeräumten Ländereien schlecht verwaltet, oder auch die Geistlichkeit mit der Zeit (sey es durch eigenen Fleiß, oder durch das von selbst entstehende Steigen der Preise) reicher und mächtiger werden zu sehen, als sie der ersten Bestimmung nach seyn sollte. Endlich würde sich die weltliche Regierung durch eine solche Einrichtung des wichtigsten Mittels, sich des Gehorsams der hohen Geistlichkeit zu versichern, der Möglichkeit ihre Einkünfte einzuziehen, entweder gänzlich berauben, oder doch sich die Ausübung desselben unendlich erschweren.

Die Anordnung, daß alle an den Römischen Hof zu bringenden Gesuche nur durch Vermittlung der weltlichen Macht an denselben gelangen können, ist so sehr die Grundlage jedes weisen Systems in Absicht auf die Verhältnisse mit dem Heil. Stuhl, daß, ohne dieselbe, alle Aufsicht auf die Maßregeln der Päpstlichen Behörden vereitelt wird. Wenn die Ausfertigungen derselben den Unterthanen erlaubter Weise auf jedem beliebigen Wege zukommen können, so wird es unmöglich zu verhindern, daß nicht selbst eine große Menge derselben der Wachsamkeit der Regierung entgehen sollte, und selbst das Gesetz, daß kein Römisches Decret, ohne das Placet der Regierung, Gültigkeit haben soll, kann nicht mehr von der gehörigen Wirksamkeit seyn. Kein andrer Artikel dieses Entwurfs scheint mir daher so wichtig, als der 17., nach welchem das Recht der direkten Mittheilung an den Römischen Hof nicht bloß den Bischöfen, sondern jedem Katholiken, ohne Unterschied,[f] frei stehen[f] soll.

Das Concordat Nicolaus 5. wurde bisher, theils von den weltlichen Fürsten, theils von der hohen Geistlichkeit selbst mannigfaltig bestritten; ja in einigen Provinzen Deutschlands war dasselbe gar nicht angenommen. Der Nachtheil der dem Römischen Stuhl darin verstatteten Vergünstigungen würde daher erst jetzt recht groß werden, wenn dies Concordat nunmehr, wie man zum 14. Art. dieses Entwurfs will, förmlich in dem jetzigen bestätigt und daher durch ein wirkliches Reichsgesetz förmlich anerkannt würde.

Die Verfügung des 16. Art. läßt sich nicht klar genug einsehen. Allein die zu demselben gemachte Bemerkung des Kurfürsten-Erzkanzlers führt auf die Vermuthung, daß den Bischöfen darin eine Aufsicht auf die Universitäten eingeräumt wird. Ein solcher Einfluß dürfte nun wohl den Fortschritten der Aufklärung die größten Hindernisse in den Weg legen. Selbst das den

Gegenständen sogleich vorgenommen würde. Wäre dieser Punkt einmal erledigt, so ließen sich die Erörterungen über das Concordat selbst in die Länge ziehen, und um dies zu bewerkstelligen, dürfte man nur, ehe man dem Römischen Hof die von ihm verlangten Begünstigungen zugestände, denselben auffordern, den mannigfaltigen Beschwerden abzuhelfen, welche Deutschland seit langer Zeit gegen ihn geführt hat.

Schließlich muß ich noch bemerken, daß die in der Beilage erwähnte Dioecesan-Karte, welche der Kurfürst-Erzkanzler den Cardinälen in Paris übergeben hat, gleichfalls nicht in Rom befindlich ist. Ich werde indeß keine Mühe sparen, mir dieselbe, sobald es möglich seyn wird, zur Einsicht zu verschaffen, um Ew. Lg. Dl., im Fall dieselbe Höchstihnen noch unbekannt seyn sollte, den genauen Umfang der zu errichtenden Landgräflich Hessischen Dioccesc anzugeben, welche unstreitig darauf angegeben seyn wird.

zu 49: [a] *auf der Ausf. im Kopf des Schreibens Kanzleivermerk:* Detur zum L[andgräfl.] Ministerial-Departement des Innern. Besch[luß] im M[in.] D[ept.] d. a [usw.] A[ngelegenheiten], Darmstadt den 14. Aug. 1805. Lichtenberg [b] *folgt gestr.:* jetzt [c] *im K.:* des [d] *fehlt im K.* [e] *im K.:* dieselben [f-f] *im K.:* zustehen [g] *im K.:* schiene [h] *im K. folgt gestr.:* seyn [i] *folgt gestr.:* Geistlich .. [k] *im K.:* gröstentheils [l] *über der Zeile statt gestr.:* werde [m] *im K.:* bis hieher [n] *folgt gestr.:* im Gegentheil noch [o] *im K. urspr.:* nach der Revolution

[1] *Die mit Anlagestrich angekündigten Abschriften der lateinisch abgefaßten Pariser Gespräche vom 30. Dez. 1804 und 2. Jan. 1805, an denen auch Dalbergs Bevollmächtigter Kolborn teilnahm, liegen bei den Darmstädter Akten, StAD E 5 B 1 Nr. 3/3 fol. 206–211. Der Text des Dalberg'schen Konkordatsentwurfs ist nach dem am 20. Okt. 1804 nach Wien geschickten Exemplar gedruckt bei* H. BASTGEN, *Dalbergs und Napoleons Kirchenpolitik, 1917, S. 306–309.*

50 Bericht in Kirchensachen   Rom, 24. Juli 1805

Ausfertigung StAD E 5 B 2 Nr. 12/4 fol. 7f; ps. 14. August 1805[a].
MATTSON Nr. 1390.

Verzögerung eines Entscheids über die Ehedispensation für Philipp Emig in Aschbach und seine Braut Eva Elisabeth Kohl durch Unklarheiten über die Ausdehnung der geistlichen Jurisdiktion Dalbergs als Erzbischof von Regensburg über die zu Hessen geschlagenen vormals kurmainzischen und wormsischen Gebietsteile.

Ew. Lg. Dl. M[inisterial-]D[epartement] des Innern hat mir in einem, hier am 28. pr[ius] eingegangenen Extractu Protocolli Ministerii vom 11. ej[usdem] die Auswirkung einer Ehedispensation für den Philipp Emig und die Eva Elisabeth Kohl aufzutragen beliebt[1]. Da ich aber bei Besorgung dieser Angelegenheit unvermuthete Schwierigkeiten angetroffen habe, so sehe ich mich genöthigt, Höchstdenselben, vor Uebersendung der Ausfertigung, erst gegenwärtigen vorläufigen Bericht unterthänigst abzustatten.

Gedachtes Ehedispensationsgesuch war nicht, wie es eigentlich bei den hiesigen Tribunalen gefordert wird, mit einem Zeugniß des Bischofs der

17./24. Juli 1805

Partheien, oder seines Generalvicars, sondern nur des Pfarrers versehen, und ich ersuchte daher in der Note, in welche ich dasselbe dem Cardinal-Prodatarius übersandte, denselben, in Rücksicht auf meine in Ew. Lg. Dl. Höchstem Namen angebrachte Empfehlung dieser Sache, über diese Schwierigkeit hinwegzugehen. Ich erhielt aber hierauf zur Antwort, daß der Cardinal sich hierzu für diesmal nicht im Stande sehe, sondern vielmehr ein Zeugniß des wahren Ordinarius erwarten müsse, weil, seit der neuen Errichtung des Erzbisthums Regensburg, diesem gewisse Grenzen angewiesen seyen, und ehe nun nicht aus dem vorerwähnten Zeugniß hervorgehe, zu welcher Dioecese die Partheien gehörten? die Datarie nicht wissen könne, an welchen Bischof sie die gewünschte Dispensation richten sollte?

In dem, diesem Ehedispensationsgesuch beigefügten Zeugnisse des Pfarrers war ausdrücklich gesagt, daß der Pfarrer und mithin die Partheien der Regensburgischen Dioecese seyen, und die Antwort des Cardinals bewies also stillschweigend, daß man bei der Datarie diese Angabe für irrig hielt. Dies wunderte mich um so mehr, als die Orte Aschbach und Abt Steinach, von denen hier die Rede ist, ehemals zum Kurfürstenthum Mainz gehörten, und nach den, in der Schedula Consistoriali d[e] d[ato] Paris, 1. Febr. 1805 (welche die Errichtung des Erzbisthums Regensburg betrift, und seitdem auch durch öffentliche Blätter, wie namentlich die zu Ulm herauskommende Allgemeine Zeitung, Jahrg. 1805 nr. 110–112 gebracht worden ist) enthaltenen Worten:

> eidem vero Ratisbonensi ecclesiae pro Dioecesi et Territorio interim assignavimus Moguntinae Dioecesis partem ad Rheni dextram, in quam praefati Caroli Theodori, utpote olim Archiepiscopi Moguntini, integra adhuc manet jurisdictio.

der ganze Theil des ehemaligen Mainzer Sprengels, welcher am rechten Rheinufer liegt, zur Regensburger Dioecese geschlagen worden war; es mir auch schien, als würde Ew. Lg. Dl. Ministerium die Worte des Zeugnisses:

> Archiepiscopalis Dioecesis Ratisbonensis

nicht haben stehen lassen, wenn Höchstdieselben diese Zuschlagung nicht huldreichst genehmigt hätten. Da mir indeß die Antwort des Cardinals, von der ich sub A., eine Abschrift unterthänigst beizufügen wage[2], und die darin enthaltene Aeußerung Ew. Lg. Dl. höchstem landesherrlichem Interesse vortheilhaft schien, indem nach dem Inhalte jener Schedula, entweder der Erzbischof von Regensburg in Ew. Lg. Dl. höchsten Staaten Jurisdiction ausgeübt hätte, oder erst eine, immer mit mehr Weitläuftigkeiten verbundene, neue Dismembration der Regensburger Dioecese nöthig gewesen wäre, um diesen Theil der Jurisdiction des neu zu ernennenden Hessischen Landesbischofs zu unterwerfen; so glaubte ich nicht, widersprechen, sondern vielmehr weiter Erkundigungen einziehen zu müssen.

Durch dieselben nun erfuhr ich, daß in der, nach Inhalte jener Consistorial-Schedul, wirklich ausgefertigten Regensburgischen Bulle die Bestimmung der Gränzen des Sprengels des Erzbischofs eine Aenderung erlitten

zu 50: ᵃ*dazu Kanzleivermerk:* Detur zum Landgräf[lich]en Ministerial-Departement des Inneren. Beschl[uß] im M[in.-]D[ept.] d. a[usw.] A[ngelegenheiten], D[arm]st[a]dt den 14. Aug. 1805, Lichtenberg

[1] *Der Entwurf liegt mit den Gesuchen des Schreinermeisters Emig, der die Halbschwester seiner verstorbenen Frau heiraten wollte, bei den Akten, StAD E 5 B 2 Nr. 12/4 fol. 6; vgl.* MATTSON *Nr. 9005.*
[2] *Eine Abschrift der italienisch abgefaßten Note des Kardinal-Prodatars, datiert Dalla Stanze della Dataria li 17. Luglio 1805, liegt beim Vorgang, StAD E 5 B 2 Nr. 12/4 fol. 9.*
[3] *Die nach dem Konzept in den Kirchenakten gefertigte Abschrift der Bulle* In universalis Ecclesiae *vom 1. Febr. 1804 liegt ebenfalls beim Vorgang, a.a.O. fol. 10–23; vgl. den ebenfalls darauf bezogenen Bericht Humboldts in der Dispensationssache Joss vom selben Tage, StAD E 5 B 2 Nr. 12/3 fol. 16, der nicht abgedruckt ist; dazu* **44** *und* **56** *mit Anm. 3.*

51 Bericht Nr. 17/1805 Rom, 31. Juli 1805

Ausfertigung StAD E 1 M Nr. 93/3 fol. 33–35; ps. 16. August 1805.
MATTSON Nr. 1397.

> *Erdbeben in Rom und Neapel. Bericht des irrtümlich als umgekommen gemeldeten Konsuls Bille über die Unruhen und Judenmassaker in Algier. Auseinandersetzungen mit Aufständischen in Oran und Constantine. Der amerikanische Friedensvertrag mit Tripolis. Aufhebung der Bank des Heiligen Georg in Genua. Regierungsantritt des Fürstenpaars Baciocchi in Lucca.*

Am 26. Abends gegen 10 Uhr empfanden wir hier ein Erdbeben, welches zwar keinen Schaden that, indeß doch beträchtlich stark und lang war. Um 1 und 2 Uhr in der Nacht verspürte man noch zwei, jedoch leichtere Erschütterungen. Man vermuthete hier sogleich daß diese Stöße eigentlich von einem in einiger Entfernung gewesenen Erdbeben hieher mitgetheilt wären, und die letzten Briefe aus Neapel berichten in der That, daß man dort um die gleichen Stunden, aber viel heftigere und wirklichᵃ bedeutende Erschütterungen empfunden hat. Man erinnert sich keines gleich starken Erdbebens in Neapel, und mein Bruder, der sich jetzt dort aufhält, und viele Erdbeben in America erlebt hat, schreibt mir, daß er nie einen gleich heftigen Stoß erfahren habe[1]. Die ersten Nachrichten von dieser Begebenheit sind natürlich verwirrt und übertrieben; viele Briefe reden von mehreren eingestürzten Häusern, und einer Menge verschütteter Menschen; mein Bruder aber sagt mir bloß, daß zwar fast alle Häuser, selbst die größesten Palläste, gelitten und viele gefährliche Risse bekommen hätten, daß man aber – und auch das könne er nicht verbürgenᵇ – nur von zwei eingefallenen Häusern, und zwei bis drei umgekommenen Menschen rede. Der Vesuv, der seit Monaten unaufhörlich alle 5 bis 10 Minuten Flammen auswirft, hat an diesem Tage nichts besondres gezeigt; man befürchtet indeß entweder einen starken Ausbruch, oder wiederholte Erdbeben, wenn der Vulkan nicht dahin kommt, sich zu entladen. Andre meynen, daß das Erdbeben eigentlich in Calabrien gewesen sey, und nur die Erschütterung sich soweit fortgepflanzt habe. Auch mehrere Oerter zwischen Neapel und Rom haben durch

20 Ausbruch des Vesuvs im Jahr 1805.

21 Alexander von Humboldt: Selbstbildnis.

dieselben Stöße mehr oder weniger gelitten, wie z. B. Sta. Maria di Capua, Traetto, Sessa u.s.f.²

Durch ein in Livorno angekommenes und am 9. oder 10. dieses Monats von Algier abgegangenes Ragusanisches Schiff, welches abermals 279 Juden nach Livorno gebracht hat, wissen wir jetzt, daß die Nachrichten über den Aufstand in Algier, die ich die Ehre gehabt habe, Ew. Lg. Dl. neulich mitzutheilen, und die damals authentisch schienen, weil die Etrurische Regierung sie durch öffentliche Anschläge bekannt machen ließ, nicht bloß übertrieben, sondern auch großentheils durchaus falsch sind³. Der Dänische Consul Bille, welcher nicht, wie es anfänglich hieß, umgekommen ist, sondern vielmehr nicht das Mindeste gelitten hat, erzählt in einem nach Livorno geschriebenen Briefe die dortigen Vorfälle folgendergestalt:

Die Theuerung der Lebensmittel hatte unter den Türken in Algier eine große Unzufriedenheit gegen die Juden, den Dey, welcher sie in Schutz nimmt, und vorzüglich gegen den Busnack, der Ragusanischer Consul und gleichsam der erste Minister des Deys war, hervorgebracht. Bis zum 28. Junius indeß kam es zu keinem öffentlichen Ausbruch. An diesem Tage aber erhielt der Busnack, als er am Morgen ruhig, wie gewöhnlich, in einer Boutique saß, einen Pistolenschuß in den Unterleib, und starb drei Stunden darauf. Der Thäter, ein junger Türkischer Soldat, Namens Chiaja ging nach dieser That, in seine Caserne zurück, und als die andern Soldaten eine Art Verhör über ihn hielten, erklärte er, daß, als er vor einiger Zeit nach Constantinopel geschift sey, alle seine Bekannte ihm bittre Vorwürfe gemacht hätten, wie schändlich es für die Algierer Türken sey, sich von dem Juden Busnack beherrschen zu lassen, und daß er gleich damals geschworen habe, seine Landsleute von dieser Schmach zu befreien. Die vereinigten Soldaten aller Casernen sprachen darauf einmüthig das Urtheil aus, daß er eine verdienstliche That gethan habe, und kein Mensch ihm ein Haar krümmen solle. Als der Dey und sein Rath dies hörten, geriethen sie in Furcht, und es wurde sogleich dem Verbrechen Verzeihung zugesichert. Durch diesen Beweis der Schwäche der Regierung aufgemuntert, zogen am folgenden Morgen mit Sonnenaufgang die Soldaten, bewafnet, jedoch nur in kleinen Haufen, aus ihren Quartieren, machten die Juden nieder, die ihnen begegneten, und plünderten ihre Häuser, indem sie bei dem Busnackschen anfiengen. Die Regierung setzte ihnen zwar einigen Widerstand entgegen, konnte aber nicht mehr ausrichten, als daß sie die Magazine des Juden Bacri rettete, indem sie den Plünderern vorstellte, daß dieselben dem öffentlichen Schatz für eine Schuld verpfändet seyen. Nach sechsstündiger Plünderung, zogen die Soldaten mit der gemachten Beute in ihre Casernen zurück. Jetzt trieb der Dey seine Schwachheit gegen sie noch weiter. Denn da er erfuhr, daß sie gemurrt hatten, den Busnack Tags vorher unter einer Regierungsescorte ordentlich begraben zu sehen, so ließ er jetzt die Leichname von 25, in den Straßen niedergemetzelter Juden durch Christensklaven mit an den Füßen befestigten Stricken vor die Stadt schleifen und

31. Juli 1805

dort verbrennen. Die in den Häusern umgekommenen begruben die Verwandten heimlich. Man rechnet 130 ermordete und 400 verwundete Juden, welches, da es etwa 8 bis 10 000 dieser Nation in Algier giebt, nicht so außerordentlich viel ist. Man muß indeß bedenken, daß diese Unglücklichen nicht den mindesten Widerstand leisteten, und dadurch selbst die Grausamkeit ihrer Plünderer entwafneten. Ihr Verlust an Geld und Sachen wird auf eine Million Piaster geschätzt, obgleich andre Briefe viermal mehr angaben. Einen beträchtlichen Theil dieser Summe aber bekamen die Maurischen Einwohner Algiers, indem sie sich die Freistätte in ihren Häusern theuer bezahlen ließen, und ein andrer fiel dem Stadt- und Landpöbel zu, welcher, nach geendigter Plünderung, die noch leer stehenden Häuser noch einmal durchsuchte.

Vom 28. Junius bis 8. Julius gingen keine neuen Gewaltthätigkeiten vor. Aber die verschiedenen Soldatencasernen theilten sich unaufhörlich neue Pläne und Entwürfe über das, was zu thun sey, mit, und sie und die Einwohner der Stadt waren in einem solchen gegenseitigen Mistrauen, daß keiner von beiden seine Wohnungen zu verlassen wagte. Beide Partheien wurden indeß noch von einem dritten äußern Feinde bedroht. Ein Haufe von 15 bis 20 000 Arabern hatte soeben den Bey von Oran gänzlich in die Flucht geschlagen, und ihn genöthigt, sich in die Citadelle der Stadt einzuschließen. Ihr Anführer, ein junger unternehmender Mann, Namens Marabout, hatte wegen mehrerer an Arabern begangener Ungerechtigkeiten vom Dey von Algier die Absetzung des Beys von Oran gefordert, und jetzt, da er dieselbe nicht erhalten, erklärt er, daß er von Mahomet gesandt sey, der Herrschaft der Türken in dieser Gegend ein Ende zu machen, und die Eingebornen des Landes wieder in ihre ursprünglichen Rechte einzusetzen. Er geht mit raschen Schritten auf Algier los, und die Regierung setzt ihm bloß einen Aga mit wenigen Truppen und einiger Artillerie entgegen. Auf der andern Seite sind die Algierischen gegen die Rebellen von Constantina ausgeschickten Truppen auch von diesen geschlagen worden, und werden im gegenwärtigen Augenblick von allen Seiten eingeschlossen gehalten. In dieser so äußerst bedenklichen Lage bleibt der Dey in gänzlicher Unthätigkeit. Noch krank an den Wunden, die er, wie ich Ew. Lg. Dl. zu melden die Ehre gehabt habe[4], vor Kurzem erhalten, und durch die seine linke Hand gelähmt, die rechte aber zweier Finger beraubt ist, verläßt er nie seinen Pallast und selten nur sein Zimmer, und die Stadt bleibt der Willkühr jedes unternehmenden Bösewichts Preis gegeben. Die Wohnungen der Consuln sind bis jetzt verschont geblieben, allein bei der Anarchie, in welcher sich der Staat befindet, verbürgt nichts eine gleiche Sicherheit für die Zukunft.

Dies ist genau der Inhalt des Briefes des Consuls Bille vom 8. Julius[5]. Andre Briefe setzen zu diesen Nachrichten noch hinzu, daß am Tage vor Abgang dieses Ragusanischen Schiffs die Algierische Escadre von einem gemachten Kreuzzuge nach Algier zurückgekommen war, daß die darauf befindliche Mannschaft, in Verbindung mit den Algierischen Truppen die

Räubereien wiederum anfangen wollte, die Einwohner der Stadt aber sämmtlich die Waffen ergriffen hätten, und bis jetzt noch den Soldaten nichts gelungen sey. Dieselben drohten indeß noch fortwährend, und giengen vorzüglich darauf aus, den Dey zu ermorden, um einen andern an seine Stelle zu setzen. Es ist wunderbar, daß der Bille diese Ereignisse nicht erwähnt; das Ragusanische Schiff kann höchstens nur noch ein bis zwei Tage nach dem 8. Julius in Algier verweilt haben.

Der Friede zwischen den Nordamericanischen Freistaaten und der Regierung von Tripolis ist auf eine, für die ersteren sehr vortheilhafte Weise abgeschlossen worden. Sie haben nemlich die Loskaufung von 300 Americanern miteingerechnet, nur 60 000 Piaster bezahlt. Eine Landung welche die Americanische Escadre in der Gegend von Tripolis gewagt hatte, und der Schutz, den sie einer Gegenparthei des Beys angedeihen ließ, bewogen diesen zum Frieden.[6]

Es scheint entschieden, daß der Papst nichts Entscheidendes in der Sache der Wahl eines Großmeisters des Maltheser Ordens, ohne Befragung der vornehmsten Höfe Europa's, vornehmen will, und er soll in dieser Art den hier anwesenden Deputirten des Ordens geantwortet haben.

Ihre Maj. die Königin von Sardinien hat sich auf einige Wochen nach Ischia, das Bad zu brauchen, begeben. Se. Maj. der König haben Sie dahin begleitet, wollten jedoch sogleich nach Gaeta zurückkehren.

In Genua ist die Bank des Heil. George jetzt ganz aufgehoben, und ihre Schuld in das große Buch eingetragen worden. Dadurch ist der Werth der 180 francs geltenden Actien von 4 fr. 10 s. auf 30 sous gesunken. Dies, so wie die mehreren neuerlich gemachten Auflagen, bringt eine große Unzufriedenheit in den Gemüthern hervor. Die Vernünftigeren sehen indeß ein, daß die wichtigen, seit der Vereinigung mit Frankreich, dem Handel zugesicherten Vortheile diesen Verlust mehr als decken werden.

In Livorno sind Streitigkeiten zwischen den aus Corsica dahin gekommenen Französischen und den Etrurischen Truppen ausgebrochen, welche aber der General Verdier sehr bald beigelegt hat. Indeß sind doch ein Mann dabei geblieben und einer verwundet worden.

Da der Prinz Baciocchi und die Prinzessin Eliza jetzt völlig von Lucca Besitz genommen haben, so hat die Königin-Regentin von Etrurien sie als Souveraine dieses Ländchens förmlich anerkannt[7]. Der Senator Hédouville, welcher vergangenen Sonnabend hier angekommen ist, scheint bestimmt zu seyn, dieselbe Anerkennung vom Neapolitanischen Hofe zu verlangen.

In Florenz haben Ihre Maj. die Königin mehrere Zweige der Landesverwaltung der Abhängigkeit von der nach Entfernung Salvatico's bestellten Finanzcommission entzogen, und es scheint, als sey diese Commission ihrer gänzlichen Auflösung nahe.

31. Juli / 10. August 1805

zu 51: ᵃ *über der Zeile statt gestr.:* in der That ᵇ *folgt gestr.:* an

¹ *Entsprechende Briefe Alexanders von Humboldt, der mit Gay-Lussac und dem Alpinisten Leopold v. Buch vom 20. Juli bis zum 17. Aug. 1805 sechs Besteigungen des Vesuv-Gipfels durchgeführt hat, sind nicht erhalten.*
² *Die französische Version der vorstehenden Schilderung aus dem Bericht nach Berlin vom selben Tage abgedr. HGS 10 S. 11f. Die HDLZ brachte am 20. Aug. 1805 mehrere Berichte über das Erdbeben; weitere Meldungen folgen am 24. und 27. Aug. Vgl. dazu die eingehende Schilderung bei C. F.* BENKOWITZ, *Reisen von Neapel in die umliegenden Gegenden, nebst Reminiscenzen von meiner Rückreise nach Deutschland und einigen Nachrichten über das letzte Erdbeben in Neapel, Berlin 1806, S. 377–402.*
³ *siehe* **48,** *oben S. 181f.*
⁴ *Vgl. den Bericht vom 8. 5. 1805, siehe* **39,** *oben S. 154.*
⁵ *Auf diesen Bericht stützten sich offenbar auch die Darstellungen in der HDLZ am 25. Juli und 1. Aug. 1805; vgl. auch den weiterführenden Bericht vom 13. Aug.*
⁶ *Die HDLZ meldete den Friedensschluß vom 3. Juli 1805 am 23. d. M.*
⁷ *Die HDLZ brachte am 3. Aug. 1805 eine Meldung über den feierlichen Einzug des Fürstenpaares Baciocchi in Lucca am 14. Juli; vgl.* **42** *mit Anm. 2.*

52 Bericht Nr. 18/1805　　　　　　　　　　　Rom, 10. August 1805

Ausfertigung StAD E 1 M Nr. 93/3 fol. 37; ps. 26. August 1805.
MATTSON Nr. 1401.

Gerüchte über einen drohenden Kontinentalkrieg. Ankunft der englischen Expedition in Malta. Genauere Meldungen über die Erdbebenschäden in Neapel und den Orten der Region Molese.

Seitdem die Rückkehr des Kammerherrn Novosilzoff nach Petersburg hier bekannt geworden ist, laufen hier viele Gerüchte eines nahe bevorstehenden Continentalkrieges, an welchem Italien gezwungen werden würde, größeren oder geringeren Antheil zu nehmen. Die Briefe aus der Lombardei reden besonders von mehreren beträchtlichen Truppen-Corps, die, wie sie sagen, bestimmt sind, von Frankreich aus über die Alpen zu gehen, und für welche bereits alle Anstalten in Turin und Alessandria getroffen werden sollen. Bis auf diesen Augenblick aber sind diese Nachrichten nicht von der Art, daß ich im Stande wäre, ihre Wahrheit Ew. Lg. Dl. zu verbürgen.

Die Englische Expedition unter den Befehlen des Generals Craig ist endlich in Malta eingetroffen. Sie soll 6 000 Mann Truppen mit sich geführt, und selbige dort ans Land gesetzt haben. Eine Englische Fregatte, die in Begleitung einer Englischen Brigg in Neapel angekommen ist, hat diese Nachricht dorthin gebracht. Es scheint, als sollten diese Truppen dort ebenso, wie die Russischen in Corfou, als ein Dépôt, bleiben, um, sobald man es für nöthig erachten wird, gebraucht zu werden.

Der Schwedische Agent bei der Ligurischen Republik, Lagerswärd, hat sich, da sein Aufenthalt in Genua nicht mehr möglich ist, von dort fürs erste nach Pisa begeben.

Der Senator Hédouville ist in Gesellschaft des Französischen Staatsraths Bigot de la Prémenau, von hier nach Neapel abgereist. Wie er mir aber gesagt hat, wird sein Aufenthalt daselbst nur von sehr kurzer Dauer seyn.

Der Cardinal Fesch hat durch einen außerordentlichen Courier von Paris den Orden des goldnen Vließes erhalten, der von Madrid aus für ihn an den Kaiser Napoleon gesandt war. Man weiß jetzt mit Gewißheit, daß das neuliche Erdbeben eigentlich in der Grafschaft Molise im Königreich Neapel gewesen ist. Mehrere Dörfer und Städte sind dort gänzlich davon zerstört worden, und man rechnet auf 42 Orte, welche äußerst beträchtlich durch dasselbe gelitten haben. Unter den gänzlich zerstörten nennt man vorzüglich Baranello, Supino, Bojano, Agnone und Isernia. In diesem letzteren Orte allein sind über 1000 Menschen das Opfer dieses unglücklichen Ereignisses geworden. Der durch das Erdbeben in der Stadt Neapel selbst angerichtete Schaden, hat sich, nach angestellter genauer Untersuchung weit größer befunden, als man ihn anfangs geglaubt hatte. Man versichert, daß mehr als 300 Häuser wieder durchaus neu aufgebaut werden müssen, und mehrere Straßen sind deshalb gesperrt. Ein großer Theil der Einwohner, und der König selbst haben die ersten Nächte nach dem Erdbeben unter Zelten zugebracht, und Ihre Maj. die Königin sind in die Porcelänmanufactur gezogen, die ein vorzüglich festes und sicheres Gebäude seyn soll. Jetzt ist die Königin nach dem Belvedere, Se. Maj. der König aber nach Portici gegangen.[1]

---

zu 52:
[1] *Abdruck der französischen Fassung des Schlußabschnitts aus dem Bericht nach Berlin vom gleichen Tage HGS 10 S. 12.*

53 Bericht Nr. 19/1805   Rom, 17. August 1805

Ausfertigung StAD E 1 M Nr. 93/3 fol. 39 f; ps. 4. September 1805.
MATTSON Nr. 1403.

Ausbruch des Vesuv. Folgen des Erdbebens. Französische Repressalien gegen die auswärtigen Vertretungen in Genua. Truppenverstärkungen in Korfu und Venetien.

Obgleich mir keine politische Begebenheit seit dem Abgange meines letzten unterthänigsten Berichts bekannt geworden ist, welche besonders die Aufmerksamkeit Ew. Lg. Dl. verdiente; so halte ich es doch nicht für uninteressant, Höchstderselben unverzüglich das Naturereigniß zu melden, von welchem Neapel aufs neue Zeuge gewesen ist[1]. Der Vesuv, welcher seit langer Zeit nur schwache und kleine Zeichen seiner Thätigkeit gab, hat im Anfange dieser Woche unvermuthet einen der stärksten und schnellsten Ausbrüche gemacht, deren man sich seit sehr langer Zeit erinnert. Die Lava ist von einer ungewöhnlichen Flüssigkeit und nicht zäher, als etwa Oel, gewesen, und hat sich von dem Berge herab in mehreren (einige Briefe nennen 7, andere 11) Strömen gegen das Meer zu ergossen. Vermöge ihrer Flüssigkeit ist die Schnelligkeit, mit der sie sich ergossen, so groß gewesen, daß sie das Meer auf einem Wege von 6 Italiänischen Meilen in zwei Stunden

10. /17. August 1805

erreicht hat. Einige Engländer, welche auf dem Meere in Fischerböten gegen den Ort zu geschifft sind, an welchem die Lava hineinfloß, haben das Meer noch auf 1/4 Italienische Meile weit so erhitzt gefunden, daß man es bei dem Hineinfassen deutlich gespürt hat. Die Richtung der Lava ist glücklicherweise so gegangen, daß dieselbe nur Gärten, Weinberge und Felder getroffen hat, die dann freilich alle verwüstet worden sind. Wie man meldet, ist nur ein einziges Landhaus zerstört worden, und Menschen scheinen gar nicht umgekommen zu seyn.

So groß auch gewiß der Schaden ist, welchen dieser neue Ausbruch des Vesuvs angerichtet haben wird, so ist man doch im Ganzen in Neapel sehr mit diesem Ereigniß zufrieden, weil man es als das Ende der Besorgnisse ansieht, die man, wenn der Berg nicht hätte dazu kommen können, sich zu entladen, vor neuen Erderschütterungen hegte. Wie vielen Grund man aber hatte, diese zu fürchten, beweisen noch täglich die aus den durch das letzte Erdbeben halb oder ganz zerstörten Oertern ankommenden Nachrichten. Man siehet erst jetzt vollkommen, wie groß die Verwüstungen sind, welche dasselbe angerichtet hat, und man kann ohne Uebertreibung die Zahl der dabei im ganzen Königreich umgekommenen Menschen auf 8000 setzen. Die Nachrichten aber, die man anfangs von ausgetrockneten Flüssen und entstandenen neuen Vulkanen verbreitete, bestätigen sich nicht. Die einzige in der That verificirte Sonderbarkeit sind kleine neu entstandene Hügel von Muschelsand, welche bei Cantalupo, unweit Bojano aus der gespaltenen Erde hervorgekommen sind – eine Erscheinung von der auch das Erdbeben in Peru im Jahre 1797 etwas Aehnliches gezeigt hat.

Von politischen Neuigkeiten ist, wie ich die Ehre hatte, Ew. Lg. Dl. gleich anfangs zu sagen, nichts besonders Wichtiges vorgefallen.

In Genua hat zwar der Kaiserliche Rath Schäffer, welcher von Wien aus zur Liquidirung der dortigen Oesterreichischen Staatsschulden erst kürzlich dahin geschickt worden war, Befehl von der Französischen Regierung erhalten, unverzüglich die Stadt und das Französische und Italienische Gebiet zu verlassen, und ein, nach der Abreise des Barons Giusti daselbst zurückgebliebener Secretaire desselben ist auf die gleiche Weise entfernet worden. Allein diese Maaßregeln hängen noch, wie es scheint[2], mit der Verhaftung Piony's und Costanzo's in Venedig zusammen, und da diese Angelegenheit jetzt durch die wechselseitige Loslassung der Gefangenen gänzlich beigelegt ist, so werden auch sie unstreitig keine weiteren nachtheiligen Folgen haben. Indeß ist um dieselbe Zeit, wie man schreibt, auch das Wappen des Consulats der Sieben-Insel-Republik abgenommen worden.

In Corfu ist ein neuer Transport von 5000 Mann Russischer Truppen angekommen, und ebenso in Venedig einige Schiffe mit Slavonischen. In Venedig dauern die Arbeiten an den Festungswerken unausgesetzt fort, und die Besetzung von Venedig, Chiozzo und Brondolo ist ungemein stark, da man sie im ersteren Ort auf 12 000, im zweiten auf 4 000 und im dritten auf 3 000 Mann angiebt. Im übrigen Venetianischen Gebiet sind zwar verhältnismäßig nicht gleichviel Truppen, da man in den ganzen Italienischen Staaten Oesterreichs wohl nur 30000 annehmen kann, aber die unmittelbar jenseits der Gebirge stehende Armée soll, wie man sagt, auf 150000 Mann gebracht werden. Dagegen bemerkt man unter den Französischen Truppen in Italien nicht die mindeste Bewegung; es kommen deren bis jetzt weder mehr in Italien an, noch schickt man neue in das Königreich Neapel, und dies giebt denn, wie es scheint, allerdings nicht ungegründete Hofnungen, daß wenigstens das feste Land von Europa noch fortdauernd des Friedens genießen wird.

---

zu 53:
[1] *Die HDLZ berichtete am 3. Sept. 1805, einen Tag vor Eintreffen des Humboldt'schen Berichts, mit einer knappen 4 Zeilen-Meldung über den Vesuv-Ausbruch.*
[2] *Der österreichische Gesandte Baron Peter Paul Giusti hatte Genua am 27. Juni verlassen.*

54 Bericht Nr. 20/1805 Rom, 21. August 1805

Ausfertigung StAD E 1 M Nr. 93/3 fol. 41; ps. 6. September 1805.
MATTSON Nr. 1405.

Rückkehr des Nelson'schen Geschwaders aus Westindien. Genauere Schilderung des Vesuv-Ausbruchs.

Ich eile, Ew. Lg. Dl. die gewisse Nachricht von der Zurückkunft des Admirals Nelson in den Europaeischen Gewässern unterthänigst einzuberichten. Der Englische Gesandte am Neapolitanischen Hofe hat dieselbe durch eine Corvette empfangen, welche von Gibraltar, nach einer Ueberfahrt von 15 Tagen, am 16. huj[us] in Neapel angekommen ist[1]. Den von dieser Corvette mitgebrachten Briefen zufolge, hatte sich Admiral Nelson zuerst vor Cadiz gezeigt, und war dann nach Gibraltar gegangen. Kaum aber hatte er dort frisches Wasser und neue Vorräthe eingenommen, war er wiederum abgesegelt, um von neuem durch die Straße zu gehen. Man meldet zugleich aus Neapel, daß seine Absicht sey, die feindliche vereinigte Flotte bei dem Vorgebirge St. Vincent zu erwarten, allein da er leicht berechnen kann, daß, da sie vor ihm die Inseln verlassen zu haben scheint, dieselbe entweder gar nicht, oder auf einem andren Wege nach Europa gekommen seyn muß, so ist dies nicht wahrscheinlich, sondern bei weitem glaublicher, daß er in den Kanal gegangen ist, wo seine Gegenwart bei weitem nützlicher seyn kann.

Der Senator Hédouville ist wiederum von Neapel zurück hier durchpassirt. Die letzten Neapolitanischen Briefe haben uns ausführlichere und authentischere Nachrichten über den letzten Ausbruch des Vesuvs mitgetheilt[2]. Derselbe ist am 12. d. Abends erfolgt. Schon um 6 Uhr Abends wurde man auf dem Berge zwei Rauchsäulen gewahr, da sich bis dahin nur immer Eine zeigte. Mit einbrechender Nacht wurde der Rauch heftiger, und der Berg warf auch von Zeit zu Zeit starke Flammen aus. Um 10 Uhr endlich

17./21. August 1805

machte sich die Lava eine Oefnung ungefähr 30 Fuß unter dem mittäglichen Stande des Kraters, und brach in einem mächtigen Strom mit einer solchen Schnelligkeit aus derselben hervor, daß sie sich in wenigen Secunden am Fuß des Aschenkegels befand, welcher die oberste Spitze des Vulkans ausmacht. In[a] drei Minuten hatte sie schon einen Weg von mehr als 2000 Klaftern zurückgelegt. Der Strom theilte sich alsdann in fünf kleinere, von welchen drei die Chaussée, die von Portici nach Castellamare führt, durchschnitten, und einer einige Minuten lang drohte, sich gegen Portici zu richten. Sechs oder sieben unglückliche Feldhirten[b] wurden von der Lava überrascht und kamen in der Glut um. Der Hauptstrom ging durch den mittäglichen Theil des Dorfs Torre del Greco, ohne jedoch den Häusern beträchtlichen Schaden zuzufügen, und nahm seinen Weg gegen das Meer, welches er, nicht, wie es anfangs hieß, in zwei, sondern in acht Stunden erreichte. Die Lava floß in so ungeheurer Menge herbei, daß sie ein ordentliches kleines Vorgebirge bildete. Das Schauspiel, sie ins Meer strömen zu sehen, war, wie mehrere Personen versichern, die zu Schiffe dem Orte, an dem sie sich mit den Fluten vermischte, gerade gegenüber fuhren, eins der prächtigsten, die man sich denken kann. Feurige Dämpfe erhoben sich, so wie die brennende Glut das Wasser berührte, und bildeten dichte purpurrothe Wolken, und auf dem Lande machte der finstere grünliche Schein des der Lava beigemischten Kupfers gegen[c] die hellen Flammen der vom Feuer verzehrten Weinstöcke und Bäume einen überaus mahlerischen Contrast. Auch genossen die Einwohner Neapels dieses Schauspiel in vollem Maaße. Tausende von Menschen begaben sich noch in derselben Nacht nach Torre del Greco, die ersten Damen der Stadt ließen sich in Sänften auf den Berg tragen, und man hatte den Muth, selbst den Krater schon zwei bis drei Stunden nach dem Ausbruch zu besuchen. Die neugierige Menge drängte sich bis auf wenige Schritte um den Lavastrom herum, und machte ihm nur Schritt vor Schritt Platz. Den andern Tag fand man den Krater etwa um 40 Fuß eingestürzt, aber man konnte noch nicht hineingehen, da noch zwei Mündungen fürchterlich donnerten. Auch floß beim Abgange der letzten Briefe aus Neapel die Lava noch immer, nur weniger schnell und in geringerer Menge. Ihre Majestäten der König und die Königin befanden sich zur Zeit des Ausbruchs in Castellamare, und da der Weg zwischen diesem Ort und Neapel durch die Lava verschüttet war, so konnte die gewöhnliche große Cour am 18. d. als dem Geburtstage der Königin, nicht Statt finden.

---

zu 54: [a] *folgt gestr.:* mehr als [b] *richtiger wohl:* Feldhüter; *im Französischen:* gardechamps [c] *davor gestr.:* ent

[1] *In Darmstadt war bei Eintreffen des Humboldt'schen Berichts bereits bekannt, daß Nelsons Flotte überraschend nach England zurückgekehrt und schon am 18. August in Portsmouth eingelaufen war; vgl. HDLZ vom 3. Sept. 1805.*
[2] *Die französische Fassung der nachfolgenden Schilderung des Vesuv-Ausbruchs in Humboldts Bericht nach Berlin abgedr. in HGS 10 S. 13 f.*

55 Bericht Nr. 21/1805 Rom, 4. September 1805

Ausfertigung StAD E 1 M Nr. 93/3 fol. 43 f; ps. 23. September 1805.
MATTSON Nr. 1411.

Österreichische Mission zur Sicherung der Erzbischofsernennung Erzherzog Rudolfs in Olmütz. Truppenbewegungen. Ausstellung von Schicks Gemälde „Noahs Opfer" in der Kunstgalerie San Luca.

Seit dem Abgange meines letzten unterthänigsten Berichts ist keine politische Nachricht, Italien oder die an dasselbe angränzenden Länder betreffend, zu meiner Kenntniß gekommen, welche Ew. Lg. Dl. höchster Aufmerksamkeit vorzüglich würdig wäre. Zwar traf am 1. d. Abends ein außerordentlicher Courier aus Wien bei dem Cardinal-Staatssecretaire hier ein, und die Aufmerksamkeit des Publicums war in hohem Grade auf die Ursach seiner Sendung gespannt. Allein man erfuhr bald darauf, daß derselbe nur den sogenannten canonischen Process über den zum Coadjutor des Cardinals-Erzbischofs von Olmütz erwählten Erzherzog Rudolph überbracht hatte. Da in der nächsten Woche ein Päpstliches Consistorium gehalten wird, so hat man mit Uebersendung dieser Papiere geeilt, damit der künftige Erzbischof noch in demselben proclamirt werden könne. Se. Königliche Hoheit haben bei dieser Gelegenheit dem hiesigen Oesterreichischen Gesandten, Grafen von Khevenhüller, eine goldne mit ihrem, reich mit Brillanten besetzten Bildniß versehene Dose zum Geschenk übermacht.

Die letzten Briefe aus Turin reden von Truppendurchmärschen, welche dort Statt gehabt haben. Es sind nemlich Truppen aus Frankreich nach Italien, und Italienische nach Frankreich gegangen. Die Anzahl des einen oder andren Corps ist nicht angegeben; doch sieht man aus dem übrigen Inhalte der Briefe, daß man dies Einrücken neuer Truppen nicht eigentlich als eine Verstärkung der Italienischen Armée ansieht. In dem übrigen Italien bemerkt man von Französischer Seite schlechterdings keine kriegerischen Zurüstungen. Zwar hatte sich ein Gerücht verbreitet, als sey eine kleine Französische Escadre vor dem Hafen von Livorno erschienen, welche Truppen, die von Modena über Pisa dahin kommen würden, aufnehmen und in das Königreich Neapel führen sollte; allein die zuverlässigsten Briefe aus Toscana schweigen durchaus über diese, schon an sich äußerst unwahrscheinliche Nachricht. In den ehemaligen Venitianischen Staaten dauern dagegen die Kriegsrüstungen fort, und ein Theil der Truppen, welche bis jetzt jenseits der Gebirge standen, ist sogar in Italien eingerückt.

Vor einigen Tagen ist der Senator Lucian Bonaparte hier angekommen. Es heißt aber, daß er schon heute Abend wieder nach Pesaro zurückreisen wird, und auf alle Fälle dürfte, da er ganz allein, und ohne seine Familie gekommen ist, sein Aufenthalt hier nur sehr kurz seyn.

Unter den hiesigen Künstlern, da Ew. Lg. Dl. mir allergnädigst anzubefehlen geruhet haben, auch artistische Nachrichten zum Gegenstande meiner Berichte zu machen, hat ein Gemälde eines Wirtembergers, Namens

22 Gottlieb Schicks Gemälde „Noahs Dankopfer".

23 Karoline v. Humboldt vor dem Kolosseum und die Humboldt-Töchter Adelheide und Gabriele (Federzeichnungen von Gottlieb Schick).

Schick, nicht geringe Aufmerksamkeit erregt. Er stellt das Opfer Noahs, nach der Sündflut vor, und zeichnet sich vorzüglich durch Schönheit der Composition, Reinheit der Formen, und einen einfachen und edeln Charakter in den Physiognomien der verschiedenen Personen aus[1]. Noah betet stehend am Altar zu Gott, welcher, von Engeln begleitet, in den Wolken erscheint, und die bekannte, durch den in der Form sichtbaren Regenbogen bestätigte Verheißung giebt. Noah's Söhne sind mit dem Opfer beschäftigt; die Mutter betet knieend, und die Töchter tragen Blumen herbei. In der Ferne sieht man die Arche auf dem Gebirge Ararat, aus welcher die Geschlechter der Thiere paarweise herauskommen. Man tadelt, und nicht mit Unrecht, die Gruppe in den Wolken, und die Zeichnung in einigen der Thiere; allein das Opfer mit allen dazu gehörenden Figuren ist vortreflich, und alle gestehen, daß, wenigstens von einem fremden Mahler seit sehr langer Zeit kein gleich gutes Bild hier gesehen worden ist. Es geschieht häufig, daß hiesige Mahler ihre eben fertigen Gemählde in dem ehemaligen Pantheon, der jetzigen Rotonda, ausstellen, in welcher das Licht vorzüglich günstig ist. Desselben Vorzugs hat auch das gegenwärtige Bild genossen; indeß war es das erstemal, daß diese Freiheit einem Auswärtigen und einem Protestanten gestattet wurde. Weil aber in der Rotonda nur solche Gemählde ausgestellt werden können, welche heilige Geschichten zum Gegenstand haben, so denkt man darauf einen eignen[a] Saal zu diesem Zweck einzurichten und dort alle Bilder, ohne Unterschied zuzulassen. Der Papst hat nemlich der hiesigen Kunst-Academie, „di S[an] Luca" genannt, ein eignes ehemaliges Kloster, „alle Convertite" genannt, zu einem neuen Local eingeräumt, und dies wird jetzt eingerichtet[2]. Freilich läßt die Kleinheit des Fonds, welchen die Academie besitzt, nicht hoffen, daß diese Einrichtung so bald beendigt werden sollte; doch hat der Cavaliere Canova auch hier seinen Patriotismus und seinen Eifer für die Künste bewiesen, indem er, bis diese Einrichtung beendigt seyn wird, auf den ihm vom Papst angewiesenen Gehalt Verzicht gethan, und erlaubt hat, daß derselbe zu diesem Zweck verwandt werden kann. – Die beiden berühmtesten unter den Italienischen Geschichtsmalern hier, Landi und Camuccini, sind gerade mit noch nicht beendigten Arbeiten beschäftigt.

---

zu 55: [a] *über der Zeile statt gestr.:* and.

[1] *Gottlieb Schicks Gemälde „Noahs Opfer" hängt heute in der Stuttgarter Staatsgalerie; siehe Abb. 22, S. 203.*

[2] *Die auf eine im 14. Jahrhundert in der Kirche San Luca sull Esquilino begründete Malergesellschaft zurückgeführte päpstliche Akademie bekam von Pius VII. am 9. April 1804 die* fabrica delle Convertite *am Corso zugewiesen, konnte aber aufgrund der Bemühungen ihres Präsidenten Canova bereits 1810 ins Collegium Germanicum bei San Apollinare und später in den Sapienza-Palast umziehen. Seit 1845 ist der Ripetta-Palast Sitz der heutigen Accademia Nazionale de San Luca. Die 1543 gestiftete Pantheon-Bruderschaft (*Artistica congregazione dei Virtuosi al Pantheon*) veranstaltete ihre Ausstellungen religiöser Bilder alljährlich am Josephstag (19. März) im Porticus des Pantheon.*

4./7. September 1805

56 Bericht in Kirchensachen　　　　　Rom, 7. September 1805

Ausfertigung StAD E 5 B 2 Nr. 12/3 fol. 19, 22; ps. 25. September 1805[a].
MATTSON Nr. 1415.

Gebührenerlaß für die Ehedispenssache Joss/Heydel. Zuständigkeiten von Datarie und Poenitentiarie in Dispensationssachen. Handhabung der Gebührenfrage. Rücksichtnahme auf die Ansprüche des Kurerzkanzlers auf das vormalige Bistum Worms.

Ew. Lg. Dl. Ministerial-Departement des Innern hat mir vermittelst des am 16. pr[ioris] hier eingegangenen Extractus protocolli d[e] d[ato] 1. ej[usdem] in Ehedispensationssachen des Hofgerichtsraths Aloysius Johann Joss und der Theresa Heydel ein Zeugniß über die Vermögensumstände dieser Personen zugesandt, und mir zugleich aufgetragen eine Ermäßigung der anfänglich hier auf 200 Scudi festgesetzten Gebühren der Dispensation für dieselben auszuwirken[1]. Da durch dieses Zeugniß die wirkliche Armuth dieser Partheien bescheinigt wird, so habe ich, um diesem höchsten Befehle vollkommen Genüge zu leisten, nicht bloß eine Ermäßigung, sondern gänzliche Niederschlagung dieser Gebühren nachsuchen zu müssen geglaubt, und obgleich diejenigen, die, wie der Hofgerichtsrath Joss, eines angesehenen Titels und eines Gehaltes genießen, nach der hiesigen Praxis, niemals zu der Classe der eigentlichen Armen gerechnet werden; so habe ich es dennoch durch meine persönliche Verwendung bei dem Cardinal-Prodatarius und durch die in Ew. Lg. Dl. höchstem Namen angebrachte Unterstützung des Gesuchs durchgesetzt, das anliegende Dispensations-Breve ohne alle und jede Unkosten, welchen Namen sie führen möchten, zu erhalten.

Es hat mich geschmerzt in dem vorerwähnten Extractus Protocolli bemerken zu müssen, daß Ew. Lg. Dl. Ministerial-Departement zu glauben schien, daß die anfängliche hohe Ansetzung der Gebühren einer unrichtigen Einleitung der Sache von meiner Seite beizumessen sey, da ich vielmehr bei derselben, sowie bei jedem, mir von Ew. Lg. Dl. gnädigst aufgetragenen Geschäfte, mit der genauesten Aufmerksamkeit von der Erfahrung Gebrauch gemacht zu haben glaubte, welche mir die jetzt mehrere Jahre hindurch geführten vielfachen Preussischen Geschäfte verschaft haben. In dieser Hinsicht wage ich es, auf die mir gnädigst gemachten beiden Bemerkungen folgendes unterthänigst zu erwiedern:

1. In vorigen Zeiten wurden allerdings Ehedispensationen für notorisch arme Personen bei der Poenitentiarie[b] nachgesucht, und nach Maßgabe der Umstände, entweder durchaus unentgeltlich, oder mit Entrichtung der kleinen, gewöhnlich „pro exercitio" genannten Unkosten an die Datarie, ertheilt. Seit dem Jahr 1800 aber ist dieser Gang abgeändert und alle Ehedispensationsgesuche, ohne Unterschied, müssen und können bloß bei der Datarie angebracht werden. Diese fertigt die Dispensationen selbst aus, und wenn sie sich auch in einigen wenigen Fällen (wo die Dispensation nur vermittelst einer Bulle geschehen könnte und doch kostenfrei [zu] erhalten ist) der Poenitentiarie dabei bedient, so ist dies doch nur ein Abkommen

zwischen beiden Tribunalen selbst, und die Extrahenten bekommen die gemachte Ausfertigung nur von der Datarie, so wie sie dieselbe auch nur bei ihr betreiben können. Auf diese Weise müßten also eigentlich alle Ehedispensationen, auch für die allerärmsten Personen, immer wenigstens einige Gebühren, nemlich die eigentlichen Ausfertigungs- und Schreibgebühren bezahlen, die aber auch nach der Nähe des Verwandtschaftsgrades bestimmt werden, und in der That ist dies im Ganzen die heutige, allgemein herrschende Praxis. Da dies indeß für wahrhaft arme Partheien immer äußerst hart ist, so ist für Königlich Preussische Unterthanen da, wo die Armuth derselben durch Bischöfliche Zeugnisse bescheinigt ist, häufig von dem Cardinal-Prodatarius gänzliche Niederschlagung aller Gebühren gefordert und meistentheils erhalten worden, und obgleich man seit einiger Zcit, wo dic in dcr That dem Preussischen Hofe ausschließend in dieser Art zugestandenen Vorgänge von andern Höfen zum Beispiel angeführt zu werden anfangen, aufs neue größere Schwierigkeiten erhebt, so suche ich die Sache doch in demselben Gange fortzuerhalten, und werde gewiß immer nach allen meinen Kräften bemüht seyn, Ew. Lg. Dl. höchsten Unterthanen dieselben Vortheile zuzusichern.

2. Zur Betreibung der Jossischen Ehedispensation habe ich mich in der That eines Spedizioniere's, und zwar mit Absicht desjenigen bedient, der durch seine Verbindungen mit den hauptsächlichsten Bedienten der Datarie am geschicktesten ist, Kostenverminderungen zu erhalten, und auch insofern glaube ich daher, was bei mir stand, gethan zu haben. Uebrigens aber ist es hier eine angenommene und durch die Erfahrung bewährte Maxime, daß nur von ihrem Hofe abhängige und immer in mehreren Verbindungen stehende und mit mehr Nachdruck wirkende Gesandten immer mehr, als bloße Agenten und Spedizioniere, auch in Absicht der Kostenverminderung, auszurichten im Stande sind, und bei allen Gesandtschaften hier ist es daher hergebracht, daß der Gesandte da vortritt, wo der Spedizioniere klagt, für sich allein nicht durchdringen zu können. Dies ist so wahr, daß ich die ganz und gar kostenfrei nachgesuchten Ehedispensationen niemals nur dem Spedizioniere übergab, und dabei, außer dem oben erwähnten Vortheil, noch die Ersparung der Spedizionsgebühren gewinne, da ich auf die der Agentie in dergleichen Fällen von selbst Verzicht thue.

Bei so bewandten Umständen wage ich es, mir mit der Hofnung zu schmeicheln, daß Ew. Lg. Dl. gnädigst überzeugt seyn werden, daß der scheinbar hohe Kostensatz anfänglich bloß aus dem Umstande herrührte, daß die Bittschrift des Raths Joss von gar keinem Zeugniß begleitet war, und man daher bei der Datarie die Vermögensumstände desselben nicht zu beurtheilen im Stande war. Wäre derselbe aber in der That ein sehr wohlhabender oder gar reicher Mann gewesen, so würde ich selbst, wenn Ew. Lg. Dl. es mir zu bemerken gnädigst erlauben, die Ansetzung der Kosten nicht allzuhoch gefunden haben. Denn man muß gestehen, daß, wenn man für unvermögende Personen Niederschlagung der Kosten verlangt, man billi-

7. September 1805

gerweise bei vermögenden auch ein wenig nachsichtig gegen den hiesigen Hof seyn muß, und dies um so mehr, als derselbe doch in der Besoldung der Datariebedienten und den Ausgaben für die Kanzlei wegen dieser Ausfertigungen wirkliche Unkosten hat, und wenn man einmal hier hartnäckig auf gewissen Forderungen bestände, es schwer seyn würde, hinlängliche Mittel dagegen aufzufinden. Da die Gebühren der Ehedispensationen nach der Beschaffenheit der Fälle und dem Vermögen der Impetranten verschieden sind, so giebt es unter diesen Ausfertigungen natürlich auch theurere, und für Preussische Unterthanen habe ich z. B. in jedem Jahr einige, welche 60, 80, auch 100 und mehr Scudi kosten.

Eine der größesten Schwierigkeiten bei Betreibung der gegenwärtigen Angelegenheit ist mir aus dem Umstande erwachsen, daß das mir überschickte Zeugniß nicht von dem bischöflichen Generalvicar[c], oder der eigentlichen Curia Episcopali, sondern nur von dem Pfarrer der Partheien ausgestellt war, und der Cardinal-Prodatarius hat mir in der Note, mit welcher er mir die Dispensation zugeschickt hat, und von der ich glaube, Ew. Lg. Dl. unterthänigst eine Abschrift vor Augen legen zu müssen, ausdrücklich bemerkt, daß[d] nur aus schuldiger Achtung gegen Ew. Lg. Dl. der hiesige Hof in diesem besondern Fall über diesen Umstand hinweggegangen sey, künftig aber die Forderung eines eigentlichen bischöflichen Zeugnisses nicht nachgelassen werden könne[2]. In der That ist dies nur der canonischen Praxis gemäß, und ich muß pflichtmäßig versichern, daß für Preussische Unterthanen mir niemals Zeugnisse der Pfarrer, sondern immer der eigentlichen bischöflichen Curien zugesendet werden. Ohne ganz besondre Gründe, die ich, sobald mir dieselben bekannt seyn werden, gewiß mit dem möglichsten Nachdruck gelten zu machen suchen werde, dürfte ich mir daher nicht schmeicheln können, künftig ohne dergleichen Zeugnisse durchzukommen, und ich muß Ew. Lg. Dl. umso mehr unterthänigst bitten, die sorgfältigste Abfassung derselben, vorzüglich in Absicht des Kostenpunktes, anzuempfehlen, als in der That immer äußerst viel von denselben abhängt. Der Grund, aus welchem der Römische Hof noch mehr in diesen Fällen auf Herbeibringung wirklich bischöflicher Zeugnisse besteht, liegt großentheils in der Rücksicht, die man auf den Kurfürsten-Erzkanzler nimmt, da man mir vertraulich eröfnet hat, daß derselbe sich bei dem Papste beklagt hat, daß man das Bisthum Worms, auf das er niemals renunciirt habe, bei der endlichen Abfassung[e] der Regensburgischen Bulle aufgehoben und ihm nur Administrationsweise gelassen habe. Die Aufschrift ist bloß an den Officialen der Wormser Dioecese gemacht worden, so wie es, wie man mir sagt, bei den unter Administration stehenden Bisthümern gewöhnlich ist.[3]

---

zu 56: [a]*dazu die von Lichtenberg signierte Verfügung zur Abgabe ans Innen-Departement vom 25. Sept. 1805 wie zu 50 u.ö.* [b] *folgt gestr.:* angeb [c] *folgt gestr.:* und [d] *folgt gestr.:* er [e] *folgt gestr.:* seiner

[1] *Konzept des Extrakts mit dem Vermerk* den 1. Aug. mit dem Testimonio abges. *bei den Akten StAD E 5 B 2 Nr. 12/3 fol. 14; ebd. außer der Eingabe des Hofgerichtsrats Joss vom 29.* Juli, der das Zeugnis des zuständigen Pfarrers Ziegler beilag, noch ein hier nicht abgedruckter Zwischenbericht Humboldts vom 24. Juli 1805, fol. 16 (ps. 14. bzw. 16. Aug. 1805), MATTSON *Nr. 1391.*
[2] *Die Abschrift der italienisch abgefaßten Note des Prodatars, datiert* Dalle Stanze della Dataria, li 4 Sept. 1805, *liegt als fol. 20f beim Vorgang.*
[3] *Ein abschließender Bericht in der Dispensationssache Joss vom 6. Nov. 1805, ebenfalls StAD E 5 B 2 Nr. 12/3 fol. 25, der lediglich die angefallenen Gebühren berechnet, ist nicht abgedruckt; vgl.* MATTSON *Nr. 1446; dazu* 69 *mit Anm. 2.*

57 Bericht Nr. 22/1805 Rom, 14. September 1805

Ausfertigung StAD E 1 M Nr. 93/3 fol. 45; ps. 6. Oktober 1805.
MATTSON Nr. 1420.

Französische Kriegsrüstungen an den österreichischen Grenzen in Oberitalien und im Königreich Neapel. Wechsel in der Leitung des Innenministeriums in Florenz. Hofnachrichten.

Ew. Lg. Dl. werden aus meinen letzten unterthänigsten Berichten gnädigst zu ersehen geruhet haben, daß der großen Kriegszurüstungen in den Italienisch-Oesterreichischen Staaten ungeachtet, die Französischen Truppen in Italien sich bisher in einer vollkommenen Ruhe befanden. Diese hat in den letztvergangenen Wochen plötzlich aufgehört; alle Französische und Italienische Regimenter in der Lombardei sind in der lebhaftesten Bewegung, und wie man aus jener Ruhe die Hofnung schöpfte, daß noch vielleicht der Ausbruch eines neuen Continentalkrieges würde vermieden werden können, so scheint man jetzt demselben fast mit Gewißheit entgegenzusehen. Alle Truppen, welche bisher im Piemontesischen, Mailändischen, Genuesischen und Parmesanischen standen, haben sich, und zum Theil in forcirten Märschen, an die Oesterreichische Gränze gezogen, und dieselbe von Brescia bis zur Mündung der Etsch besetzt. Der General Massena, welcher, da General Jourdan, wie man sagt, an der Stelle Berthiers, den man anderweitig gebrauchen will, das Portefeuille des Kriegsdépartements in Paris verwalten soll, bereits[a] am 7.d.M. in Mailand angekommen ist, wird das Obercommando über die Italienische Armée erhalten, und General Verdier, auf dessen militairische Talente der Kaiser Napoleon ein besonderes Vertrauen setzen soll, ist schleunig von Livorno nach Mantua berufen worden. An Zahl dürften zwar die Französischen Truppen, die sich im gegenwärtigen Augenblick in oberen Italien befinden, den Oesterreichischen, welche theils im ehemaligen Venetianischen Gebiet, theils unmittelbar hinter den Alpen stehen, nicht gleich kommen; indeß haben sie doch auch schon seit mehreren Monaten unvermerkt kleine Verstärkungen erhalten, und man sieht in Kurzem der Ankunft zahlreicher Truppencorps aus Frankreich entgegen. In Nizza haben die Truppen Befehl erhalten, sich nach Genua zu begeben, und auf gleiche Weise werden alle Besatzungen der nächstgelegenen Provinzen Frankreichs in Italien einrücken. Im Anfange Octobers wird, heißt es, der Kaiser Napoleon selbst in Mailand eintreffen.

7./14. September 1805

Zur Verstärkung der Französischen Armée im Königreich Neapel gehen 4 bis 5000 Mann aus der Lombardei ab. Ein Theil derselben ist bereits in Pesaro angekommen, und 600 Mann von der Insel Elba marschiren über Cortona und Perugia in dieselbe Gegend. Es heißt, daß alle jetzt im Königreich Neapel befindlichen Französischen Truppen ein Lager bei Pescara bilden und diese kleine Stadt in Vertheidigungsstand gesetzt werden soll. Dies ist um so glaublicher, als es nicht unnatürlich scheint, daß der Kaiser Napoleon dies Corps, das jetzt fast am äußersten Ende Italiens steht, der Römischen Gränze näher, und dadurch in unmittelbarere[b] Verbindung mit der Armée im oberen Italien bringen wolle.

Glaubwürdigen und genauen Nachrichten zufolge, beläuft sich die Anzahl der Russen auf den Sieben Inseln auf 13 000 Mann, wobei jedoch 10 bis 12 000 Montenegriner nicht mit in Rechnung gebracht sind. Die Engländer haben in Malta, nach den durch die Bickertonsche und Craigsche Escadre[c] dahin gekommenen Truppentransporten, ungefähr 12 000 Mann. Die Neapolitanische Armée wird auf 20 000 Mann geschätzt, kann aber durch Bewafnung der Landmilizen sehr ansehnlich vermehrt werden. In dem gegenwärtigen Augenblicke scheint in Neapel noch alles vollkommen ruhig zu seyn und vermuthlich wird das Loos dieses Königreichs erst durch die Wendung entschieden werden, welche die allgemeinen Angelegenheiten Europas überhaupt nehmen werden.

In Florenz ist eine kleine Ministerial-Veränderung vorgefallen. Der Cavaliere Giusti, welcher die Stelle eines Ministers des Innern verwaltete, ist plötzlich von derselben entfernt und zum Chef des Obersten Criminalgerichts gemacht worden. Ein gewisser Martini, der ein talent- und charaktervoller Mann seyn soll, bisher aber von der neuen Etrurischen Regierung nicht gebraucht worden war, hat seine bisherigen Geschäfte bekommen, und scheint im gegenwärtigen Augenblick einen großen Einfluß auszuüben. Die bisherige Finanzcommission, welche aus fünf Mitgliedern bestand, ist, wie man allgemein glaubt, ihrer Auflösung nahe.

Lucian Bonaparte ist zwar den 5. d. M. von hier nach Pesaro abgereist, aber schon gestern, und jetzt mit seiner ganzen Familie, hierher zurückgekommen. Er scheint seine Wohnung in Pesaro, deren Eigenthümer er sehr reichlich beschenkt hat, aufgegeben zu haben und den Winter hier zubringen zu wollen. – Se. Maj. der König von Sardinien waren in Ischia mit Ihrer Maj. der Königin geblieben, um durch Ihre Gegenwart die Königin wegen des Schreckens zu beruhigen, welchen ihr das neuliche Erdbeben verursacht hatte. Beide Majestäten sind jetzt wieder nach Gaeta zurückgekehrt, und auf Ihrer Rückreise durch Neapel gegangen, daselbst aber nicht länger geblieben, als nöthig war, Ihrer Maj. der Königin[d] von Neapel für die Sorgfalt und Aufmerksamkeit zu danken, welche sie für Sie während ihres Aufenthalts in Ischia gehabt hatte.

zu 57: [a] *davor gestr.:* ist   [b] *folgt gestr.:* Gemein   [c] *über der Zeile nachgetragen*   [d] *folgt gestr.:* für

58 Bericht Nr. 23/1805 Rom, 28. September 1805

Ausfertigung StAD E 1 M Nr. 93/3 fol. 47 f; ps. 15. Oktober 1805[a].
Teilabschrift StAD E 5 B 1 Nr. 3/3 fol. 218.
MATTSON Nr. 1429.

Vorbereitungen zur Abreise des Nuntius della Genga nach Regensburg. Fortsetzung der französischen Kriegsvorbereitungen. Abzug der österreichischen Schiffe aus Livorno. Stärke der französischen Armee im Königreich Neapel. Hofnachrichten.

Ich habe mit gestriger Post das Höchste Rescript erhalten, welches Ew. Lg. Dl. Ministerial-Département des Inneren unterm 5. September c[urrentis] an mich erlassen hat[1], und habe daraus mit tiefster und aufrichtigster Dankbarkeit die gnädige Art gesehen, mit welcher Ew. Lg. Dl. meine geringen Bemühungen in Höchstdero Diensten aufzunehmen geruhet haben. Ich sehe mich heute im Stande, dem neulich über die Deutschen Concordat-Angelegenheiten unterthänigst Einberichteten die Nachricht hinzuzufügen, daß der zum Nuncius am Reichstage bestimmte Praelat, Monsignor della Genga, auf seiner Abreise nach Deutschland begriffen ist. Er hat bereits seine Abschiedsbesuche gemacht, und seine wirkliche Abreise soll in der nächsten Woche vor sich gehen[2]. Er wird sich unmittelbar nach Regensburg begeben, nimmt sich aber vor, von dort aus Se. Kurfürstliche Dl. den Kurfürsten von Baiern in Würzburg zu besuchen. So wenig auch die gegenwärtigen politischen Umstände Hofnung übrig zu lassen scheinen, daß es möglich sein sollte, eine auf so mancherlei Art verwickelte Angelegenheit, als die des Concordats, jetzt am Reichstage abzumachen, so schmeichelt sich der hiesige Hof dennoch, daß die Berathschlagungen werden wenigstens mit dem Kur-Erzkanzler, Kurfürstliche Dl., bis zu dem Punkt gebracht werden können, auf welchem sie nur der Bestätigung des Reichs bedürfen. Den bewußten Entwurf, welchen ich den Ew. Lg. Dl. neulich unterthänigst eingesandten Papieren beizulegen gewünscht hätte, ist es mir bis jetzt nicht geglückt zu erhalten, und ebensowenig die angeblich zu demselben gehörende Karte[3]. Doch höre ich aus sicheren Quellen, daß die letztere nur sehr allgemeine und ungefähre Eintheilungen enthalten soll, und von den Personen, welchen die Cardinäle in Paris sie zur Prüfung anvertraut haben, nur sehr wenig brauchbar befunden worden ist.

In politischer Hinsicht hat sich, so sehr man auch mit jedem Tage wichtigen Begebenheiten in Italien entgegensieht, seit dem Abgange meines unterthänigsten letzten Berichtes fast nichts gerade sehr Erhebliches zugetragen. Das Einzige, was sich im Allgemeinen sagen läßt, ist, daß die Kriegsrüstungen von beiden Seiten mit unausgesetzter und ausnehmender Thätigkeit fortdauern. General Massena hat sein Hauptquartier in Valeggio, in der Nähe von Pischina aufgeschlagen, und die Französischen Truppen in der Lombardei nehmen mit jedem Tage zu. Gerade deshalb aber ist es kaum möglich, ihre eigentliche Anzahl zu bestimmen. Die meisten Angaben aber, die von 100 000 und 130 000 Mann sprechen, sind in hohem Grade übertrieben. Im Augenblick der anfangenden Kriegszurüstungen betrug ihre

28. September 1805

Anzahl etwa 60 000 Mann, von welchen man aber jetzt die in das Königreich Neapel gesendeten abziehen muß, und die seitdem gewesenen Bewegungen haben mehr in Zusammenziehungen als eigentlichen von außerhalb herkommenden Verstärkungen bestanden. Auch an diesen zwar hat es nicht gefehlt und fehlt es auch jetzt nicht; doch ist nirgends ein ganzes Corps auf einmal aus Frankreich eingerückt, sondern dasselbe wird erst aus dem Innern erwartet. Die ehemalige Ligurische Republik und Toscana sind fast ganz von ihren Garnisonen entblößt worden, und auch die Insel Elba hat einen Theil ihrer Besatzung verloren.

In Livorno ist der General Verdier provisorisch durch den General Giovanni ersetzt worden. Die in diesem Hafen befindlichen Oesterreichischen Schiffe haben alle fast zur gleichen Zeit, auf einen in Livorno angekommenen Courier aus Venedig, die Rhede verlassen und sind abgesegelt. Gleich darauf wurde auf Französischen Befehl ein genaues Verzeichniß aller im Hafen befindlichen Schiffe mit Bemerkung ihres Pavillons, ihrer Größe und Beschaffenheit gemacht. Man glaubte damals, daß dieselben zu einem Truppentransport nach Neapel gebraucht werden sollten, indeß ist diese Maßregel bis jetzt ohne weitere Folgen geblieben.

Zu dem Französischen Truppencorps in Neapel ist, wie ich Ew. Lg. Dl. neulich unterthänigst einzuberichten die Ehre hatte, eine beträchtliche Verstärkung gestoßen. 4 800 Mann Infanterie und 1 500 Mann Cavallerie beide aus dem obern Italien kommend, und 600 Mann, die von der Insel Elba über Cortona und Perugia kamen, rückten damals in das Königreich ein. Jetzt sind aufs neue 600 Mann Schweizer Truppen und 4 Compagnien eines andern Regiments in Ancona angemeldet worden. Man kann daher den ganzen Zuwachs, welchen die Neapolitanische Französische Armée alsdann haben wird, auf ungefähr 8 000 Mann anschlagen. Die Furcht, daß die vereinigte Französisch-Spanische Flotte von Cadix aus das Königreich Neapel bedrohen könnte, scheint sich in Neapel gemindert zu haben, seitdem man Ursach zu glauben hat, daß Admiral Calder vor dem Auslaufen derselben in den Gewässern von Cadix erschienen ist.

Die Prinzessin Elisa soll, wie es heißt, mit dem Prinzen, ihrem Gemahl, nach Paris zurückkehren, und man behauptet, daß auch Hieronymus Bonaparte sich dahin begeben werde[4].

---

zu 58: [a] *dazu Kanzleianweisung:* Fiat extractus von den angestrichenen Stellen et mittatur an das L[and]gräfl. Ministerium des Inneren. Giessen, den 15. Oct. 1805, Lichtenberg, *mit Vollzugsvermerk:* factum

[1] *Konzept vom 5. Sept. mit Ausgangsvermerk vom 10., StA D E 5 B 1 Nr. 3/3 fol. 213.*
[2] *Die Hinweise auf die geplante Abreise della Gengas und ihre Verschiebung in den Berichten Humboldts nach Berlin auszugsweise bei* GRANIER, *Kath. Kirche 9, S. 410f.*
[3] *Vgl.* **49** *mit Anm. 1.*
[4] *Die HDLZ berichtete am 12. Okt. 1805 (mit Korrespondentenbericht aus Paris vom 5.), Jerôme Bonaparte sei von Genua hier angekommen. Vgl. dazu den ausführlichen Bericht der HDLZ vom 17. Sept. 1805 über die von Jérome organisierte Heimführung von 231 in Algier gefangenen Genuesern und den festlichen Empfang in Genua.*

59 Bericht Nr. 24/1805 Rom, 5. Oktober 1805

Ausfertigung StAD E 1 M Nr. 93/3 fol. 49; ps. 2. November 1805.
MATTSON Nr. 1432.

Ungewißheit über den Beginn der Kriegshandlungen in Oberitalien. Finanzlage des Königreichs Etrurien. Desertationen bei den aus Italienern bestehenden französischen Truppen in Neapel. Erneuter Aufruhr und Ermordung des Deys in Algier.

Die Ungewißheit über die allgemeinen Angelegenheiten Europa's dauert hier noch immer fort, und indeß gehen in Italien nur kleine und höchst partielle Truppenbewegungen vor. Man hatte zwar vor einigen Tagen das Gerücht verbreitet, daß die Feindseligkeiten an der Etsch nunmehr begonnen hätten; ich kann aber Ew. Lg. Dl. versichern, daß dies wenigstens gewiß zu der Zeit noch nicht der Fall war, von der es möglich ist, hier Nachricht zu haben. Nur soviel ist gegründet, daß der General Massena selbst hierher geschrieben hat, daß er jetzt mit seiner Armée vollkommen zum Anfange des Feldzugs bereit sey, und sobald er Befehl dazu erhalte, den Feind angreifen könne[1].

Auch hat sich die ganze Französische Macht so sehr dort an der Gränze zusammengezogen, daß, da noch 200 Mann in Livorno als Besatzung standen, auch diese, nach den letzten Briefen von da her, diesen Ort verlassen und sich nach Mantua begeben sollten. Die Thore der Stadt werden alsdann wieder von den Etrurischen Truppen besetzt werden. Da alsdann gar keine fremden Truppen mehr im ganzen Toscana seyn werden, so macht die Etrurische Regierung, welche bisher beträchtliche Beiträge zur Unterhaltung derselben herschoß, dadurch eine bedeutende Ersparung, und dieselbe wird um so nützlicher für die noch immer sehr zerrütteten Finanzen dieses Staates seyn, als Ihre Majestät die Königin die Vollmachten der, nach Abgang des Marchese Salvatico errichteten Finanzcommission abermals verlängert haben. Diese Commission hat in der That sehr große Verdienste um das Land, und ihre weise und geschickte Verwaltung hat die Ausgaben des Staats so zu verringern gewußt, daß das Deficit, das sich, vor der Einsetzung derselben, auf mehr als 2000 Piaster täglich belief, jetzt nur noch 300 beträgt.

Die für die Französische Armée im Königreich Neapel bestimmten Verstärkungen begeben sich zwar noch durch den Kirchenstaat auf dem gewöhnlichen Wege an der Küste des Adriatischen Meeres dahin. Allein ein Regiment Cavallerie hat Befehl zum Rückmarsch nach der Lombardei erhalten, und die übrigen Truppen haben beträchtlich durch Desertion gelitten. Da sie größtentheils aus neuangeworbenen Italienern bestanden, so ist es diesen durch ihre Kenntniß des Landes und der Sprache leichter geworden, zu entweichen. Die Truppen im Königreich Neapel selbst scheinen sich, da eine Landung der Russischen in den Ionischen Inseln so leicht zu besorgen steht, auf jedes Ereigniß vorzubereiten. Die Officiere und übrige bei der Armée angestellten Personen haben ihre Frauen zurückge-

5./16. Oktober 1805

schickt, und viele derselben sind hier angekommen, und die Armée selbst hat eine andre gedrängtere Stellung genommen. Doch ist sie nicht bis Pescara zurückgegangen, sondern steht zwischen Barletta, Trani und Andria ohngefähr in der Mitte zwischen ihren bisherigen Positionen bei Otranto und in der Halbinsel von Lecce und der Päpstlichen Gränze.

Briefe, die über Spanien hierhergekommen sind, geben fernere Nachrichten von den Unruhen in Algier, deren Wahrheit ich jedoch nicht zu verbürgen im Stande bin. Denselben zufolge hätte den neulichen blutigen Auftritten dennoch eine Unzufriedenheit der Türkischen Soldaten mit der Regierung, der man Unthätigkeit, Habsucht und eine zu große Begünstigung der Juden Schuld giebt, zum Grunde gelegen. Es hat daher auch seitdem beständiges Mistrauen zwischen dem Dey, den Soldaten und Einwohnern geherrscht. Endlich ist es aufs neue zu einem Ausbruch gekommen. Die Soldaten haben den Dey nun offenbar angegriffen, ihn und seinen Schatzmeister ermordet und an seiner Stelle den zweiten Secretaire des Divans Mahmed Chedgia gesetzt, und nunmehr soll die Ruhe vollkommen hergestellt seyn. Der neue Dey ist, wie man sagt, ein Mann von ruhigem und friedfertigem Charakter, nur so sehr der Jüdischen Nation abgeneigt, daß diese sich nicht schmeicheln darf, je den mindesten Einfluß unter seiner Regierung auszuüben.

Der Papst ist am 2. dieses Monats nach Castell-Gandolfo gegangen, um dort, wie gewöhnlich den October zuzubringen. – Den Praelaten della Genga hat eine Unpäßlichkeit, die indeß, wie es scheint, nicht weiter von Folgen seyn wird, genöthigt, seine Abreise noch um einige Tage aufzuschieben.

---
zu 59:
[1] *In der HDLZ stand am 17. Okt. 1805:* Am 3ten Oct. ist der Krieg in Italien erklärt worden.

60 Bericht Nr. 25/1805 Rom, 16. Oktober 1805
Ausfertigung StAD E 1 M Nr. 93/3 fol. 50; ps. 6. November 1805.
Mattson Nr. 1437.

Neutralitätserklärung des Königreichs Neapel. Auswirkungen auf die Aktionen der Engländer und Russen und auf den Kirchenstaat. Noch kein Ausbruch offener Feindseligkeiten in Oberitalien. Ausrüstung bewaffneter Begleitschiffe zum Schutz der Triester Handelsschiffahrt vor französischen Kapern.

Seit einigen Tagen ging hier das Gerücht, daß der Neapolitanische Hof sich für neutral in dem gegenwärtigen Kriege erklärt habe, diese Neutralitaet von Frankreich anerkannt worden, und deshalb eine Convention zwischen beiden Höfen abgeschlossen worden sey[1]. Jetzt bestätigt sich diese Nachricht, und es ist außer Zweifel, daß die bisher im Königreich Neapel postirt gewesenen Französischen Truppen dasselbe unverzüglich verlassen und nach der Lombardei zurückziehen werden, um sich dort mit der Armée des Generals Massena zu vereinigen. Vermuthlich sind dieselben sogar jetzt schon auf dem Marsch dahin begriffen. Ob bei dieser Neutralitaet noch besondere Bedingungen verabredet worden sind, bin ich nicht im Stande, Ew. Lg. Dl. mit Gewißheit anzugeben. Man spricht zwar von einigen dieser Art und behauptet z. B., der Neapolitanische Hof habe die gänzliche Entfernung der Generale Acton und Damas aus allen seinen Staaten, und die Zahlung von 4 Millionen Ducati versprochen; es ist aber kaum glaublich, daß im gegenwärtigen Augenblicke diese Bedingungen zur Sprache gekommen seyn sollten. Da diese Neutralität, wie es scheint, allein vom Neapolitanischen Hofe und ohne vorläufige Rücksprache mit dem Wiener und Petersburger Cabinet abgeschlossen worden ist, so muß man abwarten, welchen Einfluß diese beiden Höfe derselben auf ihre etwannigen Kriegsplane verstatten werden. Den neuesten Briefen aus Malta zufolge, waren bereits alle Englische Truppen dort eingeschifft, und auch aus Corfu meldet man die Einschiffung der in den Ionischen Inseln befindlichen Russischen.

In Rom hätte keine Begebenheit erfreulicher seyn können, als die Neutralitätserklärung Neapels, da man sich nun, und, wie es scheint, nicht mit Unrecht, mit der Hofnung schmeichelt, daß die Ruhe des Kirchenstaats von keiner Seite her gestört werden wird. Indeß scheint es mir nicht unmöglich, daß der Kaiser Napoleon den Hafen von Ancona, und vielleicht einige andre Päpstliche Städte des Adriatischen Meeres werde mit Französischen Garnisonen versehen wollen, um den Russen wenigstens einigen Widerstand sogleich entgegenzusetzen, im Fall sie jetzt dort landen und den General Massena von dieser Seite angreifen wollten.

Im oberen Italien sind, soviel bis jetzt hier bekannt ist, noch keine Feindseligkeiten vorgefallen, und man wundert sich mit Recht, warum der Erzherzog Carl solange anzugreifen zögert. Vermuthlich rührt dieß von allgemeinen für die Führung des ganzen Krieges in Deutschland und Italien verabredeten Planen ab. Denn sonst ist die Oesterreichische Armée der Französischen weit überlegen, da letztere schwerlich über 60 000 Mann stark ist, und es schiene daher das Interesse der Kaiserlichen zu fordern, den Angriff eher zu machen, ehe das Französische Corps aus Neapel und ein anderes von 10 000 Mann aus Frankreich erwartetes sich mit dem General Massena vereinigt. Einige Truppen soll, wie man aus Venedig meldet, Erzherzog Carl nach Baiern zurückgeschickt haben.

Briefen aus Triest zufolge, hat die dortige Kaufmannschaft ein Schiff von 16 Kanonen, und ein kleineres von 8 ausgerüstet, um mit denselben ihre Kauffartheischiffe zu convoyiren, da schon 7 Französische Corsaren von 6 bis 8 Kanonen in dem Hafen von Rimini liegen, und nur den wirklichen Anfang der Feindseligkeiten zwischen den Oesterreichern und Franzosen erwarten, um sogleich auszulaufen. – Weiter hat sich hier nichts zugetragen, daß Ew. Lg. Dl. Höchste Aufmerksamkeit verdiente.

16./23. Oktober 1805

zu 60:
[1] *Die Neutralitäts-Konvention zwischen Frankreich und Neapel war bereits am 21. Sept. 1805 in Paris unterzeichnet und am 9. Okt. in Portici ratifiziert worden; vgl.* MARTENS, *Recueil des traités, Suppl. 4, S. 186f.*

61 Bericht Nr. 26/1805   Rom, 23. Oktober 1805

Ausfertigung StAD E 1 M Nr. 93/3 fol. 52f; ps. 12. November 1805. MATTSON Nr. 1440.

Besetzung des päpstlichen Hafens Ancona durch die aus Neapel zurückgezogenen französischen Truppen. Diplomatische Proteste des Kirchenstaats und des österreichischen Gesandten beim Vatikan. Ausbesserung der neapolitanischen Festungen zur Sicherung der Neutralität. Erschießung des Advokaten Castiglione als Spion. Desertionen bei den korsischen Truppen in Oberitalien. Unterbrechung der Postverbindung.

Ew. Lg. Dl. werden gnädigst geruhet haben, aus meinem letzten unterthänigsten Berichte zu ersehen, daß es mir schiene, daß die Räumung des Königreichs Neapel durch die Französischen Truppen leicht die Besetzung Anconas zur Folge haben könnte. Diese Vermuthung ist jetzt in der That eingetroffen, und diese Begebenheit hat zu einem lebhaften Notenwechsel zwischen dem Staatssecretaire, und den Französischen und Oesterreichischen Gesandten Anlaß gegeben. Als nemlich am 18. d.M. die erste Colonne der aus Neapel zurückkehrenden Truppen in Ancona eintraf, erklärten die sie anführenden Generale Ottavi und Gregnier, daß sie Befehl hätten die Citadelle und den Hafen der Stadt zu besetzen. Der Päpstliche Delegat widersetzte sich diesem Ansinnen und protestirte auf das stärkste und feierlichste dagegen. Da indeß aller Widerstand fruchtlos war, indem sich die Generale auf den von Divisionschef General St. Cyr erhaltenen Befehl beriefen, so schickte er einen außerordentlichen Courier an den Cardinal-Staatssecretaire hier ab, worauf letzterer sich sogleich nach Castel Gandolfo begab, dem Papst diese unerwartete Nachricht zu überbringen. Noch an demselben Morgen beklagte er sich in einer officiellen Note bei dem Cardinal Fesch über diese, die Neutralität des Kirchenstaats auf eine in die Augen fallende Weise verletzende Maßregel, und suchte um Aufhebung derselben an, und zu gleicher Zeit legte er in einer andern Note dem Kaiserlich Oesterreichischen Gesandten, Gr[af] von Khevenhüller, das von Se. Heiligkeit beobachtete Verfahren, aus welchem überzeugend hervorgehe, daß dem Römischen Gouvernement keine Schuld bei dieser Neutralitaetsverletzung beizumessen sey, umständlich dar.

Der Cardinal Fesch hat ganz einfach geantwortet, daß ihm dieser Vorfall durchaus unbekannt sey, daß er sich aber überzeugt halte, daß der General St. Cyr einen Befehl dieser Art nicht anders gegeben haben werde, als wenn er unumgänglich nothwendig für das Wohl der Französisch-Italienischen Armée gewesen sey, und daß, da, wie man ihm melde, dieser General sogleich selbst durch Rom gehen werde, der Cardinal-Staatssecretaire werde von ihm selbst die nöthigen Erläuterungen erlangen können. Der Gr[af] Khevenhüller hat, wie sich erwarten ließ, auf das feierlichste und kräftigste gegen diese Besitznehmung protestirt und dem Cardinal-Staatssecretaire den Eindruck, welchen dieselbe auf die coalisirten Mächte machen, und die unangenehmen Folgen, welche sie für den Römischen Staat haben könne, vorgestellt, und besonders hinzugefügt, daß er von dem Römischen Hofe erwarte, daß derselbe die gehörige Sorge tragen werde, daß alle in Ancona vorhandene Oesterreichische Unterthanen und ihr Eigenthum, und namentlich zwei im Hafen befindliche Kaiserliche Schiffe gebührend respectirt würden. Hierbei ist es bis jetzt geblieben. Ueber die Dauer der Zeit, während welcher in Ancona Französische Besetzung bleiben soll, ist bis jetzt nichts geäußert worden. Man vermuthet aber, daß der General St. Cyr durch bestimmte Nachrichten von einem Plane der Russen in Ancona zu landen zu dem Entschluß bestimmt worden sey, eine Garnison seiner Truppen dort zu lassen, und daß dieselbe daher nicht länger dort bleiben werde, als bis das in Corfu befindliche Russische Corps, dessen Bestimmung natürlich seyn müsse, sich mit der Armée des Erzherzogs Carl zu vereinigen, nunmehr auf irgendeinem Punkt des Oesterreichischen Italiens ans Land gegangen seyn werde. Für den Römischen Staat dürfte diese Begebenheit immer die unangenehme Folge haben, daß die coalisirten Mächte ihn als ein durchaus unter Französischem Einfluß stehendes und weithin nicht neutrales Land ansehen und behandeln dürften.

Ueber die Neutralitaet des Königreichs Neapels meldet man noch, daß der Neapolitanische Hof versprochen hat, keinen feindlichen Truppen den Eingang in seine Staaten zu verstatten, und um dies mit Nachdruck behaupten zu können, sein Land und seine Truppen in besseren Vertheidigungsstand setzt. In der That werden die Festungswerke in Neapel, Gaeta und andern Orten ausgebessert.

In Oberitalien sind, soviel wir hier wissen, die Feindseligkeiten noch immer nicht ausgebrochen. Doch behauptet man, daß die Brücken bei Verona abgebrochen sind, und General Massena die Convention, die anzufangenden Feindseligkeiten gegenseitig sechs Tage vorher anzukündigen, aufgehoben habe. Auf der andern Seite heißt es hier seit vorgestern, daß der Erzherzog Carl mit 25 000 Mann nach Deutschland abmarschirt sey. – Im Französischen Italien hat man vor kurzem eine Verrätherei entdeckt, da ein Advocat Castiglioni aus Pavia den Feinde von[a] dem Zustand der Französischen Armée und den Italienischen Festungen unterrichtet hat. Derselbe ist aber sogleich verhört und zum Tode verurtheilt worden, und wird jetzt vermuthlich bereits todtgeschossen seyn.

Die zuletzt von Toscana nach der Lombardei geschickten Corsischen Truppen haben eine starke Desertion erlitten. Wohl 300 derselben haben ihre Fahnen verlassen, und sich zwischen Pisa und Livorno in den sogenannten Maremmen postirt. Sie behaupten laut, daß man ihnen versprochen

23./26. Oktober 1805

habe, sie nicht von ihrer Insel zu entfernen und daß sie dahin zurückkehren wollten, und ob sie gleich von den Landleuten Nahrung erzwingen, so begehen sie keine andere Gewaltthätigkeit. Der Französische Gesandte in Florenz[1] hat den bei seiner Mission angestellten von Montmorin an den General Massena abgesendet, um ihn um Abhülfe dieser Unordnung, welche für die innere Sicherheit Toscanas gefährliche Folgen haben könne, aufzufordern.
Wir mangeln jetzt[b] bereits seit dem 12.[c] d. aller directen Nachrichten aus Deutschland, da die Venetianische Post nicht angekommen ist, und die Mailändische keine Deutschen Briefe mitgebracht hat.

---

zu 61: [a] *über der Zeile nachgetragen*   [b] *folgt gestr.:* schon   [c] *davor gestr.:* 16

[1] Marquis François de Beauharnais.

62 Bericht Nr. 27/1805   Rom, 26. Oktober 1805

Ausfertigung StAD E 1 M Nr. 93/3 fol. 54; ps. 14. November 1805.
MATTSON Nr. 1442.

Eröffnung der Kampfhandlungen durch erfolgreichen Angriff der französischen Armee Massena auf Verona. Französische Garnisonen in Fano und Pesaro. Verzögerung des Kurierverkehrs.

Ein gestern hier angekommenes Bulletin von der Armée des Generals Massena benachrichtigt uns[a] von dem Anfange der Feindseligkeiten in Italien, und obgleich bei Ankunft gegenwärtigen unterthänigsten Berichts dies Ereigniß Ew. Lg. Dl. bereits bekannt seyn wird, so halte ich es dennoch für meine Pflicht, Höchstdenselben die Umstände einzuberichten, welche man uns hier davon meldet[1].
Am 18. d. sprengten die Franzosen die Mauer, welche die Oesterreicher auf der Brücke von Verona, welche noch nicht abgebrochen war, aufgeführt hatten. Die Gardannische Division marchirte hierauf, von dem General Massena selbst angeführt, über die Brücke. Man schoß sich einen großen Theil des Tages hindurch in der Stadt. Gegen 3 Uhr zogen sich die Oesterreicher in das Fort, Veronetta genannt, zurück, und vertheidigten sich in demselben bis 5 Uhr. Die Anzahl der von den Franzosen gemachten Kriegsgefangnen beläuft sich auf 1500; außerdem haben sie dem Feinde 8 Stück Geschütz, 12 bis 15 Pferde, und alle Munition abgenommen. Alle Divisionen der Französischen Armée sind jetzt über die Etsch gegangen.
So lautet der officielle Französische Bericht. Denselben mit dem des Feindes zu vergleichen, ist jetzt unmöglich, da alle unmittelbare Communication zwischen Venedig und Rom aufgehoben scheint, und wir nun erst spät über Manfredonia und Neapel Nachrichten aus dem Oesterreichischen Theile Italiens erwarten können. Da die Armée des Erzherzogs Carl den feindlichen an Truppenzahl überlegen war, und man daher fast allgemein

geglaubt hatte, daß die Französische Armée in Italien nur vertheidigungsweise agiren würde, so hat man sich über diesen kühnen Angriff sehr gewundert, ob sich gleich eine solche schnelle und unerwartete Maßregel allerdings von den Talenten und dem Muth des Generals Massena erwarten ließ.

Vielleicht läßt sich indeß aus diesem kühnen Schritte auch schließen, daß das Gerücht von dem Abmarsche des Erzherzogs Carl mit 25 000 Mann nach Baiern gegründet war, und vielleicht hatte General Massena auch sicheren Grund zu vermuthen, daß die Russischen Truppen im Begriff ständen, sich mit den Oesterreichischen zu vereinigen. In dieser Voraussetzung konnten die Franzosen sich mit größerer Wahrscheinlichkeit einen glücklichen Erfolg von ihrem Angriff versprechen, und hatten einen wichtigeren Grund ihn zu wagen.

Man versichert, daß die aus dem Königreich Neapel kommenden Französischen Truppen auch in Fano und Pesaro Garnisonen gelassen haben. Da es unmöglich ist, zu bestimmen, an welchem Punkte die Russischen Truppen zu landen Absicht haben könnten, so ist es natürlich, daß die Franzosen diese ganze Küste des Adriatischen Meeres zu decken suchen werden.

Ich muß besorgen, daß Ew. Lg. Dl. meine beiden letzten unterthänigsten Berichte sehr spät empfangen haben werden. Denn man schreibt mir, daß der vorletzte hier abgegangene Mailändische Courier nicht durch das Mantuanische gelassen worden ist, und nach Florenz hat zurückkehren müssen, von wo aus er vermuthlich über Genua nach Mailand gesandt worden ist, um von da die für den Norden bestimmten Briefe durch die Schweiz gehen zu lassen.

---

zu 62: ᵃ *folgt gestr.:* hier

[1] *Die HDLZ berichtete am 5. Nov. 1805 mit einem am 20. Okt. in Mailand datierten Korrespondentenbericht über den französischen Anfangserfolg bei Verona, die am 7. Okt. in Neapel getroffene Neutralitätsvereinbarung und die korsischen Deserteure, über die Humboldt am 23. geschrieben hatte.*

63 Bericht Nr. 28/1805 Rom, 2. November 1805

Ausfertigung StAD E 1 M Nr. 93/3 fol. 56 f; ps. 22. November 1805.
MATTSON Nr. 1445.

Abzug der französischen Garnisonen aus Ancona und anderen Orten des Kirchenstaats. Übersiedlung des sardinischen Diplomaten de Rossi nach Gaeta. Aufschub der Reise della Gengas. Auswirkungen des Krieges auf den Postverkehr.

Die Besetzung Ancona's und einiger andrer Punkte im Kirchenstaate durch Französische Truppen, die ich die Ehre hatte, Ew. Lg. Dl. unterm 23. und 26. v. M. unterthänigst einzuberichten, hat auf eine ganz unerwartete Weise plötzlich aufgehört, und dieses Ereigniß scheint mir zu wichtig, um es nicht

26. Oktober / 2. November 1805

sogleich zu einem Gegenstande eines eignen Berichtes zu machen. Gestern Abend traf hier ein von dem Päpstlichen Delegaten in Ancona, Monsignor Vidoni, abgesandter außerordentlicher Courier ein, und brachte dem Cardinal-Staatssecretaire die Nachricht, daß die Französischen Regimenter, welche in Ancona und der umliegenden Gegend gestanden hätten, schleunig nach Bologna zu aufgebrochen wären. Ihr Abmarsch war mit solcher Eil geschehen, daß der Päpstliche Delegat dem Cardinal-Staatssecretaire meldete, im Augenblick der Ankunft des Couriers in Rom werde von den 10 000 Mann die dort gewesen wären, schon kein einziger mehr im Kirchenstaate zurück seyn. Zugleich hatten die Französischen Generale dem Delegaten gesagt, daß auch die andern Corps, die man noch aus dem Neapolitanischen erwartet, und von denen das letzte am 9. d. M. in das Päpstliche Gebiet einrücken soll, ohne sich aufzuhalten, denselben Weg nehmen würden. Auf diese Weise wird daher der Kirchenstaat in Kurzem durchaus von fremden Truppen frei seyn, und die gegenwärtige Räumung Ancona's dürfte für die Behauptung der Neutralität dieses Landes um so günstiger seyn, als man gestehen muß, daß die Päpstliche Regierung alles, was nur irgend in ihren Kräften stand, gethan hat, um dieselbe aufrecht zu erhalten, und als, wie ich jetzt vernehme, die Besetzung Anconas gegenwärtig von Französischer Seite selbst nur als eine von den Französischen Generalen aus eigener Vorsicht genommene und nicht einmal von dem Obergeneral St. Cyr bestimmt befohlene Maßregel angesehen wird.

Es ist keinem Zweifel unterworfen, daß die so schleunig in Marsch gesetzten Französischen Truppen bestimmt sind, sich mit der Armée des Generals Massena zu vereinigen. Weiter aber ist bis jetzt über den Zweck und die Ursach dieses plötzlichen Aufbruches hier nichts bekannt geworden. Vermuthlich hängt derselbe aber mit Bewegungen zusammen, welche der General Massena, in Verbindung mit den neuesten seit der Einnahme von Ulm so bedeutenden Fortschritten des Kaisers Napoleon in Deutschland, machen soll. Uebrigens stehen im oberen Italien die beiden Armeen noch im Ganzen in ihrer alten Lage. Das Hauptquartier des Generals Massena ist noch immer diesseits der Etsch, und die Französische Armée ist nur im Besitz der Brückenköpfe in Verona.

Der Chevalier De Rossi, Director der Staatssecretairerie des Königs von Sardinien, ist auf Befehl Sr. Majestät heute nach Gaeta abgegangen. Er hat zwar bei seiner Abreise gesagt, daß seine Abwesenheit nur einige Wochen dauern würde; allein die Absicht des Hofes geht vermuthlich dahin, ihn überhaupt dort zu behalten. Eine besondere Veranlassung ist nicht zu dieser Veränderung gewesen; die Ursache derselben liegt daher wohl bloß in der allgemeinen Lage der politischen Angelegenheiten und darin, daß die Erklärung und Anerkennung der Neapolitanischen Neutralitaet und die Besetzung Anconas (die man für bleibend hielt) Veränderungen in der freien Gemeinschaft zwischen Italien und Deutschland und dem Gange einiger Posten hervorbringen zu müssen schienen. Indeß haben die Französischen Truppen, auch solange sie Ancona besetzt hielten, den Venetianischen Courier ungehindert, und ohne ihn im Mindesten anzuhalten, durchgehen lassen. Man versichert, daß auch die bei dem Sardinischen Hofe accreditirten auswärtigen Gesandten in Kurzem von hier abgehen, und Sr. Majestät nach Gaeta folgen werden. Der Praelat della Genga hat, da die jetzigen Umstände auf keine Weise eine ruhige Negociation in Regensburg erlauben würden, und die Reise dahin selbst mit nicht geringen Schwierigkeiten verbunden seyn dürfte, Befehl erhalten, seine Abreise fürs erste noch aufzuschieben[1].

Man meldet mir zwar aus Florenz, daß der Lauf der hiesigen Briefe durch Oberitalien nach Deutschland gegenwärtig nicht die mindeste Schwierigkeit findet. Da indeß zur Zeit eines Krieges so leicht Briefe verloren gehen, so würde ich es als eine ganz besondere Gnade Ew. Lg. Dl. ansehen, wenn Höchstdieselben mir gnädigst anzeigen zu lassen geruhen wollten, ob meine successiv abgestatteten unterthänigsten Berichte gehörig eingegangen sind? Eine solche Höchste Anzeige würde mir um so mehr zur Beruhigung gereichen, als wir uns hier seit dem 12. v. M. ohne alle Briefe aus Deutschland befinden, diejenigen allein ausgenommen, welche über Wien und Venedig allhier eintreffen.

---

zu 63:
[1] GRANIER, *Kath. Kirche 9*, S. 410f., zitiert den entsprechenden Passus aus dem Bericht Humboldts nach Berlin vom 13. Nov. 1805. Della Genga konnte die mehrfach verschobene Reise schließlich erst am 18. Mai 1806 antreten; siehe **85**.

64 Bericht Nr. 29/1805 — Rom, 16. November 1805

Ausfertigung StAD E 1 M Nr. 93/3 fol. 58f[a].
MATTSON Nr. 1451.

Erneute Besetzung von Hafen und Stadt Ancona auf direkte Weisung Napoleons. Diplomatische Schritte der Kurie. Ungewißheit über das Landungsziel der in Korfu und Malta eingeschifften russisch-englischen Truppen. Kriegslage in Oberitalien. Erste Meldungen von der Seeschlacht bei Trafalgar.

Die Räumung der Stadt und des Hafens von Ancona durch die Französischen Truppen, welche ich die Ehre hatte, Ew. Lg. Dl. in meinem letzten unterthänigsten Berichte zu melden, ist nur von sehr kurzer Dauer gewesen. Der Kaiser Napoleon hat dem General St. Cyr vor wenigen Tagen den Befehl zugesandt, Stadt und Hafen aufs neue zu besetzen, und der General Montrichard, welcher der letzte der aus dem Königreich Neapel zurückmarchirenden Generale war, ist mit 4000 Mann Infanterie und 800 Cavallerie daselbst eingerückt. Der Cardinal Fesch hat darauf diese Maaßregel dem Cardinal-Staatssecretaire in einer Note bekannt gemacht, und hinzugefügt, daß der Ort auf 3 Monate mit Lebensmitteln und Kriegsbedürfnissen versehen werden sollte. Der hiesige Hof hat unter diesen Umständen augen-

2./16. November 1805

blicklich einen Courier an den Kaiser Napoleon abgeschickt, um ihn zu bitten, ihn mit dieser Verletzung seiner Neutralität zu verschonen, und seine Truppen aus seinem Gebiete zurückzuziehen; zugleich hat der Cardinal-Staatssecretaire in einer an den Cardinal Fesch gerichteten Note feierlich gegen die Besetzung protestirt, und alle damit verbundene Umstände den Ministern der verbündeten Mächte vorgelegt, um ihnen zu beweisen, daß der Papst an diesem Ereigniß durchaus keinen Antheil habe, und dadurch ihre Höfe, womöglich, dahin zu bringen, nicht vielleicht einmal, bei eintretender Gelegenheit, Repressalien gegen das Päpstliche Gebiet zu gebrauchen. In der That hält sich der Römische Hof durchaus in den Schranken der strengsten Neutralität, und auch jetzt trägt er nicht nur nicht (selbst nicht durch Vorschüsse) zu der Approvisionnirung Anconas bei, sondern hat auch seine Truppen sogleich von da weg und nach Pesaro, Fano und Sinigaglia verlegt.

Es scheint übrigens nicht, daß im jetzigen Augenblick eine Landung Russischer oder Englischer Truppen in dieser Gegend Italiens zu erwarten sey. Vielmehr laufen über die Bestimmung des, wie ich Ew. Lg. Dl. gleich genauer zu sagen die Ehre haben werde, nun wirklich von Corfu abgesegelten Russischen Corps ganz andre und verschiedene Nachrichten. Durch einen vom Französischen Gesandten Alquier in Neapel abgeschickten Courier wurde dem Cardinal Fesch gemeldet, daß die Landung der Russen in Livorno geschehen würde, und dieser benachrichtigte hiervon sogleich weiter die Generale und Gesandten seines Hofes. Der General St. Cyr machte, durch dies Gerücht bewogen, mit seinem Corps in Bologna Halt, um, auf diese Weise, fast in der Mitte zwischen den beiden, Italien angränzenden Meeren postirt, wo auch immer die Landung geschehen möchte, schnell bei der Hand seyn zu können, und General Menou erhielt Befehl, im Fall wirklicher Gefahr, sogleich mit den Truppen des Lagers von Alessandria zu denen des Generals St. Cyr zu stoßen. Obgleich indeß die Russen schon am 23. v. M. Corfu verlassen haben sollten, so hörte man nichts von ihrer ferneren Farth und ein Gerücht, daß sie in Istrien gelandet wären, bestätigte sich nicht. Mit gestriger Post erfahren wir erst, daß sie sich nach Sicilien gewandt haben, plötzlich vor Syracus erschienen, von da aber nach Augusta gesegelt sind, wo sie sich mit einem Englischen aus Malta dahin gesegelten Truppenconvoi vereinigt haben. Unmittelbar nach der Vereinigung sind sie aufs neue unter Segel gegangen, und haben ihre Richtung nach Calabrien zu genommen. Man weiß aber nicht, ob sie sich in das Mittelländische Meer gewandt haben, oder in das Adriatische zurückgekehrt sind? Die Landung in Toscana gewinnt nun eine größere Wahrscheinlichkeit, und der General Verdier ist, obgleich leicht verwundet, bereits in Florenz eingetroffen, um mit 3000 Mann, welche der General St. Cyr von seinem Corps abgegeben hat, Livorno zu besetzen. Der Rest des St. Cyrschen Corps aber ist, welches wunderbar scheint, nach der Gegend von Venedig abgezogen, weil General Massena dem Erzherzog Carl höher hinauf gegen Tirol zu nachfolgt. Laut der neuesten Briefe aus Spanien soll auch ein Corps von 6 bis 8000 Mann Spanischer Truppen, unter Anführung des General O'Farrill, ehemaliger Gesandter in Berlin, nach Toscana zur Beschützung des Landes kommen.

Die Russischen, von Corfu nach Sicilien gesegelten Truppen werden auf 12000 Mann Russen unter dem General en Chef von Anrepp, und 2000 Mann Albaneser unter dem General Papandopulo, einem gebohrnen Griechen aus dem Archipelagus, angegeben. Diese 14000 Mann waren auf 40 Transportschiffen eingeschift, die vor Kurzem aus Malta nach den Ionischen Inseln gegangen sind, und werden von 6 bis 8 Linienschiffen escortirt. Die nach Augusta übergeschiften Engländer sollen 6000 Mann stark seyn, und so würde das ganze Landungscorps etwa 20000 Mann ausmachen. Das Russische Regiment des Generals Papandopulo ist nebst einem andren zur Besetzung von Corfu zurückgeblieben. Da man noch bei der Abfarth der Convoi fortfuhr, in Corfu Schiffszwieback zu bereiten, so vermuthet man, daß bald ein zweiter Transport abgehen wird, zu dem man Albanesen versammelt, und Russische Truppen aus dem Schwarzen Meere erwartet.

Ich halte es für unnütz, Ew. Lg. Dl. die Kriegsbegebenheiten in Oberitalien einzeln zu wiederholen, da sie auch hier nur durch die öffentlichen Blätter bekannt werden. Unter diesen weichen freilich die Venetianischen gar sehr von den Mailändischen und Genuesischen ab. Der Erzherzog Carl hat in einer eignen gedruckten Proclamation bekannt gemacht, daß er zwar genöthigt sey, sich mit seiner Armée zurückzuziehen, hierzu aber nicht durch in Italien erlittene Unfälle, sondern durch ausdrückliche aus Deutschland erhaltene, durch das Vorrücken der Franzosen jenseits des Inn veranlaßte Befehle gezwungen werde. Man glaubt die Oesterreicher würden die Stellung am Tagliamento zu behaupten suchen. Der Cardinal Fesch aber versicherte mir gestern, daß der General Massena schon auf beiden Ufern dieses Flusses stehe, daß der Erzherzog Carl Befehl habe, bis Villach zurückzugehen, daß ebendahin von der andern Seite der General Augereau vordringen sollte, und es nun darauf ankommen werde, welcher von beiden der erste seyn würde[1]?

Die vorgestrige Post von Neapel hat uns die Nachricht einer blutigen Seeschlacht gebracht, welche zwischen der Englischen und Französisch-Spanischen Flotte vor dem Hafen von Cadix vorgefallen seyn soll. Der Capitaine eines am 10. d. in dem Hafen von Neapel eingelaufenen Dänischen Schiffes hat ausgesagt, daß er am 24. October beim Vorbeisegeln an dem Vorgebirge Trafalgar 19 entmastete Kriegsschiffe gesehen habe, welche mit Englischen Matrosen bemannt gewesen, und von vier Englischen unversehrten Kriegsschiffen nach Gibraltar zu geführt worden wären. Man streitet jetzt über die Erklärung dieser Aussage. Viele behaupten, die entmasteten Schiffe seyen Spanische und Französische von den Engländern weggenommene, auf welchen sich die Englischen Matrosen nur als zur Wache gegebne Besatzung befunden hätten. Andre behaupten, der Sieg sey auf Seiten der combinirten

24 Die päpstliche Hafen-Festung Ancona (bei der Einnahme durch kaiserliche und russisch-türkische Land- und Seestreitkräfte 1799).

25 Seesieg der englischen Flotte unter Admiral Nelson vor Kap Trafalgar, 1805.

Flotten gewesen. Die Genuesischen Nachrichten über dieses Gefecht sind gleich zweideutig. Nur setzen sie hinzu, daß Admiral Gravina in demselben tödtlich verwundet worden sey.

Unterthänigste Nachschrift. So eben erfahre ich mit Gewißheit, daß in der oben erwähnten Seeschlacht der Vortheil durchaus auf Seiten der Englischen Flotte gewesen ist. Von der vereinigten, die aus 33 Schiffen bestand, sind nur 11 nach Cadiz zurückgekommen. Doch hat auch die Flotte des Admirals Nelson, die aus 27 Schiffen bestand, sehr viel gelitten. Den Admiral Villeneuve glaubt man gefangen. Die Verwundung des Admirals Gravina soll nicht bedeutend sein.

zu 64: [a] *statt des fehlenden Präsentations-Vermerks auf dem beiliegenden Umschlag (mit gut erhaltenem Siegel Humboldts) Vermerk:* Diesen alten Bericht habe ich heute von Ser[enissi]mo zugestellt erhalten, den 27. Januar *über der Zeile nachgetragen*

[1] *Die HDLZ brachte regelmäßig und relativ kurzfristig Zusammenfassungen der in Paris veröffentlichten Bulletins der französischen Italienarmee, u.a. am 14. und 19. Nov. 1805. Ebenfalls am 14. erschien der erste Hinweis auf die später nach Kap Trafalgar benannte Seeschlacht bei Cadiz am 21. Oktober, für die dann am 19. Nov. das offizielle Communiqué der britischen Admiralität gebracht wurde.*

65 Bericht Nr. 30/1805   Rom, 23. November 1805

Ausfertigung StAD E 1 M Nr. 93/3 fol. 60; ps. 12. Dezember 1805.
MATTSON Nr. 1456.

Landung des russisch-englischen Truppentransports in Neapel. Unbestätigte Meldung über eine weitere Landung in Apulien. Unterbrechung der Kurierverbindung nach Venedig.

Da ich in dem Laufe der nächstvergangenen Woche nichts erfahren hatte, das mir Ew. Lg. Dl. höchster Aufmerksamkeit würdig schien, so glaubte ich schon nicht Höchstdenselben heute diesen unterthänigsten Bericht einsenden zu müssen, als auf einmal und wenige Stunden vor Abgang der Post ein außerordentlicher Courier aus Neapel uns die Nachricht bringt, daß die Landung der Russen und Engländer, von welcher schon seit längerer Zeit die Rede ist, jetzt wirklich in Neapel geschehen ist. Da man, um den Marsch dieser Truppen, welcher vermuthlich gegen das obere Italien gerichtet seyn wird, nicht vorher bekannt werden zu lassen, der gewöhnlichen Neapolitanischen Post hierher abzugehen untersagt hat, so haben nur äußerst wenige Personen Briefe aus Neapel erhalten[1]. Die gewissen Nachrichten indeß, die ich mir über diese wichtige Begebenheit habe verschaffen können, sind folgende.

Es war am 19. huj[us] Morgens, als die Englisch-Russische Flotte vor Neapel erschien. An demselben Tage sandte man nur ein Schiff davon in den Hafen, welches bloß einige Officiere ans Land setzte. Nachdem diese die nothwendigen Verabredungen über die Landung der Truppen genommen hatten, erfolgte diese am folgenden Tage, dem 20. d. M. Die Zahl der gelandeten Truppen wird auf 32 000 Mann angegeben, allein dies kommt nicht

16./23. November /4. Dezember 1805

mit demjenigen überein, was man über die vor Syracus und Augusta erschienene Escadre aus Sicilien schrieb, welche doch dieselbe jetzt in Neapel angekommen zu seyn scheint. Zwar redet man noch von einer zweiten Landung, welche in Apulien geschehen seyn soll, und es wäre daher vielleicht auch möglich, daß die über Syracus geschiften Truppen dorthin gegangen, und diejenigen, welche sich jetzt in Neapel befinden, anderswoher, als aus Corfu gekommen wären. Das, wie man behauptet, in Apulien ans Land gesetzte Corps soll bestimmt seyn, gerade nach Ancona zu marchiren; das in Neapel hingegen, dessen Ankunft gewiß und außer Zweifel ist, hat eine bis jetzt noch unbekannte Bestimmung. Der Französische Gesandte und Consul haben, unmittelbar nach der Landung der Russischen Truppen die Wappen ihres Hofes von ihren Häusern abnehmen lassen; die Neapolitanische Regierung aber hat eine Proclamation drucken lassen, in welcher sie sowohl den Französischen Kaufleuten, als denen der mit Frankreich alliirten Nationen bekannt macht, daß sie ihre Personen und ihr Eigenthum in beiden Königreichen Sicilien und Neapel unter ihren besondren Schutz nimmt. Gestern Abend zeigte sich ein Russisches Kriegsschiff vor Terracina, und erkundigte sich, ob die Russische Flotte in Neapel angekommen sey? Als es aber keine befriedigende Auskunft hierüber erhalten konnte, segelte es selbst nach Neapel.

Der letzte Venetianische Courier ist durch einen Sturm genöthigt worden, in Rimini ans Land zu gehen, und ist dort den Franzosen in die Hände gefallen. Man hat seine Briefe und Depechen nach Mailand geschickt, und es fehlen uns daher alle Nachrichten von dieser Seite her.

---

zu 65:
[1] *Die russisch-englische Truppenlandung in Neapel wurde in der HDLZ erst am 12. Dez. 1805, dem Eingangstag des Humboldt'schen Berichts, mit einer Pariser Meldung vom 5. notiert.*

66 Bericht Nr. 31/1805 Rom, 4. Dezember 1805

Ausfertigung StAD E 1 M Nr. 93/3 fol. 62; ps. 26. Dezember 1805.
MATTSON Nr. 1465.

Ankunft des aus Neapel abgezogenen französischen Gesandten Alquier. Genauere Nachrichten über die russisch-englischen Truppen. Französischer Truppenaufmarsch gegen Neapel. Belagerungszustand in Ancona und Livorno.

Unmittelbar nach Abgang meines letzten unterthänigsten Berichts an Ew. Lg. Dl. kam der Französische Botschafter Alquier aus Neapel mit seinem ganzen Gesandtschaftspersonale hier an. Da aber seine Abreise sehr schnell vor sich gegangen war, so konnte er nur unvollständige und zum Theil unverbürgte Nachrichten über die Landung der Truppen der coalisirten Mächte mitbringen. Man glaubte damals[a] in der That in Neapel, daß außer den in dieser Stadt und Castellamare bewirkten Landungen noch zwei an der entgegengesetzten Seite des Königreichs in Tarent und Manfredonia Statt gefunden hätten, und gab die Anzahl der angekommenen fremden Truppen auf 38 000 Mann an. Erst seit Kurzem sind wir hier besser von dem wahren Zustande der Sachen unterrichtet. Es bestätigt sich nunmehr nicht, daß eine Landung an den Küsten des Adriatischen Meeres geschehen sey; in Neapel selbst sind nur etwa 14 000 Mann[b] Russischer und in Castellamare 8 000 Englischer Truppen[c] gelandet. Die letzteren stehen unter dem Befehle des Generals Craigh, dieser aber ist mit seinem Corps ganz und gar von den Verfügungen des Russischen Generals Lascy abhängig gemacht.

Was nunmehr diese Truppen vom Königreiche Neapel aus unternehmen werden, läßt sich noch nicht mit Gewißheit bestimmen. Zuerst ging das Gerücht, sie würden sogleich ihren Marsch durch den Kirchenstaat nach dem oberen Italien nehmen, und der hiesige Hof sandte den Abbé und Commandeur Benvenuti, der ehemals bei der Nunciatur in Petersburg angestellt gewesen war, nach Neapel um mit dem dortigen Russischen Gesandten und den Generalen über die Richtung und die Art des Durchzuges durch die hiesigen Staaten, so wie auch über die Sicherheit der sich hier aufhaltenden Personen der Französischen und den mit ihr alliirten Nationen einige vorläufige Abrede zu nehmen. Allein da die Schiffe, welche die jetzt gelandeten Truppen theils gebracht, theils begleitet haben, sogleich wieder abgesegelt sind, so scheint es, als würde man, ehe man mit den jetzigen etwas unternimmt, vorher neu abwarten, und jetzt haben auch vielleicht die neuesten Begebenheiten Deutschlands, die Besetzung Wiens durch die Franzosen, und die Räumung Tirols von Seiten der Oesterreicher eine Aenderung in den Planen und der Bestimmung dieser Truppen hervorgebracht. Es stehet jetzt kaum zu vermuthen, daß dieselben, wenn sie nicht ausnehmend beträchtliche Verstärkungen erhalten, eine Expedition im gegenwärtigen Augenblicke gegen das obere Italien unternehmen sollten; im Gegentheil macht vielmehr Frankreich Mine, ein starkes Corps gegen sie in das Königreich Neapel zu schicken.

In der That haben sich etwa 2 000 Mann der Garnison von Ancona nach Macerata begeben; der General Verdier ist mit seinem Corps von 5–6 000 Mann, von dem er bloß einige Hundert in Livorno zurückgelassen, gegen Arezzo marchirt und nimmt dort eine militairische Stellung. Zu diesen Truppen werden, wie man behauptet andre aus der Lombardei stoßen, und dann mit ihnen vereint agiren, sey es nun, daß man zu diesem Feldzug gegen Neapel die 30 000 Nationalgarden, welche der Kriegsminister Pino[d] bei Bologna versammelt, oder andre von der Massenaischen oder St. Cyrschen Armée zu detachirende Regimenter bestimmt. Man kündigt zugleich die nahe Ankunft des Prinzen Eugen Beauharnois aus Mailand an, welcher diese Armée commandiren soll. Beim Abgange der letzten[e] Mailändischen Post war er indeß noch nicht abgereiset.

Ancona und Livorno sind in Belagerungsstand erklärt, und der Handel beider Städte leidet durch diese Maßregel und die Besetzung mit fremden

4./14. Dezember 1805

Truppen unendlich. – Der Russische Gesandte am Sardinischen Hofe, Chevalier Lizaskewicz¹, ist dem Hofe nach Gaeta gefolgt; der Englische Jackson hält sich indeß noch fortdauernd hier auf. Der Sardinische Staatssecretaire, Chevalier De Rossi, soll, wie ich vernehme, nach Neapel gegangen seyn.

zu 66: ᵃ *folgt gestr.:* da ᵇ *über der Zeile nachgetragen* ᶜ *über der Zeile nachgetragen* ᵈ *korr. aus:* Píní ᵉ *folgt gestr.:* Französischen

¹ *richtig:* Akim Grigorjevitch Lisakevitch.

67 Bericht Nr. 32/1805 Rom, 14. Dezember 1805

Ausfertigung StAD E 1 M Nr. 93/3 fol. 64 f; ps. 2. Januar 1806.
MATTSON Nr. 1471.

Mobilmachung von Armee und Miliz des Königreichs Neapel unter dem russischen General Laszy zur Verteidigung gegen einen befürchteten französischen Angriff. Erwartungen auf weitere russische Verstärkungen. Ankunft des zur Führung der französischen Truppen bestimmten Vizekönigs Eugène Beauharnois in Bologna. Fortdauernde Neutralität Etruriens.

Die Zurüstungen, welche, wie ich Ew. Lg. Dl. in meinem letzten unterthänigsten Bericht zu melden die Ehre hatte, von Französischer Seite zu einem Feldzug gegen das Königreich Neapel gemacht werden, haben in diesem die größten und schleunigsten Anstalten zur Vertheidigung zur Folge gehabt. Die Neapolitanischen Linientruppen, welche jetzt nicht mehr als 10 000 Mann stark sind, sollen durch eine gewaltsame Werbung, welche bereits mit der größesten Strenge ausgeführt wird, auf 40 000 Mann gebracht werden. Außer dieser eigentlichen Armée, ist die ganze Landmiliz des Königreichs aufgerufen worden, und man hat vier Personen ernannt, welche sie organisiren und anführen sollen. Wie man mich versichert, sind diese der Herzog Luciano, die Obristen Scipio Lamarre und Nunziante und ein gewisser Pane di Grano. Sowohl die gewaltsame Werbung, als die Landmiliz gehet nur die Provinzen an, die Hauptstadt soll dagegen 10 bloß zu ihrer eignen Vertheidigung bestimmte Regimenter bilden, welche der Führung des Herzogs Ascoli, des gegenwärtigen Polizeiministers, anvertraut werden. Das Commando über die Armée, so wie die Leitung des ganzen Feldzugs ist dem Russischen General Lascy übertragen worden.

Auf diese Weise nun haben sich die vereinigten Neapolitanischen, Russischen und Englischen Truppen in verschiedene Colonnen seit dem 8. d. M. von Neapel aus gegen die Gränzen zu in Bewegung gesetzt. Den glaubwürdigsten Nachrichten zufolge, werden drei Läger an den Punkten gebildet, die am leichtesten eine Unternehmung des Feindes gegen das Königreich begünstigen könnten. Das eine ist bei dem Tronto, dem kleinen ins Adriatische Meer fallenden Fluß, über den die Franzosen in dieser letzten Zeit gewöhnlich in Abruzzo hineingiengen; das zweite bei S[an] Germano, in der

Nähe von Monte Cassino, auf der ehemaligen Straße von Rom nach Neapel, und das dritte bei Teano, welches gerade zwischen den beiden von Neapel aus nach Rom und Abruzzo führenden Straßen liegt. Indeß befinden sich, wie mir versichert wird, auch schon in Gaeta Russische und Englische Truppen. Wie es bis jetzt scheint, sind jedoch[a] alle diese Maßregeln nicht um einen Angriff auf das obere Italien zu wagen, sondern bloß zur Vertheidigung der Gränzen getroffen worden, und für diese verspricht man sich sehr viel sowohl von der geographischen Lage des fast überall nur durch enge Pässe zugänglichen Landes, als von den Talenten des Generals Lascy und der Energie des Herzogs Ascoli für die Erhaltung der, bei dem Charakter der Neapolitaner so bedenklichen inneren Ruhe.

Bei den fremden neulich gelandeten Truppen läßt sich vorzüglich nur auf die 12 000 Russen zählen. Die Englischen sind ein Gemisch von Maltesern, Italienern und Bewohnern der Sieben Inseln, und 2 000 der Russischen sind Montenegriner. Man behauptet aber, daß jetzt eben noch 9 000 Mann Russen aus Corfu[b] in Apulien gelandet wären, und wenn dies Gerücht auch vielleicht noch zu voreilig seyn möchte, so scheint es gewiß, daß sie in Kurzem ankommen werden. Denn auch ein Brief aus Corfu vom 15. v. M. sagt, daß man neue Anstalten zu einer zweiten Expedition mache. Aus demselben Briefe sehe ich, daß am 14. v. M. ein Adjudant des Erzherzogs Carl mit mehreren Oesterreichischen Officieren nach Corfu gekommen ist, sich aber nach einer Unterredung mit dem Gr[afen] Mocenigo sogleich wieder eingeschifft hat. Es ist nicht unwahrscheinlich, daß der Erzherzog die Russischen Truppen damals habe einladen wollen, ihm im oberen Italien zu Hülfe zu kommen. Allein sie waren damals schon nach Neapel abgesegelt. Ungeachtet aller Kriegszurüstungen im Königreich Neapel behauptet man indeß dennoch, daß der Hof zugleich Schritte gethan habe, das gute Vernehmen mit Frankreich wiederum herzustellen. Es ist aber kaum abzusehen, auf welche Weise dies jetzt noch möglich sey.

Der Prinz Eugen Beauharnois ist am 6. d. in Bologna eingetroffen, und man ist sehr eifrig mit der Einrichtung der Nationalgarde dort beschäftigt. Von Linientruppen sind bloß sehr kleine Détachements in Pistoja und andren Orten angekommen. Ueberhaupt mögen in dem ganzen Strich diesseits des Po, Ligurien mitgerechnet, aufs höchste 17 000 Mann Französische Truppen stehen.

In Florenz hatte die Erklärung Livorno's in Belagerungsstand dem Oesterreichischen Gesandten[1] Bedenklichkeiten über die Neutralitaet des dortigen Hofes eingeflößt. Dieser hat aber auf das genugthuendste erklärt, daß er auf keine Weise und unter keinerlei Umständen von seinem Neutralitaetssystem abzugehen gesonnen sey.

---

zu 67: [a] *über der Zeile statt gestr.:* indeß [b] *folgt gestr.:* gelandet wären

[1] Michael Freiherr v. Colli.

14./28. Dezember 1805

68 Bericht Nr. 33/1805   Rom, 28. Dezember 1805

Ausfertigung StAD E 1 M Nr. 93/3 fol. 67 f; ps. 18. Januar 1806.
MATTSON Nr. 1476.

Vorübergehende Beruhigung der Lage nach dem Ende der Kampfhandlungen in Oberitalien. Mutmaßungen über das Schicksal Neapels nach der Entscheidung von Austerlitz. Umbesetzungen auf Kommandopositionen der französischen Armee. Glückwünsche zum Jahreswechsel.

Da der Krieg im oberen Italien für den Augenblick als beendigt anzusehen ist, und der Feldzug gegen Neapel noch nicht angefangen hat, so genießt Italien eines Augenblicks der Ruhe, die aber nur kurz zu seyn droht, und desto größere und lebhaftere Besorgnisse für die Folge erregt. Wir befinden uns in dieser Lage ohne alle interessante Ereignisse, und diesem Mangel an Nachrichten, welche Ew. Lg. Dl. Höchste Aufmerksamkeit würdig wären, bitte ich Höchstdieselben es allein zuzuschreiben, wenn ich meinem letzten unterthänigsten Berichte vom 14. d. M. bis auf heute keinen weiteren habe folgen lassen.

Der Austerlitzer Waffenstillstand wurde in Neapel bekannt, als man eben daselbst die von den Russen über die Franzosen am 14. und 17. v. M. erhaltenen Vortheile gefeiert hatte[1]. Er fand anfänglich keinen Glauben; seitdem sich aber die Nachricht davon bestätigt hat, hat er eine nicht geringe Bestürzung erregt. Die wichtige Frage, auf deren Entscheidung jetzt alles ankommt, ist zu wissen, ob Se. Majestät der Russische Kaiser den Frieden, welcher jetzt zwischen Oesterreich und Frankreich verhandelt wird, beitreten, oder den Krieg noch für sich fortsetzen wird? Denn davon dürfte es abhängen, ob das Schicksal Neapels durch einen Friedensvertrag oder mit den Waffen bestimmt werden wird. Es ging bereits ein Gerücht, daß die Russischen Truppen im Neapolitanischen Befehl erhalten hätten, sich wieder einzuschiffen, und da der Kaiser Napoleon, wenn er im mittäglichen Deutschland und oberen Italien keinen Feind mehr zu befürchten hat, über eine große Anzahl von Truppen disponiren kann, so ist allerdings zu erwarten, daß der Kaiser Alexander die seinigen entweder zurückziehen, oder, was indeß schwerlich schnell geschehen kann, verstärken werde. Bis jetzt sieht man indeß noch nichts, was die eine oder andre Absicht bewiese. General Lascy ist noch immer beschäftigt die wichtigsten Posten auf den Gränzen besetzen zu lassen; die Neapolitanischen Werbungen werden mit großem Eifer betrieben, finden aber mancherlei Hindernisse, da das Volk in seiner jetzigen Lage mehr weichlich, als kriegerisch ist. Der Marquis Circello und General Damas sind diejenigen, welche am meisten von dem Hofe gebraucht werden. Der General Acton hat, wie es heißt, bis jetzt nicht Sicilien verlassen wollen.

In der Französischen Armée in Italien haben sich wichtige Veränderungen zugetragen. Prinz Eugen Beauharnois ist Befehlshaber en Chef derselben geworden, und geht mit einem Theil seines bei Bologna gebildeten Corps nach Padua, um die Linie der Etsch zu besetzen. Der General St. Cyr ist an seiner Stelle nach Bologna gekommen, und übernimmt die Truppen, welche von dort bis Ancona und in dieser Stadt selbst stehen, und es scheint, daß er den Feldzug gegen Neapel, wenn derselbe wirklich Statt haben sollte, dirigiren wird. General Verdier hat sich mit den unter seinem Befehle stehenden Regimentern mit ihm vereinigt. Sonst aber bemerkt man noch keine bestimmte Bewegung unter diesen Truppen, sich der Neapolitanischen Gränze zu nähern, und es wäre vielleicht nicht unmöglich, daß der Kaiser Napoleon mit Fleiß noch zögerte, ernstliche Maßregeln gegen das Königreich Neapel zu ergreifen, um dem Hofe Zeit zu lassen, von seiner Seite die den Zeitumständen angemeßnen zu nehmen, und dadurch neues Blutvergießen zu verhüten. Es ist kaum zu bezweifeln, daß der Adjudant des Marschalls Berthier, Perigord, welcher im Anfange dieser Woche als außerordentlicher Courier aus dem kaiserlichen Hauptquartier hier ankam, auch in Rücksicht auf die Neapolitanischen Angelegenheiten Befehle an den Prinzen Eugen und den General St. Cyr überbracht habe. Hierher war er vermuthlich bloß in der Absicht geschickt worden, um die anfangs übertriebenen Nachrichten von der Anzahl der im Neapolitanischen gelandeten Truppen zu berichten, und dem Botschafter Alquier und Cardinal Fesch fernere Instructionen zu überbringen. General Massena commandirt anitzt eine Division der großen, unter dem Kaiser Napoleon selbst stehenden Armée.

Ihre Majestäten der König und die Königin von Sardinien haben sich von Gaeta nach Neapel begeben, und die bei ihnen accreditirte Russische Gesandtschaft ist Ihnen dahin gefolgt. – In Tarent sollen jetzt wirklich, wie man allgemein versichert, die schon lange erwarteten übrigen Russischen Truppen, 7500 Mann stark, angekommen seyn.

Ich wage es, die sich mir darbietende Gelegenheit des in wenigen Tagen eintretenden Jahreswechsels zu benutzen, um Ew. Lg. Dl. meine heißesten und ehrerbietigsten Wünsche für Höchstdero Wohl, Höchstdero Landgräfliches Haus und das Glück Ihrer Regierung unterthänigst zu Füßen zu legen. Diese Wünsche fließen unmittelbar aus den wahren und ungeheuchelten Gefühlen der tiefsten Ehrfurcht und der unwandelbarsten Anhänglichkeit, von denen ich Ew. Lg. Dl. sichrere und überzeugendere Beweise ablegen zu können wünschte, von denen ich Höchstdieselben aber wenigstens die erneuerte Versicherung mit der Huld und Gnade anzunehmen bitte, welche Ew. Lg. Dl. mir auf eine so ausgezeichnete Weise bisher bewiesen haben, und welche auch fernerhin zu verdienen mein ununterbrochenes und eifriges Bestreben seyn wird.

---

zu 68:
[1] *Der Waffenstillstand wurde am 6. Dez. 1805, vier Tage nach dem französischen Sieg bei Austerlitz, abgeschlossen. Von feiernswerten „Vorteilen" der russischen Armeen am 13. Nov., dem Tag des französischen Einmarschs in Wien, und an den Folgetagen wird zumindest in der HDLZ nicht berichtet.*

28. Dezember 1805 / 8. Januar 1806

69 Bericht zur Geschäftsführung   Rom, 8. Januar 1806

Konzept ZStADDR Merseburg Rep. 81 Rom I C 13 Fasz. 8.
MATTSON Nr. 1485.

Auflistung und Abrechnung der verauslagten Postgebühren.

Ew. Lg. Dl. höchstes Rescript vom 11. pr[ioris][1], in welchem mir Höchstdieselben die Erlaubniß zu ertheilen geruhen[a], das in Höchstdero oder deren Unterthanen Geschäften ausgelegte Postgeld am Ende jedes Jahrs zu berechnen, ist am 4. huj[us] richtig allhier eingegangen, und ich eile Ew. Lg. Dl. meinen unterthänigsten Dank für diesen neuen Beweis Ihrer Huld und Gnade abzustatten.

Der erhaltenen Autorisation gemäß, füge ich die Berechnung des im Laufe des Jahres 1805 ausgelegten Postgeldes (in der ich, der Vollständigkeit wegen, das schon neulich in meinem unterthänigsten Bericht vom 6. November a[nni] pr[ioris][2] angezeigte für die Jossische Ehedispensation wieder mit aufgeführet habe) in der Anlage bei, und wage bei Ew. Lg. Dl. unterthänigst darauf anzutragen,

    mir den Betrag derselben mit 17 Scudi, 69 Baj[occhi] gnädigst anweisen zu lassen[3].

Da ich eine genaue Liste der empfangenen Rescripte und abgesendeten Berichte mit Bemerkung[b] der Gegenstände, die sie betreffen, halte, so habe ich, der erhaltenen höchsten Weisung gemäß, die Namen der Partheien, für welche die Auslage gemacht worden, hinzufügen können, und werde damit, da mir jetzt Ew. Lg. Dl. höchste Willensmeynung bekannt ist, noch genauer künftig fortfahren.

zu 69:   [a] *folgt gestr.:* in W. .   [b] *folgt gestr.:* ihres Inhalts halte

[1] *Konzept des Extrakts vom 11. Dez. 1805 (abges. 17. Dez.), der auf Humboldts Abschlußbericht in der Dispensationssache Joss vom 6. Nov. antwortete;* StAD E 5 B 2 Nr. 12/3 fol. 36, MATTSON *Nr. 9026.*
[2] *siehe* **56** *Anm. 3.*
[3] *Humboldts am 8. Jan. 1806 unterzeichnete Aufstellung findet sich in einem gesonderten Vorgang über die Überprüfung der Portoauslagen des Gesandten Frh. v. Humboldt in Rom,* StAD E 5 B 1 Nr. 2/6. *Sie lautet:*

Berechnung des im Laufe des Jahres 1805 in Landgräflich Hessischen Geschäften ausgelegten Postgeldes	Scudi	Baj.
1. in Sachen des Landgräflichen Hofes	10	90
2. in Ehedispensations-Sachen des Johann Aloysius Joss	1	90
3. in Ehedispensations-Sachen des Philipp Emig	1	43
4. in Ehedispensations-Sachen des Johann Groß	1	43
5. in Ehedispensations-Sachen des Adam Knapp	1	43
6. in Ehedispensations-Sachen des Peter Ricker	–	60
Summa	17	69

Der auf 45 Gulden 45 Kreuzer umgerechnete Betrag wurde laut beiliegender Quittung Humboldts vom 29. Aug. 1807 zusammen mit den Unkosten des Folgejahres vergütet; siehe **107a** *mit Anm. 3 und 4. – Für die in der Abrechnung erwähnten Dispensationsfälle Joss und Emig siehe u. a.* **44, 50** *mit Anm. 3 und* **56***, sowie oben Anm. 1; die Vorgänge Johannes Groß/Nieder-Roden (Ehe mit Bruders-Witwe), Adam Knapp/ Heppenheim und Peter Ricker/Weiskirchen vgl.* StAD E 5 B 2 Nr. 12/2, 5 und 6.

70 Bericht Nr. 1/1806   Rom, 11. Januar 1806

Ausfertigung StAD E 1 M Nr. 93/4 fol. 1f; ps. 3. Februar 1806.
MATTSON Nr. 1489.

Aufmarsch französischer Truppen gegen das Königreich Neapel. Belastende Auswirkungen auf den Kirchenstaat. Standorte der verbündeten russischen und englischen Truppen an der Grenze des Königreichs. Rückzugsvorbereitungen der Russen und des Königshofs. Aufenthalt der sardinischen Königsfamilie in Neapel. Zusammenziehung für die Toskana bestimmter Truppen in Barcelona. Mögliche Folgen der Abtretung Venediens im französisch-österreichischen Friedensvertrag.

Die scheinbare Ruhe, welcher wie Ew. Lg. Dl aus meinem letzten unterthänigsten Bericht zu ersehen gnädigst geruht haben werden, Italien augenblicklich genoß, hat plötzlich aufgehört, und das Schicksal des Königreichs Neapel scheint sich seiner Entscheidung zu nahen. Die Truppen des Generals St. Cyr, welche damals um Bologna standen, haben sich in Bewegung gesetzt, und sind mit so großer Schnelligkeit vorgerückt, daß ein Theil derselben jetzt schon in der Nähe von Rom angekommen ist. Es war am 29. v. M. u. J. daß der Cardinal-Staatssecretaire durch einen außerordentlichen Courier von dem Päpstlichen Delegaten in Ancona, Vidoni benachrichtigt wurde, daß dieser Praelat von dem General St. Cyr eingeladen worden war, sich nach Pesaro zu begeben, und mit dem General über den Durchmarsch eines starken Truppencorps durch den Kirchenstaat die nöthige Abrede zu nehmen. Der General St. Cyr kündigte damals 38 bis 39 000 Mann Infanterie und 4 800 Cavallerie an, und verlangte, daß die nöthigen rationen für dieselben bereit gehalten würden. Privatbriefen aber, und selbst den Angaben der Päpstlichen Gouverneure nach, sind bis jetzt nur etwa 20 000 Mann eingerückt. Man nennt die Divisionen der Generale Octavii, Regny[er], Vandamme u. s. f., und ich sehe daraus, daß es die bisher unter dem General St. Cyr im Königreich Neapel gewesene Armée ist, welche gegenwärtig vorausgesendet wird. Diese Truppen sind über Pesaro bis gegen Sinigaglia gegangen; dort aber sind sie, die höheren Gebirge zu vermeiden, den Weg von Jesi eingeschlagen und haben sich so nach Terni begeben. In Terni haben sie sich getheilt. Ein Theil ist nach Rieti marschirt, und scheint daselbst fürs erste den Ort seiner Bestimmung erreicht zu haben. Der andre ist über Narni nach Otricoli gegangen, und seine fernere Marschroute ist bis jetzt unbekannt. Diese letztere Abtheilung ist die stärkere, und man vermuthet, daß sie sich abermals in zwei Colonnen theilen und auf Frosinone und Terracina marschiren wird, um so auf einmal alle Zugänge des Königreichs Neapel zu bedrohen.

Ew. Lg. Dl. werden hieraus zu entnehmen geruhen, daß die ganze Französische Macht sich bis jetzt allein gegen den westlichen Theil des Königreichs wendet. Da auf der andern östlichen Seite der Zugang noch leichter ist, und der Feind dort bei dem Tronto, weil sich das Königreich Neapel an dem Adriatischen Meere beträchtlich mehr, als am Mittelländischen, gegen Norden erstreckt, den Franzosen im Rücken bleiben würde, so schien es

11. Januar 1806

gleich unmöglich, daß der Kaiser Napoleon diese Seite ganz unbedeckt lassen sollte. Man vermuthete daher die Ankunft eines zweiten Corps über Ancona und Fermo u. s. w., und diese Vermuthung hat sich schon jetzt bestätigt. Denn am 8. d. Abends ist ein Courier mit der Nachricht angekommen, daß der General Massena den Oberbefehl über die ganze gegen Neapel bestimmte Armée bekommen habe, daß er unverzüglich in hiesiger Gegend eintreffen werde, und daß 3 Divisionen seiner Armée ihm nachzufolgen Ordre erhalten hätten. Da eine Division aus 6 bis 7000 Mann zu bestehen pflegt, so dürfte diese Verstärkung noch etwa 20000 Mann ausmachen. Vermuthlich warten nun die jetzt vorgerückten Truppen die Ankunft des Obergenerals und diese Verstärkung ab, und begnügen sich, ohne noch etwas Entscheidendes vorzunehmen, nur die wichtigsten Posten an der Gränze zu besetzen.

In diesem Fall aber ist nicht zu läugnen, daß die Päpstlichen Staaten sich durch die Gegenwart so beträchtlicher Corps in große Verlegenheit versetzt sehen werden. Da die Franzosen nichts bezahlen, sondern schlechterdings alles auf Rechnung gegen künftige Bezahlung nehmen, so können Ew. Lg. Dl. leicht ermessen, wie schwer wenigstens für den Augenblick der hiesigen Regierung dieser Durchzug wird, und das Gedränge, in dem sich dieselbe befindet, ist um so größer, als sie weder vorräthiges Geld noch Magazine besitzt.

Im Königreich Neapel haben die vereinigten Russischen, Englischen und Neapolitanischen Truppen noch immer ihre Stellungen auf der Gränze inne. Es sind sogar neuerlich einige kleine Veränderungen derselben vorgenommen worden, durch welche sie wenigstens auf dem westlichen Theile des Königreichs sogar weiter vorgerückt sind. Den Neapolitanischen Briefen zufolge, ist die Vertheilung jetzt dergestalt getroffen, daß die Engländer in Gaeta stehen, das Russische Hauptquartier in Arpino ist, ein andrer beträchtlicher Theil von Russen sich in Sulmona befindet, und die Festung Pescara von Neapolitanern und einigen wenigen Russen besetzt gehalten wird. Dieser kriegerischen Anstalten ungeachtet, scheint man es sich jedoch nicht mehr in Neapel zu verbergen, daß, seitdem der Kaiser Napoleon durch den Frieden mit Oesterreich in den Stand gesetzt wird, einen sehr großen Theil seiner Macht gegen diesen Theil von Italien anrücken zu lassen, eine Vertheidigung gegen einen ernstlichen Angriff unmöglich ist. Man versichert mir daher, daß der Russische Gesandte in Neapel schon nicht mehr, wie er sonst häufig gethan hat, erlaubt, daß Russische Schiffe als Postschiffe abgeschickt werden, sondern alle zu einem eventuellen Rückzug seiner Truppen in Bereitschaft hält. Auch der Neapolitanische Hof soll Anstalten zu seiner Abreise vorbereiten, und man soll entschieden seyn, von den ersten Personen der Regierung nur den Prinzen Luzio und Herzog Ascoli zurücklassen zu wollen, welche beide den Franzosen unverdächtig sind, und von denen der letztere einen entschiedenen Einfluß auf das Neapolitanische Volk besitzt[1]. Vorher aber scheint es fast, als wolle Se. Majestät der König noch eine friedliche Uebereinkunft mit Frankreich, aufs mindeste einen Waffenstillstand zu schließen versuchen. Wenigstens folgert man dies aus dem Umstande, daß der Cardinal Ruffo unvermuthet vorgestern Nacht hierher zurückgekommen ist. Indeß ist nichts Gewisses hierüber bis jetzt bekannt geworden und es ist bisher nur bloßes Gerücht, daß der Cardinal mit Aufträgen deshalb versehen sey.

Der Sardinische Hof befindet sich, wie ich Ew. Lg. Dl. neulich einzuberichten die Ehre hatte[a], gegenwärtig in Neapel. Man versichert allgemein, daß eine Neapolitanische Prinzessin sich mit dem Herzoge von Genevois, Bruder Sr. Majestät des Königs von Sardinien, vermählen werde[2].

Briefe aus Barcelona melden, daß dort einige Regimenter Infanterie angelangt sind und einige andre Cavallerie erwartet werden. Wenn diese angekommen sind, und das ganze Corps 5 000 Mann stark ist, soll dasselbe sich unter Befehl des Generals O'Farrill nach Toscana in Marsch setzen, um dort in Garnison zu bleiben. Man vermuthet, daß diese Truppen im Januar Barcelona verlassen werden.

Seit einigen Tagen kennen wir hier den zwischen Frankreich und Oesterreich abgeschlossenen Frieden seinen Hauptpunkten nach[3]. Wenn, wie es scheint, vermöge der Abtretung des alten Venetianischen Gebietes der Italienische Staat auch in Besitz des Venetianischen Dalmatiens kommt, so dürfte daraus ein neues Verhältniß von Frankreich zu dem östlichen Theile von Europa entstehen. Denn es wird alsdann dadurch Nachbar der Türkei und kommt in die Nähe der Russischen Truppen in den Sieben Inseln, welche, wenn der Krieg mit Russland fortdauern sollte, alsdann leicht von zwei Seiten, von Venedig und Dalmatien, und von dem Königreich Neapel, zu dem den Französischen Truppen der Zugang bald offen stehen dürfte, bedroht werden könnten.

So eben erfahre ich, daß die Französischen Truppen bei Otricoli nach Civita Castellana, Sutri und Nepi verlegt worden sind. Doch scheint dies für jetzt nur eine Localmaßregel, welche die leichtere und bessere Verpflegung derselben zum Zweck hat.

Der Cardinal[b] Ruffo hat einen Courier nach Paris abgesendet, wohin man den Kaiser Napoleon schon von München abgegangen glaubt. Auch geht das jedoch bis jetzt noch unverbürgte Gerücht, daß die Neapolitanischen Werbungen und Bewafnungen an der Gränze eingestellt seyen.

---

zu 70: [a] *davor gestr.:* das Glück hatte   [b] *folgt gestr.:* Fesch

[1] *Trojano Marulli, Herzog von Ascoli, war laut Staatshandbuch Erster Stallmeister und Generaladjutant des Königs, während der Obersthofmeister der Königin Fürst Luzzi vorübergehend das Außenministerium versah; siehe oben* **47**.

[2] *Prinz Karl Felix von Savoyen, der jüngste Bruder König Viktor Emanuels I., der den Titel eines Herzogs von Genf führte, heiratete am 5. April 1807 Prinzessin Christina von Sizilien.*

[3] *Der Friede von Preßburg war am 26. Dez. 1805 unterzeichnet worden. Für den im Moniteur Nr. 15/1806 publizierten Text vgl.* MARTENS, *Recueil des traités, Suppl. 4, S. 212–220. Die HDLZ berichtete erstmals am 9. Januar, genauer dann am 23. Januar über die Friedensbedingungen.*

71 Bericht Nr. 2/1806 Rom, 18. Januar 1806

Ausfertigung StAD E 1 M Nr. 93/4 fol. 3f; ps. 19. Februar 1806.
MATTSON Nr. 1492.

Abzug und Einschiffung der englischen und russischen Truppen aus dem Königreich Neapel. Ungewißheit über die Ziele der Engländer. Verhandlungsauftrag des Kardinals Ruffo. Bewegungen der französischen Truppen. Evakuierungsvorbereitungen des neapolitanischen Hofs.

Ew. Lg. Dl. werden aus meinem letzten unterthänigsten Bericht zu ersehen gnädigst geruhet haben, daß man schon bei Abgang desselben den Abzug der Russischen und Englischen Truppen aus dem Königreich Neapel für höchst wahrscheinlich hielt, und diese Vermuthung hat sich seitdem wirklich bestätigt. Der Befehl zu ihrer Einschiffung ist vom Kaiser von Russland Selbst gekommen, und obgleich die Englischen Truppen keinen eignen von ihrer Regierung aus erhalten haben, so sind sie doch dem Beispiele ihrer Alliirten gefolgt. Man hat bereits Nachricht, daß sie sich in Castel a mare eingeschifft haben. Die Russen waren, den letzten Briefen zufolge, eben im Begriff es zu thun, nur waren noch nicht alle von den Gränzen des Königreichs wieder in Neapel eingetroffen. Diese Maßregel wird nun unstreitig allen Feindseligkeiten, die sonst bei der Besetzung des Königreichs Neapel durch die Franzosen Statt gefunden haben würden, vorbeugen und dieselbe ist um so weiser, als die Vertheidigung des Landes mit so wenigen Truppen, und dem geringen Vertrauen, das die schnell geworbenen und ungeübten Neapolitanischen einflößen mußten, dem eignen Geständniß des Generals Lascy nach, unmöglich gewesen wäre.

Man zweifelt nicht, daß die Russen nach der Ionischen Republik zurückkehren werden. Von den Engländern ist es noch ungewiß, ob sie sich nach Malta oder Sicilien wenden. Es bleibt jedoch nicht unwahrscheinlich, daß sie die letztere Insel besetzen und sich in derselben verstärken werden. Denn wenn der Krieg mit England und Russland fortdauert, so muß die Absicht der Engländer nothwendig dahin gehen, ihre Uebermacht zur See dazu zu benutzen, die Franzosen ebensosehr von allen den Punkten, zu welchen der Zugang nur zu Wasser möglich ist, abzuhalten, als sie nicht im Stande sind, ihnen den Besitz des festen Landes streitig zu machen, und alsdann dürften Sardinien, Sicilien, Morea und die Ionische Republik die meiste Aufmerksamkeit verdienen.

Die Schritte, welche der auf diese Weise sich selbst überlassene Neapolitanische Hof in dieser Lage thun wird, werden ganz und gar von den Erfolgen der Unterhandlungen abhängen, die er, wie jetzt keinem Zweifel mehr unterworfen ist, mit dem Kaiser Napoleon anzuknüpfen sucht. Der Cardinal Ruffo hat deshalb erste Versuche bei dem Cardinal Fesch gemacht, und gleich zwei Tage nach seiner Ankunft einen Courier nach Paris gesandt. Da aber der Cardinal Fesch schlechterdings mit keiner Instruction zu einer solchen Unterhandlung versehen ist, und General Massena sich unstreitig in demselben Falle befindet, so ist der Cardinal Ruffo vorgestern selbst abgereist, um sich zum Kaiser von Frankreich zu begeben. Weil indeß der Cardinal Fesch Bedenken gefunden, ihm Pässe nach Frankreich selbst zu geben, so gehet er fürs erste nur nach Basel und erwartet dort die Entschlüsse des Kaisers. Man versichert, daß er mit den ausgedehntesten Vollmachten versehen sey, und in der That dürfte er ohne dies sich schwerlich mit einem erwünschten Erfolg seiner Sendung schmeicheln können. In Abwesenheit des Cardinals Ruffo ist der ehemals als Botschafter in Madrid gewesene Herzog S[an] Theodoro hier angekommen[1]. Er scheint bestimmt, seinen Hof mit Nachrichten von hier aus zu versehen, und nöthigen Falls mit dem General Massena Verabredungen zu treffen.

Vorzüglich dürfte wohl jetzt alles darauf ankommen, ob die Französischen Truppen, ehe noch über den Ausgang der dem Cardinal Ruffo aufgetragenen Unterhandlungen etwas entschieden ist, in das Königreich Neapel einrücken und sich der Hauptstadt nähern werden? Bis jetzt ist mir dies nicht wahrscheinlich. Zwar rücken die Französischen Truppen, welche sich in der Gegend von Rom befinden, im gegenwärtigen Augenblicke vor, und ein Theil derselben marschirt heute um die hiesige Stadt herum in die nahegelegenen Orte Frascati, Tivoli u. s. f. Es ist offenbar, daß diese ganze Colonne den Weg über Terracina und Gaeta nach Neapel nehmen wird, und da jetzt an keine militairische Vertheidigung des Königreichs mehr zu denken ist, so können die Franzosen die schwierigen Gebirgseingänge vernachlässigen und dieselben auch unbesetzt sich im Rücken lassen. Allein es scheint, als würde General Massena doch noch fürs erste nur zwischen Rom und der Neapolitanischen Gränze verweilen. Man sagt sogar, daß Albano das Hauptquartier seyn wird. Rückten indeß die Franzosen im Gegentheil, ehe der Hof durch ein friedliches Abkommen gesichert wäre, vor, so dürfte derselbe unstreitig die Hauptstadt verlassen. In der That liegen ein Englisches Kriegsschiff und zwei Fregatten immer segelfertig an der Rhede, doch macht der Hof selbst aus einem eventuellen Entschluß einer Abreise das tiefste Geheimniß, weil man, wenn es dazu käme, einen Aufstand der Lazzaronis befürchtet[2]. Daß der Kronprinz allein alsdann zurückbleiben, ja der König zu Gunsten seiner der Krone entsagen würde, sind bis jetzt bloße und durchaus unverbürgte Gerüchte, die ich, so wie die über die muthmaßliche künftige Bestimmung des Königreichs mit Stillschweigen übergehen zu können glaube.

Die Truppenzahl der Massenaischen Armée hat sich seit meinem letzten unterthänigsten Bericht ansehnlich vermehrt, und man kann dieselbe jetzt mit vollkommener Sicherheit auf 30 000 Mann anschlagen. Der General Massena selbst wird heute hier erwartet, und vermuthlich kann ich die Nachricht seiner Ankunft noch diesem Berichte hinzufügen.

Der Vice-König Eugen Beauharnois ist von Padua, wie es heißt, nach München zur Vollziehung seiner Verheirathung mit der Baierischen Prinzessin Augusta abgereist.

18./22. Januar 1806

zu 71:
[1] Carlo Caracciolo, Herzog von Santa Teodora, war bis Nov. 1804 neapolitanischer Gesandter in Spanien.
[2] Die nach dem armen Lazarus benannten Lazzaroni aus den Armeleutevierteln von Neapel hatten die bourbonische Monarchie bereits 1798 gegen einen von Adel und Bürgertum getragenen Aufstand unterstützt. Vgl. *die lebendige Schilderung der Lazzaroni bei* P. J. REHFUES, Gemählde von Neapel und seinen Umgebungen, Tl. 2, Zürich 1808, S. 119–127.

72 Bericht Nr. 3/1806 Rom, 22. Januar 1806

Ausfertigung StAD E 1 M Nr. 93/4 fol. 5; ps. 19. Februar 1806.
MATTSON Nr. 1494.

Spekulationen über die angekündigte Ankunft des Prinzen Joseph Bonaparte in Rom und Napoleons Zukunftspläne für das Königreich Neapel. Personelle Veränderungen in der französischen Armee. Zweifel am Erfolg der gemeldeten Verteidigungsvorbereitungen im Königreich Neapel. Vorbereitungen zum Empfang des Vizekönigs-Paars in Verona.

Ein außerordentlicher Courier hat dem Cardinal Fesch heute früh die unvermuthete Nachricht gebracht, daß der Prinz Joseph, Bruder des Kaisers Napoleon, heute Abend hier eintreffen wird, und ich eile Ew. Lg. Dl. sogleich dies Ereigniß, das mir unter den jetzigen Umständen von großer Erheblichkeit scheint, unterthänigst einzuberichten. Der Courier ist von Bologna aus hierher gesendet worden, und der Prinz hat geschrieben, daß er demselben unmittelbar nachfolgen würde. Da noch gestern Abend selbst der Cardinal Fesch nicht das Mindeste von der Ankunft seines Neffen ahndete, so kann man über den Zweck seiner Reise bloß unsichere Vermuthungen hegen. Das Einzige was man sagt, ist, daß derselbe sich an die Spitze der gegen Neapel bestimmten Armée stellen, und den Kaiser selbst bei diesem Feldzug vertreten soll. Es ist auf keine Weise glaublich, daß seine Gegenwart in militairischer Rücksicht für nothwendig erachtet worden sey. Da man ihn immer nur zu friedlichen Unterhandlungen gebraucht hat, so ist er auch jetzt vermuthlich nur bestimmt, der Ausführung der ferneren Plane des Kaisers Napoleon mit dem Königreich Neapel vorzustehen, und die Folge wird jetzt in Kurzem lehren, ob er hierher gesandt worden ist, um selbst die Neapolitanische Krone zu empfangen, oder sie einem andern Mitgliede der kaiserlichen Familie einzuhändigen, oder (wenn man dieselbe dem jetzigen königlichen Hause nicht entziehen wollte) Se. Majestät den König zu einer Entsagung zu Gunsten des Kronprinzen zu bewegen. Für diesen letzteren Plan könnte vielleicht schon die Gefahr, sonst, wenn man den Neapolitanischen Hof dem Königreich Neapel gänzlich zu entsagen nöthigte, Sicilien zu verlieren und in die Hände der Engländer fallen zu lassen, sprechen.

Uebrigens hat sich seit dem Abgange meines letzten unterthänigsten Berichts nichts zugetragen, das besondre Aufmerksamkeit verdiente. Der

Marschall Massena ist gestern früh hier angekommen. Der General Montrichard hat, wie ich höre, seinen Abschied erhalten; der Commissaire Ordonnateur Colbert ist nach Paris zurückberufen worden, und der General St. Cyr von selbst dahin zurückgegangen.

Im Königreich Neapel ist, wie man versichert, eine Bewafnung in Masse vorgenommen worden. Man setzt, so unglaublich und in jeder Rücksicht unwahrscheinlich dies auch ist, hinzu, daß die schon eingeschifft gewesenen Englischen Truppen wiederum ans Land gegangen seyen, wie dem indeß auch immer seyn mag, so ist ein wirksamer Widerstand gegen die Französische Macht unmöglich, wie, noch vor Ankunft des Befehls zur Wiedereinschiffung der Russen, die Russischen und Englischen Generale in einem in Teano gehaltenen Kriegsrathe förmlich anerkannt, und dem Hofe bekannt gemacht hatten. – Der Herzog St. Theodoro wollte, da er sehe, daß hier schlechterdings keine Unterhandlung anzuknüpfen möglich ist, in einigen Tagen nach Neapel zurückgehen; es ist indeß möglich, daß die Ankunft des Prinzen Joseph eine Aenderung in seinem Entschluß hervorbringt.

Die Kammerherren und Hofdamen in Mailand haben Befehl erhalten, sich heute in Verona einzufinden, um dort den Vice-König mit seiner Gemahlin zu erwarten[1]. Die beiden letzteren sollen, wie man meldet, schon am 25. d. in Mailand eintreffen.

---

zu **72:**
[1] *Die Heirat Eugène Beauharnais mit Prinzessin Auguste von Bayern hatte am 14. Januar in München stattgefunden; vgl. die Meldung über die Abreise des Vizekönigs in* **71;** *dazu HDLZ vom 3. Jan. 1806.*

73 Bericht Nr. 4/1806 Rom, 1. Februar 1806

Ausfertigung StAD E 1 M Nr. 93/4 fol. 7–9; ps. 24. Februar 1806.
MATTSON Nr. 1500.

Übernahme des Oberbefehls der französischen Truppen durch Joseph Bonaparte nach nur kurzem Aufenthalt in Rom. Abreise des Königs von Neapel nach Sizilien und Übertragung von Regierung und Truppenbefehl auf den Kronprinzen. Pläne zur Verteidigung Kalabriens. Weitere Verstärkung der französischen Armee. Letzte Meldungen aus Neapel.

Ew. Lg. Dl. werden gnädigst zu verzeihen geruhen, daß ich seit meinem letzten unterthänigsten Bericht habe zwei Posttage verstreichen lassen; es schien mir aber nicht unzweckmäßig, ein wenig zu warten, um Höchstdenselben wenigstens etwas Zuverlässigeres über die Lage der Neapolitanischen und der hiesigen Angelegenheiten sagen zu können[1].

Se. Kaiserliche Hoheit der Prinz Joseph langte einen Tag später, als man ihn erwartete, und erst am 23. v. M. Abends hier ein. Er stieg bei seinem Onkel, dem Cardinal Fesch ab, und machte am folgenden Tage seinen Besuch bei dem Papst. Am 26. verließ er Rom wiederum, und begab sich

22. Januar / 1. Februar 1806

nach Albano, dem Hauptquartier der Französischen Armee, wo er sich noch gegenwärtig befindet. Während seines kurzen Aufenthalts in hiesiger Stadt hat er schlechterdings keine Besuche angenommen. Er hat sich jetzt vollkommen an die Spitze der Truppen gestellt, und die Befehle an dieselbe gehen von seinem Hauptquartier und mit seiner Unterschrift aus. Ueber den ferneren Zweck seiner Sendung herrscht zwar noch immer dieselbe Dunkelheit. Indeß hat doch seine Ankunft sowohl bei der Armée, als vorzüglich auch hier und im Neapolitanischen eine sehr gute Wirkung hervorgebracht, da man sich von der bekannten Billigkeit und Sanftheit seiner Gesinnungen alle mit einer kriegerischen Expedition, wie die ist, welcher er vorsteht, nur immer vereinbare Schonung verspricht.

Der König von Neapel hat jetzt seine Hauptstadt wirklich verlassen, und ist, wie man anfangs glaubte, nach Palermo, wie man aber jetzt besser weiß, nach Messina auf einem Neapolitanischen Schiffe unter Segel gegangen. Er hat die Regierung des Königreichs Neapel während seiner Abwesenheit dem Kronprinzen übertragen, und in einer öffentlichen Bekanntmachung die Nothwendigkeit, den Angelegenheiten Siciliens und der Erhaltung der Unabhängigkeit dieser Insel seine Aufmerksamkeit zu widmen, als Bewegungsgrund seiner Reise angegeben. Die Königin ist mit dem Kronprinzen und der übrigen Königliche[n] Familie in Neapel geblieben, doch meldet man, daß die Mannschaft des Englischen Kriegsschiffes, das zu der Ueberfahrt der Königin, insofern solche nothwendig seyn sollte, bereit liegt, seit 8 Tagen das Schiff nicht verlassen darf.

Die Pläne des Neapolitanischen Hofes sind, soviel man erfährt, auf zwei Gegenstände, friedliche Unterhandlungen mit Frankreich und kraftvolle Vertheidigung des Landes, im Fall diese fehlschlügen, oder bis sie gelängen, zugleich gerichtet. Die Bewafnung wird mit dem größesten Eifer betrieben. Das Volk ist in Masse aufgerufen worden, und der Kronprinz hat erklärt, sich an dessen Spitze stellen zu wollen, und ganz vorzügliche Vertheidigungsanstalten trift man in der Hauptstadt. Da man indeß doch fühlt, daß die Vertheidigung des ganzen Landes eine durchaus unmögliche Sache seyn würde, so scheint die Absicht dahin zu gehen, sich vorzüglich in Calabrien festzusetzen, und in der That läßt sich diese Halbinsel gewissermaßen isoliren, und, da die Franzosen gegenwärtig nicht Herren des Meeres sind, mit Sicilien in wechselseitige Verbindung bringen. Man behauptet daher auch, daß selbst, wenn Neapel verlassen und den Franzosen eingeräumt werden müßte, doch nur das Corps diplomatique und alle nicht zur Kriegsmacht gehörigen Personen sich in Neapel einschiffen, der Kronprinz aber mit der Armée nach Calabrien gehen, dem Feinde jeden Schritt streitig machen, und sich zuletzt in der äußersten Nothwendigkeit nur erst von Reggio aus nach Sicilien begeben würde. Aller Widerstand aber kann, wie man sich zuletzt doch immer gestehen muß, bei der Ungleichheit der Kräfte, doch nur immer aufhaltend, nicht abwehrend seyn, und dies macht, daß man vorzüglich auf friedliche Unterhandlungen bedacht ist.

Bericht 73

Da der Herzog St. Theodoro bei der ersten Nachricht der Ankunft des Prinzen Joseph von hier abgieng, so glaubt man, daß er die Sendung desselben als ein Zeichen betrachte, daß jede Hofnung eines Abkommens verloren sey. Es zeigte sich aber bald, daß er nur nach Neapel zurückgekehrt war, um neue Befehle seines Hofes einzuholen. Denn er kam unmittelbar darauf aufs neue hier an, und es heißt, daß er dem Prinzen Joseph einen eigenhändigen Brief des Kronprinzen überbracht habe. Diesen hat er ihm zwar nicht hier abgeben können, indeß soll es in Albano geschehen seyn, und gleich darauf ist er von dort aus abermals nach Neapel zurückgekehrt. Von dem Inhalte dieses Briefes, wie von den Anerbietungen des Neapolitanischen Hofes überhaupt ist zwar nichts bekannt geworden, indeß wäre es nicht unmöglich, daß man, wie einige Personen behaupten, bis zum Vorschlag der Abtretung der Neapolitanischen Krone an den Kronprinzen von Seiten des Königs mit Beibehaltung der Sicilianischen gegangen wäre. Allein auch unter dieser Voraussetzung dürfte die Unterhandlung noch vielen Schwierigkeiten unterworfen seyn da, soviel man weiß, der Prinz Joseph schlechterdings keine Vollmacht zu derselben besitzt.

Die fremden Truppen haben zwar jetzt das Neapolitanische gänzlich verlassen. Doch kreuzte die Russische Escadre, die sich nach Corfu begiebt, am 28. v. M. noch bei den Sicilianischen Küsten, und die Englischen Transportschiffe lagen mit den Truppen in der Bai von Augusta. Es ist indeß nicht wahrscheinlich, daß auch nur diese letzteren noch einmal zur Vertheidigung Neapels zurückkehren sollten. Die Hauptstadt war, den letzten Nachrichten zufolge, durchaus ruhig, doch hatte die Polizei Befehl gegeben, alle Häuser, so viel es thunlich sey, in Vertheidigungsstand setzen zu lassen, eine Maßregel, die nur gegen einen allenfalsigen Versuch des Pöbels zu plündern gerichtet seyn kann.

Die Französischen Truppen vermehren sich immerfort im Kirchenstaat. Vom 15. bis 22. v. M. waren, den Listen nach, die ich zu sehen Gelegenheit gehabt habe, aufs neue 3924 Mann mit 1275 Pferden hereingekommen. Unter dieser Anzahl waren 2956 Mann Infanterie, 968 Cavallerie und 110 Artilleristen. Diese Listen aber pflegen noch immer mangelhaft zu seyn, und man kann ihre sämmtliche Anzahl jetzt, oder vielmehr bis zum 22., wohl auf 36000 annehmen. Im gegenwärtigen Augenblick kündigt man nur noch ein neues Corps von 22 bis 24000 Mann unter den Marschällen Soult und Ney an, von dem bisher noch gar nicht die Rede war. Diese letzteren Truppen sollten in den letzten Tagen Januars in Pesaro eintreffen. Die Armée hat gestern und vorgestern eine Bewegung vorwärts gemacht. Wie ich höre, soll morgen das Hauptquartier von Albano[a] nach Ferentino verlegt werden. Wenn dies gegründet ist, so würde die Hauptmacht der Franzosen auf S[an] Germano losgehen und von dieser Seite in das Königreich Neapel eindringen.

Die Spanischen, nach Toscana bestimmten Truppen hatten in den ersten Tagen dieses Jahres Barcelona zu verlassen angefangen, und sollten am 12.

1. Februar 1806

Januar sämmtlich aufgebrochen seyn. Am Ende des vorigen Monats erwartete man die ersten davon in Genua, und General O'Farrill, der sie anführt, soll am 8. d. in Florenz eintreffen.

Die Prinzessin Elisa ist mit ihrem Gemahle von Lucca nach Genua gegangen, und man vermuthet, daß beide ihre Reise von da nach Paris fortsetzen werden[2]. – Der Erzkanzler Lebrun besorgt gegenwärtig die Organisation der dem Prinzen Eugen bestimmten Herzogthümer Parma und Piacenza, und die der ehemaligen Venetianischen Staaten soll, was jedoch noch der Bestätigung zu bedürfen scheint, dem ehemals in Genua gewesenen Salicetti übertragen seyn[3].

Nachschrift:
So eben erhalte ich durch einen, gestern früh von Neapel abgegangenen Reisenden Nachrichten, die mir zu interessant scheinen, um sie nicht Ew. Lg. Dl. noch heute unterthänigst einzuberichten.

Der gestrige Tag ist zur Abreise des ganzen Neapolitanischen Hofes von der Hauptstadt bestimmt gewesen. Ihre Königliche Hoheiten der Kronprinz und der Prinz Leopold sein Bruder sind am Morgen gegen Calabrien zu abgereist, um zu untersuchen, ob die, vorzüglich in dieser Gegend gebildeten Volksmassen[b] gut organisirt und von einem so guten Geiste beseelt sind, um sich ihnen anvertrauen und eine eigentliche Vertheidigung des Reichs unternehmen zu können. Ihre Majestät die Königin sollte gestern Abend in einem Englischen Kriegsschiffe nach Sicilien abgehen; der Sardinische Hof wollte sich gleichfalls auf einem Russischen nach Cagliari einschiffen. Letzterer wird von den bei ihm accreditirten Russischen Gesandten und Portugiesischen Geschäftsträger begleitet[4]. Der Englische Gesandte bei demselben Hofe hält sich noch hier auf. Der Englische Gesandte am Neapolitanischen Hofe aber war gleichfalls im Begriff sich einzuschiffen[5]. Da alle diese Maßregeln unmittelbar nach der Rückkunft des Herzogs S[an] Theodoro von Albano genommen worden sind, so vermuthet man, daß der Prinz Joseph geäußert habe, sich auf keine Unterhandlung einlassen zu können. Alles war in der größten Bestürzung und man war sogar für Sicilien nicht außer Sorgen, wenn nicht schnell eine Englische Flotte zu Hülfe käme. Die Hauptstadt war zwar noch ruhig; allein der Herzog Ascoli wollte dieselbe gleichfalls verlassen, weil er sich nicht getraute, nach der Abwesenheit des Kronprinzen den Pöbel noch in Ordnung halten zu können. Von den Königlichen Pallästen waren alle kostbareren Meublen bereits weggeschafft worden. Zwischen Neapel und Terracina sollen nur sehr schwache Detachements Neapolitanischer Truppen stehen, indeß auch nur 3–4000 Mann Französischer in Terracina und noch keiner auf Neapolitanischem Gebiet.

ut in literis humillimisq[ue].

---

zu 73: [a] *davor gestr.:* Vid [b] *folgt gestr.:* so
[1] *Die HDLZ hatte am 28. Jan. 1806 aus Verona berichtet:* Der Postenlauf in das untere Italien ist ganz unterbrochen, und man weiß also nicht bestimmt, was

im Königreich Neapel vorgeht. Lediglich aus Norditalien kamen unterschiedliche Meldungen über den französischen Aufmarsch. Am 15. und 18. Februar konnte jedoch aufgrund aktueller Korrespondentenberichte über die nachfolgend von Humboldt berichtete Ankunft Prinz Josephs in Rom und die Abreise des Königs aus Neapel berichtet werden.

[2] *Fürst und Fürstin Baciocchi, Napoleons Schwester und Schwager, die am 30. März 1806 zu Herzögen von Massa Carrara erhoben wurden; siehe* **42** *mit Anm. 2.*

[3] *Die endgültigen Verfügungen über die staatsrechtliche Zugehörigkeit Venediens, das Vizekönig Eugène bereits mit Proklamation vom 31. Dez. 1805 für das Königreich Italien in Besitz genommen hatte, und der Herzögtümer Parma und Piacenza ergingen erst am 30. März 1806; siehe* **82** *mit Anm. 1. Der zum Generalgouverneur von Ligurien bestellte Lebrun, Napoleons ehemaliger Mit-Konsul, wurde mit Dekret vom 19. März 1808 zum Titular-Herzog von Piaczena ernannt, während der zweite Ex-Konsul und nunmehrige Präsident des Staatsrats Cambacères Herzog von Parma wurde. Bei der Berufung der Großwürdenträger anläßlich der Kaiserkrönung war Cambacères Erzkanzler, Lebrun Erzschatzmeister geworden.*

[4] *Russischer Gesandter war der mehrfach genannte Akim Lizaskevitch; ein portugiesischer Geschäftsträger am sardinischen Hof ist im Repert. d. dipl. Vertr. nicht nachgewiesen.*

[5] *Britische Gesandte bei den Höfen von Sardinien und Neapel Sizilien waren Thomas Jackson und Hugh Elliott.*

74 Bericht Nr. 5/1806 Rom, 8. Februar 1806

Ausfertigung StAD E 1 M Nr. 93/4 fol. 11; ps. 4. März 1806.
MATTSON Nr. 1504.

Aufschub der bereits gemeldeten Abreise der Königin von Neapel und des sardinischen Hofs. Wartestellung des englischen Geschwaders mit den aus Neapel abgezogenen Truppen vor Sizilien. Rückkehr der russischen Truppen nach Korfu. Ergebnislose Verhandlungen und weiterer Zuzug französischer Truppen.

Ew. Lg. Dl. Höchstes Rescript vom 19. pr[ioris][1] habe ich am 4. huj[us] zu empfangen das Glück gehabt, und eile Höchstdenselben für die mir so huldreich bewiesene Zufriedenheit meinen tiefsten Dank ehrfurchtsvoll zu Füßen zu legen. Je mehr ich fühle, daß ich dieselbe allein der Gnade und Nachsicht Ew. Lg. Dl. schuldig bin, desto lebhafter werde ich mich bemühen, mich derselben auch in der Folge durch verdoppelten Eifer in Besorgung Höchstdero Geschäfte zu versichern.

Die Abreise der Königin von Neapel und des Sardinischen Hofes, welcher ich in der Nachschrift meines letzten unterthänigsten Berichtes zu erwähnen die Ehre hatte, ist abermals aufgeschoben worden. Der Kronprinz und sein Bruder, der Prinz Leopold sind zwar in der That zu einer Musterung der aufgebotenen Volksmassen abwesend gewesen, allein unmittelbar nach Beendigung dieses Geschäftes wieder in die Hauptstadt zurückgekehrt. Se. Maj. der König aber sind am 31. v. M. an dem Ort ihrer Bestimmung, nicht aber in Messina, wie man anfangs sagte, sondern in Palermo angelangt, wie das in Neapel zurückgekommene Neapolitanische Kriegsschiff ‚Archimedes' die Nachricht davon gebracht[a] hat. Die Ruhe des Königs, als er Neapel verließ, war so groß, daß, da widrige Winde ihn nöthigten, noch einen halben Tag vor dem Hafen von Neapel zu bleiben, er

1./8. Februar 1806

noch ein Boot ans Land schickte, um einige aus Versehen zurückgebliebene Jagdhunde zu holen. Da die Abreise des übrigen Hofes sich noch zu verzögern scheint, so ist der Englische Gesandte[2], der schon alle seine Sachen hatte einschiffen lassen, und aus seiner Wohnung in ein Wirthshaus gezogen war, wieder in dieselbe zurückgekehrt.

Die Englische Escadre, welche die Truppen führt, die im Königreich Neapel gelandet waren, liegt nicht, wie man gemeldet hatte, in der Bay von Augusta, sondern ist, aus 2 Fregatten, 1 Brig und 72 Transportschiffen bestehend, in den Hafen von Messina eingelaufen, in welchem sie sich am 29. v. M. noch befand, und keine Anstalt machte, weiter unter Segel zu gehen. Man behauptet, daß wenn Frankreich nicht zu einem friedlichen und billigen Abkommen mit dem Neapolitanischen Hofe die Hände bietet, die Englischen Truppen in dem Augenblick, wo die Französischen sich der Hauptstadt nähern werden, Sicilien in Besitz nehmen wollen. Sowohl von Gibraltar, als von Malta aus, wo neuerlich wieder drei Regimenter aus England angekommen sind, sollen alsdann Verstärkungen zu ihnen stoßen, und wenn alsdann zugleich Kriegsschiffe von der vor Cadiz kreuzenden Flotte nach Messina geschickt werden, so ist kein Zweifel, daß den Franzosen die Ueberfahrt selbst mit wenigen Truppen leicht streitig gemacht werden kann.

Von den Russischen Truppen unter dem General Lasci behauptete man gleichfalls, daß sie in Sicilien bleiben würden, und glaubte, daß 5 Russische Linienschiffe, die mit einer Fregatte und einer Brig, von Portsmouth über Cagliari kommend, einen Tag nach der Englischen Escadre, am 23. v. M. in Messina eingelaufen waren, dieselbe Bestimmung hätten. Allein sowohl diese Schiffe, als die von Neapel gekommene Russische aus 61 Segeln bestehende Russische Escadre, an deren Bord sich die Truppen befanden, und von denen 1 Kriegsschiff, 1 Fregatte, 22 Transportschiffe, und 2 bewafnete Kauffahrer am 27., die übrigen aber schon am 23. v. M. in Messina ankamen, sind am 28. wieder nach Corfu unter Segel gegangen.

Der Herzog S[an] Teodoro fährt zwar noch immer fort, zwischen hier und Neapel hin und herzureisen und hat öftere Unterredungen mit Sr. Kais. H. dem Prinzen Joseph; es zeigt sich indeß demungeachtet noch keine bestimmtere Aussicht zu einem friedlichen Abkommen. Es ist außer Zweifel, daß die hier anwesenden Personen, den Prinzen Joseph selbst nicht ausgenommen, keine Vollmacht zu unterhandeln besitzen, und es ist ebensowenig bekannt geworden, daß die beiden letzten aus Paris hier angekommenen Couriere eine solche überbracht hätten, obgleich bei Abgang des zweiten derselben der Kaiser Napoleon schon wieder in Paris zurück gewesen seyn muß. Das Französische Hauptquartier, das bisher unverrückt in Albano gewesen ist, soll, wie es heißt, heute nach Ferentino gehen. Ebendahin wird, höre ich, der Prinz Joseph abgehen, welcher gestern Abend hierher von Albano gekommen ist. Die Französische Armée im Kirchenstaate hat wiederum eine beträchtliche Verstärkung erhalten. Zwischen dem 24.

und 30. v. M. sind durch Sinigaglia 10 889 Mann mit 1761 Pferden durchgegangen. Unter diesen befinden sich 9 260 Infanterie, 866 Cavallerie und 682 Artillerie, und alle sind bloß Franzosen. Zugleich sind am 29. v. M. 10 Canonen, 4 Haubitzen, und 88 Munitionswagen durchgekommen. Die Anzahl aller bis jetzt durch die Romagna in den Kirchenstaat einmarschirten Truppen beträgt 41 224 Mann, welche 7 235 Pferde bei sich haben.

zu 74: ᵃ *davor gestr.:* zurück

[1] *Das Konzept, dat. Gießen den 19. Jan. 1806, mit Vermerk auf höchsten Special Befehl, bei den Akten StAD E 1 M Nr. 93/3 fol. 66 (als Antwort auf Humboldts Bericht vom 28. Dez. 1805, oben* 68*).*
[2] *Hugh Elliott.*

75 Bericht Nr. 6/1806 Rom, 15. Februar 1806

Ausfertigung StAD E 1 M Nr. 93/4 fol. 13 f; ps. 8. März 1806.
MATTSON Nr. 1508.

Beginn der französischen Offensive gegen Neapel. Proklamationen des Kronprinzen von Neapel über den Rückzug seiner Truppen nach Kalabrien und Prinz Joseph Bonapartes über den französischen Einmarsch. Verteidigungsvorbereitungen der von Prinz von Hessen-Philippsthal befehligten Festung Gaeta. Tod eines französischen Generals. Abreise der restlichen Königsfamilie und der Diplomaten aus Neapel. Aufstandversuch der Galeerensklaven.

Der Feldzug gegen Neapel ist jetzt förmlich eröfnet worden, die Französische Armée rückt mit großen Schritten gegen die Hauptstadt an, und ich eile Ew. Lg. Dl. dasjenige, was uns von diesen Ereignissen hier mit Zuverlässigkeit bekannt geworden ist, unterthänigst einzuberichten.

Sobald man sich in Neapel überzeugte, daß wenigstens für den Augenblick an keine friedliche Unterhandlung mehr zu denken sey, machte man den Plan, sich allein auf die Vertheidigung Calabriens beschränken zu wollen öffentlich bekannt, und traf die demselben entsprechenden Maßregeln. Se. K. H. der Kronprinz ließen daher eine Proclamation anschlagen, in welcher Sie erklärten, daß sie sich mit ihren Truppen nach Calabrien zurückziehen wollten, um sich in dieser Provinz mit den Mitteln zu beschäftigen, dieselbe gegen einen etwannigen Angriff zu vertheidigen und den Rest des Königreichs wiederzuerobern; daß es übrigens durchaus unnütz seyn würde, der überlegenen Macht Widerstand zu leisten, und daß die Einwohner der Hauptstadt und des Landes, außer Calabrien, sich geduldig in ihr Schicksal ergeben, und den Umständen weichen möchten; daß aber der Hof kein Mittel unversucht lasse, um noch jetzt eine friedliche Uebereinkunft zu Stande zu bringen, und das Einrücken der Franzosen, und ihren Angriff, den man sich auf keine Weise zugezogenᵃ, durch jedes nur erdenkliche Opfer zu verhüten. In Gefolge dieser Proclamation wurde das Aufgebot im ganzen übrigen Königreich, außer Calabrien abbestellt, und alles, was nur überall sich von Truppen befand, in dieser Provinz versammelt.

8./15. Februar 1806

Se. Kais. H. der Prinz Joseph ging, wie ich die Ehre hatte Ew. Lg. Dl. in meinem letzten unterthänigsten Berichte zu melden, am 8. von hier nach Ferentino, als wohin das Hauptquartir der Armée verlegt worden war, ab. In Ferentino ließ der Prinz zwei Bekanntmachungen, eine an die Soldaten seiner Armée und die andre an das Neapolitanische Volk ergehen, welche ohngefähr beide gleichen Inhalts waren, und in denen er erklärte, daß Se. Maj. der Kaiser seine Truppen nur gegen die verbündeten Mächte und den Hof, nicht aber gegen das Volk anrücken lasse, diß letzteres vielmehr, wenn es sich ruhig verhalte, seines Schutzes versichert sey, und von diesem Kriege einen festen Frieden und dauerhaften Wohlstand erwarte könne[1]. Hierauf rückten am 10. seine Truppen von Rieti, Ferentino und Terracina aus in das Königreich Neapel ein.

Da seit diesem Tage keine Neapolitanische Post hier angekommen ist, so fehlen uns seitdem alle Briefe aus Neapel. Was man aber durch die Französische Armée und durch Reisende erfahren hat, ist Folgendes: Der Prinz Joseph hat dem Kardinal Fesch unterm 12. aus Teano geschrieben. Die Colonne, an deren Spitze sich Se. Kais. H. befanden, und die über Ferentino und S[an] Germano in das Königreich eingerückt ist, hat schlechterdings keinen Widerstand gefunden, und hat ihren Marsch ruhig fortsetzen können. Die des General Regnier, die über Terracina gegangen, traf zwar einige Soldaten an den Ufern des Garigliano an, die sich aber, sobald sie dieselbe gewahr wurden, zurückzogen. Bloß die Festung Gaëta rüstet sich, wie es scheint, zu einer lebhaften Gegenwehr. Se. Hf. Dl. der Prinz von Hessen-Philippsthal, welcher Gouverneur derselben ist, hat allen Einwohnern sich auf 3 Monate mit Lebensmitteln zu versehen, befohlen, und obgleich er[b] nur 400 Mann Linientruppen hat, so ist die Lage der Festung von der Art, daß er sich leicht sehr lange in derselben behaupten kann[2]. Selbst der längste Widerstand dürfte aber nur von geringem Nutzen für den Hof seyn, da, wie es scheint, die Franzosen sich einmal des ganzen Königreichs, wenigstens bis an die Gränzen von Calabrien hin ohne Schwerdtstreich bemächtigen können.

Ein sonderbarer Zufall ist es, daß die Franzosen auf einem Marsche, der schlechterdings nicht vom Feinde beunruhigt worden ist, dennoch einen General eingebüßt haben. Derselbe ist an dem Ufer des Meers durch eine, wie man behauptet, von einem Englischen oder Neapolitanischen Corsaren abgeschossene Kanonenkugel getödtet worden. Man weiß bis jetzt seinen Namen hier nicht mit Genauigkeit, behauptet aber, daß es General Grenier gewesen sey. Der Vortrab der Französischen Armée befand sich am 12. schon in einer sehr kleinen Entfernung von Capua. Diese Festung, die etwa 2500 Mann Truppen zur Garnison hat, scheint sich gleichfalls vertheidigen zu wollen. Vermuthlich werden die Franzosen dieselbe, mit Zurücklassung eines kleinen Corps, umgehen, und gerade vor Neapel rücken, wo man sie ohne allen Widerstand einlassen wird.

Ihre Maj. die Königin von Neapel und Ihre K. Hoheiten die Prinzessinnen sind, den uns zugekommenen Nachrichten zufolge, am 11. jedoch nicht, wie man behauptete, daß sie thun würden, auf einem Englischen, sondern auf dem Neapolitanischen Kriegsschiff ‚Archimedes' nach Palermo abgegangen. Der Russische und Englische Gesandte haben sich gleichfalls eingeschifft, und ihrem Beispiel sind die meisten Personen des Hofes gefolgt. Schon seit mehreren Wochen war man bloß beschäftigt einzupacken, und Effecten sowohl des Hofes, als von Privatpersonen nach dem Hafen zu schaffen. Der Sardinische Hof ist gleichfalls, aber nach Cagliari abgegangen. Ihre K. Hoheiten der Kronprinz und der Prinz Leopold hatten sich nach Calabrien begeben; man behauptet aber, daß sie, aus Furcht vor den Franzosen abgeschnitten zu werden, nach Salerno zurückgekehrt wären, und sich dort nach Sicilien eingeschifft hätten; dies ist jedoch bis jetzt noch nicht gewiß. An der Spitze der in Calabrien versammelten Truppen befindet sich der General Damas. Der Oesterreichische Gesandte[3] ist bis jetzt noch in Neapel geblieben.

Bis zum 12. herrschte vollkommene Ruhe in dieser Stadt. Zwar versuchten die Galeerensklaven von S. Jacob am 11. des Abends eine Empörung und bemächtigten sich in der That einer Canone. Allein der Herzog Ascoli ließ die 600 Mann starke Garnison gegen sie anrücken, und brachte sie, obgleich ihm 20 Mann getödtet wurden, zum Gehorsam zurück und bestrafte die Rädelsführer.

Vor wenigen Tagen ist Salicetti hier angekommen, um sich nach Neapel zu begeben. Er ist nicht, wie man sagte, zur Organisation der Venetianischen Staaten bestimmt gewesen, sondern wird, wie es scheint, die provisorische Verwaltung von Neapel bilden.

Zwischen dem 1. und 6. Februar sind aufs neue 3 912 Mann Französischer Truppen mit 2 508 Pferden in den Kirchenstaat eingerückt. Es sind unter denselben 1023 Infanterie, 1895 Cavallerie und 994 Artillerie. Im Ganzen sind jetzt 45 136 Mann mit 9 743 Pferden durch den Kirchenstaat gegen Neapel durchgegangen.

---

zu 75: [a] *folgt gestr.:* zu vor [b] *folgt gestr.:* außer der sogenannten Inf

[1] *Die deutschen Texte der im Pariser ‚Moniteur' veröffentlichten Aufrufe Prinz Josephs, datiert am 9. Febr. 1806 im Hauptquartier zu Ferentino, druckte die HDLZ bereits am 27. Febr. 1806.*

[2] *Landgraf Ludwig von Hessen-Philippsthal, seit 1791 im neapolitanischen Diensten, wurde als Generalleutnant 1805 zum Gouverneur der Festung Gaeta ernannt, über deren Verteidigung die HDLZ am 5. April und am 31. Mai 1806 eingehend berichtete. Die Festung hielt sich trotz einer voreiligen Kapitulationsmeldung bis zum 19. Juli; vgl. die nachfolgenden Berichte, zur Einnahme* **92, 93.** *Der 1816 in Neapel verstorbene Prinz wurde später auf dem Kastell von Gaeta beigesetzt.*

[3] *Graf Alois Ludwig v. Kaunitz-Rietberg-Questenberg.*

26 Ansicht des Golfs von Neapel.

27 Joseph Bonaparte,
König von Neapel,
dann König
von Spanien.

76 Bericht Nr. 7/1806 Rom, 19. Februar 1806

Ausfertigung StAD E 1 M Nr. 93/4 fol. 15; ps. 11. März 1806.
MATTSON Nr. 1510.

Einzug Joseph Bonapartes und der französischen Armee in Neapel. Kapitulation der Festung Capua. Abreise des Kronprinzen von Neapel nach Kalabrien und weiterer Vormarsch der Franzosen. Ernennung Matteis zum Gouverneur von Livorno.

Obgleich der Einzug der Franzosen in Neapel die einzige interessante Neuigkeit ist, die wir seit dem Abgange meines letzten unterthänigsten Berichts hier erhalten haben, so scheint mir dieselbe doch merkwürdig genug, um sie Ew. Lg. Dl. unverzüglich einzuberichten. Se. Kais. H. der Prinz Joseph hat den 15. Besitz von der Stadt genommen; Tages zuvor war die Avantgarde seiner Armée daselbst angelangt. Alles ist in vollkommener Ruhe vor sich gegangen, und man hat nicht den mindesten Widerstand angetroffen. Capua hat sich, bei dem Anrücken der Franzosen, augenblicklich ergeben, und man hat darin 2 500 Mann Gefangene gemacht, und 80 Kanonen weggenommen. Gaëta vertheidigt sich noch; die von Sr. K. H. dem Kronprinzen von Neapel, bei seiner Abreise von dieser Stadt, ernannte Regierung hat zwar dem Prinzen von Hessen Philippsthal angedeutet, die Thore der Festung den Franzosen zu öfnen; dieser aber hat diesem Befehle den Gehorsam verweigert.

Man weiß jetzt, daß der Kronprinz von Neapel zur See abgegangen ist; es ist aber noch nicht bekannt, ob er sich nach Sicilien oder nach Calabrien begeben hat. Der Marschall Massena zieht mit einem Corps von 20 bis 25 000 Mann gegen diese letztere Provinz. Es ist indeß nicht wahrscheinlich, daß er einen bedeutenden Widerstand finden wird. Denn die daselbst befindlichen Linientruppen sind theils gering an Zahl, theils wenig geübt, und die Calabresen, schon unzufrieden mit dem Hofe, den sie beschuldigen, ihnen die im vorigen Kriege gemachten Versprechungen nicht gehalten zu haben, werden jetzt um so weniger zu einer hartnäckigen Gegenwehr aufgelegt seyn, als sie sehen, daß das übrige Königreich, auf Befehl der Regierung selbst, den Feind ruhig und ohne Schwerdtstreich aufnimmt.

Man weiß noch nicht genau, was seit der Ankunft des Prinzen Joseph in Neapel in dieser Stadt vorgefallen ist. Man erzählt zwar, daß ein mit den kostbarsten Effecten des Hofes beladen gewesener Brick durch einen Windstoß in den Hafen von Neapel zurückgeworfen worden, und den Franzosen in die Hände gefallen sey; ich zweifle indeß an der Wahrheit dieser Nachricht. Man erwartet jetzt von einem Augenblick zum andern die Proclamation, welche der Prinz Joseph unstreitig wird unmittelbar nach der Einnahme der Hauptstadt und des größesten Theils des Königreichs ergehen lassen. Viele glauben, daß dieselbe das künftige Schicksal des Königreichs enthalten, und daß der Prinz Joseph darin zum König von Neapel erklärt werden wird; es ist aber wahrscheinlicher, daß sie nur in allgemeinen Ausdrücken abgefaßt, und der vom Kaiser Napoleon selbst schon in

19. Februar / 1. März 1806

Schoenbrunn am Ende des Decembers gemachten, aber erst vor kurzem in den ‚Moniteur' eingerückten ähnlich seyn wird[1].

Der General La Villette, bisheriger Gouverneur von Livorno, ist auf Pension gesetzt und der Ritter Mattei an dessen Stelle ernannt worden. Der Prinz Joseph, welcher ehemals mit dem letzteren in freundschaftlicher Verbindung stand, hatte diese Gunst, bei seiner neulichen Durchreise durch Florenz, von der Königin für ihn erbeten, als Ihre Majestät den Prinzen fragten, ob sie ihm in Ihren Staaten etwas ihm Angenehmes erzeigen könnten? Der General O'Farrill ist nunmehr in Florenz angekommen. Die unter seinen Befehlen stehenden Truppen marschiren in kleinen Märschen und werden erst am 17. d. in Genua erwartet.

---

zu 76:
[1] *Die HDLZ berichtete am 8. März 1806 nach Meldungen aus Paris über den Einzug in Neapel und erwähnte dabei bereits, daß Prinz Joseph die Schönbrunner Proklamation Kaiser Napoleons habe anschlagen lassen, wie dies Humboldt im Folgebericht bestätigte; siehe 77 mit Anm. 1.*

77 Bericht Nr. 8/1806 Rom, 1. März 1806

Ausfertigung StAD E 1 M Nr. 93/4 fol. 17, 20; ps. 20. März 1806.
MATTSON Nr. 1516.

Proklamation Joseph Bonapartes mit dem Text der Schönbrunner Proklamation Kaiser Napoleons. Stimmung in Neapel. Abgefangene Fluchtschiffe. Militärische Lage vor Gaeta und in Kalabrien. Französischer Invasionsplan gegen Sizilien trotz englischer Seeblockade. Ankunft der nach Etrurien entsandten spanischen Truppen in Pisa. Stärke der französischen Truppen. Beschlagnahme des Farnese-Palasts in Rom durch Kardinal Fesch.

Ew. Lg. Dl. werden aus meinem letzten unterthänigsten Bericht zu ersehen allergnädigst geruhet haben, daß man in Neapel die Proclamation Sr. Kais. H. des Prinzen Joseph erwartete, von der man glaubte, daß sie etwas Bestimmteres über das künftige Schicksal des Königreichs enthalten würde. Ich wage nunmehr, dieselbe Höchstdenselben anliegend in Abschrift beizufügen und habe geglaubt, dieselbe auch von dem Arrêté begleiten lassen zu müssen, durch welches die Stellen derjenigen Staatssecretaire, welche dem Hofe gefolgt sind, aufs neue besetzt werden[1]. Die Proclamation ist, wie Ew. Lg. Dl. gnädigst bemerken werden, vollkommen gleichlautend mit der des Kaisers aus Schoenbrunn, und die Hauptabsicht derselben scheint die zu seyn, dem Volke jeden Gedanken einer möglichen Rückkunft des alten Hofes zu nehmen[a].

Außer diesen beiden pièces, haben wir seit den letzten acht Tagen durchaus nichts Interessantes aus Neapel erhalten, und sind nur sehr unvollkommen von demjenigen, was dort vorgeht, unterrichtet. In Briefen vermeidet man sorgfältig, politische Gegenstände zu berühren, und Reisende kommen bei der Unsicherheit der Landstraßen, und der Menge von Straßenräubern nur wenige an. Was man mit einiger Zuverlässigkeit hier weiß, ist, dem Wesentlichen nach, Folgendes:

Seitdem die Franzosen unter dem Prinzen Joseph in Neapel eingerückt sind, herrscht die vollkommenste Ruhe und Stille in der Stadt, obgleich der Herzog Ascoli dieselbe verlassen hat. Alle Gewerbe werden nach wie vor fortgetrieben, die öffentlichen Spaziergänge, Schauspiel- und Spielhäuser werden gleich stark besucht, und da der Hof vor seiner Abreise alle Carnevalslustbarkeiten untersagt hatte, so haben die Franzosen gleich nach ihrer Ankunft einen öffentlichen Maskenball veranstaltet. Der Prinz Joseph läßt sich häufig im Publicum sehen, und reitet fast täglich in der Stadt aus. In den ersten Tagen sind zwar einige Soldatenexcesse vorgefallen, und ein Paar Franzosen ermordet worden, man hat aber sogleich eine strengere Disciplin eingeführt. Die Garnison der Stadt Neapel hat anfangs etwa 15 000 Mann betragen; jetzt aber hat der Prinz Joseph einen Theil dieser Truppen gegen Calabrien marchiren lassen. Gleich am Tage nach seiner Ankunft hat der Prinz mit seinem ganzen Generalstab die Kathedrale besucht, bei dem h[eiligen] Januarius seine Andacht verrichtet, und dem Heiligen einige Geschenke gemacht, unter denen sich vorzüglich ein Bouquet in Brillanten ausgezeichnet hat. Auch hat er eine goldne Kette von seinem Halse genommen, und sie dem Bilde des Heiligen umgehängt. Diese dem Lieblingsheiligen des Volks bewiesene Ehre hat auf letzteres einen sehr vortheilhaften Eindruck gemacht.

Daß mehrere Neapolitanische, nach Sicilien bestimmte Schiffe, weil der Wind sie hinderte, die Küste zu verlassen, in Französische Hände gefallen sind, bestätigt sich in der That. Man erwähnt zweier Fregatten im Hafen von Neapel, und 15 andrer Schiffe bei Bajac. Alle gehörten dem Hofe, auf mehreren befanden sich kostbare Effecten, und in allem etwa 10 000 Piaster in baarem Gelde. Ob, wie man behauptet, auch das ganze Archiv des Staatssecretariats mit ihnen in die Hände der Franzosen gefallen sey, wage ich nicht zu verbürgen. Gaëta hat sich noch nicht ergeben. Auch höre ich, jetzt besser unterrichtet, daß es eine ziemlich starke Garnison von 5 000 Mann und darüber hat. Die Franzosen trafen erst in diesen letzten Tagen Anstalt es zu beschießen. Bis dahin hatten sie es bloß observirt. Ueber die Vorgänge in Calabrien war man selbst in Neapel nur unvollkommen unterrichtet. Es ist aber falsch, daß der Marschall Massena dahin abgegangen sey. Derselbe befand sich vielmehr am 26. pr[ioris] noch in Neapel. Den gewissesten Nachrichten zufolge, führt der General Regnier ein Corps von 18–20 000 Mann auf einem Umwege, auf welchem er die Stadt Neapel gar nicht berührt hat, gegen diese Provinz. Zugleich aber sind, wie ich so eben zu erwähnen die Ehre hatte, einige Regimenter von Neapel auf dem geraden Wege gegen dieselbe vorgerückt. Zwischen diesen und den zuletzt von Neapel abmarschirten Neapolitanischen Truppen sollen bei Salerno kleine Gefechte vorgefallen seyn, von deren Ausgang man aber nichts Gewisses weiß. In Neapel heißt es allgemein und wird laut erzählt, daß der Marschall

1. März 1806

Massena dort mit[b] den Anstalten zu einer Expedition gegen Sicilien beschäftigt ist. Indeß befinden sich schon jetzt zwei Englische Fregatten und ein Kriegsschiff derselben Nation bei Ischia und Procida, und da vermuthlich noch andre Schiffe der Collingwoodschen Flotte in diese Gegend kommen werden, so dürfte die Ausführung dieses Plans großen Schwierigkeiten unterworfen seyn. Jetzt begnügen sich die erwähnten Englischen Schiffe den Hafen von Neapel zu bloquiren, und da die Stadt den größten Theil ihrer Lebensmittel und andrer Bedürfnisse zur See erhält, so sieht man, wenn nicht schnelle Abhülfe geschieht, einer großen Theuerung, und selbst einem wahren Mangel entgegen. General St. Cyr ist von Paris hierher zurückgekehrt, und übernimmt wieder das Commando über seine ehemaligen Truppen unter dem Prinzen Joseph.

Am 22. sind 1200 Mann der Spanischen Truppen in Pisa angekommen, und am folgenden Tage erwartete man 3000 andere. Der General O'Farrill hat nur zwei Adjudanten bei sich, und beträgt sich auf eine so anspruchslose und uneigennützige Weise, daß nicht nur der Hof, sondern auch die Einwohner Toscana's außerordentlich mit seiner und seiner Truppen Ankunft zufrieden scheinen.

Die Französische Armée im Königreich Neapel hat auch einen neuen Zuwachs erhalten, und ich habe Gelegenheit gefunden, eine Liste aller Truppen zu sehen, die von dem 29. December v. J. bis zum 23. Februar c[urrentis] durch Sinigaglia durchgegangen sind. Nach derselben sind dort durchgekommen:

Generale der Infanterie und Cavallerie	27	208 mit 552 Pferden
Officiere des Generalstabs	181	
Infanterie: Officiere	1616	36799 mit 1194 Pferden
Unterofficiere und Gemeine	35183	
Cavallerie: Officiere	498	7270 mit 6647 Pferden
Unterofficiere und Gemeine	6772	
Artillerie: Officiere	171	3247 mit 1756 Pferden
Unterofficiere und Gemeine	3076	
von verschiedenen Infanterie, Cavallerie und Artillerie-Corps: Officiere	256	6049 mit 484 Pferden
Unterofficiere und Gemeine	5793	

außerdem 36 Kanonen auf Wagen, 22 Haubitzen desgleichen, 26 Wagen mit 13 Schiffen und Zubehör zu pontons und 319 Munitionswagen. Zusammen folglich 53573 Mann mit 10633 Pferden und 403 Wagen. Rechnet man nun hierzu diejenigen Truppen, welche schon vor der angezeigten Epoche im Kirchenstaat waren, und bedenkt man daß diese Durchgangslisten, da immer mehrere Detachements dem Einsenden entgehen, immer mangelhaft sind, so muß man die Stärke der jetzigen Französisch-Neapolitanischen Armée gewiß auf mehr als 60000 Mann annehmen.

Gestern hat der Cardinal Fesch im Namen seines Hofes von dem, dem

Könige von Neapel gehörenden Pallast Farnese Besitz nehmen lassen[2]. Die Besitznahme ist unter dem Schutz einer Französischen Wache geschehen, an die Stelle des Neapolitanischen Wappens hat man das Französische gesetzt, und das Innere des Pallasts, in dem sich unter andern eine ganz neuerlich angekaufte sehr schöne Gemäldesammlung befindet, ist versiegelt worden. Der Neapolitanische Postdirector, Ramette, der den Pallast bewohnt, und den Titel eines Geschäftsträgers hat, hat gegen diese Besitznahme feierlich und auch aus dem Grunde protestirt, weil die Farnesischen Besitzungen nicht Kron- sondern Allodialgüter des Königlichen Hauses sind.

Briefe aus Neapel, die ich so eben gesehen, versichern, daß Calabrien bereits von den Neapolitanischen Truppen geräumt sey. Dieselben sollen sich nach Sicilien eingeschift haben. Ein Theil aber ist, sagt man, an der Küste verunglückt und in Französische Gefangenschaft gerathen.

zu 77: [a] *davor gestr.:* be [b] *folgt gestr.:* einer

[1] *Der italienische Text der Proklamation vom 21. Febr. 1806 und die Abschrift des französisch abgefaßten Beschlusses über die Besetzung der freigewordenen Regierungsposten vom Folgetag liegen als Einlagen des Berichts bei den Akten, StAD E 1 M Nr. 93/4 fol. 18–19. Die von Napoleon am 27. Dez. 1805 aus dem Feldlager bei Schönbrunn an die gegen Neapel marschierende Armee gerichtete Proklamation hatte die HDLZ am 8. Febr. 1806 als deutsche Übersetzung aus dem ,Moniteur' abgedruckt.*
[2] *Der Korrespondentenbericht aus Rom, mit dem die HDLZ am 25. März 1806 die Anbringung des französischen Wappens an dem hiesigen Pallast Farnese melden konnte, datierte wie Humboldts Bericht vom 1. März; zur Rückgabe nach der Erhebung Joachim Murats zum König von Neapel 1808 siehe unten* **119** *und* **146.** *Der Palazzo Farnese ist heute Sitz der französischen Botschaft.*

78 Bericht Nr. 9/1806　　　　　　　　　　　　　　　Rom, 8. März 1806

Ausfertigung StAD E 1 M Nr. 93/4 fol. 21 f; ps. 26. März 1806.
MATTSON Nr. 1520.

Verzögerung der französischen Besetzung Kalabriens. Ankunft der Königsfamilie von Neapel in Sizilien. Sperrung des Hafens von Neapel. Unterschiedliches Verhalten der Diplomaten. Nachrichten von den französischen und russischen Truppen. Inbesitznahme des Venetianischen Palasts in Rom durch die französische Gesandtschaft.

Die Nachricht, die vor acht Tagen hier allgemein verbreitet war, und die ich wagte, auch Ew. Lg. Dl. in meinem letzten unterthänigsten Berichte mitzutheilen, daß die Neapolitanischen Truppen bereits Calabrien geräumt hätten, ist, wie es jetzt scheint, zu voreilig gewesen. Man versichert aus Neapel, daß die Armée sich noch fortwährend daselbst befindet, die Eroberung dieser Provinz noch nicht gemacht ist, vielmehr die Franzosen nun erst etwa 20 Italienische Meilen über Salerno hinaus vorgerückt sind. Gaëta hat man jetzt angefangen, förmlich zu belagern, und es heißt, daß der Marschall Massena selbst die Belagerung leiten wird.

1./8. März 1806

Man hat endlich bestimmte Nachricht von der Ankunft Ihrer Maj. der Königin und der Königlichen Prinzessinnen von Neapel in Palermo erhalten. Dieselbe ist am 14. Februar erfolgt, allein das Schiff Ihrer Majestät soll während dieser Ueberfahrt durch einen Sturm auf die kleine Insel Ponza geworfen worden seyn, und alle seine Masten verloren haben. Auch Ihre K. Hoheiten der Kronprinz und sein Bruder, der Prinz Leopold, sollen in Sicilien angelangt seyn. Eine vor wenigen Tagen aus Toulon in Civita-Vecchia angekommene Corvette[a] bringt die Nachricht, daß ihr eine andre und zwei Bricks unmittelbar nachfolgen und sie alle gemeinschaftlich sich nach dem Hafen von Neapel begeben sollen. Die Ausführung dieses Planes dürfte indeß durch die vor diesem Hafen kreuzenden Fregatten einigermaßen erschwert werden.

In Neapel ist ein allgemeines Embargo auf alle im Hafen befindliche Schiffe gelegt worden. Einige Consuln und namentlich der Dänische, haben vergebens gesucht, eine Ausnahme davon für die ihrer Nation zu erhalten. Man hat indeß versprochen, daß diese jetzt unvermeidliche Maßregel nur von kurzer Dauer seyn sollte. Es ist sehr sonderbar, daß man von dem Brick, auf welchem der Englische Gesandte in Neapel, Elliot, sich mit seiner ganzen zahlreichen Familie einschiffte, um nach Palermo, oder, wie andre behaupten, nach Malta zu gehen, schlechterdings nicht die mindeste Nachricht bis jetzt erhalten hat. Man behauptet sogar, daß dies Schiff mit seiner ganzen Mannschaft und allen Passagieren untergegangen sey; doch ist zu hoffen, daß sich diese traurige Nachricht nicht bestätigen wird. Der Oesterreichische und Portugiesische Gesandte, so wie der Spanische Geschäftsträger sind in Neapel geblieben, und befinden sich noch fortwährend daselbst[1]. Der neuernannte Finanzminister Prinz Bisignano hat einen Urlaub auf zwei Monate genommen, und in Familienangelegenheiten eine Reise hierher gemacht.

Im Kirchenstaat erwartet man noch zwei Divisionen Französischer Truppen, welche zur Armée im Königreich Neapel stoßen sollen. Der General Marmont ist in das Venetianische Dalmatien gegangen, dasselbe in Besitz zu nehmen. – Von der Zurückkunft der Russischen Truppen aus Neapel in Corfu hat man, obgleich dieselbe längst erfolgt seyn muß, hier noch keine ausdrückliche Nachricht. Briefen aus Neapel zufolge, waren aber 10 000 Mann andrer Russischer Truppen schon früher aus dem Schwarzen Meere auf den Sieben Inseln angekommen.

Man bemerkt es als eine Sonderbarkeit, daß die Organisation der ehemaligen Venetianischen Staaten nicht durchaus mit der des Italienischen übereinkommt. Einige der ersten Beamten haben sogar ausdrücklichen Befehl, nur unmittelbar nach Paris hin ihre Berichte abzustatten. – In Toscana wird aufs neue die bevorstehende Ankunft eines Französischen Truppencorps von 3000 Mann angekündigt. Ob die Spanischen Truppen jetzt zugleich auch dort bleiben, oder wo anders hin gehen werden? weiß man bis jetzt noch nicht.

Hier ist jetzt auch an den Pallast von Venedig das Italienische Wappen angeheftet, und somit von der Französischen Gesandschaft von diesem Pallast Besitz genommen worden. Die Republik Venedig besaß nemlich hier einen Pallast, welchen Papst Paul 2. ein Venetianer, gebaut hatte, und der einige Zeit hindurch von den Päpsten selbst, nachher aber, seit Clemens 8., von den Botschaftern der Republik bewohnt wurde. Durch die Verträge von Campo Formio und Luneville kam diese Besitzung an den Wiener Hof, und hierauf gründet in gegenwärtigem Augenblick der Französische seine Ansprüche auf dieselbe[2]. Der Oesterreichische Gesandte, Graf Khevenhüller, ist indeß fortwährend darin wohnengeblieben, und auch das Oesterreichische Wappen unverrückt an seiner Stelle gelassen worden. – Der Englische Gesandte am Sardinischen Hofe, Jackson, welcher sich noch hier aufhielt, hat plötzlich Rom verlassen, und sich über Pesaro nach Triest begeben.

zu 78: [a] *davor gestr.:* Fregatte

[1] *Graf Kaunitz-Rietberg, Jose de Sa Pereira (?) und Legationssekretär Pius Gomez de Ayala Dio.*
[2] *Der sogenannte Palazzo Venezia an der gleichnamigen Piazza, um 1455 von Pietro Barbo, dem späteren Papst Paul II. gebaut, war seit 1564 als venezianische Gesandtschaft beim Heiligen Stuhl genutzt worden; als Venezien aufgrund des Friedens von Campo Formio von 1797 im Austausch gegen die Abtretung Mailands und der österreichischen Niederlande an den Kaiser fiel, war er Sitz der österreichischen Gesandtschaft geworden. Der Palast, während der faschistischen Herrschaft Amtssitz Benito Mussolinis, ist heute Museum.*

79 Bericht Nr. 10/1806   Rom, 19. März 1806

Ausfertigung StAD E 1 M Nr. 93/4 fol. 23 f; ps. 8. April 1806.
MATTSON Nr. 1527.

Siegreiche Gefechte der nach Kalabrien vorstoßenden französischen Truppen bei Lagonegro und am Campo Tenese. Aufhebung des Embargos in Neapel. Bemühungen Joseph Bonapartes um die Sanierung der Staatsfinanzen. Ankunft des sardinischen Hofs in Cagliari. Sitzungen des Kardinalskollegiums.

Zwei Gefechte, von denen wir hier die näheren Umstände aus den Berichten der Französischen Generale kennen, scheinen nunmehr das Schicksal Calabriens entschieden zu haben, wo, wie Ew. Lg. Dl. aus meinen letzten unterthänigsten Berichten zu sehen geruhet haben werden, die Franzosen bisher noch keine bedeutenden Fortschritte gemacht hatten. Das erste ist am 6. d. M. am Fluß Silo und bei Lagonero vorgefallen. Die Neapolitaner hatten die Brücke dieses Flusses abgebrochen, und schickten sich an, dem General Regnier mit einem ansehnlichen Corps Infanterie, das aber nur eine 12pfündige Canone und eine Haubitze bei sich hatte, den Uebergang über denselben zu verwehren. Der General Regnier fand jedoch Mittel, seinen Zweck zu erreichen, und griff den Feind lebhaft an. Die Voltigeurs[1]

8./19. März 1806

leisteten dabei die wichtigsten Dienste, und die Neapolitaner wurden zurückgetrieben; und von den Franzosen bis Lagonero verfolgt. Hier hatten zwar andre ihrer Truppen starke Vertheidigungsanstalten gemacht; allein der Französische General bemächtigte sich des Orts und viele Gefangene, unter denen sich ein Obrist, ein Major und mehrere andre Stabsofficiere befanden, zwei Fahnen, drei Canonen, viele Pferde und der größte Theil der Bagage, wie auch einige Magazine, fielen in die Hände desselben. Das zweite Gefecht war noch entscheidender. Die Französischen Truppen waren am 7. und 8. d. bis Castelluccio vorgerückt, und hatten dort sowohl, als in Lauria, mehrere Gefangene gemacht, in Castelluccio auch Magazine gefunden, die man nicht Zeit gehabt hatte, wegzubringen. Den 9. marchirte die Armée nach Rotonda und von da in den engen Paß von S[an] Martino. Man erfuhr, daß die Neapolitanische Armée ein festes Lager in der Ebene von Campotenese am andern Ende des Passes einnähme, wo ihre Stellung zur Linken und Rechten von Höhen gedeckt war. Vor ihrem Centrum hatte sie drei mit schwerem Geschütz versehene redouten aufgeführt. Der General Regnier sandte seine Voltigeurs auf jene Anhöhen, und ließ sie auf denen zur rechten Seite durch das 1. Bataillon des 12. Regiments unterstützen. Sein Hauptcorps aber zog durch den Paß, und stellte sich, nachdem es die Neapolitanischen Vorposten, die sich in demselben befanden, zurückgedrängt hatte, dem verschanzten Lager bei Campotenese gegenüber in Schlachtordnung. Die erste Linie bildete der General Compere mit der leichten Infanterie, und dem 2. Bataillon des 12. Regiments, die zweite die Division des Generals Verdier. Dieß Manoeuvre kam aber nur sehr langsam zu Stande, weil ein dichter Nebel und starker Schnee dem Stellen der Truppen sehr hinderlich war. Das Gefecht fieng auf den Bergen zur Rechten des Lagers an, zwei Neapolitanische Regimenter wurden von demselben zurückgetrieben, und brachten[a] auch den ganzen rechten Flügel ihrer Armée in Verwirrung. In demselben Augenblick griffen die Generale Compère und Verdier die Mitte an, und die Neapolitaner begaben sich, nach einem schwachen Widerstande, und indem sie ihre ganze Artillerie in den Händen des Feindes ließen, auf die Flucht. Ein kleiner Theil ihrer Truppen zog sich gegen Morano zurück, wo sie aber den Voltigeurs die auf die linke Seite des Lagers geschickt waren, in die Hände fielen. Die meisten, theils Infanterie, theils Cavallerie, zerstreuten sich in die Gebirge, wo das Wetter und die einbrechende Nacht sie weit zu verfolgen hinderten. General Damas rettete sich mit 1200 Mann zu Fuß und 200 zu Pferde. Die Zahl der von den Franzosen gemachten Gefangenen beläuft sich, ihren Angaben nach, auf 100 Officiere und 1800 Soldaten[2].

Den 10. rückte General Regnier bis Castrovillari vor, und sandte den General Compère mit der Avantgarde nach Cassano, um den General Rosenheim anzugreifen, der sich indeß vermuthlich schon vor seiner Ankunft, jenseits[b] des Flusses Crati zurückgezogen haben wird.

Obgleich Ew. Lg. Dl. aus dieser Erzählung gnädigst zu ersehen geruhen werden, daß die Französischen Truppen auf diese Weise erst ohngefähr den dritten Theil und nur des diesseitigen Calabriens besetzt haben; so sieht man dennoch das Gefecht bei Campotenese für durchaus entscheidend für die Eroberung beider Calabrien an. Denn es scheint, daß die ganze Neapolitanische bewafnete Macht^c in demselben vereinigt war, und es dürfte schwer halten, jetzt eine andre aus den Ueberresten dieser herzustellen. Privatbriefe versichern, und dieses mal scheint diese Nachricht gewiß, daß Se. K. H. der Kronprinz sich in^d Paula³ eingeschifft habe. Dieselben Briefe schreiben den Verlust des Gefechts bei Campotenese vorzüglich der Ueberraschung zu, welche die Ankunft der auf abgelegenen Wegen durch Apulien gegangenen Colonne der Generale Lecchi und Verdier gemacht hat. Andre behaupten, ich weiß nicht mit welchem Grunde, daß, sey es aus Misverständniß, oder in einem zwischen den Linientruppen und den Insurgenten oder sogenannten Masse entstandenen Streite, da die letzteren sich zu schlagen verweigert haben sollen, die Neapolitaner mitten in dem Gefechte gegen den gemeinschaftlichen Feind aufeinander selbst geschossen haben sollen.

Briefen aus Toscana zufolge, sollen sich 6 Linienschiffe der Brester Flotte im Mittelländischen Meere befinden, und Erfrischungen in Carthagena eingenommen haben. Die Französische Corvette, die neulich in Civitavecchia angekommen war, ist glücklich in den Hafen von Neapel eingelaufen und auch bereits wieder aus demselben, ohne daß man weiß, wohin? abgesegelt.

In Neapel ist alles vollkommen ruhig. Das auf die Schiffe im Hafen gelegte Embargo ist aufgehoben, doch hat man den freigegebenen Fahrzeugen nach dem Adriatischen Meere, der Levante und Sicilien zu segeln untersagt. Nur für die Dänischen Schiffe ist bis jetzt, auf Verwendung ihres Consuls, eine Ausnahme von dieser letzteren Verfügung gemacht worden, jedoch dergestalt, daß auch ihnen das Einlaufen in Sicilianische Häfen verwehrt bleibt. Ebenso sind auch alle Geldzahlungen vom Königreich Neapel aus nach Sicilien, unter welchem Vorwande sie geschehen möchten, auf das strengste untersagt worden. Se. Kais. H. der Prinz Joseph beschäftigt sich allein mit Gegenständen der innern Verwaltung. Er läßt Summen, die zur Unterhaltung des Hofes dienten, monatlich in die offentlichen Cassen zahlen, verkauft die weitläuftigen Grundstücke, welche man bisher für die Königlichen Jagden unbebaut liegen ließ, und stellt durch diese und ähnliche Maßregeln den Credit des Staats wieder her. In der That ist das Banco-Papier seit einigen Wochen beträchtlich im Preise gestiegen.

Chevalier Elliot ist in Sicilien, jedoch nicht in Messina, sondern in Palermo angekommen. – 1200 Mann Spanischer Truppen sind nach Florenz in Garnison gelegt worden. Sie beziehen die Wachen zugleich mit den Toscanischen und liegen in dem Quartiere der Stadt, das man fortezza bassa nennt, und das sie allein besetzen. – Der Prinz Borghese ist seit einigen Tagen hier und wird, wie es heißt, nach Neapel gehen⁴. Seine Reise scheint aber nur seine Privatgeschäfte zum Zweck zu haben. – Der Sardinische Hof

19. März 1806

ist nach einer Ueberfahrt von sieben Tagen am 18. v. M. glücklich in Cagliari angelangt.

Hier sind am 8. und 10. d. allgemeine Congregationen aller Cardinäle gehalten worden. Ueber den Gegenstand derselben hat man im Publicum nicht das Mindeste erfahren[5]. Indeß ist gewiß, daß über Dinge von der äußersten Wichtigkeit berathschlagt worden ist, und da der Cardinal Fesch den Congregationen nicht beigewohnt hat, so schließt man daraus, daß es Vorschläge Frankreichs an den hiesigen Hof betroffen hat. In diesem Falle dürften dieselben den Aeußerungen entsprechend seyn, welche die Rede Sr. Maj. des Kaisers Napoleon an das Corps legislatif über die noch in Italien bestehenden Regierungen enthält. Es läßt sich voraussetzen, daß diese Vorschläge, wenn sie in der That existiren und welche sie auch seyn mögen, dennoch so eingerichtet seyn werden, daß sie den Grundsätzen des Heiligen Stuhls nicht werden zuwiderlaufend gefunden werden. Denn sonst dürfte der Papst nach seiner in Allem, was er für Gewissenssache hält, unerschütterlichen Festigkeit und Resignation nicht leicht in dieselben einzuwilligen, vermocht werden können.

Neue Französische Truppen sind in diesen letzten Wochen nur in sehr kleiner Anzahl im Kirchenstaate angekommen. Es heißt aber, daß die nach Dalmatien bestimmte Französische Armée, von der schon mehrere Détachements wirklich dahin abgegangen sind, auf 60 000 Mann gebracht werden soll.

---

zu 79: [a] *folgt gestr.:* die Verwirrung [b] *folgt gestr.:* nach [c] *folgt gestr.:* dort verein [d] *über der Zeile statt gestr.:* nach

[1] *Voltigeurs waren nach einer 1803 von Napoleon getroffenen Anordnung die aus den besten Schützen rekrutierten Elitekompanien auf dem linken Flügel des Bataillons, die im Gefecht ausgeschwärmt eingesetzt wurden.*
[2] *Die HDLZ brachte am 8. April einen kurzen Bericht über das Gefecht bei* Camporenese (!) *und berichtete dann am 15. über den Abschluß der Kämpfe nach dem Gefechten bei* Lago Nero *(heute Lagonegro) und der Kapitulation des Generals Rosenheim.*
[3] *Die kleine Hafenstadt Paola, Geburtsort des Heiligen Franz von Paula.*
[4] *Die Durchreise des Napoleon-Schwagers Fürst Camillo Borghese, der mit seiner Frau Paolina kurz darauf das Herzogtum Guastalla erhielt, meldete am 5. April auch die HDLZ; siehe* **82.**
[5] *Vgl. die Kurzmeldungen der HDLZ am 5. und 8. April 1806, beide nach einem römischen Korrespondentenbericht vom 15. März.*

80 Bericht Nr. 11/1806   Rom, 29. März 1806

Ausfertigung StAD E 1 M Nr. 93/4 fol. 25 f; ps. 17. April 1806.
MATTSON Nr. 1535.

Russische Besetzung des dalmatinischen Hafens Cattaro. Abschluß der Eroberung Kalabriens. Angespannte Lage in Sizilien. Fortdauernde Kämpfe vor Gaeta und gegen neapolitanische Freischärler. Sondersteuer auf Grundbesitz im Kirchenstaat zur Deckung der Kriegslasten.

Der General Matthieu Dumas, Kammerherr Sr. Kais. H. des Prinzen Joseph, welcher die Französischen Truppen anführte, welche, wie ich die Ehre gehabt habe, Ew. Lg. Dl. unterthänigst einzuberichten, für jetzt nach dem ehemaligen Venetianischen Istrien und Dalmatien abgesendet waren[1], ist am verwichenen Dienstag hier durch nach Neapel gegangen, und hat uns die Nachricht überbracht, daß die Russen sich von Corfu aus Cattaro's bemächtigt haben[2]. Das Corps des General Dumas war bis Spalatro vorgerückt, als 6 Russische Kriegsschiffe mit vielen Transportfahrzeugen und Truppen, deren Anzahl, wenn sie nicht zu hoch angegeben wird, sich auf 10 bis 12000 Mann belaufen soll, vor den sogenannten bocche di Cattaro erschienen. Die Oesterreichische sehr schwache Garnison des Orts verweigerte den Russen anfangs die Erlaubniß, ans Land zu steigen; allein der Russische General drohte die Stadt zu beschießen, die Oesterreicher zogen sich zurück, und die Russische Escadre setzte ihre Truppen ans Land. Die Montenegriner, welche schon, als die Russen noch in Corfu waren, mit ihnen in genauer Verbindung standen, schlugen sich sogleich zu ihnen. Die Französischen Truppen erhielten nunmehr Befehl in Zara und Spalatro stehen zu bleiben, und General Dumas ließ, bei seiner Abreise, dem General Molitor das Commando über dieselben. Ihre Anzahl beträgt nur etwa 4000 Mann. General Marmont befindet sich noch zu Udine. Sollten die Russen, wie es fast wahrscheinlich ist, die Republik Ragusa nöthigen, auf ihre Seite zu treten, und dann die Franzosen in ihren Stellungen angreifen, so dürfte es in dieser Gegend bald zu blutigen Auftritten kommen, und sollte überhaupt für jetzt noch die Herstellung des Friedens zwischen Frankreich und Russland nicht gelingen, so könnte diese Küste und der dahinter liegende Theil der Türkei leicht der Schauplatz eines neuen Krieges werden.

Den letzten Nachrichten aus Neapel zufolge, ist die Eroberung beider Calabrien jetzt vollständig beendigt. Man versichert sogar, daß der General Damas sich nach Sicilien eingeschifft habe, und Prinz Joseph hat aus der Gegend von Gaëta, wohin er am 19. d. gegangen war, dem Cardinal Fesch geschrieben, daß die Truppen, ohne weitere Hindernisse anzutreffen, auf Reggio marschirten. Die ‚Neapolitanische Zeitung' giebt noch besonders an, daß das Corps des General Rosenheim capitulirt habe, und die Franzosen schon am 16. d. in Monte Leone, einem im jenseitigen Calabrien liegenden Orte, eingerückt sind.

In Sicilien herrscht große Theurung und beinahe Mangel. Der Kriegsminister Fortiguerra hat seinen Abschied genommen, und der Graf Thurn

29. März 1806

war im Begriff es zu thun. Der Hof in Palermo hat die Armée und die Seemacht auf die Hälfte, alle übrige Staatsbediente aber auf ein Drittheil ihrer Besoldung heruntergesetzt. Diese Maßregel, so wie die der Franzosen in Neapel, durch welche alle Zahlungen nach Sicilien unter welchem Vorwande sie geschehen möchten, auf das strengste verboten sind, vermehrt den schon in dieser Insel herrschenden Geldmangel erstaunlich.

Die bisher in diesen Gewässern gewesenen Englischen Schiffe kreuzen noch immer an den Neapolitanischen Küsten. Sechs derselben haben neulich Gaëta mit neuen Vorräthen versehen. Diese Festung sollte vom 22. d. M. an ernstlich beschossen werden, und der General Lacour commandirt die Belagerung derselben. Ein anderes, jedoch viel kleineres Fort, Civitella del Tronto, wird von einem Insurgenten-Chef, der ein Irländer von Geburt ist, mit einer Handvoll Leuten vertheidigt, ist aber bis jetzt von den Franzosen nicht angegriffen worden. Ein andrer Insurgenten-Chef Rodio ist von der Colonne des Generals Lecchi in Pomarico gefangen genommen worden. Ein dritter Michael Pezza, bekannt unter dem Namen Fra Diavolo, hielt sich in Gaëta auf, verließ es aber, und ging gegen Pontecorso, wo er sich zu einem vierten Antonio Petrucci gesellte. Jetzt haben die Franzosen die unter ihnen stehenden Insurgenten zerstreut, der Fra Diavolo selbst aber ist entkommen, und, wie man glaubt, nach Gaëta zurückgegangen.

Der Graf Kaunitz ist von hier wiederum nach Neapel zurückgekehrt. Man behauptet indeß, daß er Sr. Maj. dem Könige nach Sicilien folgen werde. – Der Prinz Borghese ist, nach einem kurzen Aufenthalt in Neapel, hieher zurückgekommen. – Der Sardinische Hof, der am 11. Februar von Neapel abgesegelt war, ist, nach einer Ueberfarth von 7 Tagen, am 18. desselben Monats glücklich in Cagliari angelangt.

Hier hat man sich vorzüglich durch die, durch den Durchmarsch der Französischen Truppen veranlaßten Ausgaben bewogen gefunden, eine neue Auflage unter dem Namen prestito perequativo zu machen. Alle Grundeigenthümer sind genöthigt 18 Monate hindurch die Grundsteuer doppelt zu bezahlen. Im Fall Frankreich die für seine Truppen gemachten Auslagen wiedererstatten sollte, wird das Bezahlte zurückgegeben werden, und dies ist der Grund, warum diese Auflage den Namen einer Anleihe führt. Einem ungefähren Ueberschlage nach, sollte dieselbe der Regierung fast 1½ Millionen Piaster bringen, da aber der hiesigen fehlerhaften Einrichtung zufolge, die Erhebungskosten ungeheuer groß sind, so muß hievon eine beträchtliche Summe abgezogen werden.

Der in der Angelegenheit des Venetianischen Pallasts nach Wien gesandte Oesterreichische Gesandtschaftssecretaire von Lebzeltern ist am verwichenen Mittwoch zurückgekommen, und die förmliche Uebergabe des Pallasts an die Französische Gesandtschaft wird nunmehr in Kurzem erfolgen.

Briefe aus Spanien versichern, daß eine aus 22 Kriegsschiffen bestehende Englische Escadre durch die Straße von Gibraltar gesegelt, und zur

Deckung Siciliens bestimmt sey. Diese Nachricht scheint indeß noch fernerer Bestätigung zu bedürfen.

zu 80:
[1] *Vgl. die knappen Hinweise in den Berichten vom 8. und 19. März, oben S. 253 und 257.*
[2] *Eine erste Meldung über die russisch-französischen Kämpfe bei Cattaro/Kotor brachte die HDLZ nach unverbürgten Briefen aus Triest bereits am 8. April. Auf Französisch hatte Humboldt seinen Bericht schon am 26. März nach Berlin geschickt; vgl. HGS 13 S. 201–206.*

81 Bericht Nr. 12/1806 Rom, 5. April 1806

Ausfertigung StAD E 1 M Nr. 93/4 fol. 27; ps. 25. April 1806.
MATTSON Nr. 1540.

Ergänzende Nachrichten über die Operationen der russischen Mittelmeerflotte. Blockade der dalmatinischen Küste. Fortgang der Befriedung Kalabriens. Ankunft einer französischen Flottenabteilung in Civitavecchia.

Ew. Lg. Dl. werden aus meinem letzten unterthänigsten Bericht die Besetzung Cattaro's durch die Russen allergnädigst zu ersehen geruhet haben. Wir haben seitdem keine ferneren Nachrichten über dies Ereigniß, allein ich erhalte so eben Briefe von Corfu und Zante, die bis zum 1. März gehen, und da alles, was in diesen Gegenden vorfällt, erheblich ist, so eile ich den Inhalt derselben Ew. Lg. Dl. unterthänigst vor Augen zu legen.

Die Russischen Truppen, welche in dem Königreich Neapel gestanden hatten, und den 29. Januar von Messina abgesegelt waren, kamen im Anfange Februars glücklich auf den Sieben Inseln an, waren indeß am 10. Februar noch nicht daselbst ausgeschifft gewesen. Sie wurden von der aus der Ostsee gekommenen Russischen Escadre begleitet, und am 15. Februar befand sich im Hafen von Corfu eine Russische Seemacht von 11 Kriegsschiffen, 8 großen Fregatten, und verschiedenen bewafneten Cuttern versammelt. Bald nach der Ankunft dieser Truppen wurden die Englischen Transportschiffe, welche zu ihrer Ueberfarth nach Italien gedient hatten, zurückgeschickt, und von[a] Russischen Fregatten bis Malta escortirt. Am 28. Februar segelte ein Detachement Truppen von Corfu nach dem Schwarzen Meere ab, und wurde dahin von einem Kriegsschiff und einer Fregatte begleitet. Es war dies das Corps des Generals Pachonetic mit diesem zum Militair-Gouverneur in Odessa bestimmten General selbst und den Generälen en Chef Danrep und Lascy. Diese Truppen befanden sich auf 7 Transportschiffen verschiedener Nationen. Da man in Corfu erfuhr, daß das ehemalige Venetianische Istrien und Dalmatien an Frankreich von Oesterreich abgetreten worden sey, so schickte man zwei große Kriegsschiffe an diese Küsten, und befahl denselben, vorzüglich vor den sogenannten bocche di Cattaro zu kreuzen. Zugleich machte der Graf Moncenigo allen auswärtigen Consuln in Corfu officiell bekannt, daß der Viceadmiral Seniavin für gut

29. März / 5. / 16. April 1806

befunden habe, dem Befehlshaber der Russischen Escadre im Adriatischen Meerbusen aufzutragen, alle von Oesterreich an die Franzosen abgetretenen Häfen jener Küsten auf das strengste zu bloquiren. Der Handel[b] von Venedig ist daher dadurch gänzlich gelähmt, und der Hafen von Triest jetzt allein den neutralen Mächten noch offen.

Von Neapel aus meldet man, daß die Franzosen in Reggio eingerückt sind, und sich im friedlichen Besitz beider Calabrien befinden. Se. Kais. H. der Prinz Joseph wird, wie es heißt, auf einige Tage eine Reise dahin machen. Das Corps des Generals Rosenheim hat nicht eigentlich capitulirt. Der General hat bloß, da er sah, daß an keinen weiteren Widerstand zu denken war, seinen Officieren die Wahl gelassen, mit ihm nach Sicilien zu gehen, oder nach Neapel zurückzukehren, und nur sehr wenige sollen sich zu dem Ersteren entschlossen haben. Man glaubt überhaupt, daß kaum 2 000 Mann Sr. K. H. dem Kronprinzen und den Generälen Damas und Rosenheim, aufs neue dem Hofe zu dienen, nach Sicilien gefolgt sind.

So eben höre ich von der Ankunft ener Abtheilung Französischer Schiffe in Civita-vecchia. Wenn sich diese Nachricht bestätigt, werden es vermuthlich die daselbst von Toulon aus erwarteten Corvetten seyn. – Graf Kaunitz ist gestern von Neapel wiederum hier eingetroffen.

---

zu 81: [a] *folgt gestr.:* Französ [b] *verbessert aus:* Haf

82 Bericht Nr. 13/1806 Rom, 16. April 1806

Ausfertigung StAD E 1 M Nr. 93/4 fol. 29 f; ps. 3. Mai 1806.
MATTSON Nr. 1550.

Erhebung Joseph Bonapartes zum König von Neapel. Widersprüchliche Nachrichten über letzte Kämpfe in Kalabrien und vor Gaeta. Unbestätigte Gerüchte über Unruhen in Palermo. Bemühungen der Republik Ragusa um Wahrung ihrer Neutralität. Ausdehnung der Blockade in der Adria. Stornierung der von Etrurien an Frankreich gezahlten Stationierungskosten. Französische Truppenstärken.

Seit gestern ist die durch den Kaiser Napoleon geschehene Erklärung seines Bruders Joseph zum König von Neapel und Sicilien hier bekannt geworden[1], und man wird sich unstreitig bemühen, dieselbe so schnell als möglich in allen Theilen des Königreichs zu proclamiren, um die Ungewißheit zu heben, die doch vielleicht noch, so sicher sich auch dies Ereigniß vorhersehen ließ, hie und da in den Gemüthern zurückgeblieben seyn könnte. Daß Sicilien in diesen Königlichen Titel mit einbegriffen ist, läßt die gegen diese Insel vorzunehmende Expedition nicht mehr in Zweifel ziehen. Prinz Joseph ist am 7. d. M. von Neapel nach Calabrien abgegangen, und wurde erst in 14 Tagen oder 3 Wochen zurück erwartet. Privatbriefe aus dem untern Theil des Königreichs reden zwar noch von einem Rest von Widerstand, den die Französischen Truppen fänden, und behaupten sogar, daß der General Damas sich noch, obgleich verwundet, in Calabrien befinde, indeß die officiellen Französischen Nachrichten die gänzliche Eroberung beider Calabrien ankündigen. Auch ist es außer Zweifel, daß die Hauptcorps der Generale Damas und Rosenheim zerstreut sind, und die Franzosen sich in Monteleone und aller Vermuthung nach, auch in Reggio befinden. Wenn indeß auch jene Privatnachrichten nicht bloß von dem noch herrschenden Partheigeiste eingegeben seyn sollten, so ist es immer möglich, daß kleinere abgesonderte Detaschements von Linientruppen oder Insurgenten sich noch in den Gebirgen halten, und dort einen momentanen Widerstand leisten, der jedoch auf das Ganze keinen Einfluß haben kann.

Auf gleiche Weise hält sich durch die Tapferkeit Sr. Hf. Dl. des Prinzen von Hessen-Philippsthal auch noch Gaëta. Zwar sagte man, daß von Paris aus Befehl gekommen sey, Sturm auf die Festung zu laufen und die ganze Garnison über die Klinge springen zu lassen. Es scheint indeß nicht wahrscheinlich, daß man zu einer für die Stürmenden bei der Lage des Orts so gefährlichen Maßregel schreiten sollte, und die Garnison würde sich, wenn sie den Sturm nicht abzuschlagen im Stande wäre, immer durch Einschiffung retten. Alle in Calabrien zu Gefangenen gemachte Officiere werden nach Turin gebracht. Diejenigen aber, die nach Sicilien übergegangen waren, sind größtentheils von dort nach Neapel zurückgekehrt, da der Hof sie verabschiedet hat. Eine bis jetzt unverbürgte Nachricht ist es, daß in Palermo Unruhen ausgebrochen seyen, und der Hof habe nach Messina fliehen müssen, um bei den dort gelandeten Engländern Hülfe zu suchen, und noch unwahrscheinlicher ist die Sage, daß der König, der Kronprinz, sein Bruder und die Prinzessinnen sich nach Spanien begeben würden. Am 12. d. ist der Marschall Jourdan hier durch nach Neapel gegangen, um dort die Stelle des Commandanten der Stadt zu bekleiden. Der bisherige Kriegsminister Miot ist Minister des Innern geworden, und der General Matthieu Dumas hat an seiner Stelle das Kriegsdépartement erhalten.

Graf Kaunitz ist, nach einem kurzen Aufenthalte in Neapel, hieher zurückgekehrt, und von hier nach Florenz und Livorno abgegangen. Er sagte zwar, daß er nach Wien gerufen sey, allein es scheint gewiß, daß er sich in Livorno nach Sicilien einzuschiffen und dem Hofe, bei dem er accreditirt ist, zu folgen, Befehl habe. – Der Prinz Borghese ist gleichfalls von hier abgegangen. Das ihm zugetheilte Fürstenthum Guastalla wird, nach Abzug der Ausgaben, auf 50–60 000 Piaster reine Einkünfte gerechnet.

Von Cattaro und dem übrigen Dalmatien sind bis jetzt keine neueren Nachrichten hier eingelaufen, außer daß die Republik Ragusa, welche sich gerade in der Mitte zwischen den Russischen und Französischen Truppen befindet, an die Generale beider Deputirte gesandt hat, um eine strenge Beobachtung ihrer Neutralität auszuwirken. Auch soll sie von beiden Theilen beruhigende Versicherungen erhalten haben. Wenn indeß die Umstände nicht schnell eine andere Wendung nehmen, so dürfte ihre Lage sie immer zum Opfer der Streitigkeiten beider Mächte werden lassen. – Der

16. April 1806

Blocus der Häfen im Adriatischen Meer ist jetzt auf alle, ohne Ausnahme, an beiden Seiten desselben ausgedehnt, sowohl auf die Französischen, als die derjenigen neutralen Mächte, bei welchen sich Französische Truppen eingefunden hätten. Dieser letztere Ausdruck läßt es zweifelhaft, ob nicht, außer den Päpstlichen Häfen, auch Trieste, wegen des Statt gefundenen Durchmarsches Französischer Corps, darunter mit begriffen seyn soll, oder ob man sich nicht wenigstens die Freiheit vorbehalten will, im Fall fernere Durchmärsche geschähen, es mit in die Blockade einzuschließen?

Der Kaiser Napoleon hat der Königin von Etrurien die Bezahlung der 10 000 Piaster, welche die Französische Regierung monatlich für die Unterhaltung der Truppen, die in Livorno standen, von der Etrurischen erhielt, nachgelassen, und auch auf die Nachzahlung des vorhandenen Rückstandes, der sich auf 150 000 Piaster belief, Verzicht gethan. Die Unterhaltung der Spanischen Truppen kostet der Etrurischen Regierung 25 000 Piaster monatlich.

Eine Engländerin, die sich für die Frau des bekannten Prinzen Moliterno ausgiebt, aber nur seine Geliebte gewesen seyn soll, ist vor einigen Tagen hier verhaftet und nach der Engelsburg gebracht worden[2].

Die Nachrichten, die ich Ew. Lg. Dl. über den Einmarsch der nach dem Neapolitanischen bestimmten Französischen Truppen in den Kirchenstaat mitzutheilen die Ehre hatte, gingen in meinem unterthänigsten Bericht vom 1. März bis zum 23. Februar d. J.[3] In dem Ueberrest des Februars sind noch 341 Mann und 76 Pferde und während des ganzen Monats März 2 813 Mann und 774 Pferde dazu gestoßen. Das Total beträgt daher jetzt 56 727 Mann, 11 483 Pferde und 403 Artillerie und Munitionswagen, da die Zahl dieser nicht zugenommen hat.

---

zu 82:
[1] *Das im Moniteur Nr. 91 veröffentlichte Dekret Napoleons vom 30. März 1806 abgedruckt bei* MARTENS, *Recueil des traités, Suppl. 4, S. 252. Ebd. finden sich die am gleichen Tage unterzeichneten Dekrete über den endgültigen Anschluß Venetiens ans Königreich Italien, und die Einrichtung von Großlehen in Venetien, Parma und Piacenza, sowie die Übertragung von Guastalla und Massa Carrara an die Schwestern Pauline und Elise.*
[2] *Girolamo Pignatelli, Fürst von Moliterno, wagemutiger Reiteroffizier in den Kämpfen der 1790er Jahre gegen die Franzosen, die ihm sein rechtes Auge gekostet hatten, war nach der Flucht König Ferdinands 1798 zum Obergeneral des Volkes von Neapel berufen worden und hatte nach dem von ihm erzwungenen Waffenstillstand eine neapolitanische Verhandlungsdelegation in Paris geführt.*
[3] *Siehe* **77**, *oben S. 251.*

83 Bericht Nr. 14/1806 Rom, 26. April 1806

Ausfertigung StAD E 1 M Nr. 93/4 fol. 31f; ps. 9. Mai 1806.
MATTSON Nr. 1553.

Verzögerung der Königs-Proklamation Joseph Bonapartes. Vorbereitungen auf einen französischen Angriff auf Sizilien. Anerkennung der Neutralität Ragusas. Gefecht der aus Civitavecchia ausgelaufenen Flottille mit einer englischen Fregatte. Aufhebung der Klöster in Venetien und Lucca. Sperrung des Hafens von Livorno für englische Waren und Schiffe. Krankheitsbedingter Aufschub der neuangesetzten Reise des Nuntius della Genga nach Deutschland.

Se. Kais. H. der Prinz Joseph ist von seiner Reise nach Calabrien, deren ich in meinem letzten unterthänigsten Bericht an Ew. Lg. Dl. zu erwähnen die Ehre hatte, noch nicht nach Neapel zurückgekehrt. Den letzten Briefen aus dieser Stadt vom 21. d. zufolge, erwartete man ihn erst in 14 Tagen dort, und das Decret, in welchem der Kaiser Napoleon ihn als König von Neapel und Sicilien anerkennt, war noch weder durch eigne Proclamation, noch durch die Zeitungen bekannt gemacht worden. Von der Reise des Prinzen wissen wir hier nur soviel, daß derselbe zuletzt sich in Cosenza befand. Zu der Expedition nach Sicilien werden in Neapel viele Kanonierbarquen gebaut, die, wie es heißt, zugleich mit einer Fregatte und Corvette, welche sich im dortigen Hafen befinden, unter Segel gehen sollen[1]. Das Seedépartement ist wegen dieser Zurüstungen in der größesten Thätigkeit.

Ein Brief aus Messina vom 4. dieses Monats meldet mir, daß Se. Maj. der König am 5. in dieser Stadt von Palermo aus erwartet wurde. Man sagte aber nicht, welches der Grund oder die Absicht dieser Reise sey. Am 1. d. waren der General Acton und Englische Gesandte Elliot gleichfalls aus Palermo dort angelangt, und mehrere Russische und Englische Linienschiffe und Fregatten waren in dieser ganzen letzten Zeit in den Hafen nach einander eingelaufen, und nach längerem oder kürzerem Aufenthalte daselbst wiederum von dort abgesegelt. Die Englischen Truppen befinden sich theils in, theils um Messina ausgeschifft seit dem 18. und 19. Februar, und am 29. März gingen Ihre K. Hoheiten der Kronprinz und Prinz Leopold von Messina nach Palermo ab, nachdem sie am 16. desselben Monats aus Calabrien in Sicilien angekommen waren. – Der Gr[af] Kaunitz hat sich den 18. d. in Livorno nach Palermo eingeschifft.

Die Belagerung von Gaëta dauert ohne weitere merkwürdige Ereignisse fort. Se. Hf. Dl. der Prinz von Hessen Philippsthal haben vor einigen Tagen für gut befunden, den Päpstlichen Consul aus der Stadt zu entfernen, und drei Römische Schiffe, welche der Sturm in den Hafen von Gaëta einzulaufen gezwungen hatte, nebst ihren Ladungen, zu confisciren.

Ein Brief aus Dalmatien vom 10. d. bestätigt die Nachricht, daß die Republik Ragusa von den jetzt dort kriegführenden Truppen für neutral anerkannt worden ist. Nur setzt derselbe hinzu, daß sowohl die Franzosen als Russen schon im Begriff waren, dieselbe in Besitz zu nehmen, sich aber hernach gegenseitig zurückzogen. Da die Russen Herren des Meeres sind, so können die Franzosen nur zu Lande Verstärkungen erhalten. In der That

26. April 1806

sind noch gegen die Mitte dieses Monats 2 500 Mann ihrer Truppen durch Fiume gegangen, um zu dem Hauptcorps in Dalmatien zu stoßen, dessen Stärke man auf 10 000 Mann angiebt. In Capo d'Istrien machen die Franzosen Anstalten zu einem großen Truppenlager. Die Oesterreichische Garnison von Triest soll sich gleichfalls auf 10 000 Mann belaufen. Von Corfu meldet man unterm 25. März den Abgang mehrerer Linienschiffe mit Landungstruppen, und versichert, daß, ob man gleich ihre Bestimmung geheim gehalten habe, dieselben nach dem Mittelländischen Meere gegangen seyen, um die Ostküste Siciliens zu decken. Die Sicilianischen Briefe aber melden nichts von der Ankunft dieser Escadre. – Der Cardinal Ruffo, welcher sich jetzt in Triest aufhält, wollte sich dort nach Sicilien einschiffen. Er hat aber seinen Entschluß geändert, und wartet nun erst anderweitige Befehle seines Hofes ab.

Die kleine Französische Flottille, von der ich die Ehre hatte in meinem vorletzten unterthänigsten Berichte zu reden, und welche theils aus Genua theils aus Toulon gekommen war, bestand aus 1 Corvette, 3 Briggs, von denen einer 6, ein andrer 8 Kanonen hatte, 4 Jartanen, und 1 Paketboot. Man glaubte, sie würde im Hafen von Civita-vecchia die als noch bevorstehend angekündigte Ankunft eines Linienschiffes von 80 und zweier Fregatten von 36 und 40 Kanonen [a]aus Toulon[a] erwarten. Allein sie ging plötzlich am 17. d. unter Segel. Noch an demselben Tage begegnete sie einer Englischen Fregatte von 40 Kanonen, welche eben von Gibraltar kam, und es begann mit Einbruch der Nacht ein lebhaftes Gefecht[2]. Der Sieg in demselben war zwar gänzlich auf Seiten der Engländer, indeß fochten auch die Franzosen mit vieler Tapferkeit, und verloren bloß die Corvette, die, um den übrigen Schiffen Zeit zu lassen, sich zu retten, sich allein der Gefahr entgegenstellte. Gleich beim ersten Abfeuern der Kanonen der Fregatte verlor dieselbe ihre Masten und wurde in der Folge genöthigt, sich zu ergeben. Von den übrigen 8 Schiffen kamen 5 nach Civita-vecchia zurück, und 3 liefen in Porto d'Anzo ein.

Auf ausdrücklichen aus Paris gekommenen Befehl sind auf einmal alle Klöster im Venetianischen und Lucchesischen aufgehoben worden. In Lucca hat die Prinzessin Elisa sich der in denselben befindlichen Geistlichen mit vielem Eifer angenommen[3]. Man hat fürs erste bloß die Fremden unter denselben entfernt, und die Prinzessin hat versprochen, sich für die andern bei dem Kaiser Napoleon zu verwenden.

Das gänzliche Verbot der Einführung aller Englischen Waaren, und der Zulassung aller Englischen Schiffe in den Häfen des Königreichs Etrurien ist jetzt von der Toscanischen Regierung den Kaufleuten in Livorno angekündigt worden. Diese haben die triftigsten Vorstellungen dagegen gemacht, und gezeigt, daß die unfehlbare Folge dieser Maßregel die Blokade und vielleicht gar das Bombardement ihres Hafens seyn würde, vor dem schon jetzt eine Englische Fregatte und ein Englischer Cutter kreuzen. Allein man sieht voraus, daß diese Vorstellungen werden höchstens in der

Art der Bekanntmachung des Decrets können eine Aenderung hervorbringen, welche man vielleicht nur weniger förmlich machen wird. Es ist nicht zu läugnen, daß dieses Verbot dem Italienischen Handel den letzten Stoß beibringt. Denn natürlich werden nunmehr die Engländer ebenso alle Häfen des Mittelländischen Meeres in Blokadezustand erklären, als es die Russen mit denen des Adriatischen gethan haben. Ihre Maj. die Königin von Etrurien ist indeß am 19. nach Pisa gegangen, um sich von dort nach Livorno zu begeben, und daselbst der Eröfnung eines neu erbauten Schauspielhauses beizuwohnen. Ihre Majestät wollten anfangs mehrere Wochen in Livorno zubringen. Jetzt aber haben Sie Ihren Entschluß geändert, und werden nunmehr die Eröfnung des Schauspielhauses in Pisa erwarten, und nachher nur höchstens 14 Tage in Livorno bleiben, wo man eine Menge prächtiger Feste veranstaltet. Livorno und Pisa haben übrigens leichte Erschütterungen von Erdbeben erlitten, welche jedoch ohne nachtheilige Folgen geblieben sind[4].

In Vicenza ist abermals ein Corps von 14 000 Mann Französischer Truppen angekommen, welche man für diesen Theil Italiens bestimmt glaubt. Ueber die Reise, welche, wie es heißt, der Kaiser Napoleon nach Venedig, Rom und Neapel unternehmen wird, weiß man hier noch nichts Officielles. Man zweifelt indeß kaum, daß Ihre Majestät in der That etwa im Monat Junius hieher kommen werden, und Alquier soll sogar schon Befehl haben, den Kaiser hier zu erwarten.

Der Praelat della Genga war im Begriff nach Deutschland und namentlich nach München abzugehen, allein eine plötzliche gefährliche Krankheit hat ihn genöthigt, seine Reise aufs neue aufzuschieben. Ich werde nicht verfehlen, jetzt wiederum mit dem Cardinal-Staatssecretaire über das in Ew. Lg. Dl. Höchsten Staaten zu errichtende Bisthum zu reden, und die Resultate meiner Unterredung Höchstdenselben unterthänigst vorzulegen[5].

zu 83: [a-a] über der Zeile ergänzt

[1] *In der HDLZ hieß es bereits am 24. April 1806 in einem Bericht aus Italien:* Bei dem Einmarsch der Franzosen ins Neapolitanische wurde der Armee eine große Menge Boote und Prahmen auf Karren nachgeführt, welche allem Ansehen nach zu einem Zuge nach Sicilien bestimmt sind. *In der gleichen Ausgabe wurde mit einem Bericht aus Messina vom 7. März über die dortigen Verteidigungsanstrengungen berichtet.*
[2] *Der Bericht der HDLZ vom 24. Mai 1806, am 1. Mai aus Rom datiert, sprach von einem* Angriff von 2 feindlichen, man weiß nicht engl. oder russ. Fregatten.
[3] *Die HDLZ meldete die Sequestrierung der Klöster in Venedig am 29. April, für Lucca und Piombino am 6. Mai 1806.*
[4] *Laut Meldung der HDLZ vom 6. Mai gab es am 31. März in San Remo und Nizza, am 9. April in Reggio starke Erdstöße.*
[5] *Vgl. zuletzt* **48**; *siehe dazu die entsprechende Formulierung des französischen Berichts nach Berlin vom selben Tage,* GRANIER, *Kath. Kirche 9, S. 526, Anm.*

26. April / 10. Mai 1806

84 Bericht Nr. 15/1806 Rom, 10. Mai 1806

Ausfertigung StAD E 1 M Nr. 93/4 fol. 33 f; ps. 30. Mai 1806.
MATTSON Nr. 1564.

Künftiges Verhältnis des Kirchenstaats zu Frankreich. Rückkehr des nunmehrigen Königs Joseph Bonaparte zum Fest des Heiligen Januarius in Neapel. Durchreise einer Pariser Senatsdeputation. Verteidigungsvorbereitungen in Sizilien. Englische Flottenbewegungen. Auswirkungen der Souveränitätserklärungen des Preßburger Friedens auf die geplanten Verhandlungen über die Neuordnung der katholischen Kirchenverhältnisse in Deutschland.

Die seit der Absendung meines letzten unterthänigsten Berichts verstrichenen zwei Wochen sind durchaus leer an eigentlich merkwürdigen Ereignissen gewesen. Zwar ist der Courier, welchen der hiesige Hof, wie Ew. Lg. Dl. Sich gnädigst zu erinnern geruhen werden, nach Haltung der beiden geheimen und allgemeinen Cardinals-Congregationen nach Paris gesendet hatte, vor mehreren Tagen zurückgekommen, allein so wie schon der Gegenstand seiner Sendung mit dem größten Geheimniß behandelt worden war, so ist auch von der Antwort nichts eigentlich Bestimmtes bekannt geworden[1]. Indeß ist, soviel man nur immer schließen kann, diese Antwort nicht entscheidend gewesen, da weder neue Congregationen gehalten worden sind, noch sich die Stimmung weder des Papstes noch des Cardinals-Staatssecretaires auf irgendeine merkliche Weise geändert hat. Die wichtige Frage, auf welche Weise das Verhältniß des Kirchenstaats zum Französischen Reiche bestimmt werden wird? und wie die Aeußerungen des Kaisers Napoleon, daß ganz Italien einen Theil desselben ausmachen soll, mit der bisherigen Unabhängigkeit der Päpstlichen Staaten[a] werden vereinigt werden könne? scheint also bis jetzt noch in der That unentschieden. Dennoch ist es höchst wahrscheinlich diese Frage, welche den Gegenstand jener früheren Unterhandlungen, und jener geheimen Congregationen ausgemacht hat, sey es nun, daß man dieselbe an sich, und im Ganzen, oder nur wie mehr zu vermuthen steht, einen aus ihr abgeleiteten Punkt, wie z. B. die Ausschließung der Schiffe und Unterthanen der mit Frankreich in Krieg stehenden Mächte, oder das ehemalige Lehnsverhältniß des Königreichs Neapel zum heiligen Stuhl, oder etwas andres ähnlicher Art in Anregung gebracht hat. Sollte hierüber auch in den nächsten Monaten noch nichts entschieden werden, oder wenigstens nichts zur Kenntniß des Publicums gelangen, so wird auf alle Fälle der Umstand einigen Aufschluß gewähren, ob der Papst am Ende des künftigen Monats die gewöhnliche Protestation wegen des nicht gesendeten Neapolitanischen Tributs aussprechen wird, oder nicht[2].

Das Decret, durch welches der Kaiser Napoleon seinen Bruder den Prinzen Joseph zum König beider Sicilien erklärt, ist jetzt feierlich sowohl in der Hauptstadt, als in dem Königreich Neapel bekannt gemacht worden. Der Prinz selbst hat seine Reise durch Calabrien und einige andre Theile des Königreichs fortgesetzt, und nunmehr beendigt. Er war von Cosenza nach Reggio gekommen, und ist von da über Squillace, Catanzaro, Cotrone, Cariati, Rossano und Cassano nach Tarent gegangen. Von da hat er die Seeküste verlassen, und sich über Matera und Gravina nach Minervino begeben, wo er am 6. d. Abends eintraf. Am 10. oder 11. wurde er, den öffentlichen Blättern nach, in Neapel zurückerwartet, und wie Reisende versichern, ist er wirklich dorthin zurückgekommen. Das Fest des heiligen Januarius ist am 3. d. in Neapel mit großer Feierlichkeit und in Gegenwart der vornehmsten Militair und Civilpersonen begangen worden. Das Blut ist, wie gewöhnlich, und in sehr kurzer Zeit geflossen.[3] Alle Neapolitanische Kaufleute und Banquiers haben Befehl erhalten, binnen 48 Stunden, bei strengen Geld- und Leibesstrafen, alles in ihren Händen befindliche Eigenthum der Unterthanen der mit Frankreich in Krieg stehenden Mächte anzugeben.

Die vorletzte ‚Neapolitanische Zeitung' gab die Nachricht der Uebergabe der kleinen Festung Civitella del Tronto, als beinahe für gewiß. Die Capitulation sollte[b] mit dem General Fregeville am 29. v. M. geschlossen worden seyn. Indeß hat sich dies Gerücht seitdem wenigstens nicht bestätigt. In Neapel ist neuerlich einer der bekanntesten Insurgenten-Chefs Rodio von einer Kriegscommission zum Tode verurtheilt und hingerichtet worden. Er hatte zugleich den Titel als Brigadier in der Neapolitanischen Armee, und behauptete, als Kriegsgefangener behandelt werden zu müssen; es ist aber hierauf unter Anführung des Grundes, daß er nicht mit der wahren Neapolitanischen Armée sich dem Eindringen der Französischen widersetzt, sondern in ihrem Rücken und nachdem sie sich schon des Landes bemächtigt, Unruhen angestiftet habe, keine Rücksicht genommen worden.

Die Deputation des Pariser Senats, welche aus dem Marschall Perignon, General Ferino und Senator Roederer besteht, ist vor einigen Tagen hier durch nach Neapel gegangen. Roederer wird, wie es heißt, in Neapel selbst eine Stelle erhalten und fürs erste nicht nach Paris zurückkehren.

In Sicilien ist der König, wie es heißt, von Messina nach Catania und Syracus gegangen, um diese Küste und die Vertheidigungsmittel, welche dieselbe darbietet, zu untersuchen. Die Gerüchte, daß die jetzt in und um Messina stationirten Englischen Truppen sich wiederum eingeschifft hätten, und daß Ihre Maj. die Königin sich nach Trieste begeben wolle, scheinen durchaus ungegründet. Eher dürfte vielleicht Ihre K. H. die Kronprinzessin nach Spanien zurückkehren.

In dem Hafen von Civita-vecchia ist vor wenig Tagen eine Französische Fregatte eingelaufen. Dagegen scheint es auch, als sei eine neue Englische Escadre, nemlich die unter den Befehlen Sidnei Smith's in den Gewässern von Neapel und Sicilien angekommen. Wenigstens hat man bei Gaeta 15 große Englische und 1 Russisches Schiff gesehen, die wenn nicht alle Linienschiffe, doch wenigstens große Fregatten gewesen sind. Man behauptet auch, daß sie der Garnison von Gaeta eine Verstärkung von 3000 Mann zugeführt haben.

Das Verbot der Englischen Waaren in Livorno ist noch immer nicht eigentlich öffentlich bekannt gemacht worden. Die Regierung wünschte es bloß bei der, deshalb an die Commerzkammer in Livorno ergangenen Eröfnung zu lassen; letztere aber weigert sich, bloß auf diese Weise selbst die weiteren Verfügungen auf sich zu nehmen. Ihre Maj. die Königin sollte übrigens in den ersten Tagen dieser Woche von Livorno nach Florenz zurückkehren.

Die Abreise des Praelaten della Genga war, nachdem er von seiner Krankheit wiederum hergestellt ist, unwiderruflich auf das Ende dieser Woche festgesetzt. Allein seine Gesundheit ist, wenn auch die eigentliche Krankheit gehoben ist, doch noch in einem so schwächlichen und precairen Zustande, daß er seinen Plan wird vermuthlich aufs neue abändern müssen. Der Plan des hiesigen Hofes bleibt im Ganzen noch immer dabei, die Deutschen geistlichen Angelegenheiten in Deutschland berichtigen zu wollen. Nur bringen die im Presburger Frieden getroffenen Verfügungen für Baiern besonders die Veränderung hervor, daß in Rücksicht der Baierischen Angelegenheiten nicht[c] am Reichstage, sondern in München selbst unterhandelt werden soll[4], weshalb sich auch der Praelat della Genga, sobald er nur sich erst vorläufig mit dem Kurfürst-Erzkanzler besprochen hat, sogleich an diesen Hof begeben wird.

zu 84: [a] *folgt gestr.:* zu vereinigen   [b] *folgt gestr.:* entg   [c] *folgt gestr.:* mit

[1] *Die HDLZ berichtete am 24. April 1806 über mit dem Abgang des päpstlichen Kuriers nach Paris verknüpfte Spekulationen,* Papst Pius der Siebente werde resigniren und der Kardinal Fäsch die päpstliche Würde erhalten und seinen Sitz in Avignon aufschlagen.
[2] *Siehe bereits* **43** *mit Anm. 3.*
[3] *Vgl. die entsprechende Meldung der HDLZ am 31. Mai 1806.*
[4] *Artikel XIV des Preßburger Friedens vom 26. Dez. 1805 hatte den mit Art. VII zu Königen erhobenen Kurfürsten von Bayern und Württemberg und dem Kurfürstentum Baden die volle Souveränität über ihre bisherigen und neuerworbenen Gebiete zugesprochen, so wie sie bisher der Kaiser und der König von Preußen über ihre deutschen Staaten besessen hatten; vgl.* MARTENS, *Recueil des traités, Suppl. 4, S. 216. Vgl. dazu die etwas präzisere Formulierung Humboldts in seinem Bericht nach Berlin vom gleichen Tage; Teilabdruck bei* GRANIER, *Kath. Kirche 9, S. 526 (Nr. 917).*

85 Bericht Nr. 16/1806   Rom, 21. Mai 1806

Ausfertigung StAD E 1 M Nr. 93/4 fol. 36f; ps. 12. Juni 1806.
MATTSON Nr. 1573.

Vorübergehende Rückberufung des Kardinals Fesch nach Paris. Erfolgreicher Ausfall der Garnison von Gaeta. Verunsicherung der Straßen durch umherziehende Insurgenten. Einnahme der Insel Capri durch die Engländer. Handhabung des in Livorno verhängten Einfuhrverbots. Wechsel auf dem französischen Gesandtenposten in Florenz. Endgültige Abreise des Nuntius della Genga nach Regensburg. Beförderung Humboldts zum preußischen „Ministre plénipotiaire".

Ew. Lg. Dl. werden ohne Zweifel bereits von Paris aus erfahren haben, daß der Cardinal Fesch plötzlich von hier abberufen worden ist, und der ehemalige Botschafter am Neapolitanischen Hofe Alquier während der Zeit seiner

Abwesenheit seine gesandtschaftlichen Geschäfte übernimmt. In der officiellen Note, welche der Cardinal bei dieser Gelegenheit dem Cardinal-Staatssecretaire übergeben hat, sagt derselbe, daß er nur auf kurze Zeit und wegen besondrer Ursachen nach Paris berufen worden sey, und Alquier nur gleichsam als Chargé d'affaires, und ohne mit eignen Credentialien an den Papst versehen zu seyn, seine Stelle vertreten solle. Auf diese Weise hat der Cardinal Fesch dem Papste denselben vorgestellt, und letzterer ist darauf allein zu dem Cardinal-Staatssecretaire gegangen. Er wird die Zeit seiner Geschäftsführung hindurch den Venetianischen Pallast bewohnen. Da die neulich zwischen Frankreich und dem Päpstlichen Stuhl angeknüpften Unterhandlungen, soviel man weiß, noch nicht zu Ende gebracht sind, es vielmehr sich immer mehr bestätigt, daß die neuerlich an den Papst gekommene Antwort des Kaisers Napoleon auf keine Weise entscheidend gewesen ist, und man sich überhaupt über das künftige eigentliche Verhältniß des Kirchenstaats zum Französischen Reiche noch in vollkommener Ungewißheit befindet, so hat die Abreise des Cardinals Fesch nothwendig eine große Sensation machen müssen, und viele ziehen aus dem Umstande, daß an die Stelle eines Cardinals-Ministers ein weltlicher Gesandter tritt, sehr ungünstige Folgen für das künftige Schicksal der hiesigen Regierung. Indeß läßt sich nicht das Mindeste hierüber nur mit einigem Grade von Sicherheit bestimmen, und alles was man sagen kann, ist, daß die zwischen beiden Höfen zu regulirenden Punkte viele und zum Theil höchst schwierige sind, da nicht nur politische, sondern auch religiöse Gegenstände in Frage stehen. So haben z. B. in Bologna, Rimini und andern Städten des Königreichs Italien die Geistlichkeit und selbst die Municipalitaeten gegen die Einführung des Napoleonischen Gesetzbuchs Vorstellungen erhoben, da die Ehescheidung, die darin erlaubt wird, sich nicht mit den Religionsgrundsätzen eines Landes vereinigen lasse, in welchem die Katholische Religion als die einzige herrschende anerkannt sey.

Se. Kais. H. der Prinz Joseph ist nach Neapel zurückgekehrt, und hat seine Rückreise dahin von Tarent über Matera, Gravina, und Minervino genommen[1]. Die Einnahme der Festung Civitella del Tronto hat sich nicht bestätigt, vielmehr macht dieser Ort und Gaëta die beiden großen Straßen, welche jene am Adriatischen, diese am Mittelländischen Meer nach dem Königreich Neapel führen, in hohem Grade unsicher. Die Garnison von Gaëta hat am verwichenen Mittwoch und Donnerstag einen Ausfall gemacht, welcher bedeutend und glücklich gewesen zu seyn scheint, und eine Verspätung in der Ankunft des Neapolitanischen Couriers allhier von beinahe zwei Tagen veranlaßt hat. So nah auch Gaëta von hier liegt, so haben wir über dieses Ereigniß doch nur mündliche oder nicht viel sicherere schriftliche Berichte, und es war mir unmöglich, Ew. Lg. Dl. die Wahrheit der Détails zu verbürgen, die man davon anführt.

Was man ziemlich allgemein und mit wenig bedeutenden Verschiedenheiten erzählt, ist folgendes. Die Franzosen wurden von drei verschiedenen

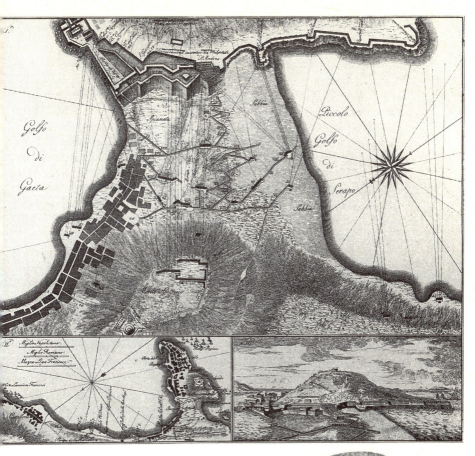

28 Die französische Belagerung von Gaeta im Juli 1806.

29 Landgraf Ludwig von Hessen-Philippsthal als neapolitanischer Generalkapitän.

Seiten angegriffen. Denn außer den aus der Festung herauskommenden Truppen sollen Engländer bei Mola gelandet und mit ihren Canonier-Barken in den Garigliano hinein bis an die fliegende Brücke auf dem Wege zwischen Rom und Neapel hineingefahren seyn, und zu gleicher Zeit sind Insurgenten in ziemlich beträchtlicher Anzahl von den Bergen herabgekommen, welche der Seeküste gegenüber liegen. Der Zweck dieses vereinten Angriffs, welcher dahin gegangen ist, die Batterien und anderen Werke der Belagerer zu zerstören, ist, wie man behauptet, vollkommen erreicht worden, da man nicht allein alle Batterien zerstört, sondern 40 Kanonen vernagelt hat. Den Verlust der Franzosen giebt man auf 400 Mann an, und der Feind soll eine Zeitlang im Besitz des Dorfes Itri und der Heerstraße gewesen seyn. Nach geendigtem Gefecht hat er sich in die Festung und auf die Schiffe und Gebirge zurückgezogen. Während des Handgemenges oder gleich nachher haben die Insurgenten gerade auf dem Wege befindliche Reisende angegriffen, geplündert und zum Theil getödtet. Indeß haben die Insurgenten auch mehrere der Ihrigen verloren, die den Franzosen in die Hände gefallen, und von denselben an den Bäumen, welche an der Landstraße stehen, aufgeknüpft worden sind. In diesem Augenblick ist die Straße zwar frei, indeß ist die Furcht noch so groß, daß jeder, der nicht außerordentlich dringende Geschäfte hat, lieber seine Reise für jetzt aufschiebt. Da alle Berichte darin übereinkommen, daß unter den aus der Festung ausfallenden Truppen auch ein Schweizer Regiment gewesen ist, so bestätigt dies die Nachricht, die ich die Ehre hatte, Ew. Lg. Dl. früher unterthänigst zu melden, daß die Festungsgarnison durch Englische Truppen verstärkt worden ist.

Die Insel Capri ist von den Engländern eingenommen worden, und dieselben bedrohen auch Ischia und Procida[2]. Die Französische Garnison auf Capri bestand nur aus 150 Mann, die sich ergeben haben, und nach Neapel zurückgeschickt worden sind. Ueberhaupt scheinen die Engländer jetzt das System ergriffen zu haben, die Neapolitanischen Küsten auf so vielen Punkten, als möglich, zu beunruhigen, und man hat diesen Plan und dessen Ausführung unstreitig dem Unternehmungsgeiste Sidnei Smith's, der sich mit seiner Escadre in den Neapolitanischen und Sicilianischen Gewässern befindet, zuzuschreiben. Wenn diese Angriffe auch an sich nicht bedeutend sind, so haben sie dennoch den Nachtheil für die Franzosen, daß sie den Insurrections-Geist im Innern des Landes unterhalten, und ihnen dadurch den ruhigen Besitz desselben erschweren.

Ihre Maj. die Königin von Etrurien ist nach Florenz zurückgekehrt. Das Verbot der Englischen Waaren in Livorno ist zwar noch nicht feierlich bekannt gemacht worden; indeß sind die an die Zollämter und die Handlungskammer deshalb ergangenen Befehle zu Ausschließung derselben hinlänglich. Für die noch an Bord der zuletzt angekommenen Englischen Schiffe befindlichen Waaren ist eine Commission von vier Handlungshäusern ernannt worden, welche diejenigen, die Englisches Eigenthum sind, von denjenigen absondern wird, welche Toscanern, oder Kaufleuten neutraler Mächte gehören. Die ersteren werden zur reexportation verurtheilt, die letzteren aber für dieses einzigemal noch frei zugelassen werden, da man dem Befehl des Verbots wenigstens nicht für die Eingebornen und die Unterthanen befreundeter Staaten retroactive Kraft geben will.

Eine von einem Französischen Kaper in Livorno aufgebrachte Englische Chalouppe giebt in diesem Augenblick zu einer lebhaften discussion in Florenz Gelegenheit, da der Capitaine der Fregatte, zu welcher die Chalouppe gehört, behauptet, daß dieselbe unter den Kanonen des bisher immer als neutral angesehenen Hafens genommen worden sey, und dieselbe aus diesem Grunde zurückverlangt. Erhält er sie nicht zurück, oder wird der Ungrund seiner Behauptung nicht klar erwiesen, so könnten die Engländer dies leicht als einen Beweis ansehen, daß der Hafen von Livorno nicht mehr neutral sey, und hierin einen Grund mehr zu Blokirung desselben finden. – Der Französische Gesandte Beauharnais in Florenz wird von dort nach Madrid versetzt, und an seine Stelle kommt D'Aubusson de La Feuillade nach Etrurien.

Der Praelat della Genga ist nunmehr wirklich von hier nach Regensburg abgegangen. Wie mich der Cardinal-Staatssecretaire versichert, hat derselbe bestimmte Instruction mit Ew. Lg. Dl. Gesandten in Regensburg alle wegen der geistlichen Einrichtungen Höchstihrer Staaten nöthige Rücksprache zu nehmen, und alles so viel möglich, nach Ew. Dl. Dl. Höchsten Absichten reguliren zu helfen[3].

Da Se. Maj. der König von Preussen allergnädigst geruhet haben, mir den Titel eines Ministre Plénipotentiaire am hiesigen Hofe beizulegen, so halte ich es für meine Pflicht dies, Ew. Lg. Dl. unterthänigst anzuzeigen[4]. Ich wage es, mir mit der Hofnung zu schmeicheln, daß Höchstdieselben, nach der mir bisher bewiesenen Gnade und Gewogenheit, dieser Nachricht einigen Antheil huldreichst zu schenken gnädigst geruhen werden.

---

zu 85:
[1] *Humboldt verwendete, wohl um die noch ausstehende diplomatische Anerkennung nicht zu präjudizieren, nach wie vor die überholte Titulatur* Prinz Joseph, *während die HDLZ bereits am 13. Mai eindeutig* Se. Maj. der König Joseph *schrieb.*
[2] *In der HDLZ vom 10. Juni 1806 las man:* Die Engländer sollen sich der kleinen Insel Capri an der Bucht von Neapel bemächtigt haben, die durch den Aufenthalt des Tiberius daselbst berühmt ist; *auf der gleichen Seite wurde nach einem etwas späteren Korrespondentenbericht die Besetzung der bei Neapel liegenden Inseln* Kapri, Ischia und Procida *gemeldet.*
[3] *Nach dem hier sehr viel ausführlicheren Bericht Humboldts nach Berlin vom selben Tage war della Genga am 18. Mai abgereist; vgl.* GRANIER, *Kath. Kirche 9, S. 529–534 (Nr. 920).*
[4] *Das Bestallungsschreiben datiert vom 1. April 1806; Abdruck (nach dem Konzept im ZStADDR) bei* GRANIER, *Kath. Kirche 9, S. 511f. (Nr. 906).*

86 Bericht Nr. 17/1806
Rom, 31. Mai 1806

Ausfertigung StAD E 1 M Nr. 93/4 fol. 39 f; ps. 17. Juni 1806.
MATTSON Nr. 1581.

Erneute Besetzung der Festung Ancona und anderer Häfen des Kirchenstaats durch französische Truppen. Aufbau einer Landmiliz im Königreich Neapel. Einrichtung eines Staatsrats. Ausweisung des Kardinal-Erzbischofs Ludovico Ruffo aus Neapel. Abschiedsgespräche des Gesandten Beauharnais in Florenz. Kleinere Nachrichten.

Die in Livorno und andern Italienischen Häfen gegen die Engländer genommenen Maßregeln, und das Decret, durch welches der Russische Admiral im Adriatischen Meere auch die Päpstlichen indirecter Weise mit in Blokade-Zustand erklärt hat, hatten schon seit einiger Zeit vermuthen lassen, daß die letzteren aufs neue von Französischen Truppen besetzt werden dürften. Dies ist nun auch vor einigen Tagen bei einigen derselben wirklich geschehen. Der Französische General Marois ist nemlich in Ancona angekommen, und ihm soll, wie es heißt, ein Truppencorps von 8 bis 10 000 Mann nachfolgen. Letzteres ist nun zwar noch nicht eingetroffen, allein der General hat mit den noch in der Stadt und Gegend vorhandenen Französische[n] Truppen (da diese Provinzen seit dem Einrücken der Französischen Armée in das Königreich Neapel nie ganz frei von kleinen durchmarschirenden Verstärkungen derselben gewesen sind) die Festung und den Hafen in Ancona besetzt. Er hat zwar zum Zeichen dieser Besetzung die Französische Fahne an der Stelle der Päpstlichen auf der Festung aufstecken lassen, übrigens aber feierlich erklärt, daß das Ganze nur eine militairische Maßregel sey, so daß der Päpstliche Delegat und alle Päpstliche Beamte in voller Thätigkeit bleiben, und der General die Verordnungen welche er zum Besten der Truppen erläßt, wie er denn z. B. die Getreideausfuhr untersagt hat, nur als Militair-Commandant unterschreibt. Von Ancona aus hat er auch in andre kleine Päpstliche Häfen derselben Küste kleine Detachements abgesandt. In Civita-vecchia ist noch alles beim Alten geblieben. Es liegen aber noch fünf kleine bewafnete Französische Schiffe in dem dortigen Hafen. Ein vor einigen Tagen von dort abgesegelter kleiner Brick ist glücklich in Neapel angekommen.

Im Neapolitanischen scheinen zwar die Angriffe der Engländer auf verschiedene Punkte der Küsten noch immer fortzudauern, indeß haben sie sich bis jetzt keines Orts, außer Capri wirklich bemächtigt. Im gegenwärtigen Augenblick errichtet man gegen diese Anfälle und die Insurgenten Streifereien eine Landmiliz, welche bloß zur innern Vertheidigung des Landes bestimmt ist, und nur bei wirklichen Angriffen in Thätigkeit gesetzt wird, aber alsdann Sold erhält, und in der keiner Officier werden kann, der nicht vorher unter den Linientruppen gedient hat. Civitella hat sich wirklich den Franzosen ergeben. Was aber Gaëta betrifft, so sagt man, ohne daß ich jedoch im Stande wäre, Ew. Lg. Dl. die Wahrheit dieses Gerüchts zu verbürgen, daß der Marschall Massena Befehl vom Kaiser erhalten habe, alles Mögliche anzuwenden, um dasselbe in den nächsten Wochen einzunehmen,

31. Mai 1806

und dazu so viel Geld und Truppen zu brauchen, als ihm immer nöthig scheine.

Für die innere Verwaltung des Landes ist in Neapel ein Staatsrath angeordnet worden, welchem alle Angelegenheiten zum ressort angewiesen sind, welche der König seiner Entscheidung vorzulegen für gut findet, der aber in allem, was Auflagen betrift jedesmal schlechterdings zu Rathe gezogen werden soll. Die Mitglieder unter denen, wie es scheint, immer alle Minister seyn werden, sind theils Neapolitaner theils Franzosen. Die merkwürdigsten unter denselben sind Salicetti, Miot, Dumas und der Erzbischof von Tarent, Capece-Latro, ein aufgeklärter und gelehrter Mann, der aber viele Verfolgungen unter der vorigen Regierung erlitten hatte. Galanti, ein geschätzter Geschichtschreiber, wird Bibliothekar dieses Staatsraths. Der Cardinal Ludwig Ruffo, Erzbischof von Neapel und Neffe des bekannten Cardinal-Ministers Fabricius Ruffo, ist vor einigen Tagen hier angekommen, weil er, wie man behauptet, die Weisung bekommen hat, die Stadt und das Königreich Neapel zu verlassen. Er hatte zwar vor Kurzem einen Hirtenbrief ergehen lassen, in welchem er das Volk ausdrücklich ermahnt, der gegenwärtigen Regierung, als einer unter Leitung der göttlichen Vorsehung eingesetzten Gehorsam zu leisten. Er soll[a] aber nachher aus vom Papste selbst gemisbilligten Gewissensskrupeln Bedenken getragen haben, den von der ganzen Neapolitanischen Geistlichkeit geforderten Eid der Treue zu leisten, der ihm in Widerspruch mit seinen Cardinals-Pflichten zu stehen geschienen hat.

Der Französische Gesandte Beauharnois in Florenz, der, wie ich Ew. Lg. Dl.[b] unterthänigst einzuberichten die Ehre hatte, zum Botschafter am Madrider Hofe ernannt ist, hat seine Abschiedsaudienz bei der Königin von Etrurien gehabt, und seinen Legationssecretaire Artaud als Geschäftsträger bis zur Ankunft seines Nachfolgers vorgestellt. Wenige Tage vorher hatte er Ihrer Majestät gleichfalls in einer besondren Audienz ein Schreiben des Kaisers Napoleon überreicht, in welchem derselbe der Königin anzeigte, daß er seinen Bruder Joseph zum König beider Sicilien erklärt habe, und in derselben Audienz hatte der Gesandte im Namen seines Hofes förmlich um die Sperrung des Hafens von Livorno für die gegen Frankreich Krieg führenden Mächte, und die Verbietung aller Englischen Waaren angehalten. Dieselbe Sache war zwar schon, wie ich Ew. Lg. Dl. unterthänigst einzuberichten die Ehre gehabt habe, früher, aber weniger bestimmt verlangt worden, und jetzt hatte der Gesandte neue dringendere Befehle deshalb erhalten. Ihre Maj. die Königin haben auch bereits der Livorner Kaufmannschaft bekannt gemacht, daß sie diese Maßregel nunmehr nicht länger hinausschieben könnten, indeß alles, was sonst in Ihrer Macht stände, anwenden würden, um dem Handel ihrer Stadt auf andre Weise aufzuhelfen.

Die bis zum Anfange dieses Monats durch Trieste nach Dalmatien gegangenen Französischen Truppen belaufen sich auf 6 000 Mann. Seit dem

Anfange dieses Monats aber sind keine neuen durchgegangen. – Der Marquis del Gallo ist von hier nach Neapel abgereist[1].

---

zu 86: [a] *über der Zeile statt gestr.:* hat [b] *verbessert aus:* königlichen Mayes...; *wohl versehentliche Übernahme aus einem Bericht nach Berlin*

[1] Vgl. dazu die Meldung des Folgeberichts zur Berufung Gallos an die Spitze des auswärtigen Departements; der Marchese war auch unter den Bourbonen Mitglied des Staatsrats in Neapel, wurde aber im Reichs- und Staatshandbuch 1805 als abwesend geführt.

87 Bericht Nr. 18/1806 Rom, 14. Juni 1806

Ausfertigung StAD E 1 M Nr. 93/4 fol. 41 f; ps. 28. Juni 1806.
MATTSON Nr. 1586.

Geheimsitzung des Kardinalskollegiums über die Beziehungen zu Frankreich. Französische Besetzung des Hafens von Civitavecchia. Hinrichtung eines römischen Fleischergesellen wegen tätlichen Angriffs auf einen französischen Offizier. Kommandowechsel bei den französischen Belagerungstruppen vor Gaeta. Designation des Kardinals Fesch zum Koadjutor des Kurfürst-Erzkanzlers als Erzbischof von Regensburg. Kleinere Nachrichten.

Die Verhältnisse des hiesigen Hofes zu dem Französischen, welche noch immer nicht eingerichtet und bestimmt zu seyn scheinen, haben seit dem Abgange meines letzten unterthänigsten Berichts an Ew. Lg. Dl. zu fast täglichen Conferenzen zwischen dem Französischen Gesandten Alquier und dem Cardinal-Staatssecretaire Anlaß gegeben, und am vergangenen Sonntage, 8. d. ist eine allgemeine geheime Congregation aller Cardinäle gehalten worden, welche mehrere Stunden gedauert hat. Da die Cardinäle diesen Congregationen nur unter dem Siegel des Schwures der Inquisition beiwohnen, und ihnen diesesmal sogar ihre Uditori zu Rathe zu ziehen untersagt war, so ist weder über die Verhandlungen selbst, noch über ihren Gegenstand öffentlich[a] etwas bekannt geworden. Nun vermuthet man mit vielem Grunde, daß das Investitur-Recht über das Königreich beider Sicilien, und die aus demselben entspringenden Collisionen mit Frankreich einen beträchtlichen Theil der Berathschlagungen ausgemacht haben. Da das Petersfest anitzt so nahe bevorsteht, so ist jedermann begierig, zu sehen, ob an demselben die gewöhnliche feierliche Protestation gemacht werden wird, da sich bis jetzt im Voraus nichts hierüber mit einiger Wahrscheinlichkeit entscheiden läßt. Auf jeden Fall aber wird dies Ereigniß einen nicht unwichtigen Maßstab zur Beurtheilung der ganzen Lage der Angelegenheiten zwischen dem Päpstlichen Hofe und Frankreich an die Hand geben.

Die Besetzung der Päpstlichen Häfen am Adriatischen Meere nimmt insofern seinen Fortgang, daß 4 000 Mann der Division des Generals Lecchi aus dem Neapolitanischen nach Ancona gehen sollen, von wo aus sie wohl kleinere Détachements in die anderen Häfen senden werden. Civita-vecchia befindet sich gleichfalls jetzt in den Händen der Französischen Trup-

31. Mai / 14. Juni 1806

pen. Ein nach der officiellen Erklärung des Französischen Gesandten hierselbst entdeckter Plan der Engländer, diesen Ort anzugreifen und 1800 Mann Landungstruppen daselbst auszusetzen, hat die Veranlassung dazu gegeben. Der General Duhesme, der vor einigen Tagen hier ankam, und einen Theil seiner Division nach Toscana führen sollte, bekam schleunig Befehl, seine Truppen nach Civita-vecchia zu schicken, und seitdem sind auch andre dahin marchirt. Die Garnison daselbst soll, wie man sagt, auf 2 bis 3000 Mann gebracht werden. Die Päpstliche Fahne ist aber nicht, wie in Ancona, abgenommen, sondern nur die Französische ihr zur Seite aufgesteckt worden. Eine Sicilianische Fregatte von 44 Kanonen, die „Sirene", welche sich dem Hafen von Civita-vecchia genähert hatte, um einige Personen ans Land zu setzen, welche Palermo verlassen hatten, um sich nach Neapel zu begeben, soll mit in den Plan der Engländer verwickelt gewesen seyn, und auch der Sicilianische Consul in Civita-vecchia[1] ist aus dem nemlichen Grunde verhaftet worden. Terracina und Porto d'Anzo sollen gleichfalls Französische Besetzung erhalten haben, und man behauptet, daß die ganze Küste am Mittelländischen Meere von Terracina bis Livorno militairisch besetzt werden soll. Die fünf kleinen Französischen Schiffe, welche sich in Civita-vecchia befanden und die drei, die von Porto d'Anzo dahin gekommen waren[b], sind abgetakelt worden, und die Mannschaft begiebt sich zu Lande nach Neapel. Durch Loretto ist ein Détachement Französischer Cavallerie gekommen, und hat seinen Weg gegen Civita-vecchia oder Rom fortgesetzt, und General Duhesme scheint als Befehlshaber der in hiesiger Gegend stehenden Truppen fürs erste hier bleiben zu wollen.

Hier in Rom trug sich vor einigen Tagen ein Vorfall zu, der leicht von sehr bedenklichen Folgen hätte seyn können. Ein Schlächtergesell, der einen fanatischen Haß gegen die Franzosen hegte, verwundete am 7. d. um Mittag im Corso, der bevölkertsten und besuchtesten Straße Roms, ohne alle Veranlassung und ohne allen vorhergegangenen Wortwechsel, einen Französischen Officier, welcher mit drei andren ruhig spazieren ging, mit einem Spieß, das er aus dem nächsten Schlächterladen nahm, von hinten in die Schulter. Da der Officier aber stark angezogen war, so war die Verwundung nur äußerst leicht, und der Thäter entsprang sogleich, als er den Stich gegeben hatte, in den Pallast Ruspoli. Er wurde aber daselbst gefunden, und der Justiz überliefert. Der Gouverneur der Stadt machte ihm sogleich, nach der ihm schon vor mehreren Monaten für Verbrechen, welche die öffentliche Ruhe stören, ertheilten Vollmacht einen summarischen Process, und er ward am 9. Morgens aufgehenkt. Man behauptet zwar anitzt, daß dieser Mensch verrückt gewesen sey, und in der That hatte er eine Zeitlang im Narrenhospital gesessen. Allein die Richter haben seine angebliche Verrücktheit nicht von der Art gefunden, daß sie ihm zu einer Entschuldigung oder Verminderung der Strafe hätte dienen können[2].

Die Belagerung von Gaëta wird zwar mit großer Anstrengung fortgesetzt. Ehe aber nicht eine beträchtliche Anzahl schweren Geschützes, die man aus Mantua erwartet, daselbst angekommen seyn wird, dürfte, wie man aus Neapel schreibt, nichts Bedeutendes vorgenommen werden können. Den Oberbefehl über die Belagerungstruppen hat übrigens jetzt der General Gardanne, statt des bisher damit beauftragt gewesenen Generals Lacour, erhalten. – Der Marquis del Gallo, welcher vor Kurzem von hier nach Neapel abgieng, ist dort zum Staatsrath ernannt worden, und hat die Direction des Départements der auswärtigen Angelegenheiten erhalten. – Der Cardinal Fabricius Ruffo war zwar von Triest in Ancona angekommen, hat sich aber von da nicht hieher, sondern nach Amelia, einer kleinen Stadt im Kirchenstaate, begeben. – Ihre Maj. die Königin von Etrurien hat nunmehr den Prinzen Joseph feierlich als König von Neapel anerkannt, und den noch in Neapel anwesenden Spanischen Geschäftsträger[3] in ihrem Namen bei demselben accreditiret.

Die Bestimmung des Cardinals Fesch zum Coadjutor des Kurfürsten-Erzkanzlers wird Ew. Lg. Dl. vermuthlich schon seit einiger Zeit bekannt seyn. Hier hat derselbe den Papst durch ein mit einem außerordentlichen Courier angekommenes Schreiben ersucht, ein Breve auszufertigen, wodurch entweder er selbst den Cardinal ernannte, oder ihn, denselben zu ernennen, bevollmächtigte, da kein Capitel vorhanden und die gewöhnliche Wahl aus diesem Grunde unmöglich sey. Dieser Brief ist von einem Briefe des Französischen Gesandten in Regensburg an den hiesigen begleitet gewesen, in welchem letzterer im Namen des Kaisers Auftrag erhalten hat, das Verlangen des Kurfürsten zu unterstützen. Die Sache ist sogleich in Berathschlagung genommen worden, das Breve aber, soviel mir bekannt ist, noch bis jetzt nicht abgegangen[4].

zu 87: [a] *das nachfolgende* etwas *über der Zeile ergänzt statt davor gestr.:* nichts [b] *folgt gestr.:* haben

[1] *Nach dem Reichs- und Staatshandbuch 1805: Filippo Accarisi.*
[2] *Laut Meldung der HDLZ hatte das Attentat am 7. Juni stattgefunden.*
[3] *Gomez de Ayala.*
[4] *Vgl. dazu den ausführlicheren Bericht Humboldts nach Berlin vom 7. Juni 1806, der auch auf den Inhalt des Dalberg-Briefs, der den Antrag mit der Bedrohung des Erzbistums durch die Anliegerstaaten und der deutschen Herkunft Feschs begründete, sowie auf das oben erwähnte Schreiben Hédouvilles an Alquier eingeht; Abdruck* GRANIER, *Kath. Kirche 9, S. 543f. (Nr. 927). Vgl. dazu eingehend* H. BASTGEN, *Dalberg und Napoleons Kirchenpolitik, S. 171–217.*

14./18. Juni 1806

87a An Generalkassendirektor   Rom, 18. Juni 1806
Ernst Wilhelm Zimmermann

Konzept ZStADDR Merseburg Rep. 81 Rom I C 13 Fasz. 7 fol. 20.
MATTSON *Nr.* 1591.

Finanzielle Forderungen des Abate d'Agostini. Überweisung des Humboldt'schen Gehalts.

Hochwohlgebohrener Herr, Hochzuverehrender Herr Geheimer Referendarius,

Ew. Hgb. gütigen Auftrag, dem Abate Carlo de Augustinis 50 Scudi auszuzahlen, habe ich, nachdem ich ihr geehrtes Schreiben vom 30. pr[ioris] gestern empfangen, unverzüglich erfüllt[1]. Der Abate de Augustinis hat zwar, wie Ew. Hgb. aus der hierbei zurück anfolgenden, mit seiner Quittung versehenen Assignation zu entnehmen die Güte haben werden, diese 50 Scudi ohne Weigerung angenommen. Er behauptet aber, auf eine größere Summe Ansprüche zu haben, und wird dieselben in einem eigenen Schreiben der Kur-Cöllnischen Ausgleichungscommission auseinanderzusetzen wagen.

Ich meinerseits habe indeß, Ew. Hwg. Schreiben gemäß, wegen des Betrages dieser 50 Scudi einen in 2 Monat zahlbaren Wechsel auf 131 fl. 30 kr. Frankfurter Währung auf die Herren Rüppell & Harnier in Frankfurt am Main, wie das letztemal, gezogen, und gedachtem Handlungshause hiervon selbst heute Nachricht zu geben nicht verfehlet[2].

Da ich mich vielleicht, mit Ew. Hwg. gütiger Genehmigung, desselben und nicht des bisher gebrauchten Weges bedienen werde, um im Anfange des künftigen Monats meine halbjährige Besoldung zu beziehen, so ersuche ich Ew. Hwg. ergebenst, die Herren Rüppell & Harnier vorläufig deshalb zu instruiren, und habe die Ehre, mit der aufrichtigsten Hochachtung und Ergebenheit zu verharren, etc.

---

zu 87a:
[1] *Zimmermanns Brief ist nicht nachweisbar. Humboldt hatte ihm in gleicher Sache am 7. Sept. 1805 berichtet, er habe dem Abate de Augustinis gemäß Anweisung vom 15. Aug. den Betrag von 38 Scudi ausgezahlt. Da der von Zimmermann angesetzte 24 Gulden-Fuß in Rom unbekannt sei und sein römischer Bankier Scultheis einen Wechselkurs nicht zu bestimmen wußte, habe er sich nicht anders helfen können, als für Scultheis einen Wechsel über 83 fl. 42 kr. Augsburger Current auf das Frankfurter Bankhaus Rüppell & Harnier auszustellen. Konzept ZStADDR Rep. 81 Rom I C 13 Fasz. 7 fol. 14f;* MATTSON *Nr. 1417. – Der Abate Carlo d'Agostini hatte, wie dies auch die Aktenaufschrift in Merseburg ausweist, als kurkölnischer Agent in Rom gewirkt, wohl als Nachfolger des 1798 verstorbenen kurkölnischen Geistlichen Rats Antonio d'Agostini, mit dem er im Repert. der dipl. Vertr. 3 zusammengeworfen wird. Für seinen bereits Anfang 1803 gestellten Entschädigungsantrag vgl. auch StA Münster Ghzt. Hessen II A 41c.*
[2] *Konzepte der Schreiben an das Frankfurter Bankhaus Rüppell & Harnier vom 7. Sept. 1805 und 18. Juni 1806 bei den Merseburger Akten;* MATTSON *Nr. 1416 und 1590.*

88 Bericht Nr. 19/1806   Rom, 21. Juni 1806

Ausfertigung StAD E 1 M Nr. 93/4 fol. 43; ps. 8. Juli 1806.
MATTSON Nr. 1593.

Ablösung des Kardinalstaatssekretärs Consalvi durch Kardinal Casoni. Würdigung der Tätigkeit Consalvis. Verstärkung der französischen Truppen an den Küsten des Kirchenstaats. Angriffsvorbereitungen vor Gaeta. Kleinere Landungsunternehmen der Engländer in Kalabrien.

Ew. Lg. Dl. eile ich hierdurch unterthänigst anzuzeigen, daß der Cardinal-Staatssecretaire Consalvi am 18. d. Abends dem Corps Diplomatique officiell seine auf sein Verlangen erhaltene Entlassung und die Ernennung des Cardinals Casoni zum Staatssecretaire bekannt gemacht hat. Man hatte schon seit einiger Zeit von der Entfernung des Cardinals Consalvi von dieser Stelle gesprochen; der Cardinal hatte sie mehreremale dringend verlangt, aber der Papst hatte sie ihm nie zugestehen wollen. Die zwischen dem hiesigen Hofe und Frankreich zu vergleichenden Angelegenheiten sind unstreitig die erste Veranlassung zu dieser Veränderung gewesen. Der Cardinal Consalvi nimmt von seiner Stelle den Ruf einer durchgängigen Uneigennützigkeit, und einer so rastlosen Thätigkeit mit, daß er in keiner Nacht mehr als 4 bis 5 und oft nur 2 bis 3 Stunden dem Schlafe einräumte, und die Mitglieder des Corps Diplomatique müssen ihm die Gerechtigkeit wiederfahren lassen, daß er sich[a] jedem, auch weniger bedeutenden Geschäft immer in jedem Augenblick ganz widmete, es mit Schnelligkeit und Eifer betrieb, und sich besonders bemühte, jeder Unterhandlung die möglichst angenehme Form zu geben. Der Cardinal Casoni war noch vor wenigen Jahren Nuncius in Spanien, hat aber weder dort, noch seit seiner Rückkunft hier, wo er an keinem bedeutenden Geschäfte Theil genommen, Gelegenheit gehabt, sich zu zeigen. Man bestimmte allgemein den Cardinal Spina im Publicum zum Nachfolger des Cardinals Consalvi, und viele glauben noch jetzt, daß bald wieder eine neue Veränderung vorgehen werde[1].

General Duhesme ist noch fortwährend hier, und der Durchmarsch Französischer Truppen nach den beiden Küsten des Kirchenstaates dauert fort. In Civita-vecchia werden aber bereits viele Soldaten von den Einflüssen der bösen Luft krank, und in den heißen Sommermonaten dürfte die Gefahr für sie noch größer werden. In Baccano, einem wenige Poststationen nördlich von Rom gelegenen Orte, ist ein Französischer Officier von einem Gastwirth erstochen worden. Man ist aber des Thäters sogleich habhaft geworden.

Das Belagerungscorps von Gaëta arbeitet unermüdet an der Vollendung der nöthigen Schanzen gegen die Festung und Strandbatterien gegen die Englischen Fregatten, welche dasselbe häufig beunruhigen. Man bereitet die Batterien zu 100 Kanonen und 24 Mörsern vor. Von der Landseite aus soll es unmöglich seyn, eine Brêche in die einem Berg angelehnte Mauer der Festung zu schießen. Wohl aber, sagt man, geht dies vom Lande aus an einem Theil der Seeseite der Festung an, zu welchem hernach, im Fall man

21. Juni / 2. Juli 1806

Sturm laufen müßte der Zugang durch das dort seichte Meer möglich seyn soll. Der bisher von den Franzosen erlittene Verlust wird auf 850 Mann geschätzt.

Briefe aus dem Neapolitanischen reden von mehreren kleinen Landungen, welche die Engländer in Calabrien versucht haben sollen. Indeß meldet man nichts Erhebliches von diesen bloß beunruhigenden, aber im Ganzen kaum sehr wichtigen Unternehmungen. – Sonst ist nichts vorgefallen, was die Aufmerksamkeit Ew. Lg. Dl. auf sich zu ziehen verdiente.

---

zu 88: [a] *über der Zeile ergänzt*

[1] *Sowohl in der Interpretation der Entlassung Consalvis wie in der Beurteilung des Nachfolgers Filippo Casoni, der von 1794 bis 1803 als Nuntius in Madrid amtierte, war Humboldts chiffrierter Bericht nach Berlin vom 18. Juni 1806 wesentlich offener; Abdruck* GRANIER, *Kath. Kirche 9, S. 545f (Nr. 929); vgl. dazu den ebd. S. 548 (Nr. 932) abgedruckten Abschiedsbrief Humboldts an Consalvi vom 19. Juni.*

89 Bericht Nr. 20/1806 Rom, 2. Juli 1806

Ausfertigung StAD E 1 M Nr. 93/4 fol. 45 f; ps. 17. Juli 1806.
MATTSON Nr. 1604.

Glückwünsche zur Geburt des Erbprinzen in Darmstadt. Verzicht des Papstes auf den traditionellen Protest wegen Nichtentrichtung des zum Peterstag fälligen Tributs aus Neapel. Die französischen Truppen an den Küsten und vor Gaeta. Widersprüchliche Meldungen über die russische Adria-Flotte und die Räumung Cattaros.

Mit der lebhaftesten Freude habe ich aus Ew. Lg. Dl. Höchstem Rescript vom 13. pr[ioris] die glückliche Entbindung Ihrer Hf. Dl. der Frau Erbprinzessin, gebohrnen Prinzessin von Baden, von einem Prinzen ersehen[1], und wage es, Ew. Lg. Dl. meinen aufrichtigsten Glückwunsch zu diesem frohen Ereigniß ehrfurchtsvoll zu Füßen zu legen. Die nachsichtsvollen Aeußerungen über meine hiesige Geschäftsführung, welche Ew. Lg. Dl. mit dieser gnädigsten Bekanntmachung zu verbinden geruhet haben, sind mir ein neuer Beweis Höchstihrer mir ewig unschätzbaren huldreichen Gesinnungen gegen mich gewesen, und können mich nur mit neuem und vermehrtem Eifer erfüllen, mir auch für die Folge die Fortdauer derselben nach allen meinen Kräften zuzusichern.

Seit dem Abgange meines letzten unterthänigsten Berichts hat sich hier nichts Erhebliches zugetragen. Da nach der letzten geheimen Congregation aller Cardinäle, von welcher ich Ew. Lg. Dl. zu schreiben die Ehre gehabt habe, alle nöthige Antworten auf die mit Frankreich gegenwärtig in Frage stehenden Punkte von dem hiesigen Hofe gegeben worden sind, und ein eigner Courier mit denselben nach Paris gesendet worden ist, so erwartet man mit Ungeduld die Rückkunft desselben. Diese könnte nun zwar schon am Ende dieser Woche erfolgen[a], es ist indeß zu bezweifeln, daß er so schnell in Paris abgefertigt werden sollte.

Bei diesem gänzlichen Mangel an interessanten Neuigkeiten habe ich mit gegenwärtigen unterthänigsten Berichte Ew. Lg. Dl. nur melden zu müssen geglaubt, daß am letztverflossenen St. Peters Tage die sonst übliche feierliche Protestation wegen der Unterlassung der Sendung des Tributs von Seiten des Königreichs beider Sicilien nicht eingelegt worden ist. Man sagte anfangs, der Papst würde, um aller Verlegenheit über diesen Punkt zu entgehen, die Peterskirche an diesem Tage ganz und gar nicht besuchen, und nicht, wie sonst immer geschieht, die feierliche Messe darin lesen, und man sah es als ein Zeichen der Gewißheit dieses Entschlusses an, daß er auch am St. Johannis Tage den Lateran nicht besucht hatte. Allein dies Letztere hatte nur zufällige Ursachen, und in der That ist das Besuchen dieser Kirche an diesem Tage auch nur erst von dem gegenwärtigen Papst eingeführet worden, da Pius 6. nie an demselben dahin gieng. Dagegen hat der Papst den Gottesdienst in St. Peter am Peters-Tage und der Vigilie desselben, wie gewöhnlich abgehalten, und beide Tage und zwei Nächte deshalb auf dem Vaticane zugebracht. Die Protestation wegen Parma ist, wie sonst immer, eingelegt worden, und man behauptet, dieser Unterschied sey mit Absicht beobachtet worden, um[b] dadurch noch deutlicher anzuzeigen, daß man nicht auf das Recht an das Königreich Neapel Verzicht leiste, sondern die Protestation nur in der Verlegenheit, an wen man sie richten solle? unterlasse[2].

Die Durchmärsche der Französischen Truppen in kleineren und größeren Détachements dauern ununterbrochen fort, und Rom ist keinen Tag ohne dieselben gewesen. Indeß ist in der Stadt selbst durchaus keine stehende Garnison und nur der General Duhême, welcher den Oberbefehl über alle Truppen im Kirchenstaate hat, hält sich hier, als im Mittelpunkte der Stellungen derselben auf. Er ist jetzt bloß den unmittelbar aus Paris kommenden Befehlen untergeben worden, und sein Armee-Corps wird, wie ich höre, den Namen der West-Armée Italiens führen. Mehrere kleine Oerter um Rom, auch außer den Küsten, haben gegenwärtig Französische Garnison. Allein die Hauptabsicht ist immer auf die Besetzung der Küsten gerichtet, und selbst in die isolirten Wachthürme derselben sollen Soldaten gelegt werden, wo sie indeß sehr viel an der in diesen Monaten fast tödtlich ungesunden Luft zu leiden haben würden. Die Hannöversche Legion, welche die kleine Festung Civitella del Tronto gestürmt und erobert hat, war nach Velletri verlegt worden. Aber dort zwischen ihr und den Bürgern entstandene Irrungen haben gemacht, daß man dieselbe von dort weggenommen und nach Corneto, einem durch seine Salzwerke, aber auch durch seine ungesunde Luft bekannten kleinen Küstenorte bei Civita-vecchia geschickt hat.

Der General Massena befindet sich seit einigen Tagen vor Gaëta, und hiraus ist das Gerücht entstanden, daß in wenigen Tagen ein Sturm auf die Festung versucht werden solle. Ein andres, gleich unverbürgtes Gerücht behauptet, daß die Besatzung einen neuen Ausfall gewagt, und in demsel-

2./12. Juli 1806

ben, mit Hülfe gelandeter Englischer Truppen, den Werken der Belagerer beträchtlichen Schaden zugefügt habe. Briefe aus Triest melden, daß Se. Maj. der Kaiser von Russland dem Russischen Admiral im Adriatischen Meere strengen Befehl gegeben haben, die Rechte der neutralen Flaggen in diesem Meere mehr, als bisher geschehen sey, zu respectiren. Dagegen geht hier ein, jedoch mir höchst unwahrscheinliches Gerücht, daß der in Cattaro commandirende Russische General die ihm von seinem Hofe anbefohlene Räumung Cattaro's unter dem Vorwande verweigert habe, daß die Franzosen sich der Republik Ragusa bemächtigt hätten, und dies, zur Zeit der über Cattaro genommenen Entschließungen in Petersburg noch unbekannte Ereigniß von neuem die ganze Lage der Sachen ändre[3].

zu 89: [a] *folgt gestr.:* all.. [b] *folgt gestr.:* es

[1] *Der erste Sohn aus der Ehe Erbprinz Ludwigs (II.) mit Wilhelmine von Baden, der nachmalige Großherzog Ludwig (III.) wurde am 9. Juni 1806 geboren. Vgl. das Konzept des landgräflichen Schreibens vom 13. Juni (exp. 14. Juni) StAD E 1 M Nr. 93/4 fol. 35;* MATTSON *Nr. 9051.*
[2] *Für den von Neapel geforderten Tribut der sogen. „chinea" und den wegen Nichtleistung seit 1788 üblichen Protest siehe* **43** *mit Anm. 3. Für das Herzogtum Parma hatte sich Pier Luigi Farnese bei der Belehnung 1545 zur Zahlung eines jährlichen Tributs von 9 000 Golddukaten als Anerkennung der päpstlichen Oberherrschaft verpflichtet, deren Zahlung von den Bourbonen ebenfalls eingestellt worden war.*
[3] *Obwohl die HDLZ den Befehl des Zaren zur Räumung Cattaros bereits am 27. Mai 1806 gemeldet hatte, verzögerte sich die Rückgabe an den im Juni von Triest ausgelaufenen österreichischen General Bellegarde und von diesem an die Franzosen durch den Konflikt um Ragusa und die Einschaltung der Montenegriner bis ins Folgejahr; siehe* **93** *mit Anm. 1.*

90 Bericht Nr. 21/1806 Rom, 12. Juli 1806

Ausfertigung StAD E 1 M Nr. 93/4 fol. 47; ps. 26. Juli 1806.
MATTSON Nr. 1614.

Beginn des Bombardements der Festung Gaeta. Erneute Geheim-Kongregationen der Kardinäle. Wegnahme päpstlicher Schiffe durch die vor der Küste kreuzenden Engländer. Unsichere Meldungen über Kämpfe bei Ragusa. Aufhebung des Jesuitenordens im Königreich Neapel.

Bei dem wirklichen Mangel an allen wahrhaft interessanten Ereignissen hier seit dem Abgange meines letzten unterthänigsten Berichts, würde ich vielleicht nicht gewagt haben, schon heute aufs neue an Ew. Lg. Dl. zu schreiben, wenn der nun in der That geschehene Anfang der Belagerung von Gaëta mir nicht eine hinreichend merkwürdige Begebenheit geschienen hätte, um dieselbe Höchstderselben unverzüglich einzuberichten. Ew. Lg. Dl. werden nemlich aus meinen bisherigen Berichten zu ersehen geruhet haben, daß man bis jetzt bloß mit den Vorbereitungen zur Belagerung und der Anlegung der dazu nöthigen Werke beschäftigt gewesen ist. Am 7.

d. hat aber nun die Beschießung der Festung wirklich ihren Anfang genommen. Se. Kais. H. der Prinz Joseph ist einige Tage vorher selbst in die Gegend gekommen, und hat die Belagerungstruppen gemustert, und auch jetzt soll er dahin zurückgekehrt seyn, und sich, wie man versichert, in Trajetto, einem kleinen, der Festung nah gelegenen Orte, aufhalten. Ueberhaupt kündigt alles an, daß man die Wichtigkeit und Schwierigkeit des Unternehmens einsieht, und dasselbe mit allem Ernste verfolgen will. Auf der andern Seite zeigt Se. Hf. Dl. der Prinz von Hessen-Philippsthal die größeste Unerschrockenheit und Thätigkeit. Ueber die einzelnen seit dem Anfang der Belagerung vorgefallenen Ereignisse laufen so verschiedene, schwankende und unzuverlässige Gerüchte, daß sich nur wenig Bestimmtes daraus entnehmen läßt. Indeß scheint es gewiß, daß gleich am 7. Morgens ein Ausfall von den Belagerten auf die Belagerer gemacht worden ist, in welchem von beiden Theilen viel Menschen geblieben sind, der Vortheil aber auf Seiten der ersteren gewesen seyn soll. Doch muß der Schaden, welche die Belagerten den Werken der Belagerer zugefügt haben sollten, nicht wesentlich gewesen seyn, da die Beschießung in der Nacht vom 8. und 9. wieder mit großer Heftigkeit von neuem angefangen hat[1].

Der Päpstliche nach Paris geschickte Courier, welcher eine wichtige und entscheidende Antwort von dort zurückbringen sollte, ist zwar noch nicht wieder hier eingetroffen, indeß scheint der hiesige Französische Gesandte[2] dennoch neue und wichtige Instructionen erhalten zu haben, da sowohl am 4. d. als gestern aufs neue allgemeine geheime Versammlungen aller Cardinäle gehalten worden sind. Was in denselben vorgegangen ist, ist zwar auf keine Weise im Publicum bekannt geworden, indeß scheint es dennoch, als nähmen die Sachen gegenwärtig eine günstigere Wendung für den hiesigen Hof, und als würde es bald zu einer Uebereinkunft zwischen demselben und Frankreich kommen.

Ein paar Kanonenschüsse, welche aus dem Fort von Corneto auf eine demselben zu nah gekommene Englische[a] Fregatte geschehen waren, und auf welche diese geantwortet hatte, gab vor einigen Tagen zu dem Gerüchte Veranlassung, daß Civita-vecchia von den Engländern beschossen werde. Indeß bloquiren dieselben diesen ganzen Theil der Küste, und haben so eben einige Schiffe Päpstlicher Unterthanen weggenommen. Diese Feindseligkeiten könnten vielleicht dazu beitragen, daß der hiesige Hof sich noch näher an Frankreich anschlösse, und den hierauf gerichteten Forderungen des Kaisers Napoleon leichter nachgäbe.

Von der Räumung von Cattaro hat man hier noch immer keine bestimmte Nachricht. Vor einigen Tagen ging sogar hier das Gerücht, daß der dort commandirende Russische General die Stadt Ragusa aus dem Grunde angegriffen, daß die Franzosen hätten einige Montenegriner in derselben, als zur Russischen[b] Parthei gehörig, erschießen lassen, und daß es ihm gelungen sey, sich einiger kleiner Forts in der Nähe derselben zu bemächtigen. Jetzt verbreitet man die gleich unverbürgte Nachricht, daß die Russen die Insel

12./19. Juli 1806

Corzola besetzt, und die Franzosen genöthigt hätten, sich von derselben zurückzuziehen³.

Der vor wenigen Jahren in den Königreichen Neapel und Sicilien wieder eingeführte Jesuiten-Orden ist auf einmal in dem ersteren wieder aufgehoben worden. Diejenigen Mitglieder desselben, welche Neapolitaner sind, können im Lande bleiben. Alle auswärtigen aber haben das Königreich räumen müssen, und viele derselben haben sich hierher begeben.

zu 90: ᵃ *über der Zeile statt gestr.:* Französische ᵇ *über der Zeile statt gestr.:* ihrer

¹ *Die HDLZ berichtete am 22. Juli 1806, König Joseph Bonaparte habe in der Nacht vom 29./30. Juni die Befestigungswerke vor Gaeta besichtigt, am 2. August, er habe am 5. Juli den Befehl zu dem zwei Tage später eröffneten Angriffs-Bombardement gegeben.*
² *Alquier.*
³ *In der HDLZ wurde am 31. Juli 1806 über mörderische Gefechte zwischen französischen Truppen, Montenegrinern und Albanern in der Gegend von Catarro Mitte Juni berichtet. Die russische Besetzung von Corcula und anderen vorgelagerten Inseln war schon vorher gemeldet worden; vgl. u.a. den Bericht der HDLZ vom 1. Juli.*

91 Bericht Nr. 22/1806   Rom, 19. Juli 1806

Ausfertigung StAD E 1 M Nr. 93/4 fol. 49 f; ps. 2. August 1806.
MATTSON Nr. 1617.

Englische Landung bei Amantea in Kalabrien. Verhaftungsaktion in Neapel. Fortgang der Belagerung von Gaeta. Aufklärung des Seezwischenfalls vor Civitavecchia. Revolte neapolitanischer Galeerensträflinge bei Parma.

Die im Anfange dieser Woche aus Neapel hier angekommenen Briefe haben uns die Nachricht einer im Königreich Neapel geschehenen Landung Englischer Truppen überbracht. 6–7000 Mann haben sich in Amantea, einem kleinen Hafen im diesseitigen Calabrien festgesetzt, und von dort Détachements ausgesendet, um die nah gelegenen Orte zu einem Aufstande gegen die Franzosen zu bewegen. Dies ist in drei Dörfern wirklich gelungen, doch hat der General Verdier, welcher in Cosenza in der Nähe stand, sogleich hinzueilen, und die Einwohner zum Gehorsam zurückbringen können. Die Engländer selbst anzugreifen, hat es ihm an hinlänglichen Truppen gefehlt, und er hat sich begnügen müssen, den General Regnier aus dem jenseitigenᵃ Calabrien zu Hülfe zu rufen. Auch hat man sogleich von der Gegend von Neapel selbst einige Tausend Mann dahin abgeschickt, und der Erfolg wird jetzt lehren, ob die Engländer im Stande seyn werden, sich in der gewonnenen Position zu behaupten, oder nicht. Von Schiffen scheinen sie gegenwärtig eine ziemliche Anzahl in diesen Gewässern zu haben, da ein Reisender neulich allein bei Gaëta 16ᵇ derselben, worunter 5 Kriegsschiffe waren, gezählt hat. Von Landungstruppen sind neuerlich 5 Regimenter in Malta angekommen, die man in Sicilien erwartete. Die

Englischen Truppen in dieser Insel sind, nach Briefen aus Messina vom 13. Junius, neuerlich bloß mit 700 Mann vermehrt worden. Ob, wie einige behaupten, auch im jenseitigen Calabrien eine Landung geschehen, ist mir unbekannt. Die Neapolitanischen Briefe, die ich zu sehen Gelegenheit gehabt, sagen nichts davon.

Zu eben der Zeit, als diese Landung in Neapel bekannt wurde, hat man daselbst eine große Anzahl von Personen, und wie man versichert, 150–160 aus allen Ständen verhaften lassen. Man hält diese Maßregel für die Folge einer entdeckten großen, und ihrem Ausbruche gerade in jenem Augenblick nahen Verschwörung.

Die Belagerung von Gaëta dauert fort, und das in hiesiger Nähe stehende Regiment La Tour d'Auvergne hat Befehl erhalten, zu den Belagerungstruppen zu stoßen. Vor einigen Tagen ging hier das Gerücht, daß Se. Hf. Dl. der Prinz von Hessen-Philippsthal gefährlich verwundet worden seyen, und ein Englischer General den Befehl der Festung übernommen habe. Von Neapel schrieb man unterm 14. d. daß diese Nachricht dem Prinzen Joseph gemeldet worden sey. Da man indeß hier schlechterdings nicht weiter davon vernommen hat, so scheint es, daß die Sache entweder ein falsches Gerücht, oder die Verwundung äußerst unbedeutend gewesen ist[1]. Ueber den Verlauf der Belagerung selbst sind die Nachrichten durchaus widersprechend. Ein Theil einer Bastion ist, wie man behauptet, wirklich zusammengeschossen worden. Allein der Schaden soll nicht so bedeutend seyn, daß man dadurch eine eigentliche Breche gewonnen hätte, und die Franzosen, die einen Angriff darauf wagten, haben sich mit Verlust zurückziehen müssen. Nachdem die Franzosen mehreremale Waffenstillstände von einigen Stunden zu Begrabung ihrer Todten gefordert und erlangt haben, hat jetzt auch der Prinz von Hessen-Philippsthal auf einen von einigen Tagen angetragen. Der General Massena aber hat denselben nur, wenn zugleich über eine Capitulation unterhandelt werden sollte, zugestehen wollen, worauf der Prinz geantwortet, daß von Capitulation auf keine Weise die Rede seyn könne, noch dürfe.

Hier hat sich in der letzt vergangenen Woche nicht das Mindeste Merkwürdige zugetragen. Die Französischen Truppen haben immer die Mark Ancona, das Herzogtum Urbino und das Littorale des Kirchenstaats inne, und die Päpstlichen thun in Ancona und der dortigen Gegend zugleich mit ihnen unter den Befehlen des Generals Marois Dienste. Von den Unterhandlungen mit dem Französischen Hofe hört man nichts Bestimmtes. Nur scheint es, als beharrte der hiesige Staat immer auf seinem bisherigen Neutralitätssystem, welches die Engländer gleichfalls anzuerkennen fortfahren. Denn gerade das Ereigniß, durch welches ich, nach meinem letzten unterthänigsten Bericht, die Neutralität des Papstes verletzt glaubte[2], hat zur Befestigung derselben gedient. Es waren nemlich nicht mehrere Schiffe Päpstlicher Unterthanen, sondern eine einzige solche Felouque, welche von der Englischen Fregatte bei Civita-vecchia genommen worden ist, und auch

19./23. Juli 1806

diese hat der Englische Capitaine nur angegriffen, weil sie, statt seinen Signalen Folge zu leisten, auf die Fregatte geschossen, und einen Mann getödtet und zwei verwundet hat. Der Capitaine hat daher die sämmtliche Mannschaft auf sein Schiff genommen, die Felouque mit der ganzen Ladung versenkt, und den Patron an Bord behalten, um ihn den Seegesetzen gemäß zu richten, die Mannschaft hingegen nach Civita-vecchia zurückgesendet, und durch dieselbe erklären lassen, daß, da England nicht mit dem Papst im Krieg sey, er die Päpstliche Flagge immer respectiren werde, dagegen auch erwarte, daß die Päpstlichen Schiffe keine Feindseligkeiten anfangen, sondern den Zeichen der Englischen, wie es auf der See in Kriegszeiten üblich sey, gehorchen wollten.

Sechs Französische Regimenter sollen von Neapel aus durch den Kirchenstaat kommen, um, wie es heißt, nach Dalmatien zu gehen. Zugleich sagt man, daß andre Truppen von Bologna aus sie ersetzen werden. – Ein für die allgemeine Sicherheit unangenehmer Fall hat sich neulich in der Gegend von Parma zugetragen. Etwa 200 Neapolitanische Galeeren-Gefangene, die man nach Piemont transportirte, fielen über die Französischen Soldaten her, welche sie begleiteten, und in zu kleiner Anzahl waren, machten sie nieder, und flüchteten sich in die Berge von Pontremoli. Die dortigen Landbewohner nahmen sie in ihren Schutz, und widersetzten sich mit ihnen den Truppen, welche, sie einzufangen, nachgeschickt waren. Die Sache ist jetzt ohne Zweifel vollkommen wieder beseitigt, und die Ruhe hergestellt, indeß ist es doch ernstlich genug gewesen um den Praefecten von Parma zu bewegen, sich selbst an Ort und Stelle zu verfügen. Ein Französischer Officier ist in dem entstandenen Gefechte verwundet worden.

---

zu 91: ᵃ *davor gestr.*: diesseitigen   ᵇ *verbessert aus:* 15

[1] *Für die durch spätere Meldungen bestätigte Verwundung des Prinzen und die bereits am 18. Juli abends vollzogene Kapitulation der Festung siehe* **92** *mit Anm. 1.*
[2] *Siehe* **90**, *oben S. 284.*

92 Bericht Nr. 23/1806   Rom, 23. Juli 1806

Ausfertigung StAD E 1 M Nr. 93/4 fol. 51; ps. 8. August 1806.
MATTSON Nr. 1619.

Kapitulation der Festung Gaeta nach der bestätigten Verwundung des Prinzen von Hessen-Philippsthal. Einsatz der französischen Belagerungstruppen gegen die englischen Landungen in Kalabrien. Explosion eines französischen Pulvertransports auf dem Wege nach Gaeta.

Die Belagerung von Gaëta, welche in gegenwärtigem Augenblick die Aufmerksamkeit von ganz Italien auf sich zog, ist schneller, als man glaubte, beendigt worden, und die Festung hat sich am 19. d. des Morgens den Franzosen ergeben. Diese selbst waren nicht auf eine so baldige Entwicklung vorbereitet, und ein allgemeiner Sturm war bereits auf die folgende Nacht angesagt. Allein Se. Hf. Dl. der Prinz von Hessen-Philippsthal war in der That schon am 11. d. verwundet worden, und dieser Umstand scheint das Schicksal der Festung bestimmt zu haben. Zwar hatte man anfangs gesagt, daß seine Verwundung bloß am Arm, und nur leicht sey. Es ist aber nicht zu glauben, daß in diesem Fall der Prinz, der, nach dem eignen Geständniß des Feindes, die Festung mit dem rühmlichsten und unerschütterlichsten Muthe vertheidigt hatte, dieselbe so schnell verlassen haben würde. Auch sagt die Neapolitanische Zeitung, daß Steine von einem Stück Mauer, welches eine Bombe zerschmettert hatte, auf ihn gefallen wären, und daß er sich noch an demselben Tage auf einem Englischen Schiffe nach Palermo eingeschift habe, man aber besorge, daß er Sicilien nicht lebendig erreichen werde[1]. Die Neapolitanischen Officiere, welche er in der Festung zurückgelassen hatte, beschlossen in einem Kriegsrathe zu capituliren. Der Secretaire des Prinzen, welcher dem Kriegsrathe beiwohnte, soll ihnen vorgeschlagen haben, die Festung den Engländern zu übergeben, allein sie haben den Vorschlag nicht angenommen. Die Capitulation ist von einem Obristen, dessen Namen man hier nicht weiß, unterzeichnet worden[2]. Sie gehet dahin, daß die Garnison frei nach Sicilien abziehen kann, nur mit dem Versprechen, innerhalb eines Jahres weder gegen die Neapolitaner, noch die Franzosen zu dienen, alles in der Festung Befindliche aber den Franzosen verbleibt. Man erfuhr die Einnahme von Gaëta hier am 20. Morgens; viele Leute zweifelten aber noch daran, bis der General Campbreton, welcher die Artillerie der Belagerer commandirt hatte, vorgestern die officielle Nachricht davon hieher brachte. Die Französische Garnison, die sich jetzt in der Festung befindet, ist schon mit Ausbesserung der Festungswerke beschäftigt.

Die Einnahme von Gaëta setzt die Franzosen nunmehr in Stand, die dort gewesenen Truppen gegen die in Calabrien gelandeten Engländer zu brauchen, und der Marschall Massena ist schon mit denselben dahin abmarchirt. Die Hauptlandung ist, wie man jetzt weiß, bei Reggio, und nicht bei Amantea geschehen. Am letzteren Ort sind nur einige kleine Détachements ans Land gegangen. Man weiß noch nichts von bedeutenden Gefechten, die dort vorgefallen wären, allein der Sohn des hiesigen Französischen Botschafters Alquier, der als Officier in einem Regiment dort diente, hat das Unglück gehabt, mit andern Officieren in einem Scharmützel getödtet zu werden.

Zwölf Pulverwagen, die von Neapel nach Gaëta giengen, sind zwischen Neapel und Portici durch den sonderbaren Zufall in die Luft geflogen, daß ein wenig aus einem Faß herausgelaufenes Pulver auf die erhitzte eiserne Achse des Wagens gefallen war[3]. Die Explosion ist fürchterlich gewesen, der Flecken S[an] Giovanni, wo das Unglück vorgefallen war, hat bedeutend daran gelitten, und gegen 50 Menschen sind dabei umgekommen.

PS. Nach der neuesten Neapolitanischen Zeitung, die ich soeben erhalte, war der Prinz von Hessen-Philippsthal nicht nach Palermo gegangen, sondern hielt sich auf der Fregatte im Angesichte Gaëta's. Die Zeitung ist vom 18. d.

---

zu 92:
[1] *Die HDLZ berichtet am 5. Aug. 1806 nach Berichten aus Neapel und Mailand über den Ausfall des Prinzen, der bei Besichtigung der geschossenen Bresche durch einen Kanonenschuß verwundet worden sei, und über die am Abend des 18. Juli vereinbarte Kapitulation. Vgl. dazu die Folgeberichte Humboldts. – Die Kapitulationsartikel vom 18. Juli 1806 abgedr. bei* MARTENS, *Recueil des traités, Suppl. 4, S. 302–304.*
[2] *Interimskommandant war der aus der Schweiz stammende Oberst Franz Hotz (in der HDLZ irrt. Holz), wohl Bruder oder Vetter des aus Zürich stammenden österreichischen Feldmarschalleutnants Johann Konrad Hotz, der als Friedrich Frh. v. Hotze nobilitiert wurde. Die Kapitulation wurde in seinem Auftrag von Oberstleutnant Louis Bardet und dem Freikorps-Kapitän Gaetano Barone unterzeichnet.*
[3] *Laut Bericht der HDLZ vom 5. August waren es nur 6 Pulverwagen, die am 15. Juli auf der Straße bei Castellamare samt den Gespannen und 9 Fuhrknechten in die Luft geflogen waren.*

93 Bericht Nr. 24/1806   Rom, 30. Juli 1806

Ausfertigung StAD E 1 M Nr. 93/4 fol. 53 f; ps. 14. August 1806.
MATTSON Nr. 1624.

Einzelheiten über die Verwundung des Prinzen von Hessen-Philippsthal und die ohne seine Zustimmung vollzogene Kapitulation von Gaeta. Von den englischen Landungen ausgelöster Bürgerkrieg in Kalabrien. Grausamkeiten der Insurgenten. Widersprüchliche Berichte über die Lage um Ragusa. Französische Truppenverstärkungen.

Se. Hf. Dl. der Prinz von Hessen-Philippsthal ist, nach den sichersten Nachrichten, welche ich mir habe verschaffen können, wiederum so weit von seinen Wunden hergestellt, daß man keine weitere Gefahr befürchtet. Einer seiner Leute, der hier angekommen ist, hat ihn noch am 20. d. gesehen, als er eben im Begriff war, nach Palermo abzusegeln. Seine Verwundung rührt in der That von den Steinen einer durch eine Bombe zerschmetterten Mauer her, die gefährlichste Wunde ist am Kopf, und wohl zwei Stunden nach dem Vorfall lag der Prinz ohne alles Zeichen des Lebens da. Man brachte ihn zuerst nach der kleinen, auf den Batterien selbst erbauten Kirche della Trinità, und als er dort wieder zu sich gekommen war, in seinen Pallast. Da aber auf diesen mehrere Bomben zu fallen anfingen, wurde er an Bord der Englischen Fregatte getragen. Die Nachricht der Uebergabe der Festung hat ihn auf das Aeußerste erbittert, und er hat unverzüglich ein Decret ergehen lassen, in welchem er den Obristen Hotz, welcher die Capitulation unterzeichnet hat, und die übrigen Officiere, welche den Kriegsrath desselben ausmachten, zum Tode verurtheilt. Der Obrist Hotz, ein Schweizer von Geburt, ist ein mehr als 60jähriger, und durch unmäßige Corpulenz und schwächliche Gesundheit zu einem thätigen Posten unbrauchbarer Mann. Er hat sich mit nach Palermo eingeschift. Von den

Bericht 93

übrigen Officieren aber sind mehrere nach Neapel zurückgegangen. Der Obrist Hotz und sein Kriegsrath verlangten Zeit von den Franzosen, um die Einwilligung des Prinzen zur Uebergabe einzuholen. Allein die Franzosen, welche wohl wußten, daß der Prinz dieselbe auf keine Weise ertheilen würde, schlug[en] diese Forderung ab. Unter den Truppen selbst haben nur 500 Albanesen sich der Abschließung der Capitulation mit Festigkeit widersetzt. Die in der Festung jetzt befindliche Französische Garnison wird von dem General Lacour commandiret.

Ueber den Zustand von Calabrien wissen wir leider hier nichts Bestimmtes und Zuverlässiges. Man erfährt nur einzelne unsichre Nachrichten, meistentheils ohne Angabe der Zeit und des Orts. Gewiß ist es, daß die Franzosen weder auf eine so starke Landung der Engländer, noch auf eine sich so schnell durch beide Calabrien verbreitende Insurrection vorbereitet waren. Es fehlte sogar den Truppen, deren Anzahl schon an sich gering war, an Pulver und an übriger nöthiger Munition. Unter diesen Umständen war es sowohl dem General Regnier, welcher in Catanzaro im jenseitigen, als dem General Verdier, welcher in Cosenza im diesseitigen Calabrien stand, unmöglich, gegen den Feind mit Nachdruck zu agiren, oder auch nur sich unter einander sogleich zu vereinigen. Da sogleich alle Ortschaften und alle Wege durch die Insurgenten unsicher gemacht worden waren, befand sich jeder in seiner Stellung isolirt. Jetzt behauptet man, daß ihnen ihre Vereinigung gelungen sey; indeß scheint es fast, als hätten sie sich, um dieselbe mit mehr Sicherheit zu bewirken, in die Provinz Salerno zurückgezogen. Denn von Catanzaro und Cosenza erzählt man von den Insurgenten daselbst verübte Grausamkeiten. In der Provinz Salerno wird jetzt nun schon der Marschall Massena mit seinen von Gaëta kommenden Truppen zu ihnen gestoßen seyn. Alsdann werden sie ein Corps von 15–16000 Mann ausmachen, und schrittweise von neuem in Calabrien vordringen können, wenn nicht die Einnahme von Gaeta, welche alle Plane des Feindes verrücken muß, der Sache eine schnellere Wendung giebt.

In beiden Calabrien herrscht im gegenwärtigen Augenblick ein wahrer Bürgerkrieg, da die Insurgenten ebensosehr alle, die nur auf die entfernteste Weise die Franzosen begünstigt zu haben, beschuldigt werden, als die Franzosen selbst verfolgen. Dieser für die Nation selbst äußerst traurige Zustand der Dinge bringt den Franzosen wenigstens den Vortheil, daß ein Theil des Volks sich fester an sie anschließt, und bei der Thätigkeit des Feindes gegen ihn selbst nicht müssiger und unthätiger Zuschauer bleiben kann. Die Greuel welche beide Partheien gegen einander verüben, empören die Menschheit so sehr, daß es kaum möglich ist, sie nachzuerzählen. Ganze Familien vertilgen sich wechselsweis und selbst die kleinsten Kinder bleiben nicht verschont. Dabei ist jede Ermordung von den schrecklichsten und ausgesuchtesten Martern begleitet. Kein Stand wird verschont, und der Bischof von Catanzaro selbst ist, bloß weil der neue König auf seiner Reise in seinem Pallaste übernachtet hat, nach einigen erschossen, nach andern verbrannt

30. Juli 1806

worden[1]. Die Franzosen selbst werden natürlich noch grausamer behandelt; so erzählt man, daß die Insurgenten einigen Officieren, die in ihre Hände gefallen sind, erst die Augen ausgestochen, und Arme und Füße abgeschnitten haben, ehe sie dieselben[a] ermordet haben. Unter diesen Officieren soll sich der Sohn des hiesigen Französischen Botschafters Alquier befinden. Man muß hoffen, daß in diesen Erzählungen viele Uebertreibungen sind, allein leider entsprechen Grausamkeiten dieser Art nur zu sehr dem Charakter dieser heftigen, rachsüchtigen und ungebildeten Nation, wie die vorige Revolution zur Genüge gezeigt hat. Von eigentlichen militairischen Vorfällen meldet man bloß ein Gefecht gegen die Engländer, das aber für die Franzosen unglücklich ausgefallen seyn, und ihnen einen Verlust von mehreren hundert Mann und 24 Officieren zugezogen haben soll.

Daß die Einwohner der Bocche di Cattaro (die man gemeinhin Bocchesi nennt) und die Montenegriner sich geweigert haben die Oesterreichischen Truppen in der Absicht zuzulassen, den Franzosen übergeben zu werden, und daß der General Bellegarde sich genöthigt gesehen hat, fürs erste auf seinen Schiffen zu bleiben, nur einige kleine Detachements auf einigen kleinen unfruchtbaren Inseln zu landen, und um Verstärkungen und neue Befehle nach Wien zu schreiben, wird Ew. Lg. Dl. schon auf andren Wegen bekannt geworden seyn. Dieselben Briefe, welche dieses Ereigniß melden[b] versichern auch, daß Ragusa von den Russen zur See und den Montenegrinern zu Lande belagert würde, und daß die Lage der Franzosen in dieser Stadt sehr bedenklich sey. Seitdem schreibt man aus Livorno, daß Ragusa wirklich eingenommen seyn soll. Dies ist aber nur eine ungewisse und unverbürgte Nachricht. Dagegen sagen Briefe aus der Gegend selbst, die bis zum 5. d. gehen, daß zwar die Franzosen mehrere Nachtheile gegen die ihnen an Zahl und Kenntniß des Landes überlegenen Russen und Montenegriner gehabt, auch einen ihrer Generale, Namens Testa, verloren hätten, daß aber der General Molitor, der mit einer Verstärkung von 1800 Franzosen unvermuthet herzukam, die Stadt Ragusa entsetzt, und die gelandeten Russen genöthigt habe, sich mit Zurücklassung von 4 Kanonen, einem Mörser und zwei Haubitzen wiederum einzuschiffen[2] – Der Prinz Eugen[3] ist plötzlich am 19. d. von Mailand gegen Mantua zu abgereist und man vermuthet allgemein, daß Se. Kais. Hoheit nach Dalmatien gegangen ist. Die Generale Marmont und Seras, von denen ersterer in Udine und letzterer in Capo d'Istria war, sind gleichfalls dahin abgegangen, und mehrere Regimenter sind in Istrien eiligst dahin eingeschift worden. Man erwartet sowohl für Dalmazien, als das Königreich Neapel neue beträchtliche Verstärkungen aus Frankreich.

zu 93: [a] *übergeschrieben; urspr.:* von ihnen ermordet worden sind [b] *folgt gestr.:* reden auch

[1] *Der seit Sommer 1805 in Catanzaro amtierende Bischof Giovanni Francesco Alessandro starb erst 1818.*

² Über den von den Russen geschürten Widerstand der Montenegriner gegen die Übergabe Cattaros berichtete die HDLZ am 26. und 29. Juli. Am 31. Juli folgte ein ausführlicher Bericht über die mörderischen Gefechte zwischen den Franzosen und den vereinigten Montenegrinern und Albanesern vor Ragusa Mitte Juni. In der Zeitung vom 2. August, die zunächst fälschlich die Einnahme Ragusas durch Russen und Montenegriner gemeldet hatte, folgte ein Bericht aus Paris über die erfolgreiche Gegenoffensive der in Ragusa belagerten Franzosen unter General Lauriston und des von General Molitor kommandierten Hilfskorps. In der HDLZ vom 9. Aug. erschien dann der Text der von Lauriston nach Beendigung der Kämpfe am 8. Juli an die Ragusaner erlassenen Proklamation. Cattaro und Castelnuovo blieben allerdings trotz weiterer Verstärkung der französischen Truppen in Dalmatien, die künftig von Marschall Marmont kommandiert wurden, von russischen Land- und Seestreitkräften besetzt und wurden erst nach dem Tilsiter Friedensschluß am 10./12. Aug. 1807 übergeben. Marmont wurde zum Herzog von Ragusa ernannt.
³ Vizekönig Eugène Beauharnais.

94 Bericht Nr. 25/1806 Rom, 9. August 1806

Ausfertigung StAD E 1 M Nr. 93/4 fol. 55 f; ps. 23. August 1806.
MATTSON Nr. 1628.

Unsichere Nachrichten über die Kriegslage in Kalabrien. Proklamation des Kriegszustandes. Einzelheiten über die Erfolge der Engländer bei Amantea und Reggio. Falschmeldung über den Tod des Prinzen von Hessen-Philippsthal. Gebietsverschiebungen in Oberitalien.

Obgleich der Zustand Calabriens im gegenwärtigen Augenblick die ungetheilte Aufmerksamkeit des Publicums an sich zieht, so ist man demungeachtet nur sehr wenig hier von der wahren Beschaffenheit der dortigen Angelegenheiten unterrichtet, und wird alle Augenblicke durch widersprechende Gerüchte irre gemacht. Soviel sieht man indeß selbst aus den Neapolitanischen Zeitungen, und den Proclamationen der Regierung, daß die Engländer fortdauernd im Besitz eines Theils der beiden Calabrien sind, und ein andrer Theil durch die Insurgenten unsicher gemacht wird. Ob die Französischen Truppen diese Provinzen augenblicklich geräumt haben, darüber sind die Nachrichten getheilt. Einige behaupten, dies sey wirklich unmittelbar nach einem ungünstigen Treffen gegen die Engländer, von dem ich sogleich Ew. Lg. Dl. ausführlicher zu sprechen die Ehre haben werde, geschehen, und General Reynier habe sich gegen Salerno, General Verdier nach Matera zurückgezogen. Nach andern aber hat ersterer seinen Posten fortwährend behauptet, und letzterer ist zwar in der That nach Matera zurückgegangen, indem er sich mit ausnehmender Tapferkeit mit bloß 800 Soldaten durch die Insurgenten durchgeschlagen und noch fünf in Empörung ausgebrochene Ortschaften durch Verbrennung und Verheerung bestraft hat, hat aber dort nur Verstärkung an sich genommen, und sich so aufs neue in Cosenza festgesetzt.

Die letzte Neapolitanische Zeitung erzählt mit großer Ausführlichkeit eine Menge kleiner Gefechte, in welchen die Insurgenten geschlagen und zurückgetrieben worden sind. Allein alle diese Scharmützel sind in der

30. Juli / 9. August 1806

Provinz Salerno und Cilento, oder dem sogenannten Principato citra vorgefallen, und gehen keins beider Calabrien an. Gegen diese Provinz soll das Corps des Marschalls Massena anrücken, und der Marschall sollte am 2. huj[us] Neapel verlassen. Sein Hauptquartier sollte fürs erste Vietri di Salerno seyn. Vor ihm voran geht eine Proclamation des neuen Königs, in welcher beide Calabrien in Kriegszustand erkläret werden, dem Marschall Massena unbegränzte Vollmacht ertheilt wird, und welche außerdem die strengsten, aber leider nur allzunothwendigen Maßregeln gegen die Insurgenten enthält[1]. Alle, die man mit den Waffen in der Hand gefangen nimmt, werden nieder geschossen und ihre Güter confiscirt, und den Ortschaften wird unter Androhung der härtesten Bestrafung anbefohlen, diejenigen, welche sich bei ihnen aufhalten und besonders die Geistlichen, welche ihnen Vorschub gethan, oder mit ihnen in Einverständniß gewesen sind, augenblicklich anzuzeigen. Die etwas umständlicheren Nachrichten, welche man über die Vorfälle in Calabrien selbst hat, sind von ziemlich alten Datum und gehen nur etwa bis auf die Hälfte des vorigen Monats.

Aus der Vergleichung der[a] Französischen und der uns über Sicilien zugekommenen Englischen Nachrichten ergeben sich ungefähr folgende Umstände, deren Wahrheit sich indeß auch nicht mit Sicherheit verbürgen läßt. Am 28. Junius segelte General Stuart mit etwa 7000 Mann Englischer Landungstruppen aus Messina ab, und landete am 1. Julius in dem Busen von Sta Eufemia. Er ging von da ein wenig landeinwärts, drängte 400 Franzosen, die sich ihm entgegenstellten, zurück, und bemächtigte sich unter dem Schutze eines von dem Contre-Admiral Sidnei Smith commandirten Kriegsschiffes des kleinen Küstenstädtchens Amantea. General Reynier marschirte ihm bei dem Flusse Amato entgegen, und es kam zwischen beiden zu einem Treffen in welchem die Engländer siegten, ihre Feinde aber auch, nach der einstimmigen Aussage beider Theile, in weit geringerer Anzahl waren. Denn General Reynier hatte nur etwa 3000 Mann, und zu den Engländern waren noch Insurgenten Haufen gestoßen. Der Verlust war bei beiden Theilen sehr groß, allein, nach den Sicilianischen Nachrichten, größer auf Seiten der Engländer. 800 Verwundete wurden von ihnen allein nach Messina zurückgeschickt. Die Franzosen sollen 600 Todte gehabt haben. Dies Treffen soll die angebliche Räumung Calabriens bewirkt haben, und gewiß ist es wohl, daß es den Insurgenten erst den wahren Muth eingeflößt und dadurch gemacht hat, daß viele der einzeln verstreuten Französischen Truppendétachements theils von ihnen aufgerieben, theils sich den Engländern zu ergeben genöthigt worden sind. Auch sind die Communicationen an vielen Orten abgeschnitten gewesen, welches große Verluste an den Cassen und der Bagage der Regimenter nach sich gezogen haben soll. Jenes Treffen fiel am 4. vor, und am 10. nahm ein andrer Englischer General mit einem Sicilianischen Brigadier Floresta die kleine Festung Reggio ein. Die Garnison, die aus 612 Mann bestand, mußte sich, nach einer 40stündigen sehr tapfren Gegenwehr, ergeben, und wurde auf zwei Französischen Schiffen nach Messina gebracht, von wo sie sich nach Genua begeben sollte. Als die letzten Nachrichten, die wir hier aus Sicilien haben, abgingen, waren die Engländer mit der Belagerung eines andern kleinen festen Orts, Sciglio, beschäftigt. Die Gräuelthaten, welche die Insurgenten begehen, übertreffen alle Beschreibung. Um nur Eins anzuführen, so haben sie zwei gefangene Polnische Officiere, von welchen der eine nur 18 Jahre alt gewesen ist, lebendig an langsamen Feuer gebraten. Die Neapolitanische Zeitung behauptet zwar, daß Se. Hf. Dl. der Prinz von Hessen Philippsthal, noch vor der Uebergabe von Gaëta gestorben sey. Allein nach demjenigen, was ich die Ehre gehabt habe, Ew. Lg. Dl. neulich zu melden, ist dies unmöglich, und noch heute habe ich einen Brief seines ehemaligen Arztes gesehen, welcher versichert, daß, der ihm gemachten Beschreibung nach[b], der Zustand und die Beschaffenheit seiner Wunden keinesweges lebensgefährlich sey[2].

Wie man versichert, soll die Französische Armée im Königreich Neapel unverzüglich eine Verstärkung von 12 000 Mann neuer Truppen aus der Lombardei erhalten, und nach Briefen aus Palermo ist dort eine Englische Escadre von 18 Transportschiffen mit 7 000 Mann Landungstruppen unter Bedeckung von zwei Linienschiffen und einigen Fregatten angekommen, um, da die vorigen Truppen nach Calabrien abgegangen sind, die festen Plätze Siciliens in ihrer Abwesenheit zu besetzen.

In Florenz geht das, jedoch bis jetzt noch unverbürgte Gerücht, daß Pietra Santa und Barga an das Fürstenthum Lucca, und Pontremoli und ein Theil der Lunigiona an Frankreich abgetreten werden würden, um mit den Herzogthümern Parma und Piacenza vereinigt zu werden.

Die Nachricht des zwischen Frankreich und Russland abgeschlossenen Friedens hat hier eine sehr angenehme Wirkung gemacht, und man ist jetzt nur ungeduldig, die Bedingungen desselben zu erfahren[3].

---

zu 94: [a] *folgt gestr.:* uns [b] *folgt gestr.:* seine

[1] *Der Text der Proklamation erschien am 28. August in deutscher Übersetzung in der HDLZ.*
[2] *Die Fehlmeldung, der Prinz sei drei Tage nach seiner Verwundung gestorben, stand am 23. Aug. 1806 auch in der HDLZ, die noch am 19. gemeldet hatte, die Wunden seien* nicht gefährlich. *Eine Berichtigung erfolgte am 2. Sept.*
[3] *Der Text des am 20. Juli 1806 in Paris unterzeichneten Vertrags, der von Kaiser Alexander nicht ratifiziert wurde, ist abgedr. bei* MARTENS, *Recueil des traités, Suppl. 4, S. 305–309; vgl. unten* **101**.

95 Bericht Nr. 26/1806 — Rom, 16. August 1806

Ausfertigung StAD E 1 M Nr. 93/4 fol. 57, 62; ps. 30. August 1806.
MATTSON Nr. 1631.

Verlegung der im Kirchenstaat stationierten französischen Truppen in die Kampfgebiete des Königreichs Neapel. Neugruppierung der französischen Einheiten. Offizielle Kriegsberichte der Engländer. Unterhalt der französischen Truppen in Kalabrien. Verhaftung des Nuntiatursekretärs Caparucci in Neapel. Festbankett des französischen Botschafters in Rom zum Geburtstag Kaiser Napoleons.

Die Französischen Truppen, welche bisher im Kirchenstaate standen, haben denselben größtentheils plötzlich verlassen, und sind nach dem Königreiche Neapel zurückgegangen. Die in der Mark Ancona und an der Küste des Adriatischen Meers gelegenen sind sämmtlich aufgebrochen, von denjenigen aber, welche sich in der Gegend von Rom befanden, nur das Regiment Polnischer Cavallerie, und das Infanterie Regiment La Tour d'Auvergne. Die Hannöversche Legion geht fürs erste nur nach Velletri. Alle diese Truppen hatten anfangs Befehl erhalten, nach Abruzzo zu marchiren. Für die in hiesiger Nähe stehenden aber war diese Bestimmung in die nach Neapel abgeändert worden. Die aus Ancona haben sich gegen Ascoli gezogen. Der noch in Mantua stehende Dépôt der Polnischen Cavallerie hat auch nachzurücken Befehl erhalten, und derselbe Befehl soll an alle Depots der im Neapolitanischen befindlichen Regimenter ergangen seyn. Wenn diese Truppen nicht bis Calabrien vorrücken sollen, so werden sie vermuthlich zur Deckung der näheren Provinzen bestimmt seyn. Denn durch ein kürzlich erschienenes Decret ist die im Neapolitanischen stehende Armée in ein Expeditionscorps und ein Reservecorps abgetheilt worden. Diejenigen Truppen aber, welche zu keinem dieser beiden Corps gehören, sollen zur Erhaltung der Ordnung in denjenigen Provinzen dienen, die man nicht als in Kriegszustande ansieht, und diese sind in vier große Militaire-Divisionen: Neapel, Terra di Lavoro, beide Abruzzos und Apulien abgetheilt. Civita-vecchia hat seine Französische Garnison behalten, und auch der General Duhême und der General Marois sind im Kirchenstaat geblieben. Letzterer läßt den nöthigen Militairedienst in der Stadt Ancona durch die Päpstlichen Truppen, die er in Ancona zu diesem Behuf versammelt und unter seine Befehle genommen hat, verrichten, indeß sind auch am 12. d. bereits wieder vier Bataillone Französischer Truppen, welche 1500 Mann ausmachen sollen, von Bologna angekommen.

Der von dem Papst vor mehr als sechs Wochen nach Paris gesandte Courier ist vor einigen Tagen hieher zurückgekehrt. Es scheint indeß nicht, daß er eine wichtige Antwort mitgebracht habe. Wenigstens ist keine außerordentliche Cardinals-Congregation seitdem gewesen, und bloß der Französische Botschafter Alquier hat eine lange Unterredung mit dem Papste gehabt.

Die Nachrichten, die wir über Neapel aus Calabrien haben, gehen bis zum 7. d. M. Sie sagen indeß bloß, daß die Insurgenten an mehreren Orten zurückgedrängt worden sind, und der Marschall Massena am 7. in Castrovillari im diesseitigen Calabrien eintreffen sollte. Auf der andern Seite habe ich eine Französische Uebersetzung der in Messina auf Befehl des Englischen Generals Stuart gedruckten officiellen Berichte erhalten, die ich Ew. Lg. Dl.[a] in Abschrift beizuschließen wage[1]. Sie gehen nur bis zu der Uebergabe von Reggio; das Englische Hauptquartier war damals in Monteleone. Ew. Lg. Dl. werden gnädigst zu bemerken geruhen, daß diese Berichte in einigen Umständen von den Nachrichten abweichen, die mein letzter unterthänigster Bericht enthielt, und die aus Privatbriefen aus Messina geschöpft waren. Die gegenwärtigen sind durchaus den Engländern vortheilhafter. Bemerken muß ich jedoch, daß es allen bisherigen Nachrichten widerspricht, daß General Reynier soviel Truppen gehabt habe, als General Stuart behauptet.

Nach der schon neulich erwähnten Proclamation muß die Provinz Calabrien die ganze Französische[b] Armée, so weit dieselbe in sie vordringt, gänzlich allein besolden und unterhalten. Dieser Umstand, glaubt man, wird viele Calabresen bewegen, um bald aus diesem Zustande des Krieges herauszukommen, selbst gegen die Insurgenten und die Engländer die Waffen zu ergreifen. Um die Gräuel der Insurgenten wenigstens in etwas zu vermindern, sollen die Engländer ihnen 30 Piaster für jeden Französischen Officier, und Einen für jeden Soldaten versprochen haben, welche ihnen lebendig in die Hände geliefert sind.

Ein gewisser Caparucci, welcher Secretaire des letzten Päpstlichen Nuntius in Neapel war, und nach Abgang des Nuntius zur Besorgung der Geschäfte dort gelassen wurde, ohne jedoch eigentlich als Agent accreditirt zu seyn, ist auf Befehl der Neapolitanischen Regierung arretirt worden, die auch seine Papiere hat durchsuchen lassen[2]. Wie ich selbst oft gehört habe, war seine Correspondenz schon wegen seines hohen Alters sehr unbedeutend. Er soll aber einen der Regierung verdächtig vorgekommenen Umgang mit Personen gehabt haben, welche dem Sicilianischen Hofe anhängen. – Die Neapolitanische Regierung hat durch ein sehr ausführliches Decret auf einmal alle Feudalrechte, jedoch mit Beibehaltung des erblichen Adels, den Titel und die Erbfolgeordnung, aufgehoben.

Die Abtrennung einiger Districte vom Königreich Etrurien zum Vortheil Luccas und Frankreichs bestätigt sich. Die Districte von Pietrasanta und Barga kommen an Lucca, und der von Pontremoli wird zwischen Lucca und dem Departement der Apenninen getheilt. Der Fluß Magra und ein andrer kleiner, welcher sich mit ihm vereinigt und westlich von Rocca Sigillina fließt, machen die Scheidungsgränze. Das Gebiet zur Linken beider Flüsse fällt an Lucca, das zur Rechten an das gedachte Departement.

Der Französische Botschafter Alquier giebt morgen zu Ehren des Geburtstages Sr. Maj. des Kaisers Napoleon ein großes diplomatisches Diner. Da er auf dem Lande war, habe ich ihn seit einiger Zeit nicht gesprochen. Man versichert mir aber, daß er die glückliche Nachricht erhalten hat, daß sein Sohn nicht umgekommen ist, sondern sich in Englischer Gefangen-

16./23. August 1806

schaft befindet. Es soll ein anderer Französischer Officier seyn, welcher auf die anfänglich angegebene Weise mit so schrecklichen Grausamkeiten von den Insurgenten ermordet worden ist³.

zu 95:   ᵃ *verbessert aus:* königlichen; *vgl. bereits* **86** *mit Anm. d*   ᵇ *über der Zeile statt gestr.:* Neapolitanische

¹ *Als Anlage bei den Akten, StAD E 1 M Nr. 93/4 fol. 58–61.*
² *Laut Meldung der HDLZ vom 4. Sept. 1806 wurden wegen Beteiligung an einem Verschwörungskomplott mit dem päpstlichen Pronuntius auch der schwedische und der sardinische Konsul in Neapel verhaftet.*
³ *Vgl. oben, S. 288 und 291.*

96 Bericht Nr. 27/1806   Rom, 23. August 1806

Ausfertigung StAD E 1 M Nr. 93/4 fol. 63 f; ps. 5. September 1806.
MATTSON Nr. 1633.

Fortgang der Kämpfe in Kalabrien. Französische Strafaktion gegen die Stadt Lauria. Ergänzende Nachrichten zum Fall von Gaeta. Einbeziehung päpstlicher Truppen in die französischen Marschbewegungen. Höhere Einkünfte der päpstlichen Kammer durch Zusatzauflagen. Einführung einer neuen Grundsteuer in Neapel. Offizielle Notifikation des Verzichts auf die deutsche Kaiserwürde.

Seit dem Abgange meines letzten unterthänigsten Berichts an Ew. Lg. Dl. haben wir hier keine anderen bestimmten Nachrichten über Calabrien, als die uns die Neapolitanischen Zeitungen geben. Die letzte vom 16. d. M. sagt, daß der Marschall Massena sich mit den Generalen Reynier und Verdier in Cassano und Cosenza vereinigt habe, daß die Insurgenten sich von allen Seiten in die Gebirge zurückziehen, daß der ganze Strich Landes von Lauria bis Cosenza zum Gehorsam gegen die neue Regierung zurückgekehrt ist, und daß der General Reynier die weiter liegenden Oerter bis Cotrone, dem alten Croton im Anfange des jenseitigen Calabriens, sich unterwirft. Einige eben aus Neapel zurückkommende Fremde wollen zwar behaupten, daß der Marschall im Gegentheil einen großen Verlust erlitten habe, und in einem Treffen selbst verwundet worden sey, und 4 000 Franzosen eingebüßt habe. Da sie aber weder Ort, noch Tag dieses Treffens anzugeben wissen, so scheint die Nachricht entweder falsch oder übertrieben zu seyn.

Der Marschall Massena hat sich genöthigt geglaubt, in der Stadt Lauria in der Provinz Basilicata auf der Gränze des diesseitigen Calabriens ein Beispiel der Strenge auszuüben. Dreißig von ihm vorausgeschickte Soldaten waren darin aufgehoben und ermordet worden. Er hat darauf die ganze Stadt den Flammen Preis gegeben, und alle Bitten der an ihn abgeschickten Deputationen von Weibern und Geistlichen sind vergeblich geblieben. Dies Beispiel soll so stark auf die andren Oerter gewirkt haben, daß man nicht wieder zu gleich strengen Maßregeln hat greifen dürfen, und überhaupt soll die Insurection im jenseitigen Calabrien minder stark, als im diesseitigen gewesen seyn.

Von Se. Hf. Dl. dem Prinzen von Hessen-Philippsthal hat man noch immer keine weiteren gewissen Nachrichten. Doch sollen seine Wunden gefährlicher seyn, als die Ew. Lg. Dl. neulich unterthänigst mitgetheilten Nachrichten behaupteten. Man weiß jetzt mit Zuverlässigkeit, daß kein Englischer Soldat während der Belagerung in der Festung gewesen ist, daß der Prinz nur wenige und schlechte Truppen hatte, daß es ihm in der letzten Zeit an Munition zu fehlen anfieng, und die Belagerten selbst die Lebensmittel zu sehr theuren Preisen von den Engländern erkaufen mußten.

Zwei Päpstliche Compagnien waren mit den Franzosen aus der Gegend von Ancona wegmarchirt, und hieraus war das Gerücht entstanden, daß sie in das Königreich Neapel gingen. Sie sind aber, die eine in S[an] Benedetto, einem Küstenort des Kirchenstaats auf der Gränze des Königreichs, die andre in einem nah gelegenen Orte geblieben. Jetzt da sechs neue Französische Bataillone in Ancona angekommen sind, sind die meisten Päpstlichen Truppen nach Jesi zurückgeschickt worden.

Der Papst hat die hier bei dem Mahlen des Getreides zu zahlenden Auflagen vermehrt, und man rechnet, daß diese Vermehrung jährlich 420 000 Scudi eintragen wird. Die schon vor einiger Zeit gemachte Vermehrung der Grundsteuer wird auf 1 000 000 Scudi angeschlagen. Fügt man nun noch hinzu, daß die Interessen der Staatsschuld (der Luoghi de monti) jetzt so langsam bezahlt werden, daß die Päpstliche Kammer hierzu jährlich etwa 600 000 Scudi weniger als gewöhnlich braucht, so sind die Einkünfte der Regierung beinahe verdoppelt, und dieselbe eher im Stande, die Unterhaltungskosten der Französischen Truppen zu bestreiten.

In Neapel ist durch ein Decret festgesetzt worden, daß vom 1. Januar, 1807 an jede[a] bisher bestandene directe Auflage, welchen Namen sie gehabt haben möge, auf immer abgeschaft, und eine einzige bestimmte, nach dem Durchschnitts-Ertrage der Ländereien festgesetzte Grundsteuer an ihre Stelle gesetzt werden soll. Die Abschaffung der Lehensrechte verursacht dem Adel nur einen unbedeutenden Verlust, da alles, was daran einträglich war[b], schon nach und nach von der vorigen Regierung an sich gezogen worden war.

Der hiesige Oesterreichische Geschäftsträger hat gestern dem Cardinal-Staatssecretaire die officielle Mittheilung der Verzichtleistung seines Kaisers auf die Würde eines Kaisers von Deutschland gemacht[1].

Der Sohn des Französischen Botschafters Alquier, der jetzt selbst seinem Vater geschrieben hat, dankt es nur seinem Muth und einem günstigen Zufall nicht das grausame Schicksal andrer Französischer Officiere getheilt zu haben. Plötzlich von Insurgenten überfallen, hatte er das Glück, da er ihnen zu entkommen suchte, auf 10 Französische Soldaten und 2 Officiere, die zu ihrem Corps gingen, zu stoßen. Er verband sich mit ihnen, sie verschanzten sich, so gut sie konnten, in einem Hause, und vertheidigten sich in

23./30. August 1806

demselben 28 Stunden lang, bis sie erfuhren, daß ein Englisches Détachement in der Nachbarschaft angekommen sey. Alsdann übergaben sie sich unter der Bedingung, den Engländern ausgeliefert zu werden; dies geschah in der That, doch beraubten die Insurgenten sie erst dergestalt aller Effecten und Kleider, daß sie durchaus nackt zu den Engländern gebracht wurden.

Se. Dl. der Prinz Friedrich von Sachsen-Gotha ist, nach einer fast zweimonatlichen Abwesenheit, von Neapel wieder hier eingetroffen.

---

zu 96: [a] *über der Zeile;* urspr.: *alle . . . Auflagen* [b] *folgt gestr.:* nun

[1] *Nachdem die am 12. Juli 1806 in Paris unterzeichnete Rheinbundakte am 1. August auf dem Regensburger Reichstag offiziell bekanntgemacht worden war, hatte Kaiser Franz II. am 6. August den Verzicht auf die deutsche Kaiserkrone erklärt.*

97 Bericht Nr. 28/1806 Rom, 30. August 1806

Ausfertigung StAD E 1 M Nr. 93/4 fol. 65 f; ps. 18. September 1806.
MATTSON Nr. 1636.

Ernennung Humboldts zum preußischen Gesandten am neuen Hof von Neapel. Weiterführung seiner Geschäfte in Rom. Überlegungen zur künftigen Italienpolitik Napoleons. Abschiebung des päpstlichen Gouverneurs von Civitavecchia. Angebliche Räumung der englischen Brückenköpfe in Kalabrien. Erdbeben im unmittelbaren Umland Roms.

Ew. Lg. Dl. werden vielleicht bereits aus öffentlichen Blättern zu ersehen geruhet haben, daß Se. Maj. der König von Preussen die Gnade gehabt haben, mich zu Ihrem Gesandten am neuen Neapolitanischen Hofe zu ernennen[1]. Indem ich es für meine Pflicht halte, Ew. Lg. Dl. dies noch selbst besonders unterthänigst anzuzeigen, freue ich mich zugleich unendlich, hinzusetzen zu können, daß diese Ernennung in der Besorgung meiner hiesigen Geschäfte nicht die mindeste Veränderung hervorbringen wird, da Se. K. Majestät mir dieselbe ganz, wie vorher, gelassen und mir meinen neuen Posten mit meinem jetzigen zu verbinden befohlen haben. Ich schätze mich daher glücklich, auch Ew. Lg. Dl. Höchste Geschäfte ganz, wie bisher, fortführen zu können, und werde es mir vorzüglich angelegen seyn lassen, dieselben mit gleicher Pünktlichkeit und Schnelligkeit zu besorgen. Da in Neapel nur sehr wenige Geschäfte vorfallen können, so wird mein Aufenthalt daselbst immer nur kurz und vorübergehend zu seyn brauchen, und ich werde zu demselben diejenige Zeit auswählen können, in welcher hier am wenigsten Geschäfte vorzufallen pflegen. Auf diese Weise werden die Angelegenheiten Ew. Lg. Dl. Katholischen Unterthanen fast niemals auch nur den kleinsten Aufschub zu leiden brauchen, da ich dieselben, wenn es einmal nöthig seyn sollte, sogar von Neapel aus mit nur ganz unbedeutendem Zeitverluste besorgen kann, und meinen politischen Berichten, welchen Ew. Lg. Dl. bisher eine so gnädige und unverdiente Aufmerksamkeit

Bericht 97

zu schenken geruhet haben, werde ich von dort aus und durch diese neue Verbindung nun noch ein höheres Interesse zu geben im Stande seyn. Ich wage es daher nun, Ew. Lg. Dl. auch für die Folge um die Fortdauer Ihrer Höchsten Gnade und Gewogenheit unterthänigst zu bitten. Sollte ich im Stande seyn, Ew. Lg. Dl. auch in Neapel auf irgend eine Weise nützlich zu werden, so würde ich dies für einen vorzüglichen Vortheil meiner neuen Ernennung ansehen.

Da die Angelegenheiten Deutschlands jetzt gewissermaßen beendigt und weniger die ungetheilte Aufmerksamkeit des Kaisers Napoleon auf sich zu ziehen scheinen, so glaubt man allgemein, daß er dieselbe gegenwärtig auf Italien wenden wird, um auch die Italienischen Staaten in einen, unter seinen Schutz zu nehmenden Bund zu vereinigen. Einige kürzlich vorgenommene Bewegungen der Französischen Truppen bestätigen diese Vermuthung. Denn ein bisher in Montalto stehendes Regiment hat das Littorale von Toscana besetzt, und ein anderes aus Genua wird gleichfalls zu demselben Behufe erwartet. Auch in Ancona sind gegen 2500 Mann angekommen, und es sollen sich, wie es heißt, 5–6000 daselbst versammeln. Da der daselbst commandirende General genaue Nachrichten über die Bevölkerung, die Vorräthe, und andre zur Einquartirung nothwendige Gegenstände in dieser Stadt einzieht, so schließt man hieraus, daß der Aufenthalt dieser Truppen von längerer Dauer seyn dürfte. Hier ist außerdem nichts vorgefallen, das besondere Aufmerksamkeit verdiente. Nur der Päpstliche Gouverneur von Civita-vecchia, Negretti, ist in diesen Tagen, auf Befehl des Generals Duhesme durch ein Detachement Dragoner hierher gebracht worden. Der General hatte demselben schon vor längerer Zeit angezeigt, sich von diesem Hafen zu entfernen. Da er aber behauptete, von seiner Regierung Gegenbefehl erhalten zu haben, so war er dieser Weisung nicht gefolgt, und der General hat jetzt diese strengere Maßregel ergriffen.

Von Neapel schreibt man, und wie es scheint, mit einigem Grade von Zuverlässigkeit, daß die Engländer sich sämmtlich wieder eingeschift haben. Indeß greifen ihre Schiffe die Küste fortdauernd, und oft auf mehreren Punkten zugleich an, und man hält sich auch noch nicht vor neuen Landungen sicher. Dies macht, daß die Französischen Truppen in ununterbrochener Bewegung und Wachsamkeit seyn müssen, um so mehr, da auch die Insurgenten noch bei weitem nicht ganz zum Gehorsam zurückgebracht sind. Selbst im Rücken des Marschalls Massena war noch kürzlich eine neue Insurrection entstanden, die jedoch bald wieder gedämpft worden ist.

Der bisherige Privatsecretaire des Französischen Botschafters hier, Namens Beer, ist so eben zum Gouverneur in Benevent von dem Prinzen von Benevent ernannt worden[2].

Am 26. d. M. Morgens um 8 Uhr, 15 Minuten haben wir hier und in der umliegenden Gegend ein Erdbeben erfahren, das stärker war, als irgend eins, das sich seit 100 Jahren hier ereignet hat. Diesen ganzen Sommer hindurch war hier eine sehr ungewöhnliche Witterung gewesen. Die Hitze

30. August 1806

hatte, nach dem Thermometer zu urtheilen, nur sehr wenige Tage hindurch einen hohen Grad erreicht, und war namentlich seit dem 1. August meistentheils auf 22 bis 23° Réaumur gewesen. Aber die Luft war schwer und stickend, der Himmel selten ganz rein und oft sehr trübe, das Wetter kühlte sich am Abend und in der Nacht nur sehr wenig ab, und es herrschte fast beständig ein sehr lästiger Scirocco. Vorzüglich war dies am 24. und 25. d. der Fall. Am 25. war die Sonne am Tage merklich blässer, als gewöhnlich, im Untergehen aber, so wie nachher der Mond, fast blutroth. Der Erdstoß am Morgen darauf erfolgte bei 19 1/2° Réaumur. Er dauerte etwa 25 Secunden, und war, besonders, wo man ihn am stärksten bemerkte, fast bloß vertical. In Rom selbst hat er nur sehr wenig Schaden angerichtet, bloß einige Schornsteine eingeworfen, und einige Kirchen und Häuser leicht beschädigt. Allein am stärksten war die Erschütterung in dem ganzen Strich des Latium-Gebirges von Frascati bis Velletri und zugleich am Meer bei Porto d'Anzo, Nettuno u. s. f. Nemi und Genzano liegen ungefähr im Mittelpunkte dieses Gebirges und litten daher auch vorzüglich. Ich befand mich zufällig gerade am letzteren Ort. Das Haus, in dem ich war, verlor nur einen Schornstein, allein ein andres fiel fast ganz ein, in einer Kirche stürzten viele Steine eines großen Bogens herunter, und 4–5 Personen wurden verwundet. In Nemi litt vor allem ein Kloster und zwei Häuser. Letztere fielen ganz zusammen. Auch da wurden mehrere verwundet, aber nur Ein Mann getödtet. Von Velletri meldet man ähnliche Vorfälle, in Larinia stürzte das Dach einer Kirche ein, und fast alle Häuser bekamen mehr oder minder starke Risse. Rocca di Papa, Marino, Monte Porcio und vor allem Frascati wurden auf gleiche Art beschädigt. Am letzteren Ort wurde besonders die Villa des Senators Lucian Bonaparte die auf der höchsten Höhe des Orts da, wo noch Ruinen des alten Tusculums sind, liegt, so stark erschüttert, daß er sich genöthigt sah, mit seiner ganzen Familie nach Rom zu kommen, und daß das Haus, obgleich es, als ein ehemaliges Jesuiter-Kloster, durchaus gewölbt und eins der festesten in hiesiger Gegend ist, einer starken Reparatur bedarf. Dieser Vorfall ist ihm um so unangenehmer gewesen, als er gerade den Vorsatz gefaßt hatte, auch den Winter daselbst zuzubringen, und aus diesem Grunde alle seine Statuen und Gemälde so eben dorthin gebracht waren. Die Gerüchte von rauchenden Vulkanen, die auf dem Monte Cavo und Monte Artemisio entstanden seyn sollten, haben sich nicht bestätigt. Doch hat dies Erdbeben vorzüglich deshalb hier eine große Bestürzung erregt, weil, da man bereits weiß, daß in Neapel gar keine Erschütterung verspürt worden ist, es scheint, daß es das erste ist, welches seinen Grund allein in der hiesigen Gegend, und in den Rom zunächst umgebenden Gebirgen hat.

Se. Maj. der König haben mir noch nicht meine letzten, meine Neapolitanische Mission betreffenden Instructionen zuzufertigen geruhet, ich sehe indeß dem Befehle zu meiner Abreise mit einem der nächsten Couriere entgegen. Sobald ich denselben bekommen haben werde, werde ich nicht verfehlen, Ew. Lg. Dl. unverzüglich unterthänigste Anzeige davon zu machen. Meine an mich hierher addressirten Briefe werden mir auf das pünktlichste und ohne den mindesten Aufenthalt nachgeschickt werden.

zu 97:
[1] *Humboldt war zwar ernannt worden, erhielt jedoch mit Zufertigung der Beglaubigungsschreiben am 25. Aug. 1806 die Anweisung, mit der Übergabe noch zu warten; am 8. Sept. wurde in Hinblick auf die verstärkte Kriegsgefahr weiterer Aufschub angeordnet. Humboldt hat den Posten in Neapel daher nie angetreten.*
[2] *Fürst von Benevent war seit dem 5. Juni 1806 der französische Außenminister Talleyrand; für die Belehnung mit der von Frankreich annektierten päpstlichen Enklave im Königreich Neapel.vgl.* MARTENS, *Recueil des traités, Suppl. 4, S. 263.*

98 An Großherzog Ludewig I. von Hessen Rom, 6. September 1806

Konzept ZStADDR Merseburg Rep. 81 Rom I C 13 Fasz. 1[1].
MATTSON Nr. 1640.

Persönliche Glückwünsche an den vormaligen Landgrafen Ludwig X. zur Erhebung Hessen-Darmstadts zum Großherzogtum[2].

A Rome, ce 6 Septembre, 1806[a]

Monseigneur,

V[otre] A[ltesse] R[oyale] daignera permettre, que je m'adresse encore en particulier à Son Auguste personne pour mettre à Ses pieds l'hommage[b] des sentimens, que le changement important[c] par lequel Elle vient d'[d]elever Ses Etats en Grand Duché Souverain, à réveillés en moi. Les liens seuls, [e]par lesquels j'ai le bonheur d'être[e] attaché[f] au service de V[otre] A[ltesse] R[oyale], [g]seraient plus que suffisans[g] pour m'inspirer le plus profond et le plus vif intérêt à tous les évènemens qui La concernent, mais Elle a daigné y en ajouter d'autres, s'il était possible, plus forts encore par la manière pleine de bienveillance et de clémence[h] dont V.A.R. m'a fait la grâce de me traiter constamment. J'ose donc La supplier[i] de croire que mon dévouement pour[k] V. A. R. [l]ainsi que pour[l] tout, à qui La Lui appartient, sera toujours[m] sans bornes, et que je ne cesserai jamais de faire les [n]veux les[n] plus ardents pour Sa Personne, le gloire de Son Regne, et son[o] auguste Maison.

Je suis et[cetera].

zu 98: [a] *am Rand als Adressvermerk:* Au Grand-Duc de Hesse [b] *über der Zeile statt gestr.:* l'expression [c] *über der Zeile statt gestr.:* heureux [d] *vor der Zeile statt gestr.:* à [e-e] *über der Zeile statt gestr.:* qui m'attachent [f] *statt des nachfolgend zunächst gestr.* au service *begann die nächste Zeile mit später wieder gestr.:* si heureusement [g-g] *vor der Zeile ergänzt statt gestr.:* suffisaient [h] *über der Zeile statt gestr.:* bonté [i] *folgt gestr.:* que [k] *folgt gestr.:* Elle et [l-l] *über der Zeile statt gestr.:* et [m] *über der Zeile statt gestr.:* et jamais [n-n] *über der Zeile erg.* [o] *wohl verbessert aus:* sa

30. August / 6. September 1806

[1] *Die nicht nachweisbare Ausf. lag vermutlich im Großherzoglichen Hausarchiv, da dort in einem Faszikel, das eine Reihe anderer Glückwünsche zur Großherzogserhebung enthält, StAD D 4 Nr. 618/6, ein Humboldt-Brief aus Rom seit 1971 als fehlend geführt wird.*

[2] *Mit einem Patent vom 13. Aug. 1806, das mit* Wir Ludewig von Gottes Gnaden Großherzog von Hessen, Herzog von Westfalen etc. *begann, hatte der seitherige Landgraf von Hessen-Darmstadt seinen Untertanen die mit Unterzeichnung der Rheinbundakte vom 12. Juli 1806 vollzogene Erhebung der Landgrafschaft zum souverainen Großherzogtum bekanntgegeben.*

99 Bericht ohne Nr.   Rom, 6. September 1806

Ausfertigung StAD E 1 M Nr. 93/4 fol. 68a; ps. 20. September 1806.
Konzept ZStADDR Merseburg Rep. 81 Rom I C 13 Fasz. 1.
MATTSON Nr. 1641.

Glückwünsche zur Erhebung Hessen-Darmstadts zum Großherzogtum. Verwendung der neuen Titulatur. Kein Fortgang in den anstehenden kirchenpolitischen Fragen.

Ich habe mit gestriger Post das allerhöchste Rescript vom 17. v. M. zu empfangen die Ehre gehabt, durch welches Ew. K. H. allergnädigst geruhet haben, mir die Erhebung Allerhöchstdero Staaten zu einem souverainen Großherzogthume bekannt zu machen, und mir die veränderte Titulatur zuzufertigen[1]. Ein in so hohem Grade wichtiges Ereigniß hat nicht anders, als den tiefsten und lebhaftesten Antheil in mir erwecken können, dessen Ausdruck ich es wage, Ew. K. H.[a] hierdurch allerunterthänigst zu Füßen zu legen. Er ist um so größer in mir, als die huldreiche und herablassende Art, mit welcher Ew. K. H. mich fortdauernd zu behandeln allergnädigst geruhen, mich immer mit den Gefühlen der stärksten und ehrfurchtsvollsten Dankbarkeit durchdringt.

Ich werde nicht verfehlen, die, mir in gedachtem Rescript gegebenen allerhöchsten Vorschriften auf das genaueste zu beobachten. Da mir dieselben indeß bloß „zur Wissenschaft und Nachachtung" ertheilt worden sind, so habe ich nicht geglaubt, deshalb eine officielle Notification bei dem Cardinal-Staatssecretaire machen zu müssen. Ich werde dies vielmehr fürs erste ausdrücklich vermeiden, um nicht bei dem hiesigen, etwas umständlichen und förmlichen Hofe Fragen über die Anerkennung und die Nothwendigkeit neuer Credenzialien zu veranlassen, und werde mich für jetzt bloß begnügen, sowohl in Noten, als bei allen andern Gelegenheiten die neuen, mir allergnädigst mitgetheilten Titel zu gebrauchen. Es scheint mir um so mehr nothwendig, anderweitige bestimmte Befehle von Ew. K. H. über diesen Gegenstand abzuwarten, als mir nicht bekannt ist, ob nicht schon überhaupt über die geistlichen Angelegenheiten Ew. K. H. allerhöchsten Staaten Unterhandlungen mit dem Praelaten della Genga in Deutschland angeknüpft worden sind.

Hier ist, wie ich gewiß zu wissen glaube, bisher weder über die Coadjutorien des Cardinals Fesch, noch über irgend etwas, das den Rheinischen

Bund angeht, irgend ein entscheidender Schritt geschehen. Was darin in der Folge vorgenommen werden sollte, werde ich mit möglichster Schnelligkeit zu erfahren bemüht seyn, und Ew. K. H. allerunterthänigst unverzüglich einzuberichten nicht ermangeln.

Ich habe dem Wunsche nicht widerstehen können, mich bei dieser Gelegenheit noch[b] an Ew. K. H. allerhöchste Person mit einem eignen unmittelbaren Schreiben zu wenden, und wage, dasselbe gegenwärtigem Berichte in der Anlage allerunterthänigst beizufügen[2].

---

zu 99: [a] *das K. kürzt abwechselnd Ew. K. H. und E. K. H.* [b] *im K.:* auch

[1] *Bei den Akten über die Veränderung der Titulaturen im Gefolge der Erhebung Hessen-Darmstadts zum Großherzogtum, die Behörden und Untertanen mit einem gedruckten* Publicandum *vom 16. Aug. 1806 bekanntgemacht wurde, fehlt der aus Humboldts Bericht zu erschließende Runderlaß an die diplomatischen Vertretungen; vgl. StAD D 3 Nr. 2/2.*
[2] *Vgl. das ebenfalls nur im Konzept überlieferte Glückwunschschreiben* **98**.

100 Bericht Nr. 29/1806   Rom, 10. September 1806

Ausfertigung StAD E 1 M Nr. 93/4 fol. 67; ps. 27. September 1806.
MATTSON Nr. 1645.

Landung von Insurgenten unter „Fra Diavolo" in Itri. Grausamkeiten in den Kämpfen mit den Freischärlern. Unsichere Nachrichten aus Kalabrien. Landung britischer Truppenverstärkungen in Malta. Französische Truppenbewegungen. Einrichtung einer französisch gesteuerten Oberpolizei in Etrurien.

Ein an sich nicht außerordentlich bedeutender, aber unerwarteter Vorfall hat vor einigen Tagen hier eine große Sensation erregt. Am vergangenen Sonnabend landeten nemlich Englische Schiffe in Itri, einem kleinen im Königreich Neapel zwischen Terracina und Gaëta gelegenen Orte, 400 Insurgenten, an deren Spitze sich der berüchtigte Fra Diavolo mit seinen beiden Brüdern befand. Sie überfielen Itri, und machten sogleich die kleine daselbst befindliche Französische Garnison nieder. Nach einigen bestand dieselbe nur aus 15, nach andren aus 30–40 Mann. Der Commandant von Gaëta schickte sogleich ein Détachement von 500 Mann gegen sie ab, und es gelang diesen, sie nach kurzem Widerstande zu zerstreuen. Sie zogen sich in das Gebirge gegen Abruzzo zurück, und es ist wahrscheinlich, daß dies gleich anfangs ihre Absicht war, um sich auch dort Anhänger zu verschaffen. Ein großer Theil aber wurde von den Franzosen getödtet, und, nach der Behauptung dieser letzteren, entkam Fra Diavolo kaum mit dem vierten Theil seiner Mannschaft.

Die kleine Stadt Itri ist bei dieser Gelegenheit zum Theil angezündet und geplündert worden, und viele der Einwohner derselben sind umgekommen. Schon ehemals beschuldigte man die Bewohner dieses den Gebirgen nah gelegenen Ortes des Hanges zur Räuberei und andrer Unordnungen. Den Tag, an welchem dies kleine Gefecht vorfiel, und den Tag nachher war die

6./10. September 1806

Gemeinschaft zwischen Neapel und Rom gänzlich gesperrt. Seitdem sind einige Reisende wirklich angekommen, die aber noch eine Menge von Leichnamen auf der Straße angetroffen haben. Die Erbitterung geht jetzt in Gefechten dieser Art so weit, daß man, so unglaublich es auch scheint, von beiden Seiten erzählt, daß selbst Verwundete und Kranke niedergemacht worden sind. Im ersten Augenblick erregte dieser Vorfall große Unruhe; die Franzosen in Terracina dachten auf Sicherheitsmaßregeln, ein Theil der Garnison von Civita-vecchia setzte sich in Bewegung, um gegen die Neapolitanische Gränze vorzurücken, und selbst in Gaëta besorgte man einen Angriff, da die Englischen Schiffe im Gesicht geblieben waren, und andre, ernsthaftere Landungen nachfolgen konnten. Indeß ist bis jetzt nichts weiter vorgefallen.

Von Calabrien wissen wir hier nichts Bestimmtes, als daß der Marschall Massena weit vorgedrungen ist, und gegen Reggio marschirt[1]. Zwar behauptet man, daß die Englischen Truppen, die sich, wie es jetzt gewiß scheint, wieder eingeschifft hatten, an einem andern Orte in oder bei Calabrien aufs neue gelandet seyen, und einige nennen sogar, als Landungsort, den Busen von Policastro. Indeß sind dieß durchaus unverbürgte Gerüchte, deren ich nur erwähne, weil sie doch noch die am wenigsten übertriebenen und unwahrscheinlichen unter denen sind, mit denen man sich gegenwärtig trägt. Denn nach andern hat das Corps des Marschalls Massena einen großen Verlust erlitten, und er selbst ist getödtet worden.

Eine wichtige Nachricht, die jedoch auch noch gar sehr der Bestätigung bedarf, wird von Palermo unterm 15. August gemeldet. Man schreibt naemlich, daß ein neues Corps von 9 000 Mann Englischer Truppen in Malta angekommen sey, und setzt hinzu, daß man vorzüglich deswegen in großer Freude über diese Ankunft bei der dortigen Regierung gewesen sey, weil man gewußt habe, daß der Convoi, welcher diese Truppen gebracht, sich seit 20 Tagen im Mittelländischen Meere befinde, ohne etwas Weiteres von demselben zu erfahren.

Die in Ancona versammelten Französischen Truppen von denen es, wie ich Ew. K. H. in meinem letzten allerunterthänigsten Bericht zu melden die Ehre hatte, schien, daß sie einige Zeitlang dort bleiben wollten, sind plötzlich nach Abruzzo aufgebrochen. – Die Besetzung der Küste Toscana's durch Französische Truppen hat sich nicht bestätigt. Dagegen redet man in Florenz von der bevorstehenden Einrichtung einer Oberpolizei im Königreich Etrurien, welche mit der Pariser Polizei in Correspondenz stehen würde, deren Organisation indeß noch bis jetzt gänzlich unbekannt ist.

---

zu 100:
[1] *Die nunmehr Großherzoglich Hessische Landzeitung (GHLZ; ab Juli 1808: G. H. Zeitung/GHZ) meldete am 18. Sept. 1806: In Calabrien geht es noch immer calabrisch zu. Ein längerer Bericht aus Neapel vom 5. Sept. erschien in der Ausgabe vom 25. Sept. Genauere Meldungen über die Kämpfe in Italien kamen aus London und Paris.*

101 Bericht Nr. 30/1806 Rom, 24. September 1806

Ausfertigung StAD E 1 M Nr. 93/4 fol. 69 f; ps. 14. Oktober 1806.
MATTSON Nr. 1651.

Keine bedeutenden politischen Ereignisse in Italien. Tod des päpstlichen Hauptmanns Meucci in einem Gefecht mit Insurgenten an der neapolitanischen Grenze. Vorkehrungen gegen das Übergreifen der Unruhen auf päpstliches Gebiet. Einnahme des Forts Cammarota. Verstärkung der französischen Truppen. Kleinere Nachrichten.

Die letztverflossenen 14 Tage sind so leer an allen merkwürdigen Ereignissen gewesen, daß ich durchaus keinen Stoff zu einem nur irgend interessanten Bericht an Ew. K. H. gefunden hätte. Seitdem durch die Weigerung Sr. Maj. des Kaisers von Russland, den in Paris am 20. Julius geschlossenen Tractat zu bestätigen[1], die allgemeinen Angelegenheiten Europas wiederum die allgemeine Aufmerksamkcit an sich gczogcn habcn, habcn die minder bedeutenden Italienischen an Interesse verloren, und es sind bis auf diesen Augenblick keine neuen Schritte zu denjenigen Umänderungen geschehen, welche, wie es schien, Italien betreffen sollten. Alles, was daher in dieser Zeit zu unsrer Kenntniß gekommen ist, beschränkt sich auf wenig erhebliche Truppenbewegungen und Vorfälle im Neapolitanischen.

Unter diesen letzten hat jedoch einer hier vor einigen Tagen ein sehr großes Aufsehen gemacht. Man erhielt nemlich die Nachricht, daß der Päpstliche Hauptmann und Bruder der Herzogin Caserta allhier, Meucci, von den Insurgenten in einem kleinen Gefecht getödtet worden wäre[2]. Nach den genauesten Nachrichten, die ich hierüber habe einziehen können, hat es sich hiermit folgendermaßen verhalten. Zwei Päpstliche Compagnien standen seit einigen Wochen unter den Befehlen des Französischen Generals Marois, und dieser hatte diesen Hauptmann Meucci mit seinen Leuten als Besatzung in die kleine Päpstliche Festung Ascoli an der Neapolitanischen Gränze[a] geschickt. Als nun der unter Fra Diavolo bei Itri gelandete Haufen Neapolitanischer Insurgenten sich in diese Gegend zog, rückte der Hauptmann Meucci, auf ausdrücklichen Befehl des Generals Marois, und da die Insurgenten, zwar ohne Feindseligkeiten zu begehen, aber doch indem sie Lebensmittel und selbst Geld forderten, auch das Päpstliche Gebiet betraten, gegen dieselben aus. Er begegnete in der Nähe von Ascoli 70 bis 80 Mann, und da er eine größere Anzahl bei sich hatte, griff er dieselben an, wurde aber beim ersten Schuß getödtet. Als er fiel, zerstreuten sich seine Leute und ergriffen die Flucht. Man will für gewiß behaupten, daß der Hauptmann Meucci wirklich, obgleich um Weniges, das Neapolitanische Gebiet berührt habe und in demselben, nicht im Päpstlichen umgekommen sey, und gewiß ist, daß die Insurgenten fünf Päpstliche Soldaten, die sie zu Gefangenen gemacht hatten, unversehrt zurückgeschickt haben.

Nach diesem Vorfall hat der Papst geglaubt, ernstliche Maßregeln ergreifen zu müssen, um zu verhindern, daß diese Unruhen in dem benachbarten Königreich Neapel nicht auch die Sicherheit und Ruhe in seinen Staaten stören, und es ist ein strenges Edict ergangen, in welchem bei harten Strafen

24. September 1806

den Päpstlichen Unterthanen jede und alle Gemeinschaft und Begünstigung von Insurgenten benachbarter Staaten, so wie auch aller verdächtige Briefwechsel und alles laute und öffentliche Gespräch über politische Gegenstände untersagt wird. Dies Edict wird zwar unstreitig seine[b] Wirkung nicht verfehlen, hat indeß auch die nachtheilige Folge gehabt, daß es eine große Unruhe hier verbreitet und viele Personen glauben gemacht hat, daß die Neapolitanischen Insurgenten leicht selbst bis in die Nähe Roms vordringen könnten. Diese haben sich indeß über S[an] Giovanni Incarico, Arce und Arpino nach Sora gezogen, und Fra Diavolo hat sich in diesem letzteren Orte verschanzt, auch zwei alte Kanonen, welche er vorgefunden, zur Vertheidigung dieses kleinen Platzes in Stand gesetzt. Indeß ist er von allen Seiten von Französischen Truppen eingeschlossen, die nur noch Verstärkung zu erwarten scheinen, um ihn anzugreifen, da sich sein Haufen in diesen Gebirgsörtern ziemlich ansehnlich vermehrt haben soll.

Mehrere Neapolitaner, welche von Neapel entfernt waren und sich seitdem hier aufhielten, unter welchen sich der Prinz Rocca Romana und der Cardinal-Erzbischof Ruffo befinden, haben sich auf erhaltene Weisung nach Florenz begeben. Ebendahin soll auch, wie es heißt, der Cardinal-Minister Ruffo von Amelia, wo er sich jetzt aufhält, gehen[3].

Die Nachrichten der Neapolitanischen Zeitungen aus Calabrien gehen bis zum 10. d. M. Zu dieser Zeit war das Hauptquartier des Marschalls Massena in Nicastro, der Vortrupp aber befand sich bereits in Monteleone. General Verdier war mit einer Macht, die man für hinlänglich hielt, in Cosenza zurückgeblieben, und General Reynier hatte ein Corps von 3000 Mann alter Neapolitanischer Truppen zerstreut, welche, nach der Einschiffung der Engländer, in Calabrien geblieben waren. Die Gemeinschaft zwischen Calabrien und Neapel war ein Paar mal durch Insurgenten unterbrochen worden, welche sich vorzüglich in den Ruinen der von den Franzosen zerstörten Stadt Lauria versteckt hielten. Außerdem erzählt die Neapolitanische Zeitung bloß unbedeutende Vorfälle, unter denen die Einnahme des kleinen Forts Cammarota in der Provinz Salerno durch den General Lamarque der erheblichste zu seyn scheint. Eine Anzahl Insurgenten und Sicilianischer Truppen hatten sich in demselben verschanzt und pflegten es „Klein Gaëta" zu nennen.

Ein Corps von 1000 Schweizern, die, aus Corsica kommend, in Livorno gelandet waren, sind in diesen Tagen hier durch nach dem Neapolitanischen marchirt. 200 derselben sollen die Garnison von Albano ausmachen, wo sich der Französische Botschafter Alquier jetzt aufzuhalten pflegt. 4000 Mann andrer Französischer Truppen werden von Sarzana aus, wo sie sich versammeln, durch das Königreich Etrurien gleichfalls nach Neapel gehen, und ebendahin sollen, Briefen aus der Lombardei zufolge, alle in diesem Theile Italiens noch vorhandene Truppen dergestalt gesendet werden, daß in den Städten dieser Provinzen nur Bürgermilizen zur Garnison zurückbleiben. In der That kann die Möglichkeit, daß selbst Russische

Truppen in dem Königreich Neapel landen könnten, eine größere Anzahl von Truppen in demselben im gegenwärtigen Augenblick nothwendig machen.

Die Bullen für die Ernennung des Cardinals Fesch zum Coadjutor des Fürst-Primas als Erzbischofs von Regensburg sollten in diesen Tagen hier ausgefertigt werden, und werden vermuthlich bereits jetzt abgegangen seyn. – Am 17. d. hat man abermals in der Gegend von Rom, und namentlich in den am Fuß des Albaner Gebirges liegenden Oertern, zwei leichte Erdstöße verspürt.

---

zu 101: ᵃ *folgt gestr.:* als Besatzung ᵇ *im Text irrt.:* seiner

[1] *siehe* **94** *mit Anm. 1.*
[2] *Gemeint ist möglicherweise die Fürstin von Castura, Donna Lucia Migliaccio, Tochter des Herzogs von Floridia, Favoritin und spätere morganatische Gemahlin König Ferdinands von Neapel-Sizilien.*
[3] *Der Kardinalerzbischof von Neapel, Ludovico Ruffo Scilla, war der Neffe des vormaligen Gesandten Kardinal Fabrizio Ruffo; siehe bereits* **86** *und unten,* **128** *mit Anm. 1.*

102 Bericht Nr. 31/1806   Rom, 8. Oktober 1806

Ausfertigung StAD E 1 M Nr. 93/4 fol. 71f; ps. 25. Oktober 1806.
MATTSON Nr. 1657.

Beunruhigung des Kirchenstaats durch neapolitanische Insurgenten. Entkommen des Insurgentenführers Fra Diavolo nach der blutigen Eroberung von Sora. Unsicherheit über das französische Vordringen in Kalabrien. Lockerung des Einfuhrverbots für englische Waren in Livorno. Schwierigkeit bei der Klärung der künftigen Stellung des Kardinals Fesch.

Die Besorgnisse, welche, wie Ew. K. H. aus meinem letzten allerunterthänigsten Berichte allergnädigst ersehen haben werden, die Neapolitanischen Insurgenten hier erregten, dauern noch fort, und viele Personen, die sonst regelmäßig die Herbstmonate auf dem Lande in der Gegend von Rom zuzubringen pflegen, sind in diesem Jahre in der Stadt geblieben. In der That sind die Insurgenten ziemlich weit in den Kirchenstaat vorgedrungen, und nachdem sie sich erst bei Subiaco gezeigt hatten, waren sie, den letzten Nachrichten zufolge, vor Palestrina, das ungefähr 5 Deutsche Meilen von Rom entfernt ist. Sie haben indeß bis jetzt nirgends im Päpstlichen Gebiet Feindseligkeiten vorgenommen, auch sind bereits zwei kleine Détachements Französischer und 150 Mann Päpstlicher Truppen gegen sie marchirt. Soviel man abnehmen kann, ziehen sich die Insurgenten nur jedesmal augenblicklich in das Römische Gebiet, wenn sie von den Franzosen in dem Neapolitanischen verfolgt werden, weshalb sie sich denn auch bisher nirgend lange aufgehalten haben.

Ihre letzten Bewegungen mag vorzüglich die Einnahme von Sora veranlasset haben. Denn ob man gleich allgemein glaubte, daß diese Einnahme

24. September / 8. Oktober 1806

zugleich das Ende des in dem Orte eingeschlossenen Fra Diavolo und seines Haufens seyn werde, so ist dies nicht der Fall gewesen, da die Franzosen, bei dem Stürmen der Stadt, einen Ausgang zu besetzen und den Insurgenten auf diese Weise den Rückzug abzuschneiden vernachlässigt haben. Es sind daher verhältnismäßig nur wenig Insurgenten bei diesem Vorfall geblieben, und Fra Diavolo hat sich mit den übrigen in der umliegenden Gegend und dem Gebirge zerstreut. Sora ist darauf 5 Stunden lang den Französischen Truppen zur Plünderung übergeben worden, und mit den Insurgenten mögen ungefähr 250 Menschen darin umgekommen seyn. Fra Diavolo hat sich mit etwa 450 geflüchtet. 1800 Franzosen verfolgen ihn gegenwärtig, und man vermuthet, daß er sich gegen das Thal Roveto und den See Calano gewendet habe, um auf diese Weise in das Innere von Abruzzo einzudringen.

In Calabrien dringt der Marschall Massena noch immer weiter vor. Den letzten Neapolitanischen Zeitungen vom 30. v. M. zufolge, befand sich sein Hauptquartier zu Palmi im jenseitigen Calabrien. Von der Ankunft neuer Truppen zur Verstärkung der Französischen Armée im Königreich Neapel hört man noch nichts Bestimmteres; vielmehr scheint es gewiß, das aus Frankreich und Deutschland keine fürs erste dahin werden abgesendet werden. – Vor wenigen Tagen waren 400 Mann von der in Ancona befindlichen Französischen Garnison abgegangen, um, wie es hieß, das kleine Päpstliche Fort Civita Castellana zu besetzen. Sie erhielten aber auf der Hälfte des Weges Gegenbefehl und kehrten nach Ancona zurück. An dem Kastell von Civita-vecchia ist jetzt das Französische Wappen aufgesteckt worden, nicht aber auch, wie man anfangs glaubte, an den Thoren der Stadt.

In Livorno ist ein neues Edict, die Einführung der Englischen Waaren betreffend, ergangen, welches sehr wohlthätig für den Handel dieses Hafens seyn wird. Laut desselben sollen von jetzt an frei und ohne alle Untersuchung eingelassen werden:
1. alle Artikel von Waaren erster Nothwendigkeit,
2. alles was zur Subsistenz dient,
3. alle rohe Materialien, welche bestimmt sind, von Toscanischen Manufacturen verarbeitet zu werden.

Andre unter diesen drei Rubriken nicht begriffene Waaren können gleichfalls eingeführt werden, wenn sie aus einem Hafen kommen, in welchem sie nicht verboten sind, oder in dem ihr Verbot bei ihrem Abgange noch nicht bekannt geworden war, wofern sie nur nicht Erzeugnisse Englischer Fabriken sind. Selbst diese aber endlich können[a] wenigstens ausgeschift, und unter Aufsicht der Toscanischen Zollbedienten in Magazine gebracht werden[1].

Die Bullen für den Cardinal Fesch, als Coadjutor des Erzbisthums Regensburg, sind noch nicht hier ausgefertigt worden. Eine der Ursachen, welche diese Angelegenheit aufhalten, soll der Umstand seyn, daß der Cardinal Fesch nicht nur die beiden Erzbisthümer Lyon und Regensburg zu vereinigen, sondern auch beide wirklich und dem Titel nach zu besitzen verlangt, da, den bekannten Grundsätzen des Kanonischen Rechts nach, derselbe Praelat immer nur ein Bisthum dem Titel nach besitzen und von dem andern nur Administrator heißen kann.

zu 102: ^a *danach gestr.:* unter

[1] *Eine Kurzmeldung über die von der Königin von Etrurien erwirkte Lockerung der Embargo-Vorschriften für Livorno brachte die GHLZ am 14. Okt. 1806 als Meldung aus Mailand.*

103 Bericht Nr. 32/1806 Rom, 25. Oktober 1806

Ausfertigung StAD E 1 M Nr. 93/4 fol. 73; ps. 17. November 1806.
MATTSON Nr. 1662.

Hinhaltende Kämpfe der französischen Truppen mit den neapolitanischen Insurgenten. Abreise des päpstlichen Nuntius Morozzo aus Florenz. Rekrutierungslager bei Alessandria. Bewaffnete Neutralität Österreichs.

Die Neapolitanischen Insurgenten, welche durch ihre Erscheinung im Kirchenstaate hier einige Unruhe und Besorgniß erregt hatten, haben seit dem Abgange meines letzten allerunterthänigsten Berichts den Römischen Staat gänzlich verlassen, und ihr Zurückkehren in denselben ist fürs erste um so weniger zu befürchten, als es den Französischen Truppen im Königreich Neapel endlich gelungen ist, den Haufen des berüchtigten Fra Diavolo zu zerstreuen. Sie haben denselben bei Isernia angegriffen, 100 Mann davon getödtet, und 80 zu Gefangenen gemacht. Der aus 20 Mann bestehende Ueberrest ist mit seinem Anführer entflohen, und die Franzosen haben daher ihres Hauptzwecks, sich des letzteren zu bemeistern, verfehlt[1]. Aehnliche kleine Gefechte gegen einzelne Insurgenten-Haufen ereignen sich fortwährend auch in andren Orten, und die Lage im Königreich Neapel überhaupt ist die, daß nirgend ein bedeutender ofner Krieg geführt wird, hingegen in dem größten Theile des Königreichs einzelne, mehr oder minder versteckte, plötzliche Angriffe auf die Französischen Truppen geschehen, in welchen die letzteren zwar gewöhnlich siegreich bleiben, indeß doch bis jetzt nicht dahin gelangen, die Ruhe dauernd wiederherzustellen. Das Hauptquartier des Marschalls Massena befindet sich noch immer in Monteleone, und es heißt, daß derselbe, wenn seine Armée keine neuen Verstärkungen erhalten, vielmehr ein neu ausbrechender Landkrieg die Sendung derselben verhindern sollte, bloß vertheidigungsweise verfahren, und die gänzliche Wiedereroberung des jenseitigen Calabriens fürs erste aufgeben wird. Im gegenwärtigen Augenblick werden vier Neapolitanische Regimenter in Apulien ausgehoben und gebildet. Dieselben sollen nach Frankreich geschickt werden, und dafür die gleiche Anzahl Französischer an ihre Stelle kommen. Ein grausames Schicksal hat neulich, wie man erzählt, einen Französischen General im Königreich Neapel durch die Verrätherei seines Hauswirths betroffen. Dieser letztere hatte ihn schon mehrmals aufgefordert,

8./25. Oktober 1806

mehr Officiere, als er gewöhnlich thue, zum Essen zu bitten, und als er in der That einmal 15 einlud, wurden alle vergiftet, und nur ein einziger konnte noch gerettet werden.

Der Päpstliche Nuncius Morozzi hat unerwarteter Weise Florenz verlassen. Wie es heißt, sind zwischen ihm und dem Französischen Gesandten daselbst entstandene Irrungen die Ursache seiner Entfernung. Indeß ist er nicht eigentlich zurückberufen, sondern hat sich nur, mit Erlaubniß seines Hofes, nach Perugia begeben[2].

Briefe aus Triest melden, daß die Montenegriner das Corps des General Marmont aufs Neue angegriffen, und einen bedeutenden Vortheil über dasselbe erhalten haben. Jedoch bedarf diese Nachricht noch weitere Bestätigung. – In Alessandria versammelt sich ein Lager von 17 000 Conscribirten, welches auf 20 000 gebracht werden soll. – Der Oesterreichische Geschäftsträger von Lebzeltern hat dem Päpstlichen Hofe so eben die Eröfnung gemacht, daß sein Hof in den gegenwärtigen Umständen eine bewafnete Neutralität zu behaupten gesonnen sey.

Außerdem ist hier nichts zu unserer Kenntniß gekommen, das Ew. K. H. Aufmerksamkeit verdiente, und wenn die ihrer Entscheidung, wie es scheint, so nahen Angelegenheiten Deutschlands eine Wendung nehmen sollten, welche die Hauptthätigkeit der jetzt im Kriege begriffenen Mächte dorthin lenkte, so dürfte Italien längere Zeit hindurch leer an interessanten politischen Ereignissen, welche Stoff zum Schreiben darböten, bleiben[3].

---

zu 103:
[1] *Die GHLZ meldete am 15. Nov. 1806:* Der Bruder Teufel (Fra Diavolo) ist in dem fürchterlichen Gefechte bei Miranda wirklich abermals entwischt und streift jetzt mit einer durch den Banditen Piccioli verstärkten Horde auf den Gebirgen von Monte vergine herum. *Nach erfolgreicher Niederwerfung verschiedener Insurgenten-Trupps konnte schließlich am 3. Nov. auch Michele Pezza al. Fra Diavolo* in Ketten *in Neapel eingebracht werden, wo er am 10. Nov. 1806 öffentlich gehängt wurde; vgl. GHLZ vom 4. Dez., sowie vom 18. und 22. Nov. 1806.*
[2] *Neuer französischer Gesandter in Florenz war ab 24. Sept. 1806 Graf Hector Aubusson de la Feuillade. Der am 7. Okt. abgereiste Nuntius Erzbischof Giuseppe Morozzo kehrte nicht auf seinen Posten zurück, der bis zur Aufhebung des Königreichs Etrurien durch Geschäftsträger wahrgenommen wurde.*
[3] *Aufgrund der offenbar zwischenzeitlich eingetroffenen Meldungen über den mit dem preußischen Kriegsmanifest vom 9. Okt. 1806 offiziell erklärten Krieg zwischen Preußen und Frankreich, in dem der Großherzog von Hessen als Rheinbund-Mitglied auf Seiten Frankreichs stand, hat Humboldt seine Berichterstattung nach Darmstadt bis zum Eintreffen der Meldung vom Friedensschluß von Tilsit im Sommer 1807 eingestellt; siehe auch* **104** *mit Anm.*

104 Bericht zur Geschäftsführung   Rom, 7. Januar 1807

Konzept ZStADDR Merseburg Rep. 81 Rom I C 13 Fasz. 8.
MATTSON Nr. 1683.

Abrechnung der Portoauslagen des Jahres 1806.

Ew. K. H. allergnädigster, durch das allerhöchste Rescript vom 11. December 1805 erhaltener Autorisation gemäß[1], überreiche ich Allerhöchstdenselben die vorschriftmäßig abgefaßte Berechnung des im Laufe des Jahres 1806 in Ew. K. H. Dienst ausgelegten Postgeldes in der Anlage[2] und[a] wage es, Allerhöchstdenselben allerunterthänigst anheimzustellen, mir sowohl den Betrag dieser Rechnung mit 15 Scudi, 39 Baj[occhi] als auch den der vorigjährigen, mit meinem Bericht vom 8. Januar a[nni] pr[ioris][3] eingesandten allergnädigst anweisen zu lassen.

---

zu 104:   [a] *davor gestr.:* allerunterthänigst

[1] *siehe* **69** *Anm. 3.*
[2] *Die dem Konzept beiliegende* Berechnung des im Laufe des Jahres 1806 in großherzogl. Hessischen Geschäften ausgelegten Postgeldes *wurde in der endgültigen Abrechnung vom 29. Aug. 1807 revidiert; siehe* **107a** *mit Anm. 3.*
[3] *siehe* **69**.

104a An Generalkassendirektor Zimmermann   Rom, 28. Februar 1807

Konzept ZStADDR Merseburg Rep. 81 Rom I C 13 Fasz. 8 fol. 11.
MATTSON Nr. 1700.

Aufschub der Gehalts- und Portoabrechnung bis zur Klärung der Lage.

Ew. Hochwohlgebohren
sage ich für Ihr gütiges und gewogenes Schreiben vom 30. Januar c[urrentis] den gehorsamsten Dank[1]. Sie werden mir aber verzeihen, wenn ich Sie um die Erlaubniß bitten muß, die Angelegenheit von welcher darin die Rede ist, noch anstehen zu lassen, und auf meine halbjährige Besoldung pro 1. Julii biß 31. Decembr[is] 1806 für jetzt noch weder zu ziehen noch Ihnen die verlangten Quittungen darüber einzusenden. Da Ew. Hwg. diese meine Bitte gewiß, ohne daß ich mich näher deshalb erkläre, in der gegenwärtigen sonderbaren Lage der Dinge gegründet finden, so schmeichle ich mir um so mehr mit der gütigen Erfüllung derselben, und füge nur noch hinzu, daß ich sie als einen besonderen Beweis der freundschaftlichen Gewogenheit Ew. Hwg. ansehen werde.

Die kleine Post wegen des Brief-Portos beider Jahre wird alsdann füglich mit der größern Summe stehen bleiben können[2].

Ich habe die Ehre, mit der ausgezeichnetesten Hochachtung zu verharren...

zu 104a:

¹ *Das auch bei* MATTSON *nicht nachgewiesene Schreiben Zimmermanns vom 30. Jan. 1807, auf das sich Humboldt noch einmal in seinem Schreiben vom 29. Aug. 1807 bezieht, ließ sich nicht ermitteln. Vermutlich handelte es sich um einen Zwischenbescheid auf Humboldts vorangegangenen Bericht vom 7. Jan., den Zimmermann dann bei seinen nicht überlieferten Handakten behalten haben müßte.*
² *siehe* **104** *und* **107a**.

105 Bericht Nr. 1/1807 Rom, 8. August 1807

Ausfertigung StAD E 1 M Nr. 93/5 fol. 2f; ps. 29. August 1807.
MATTSON Nr. 1741.

Vorbereitung von Verhandlungen zur Klärung der zwischen Frankreich und dem Kirchenstaat anhängigen geistlichen, politischen und militärischen Fragen, insbes. auch der Durchmarschrechte zwischen den Königreichen Italien und Neapel und der Sperrung päpstlicher Häfen für den englischen Handel. Nominierung des Kardinals Litta zum päpstlichen Bevollmächtigen. Lage im Königreich Neapel-Sizilien. Entsendung eines etrurischen Sondergesandten nach Paris.

Der vor einigen Wochen zu Tilsit geschlossene Friede giebt mir eine günstige Veranlassung, Ew. K. H. um die Erlaubnis zu bitten, Ihnen meinen ehrfurchtsvollsten Glückwunsch zu einem Ereigniß, welchem der größte Theil von Europa die Wiederherstellung der Ruhe verdankt allerunterthänigst zu Füßen zu legen; und ich benutze diese Veranlassung um so mehr, als ich zugleich im Stande bin, Ew. K. H. einige Nachrichten mitzutheilen, die mir Allerhöchstdero Aufmerksamkeit nicht unwürdig scheinen[1].

Die Angelegenheiten Frankreichs mit dem Päpstlichen Hofe waren bekanntermaßen seit längerer Zeit unberichtigt geblieben, und man hatte sich vergeblich bemüht, dieselben auf den Punkt zu bringen, zu welchem beide Theile zu gelangen wünschten, da der Papst einerseits die ihm gemachten Vorschläge nicht annehmen zu können glaubte, und man andererseits nicht geneigt schien, diese Vorschläge wesentlich abzuändern. Zwar hatte S. M. der Kaiser von Frankreich im Januar d. J. den Praelaten Arezzo deshalb nach Rom gesandt, allein der Papst hatte auch auf die ihm damals mündlich durch diesen Praelaten gemachten Eröfnungen keine durchaus befriedigende Antwort geben zu können geglaubt, und da die von ihm wirklich ertheilte zu einer Zeit im Französischen Hauptquartier ankam, in welcher wichtigere Geschäfte die Aufmerksamkeit des Französischen Kaisers ungetheilt an sich zogen, so war die angeknüpfte Unterhandlung durchaus liegen geblieben.

Plötzlich aber hat vor einigen Tagen der Französische Botschafter Alquier allhier einen Courier mit Depechen in dieser Sache erhalten, und was von den ihm darin ertheilten Aufträgen bekannt geworden ist und als gewiß verbürgt werden kann, ist Folgendes: Der Kaiser Napoleon hat dem Papste eröfnen lassen, daß er sich über alle und jede einzelne bisher unberichtigt gebliebenen Punkte mit ihm gütlich zu vereinigen, und eine neue und vollständige Uebereinkunft zu schließen wünschte, und ihn daher einlüde, dem Cardinal-Legaten Caprara in Paris die nothwendigen Vollmachten zu Vollendung dieses Geschäftes zu übersenden. Der Papst hat hierauf geantwortet, daß er mit Vergnügen ein solches Anerbieten annehme, daß jedoch das hohe Alter des Cardinal-Legaten ihn wünschen lasse, die Führung einer so wichtigen Unterhandlung lieber einem andern Cardinale zu übertragen, und daß er daher den Cardinal Litta, mit den nöthigen Vollmachten versehen, nach Paris zu senden bereit sey. Diese Antwort ist vorläufig dem Französischen Kaiser zugeschickt worden, und vermuthlich wird die Abreise des Cardinals Litta aufgeschoben bleiben, bis man die Gesinnung des Kaisers hierüber erfahren haben wird.

Sollten alle und jede zwischen dem Französischen und Römischen Hofe abzumachende Punkte, geistlichen und weltlichen Inhalts, zugleich berichtigt werden, so dürfte die Discussion über die ersteren die Unterhandlungen sehr langwierig und schwierig machen. Es ist daher nicht unwahrscheinlich, daß man die geistlichen Angelegenheiten, deren Auseinandersetzung weitläuftiger und deren Entscheidung minder dringend ist, absondern, und eignen Unterhandlungen vorbehalten wird. Die übrigen zu verhandelnden Gegenstände werden natürlich mit den allgemeinen Planen des Kaisers Napoleon zusammenhängen, und dürften daher nicht leicht vorherzubestimmen seyn. Allein zwei bieten sich der Betrachtung von selbst dar, nemlich die Anerkennung des Königs Joseph von Neapel und die damit verbundene Verzichtleistung auf die hiesigerseits behauptete Oberlehnsherrschaft, und die Anordnung einer besonders militärischen Verbindung des Königreichs Italien mit dem Königreich Neapel durch den dazwischen liegenden Kirchenstaat wegen der so oft nöthigen Durchzüge Französischer und Neapolitanischer Truppen, womit zugleich die Zurückzahlung der bis jetzt von der hiesigen Regierung zu diesem Zweck gemachten, überaus beträchtlichen Vorschüsse verknüpft seyn dürfte.

Sollten ferner nicht auch mit England Friedensunterhandlungen angeknüpft werden können, so dürfte die Sperrung des Kirchenstaats gegen Englische Schiffe und Englisches Eigenthum, welche jetzt durch die Französischen Truppen, welche die Päpstlichen Häfen besetzt halten, ausgeübt wird, einen dritten Gegenstand der Unterhandlung abgeben. Der Cardinal Litta ist übrigens derselbe, welcher zur Zeit der letzten Theilung des ehemaligen Polens Nuncius in Warschau war, und er ist als ein Mann von sehr festem Charakter, und dem mehrere Missionen Gelegenheit verschaft haben, mit diplomatischen Geschäften vertraut zu werden, bekannt[2].

In dem Königreiche Neapel ist seit dem vor einigen Monaten mislungnen Angriff Sicilianischer Truppen auf Calabrien nichts Neues vorgefallen, und die Ruhe ist seitdem theils in der Hauptstadt, theils in den Provinzen vollkommen wieder hergestellt. Man behauptet sogar, daß mit dem Könige Ferdinand Unterhandlungen über die Abtretung Siciliens und eine anderweitige Entschädigung desselben gepflogen werden; ich weiß aber nicht, inwiefern diesem Gerüchte Glauben beizumessen seyn dürfte. Gewisser scheint,

8./22. August 1807

was die neuesten Briefe aus Neapel versichern, daß der General Leopold Berthier Befehl erhalten habe, sich mit 2000 Mann Truppen im Adriatischen Meere einzuschiffen, um (wie man unbestimmt hinzusetzt) Länder im Namen Sr. Majestät des Kaisers der Franzosen in Besitz zu nehmen[3]. Ihre Maj. die Königin von Etrurien hat einen ihrer Cavaliere, den Marchese Garzoni-Venturi, der ein geborener Luccheser ist, und ein braver und kenntnisvoller Mann seyn soll, nach Paris gesendet, und ihm einen geschätzten jungen Mann, Namens Manucci, Sohn ihres Cabinetssecretaires, als Secretaire zugeordnet. Außerdem daß der Marchese Venturi dem Französischen Kaiser den Glückwunsch der Königin zu dem geschlossenen Frieden überbringen soll, hat seine Sendung, wie man versichert, noch andre geheime Aufträge zum Gegenstande.

---

zu 105:
[1] *Der am 7./9. Juli 1807 unterzeichnete Friedensvertrag von Tilsit gab Humboldt die Möglichkeit zur Wiederaufnahme der mit Kriegsausbruch unterbrochenen Berichterstattung nach Darmstadt: siehe* **103** *mit Anm. 3. Nach Berlin liefen die Berichte auch in der Zwischenzeit regelmäßig weiter; vgl. u. a.* GRANIER, *Kath. Kirche 9. S. 610–621 (Nr. 965–967, 969, 971, 973, 975, 15. Nov. 1806 bis 1. Aug. 1807). Weitergeführt hatte Humboldt auch während der kriegsbedingten Suspendierung der diplomatischen Tätigkeit die Betreuung der hessischen Dispensationssachen; vgl. dazu seine Berichte vom 18. April 1807 (Dispensationssache Essigsieder Peter Kilian/Bensheim) und 18. Juli 1807 (Johann und Anna Maria Walter/Unterschönmattenwag), StAD E 5 B 1 Nr. 12/8 und 9. Großherzog Ludewig I. ließ Humboldt in einem unmittelbar nach Eintreffen des Berichts Nr. 1 konzipierten Schreiben vom 31. Aug. 1807 (abges. 2. Sept.) Allerhöchstdero besondre Zufriedenheit bezeugen und ihm zugleich eröffnen, wie Höchstsie vollkommen den Beweggründen Beifall geben, die Ihn bestimmt haben, während der Dauer des nun geendigten Krieges, Seine Berichts-Erstattungen lediglich auf kirchliche Angelegenheiten einzuschränken; Konzept StAD E 1 M Nr. 93/5 fol. 1; vgl.* GUNZERT, *Darmstadt zur Goethezeit, S. 279.*
[2] *Conte Lorenzo Litta, Titularerzbischof von Theben, war ab März 1794 drei Jahre lang Nuntius in Warschau gewesen.*
[3] *Siehe* **107** *mit Anm. 1 und* **108**.

106 Bericht Nr. 2/1807   Rom, 22. August 1807

Ausfertigung StAD E 1 M Nr. 93/5 fol. 5; ps. 12. September 1807.
MATTSON Nr. 1745.

Ungewißheit über die Sendung des Kardinals Litta nach Paris. Gerüchte über einen bevorstehenden Italienbesuch Napoleons und angebliche Aufmarschpläne gegen Etrurien und den Kirchenstaat. Feier des Napoleon-Tages.

Die Ungewißheit, in welcher sich, nach meinem letzten allerunterthänigsten Berichte, der hiesige Hof befindet, ist noch immer dieselbe, und man weiß noch nicht, ob Se. Maj. der Kaiser der Franzosen die Sendung des Cardinals Litta genehmigen werde. Indeß geht hier das Gerücht, daß Se. Kais. Maj. selbst im Herbst nach Rom und Neapel kommen werde, und obgleich man öfter dergleichen Gerüchte verbreitet hat; so scheint das jetzige einen höheren Grad von Wahrscheinlichkeit, als die vorigen, zu besitzen. Daß der

Berichte 106 / 107 / 107a

Kaiser wirklich den Plan hat, wenigstens im Ganzen Italien zu besuchen, gehet sogar aus seiner Antwort an den Patriarchen von Venedig[1] hervor.

Briefe aus Bologna melden, daß an den Grenzen des Departements des Reno, dessen Hauptort Bologna, des Departements des Tanaro, dessen Hauptort Modena, und des Departements des Rubico, dessen Hauptort Rimini ist, ein Lager für ein Corps von 30 000 Mann Französischer Truppen gebildet wird, und daß Se. Kais. H. der Prinz Eugen unverzüglich dorthin kommen werde, um diese Truppen zu mustern. Hernach, setzt man hinzu, werden sich dieselben in zwei Colonnen, jede von 15 000 Mann, theilen, von welcher die eine nach Etrurien, die andre nach dem Kirchenstaat marchiren wird. In der That sind auch in Ancona für 7 000 Mann Truppen Quartiere bestellt. Ob diese Truppen bestimmt sind, die Anwesenheit Sr. Maj. des Kaisers in Italien feierlicher zu machen, oder ob ihre Zusammenziehung einen anderen Zweck hat, ist bis jetzt unbekannt.

Der Französische Botschafter hat am 17. d. zu Ehren des Napoleon-Tages ein großes Diner gegeben, dem das diplomatische Corps und mehrere Cardinäle beigewohnt haben. – Uebrigens ist schlechterdings nichts Wichtiges oder irgend Bemerkenswerthes hier vorgefallen.

---

zu 106:
[1] *Kardinal Nicolaus Xaver Gamboni, Patriarch seit Jan. 1807.*
[2] *Alquier.*

107 Bericht Nr. 3/1807 Rom, 29. August 1807

Ausfertigung StAD E 1 M Nr. 93/5 fol. 7; ps. 12. Oktober 1807.
MATTSON Nr. 1748.

Von den Russen unterstützte Besetzung von Cattaro durch französische Truppen. Angliederung der seitherigen Republik Ragusa an das Königreich Italien. Russische Hilfszusagen für die napoleonischen Königreiche in Italien.

Ew. K. H. werden allergnädigst zu sehen geruhet haben, daß ich in meinem allerunterthänigsten Bericht vom 8. huj[us] einer unter Aufsicht des General Leopold Berthier geschehenen Truppeneinschiffung Erwähnung gethan habe, deren Bestimmung damals noch unbekannt war[1]. Im gegenwärtigen Augenblick erhalte ich Nachrichten aus Triest, welche einiges Licht hierüber verbreiten.

Man schreibt nemlich aus diesem Hafen, daß der Capitaine einer am 15. huj[us] daselbst von Corfu angekommenen Russischen Fregatte erzählt habe, daß einige Tausend Mann Französischer Truppen durch 6 Russische Kriegsschiffe in den Meerbusen der Mündungen von Cattaro gebracht worden seyen, und in der Nacht daselbst gelandet und sich der Stadt bemächtigt haben. Die Einwohner sollen zwar anfangs Miene gemacht haben, sich vertheidigen zu wollen; allein da sie sich umzingelt und überrumpelt gesehen, haben sie sich, ohne Schwertstreich, dem Französischen Befehlshaber erge-

22./29. August 1807

ben. Die hierzu gebrauchten Truppen scheinen dieselben im Neapolitanischen Eingeschifften zu seyn, und da es wahrscheinlich ist, daß die Besitznahme von Cattaro die Räumung der Festung Braunau bewirke, und mithin für Deutschland von wichtigen Folgen seyn wird; so eile ich, dieselbe Ew. K. H. unverzüglich allerunterthänigst einzuberichten.

Man meldet zur gleichen Zeit aus Triest, daß die Republik Ragusa mit Dalmatien und folglich mit dem Königreich Italien vereinigt sey. Ein Französischer Courier soll diese Nachricht aus Dalmatien nach Triest überbracht haben.

Die neuesten Briefe aus Corfu berichten, daß mit derselben Fregatte, durch welche man die Nachricht des Tilsiter Friedens erhielt, auch von Sr. Maj. dem Kaiser von Russland der Befehl einlief, den Königreichen Italien und Neapel allen Vorrath, dessen sie irgend bedürfen können, verabfolgen zu lassen, und mit diesen beiden Regierungen im besten Einverständniß zu leben.

---

zu 107:
[1] *Während Humboldt hier noch Cattaro/Kotor als Ziel der von Neapel ausgehenden Expedition vermutete, über die er bereits in **105** berichtet hatte, meldete die GHLZ bereits am 1. Sept. 1807, General Berthier sei von Neapel abgegangen, um die 7 Inseln in Besitz zu nehmen, wie dies auch Humboldts Folgebericht bestätigt. Der Befehlshaber war im übrigen der seit 1806 als Stabschef zu Joseph Bonaparte abgeordnete Divisionsgeneral César Berthier, nicht Leopold, der jüngste der Berthier-Brüder, der 1806/07 in Deutschland eingesetzt war; siehe unten, **116** mit Anm. 1 und **123**.*
[2] *Laut Meldung der GHLZ vom 8. Sept. 1807 waren die Franzosen bereits am 7. August in Cattaro eingerückt. Dieselbe Ausgabe der Zeitung meldete: Die franz. Besatzung liegt noch ruhig in Braunau, und man bemerkt noch keine Anstalten zu einem nahen Abzuge. Die endgültige Räumung Braunaus durch die französischen Truppen verzögerte sich bis zum 10. Dez. 1807.*

107a An Zimmermann Rom, 29. August 1807

Konzept ZStADDR Merseburg Rep. 81 Rom I C 13 Fasz. 8 fol. 13 f.
MATTSON Nr. 1751.

Abrechnung über rückständige Gehaltszahlungen und Portoauslagen.

Ew. Hochwohlgeb[oren]
gütiger Einladung und Ihrem geehrten Schreiben vom 30. Jan. c. gemäß[1], bin ich so frei gewesen, ªunter heutigem Datumª auf die Herren Rüppell & Harnier in Frankfurt a/M. zu Gunsten des hiesigen Banquier Saverio Scultheis, sowohl in Absicht meines rückständigen Gehaltes, nemlich
1. pro 1. Julius bis 31. December 1806 nach Abzug des
   Invalidengeldes   882 fl.
2. pro 1. Jan. bis 30. Junius 1807   900 fl.
   zusammen   1782 fl.

Bericht 107a

als des ausgelegten Briefportos, nemlich
1. für das Jahr 1805 laut schon sonst übersandter
   Rechnung zu 17 Sc[udi] 69 B[ajocchi][2]   45 fl. 45 kr.
2. für das Jahr 1806 laut beikommender Rechnung
   zu 22 Sc. 36 Baj.[3]   58 fl. 45 kr.
   zusammen   104 fl. —

indem ich die letzten beiden Summen von meinem Banquier nach heutigem Cours[b] habe berechnen lassen, zwei Wechsel auf 2 Monat nach dem Tage der Ausstellung, 1. von 1782 fl., 2. von 104 fl. zu ziehen, und ersuche Ew. Hgb. gehorsamst, dieselben zu honoriren, und den Herren Rüppell & Harnier den Werth gefälligst zu erstatten.

Ich sehe erst im jetzigen Augenblick, da ich die Wechsel nicht mehr in Händen habe, daß ich Ew. Hwg. Schreiben gemäß, die Summen des Briefportos hätte in zwei Tratten vertheilen sollen, und muß wegen Unterlassung dieser Theilung ergebenst um Verzeihung bitten. Ich hoffe indeß, daß dieses kleine Versehen nichts zu sagen haben wird. Die anbei anfolgenden Quittungen habe ich so vertheilt, daß jede der 4 Posten eine eigene erhält[4].

Indem ich Ew. Hwg. auch für die gütige Erfüllung meiner in meinem letzten Schreiben vom 28. Febr. c. enthaltenen Bitte meine gehorsamste Danksagung abstatte, habe ich die Ehre mit der ausgezeichnetesten Hochachtung zu verharren, etc.

---

zu 107a: [a-a] *am Rande eingefügt*   [b] *danach ist der zunächst bezifferte Wechselkurs gestr.*

[1] *siehe* **104a** *mit Anm. 1.*
[2] *siehe oben* **69** *mit Anm. 3.*
[3] *Die dem Konzept beiliegende, ebenfalls am 29. Aug. 1807 unterfertigte Aufstellung findet sich, ohne das Anschreiben an Zimmermann, bei den Darmstädter Akten über die Beitreibung der Auslagen von den Begünstigten, StAD E 5 B 1 Nr. 2/6 fol. 3:*

Berechnung des im Laufe des Jahres 1806 in Großherzoglich Hessischen Geschäften ausgelegten Postgeldes:

	Scudi	Baj.
1. in Sachen des Großherzoglichen Hofes	12	55
2. in Ehedispensationssachen des Johann Groh	1	30
3. des Adam Knapp	1	80
4. des Franz Guthier	2	04
5. des Caspar Hillen	1	20
6. des Ferdinand Limper	1	12
7. des George Reinhard	1	35
8. des Peter Ricker	1	–
Summa	22	36

In der für den Bericht vom 7. Jan. 1807 erstellten Berechnung betrug die errechnete Summe nur 15 Scudi 39 Baj.; darin waren für die Hofsachen 11/55, für die Fälle Guthier, Hillen, Limper und Reinhard ebenfalls etwas geringere Beträge von 1/08, 0/75, 0/76 und 1/25 Scudi enthalten. Die oben unter 2., 3. und 8. aufgeführten Fälle Groh, Knapp und Ricker, für die bereits 1805 Auslagen berechnet worden waren, fehlten in der Januar-Aufstellung. Zu den entsprechenden Aktenvorgängen vgl. **69** *Anm. 3. Akten über die Dispensationssachen des Leinewebers Georg Reinhard/Wald-*

30 Portokosten-Abrechnung Humboldts vom 29. Aug. 1807
mit dem auf die Frankfurter Bank Rüppell & Harnier ausgestellten
Wechsel und Empfangsquittung.

michelbach und Franz Guthier/Heppenheim (mit Berichten Humboldts vom 22. März 1806) StAD E 5 B 2 Nr. 12/6 und 7. Für die Fälle Hillen und Limper, die nach den für die Verrechnung beigeschriebenen Wohnorten ins westfälische Amt Bilstein gehörten, wurden die Akten 1816 an Preußen abgegeben; siehe auch **121a** Anm. 1.

[4] Die Ausfertigungen der beiden Portoquittungen liegen mit Humboldts italienisch ausgefertigtem Wechsel, der nach den Endossamenten von Saverio Scultheis an das Bankhaus Carli & Contini, von Carli am 17. Sept. an Georg Heinrich Meyer Wwe. in Augsburg, von dort am 18. an Johann Simons Erben und von diesen schließlich an die Gebr. Bethmann in Frankfurt weitergegeben wurde, bei den Darmstädter Akten, StAD E 5 B 1 Nr. 2/6 fol. 4f und 13; der Entwurf liegt dem Briefkonzept bei.

108 Bericht Nr. 4/1807 Rom, 5. September 1807

Ausfertigung StAD E 1 M Nr. 93/5 fol. 9f; ps. 24. September 1807[a].
Abschrift (Auszug) STAD E 5 B 1 Nr. 2/2 fol. 169.
MATTSON Nr. 1755.

Ablehnung des zum Sondergesandten in Paris designierten Kardinals Litta. Neue Unruhen im Königreich Neapel. Einmarsch französischer Truppen in der Toskana und Maßnahmen gegen die Engländer und englischen Besitz in Livorno und im Kirchenstaat. Besetzung Korfus durch das französische Expeditionskorps unter General Berthier. Urlaubsgesuch Humboldts zur Regelung persönlicher Angelegenheiten.

Die Antwort, welche, einem meiner letzten alleruntherthänigsten Berichte zufolge, der Päpstliche Hof von Paris erwartete, ist vor einigen Tagen hier eingelaufen, und auch außerdem am 1. huj[us] ein durch den Nuncius in Paris, Cardinal Caprara, abgesendeter Courier angekommen. Soviel man nun vernimmt, scheint es gewiß, daß Se. Maj. der Kaiser Napoleon die Sendung des Cardinals Litta nicht genehmigen, und daß dieser Cardinal daher nicht von hier abreisen wird. Der von dem Französischen Botschafter angegebene Grund soll bloß darin bestanden haben, daß der Cardinal Litta, gegen dessen persönliche Eigenschaften der Französische Hof übrigens keine Einwendungen erhebe, als ein Mailander, und mithin Unterthan des Kaisers, als König von Italien, nicht dazu geeignet sey, eine Unterhandlung über so delicate Gegenstände mit ihm anzuknüpfen[1]. Ueber den übrigen Theil der erhaltenen Antwort beobachtet man ein so tiefes und gut bewahrtes Geheimniß, daß es mir nicht möglich gewesen ist, etwas Gewisses und Bestimmtes bis auf diesen Augenblick zu erfahren. Man versichert zwar, der Französische Kaiser habe einen andern Cardinal zum Botschafter verlangt, und geht sogar so weit zu behaupten, daß dies der Cardinal Vincenti sey; allein dies beruht bloß auf schwankenden Gerüchten, welche bis jetzt keinen Glauben verdienen.

Im Königreich Neapel scheint die öffentliche Ruhe abermals neuen Gefahren ausgesetzt zu seyn. Wenigstens meldet man, daß in der Provinz Basilicata und in den beiden Abruzzos wiederum Insurrectionen ausgebrochen sind, und daß die Aufwiegler selbst die gerade schwach besetzten Städte Sulmona und Sora angegriffen haben. Wie man sagt, werden dieselben immerfort durch kleine Truppenlandungen und Waffen- und Geldsen-

29. August / 5. September 1807

dungen aus Sicilien unterstützt; auch soll eine Anzahl von Insurgenten, welche von denjenigen, die man vor einigen Jahren gefangen nahm, und nach Alexandrien transportierte, unterwegs entlaufen ist, ihre Kameraden in den Gebirgen aufs neue in Bewegung gesetzt haben. Es ist keinem Zweifel ausgesetzt, daß die Truppen des Königreichs die Ruhe, ohne große Mühe wiederherstellen werden, allein zu bedauern ist es, daß dieser kleine Krieg das Land verwüstet, selbst Dörfer und Flecken einäschert und alles ruhige Gewerbe stört.

Ein doppeltes Corps Französischer Truppen, jedes von 10 000 Mann, ist neuerlich in das mittlere Italien eingerückt. Das eine soll, wie man versichert, über Rimini in den Kirchenstaat eindringen; das andere ist über Pistoja in Toscana einmarschirt. Von dem letzteren hat man ein kleineres, aus 2 000 Mann bestehendes unter den Befehlen des Generals Miollis détachiert, um die Stadt und den Hafen von Livorno zu besetzen. Diese Truppen waren in einem Eilmarsch von Pistoja über Pescia, Lucca und Pisa vor die Thore dieser Stadt gekommen, und erschienen daselbst unvermuthet, und ohne daß auch nur der Gouverneur davon unterrichtet war, am 29. pr[ioris] Abends um 6 Uhr. Ihre Erscheinung war so unvorbereitet, daß man Mühe hatte, die Soldaten, welchen noch unmittelbar Reuterei und Geschütz nachfolgte, einzuquartieren[2]. Der General Miollis war kaum in der Stadt angelangt, als er sogleich das Fort und die militärischen Posten der Stadt besetzte, ein allgemeines Embargo auf alle im Hafen befindliche Schiffe legte, und eine Proclamation ergehen ließ, alles Englische Eigenthum und alle Englische Waaren binnen 24 Stunden genau anzugeben. Die in Livorno befindlichen Engländer, so wie diejenigen, welche bloß von Engländern abstammen, mußten Caution stellen, in der Stadt bleiben zu wollen, und dürfen dieselbe daher nicht verlassen. Nach der Versicherung des Generals und [des] Französischen Consuls[3] sollen jedoch alle diese Maßregeln nur provisorisch seyn, und bloß die gänzliche Ausschließung der Engländer vom Handel von Livorno zur Absicht haben. Zugleich wünscht man dem Vicekönig von Italien ein genaues Verzeichniß alles in diesem Hafen befindlichen Englischen Eigenthumes vorlegen zu können, und es ist eine Commission Französischer, in Livorno angesessener Kaufleute ernannt, dieselbe, mit Einsicht aller Bücher des gesammten Handelsstandes, anzufertigen.

Auch der Französische General Ramelle hat Befehl erhalten, alle Engländer, so wie alles Englische Eigenthum im ganzen Kirchenstaat in Beschlag zu nehmen, und diese Maßregel ist in den Häfen des Mittelländischen Meeres bereits vollstreckt worden; die Stadt Rom ist jedoch ausdrücklich von derselben ausgenommen worden, und gänzlich verschont geblieben.

Die Besitznahme, oder wenigstens Besetzung von Corfu ist wirklich am 19. pr[ioris] durch den General Leopold Berthier geschehen. Am 21. waren schon 5 600 Mann Französischer Truppen daselbst gelandet, die, ungeachtet der Englischen im Adriatischen Meere kreuzenden Schiffe, bei ihrer Ueberfahrt nichts gelitten hatten. Ich beschließe diesen allerunterthänigsten Bericht mit einer Bitte, die ich Ew. K. H. ehrfurchtsvoll zu Füßen zu legen wage. Ich stehe in diesem Augenblick im Begriff, Se. Maj. den König von Preussen um einen vier bis sechsmonatlichen Urlaub zu einer, durch die Lage meiner Privat-Angelegenheiten, in welchen der Krieg mehrere Veränderungen hervorgebracht hat, nothwendig gewordenen Reise nach Deutschland zu bitten[4]. In der Hofnung, daß Se. K. Maj. mir diese Bitte nicht abschlagen werden, wage ich es, mich mit demselben Gesuche auch an Ew. K. H. zu wenden. Ich messe der Erfüllung desselben eine um so größere Wichtigkeit bei, als ich suchen würde, auf dieser Reise zugleich, wenn Ew. K. H. mir es allergnädigst zu gestatten geruheten, Darmstadt zu besuchen, Ew. K. H. meine persönliche Aufwartung zu machen, und Ihnen selbst meinen tiefsten und ehrfurchtvollsten Dank für so viele Beweise allerhöchst-Ihrer Huld zu Füßen zu legen. Die Zeit meiner Abreise, ob sie noch in diesem Herbst, oder im künftigen Frühjahr erfolgte, würde natürlich von der Erhaltung des nachgesuchten Urlaubs und der Jahreszeit abhängen; ich würde indeß in jedem Fall Anstalt treffen, daß die geistlichen Angelegenheiten der Unterthanen Ew. K. H. ungehindert ihren Lauf hier fortgiengen, und so wie alsdann die Königlich Preussischen, von einem Römischen Geschäftsmann betrieben würden, dem ich deshalb Auftrag zu geben nicht verfehlen würde. In Erwartung einer huldreichen Antwort Ew. K. H. wage ich es, mich aufs neue der Fortdauer Allerhöchstdero gnädigen und wohlwollenden Gesinnungen allerunterthänigst zu empfehlen.

zu 108: [a] *im Kopf des Berichts die Anweisung:* Der letzte Absatz dieses Berichts ist zu extrahiren und zur Distribution zu geben, welchemnächst dieser Bericht ad acta gehet, den 23. Sept. 1807, Lichtenberg

[1] *Da der auf ausdrücklichen Wunsch Napoleons ersatzweise benannte Kardinal de Bayane sogar gebürtiger Franzose war, erscheint die vermutete Begründung unglaubwürdig; vgl.* **109.**

[2] *Laut Meldung der GHLZ vom 15. Sept. 1807 war Livorno schon am 28. Aug.* von den franz. Truppen unter Kommando des Gen. Dumoulin *besetzt worden, während Divisionsgeneral Miollis das übrige Königreich Hetrurien eingenommen habe und eine Division unter General Charpentier nach Florenz marschiert sei. Dieselbe Zeitungsnummer meldete auch die nachstehend berichtete Einnahme Korfus am 19. Aug.*

[3] *Matthieu Lesseps, zunächst Konsul, dann französischer Generalkommissar in Livorno.*

[4] *Anlaß des Urlaubsgesuchs waren die gemeldete Plünderung des Humboldt'schen Guts Tegel durch französische Truppen, Sorgen um das in Preußisch-Polen angelegte Vermögen und drohende Erbstreitigkeiten um die ebenfalls verwüsteten Güter des Schwiegervaters in Thüringen.*

109 Bericht Nr. 5/1807   Rom, 19. September 1807

Ausfertigung StAD E 1 M Nr. 93/5 fol. 11f; ps. 12. Oktober 1807.
MATTSON Nr. 1761.

Verhandlungsauftrag des auf Napoleons Wunsch nach Paris entsandten Kardinals de Bayane. Begrenzte Auswirkungen der antienglischen Zwangsmaßnahmen. Weitere Verstärkung der französischen Truppen in der Toskana. Gerüchte über die Unternehmungen der englischen und französischen Flotten im Mittelmeer.

Da seit dem Abgange meines letzten allerunterthänigsten Berichts die Berathschlagungen über die Art der zwischen dem heiligen Stuhl und Sr. Maj. dem Kaiser Napoleon zu pflegenden Unterhandlungen ununterbrochen fortgesetzt worden sind, und mehrere Couriere theils von Paris hier eintrafen, theils von hier nach Paris abgiengen, so habe ich geglaubt, abwarten zu müssen, daß ich Ew. K. H. irgend ein bedeutendes und gewisses Resultat zu melden die Ehre haben könnte, und hierzu sehe ich mich erst in dem gegenwärtigen Augenblicke im Stande. Der Papst nemlich hat vor einigen Tagen den Cardinal de Bayane zu seinem außerordentlichen Botschafter in Paris ernannt, und man weiß jetzt mit Gewißheit, daß dies der Cardinal ist, den Se. Maj. der Französische Kaiser anfangs alternativ mit einem andern (welcher wohl der Cardinal Vincenti gewesen seyn dürfte) und nachher allein zu diesem Geschäfte forderten. Den entscheidenden Ausschlag haben, soviel man hier hat vernehmen können, diejenigen Eröfnungen in dieser Sache gegeben, welche der Kaiser dem Cardinal Caprara in Paris gemacht, und welche dieser mit einem Courier hierher berichtet hat. Se. Kais. Maj. forderten damals nicht allein die Sendung des Cardinals de Bayane, sondern auch (wie man versichert) die Entfernung der Engländer und Unterthanen der andern mit Frankreich noch im Krieg begriffenen Mächte aus dem Päpstlichen Gebiet auf eine so bestimmte und gemessene Weise, daß man hier nicht glaubte, wenigstens den ersten Theil der Fo[r]derung abschlagen zu können.

Ueber den zweiten, wenn es mit Fo[r]derung desselben seine Richtigkeit hat, ist bis jetzt nichts von der Entschließung des Päpstlichen Hofes bekannt geworden. Bloß ein einzelner, seit 24 Jahren hier ansässiger Englischer Maler, Fagan, der durch die Auffindung mehrerer schöner antiker Statuen in auf seine Kosten angestellten Nachgrabungen bekannt ist, hat Befehl erhalten, Rom und den Kirchenstaat plötzlich zu verlassen, ohne daß man genau die Ursach dieser Maßregel kennt[1]. Es sind übrigens auch nur äußerst wenige und, wenn man Frauen, schon wirkliche Französische Kriegsgefangene, und seit langer Zeit hier ansässige Kaufleute, Künstler und Geistliche ausnimmt, fast gar keine eigentlich reisende Engländer im gegenwärtigen Augenblicke hier.

Der Cardinal Bayane ist mit ausführlichen Instructionen über alle schon jetzt bekannten Punkte der Unterhandlung versehen worden, und über diese hat er absolute Vollmacht; nur über etwa neu vorkommende soll er erst ferner hier anfragen. Der Praelat della Genga soll in Paris zu ihm stoßen, und er selbst reiset übermorgen von hier ab. Er ist ein Mann von anerkannten Verdiensten, und hat sich schon, als er noch Auditor der Rota zur Zeit des Cardinals Bernis war, allgemeine Achtung erworben; auch hat die feste Ueberzeugung von seiner Gewissenhaftigkeit und Redlichkeit vorzüglich den Papst bewogen, mit Vertrauen das Interesse des heiligen Stuhls in seine Hände zu legen. Nur ist zu bedauern, daß er bereits 68 Jahr alt, taub, und da er an Podagra leidet, sehr kränklich ist. Der Umstand, daß er selbst Franzose, und dem Kaiser, seinem Herrn, wie natürlich, lebhaft ergeben ist, läßt erwarten, daß die Unterhandlung in keinen Händen besser, als in den seinigen von Statten gehen könnte, so wie man aus dem andern, daß der Papst seine Sendung genehmigt, schließen kann, daß der Römische Hof den aufrichtigen Vorsatz hegt, in allen nur irgend mit den einmal hier angenommenen Grundsätzen zu vereinbarenden Punkten nachzugeben. Niemals war daher, wie es scheint, die Hofnung einer beiden Theilen genugthuenden Uebereinkunft so groß und so gegründet, als jetzt. Dies ist dasjenige, was das Ganze dieser Unterhandlung betrift. Einzelne Details welche erzählt werden, wie z. B. daß der Päpstliche Hof, wenn er nicht seine Bereitwilligkeit zu einem Vergleich durch die Wahl des Cardinals de Bayane bewiesen hätte, unmittelbar und unausbleiblich die Provinzen Urbino und Camerino und die Mark Ancona verloren haben würde, wäre ich nicht im Stande zu verbürgen.

Außer den eigentlichen Angelegenheiten des Römischen Hofes beziehen sich die Instructionen des Cardinals de Bayane, dem ausdrücklichen Verlangen des Kaisers Napoleon gemäß, auch auf die Abschließung des Päpstlichen Concordats mit Deutschland [a].

Die Französischen Truppen in Toscana sind seit ihrem ersten Einrücken noch vermehrt worden, und von der ganzen Colonne, welche in dies Land einmarchirte, und ihre Marschroute bis Acquapendente hatte, so daß man glaubte, sie würde sich in den Kirchenstaat begeben, ist kein Mann bis jetzt über die Toscanische Gränze gekommen, vielmehr ist ein großer Theil davon nach Livorno aufgebrochen, wo jetzt die Französische Garnison außerordentlich stark ist. Ueber die Bestimmung dieser Truppen ist noch immer nichts weiter, als daß sie das Englische Eigenthum in Beschlag nehmen, und alle Gemeinschaft mit England hindern sollen, bekannt.

Daß die Engländer Corsica besetzt hätten, der König Ferdinand von Palermo nach England gegangen sey, und eine Französische aus Toulon gesegelte Flotte von 14 Segeln sich im Mittelmeere befinde, um Sicilien anzugreifen, sind bis jetzt, soweit ich urtheilen kann, durchaus unverbürgte Gerüchte.

In dem Augenblicke, da ich diesen allerunterthänigsten Bericht zu schließen im Begriff bin, erhalte ich Ew. K. H. allergnädigstes Rescript aus Allerhöchstdero Département der auswärtigen Geschäfte vom 31. pr[ioris][2] und danke Ew. K. H. auf das ehrfurchtvollste und lebhafteste für diesen neuen Beweis Ihrer Huld, der mich auf das tiefste gerührt hat. Ich kann Ew. K. H.

19. September / 3. Oktober 1807

mit innigster Wahrheit versichern, daß die Beweise Allerhöchstdero Zufriedenheit, welche immer einen unschätzbaren Werth für mich hatten, mir in dieser Zeit, wo, wie ich nicht leugnen kann, öffentliche und Privatangelegenheiten einen höchst traurigen Eindruck auf mich machen, zu einer wahren Beruhigung gereichen, und ich wage es daher, mich abermals auf das angelegentlichste der Fortdauer derselben huldreichen Gesinnungen ehrfurchtsvoll zu empfehlen. Ich werde mich derselben gewiß durch die genaueste Erfüllung meiner Pflichten würdig zu machen suchen, und wünschte nur Gelegenheit zu finden, Ew. K. H. meinen Eifer für Allerhöchstdero Dienst auf eine vielfachere Weise an den Tag legen zu können.

---

zu 109: [a] *auf die hier endende Markierung des ersten Berichtsteils durch eckige Klammern bezieht sich der Kanzleivermerk:* N[ot]a. Die einclavirte Stelle ist extrahirt und Gh. Gesandtschaft in Paris gesendet worden

[1] *Robert Fagan, der zeitweilig auch als britischer Generalkonsul für Sizilien und die ionischen Inseln amtierte, war von den Franzosen bereits 1799 kurzfristig aus Rom vertrieben worden; er starb 1816 wieder in Rom.*
[2] *Vgl. Anm. 1 zu* **105.**

110 Bericht Nr. 6/1807 Rom, 3. Oktober 1807

Ausfertigung StAD E 1 M Nr. 93/5 fol. 13; ps. 26. Oktober 1807.
MATTSON Nr. 1764.

Mission des Kardinals de Bayane. Italienische Reisepläne Kaiser Napoleons. Durchführung der Sperre gegen englische Waren. Gerüchte über die Zukunft Siziliens. Verhaftung des amerikanischen Konsuls in Genua. Landung heimkehrender russischer Truppen an der italienischen Adriaküste. Betrauung Canovas mit einer Büste König Josephs.

Ew. K. H. werden aus meinem letzten allerunterthänigsten Bericht vom 19. v. M. die bevorstehende Abreise des Cardinals de Bayane von hier zu ersehen allergnädigst geruhet haben. Seitdem hat man über die zwischen dem hiesigen und dem Französischen Hofe zu pflegenden Unterhandlungen keine ferneren Nachrichten, und da nunmehr alles in Paris abgemacht wird, so dürfte einige Zeit verlaufen, ehe man etwas Bestimmteres darüber erführe. Das einzige was ich daher in dieser Hinsicht meinem letzten Berichte hinzuzufügen habe, ist, daß der Papst durch den Cardinal de Bayane in einem eignen Briefe den Kaiser Napoleon eingeladen hat, im Fall er wirklich nach Italien und Rom komme, den Vatican zu seiner Wohnung anzunehmen. Ueber die Entfernung der Engländer von hier und die Schließung der Häfen im Namen des Papstes ist bis jetzt noch nichts weiter bekannt geworden.

Die bevorstehende Reise des Kaisers von Frankreich nach Italien scheint sich übrigens zu bestätigen. Nur weiß man noch schlechterdings nicht, wann sie Statt haben wird, und welchen Weg Se.[a] Majestät nehmen werden. Vor einiger Zeit sagte man, der Kaiser werde über München, Venedig und Florenz hierher kommen, dann aber bloß durchgehen, und sich nur bei der Rückkehr aus Neapel einige Tage hier aufhalten. Jetzt heißt es, daß man ihn in Mailand erwartet. Ihre Maj. die Königin von Neapel wird ihn nicht, wie man anfangs behauptete, begleiten[1]. Sie wird in diesen Tagen allein erwartet, wird aber, ohne Rom zu berühren, den Weg zum Adriatischen Meere nehmen, und über den Tronto in das Königreich Neapel eingehen.

In Livorno werden die Nachsuchungen nach Englischen Waaren durch das Französische Militaire auf das strengste fortgesetzt. Lucca ist dagegen mit den gleichen Maßregeln verschont geblieben, und die Französischen Truppen haben die Stadt wiederum verlassen.

Von Sicilien haben wir hier zwar keine bestimmten und gewiss[e]n Nachrichten. Indeß ist das Gerücht der Abreise des Hofes von Palermo durchaus ungegründet, ob man gleich, um dasselbe wahrscheinlicher zu machen, hinzufügte, daß die Engländer, aus Furcht, der König Ferdinand möchte eine friedliche Uebereinkunft mit Frankreich treffen und selbst in die Abtretung der Insel an den König Joseph willigen, den Hof zu diesem Schritte gezwungen, oder wenigstens veranlaßt hätten, um selbst ausschließlich Herren von Sicilien zu bleiben.

Die neuesten Briefe aus Genua melden, daß der dortige Consul der Vereinigten Staaten von Nord-America plötzlich in seinem Hause verhaftet und ins Gefängniß geführt worden ist. Zugleich hat man sich aller seiner Papiere bemächtigt. Die Ursach dieser Verhaftung ist bis jetzt nicht bekannt geworden[2].

In Venedig sowohl, als bei Ferrara sind Russische Truppen gelandet. Man vermuthet indeß, daß diese Landung keine andere Absicht hat, als diese Truppen zu Lande in ihr Vaterland zurückkehren zu lassen, da sie sonst, weil ihnen vermuthlich die Rückkehr durch die Dardanellen noch nicht offen steht, den ungeheuer langen Seeweg durch die Meerenge von Gibraltar nehmen müßten[3].

Der berühmte Bildhauer Ritter Canova ist auf Befehl des Neapolitanischen Hofes nach Neapel gereist, um, wie es heißt, dort das Brustbild des Königs Joseph nach dem Leben zu verfertigen, und hernach hier eine Bildsäule desselben zu machen[4].

zu 110: [a] *korr. aus:* Ihre

[1] *Marie Julie geb. Clary, die ältere Schwester der Désirée Bernadotte, war seit 1794 mit Joseph Bonaparte verheiratet.*

[2] *US-Konsul in Genua war nach dem Geneal. Reichs- und Staats-Handbuch 1805 Peter Kuhn.*

[3] *Die GHLZ meldete am 24. Okt. 1807 aus Konstantinopel, daß ein russisch-türkischer Waffenstillstand die Schiffahrt auf dem Schwarzen Meere wieder geöffnet habe, zugleich aber aus Mailand, der englische Admiral Collingwood habe die geplante Rückführung der russischen Flotte durch die Dardanellen nicht zugelassen. Tatsächlich ist der Hauptteil der russischen Flotte unter Admiral Siniavin über Gibraltar und den Atlantik nach Rußland zurückgekehrt; am 5. Dez. meldete die GHLZ, daß russische Schiffe, von Korfu kommend, in Lissabon eingelaufen seien.*

[4] *Canova sollte für Neapel ein Reiterstandbild Napoleons schaffen; eine Porträtbüste Joseph Bonapartes ist nicht bekannt.*

111 Bericht Nr. 7/1807   Rom, 21. Oktober 1807

Ausfertigung StAD E 1 M Nr. 93/5 fol. 15f; ps. 9. November 1807.
MATTSON Nr. 1766.

Dank für die Bewilligung des vorerst aufgeschobenen Urlaubs. Erweiterung der Verhandlungsvollmachten für Kardinal de Bayane. Verwendung der in Livorno beschlagnahmten englischen Warenbestände. Niederwerfung von Unruhen in den Abruzzen. Landung aus Korfu zurückkehrender russischer Truppen in Ancona. Hofnachrichten.

Ew. K. H. allerhöchstes Rescript vom 1. huj[us] ist am 17. richtig hier bei mir eingegangen[1], und ich eile, Allerhöchstdenselben meinen tiefsten und lebhaftesten Dank für den mir darin allergnädigst bewilligten sechsmonatlichen Urlaub ehrfurchtsvoll zu Füßen zu legen. Da ich auch noch den Sr. K. Maj. von Preussen abwarten muß, so schmeichle ich mir mit der Hofnung, daß Ew. K. H. es huldreichst genehmigen werden, wenn ich die Benutzung des mir ertheilten Urlaubs auf solange heraussetze[2]. Ich werde kurz vor meiner Abreise nicht verfehlen, Ew. K. H. pflichtmäßig und genau anzuzeigen, welche Einrichtung ich zur Besorgung der geistlichen Angelegenheiten Allerhöchstdero Unterthanen während der Zeit meiner Abwesenheit getroffen habe, und wage es nun, Ew. K. H. allerunterthänigst zu bitten, mir bis dahin die etwa vorkommenden Aufträge auf die gewöhnliche Weise und unter der bisherigen Addresse an mich allergnädigst zukommen zu lassen.

Ew. K. H. werden geruhet haben, aus meinem letzten allerunterthänigsten Berichte zu ersehen, daß ich, nach erfolgter Abreise des Cardinals Bayane, nicht glaubte, daß man sobald etwas Ferneres von dem Erfolge der Unterhandlungen des Französischen Hofes mit dem hiesigen vernehmen werde. In der That schien diese Voraussetzung auch natürlich, als auf einmal hier die Nachricht eintraf, daß der Cardinal zwar in Mailand von Se. Kais. H. dem Vicekönige mit allen möglichen Ehrbezeugungen aufgenommen worden sey, aber als er, nach einem zweitägigen Aufenthalte in dieser Stadt, nach Turin gereiset sey, daselbst eine dringende Einladung vom Vicekönig empfangen habe, nach Mailand zurückzukehren, weil man ihm sehr wichtige Eröfnungen im Namen Se. Maj. des Kaisers der Franzosen zu machen habe. Der Cardinal folgte natürlich diesem Winke, und kehrte nach Mailand zurück, und hier sah er, daß er seine Reise nach Paris nicht eher würde fortsetzen können, ehe nicht der hiesige Hof auf einige ihm indeß von dem Französischen gemachte Anträge genügende Antwort ertheilt hätte. In der That erhielt der hiesige Französische Botschafter um die gleiche Zeit einen außerordentlichen Courier, und hatte drei Tage hintereinander lange Unterredungen mit Sr. Heiligkeit, welche wichtige politische Angelegenheiten jetzt immer persönlich abzumachen die Gewohnheit haben. Nach diesen Unterredungen sandte der Französische Botschafter seinen Courier nach Mailand zurück, der Cardinal Bayane sollte nunmehr seine Reise fortsetzen, und es ist außer Zweifel, daß dies jetzt bereits geschehen seyn wird.

Nach diesem Verlaufe war es offenbar, daß die Sendung des Cardinals Bayane noch Schwierigkeiten in Paris angetroffen haben mußte, deren

Beseitigung hiesigen Orts erst die Fortsetzung seiner Reise möglich machen konnte. Soviel ich habe vernehmen können, haben diese Schwierigkeiten hauptsächlich darin bestanden, daß der Französische Hof die dem Cardinal bei seiner Abreise von hier gegebenen Vollmachten nicht hinreichend und genügend gefunden hat, und daß daher auf einer Erweiterung derselben gedrungen worden ist. Die Fortsetzung der Reise des Cardinals von Mailand aus ist ein untrüglicher Beweis, daß dieser Zweck erfüllt worden ist. Ob aber die getroffene Erweiterung diese Vollmachten wirklich uneingeschränkt gemacht, oder welchen bestimmten Punkt sie eigentlich betroffen hat, wäre ich nicht im Stande anzugeben. Da aber der hauptsächlichste Punkt in den zwischen beiden Höfen zu pflegenden Unterhandlungen immer die Regulierung der Verhältnnisse des Heiligen Stuhls zum Französischen Reiche im Ganzen und mithin der Beitritt zum föderalistischen Systeme Frankreichs, so wie die Ausschließung seiner Feinde vom Kirchenstaat ist, so dürfte auch jetzt wohl hiervon die Rede gewesen seyn.

Noch muß ich bemerken, daß der Französische Botschafter zugleich einen Courier nach Ancona an den dort sich aufhaltenden Französischen General absandte. Das Publicum vermuthet, daß dieser Courier auf die Abbestellung gewisser Befehle, welche dieser General auf den Fall, daß die vorhin erwähnten Schwierigkeiten nicht hier gehoben werden könnten, erhalten haben soll, Bezug gehabt haben; jedoch sind dies, soviel mir bekannt ist, nur Vermuthungen, und gewiß ist bloß die Absendung dieses Couriers, und daß derselbe von Ancona aus nirgend weiter hingegangen ist.

Die in Livorno auf Befehl des Generals Miollis in Beschlag genommenen Englischen Waaren werden auf den Wert von 3 bis 4 Millionen Franken geschätzt. Man steht jetzt in Unterhandlungen mit der Kaufmannschaft, ihr diese Waaren, so wie in Hamburg geschehen ist, gegen Erlegung einer Summe Geldes zu überlassen; diese Einrichtung findet aber einige Schwierigkeiten, weil die Kaufmannschaft wünscht, daß der Hof in Florenz mit zu denselben hinzuträte, dieser aber hierzu nicht geneigt scheint. Indeß hat[a], wie ich höre, die Königin dem Kaiser Napoleon über die Lage ihres Königreichs geschrieben, und Ihre Majestät haben ihr eigenhändig und in den höflichsten Ausdrücken geantwortet, sie des Antheils, den Sie an ihr und ihrem Lande nähmen, versichert, und Hofnung gemacht, die Französischen Truppen, sobald es die Umstände nur einigermaßen erlauben würden, herauszuziehen.

In beiden Abruzzos waren aufs neue Unruhen ausgebrochen; wie aber die Neapolitanische Zeitung versichert, so sind dieselben im gegenwärtigen Augenblicke vollkommen beigelegt. Einige noch um Rom stehende Französische Truppen haben Befehl erhalten gegen die Gränzen des Königreichs Neapel aufzubrechen, wie es heißt, um zu verhindern, daß flüchtige Insurgenten nicht etwa in den Kirchenstaat hinübergehen, um sich ans Meer zurückzuziehen, und sich einzeln nach der noch von den Engländern besetzten Insel Ponza einzuschiffen. – Ihre Maj. die Königin von Neapel wer-

31 Erbprinz Friedrich von Sachsen-Gotha-Altenburg in den Ruinen des Forum Romanum, 1807.

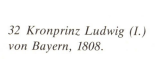

32 Kronprinz Ludwig (I.) von Bayern, 1808.

Berichte 111 / 112

den, wie man vernimmt, doch durch Rom, jedoch incognito, nach Neapel gehen; indeß scheint diese ganze Reise für jetzt noch weiter hinausgesetzt zu seyn.

Eine 4 000 Mann starke Abtheilung Russischer Truppen, welche die Besetzung von Corfu ausmachte, ist unvermuthet in Ancona gelandet. Sie wird vom Papste verpflegt, man versichert aber, daß sie nur die Zeit der Quarantaine hindurch dort bleiben, und dann durch das Königreich Italien und die Oesterreichischen Staaten nach ihrem Vaterlande zurückgehen werde.

Der Prinz Borghese, Schwager Sr. Maj. des Kaisers Napoleon hat seinen jüngeren Bruder, den Prinzen Aldobrandini plötzlich nach Paris berufen. Obgleich der eigentliche Grund dieser schleunigen Reise bis jetzt unbekannt ist, so behauptet man doch, daß der Prinz bestimmt sey, sich mit einer Verwandten Ihrer Maj. der Königin von Neapel zu vermählen[3]. – Se. Dl. der Prinz Friedrich von Sachsen Gotha ist vor einigen Tagen, in Begleitung des Kammerherrn Baron von Haak, hier angekommen, um den Winter hier zuzubringen.

---

zu 111: [a] *korr. aus:* haben

[1] *Konzept des Ministerialreskripts,* abges. 2. Oct. 1807, *StAD E 5 B 1 Nr. 2/2 fol. 173;* MATTSON *Nr. 9097.*

[2] *Die preußische Urlaubsbewilligung erging erst am 1. Mai 1808; zu der infolgedessen auf den Herbst 1808 verschobenen Abreise siehe unten* **148f**.

[3] *Francesco Aldobrandini-Borghese, der Bruder des Napoleon-Schwagers Fürst Camillo B., heiratete Adèle de Rochefoucould; die GHLZ notierte seine Rückreise von Paris am 29. Okt. 1807. Siehe auch unten,* **139** *mit Anm. 1.*

[4] *Die GHLZ meldete am 12. Nov. 1807, Prinz Friedrich habe* sich in Rom einen prächtigen Pallast gekauft und aufs geschmackvollste einrichten lassen; *der jüngere Bruder Herzog Augusts von Sachsen-Gotha, war nach dessen Tod 1822 als letzter seiner Linie für drei Jahre regierender Herzog in Gotha. Vgl. dazu das von Gottlieb Schick während des Rom-Aufenthalts gemalte Portrait des Prinzen in den Sammlungen der Veste Coburg; s. Abb. 31, S. 329.*

---

112 Bericht Nr. 8/1807 Rom, 31. Oktober 1807

Ausfertigung StAD E 1 M Nr. 93/5 fol. 17; ps. 20. November 1807.
MATTSON Nr. 1768.

Spekulationen über den konkreten Verhandlungsauftrag des Kardinals de Bayane. Verstärkung der französischen Truppen in der Mark Ancona. Ausweisung des verhafteten US-Konsuls aus Genua. Quarantäne der im Hafen von Ancona einlaufenden russischen Truppen.

Da es sich bestätigt, daß der Cardinal de Bayane von Mailand abgereiset ist, und seine Reise nach Paris fortgesetzt hat, so schließt man allgemein hieraus, daß der Papst dem Verlangen des Französischen Kaisers, seinen Gesandten mit hinlänglich ausgedehnten Vollmachten zu versehen, nachgegeben habe, und sieht nunmehr der baldigen Vollziehung des in Paris abzu-

21./31. Oktober 1807

schließenden Tractats entgegen. Ueber die Art der Abfassung der neuen Vollmachten der Cardinals herrscht zwar ein tiefes Geheimniß, und das um so mehr, als dieselben allein von Sr. Heiligkeit selbst, dem Cardinal-Staatssecretaire und einem oder dem anderen bei der Staatssecretarie Angestellten aufgesetzt worden sind. Da wegen den in diesem Monat immer gewöhnlichen Ferien mehrere und gerade die am meisten Einfluß habenden Cardinäle von hier abwesend waren, ist das Cardinals-Collegium diesmal nicht zu der Berathschlagung zugezogen worden. Man will jedoch allgemein wissen, daß der Papst den Cardinal de Bayane bevollmächtigt habe, in die Ausschließung der Engländer aus dem Kirchenstaate zu willigen, und es ist wenigstens gewiß nicht zu bezweifeln, daß er in irgend einem der wichtigeren Punkte der Unterhandlung nachgegeben haben müsse. Ob er jedoch eigentlich gewilligt sey, dem föderativen System Frankreichs wirklich beizutreten, darüber herrschen sehr entgegengesetzte Meynungen, und es wäre mir unmöglich, Ew. K. H. hierüber etwas mit einiger Sicherheit zu sagen.

Die in den Zeitungen angekündigte Sendung des Generals Lemarrois nach Rom scheint bloß für den Fall bestimmt gewesen zu seyn, daß der Papst in die Forderung ausgedehnterer Vollmachten nicht eingewilligt hätte. Wenigstens ist dieser General nicht nach Rom gekommen, sondern in Ancona geblieben. An demselben Orte traf auch in diesen letzten Tagen der General Duhesme und noch zwei andre Französische Generale ein, so wie gleichfalls 1500 Mann Französischer Truppen. Nach Sinigaglia kam eine gleiche Anzahl Truppen, und zwischen Pesaro und Ascoli stehen jetzt ungefähr 9000 Mann Franzosen. Man vermuthet, daß ein Theil dieser Truppen sich auf denselben Schiffen, welche die Russischen übergeführt haben, nach der Sieben-Insel-Republik begeben werden[1]. – Briefe aus Turin und Mailand kündigen jetzt die Ankunft Sr. Maj. des Kaisers Napoleon in Italien als unmittelbar bevorstehend an. Der hiesige Französische Botschafter Alquier aber hat bis jetzt keine, dieselbe betreffenden officiellen Nachrichten erhalten.

Ew. K. H. werden aus meinem vorletzten allerunterthänigsten Berichte zu ersehen geruhet haben, daß der Consul der vereinigten Staaten von Nordamerica in Genua auf Befehl der Regierung verhaftet worden war. Die neuesten Nachrichten daher sagen, daß der Polizeicommissarius daselbst ihm nunmehr angezeigt hat, daß die Französische Regierung ihn nicht mehr als Agenten der Nordamericanischen Freistaaten anerkenne, ihm sein Exequatur nehme und ihm befehle, augenblicklich Genua zu verlassen, und sich wenigstens in einer Entfernung von 40 Französischen Meilen sowohl von den Küsten, als der Residenz des Hofes aufzuhalten. Die Ursachen dieser strengen Maßregeln sind bis jetzt nicht bekannt geworden.

Die Russischen Truppen aus Corfu sind jetzt zu mehr als zur Hälfte in Ancona angekommen, und halten theils am Bord ihrer Schiffe, theils im Lazareth die ihnen auferlegte Quarantaine die aus 28 Tagen, vom Tage ihrer Abreise aus Corfu an, bestehen soll. Im Ganzen sollen es 45 Schiffe mit 4 500 Mann Truppen seyn, von denen bis zum 26. huj[us] 28 Schiffe mit 2 496 Mann wirklich eingetroffen waren.

zu 112:
[1] *Die GHLZ berichtete bereits am 24. Okt. 1807: aus Ancona, Otranto etc. werden noch immer franz. Truppenabtheilungen nach Corfu übergeführt. Am 27. Okt. druckte die Zeitung die am 8. Sept. aus Korfu übermittelte Proklamation General Berthiers zur französischen Besitzergreifung der Sieben Inseln.*

113 Bericht Nr. 9/1807 Rom, 7. November 1807

Ausfertigung StAD E 1 M Nr. 93/5 fol. 19; ps. 2. Dezember 1807.
MATTSON Nr. 1772.

Reise des Kardinals de Bayane. Unruhe über die Bezeichnung des französischen Generals Lemarrois als „Generalgouverneur" der Mark Ancona und anderer päpstlicher Gebiete. Ausweisung des schwedischen Geschäftsträgers in Florenz. Aufschub der Italienreise Kaiser Napoleons. Erfolgreiche Razzia nach französischen Wehrpflichtigen auf den im Hafen von Genua liegenden Schiffen. Ankunft eines zweiten russischen Konvois in Ancona.

Der Römische Hof hat bis auf diesen Augenblick noch keine officielle Nachricht von dem Eintreffen des Cardinals de Bayane in Paris erhalten, sondern weiß nur, daß derselbe am 25. v. M. in Lyon angekommen war. Privatbriefe hingegen sprechen schon von seiner Ankunft in Paris selbst; indeß hatten Se. Maj. der Kaiser Napoleon ihm, dem Inhalte dieser Briefe zufolge, noch keinerlei Eröffnung über Geschäfte gemacht, sondern bloß dem Cardinal-Legaten Caprara aufgetragen, ihn sowohl, als den Praelaten della Genga in seinem Hause wohnen zu lassen.

Indeß hatte ein hier allgemein verbreitetes Gerücht das Publicum in nicht geringe Bestürzung versetzt. Es hieß nemlich plötzlich, der Französische General Lemarrois hätte von der Mark Ancona und einigen angränzenden Provinzen im Namen Frankreichs Besitz genommen, und wie unwahrscheinlich auch eine solche Maßregel in einem Augenblick war, wo der Französische Hof erklärt hatte, eine freundschaftliche Uebereinkunft mit dem Römischen Hofe treffen zu wollen, und wo, nach augenblicklichem Misverständniß der Cardinal de Bayane seine Reise, mit Bewilligung des Kaisers, von Mailand aus weiter fortgesetzt hatte; so fand dieses Gerücht doch bei Vielen Glauben. Nach näherer Erkundigung fand man zwar den Ungrund desselben, aber es lag doch dabei eine Thatsache zum Grunde, die allerdings einige Besorgniß zu erregen im Stande war. Der General Lemarrois hatte nemlich ein officielles Schreiben mit der Aufschrift: „an den General Lemarrois, General-Gouverneur der Mark Ancona, Macerata, der Mark Fermo, und des Herzogthums Urbino" erhalten; andere Briefe mit gleicher Aufschrift waren an ihn auf der Post eingelaufen, und man setzte, ich weiß nicht, ob mit Grunde, hinzu, daß er sich selbst auf gedruckten Circularen, Pässen u. s. f. den gleichen, und noch durch die Beiwörter: „oeconomischen

31. Oktober / 7. November 1807

und militairischen General-Gouverneur" näher bestimmten Titel gegeben habe. Auf die durch den Päpstlichen Delegaten in Ancona, Praelaten Vidoni, darüber geäußerte Verwunderung, soll er jedoch erklärt haben, daß dieser Titel nichts weiter anzeige, als daß er den Oberbefehl über die dort stehenden Truppen habe, und daß übrigens alles unverändert, und die Päpstliche Regierung in voller Kraft bleibe. Diese Erklärung hat dann die Gemüther wieder einigermaßen beruhigt[1].

Der Schwedische Geschäftsträger Lagerswärd in Florenz hat vor Kurzem diesen Ort und Toscana verlassen müssen, da ihm der Etrurische Hof bezeugt hat, daß für jetzt keine diplomatischen Verhältnisse zwischen den beiden Höfen bestehen könnten. Er hat darauf versucht, wenigstens als Privatperson in Florenz bleiben zu können, aber dieser Antrag ist abgelehnt worden, und er ist nach Perugia gegangen. – Se. K. H., der Herzog von Genevois, Bruder Sr. Maj. des Königs von Sardinien, ist vor Kurzem mit seiner Gemahlin, einer Tochter des Königs Ferdinand, von Palermo nach Cagliari zurückgekommen[2]; bei seiner Abreise war in Sicilien alles vollkommen ruhig und unverändert.

Die Reise Sr. Maj. des Kaisers der Franzosen nach Italien scheint aufs neue aufgeschoben zu seyn. Die Königin von Etrurien wollte nach Mailand reisen, um Se. Maj. dort zu sprechen; allein sie erhielt einen Courier, durch den ihr gemeldet ward, daß der Kaiser jetzt noch nicht nach Mailand, sondern nur nach Venedig gehen würde, und gestern lief hier die Nachricht ein, daß auch in Venedig alle zu seinem Empfang gemachten Anstalten abbestellt seyen.

In Livorno hat der Französische Consul kürzlich auf allen im dortigen Hafen befindlichen Schiffen, auf Befehl des Generals Miollis, Nachsuchungen anstellen lassen, ob sich auf denselben ausgetretene Französische Marine-Conscribirte befänden. Man hat derselben 120 angetroffen, und sie sogleich nach Genua geschickt, wo sie dienen sollen, eine eben fertig gewordene, neuerbaute Fregatte zu bemannen. Ehe diese Maßregel genommen wurde, forderte der Französische Consul die Genehmigung der in Livorno residirenden Consuln dazu ein, und bat sie nur, dieselbe die Capitaines ihrer Schiffe nicht wissen zu lassen, damit seine Bemühungen nicht dadurch vereitelt würden.

Den letzten Nachrichten aus Ancona zufolge, ist daselbst nun auch der zweite Convoi Russischer Truppen von 2 000 Mann auf 16 Schiffen angekommen. Es fehlten jetzt nur noch 5 bis 6 unterwegs in andre Häfen verschlagene Schiffe. Die vor einiger Zeit bei Padua gelandeten Russen scheinen den Winter dort zubringen zu sollen[3].

---

zu 113:
[1] *Vgl. die Bestätigung der zunächst durch Indiskretion bekanntgewordenen Ernennung in* **114**.
[2] *siehe oben* **70** *mit Anm.* 3.

³ *Die GHLZ hatte am 27. Okt. 1807 gemeldet:* Um für die 8 bis 10 000 Russen, welche zuvor noch auf Tenedos, Korfu etc. lagen, und nächstens von da zu Mestre landen sollen, Platz zu machen, sind die 5 000 Russen, welche am 23. Sept. zu Padua einrückten, nun nach Treviso und Venedig verlegt worden.

114 Bericht Nr. 10/1807   Rom, 14. November 1807

Ausfertigung StAD E 1 M Nr. 93/5 fol. 21–23; ps. 7. Dezember 1807.
Mattson Nr. 1774.

Bestätigung der bereits gerüchtweise gemeldeten Ernennung des Generals Lemarrois zum Generalgouverneur der Marken. Ersatz der päpstlichen durch französische Wappenschilder. Ankunft des Kardinals de Bayane in Paris. Ankauf der Kunstschätze der Villa Borghese für das Pariser Napoleon-Museum. Sonstige Antikensammlungen in Rom. Tod und Beisetzung der Malerin Angelika Kauffmann.

Die Angelegenheiten der Mark Ancona und der angrenzenden Provinzen haben, seit dem Abgange meines letzten allerunterthänigsten Berichts, noch unausgesetzt die Aufmerksamkeit des Römischen Hofes beschäftigt. Der General Lemarrois hat nunmehr seine Ernennung zum militärischen und oeconomischen General-Gouverneur der Ew. K. H.. neulich allerunterthänigst angezeigten Provinzen dem Päpstlichen Delegaten, Monsignor Vidoni, jedoch nur vertraulicher Weise, bekannt gemacht, und ihm dabei bezeugt, daß er in den, ihm in dieser neuen Würde obliegenden Pflichten gern überall einstimmig mit ihm zu verfahren wünsche, und ihn daher freundschaftlich einlade, seine Maßregeln gefälligst zu unterstützen. Der Praelat Vidoni sah sich genöthigt, auf diese unerwartete Eröffnung bloß zu erwiedern, daß diese Sache von zu großer Wichtigkeit sey, um nur vertraulicher Weise, und allein zwischen ihnen abgemacht zu werden, daß der General sich deshalb an den hiesigen Hof wenden müsse, und er indeß nichts anderes thun könne, als in der Ausübung der Rechte und Pflichten seines Postens, wie vorher, fortzufahren.

Auf den von dem Päpstlichen Delegaten hierüber hierher gemachten Bericht befand sich nun der hiesige Hof in nicht geringer Verlegenheit, da ihn die Unvollständigkeit und Unbestimmtheit dieses Berichts über die Art der Ausdehnung der dem General ertheilten Gewalt, durchaus ungewiß ließ, wie er diese neue Ernennung zu beurtheilen, und welchen Beweggründen er dieselbe beizumessen habe. Vorzüglich aber ist noch im jetzigen Augenblick das Römische Publicum zweifelhaft, ob es sich gefaßt machen soll, die genannten Provinzen von dem übrigen Kirchenstaat wirklich bald abgetrennt zu sehen, oder ob die Ernennung eines General-Gouverneurs bloß die militärischen Operationen zur Absicht hat, und die Civilgewalt, welche der Ausdruck: oeconomischen Gouverneur anzudeuten scheint, lediglich bestimmt ist, den General in den Stand zu setzen, theils seine Truppen den nöthigen Unterhalt zu sichern, theils das Land sowohl gegen mögliche Küstenangriffe der Engländer, als gegen innere Unruhen zu schützen?

7./14. November 1807

Soviel sich indeß nach den Gesinnungen des Französischen Hofes und der vorhergegangenen und begleitenden Umständen urtheilen läßt, ist das Letztere das allein Wahrscheinliche, und viele Personen wollen sogar behaupten, daß die ganze Ernennung eines General-Gouverneurs bloß eine Folge der Unzufriedenheit gewesen sey, welche in Paris habe von der zweiten, am 17. pr[ioris] erfolgten Abreise des Cardinals de Bayane von Mailand aus der geringen Ausdehung der ihm zuerst ertheilten Vollmachten entstehen könne. Denn der Behauptung dieser Personen nach, giebt es zwei Decrete, auf welchen die erwähnte Ernennung beruht, die aber in ihrem Inhalte sehr voneinander abweichen. Das eine, sagen sie, sey von Fontainebleau vom 14. pr[ioris] und also von Sr. Maj. dem Kaiser selbst gegeben. Dieses befehle dem General, das Commando über alle in jenen Provinzen befindliche Französische und Päpstliche Truppen zu nehmen, ihre Unterhaltung auf Kosten des Landes zu besorgen, Nationalgarden einzurichten, bewegliche Colonnen, sowohl zur Vertheidigung der Küsten, als zur Erhaltung der Ruhe im Innern anzuordnen, sich von der Verwaltung des Landes Rechenschaft ablegen zu lassen, und die Gouverneure zu veranlassen, sich wegen der Verrichtungen ihres Amtes an ihn zu wenden. Das andre Decret sey vom 21. pr[ioris] vom Vicekönig in Mailand, und enthalte bloß militairische Instructionen, von den übrigen aber nur die einzigen, den Unterhalt der Truppen aus dem Lande zu nehmen. Sie setzen hinzu, daß dieses zweite Decret von Sr. Kais. H. dem Vicekönig in der Voraussetzung also modificirt worden sey, daß Se. Majestät der Kaiser selbst diese Modificationen angewendet haben würden, wenn ihnen schon die nachher erweiterten Vollmachten des außerordentlichen Legaten bekannt gewesen wären. Da indeß keines dieser Decrete officiell mitgetheilt worden ist, so beruht alles, was man von der Existenz und noch mehr von dem Inhalte derselben sagt, lediglich auf mehr oder minder glaubwürdigen Gerüchten, deren Wahrheit ich Ew. K. H. nicht zu verbürgen im Stande wäre. Nur soviel läßt sich bedingter Weise hieraus schließen, daß, wenn in der That der Zusammenhang der Sachen der hier angegebene wäre, sich mit Grunde erwarten ließe, daß die ganze Ernennung nur vorübergehend sey, und wiederum aufhören werde, sobald die in Paris zu pflegende Unterhandlung einen glücklichen Fortgang zu gewinnen anfangen sollte.

Die Maßregeln, welche indeß der General Lemarrois in dem von ihm behaupteten Gouvernement getroffen hat, sind übrigens jetzt mehr vorbereitend, als entscheidend. Er hat nemlich damit angefangen, den Pallast der Regierung in Ancona zu seiner Wohnung zu verlangen, in welchem jedoch nicht der Päpstliche Delegat Vidoni wohnt, sondern bloß einige andere Päpstliche Beamte, welche auszuziehen genöthigt worden sind; er hat in alle Ortschaften der von ihm besetzten Provinzen geschickt, um Verzeichnisse über die Bevölkerung, die Einkünfte und Verwaltungsausgaben aufzunehmen, und er ließ beim Abgange der letzten Post das Französische Wappen zubereiten, um es über dem Stadtthore anheften zu lassen. Zwar

Bericht 114

behauptet man auch noch außerdem, daß er die gleiche Maßregel, das Französische Wappen an die Stelle des Päpstlichen zu setzen, auch in allen übrigen Städten getroffen, und die Municipalitaet und den Gouverneur von Macerata, Monsignor Rivarola, habe verhaften lassen, erstere, weil sie nicht im Stande gewesen sey, alle erforderten Aufschlüsse und Nachrichten zu geben, letzteren, weil er gegen diese Verhaftung, so wie gegen die Vertauschung der Wappen, protestirt habe. Allein diese Nachrichten scheinen mir noch gar sehr fernerer Bestätigung zu bedürfen.

In der Ungewißheit nun, in welcher sich der Römische Hof wegen dieser Angelegenheit befindet, hat er von dem General Lemarrois die urkundliche Mittheilung des Decrets verlangt, welches die Rechte und Gränzen seiner neuen Würde bestimmt, und zugleich, nachdem das Cardinals-Collegium schriftlich zu Rathe gezogen worden ist, einen Courier nach Paris abgesandt, um sich von Sr. Maj. dem Kaiser Aufklärungen über die Ernennung des Generals Lemarrois zum General-Gouverneur und die dieselbe begleitenden Umstände zu erbitten; und man wird, um diesen Vorfall aus dem rechten Gesichtspunkte anzusehen, vermuthlich die Antwort hierauf abwarten müssen.

Der Cardinal Caprara hat gegenwärtig dem Cardinal-Staatssecretaire die Ankunft des Cardinals de Bayane officiell mitgetheilt. Dieselbe ist am 30. pr[ioris] erfolgt. Der Courier des Cardinals Caprara war am 1. huj[us] von Paris abgegangen, und am 31. pr[ioris] hatte der Cardinal de Bayane noch keine Audienz bei Sr. Maj. dem Kaiser gehabt.

Durch ein Decret des Generals Miollis sind nunmehr die aus Sicilien und Malta kommenden Waaren in Livorno den Englischen gleichgestellt worden, und sollen dieselbe strenge Behandlung, als diese, erfahren. – Der Französische Gesandte in Florenz d'Aubusson de la Feuillade und sein Gesandtschaftssecretaire Artaud lebten seit einigen Monaten in offenbarer und den Gesandtschaftsangelegenheiten nicht wenig nachtheiliger Mishelligkeit mit einander. Auf die von beiden in Paris erhobenen Klagen ist der Secretaire angewiesen worden, sich nach Parma zu begeben, und dort die ferneren Befehle seines Kaisers zu erwarten.

Der Verkauf der Kunstwerke und Alterthümer der hiesigen Villa Borghese (auch Villa Pinciana von dem Thor, vor welchem sie liegt, genannt) an den Kaiser der Franzosen für das Musée Napoleon, von dem man seit langer Zeit sprach, ist endlich zu Stande gekommen. Der jetzige Besitzer, Prinz Camillo Borghese erhält vom Kaiser die Summe von drei Millionen Piastern und überläßt ihm dafür alle und jede Alterthümer und Kunstwerke der Villa Borghese, das sogenannte Gabinische Museum mit eingerechnet, und die berühmte antike colossale Büste des Antinous, die jetzt im Pallast Borghese in Rom steht. Das Gabinische Museum enthält eine Anzahl, von dem Vater des jetzigen Prinzen Borghese, unter Anleitung des Engländers Hamilton, bei der alten Stadt Gabii, unfern von hier gefundenen Bildsäulen, und die Büste des Antinous ist der gewöhnlich Antinous von Mondragone genannte

14. November 1807

außerordentlich schöne Kopf. Er hat diesen Namen von einer dem Hause Borghese in Frascati gehörigen Villa, in welcher er ehemals stand[1].

Der Casino der Villa Borghese, in welcher die jetzt verkauften Bildsäulen, mit deren Einpackung man bereits beschäftigt ist, aufgestellt waren, und der sich durch geschmackvolle Anordnung und Pracht der darin angebrachten Marmor- und andrer Steinarten auszeichnet, ist von dem Vater des jetzigen Prinzen also eingerichtet worden. Dieser Mann, welcher edle Gesinnungen mit großen Talenten verband, liebte zugleich die Kunst und sein Vaterland so eifrig, daß er nicht nur ungeheure Summen auf seine Sammlung und seine Villa verwandte, sondern die letzte auch ganz dem Gebrauche der Römer widmete. Denn er verbot in einem besonderen Vermächtniß seiner Familie dieselbe jemals zu schließen, und eine eigne Inschrift am Eingange derselben sagt, daß der Prinz sie zum Vergnügen seiner Mitbürger bestimme, und jeden einlade, nicht nur frei darin herumzugehen, sondern auch Blumen und Früchte abzubrechen und zu genießen, wofern er nur sonst keinen Schaden anrichte.

Nach dem Verkauf der Borghesischen Sammlung bleiben jetzt in Rom nur noch zwei beträchtliche Privatsammlungen antiker Statuen übrig, nemlich die dem jetzigen Prinzen von Venosa, oder, wie er sich nach dem seiner Familie ehemals zustehenden Fürstenthum nennt, von Piombino gehörige, merkwürdige, aber schlecht geordnete Ludovisische, und die, jedoch ihrer schönsten Stücke beraubte, Albanische. In den übrigen hiesigen Privatsammlungen von Kunstsachen finden sich nur einzelne, obgleich in manchen, wie in der Barberinischen, vortrefliche antike Bildsäulen. Aus der gleichfalls zahlreichen Giustinianischen sind die besten Stücke an den Senator Lucian Bonaparte verkauft worden[2].

Vor einigen Tagen starb allhier die bekannte Mahlerin Angelica Kaufmann in einem Alter von beinahe 70 Jahren. Sie hatte noch bis auf wenige Tage vor ihrem Tode gemahlt, und wenn auch vielleicht strengere Kritik und veränderte Grundsätze und Ansichten die Zahl ihrer Bewunderer in den letzten Jahren verminderten, so kann ihr doch sicherlich nicht eine durchaus eigne, liebliche Manier, und ein oft gelungenes Bestreben, sich dem reinen und einfachen Geschmack des Alterthums zu nähern, abgesprochen werden, wodurch sie sich in einer Zeit, wo die Malerei vielem conventionellen Zwange unterlag, ein bleibendes Verdienst um die Kunst erworben hat. Ihr Leichenbegängniß ist mit besonderer Feierlichkeit begangen worden, und man hat dabei eine, seit lange, und, wie man behauptet, seit Raphaels Tod abgekommene Gewohnheit beobachtet, indem man zwei ihrer besten Gemälde ihrem Sarge auf einem Gerüste nachtragen ließ[3].

---

zu 114:
[1] *Die GHLZ brachte die Verkaufsmeldung erst am 12. Jan. 1808:* Die reiche Antikensammlung in der Villa Borghese bei Rom ist für 1 Mill. Livres baar und 2 Mill. in Domainen an die französische Regierung verkauft und bereits eingepackt. *Im*

Gegensatz zu den 1798 von den französischen Truppen requirierten römischen Kunstschätzen sind die rechtmäßig verkauften Teile der Borghese-Sammlung (über 500 Stücke) trotz wiederholter Bemühungen nicht nach Italien zurückgekehrt. Sie befinden sich heute im Louvre, während die in der Villa Borghese in Rom ausgestellte Antikensammlung großenteils von Camillos Bruder Francesco neuaufgebaut wurde.
² *Die bedeutende Ludovisi-Sammlung, zu der u. a. der berühmte Ludovisi-Thron und der von Goethe bewunderte Kolossalkopf der Juno gehören, bildet nach ihrem Ankauf durch den italienischen Staat heute eine eigene Abteilung des Museo Nazionale Romano. Die Reste der im 18. Jahrhundert von Kardinal Alessandro Albani aufgebauten Sammlung, aus der Teile in napoleonischer Zeit an den König von Bayern verkauft wurden, befinden sich noch heute in der Villa Albani-Torlonia. Aus der nach 1811 aufgeteilten Barberini-Sammlung, die auf Papst Urban VIII. und seine Neffen Antonio und Francesco zurückgeht, sind nur Teile mit dem Palazzo Barberini vom Staat erworben worden; der Palast wird heute von der Galleria Nazionale de Arte Antiqua benutzt. Wertvolle Stücke aus der um 1600 von dem Bankier Vincenzo Giustiniani begründeten Sammlung, darunter die Athena Giustiniani, befinden sich heute in den Vatikanischen Museen, weitere Teile im Museo Torlonia. Vgl. dazu* C. PIETRANGELI, *Le collezioni private Romane attraverso i tempi, Rom 1985.*
³ *Für die Beerdigung der am 5. Nov. 1807 verstorbenen Malerin vgl. die Schilderung ihres ersten Biographen* G. G. DE ROSSI, *Vita di Angelica Kauffmann, Florenz 1810, S. 104 f.; dt. von* A. WEINHART, *Das Leben der berühmten Malerin A. K., 1810.*

115 Bericht Nr. 11/1807   Rom, 25. November 1807

Ausfertigung StAD E 1 M Nr. 93/5 fol. 25 f; ps. 14. Dezember 1807.
MATTSON Nr. 1779.

Unklare Rechtsverhältnisse in der Mark Ancona. Verhaftung der päpstlichen Gouverneure von Macerata und Ascoli. Schwierigkeiten der päpstlichen Schiffahrt zwischen den englischen und französischen Flotten. Beschwerden gegen französische Einquartierungen bei ausländischen Konsuln in Civitavecchia. Abberufung des dänischen Gesandten in Neapel. Verkauf der beschlagnahmten britischen Waren in Livorno. Gerüchte über die Ankunft Napoleons in Mailand.

Ich habe die Ehre gehabt, Ew. K. H. in meinem letzten allerunterthänigsten Berichte anzuzeigen, daß der hiesige Hof seinem Delegaten in Ancona, Monsignor Vidoni aufgetragen hatte, sich vom General Lemarrois die Mittheilung seines Ernennungsdecrets zum General-Gouverneur der Mark Ancona und der angränzenden Provinzen zu erbitten. Der General hat aber diesem Antrage kein Genüge geleistet, sondern dem Praelaten bloß geantwortet, daß der Römische Hof sich deshalb an den Minister der auswärtigen Angelegenheiten in Paris wenden müsse. Man erwartet daher mit doppelter Ungeduld die Antwort auf die unmittelbar in Paris gemachten Reclamationen. Man behauptete anfangs, der Papst habe wegen dieser Angelegenheit unmittelbar an Se. Maj. den Kaiser selbst geschrieben. Aber man weiß jetzt, daß er bloß seinen außerordentlichen Legaten, den Cardinal de Bayane mit besondren Instructionen über diesen Punkt versehen hat. Der Inhalt dieser Instructionen ist jedoch durchaus geheim geblieben, da Seine Heiligkeit eigenhändig und ohne den genommenen Entschluß vorher mitzutheilen, geschrieben, und die Dépêche sogleich durch einen eignen außerordentlichen Courier abgesendet haben.

14./25. November 1807

Die Verhaftung des Praelaten Rivarola, Gouverneurs von Macerata, auf Befehl des Generals Lemarrois hat sich bestätigt, und derselben ist die des Praelaten Pandolfi, Gouverneurs von Ascoli, so wie mehrerer Municipalitäten nachgefolgt. Die Municipalitaeten hatten die von ihnen über die Lage des Landes geforderten Nachrichten zu geben verweigert; die beiden Praelaten aber, die man nach der Citadelle von Pesaro abgeführt hat, hatten gegen die Verhaftungen der Municipalitaeten protestirt, jedoch sich begnügt, bloß zu erklären, daß sie, als vom Römischen Hofe bestellt, Handlungen nicht anerkennen könnten, welche dem Ansehen desselben geradezu zuwiderliefen. Zwei dem Praelaten Rivarola gegebene Nachfolger (der Luogotenente des ersteren, und der Gouverneur von Osimo)[1], haben gleichfalls jeder gegen die Verhaftung seines Vorgängers protestirt und sind gleicherweise verhaftet worden. Uebrigens aber hat der General Lemarrois keine weiteren Maßregeln in jenen Provinzen genommen, und vorzüglich hat er nirgends Beschlag auf die öffentlichen Cassen gelegt, so daß die von dorther gewöhnlich kommenden Gelder bis jetzt, wie immer, eingelaufen sind. Man vermuthet daher auch hieraus, daß es auf keine Abtrennung von Provinzen vom Kirchenstaate abgesehen sey; ja sogar, wenn die ungehinderte Gemeinschaft der Königreiche Italien und Neapel auch den Besitz eines Stückes des Römischen Staates nothwendig machen sollte, so schmeichelt man sich dennoch mit der Hofnung, daß der Papst anderswo eine Entschädigung erhalten werde.

Die Schiffarth der Unterthanen des Papstes befindet sich gegenwärtig in einem ungemeinen Gedränge zwischen den beiden kriegführenden Seemächten, und es entstehen hieraus manchmal die sonderbarsten Vorfälle. So wurden neulich drei Römische Schiffe unter dem Vorwande, daß sie von einem Französischen escortirt worden wären, von den Engländern genommen, und nach der Insel Ponza geführt. Dort kauften ihre Eigenthümer sie los, und damit nicht ein Englischer Kaper sich aufs neue derselben bemächtigte, ließen sie sich von einem Englischen Schiffe begleiten. Dieser Umstand aber wurde nun wiederum ein Grund, um welches willen die Französischen Autoritaeten in Porto d'Anzo, als sie in diesen Hafen einliefen, Beschlag auf sie legten. Indeß hoft man, daß die Regierung in Mailand, an die man sich deshalb gewandt hat, sie wiederum frei geben wird.

Die Französischen Generale in Civita-vecchia hatten angefangen, den fremden Consuln daselbst Officiere zur Einquartierung zu geben. Vorzüglich der Spanische Gesandte und der hiesige Oesterreichische Geschäftsträger von Lebzeltern haben hiergegen lebhafte Vorstellungen gemacht, und man dankt es besonders der Thätigkeit des letzteren, daß jetzt ein Befehl ergangen ist, daß die Consuln mit aller Einquartierung verschont bleiben sollen. – Der General Miollis in Livorno hat Befehl erhalten, zum Verkauf aller für Englisch erklärten Waaren in Livorno zu schreiten, wenn nicht die Kaufmannschaft sich erklärte, sie für $4\frac{1}{2}$ Million Livres an sich zu kaufen. Vor einigen Wochen hatte man nur 2 Millionen dafür gefordert.

Der Baron von Schubart, Dänischer Gesandter am ehemaligen Neapolitanischen Hofe, der sich jedoch schon vor dem Einzug der Franzosen ins Königreich beständig in Pisa und Livorno aufhielt, hat kürzlich von seinem Hofe seine Zurückberufung von dieser Sendung erhalten[2]. Er soll jedoch, als Intendant des Dänischen Handels, in Italien bleiben. Man versichert, daß Se. Maj. der Kaiser Napoleon in der Nacht vom 18. zum 19. d. in Mailand eingetroffen sey. Nachricht von seiner wirklichen Ankunft ist zwar noch nicht hier angekommen. Allein Mailänder Briefe von der Nacht des 18ten sagen, daß man ihn von Augenblick zu Augenblick erwarte, setzen aber hinzu, daß Se. Majestät mit der Königin von Neapel und incognito, unter dem Namen seines Seeministers, kämen, ein Zusatz, der vielen die ganze Nachricht verdächtig macht.

zu 115: [1] *Vom 12. Nov. 1807, dem Tag nach der Verhaftung Rivarolas und seines Stellvertreters, bis zur offiziellen Annektion der Marken durch Frankreich am 2. April 1808 hat der zum* Luogotenente generale *bestellte Gouverneur von Osimo, Gianluigi Merenda, die Geschäfte der apostolischen Delegation in Macerata wahrgenommen.*
[2] *Die offizielle Abberufung Hermann v. Schubarts erfolgte laut Repert. d. dipl. Vertr. erst am 11. Dez. 1807; er blieb Generalintendant für die dänischen Handelsinteressen in den italienischen Häfen und war nach der Restitution der Bourbonen ab 1816 erneut in Neapel akkreditiert.*

116 Bericht Nr. 12/1807   Rom, 28. November 1807

Ausfertigung StAD E 1 M Nr. 93/5 fol. 27; ps. 21. Dezember 1807.
MATTSON Nr. 1782.

Bestätigung der Ankunft Napoleons in Mailand. Abtretung des Königreichs Etrurien an Frankreich. Bevorstehende Abreise der Königin. Unruhe über angeblich ultimative Vorschläge Frankreichs an den Vatikan. Ausbau des französisch besetzten Hafens von Ancona.

Se. Maj. der Kaiser der Franzosen ist wirklich, jedoch nicht, wie man anfangs versicherte, schon am 19. sondern am 21. d. M. in Mailand eingetroffen. Man hat bis jetzt noch keine näheren Nachrichten von dem Zweck und der Art seiner Reise, sondern weiß bloß, daß der Fürst Alexander Berthier ihn begleitet[1].

Im Königreich Etrurien hat sich plötzlich auf eine unerwartete Weise eine Regierungsveränderung zugetragen. Se. Maj. der König von Spanien hat das Königreich durch eine, wie man versichert, schon seit dem 12. v. M. abgeschlossene Convention an Se. Maj. den Kaiser Napoleon abgetreten[2]. Am 23. huj[us] ist diese Abtretung Ihrer Maj. der Königin von Etrurien durch ein Schreiben des Kaisers Napoleon bekannt gemacht worden, welches ihr der Französische Gesandte[3], als sie gerade aus der Messe kam, überreichte, und in dem Se. Kais. Majestät der Königin eine Entschädigung in Portugall zugesichert haben soll. Man meldet aus Florenz, daß die Königin sich nur noch wenige Tage in Toscana aufhalten werde, und man glaubte

25./28. November 1807

nicht einmal, daß sie noch einmal von ihrem Landgute, auf dem sie sich gerade aufhielt, in ihre Residenz zurückkommen würde. Das künftige Schicksal Etruriens ist bis jetzt noch nicht bekannt; viele vermuthen jedoch, daß Ihre Kais. H. die Prinzessin Elisa den größten Theil dieses Landes erhalten dürfte. Wahrscheinlicher Weise bekommt jetzt auch Ihre Kais. H. die Prinzessin Pauline Borghese Staaten in Italien zugetheilt, und man redet bereits in dieser Hinsicht von Parma und Piacenza[4].

Von dem Cardinal de Bayane sind Dépêchen vom 16. d. hier eingelaufen, die von überaus wichtigem Inhalte seyn müssen. Denn es sind unmittelbar nach Eingang derselben an alle Cardinäle versiegelte Schreiben ausgetheilt worden, wie nur dann zu geschehen pflegt, wenn man das Cardinals-Collegium bei den wichtigsten Angelegenheiten zu Rathe zieht. Ob nun gleich nichts Näheres über die verhandelten Angelegenheiten bekannt geworden ist, sondern man vielmehr alles, was dieselben angeht in das tiefste Geheimniß hüllt, so scheint es doch gewiß, daß von neuen Vorschlägen des Französischen Hofes die Rede sey, welche, der Lage der Umstände, und dem bedenklichen Eindrucke nach, den sie hervorgebracht, leicht ein Ultimatum seyn möchten, nach welchem das künftige Verhältniß des Römischen Stuhls zum Französischen Hofe definitiv bestimmt werden dürfte. In den von den Französischen Truppen besetzten Provinzen des Kirchenstaats ist nichts gerade Neues vorgefallen, das einzige ausgenommen, daß der General Lemarrois den Hafen von Ancona theils besser befestigen, theils tiefer ausgraben läßt, um ihn zur Aufnahme größerer Schiffe bequem zu machen. Die Hofnung aber, diese Provinzen bei dem Römischen Staate zu erhalten, fängt an schwächer zu werden, und man redet schon von einer dem Papst deshalb zuzutheilenden Entschädigung, zu welcher Toscana vielleicht die Gelegenheit darbieten könnte.

Soeben erfahre ich, daß zwei zum Neapolitanischen Hofe gehörende Personen, der Herzog Mondragone und der Marquis Alvaros[5] vor einigen Stunden hier durchgekommen sind. Man versichert, daß ihnen der König Joseph selbst noch in dieser Nacht, oder morgen nachfolgen werde. Se. Majestät, sagt man begeben sich zu Sr. Maj. dem Kaiser Napoleon, es sey nun daß letzterer in Mailand bleiben, oder nach Bologna, oder Venedig gehen werden.

---

zu 116:

[1] *Napoleons langjähriger Generalstabschef Marschall Berthier war nach dem preußischen Verzicht auf Neuenburg 1806 zum Fürsten von Neufchâtel ernannt worden. Die in Zusammenhang mit der Besetzung Korfus genannten Divisionsgeneräle César und Léopold Berthier waren jüngere Brüder des Marschalls; siehe u. a. 116 mit Anm. 1 und 123.*

[2] *Der Text der Konvention, auf sich auch die Abdankungs-Proklamation der Königin-Regentin bezieht, wurde nicht publiziert; siehe 119 mit Anm. 3.*

[3] *Aubuisson de la Feuillade.*

[4] *Siehe bereits oben 73 mit Anm. 1.*

[5] *Marquese de Avalos; siehe 119.*

117 Bericht Nr. 13/1807 Rom, 5. Dezember 1807

Ausfertigung StAD E 1 M Nr. 93/5 fol. 29 f; ps. 28. Dezember 1807.
MATTSON Nr. 1785.

Nachrichten über die Reise Kaiser Napoleons. Geplantes Zusammentreffen mit König Joseph von Neapel, Fürstin Elisa und der bayerischen Königsfamilie in Venedig. Spekulationen über die erwartete Neuordnung Italiens. Päpstliche Antwort auf die französischen Forderungen. Abwartende Haltung der Königin von Etrurien. Englisches Seeunternehmen von Sizilien aus. Portugiesisches Gesuch um Lockerung der Fastengebote wegen der Blockade des Fischfangs.

Ew. K. H. werden allergnädigst geruhet haben, aus meinem letzten allerunterthänigsten Berichte zu ersehen, daß Se. Maj. der Kaiser der Franzosen wirklich in Mailand eingetroffen war, und Se. Maj. der König Joseph noch denselben Tag des Abgangs meines Berichtes hier durchkommen sollte. Diese Durchreise hat wirklich den Abend gegen 8 Uhr Statt gehabt, allein Se. Majestät haben sich schlechterdings nicht in Rom aufgehalten, sondern sind gerade durchgefahren. Der König reiste nach Venedig, wo der Kaiser eine Zusammenkunft auf den 2. huj[us] mit ihm verabredet hatte. Der Senator Lucian Bonaparte, sein Bruder, gieng ihm ein wenig weiter, als die erste Post, entgegen; Se. Majestät setzten sich alsdann in den Wagen seines Bruders, und beide fuhren auf diese Weise bis zur Tiberbrücke (Ponte Molle) die, in einer kleinen Entfernung von Rom, auf dem Wege nach Florenz liegt. Von da setzte der König seine Reise weiter fort, und der Senator kehrte nach Rom zurück.

Der Minister der auswärtigen Angelegenheiten Champagny begleitet den Kaiser, seinen Herrn, auf seiner Reise, wie ich hier vernehme, und Se. Majestät haben Mailand schon am 26. v. M. verlassen. Den 27. befanden Sie Sich in Brescia, von wo aus Sie nach Venedig gehen wollten. Ihre Kais. H. die Prinzessin Elisa ist ebendahin von Lucca aus gereist, und schon am 23. durch Florenz durchgegangen, wo sie jedoch nur den Französischen Gesandten und den Italienischen Geschäftsträger gesehen hat. Man erwartet gleichergestalt Se. Majestät den König von Baiern, in Begleitung der Königin und des Kronprinzen, in Venedig[1].

Die einzigen bedeutenden Umstände, die man bis jetzt von der Reise des Kaisers erfährt, sind eine anderthalbstündige Unterredung desselben mit dem ehemaligen Vicepraesidenten der Italienischen Republik Melzi, zu welchem Se. Majestät Selbst gegangen sind, da er durch einen heftigen Anfall von Podagra Ihnen in Ihrem Schlosse seine Aufwartung zu machen verhindert wurde, und die außerordentliche Zusammenberufung der drei Wahlcollegien des Königreichs Italien auf den 10. huj[us] nach Mailand. Das Decret dieser Zusammenberufung ist vom 26. von Brescia, und steht bereits in den öffentlichen Blättern.

Obgleich der Aufenthalt des Kaisers in Venedig, wie schon aus dem eben angeführten Umstand der Zusammenberufung der Wahlcollegien auf den 10. d. anhellt, nur von kurzer Dauer seyn wird, so vermuthet man doch fast allgemein, daß dieser Ort bestimmt sey, daselbst große und wichtige Ver-

33 Fürstin Elisa Baciocchi-Bonaparte, Großherzogin von Toscana, bei der Präsentation ihrer von Antonio Canova gefertigten Büste am Musenhof von Lucca.

34 „Madame Mère" Letizia Bonaparte-Ramolino.

änderungen in Italien bekannt zu machen, und viele glauben, daß diese Bekanntmachung wohl schon am 2. d. geschehen seyn könne, ohne jedoch hierzu einen andern oder triftigeren Grund zu haben, als daß dies gerade der Jahrestag der Krönung Sr. Majestät des Kaisers in Paris ist. Ueberhaupt kann es nicht fehlen, daß die Reise des Kaisers Napoleon nach Italien, verbunden mit den gerade jetzt in Toscana und den Päpstlichen Provinzen am Adriatischen Meer vorgegangenen Veränderungen, nicht zu allerlei Muthmaßungen über das künftige Schicksal Italiens Anlaß geben sollte, und ich halte es daher für meine Pflicht, Ew. K. H. Einiges von demjenigen, was man darüber sagt, vor Augen zu legen, ohne dasselbe jedoch für etwas Andres, als für, mehr oder minder durch die schon bekannten Thatsachen unterstützte Gerüchte und Vermuthungen ausgeben zu können.

Eine sehr allgemein verbreitete Meynung ist es, daß Venedig die Hauptstadt entweder des Königreichs Italien, oder eines neuen Staats werden könne, weil man es nicht für unmöglich ansieht, daß die Venetianischen nebst andern angränzenden Provinzen von dem Königreich Italien zur Bildung zweier, vielleicht durch den Po geschiedener Länder abgetrennt würden[2]. Ueber das Schicksal und die Bestimmung dieser beiden Länder aber gehen hernach die Meynungen sehr auseinander. Die Einen glauben nemlich, daß Mailand und die Provinzen bis an den Po künftig, wie bis jetzt, das Königreich Italien ausmachen werden, und daß dasselbe noch durch Parma und Piacenza und vielleicht einen Theil Toscana's und der jetzt besetzten Päpstlichen Provinzen vergrößert werden wird, indeß der jetzige Vicekönig, Prinz Eugen, unter einer oder andrer Bennung zum König Venedigs und der davon abhängenden Provinzen jenseits des Po erklärt werden dürfte. Andre vermuthen zwar gleichfalls, daß der Prinz Eugen hierzu bestimmt seyn könne, meynen aber daß man ihm den Namen eines Königs von Italien beilegen, und alles, was nach jener ersten Voraussetzung das Königreich Italien ausmachen müßte, mit Frankreich vereinigen werde. Da man auf die Unterredung des Kaisers mit dem ehemaligen Vicepraesidenten Melzi ein großes Gewicht legt, so muthmaßt man, daß derselbe provisorischer Generalgouverneur in der ersten Voraussetzung des Königreichs Italien, in der zweiten der Französischen Provinzen jenseits der Alpen werden möchte.

Für die Wahrscheinlichkeit einer Vereinigung mit Frankreich führt man vorzüglich die Zusammenberufung der Wahlcollegien an, zu der man sonst keinen hinlänglich wichtigen Grund sieht. Man bezieht sich ferner darauf, daß, ohne dieselbe, Ligurien nicht in gehöriger Verbindung mit dem Lande stehe, zu dem es gehört; man führt an, daß über Parma und Piacenza noch nicht verfügt worden ist; ja man geht so weit, sogar aus dem in der That nicht sehr bedeutend scheinenden Umstande, daß, Briefen aus Ancona zufolge, das Thor dieser Stadt, durch das man von Rom aus in dieselbe kommt, und über dem jetzt das Französische Wappen aufgestellt ist, den Namen Porta di Francia erhalten hat, als sollten Frankreichs Gränzen sich bis dahin er-

5. Dezember 1807

strecken, und der Ueberrest der Römischen Küste bis Ascoli dem Königreich Neapel einverleibt werden. Unstreitig würde Frankreich dadurch von dieser Seite, mitten im Herzen Italiens, und zwischen den eng mit ihm verbundenen Königreichen Italien und Neapel eine vorzüglich glänzende Lage haben. Allein dies scheint nicht hinlänglich, zu Vermutungen dieser Art zu berechtigen; und die Meynung, daß keine bedeutende Provinz des jetzigen Königreichs Italien mit Frankreich vereinigt werden dürfte, kommt mir einfacher, mit den früheren Erklärungen Sr. Maj. des Kaisers Napoleon übereinstimmenden, und daher bei weitem wahrscheinlicher vor. Alsdann bestünde vielleicht die ganze, jetzt mit so gespannter Neugierde erwartete Veränderung nur in einer Vergrößerung des Königreichs Italien und in einer Verlegung der Residenz desselben. Sollte indeß Venedig zu einem eignen Staate erhoben werden, so könnte leicht Albanien, Dalmatien und die Sieben-Insel-Republik diesem zugetheilt werden, da, wie die Lage und die Geschichte zeigt, Venedig ein sehr bequemer Vereinigungspunkt für die Beherrschung beider Küsten des Adriatischen Meeres ist.

Man glaubt jetzt nicht, daß der Aufenthalt Sr. Maj. des Kaisers in Italien lang seyn wird, und sieht es als gewiß an, daß Se. Majestät weder nach Rom, noch Neapel, ja schwerlich einmal nach Florenz kommen werden. In Mailand schmeichelte man sich sogar, den Kaiser schon übermorgen wiederzusehen. Auf welchem Wege Se. Maj. der König Joseph seine Rückreise nach Neapel antreten wird, ist noch unbekannt.

Die Antwort des Römischen Hofes auf die letzthin erwähnten Anträge des Kaisers Napoleon ist, soviel ich höre, von hier abgegangen, jedoch nach Paris an den Cardinal de Bayane. So groß auch das Geheimniß ist, in das man diese Angelegenheit fortdauernd hüllt, so ist soviel klar und gewiß, daß diese Antwort nicht beifällig gewesen ist. Man ist daher hier in der peinlichsten Erwartung des Ausgangs dieser für das Wohl und Weh des Römischen Staates so entscheidenden Angelegenheit.

Ihre Maj. die Königin von Etrurien war beim Abgange der letzten Post noch in Florenz, und hält sich vermuthlich auch noch jetzt daselbst auf. Da sie noch keine Nachricht über die mit dem Königreiche ihres Sohns vorgegangene Veränderung von Madrid erhalten hatte, so berief sie, gleich nachdem ihr der Französische Gesandte dieselbe eröfnet, ihren Staatsrath, und sandte einen Courier an Se. Maj. den Kaiser Napoleon ab, dessen Antwort sie jetzt erwartet. Wie man behauptet, hat sie Se. Kais. Majestät um Erläuterungen, wie sie die jetzt vorgenommene Veränderung in Toscana bekannt zu machen, und welchen Weg für ihre Rückreise zu nehmen habe, ersucht, auch den Wunsch geäußert, bis zu dem Augenblick, wo sie fernere Anweisungen über ihr Verhalten vom Spanischen Hofe bekäme, in Florenz zu bleiben. Seitdem haben Ihre Majestät mehrere Commenden und andre Gnadenbezeigungen ausgetheilt.

Der Capitaine eines Americanischen in Livorno angekommenen Schiffes hat daselbst ausgesagt, daß den 5. pr[ioris] 150 Englische Transportschiffe

Berichte 117/118

mit 15 000 Mann Truppen Messina verlassen haben, um auf eine geheime Expedition auszugehen. Diese Truppen waren nur auf 3 Wochen mit Vorrath versehen, und wurden von 10 bewaffneten Schiffen, theils Fregatten, theils Linienschiffen, begleitet. Im Königreich Neapel versammeln sich seit Kurzem viele Französische Truppen. Der Portugiesische Gesandte[3] hat Befehl von seinem Hofe bekommen, eine allgemeine Erlaubniß, Fleisch an den bevorstehenden Fasten zu essen beim Papste auszuwirken, weil die Sperrung der Häfen gegen die Englischen Schiffe, und die danach zu erwartende Blocade die Ankunft und den Fang der Fische hindern werde, die in jener Zeit gewöhnlich die Nahrung des Volkes ausmachen. – Der bekannte Tonkünstler, Kapellmeister Himmel ist vor einigen Tagen aus Wien hier angekommen.

zu 117:

[1] *Nach Meldungen der GHLZ vom 15. und 17. Dez. 1807 war die bayerische Herrscherfamilie am 28. Nov. in Verona mit Napoleon zusammengetroffen. Der feierliche Einzug in Venedig folgte am 29. Fürstin Elisa war auf der Durchreise am 26. in Florenz. Geschäftsträger des Königreichs Italien in Florenz war der Marchese Giulio Cesare de Tassoni-Estense.*

[2] *Die GHLZ meldete am 19. Dez. 1807, man spreche von der Auflösung des Königreichs Etrurien, der Errichtung eines Königreichs Latien und vielleicht Graecien. In der Zeitung vom 29. Dez. hieß es dann*: Die Lombardie fällt von Italien weg und wird mit Frankreich vereinigt; es wird dagegen ein neues Königreich, nämlich das Adriatische gebildet, welches der jetzige Vizekönig, Prinz Eugen Napoleon, regieren wird. Dasselbe soll aus dem Venetianischen, Dalmatien, der Republik Ragusa und, wie man glaubt, der Siebeninselrepublik bestehen und Venedig zur Hauptstadt erhalten. Das Königreich Etrurien und einen Theil des Kirchenstaats erhält Lucian Bonaparte, und der Königin fällt dagegen Portugal zu, wohin sie vielleicht schon abgereist ist. Das Königreich Neapel erhalte eine Vergrößerung vom Kirchenstaat, bleibt aber in der gegenwärtigen Verfassung.

[3] *José Manoel Pinto, vom Repert. der dipl. Vertr. nur bis Ende Nov. 1807 als portugiesischer Gesandter in Rom belegt.*

118 Bericht Nr. 14/1807   Rom, 12. Dezember 1807

Ausfertigung StAD E 1 M Nr. 93/5 fol. 31; ps. 2. Januar 1808.
MATTSON Nr. 1789.

Gerüchte über ein bevorstehendes Zusammentreffen Lucien Bonapartes mit Kaiser Napoleon. Einbeziehung des päpstlichen Herzogtums Camerino in das von General Lemarrois besetzte Gebiet. Festlegung des Abreisetermins der Königin von Etrurien. Verteidigung der kalabrischen Städte Reggio und Scilla durch sizilianische Truppen.

Der Senator Lucian Bonaparte ist am 7. d. plötzlich von hier abgereist, und hat Pässe nach Mailand genommen. Er bekam denselben Tag einen außerordentlichen Courier, und reiste drei Stunden nach Ankunft desselben ab. Ew. K. H. werden leicht ermessen, zu wie vielen sonderbaren Muthmaßungen dieses unerwartete Ereigniß Anlass giebt. Da indeß alle gleich ungewiß sind, so würde ich es für Unrecht halten, bei einer derselben lange zu ver-

5./12. Dezember 1807

weilen. Die einzige Sache, von der sich vielleicht mit einigem Grunde voraussehen läßt, daß sie bei einer Zusammenkunft Sr. Maj. des Kaisers mit seinem Bruder berichtigt werden dürfte, ist die Bestimmung des Platzes, welchen derselbe vermuthlich in der Kaiserlichen Familie einnehmen wird[1].

Der General Lemarrois hat neuerlich auch das Herzogthum Camerino und die Stadt Fabriano mit ihrem Gebiete durch seine Truppen besetzen lassen. Letztere gehört zwar, geographisch genommen, zur Mark Ancona, macht indeß, nach der politischen Eintheilung des Kirchenstaats, ein besondres Gouvernement aus. Man behauptet auch, ich weiß jedoch nicht, mit welchem Grunde, daß der General seinem Titel eines militairischen und oeconomischen Gouverneurs das Herzogthum Camerino beigefügt hat. Der Courier, welchen der Papst, gleich nach der Ernennung des Generals zum Gouverneur, nach Paris gesendet hatte, ist jetzt zurückgekommen; doch hat er, da der Kaiser Napoleon bereits abgereist war, keine Antwort zurückbringen können.

Ein ähnliches Schicksal hat der von Ihrer Maj. der Königin von Etrurien an den Kaiser abgesendete Courier gehabt. Denn ob er gleich Se. Majestät noch in Venedig fand, so schickte ihn der Kaiser ohne Antwort zurück, in dem er ihm sagen ließ, daß er selbst seine Antwort durch eine ihm angehörige Person nach Florenz senden werde. Indeß nun fuhr die Königin fort, mehrere Commenden des Stephans-Ordens und andere Gnadenbezeugungen auszutheilen; der Französische Gesandte protestirte zwar hiergegen, allein der Spanische behauptete, daß solange Ihre Majestät nicht nähere Anweisungen von Spanien aus erhielten, Sie ungehindert müßten alle Souverainetätsrechte ausüben können[2]. Am 8. d. endlich traf der Französische General Rey in Florenz mit einem Schreiben des Kaisers Napoleon an die Königin ein, und sogleich nach Empfang dieses Schreibens wurden alle Anstalten zur Abreise sichtbar beschleunigt. Es scheint daher richtig, daß, wie man behauptet, Se. Kais. Majestät der Königin den Wunsch, Sie noch in Italien zu sehen, geäußert, und Sie eingeladen haben, Sich gegen den 18. d. entweder in Mailand oder in Turin einzufinden. Man versichert zugleich, daß der Kaiser der Königin den nun wirklich geschehenen Einmarsch der Französischen Truppen in Lissabon angezeigt habe. Gleich nach Ankunft des Generals Rey soll auch der General Miollis in Livorno Befehl erhalten haben, Florenz mit seinen Truppen zu besetzen; die Abreise der Königin war auf die Nacht vom 10. zum 11. bestimmt[3].

Die beiden Städte Reggio und Sciglio[4] im Königreich Neapel befinden sich noch fortdauernd in den Händen Sicilianischer Truppen. Man schickt sich gegenwärtig von Neapel aus zu einer Expedition, dieselben wiederzuerobern an. Sciglio indeß könnte seiner Lage nach, wohl vertheidigt, eine lange Belagerung aushalten.

Von der Reise des Kaisers Napoleon haben wir hier noch keine anderen officiellen Nachrichten, als daß Se. Majestät am 29. v. M. in Venedig eingetroffen sind. Am 7. d. erwartete man Sie in Mailand zurück.

zu 118:
[1] *Zu den Spekulationen um die Zukunft Luciens auch* **117**, *Anm. 2. Nach den späteren Aufzeichnungen Luciens hat ihm Napoleon in dem letztlich gescheiterten Gespräch von Mantua am 13./14. Dez. 1807 (siehe* **120**) *die Auswahl zwischen den Kronen von Italien, Neapel und Spanien, dazu für seine Frau das Herzogtum Parma angeboten; vgl. F.* GRAYEFF, *Lucien Bonaparte, 1966, S. 67–72, aufgrund der 1836 in London erschienenen* Mémoires de Lucien Bonaparte.
[2] *Spanischer Gesandter war Leonardo Gomez de Terán y Negrete.*
[3] *Zur Abdankung der Königin siehe* **119** *mit Anm. 3.*
[4] *Die aus der griechischen Mythologie bekannte Festungsstadt Scilla an der Straße von Messina; siehe auch unten* **122** *und* **129**.

119   Bericht Nr. 15/1807   Rom, 16. Dezember 1807

Ausfertigung StAD E 1 M Nr. 93/5 fol. 32; ps. 7.ᵃ Januar 1808.
MATTSON Nr. 1793.

Nachrichten über die Reisen Kaiser Napoleons und seiner Brüder. Abdankungs-Proklamation der Königin von Etrurien. Übertragung der Güter des Hauses Farnese in Rom und Umgebung an den König von Neapel.

Se. Maj. der König Joseph ist auf seiner Rückreise gestern hier wieder durchgekommen; er hat aber bloß und ohne auszusteigen, Pferde gewechselt, und darauf unmittelbar seine Reise nach Neapel weiter fortgesetzt. Se. Majestät kamen gerade über Bologna von Venedig, und es scheint, daß Sie nicht Ihrem Bruder, dem Senator Lucian Bonaparte, welcher gerade nach Mailand gegangen seyn wird, unterwegs begegnet sind. Se. Maj. der Kaiser Napoleon war den 29. pr[ioris] in Venedig angekommen, und soll am 8. huj[us] wieder von dort abgereiset seyn. Er wollte noch Udine, Palma nuova und die neulich mit dem Wiener Hofe regulierte Gränze[1] bereisen, und den 15. huj[us] in Mailand eintreffen. Weder Privatbriefe, noch öffentliche Blätter führen einen besonders merkwürdigen Umstand von dem Aufenthalt Sr. Majestät in Venedig an[2].

Ihre Maj. die Königin-Regentin von Etrurien ließ am 10. huj[us] eine Proclamation in Florenz öffentlich bekannt machen, in welcher sie sagt, daß, da der König von Spanien, ihr Vater, vermöge eines Tractats (dessen Datum nicht angegeben ist) das Köngreich Etrurien an Frankreich abgetreten habe, und ihr dafür andere Staaten zugesichert worden seyen, sie ihre bisherigen Unterthanen ihrer Unterthanenpflicht und des ihr geleisteten Eides entbinde, und feierlich von ihnen Abschied nehme[3]. Man versichert, daß sie hierauf am 11. huj[us] wirklich von Florenz abgereiset sey.

Die Unterhandlung des Heil. Stuhls mit Frankreich ist in dem gegenwärtigen Augenblick bei der Abwesenheit des Kaisers und seines Ministers der auswärtigen Angelegenheiten natürlich unterbrochen. Da die Antwort, welche der Römische Hof zu geben hatte, von hier abgegangen ist, wie ich die Ehre hatte, Ew. K. H. allerunterthänigst anzuzeigen, so muß man nunmehr abwarten, welchen Eindruck dieselben machen, und welche Wendung den Unterhandlungen ertheilen wird.

12. /16. /26. Dezember 1807

Seit einigen Wochen gehen sehr viele Truppen nach dem Königreich Neapel, und viele Personen glauben daher, daß man jetzt ernstlich auf eine Unternehmung gegen Sicilien denke.

Die in Rom und im Kirchenstaat gelegenen, ehemals dem Haus Farnese zugehörigen Schlösser und anderen Güter, welche seit der Eroberung des Königreichs Neapel von Französischen Beamten verwaltet worden waren, sind von Sr. Maj. dem Kaiser Napoleon dem König Joseph abgetreten worden, und man sagt, daß der Marquis d'Avalos, welcher den König nach Venedig begleitet hatte, und mit ihm hierher zurückgekommen ist, einige Tage in Rom bleiben wird, um dieselben förmlich im Namen des Königs in Besitz zu nehmen[4].

Die allgemein verbreitete Meynung, daß Italien auf dem Punkt ist, große Veränderungen zu erleiden, steigert die Ungeduld dieselben zu kennen. Allein in Venedig hat man die Proclamationen, denen viele entgegensehen, nicht gemacht, und überhaupt ist bis auf diesen Augenblick noch nichts Näheres bekannt geworden.

---

zu 119: [a] *korr. aus:* 2

[1] *Durch die als Ergänzung zum Preßburger Frieden am 10. Okt. 1807 in Fontainebleau unterzeichnete französisch-österreichische Grenzkonvention; vgl.* MARTENS, *Recueil des traités, Suppl. 4, S. 468–471 (Nr. 101).*
[2] *Die GHLZ berichtete am 22. Dez. 1807 ausführlich über die am 2./3. Dez. in Venedig veranstalteten Festlichkeiten wie auch über die weiteren Reisepläne Napoleons.*
[3] *Text der am 10. Dez. 1807 unterzeichneten Abdankungsproklamation Königin Marie Louises abgedr. bei* MARTENS, *Recueil des traités, Suppl. 4, S. 490 (Nr. 107), nach Journal de Francfort Nr. 359/1807.*
[4] *siehe* **77** *mit Anm. 1 und* **146**.

---

120 Bericht Nr. 16/1807 Rom, 26. Dezember 1807

Ausfertigung StAD E 1 M Nr. 93/5 fol. 34 f; ps. 14. Januar 1808.
MATTSON Nr. 1797.

Keine erkennbaren Ergebnisse der Gespräche Lucien Bonapartes mit seinen Brüdern. Zusammentritt der Wahlkollegien des Königreichs Italien in Mailand. Neue Prisenverordnungen gegen den Schiffsverkehr mit England. Ernennung eines Generalgouverneurs für Etrurien. Gerüchte über die Berufung der in Mailand mit Napoleon zusammengetroffenen Exkönigin zur Königin von Portugal. Sorgen um die Zukunft des Kirchenstaats.

Ich würde nicht bis heute mit Absendung dieses allerunterthänigsten Berichtes gewartet haben, hätte man sich nicht von Posttag zu Posttag mit der Hofnung geschmeichelt, etwas von denjenigen Veränderungen zu erfahren, die man, es sey nun mit Recht oder Unrecht, so allgemein in Italien erwartet. Allein diese Erwartungen sind bis jetzt noch durchaus fehlgeschlagen, und ich werde auch heute Ew. K. H. nur sehr wenig bedeutende

Nachrichten zu melden die Ehre haben können. Mehrere Personen behaupten sogar, daß alles in Italien noch für jetzt auf dem alten Fuß bleiben werde, und wenn man sich auch hierin irren sollte, so ist gewiß, daß bis jetzt nichts bekannt geworden ist, was nur einen irgend hohen Grad von Wahrscheinlichkeit besäße, vielmehr werden, wenn in der That Plane von Veränderungen im Werke sind, dieselben in das größeste, und ein wahrhaft undurchdringliches Geheimniß gehüllt.

Der Senator Lucian Bonaparte ist zwar noch an demselben Abend des Abganges meines letzten allerunterthänigsten Berichtes hierher zurückgekommen; allein weder die Ursach, noch der Erfolg seiner Reise sind auf irgend eine Weise bekannt geworden. Man weiß bloß soviel, daß er (und hierin muß ich das hierüber in meinem letzten Berichte Gesagte berichtigen) Se. Maj. den König Joseph in Modena gesprochen, und mit Sr. Maj. dem Kaiser eine Unterredung von 5 bis 6 Stunden in Mantua gehabt hat, nach deren Beendigung er sich sogleich wieder in seinen Wagen gesetzt, um hierher zurückzukommen. Er lebt übrigens seitdem hier ganz wie ehemals fort, und nirgends ist, weder in seiner Familie, noch seinem Hauswesen eine Aenderung zu bemerken.

Se. Maj. der Kaiser Napoleon ist am 15. d. wieder in Mailand eingetroffen, und hat sogleich den ehemaligen Vicepraesidenten Melzi zum Praesidenten des Collegiums der Eigenthümer (welches eines der drei Wahlcollegien des Königreichs Italien ist) ernannt. Die Sitzungen dieser Wahlcollegien haben hierauf unmittelbar ihren Anfang genommen, allein bis zum 19. hatten sie sich bloß mit ihrer inneren Einrichtung und vorzüglich mit der Wahl ihrer noch fehlenden Mitglieder beschäftigt. Erst den 20. d. sollten sie sich unter dem Vorsitz Sr. Maj. des Kaisers selbst vereinigen, und wenn wichtige Eröfnungen an sie, oder Vorschläge von ihnen geschehen, so wird dies natürlich erst an diesem Tage der Fall seyn. Die Abreise Sr. Majestät von Mailand schien auf die Zeit von Weihnachten bestimmt; es geht aber das vielleicht nicht ganz ungegründete Gerücht, daß der Kaiser nicht unmittelbar nach Paris zurückkehren, sondern erst nach Bayonne, Bordeaux und einigen andren Orten in dem mittäglichen Frankreich gehen werde.

Sowohl in Venedig als Mailand haben Se. Majestät mehrere in die innere Verwaltung dieser Provinzen einschlagende Beschlüsse genommen, und sich vorzüglich genau nach dem Localzustande jedes Ortes erkundigt, so daß für einen Souverain, der, wie der Kaiser, alles mit eignen Augen sehen und nur durch sich selbst handeln will, schon dies vielleicht, auch ohne andre in Italien vorzunehmende politische Veränderungen, ein hinlänglicher Grund zur Reise gewesen seyn dürfte. Der neueste und wichtigste in Mailand genommene Beschluß ist der, welcher, in Bezug auf die neuesten die neutrale Schiffarth betreffenden Englischen Decrete, jedes Schiff, ohne Ausnahme, für gute Prise erklärt, daß in einem Englischen Hafen eingelaufen ist, oder sich einer Englischen Durchsuchung unterworfen hat. Da die-

26./31. Dezember 1807

ses Arrêté schon in den öffentlichen Blättern gedruckt ist, glaube ich, seinen Inhalt nicht genauer anführen zu dürfen. Ihre Maj. die Königin von Etrurien ist, nachdem sie am 10. d. aus Florenz abgegangen war, und nach einem durch Unpäßlichkeit veranlaßten Aufenthalte in Caffaggiolo in der Nähe von Florenz, am 14. ihre Reise fortgesetzt hatte, am 18. d. in Mailand angekommen. Hier hat sowohl sie, als der König ihr Sohn, die ausgezeichnetste Aufnahme gefunden, und noch den Abend ihrer Ankunft ist ein für sie veranstalteter Ball bei Hofe gewesen, bei welchem der Kaiser Napoleon selbst eine Quadrille getanzt hat. – In Toscana ist der General Reille provisorisch zum General-Gouverneur ernannt worden, und der Eid der Huldigung ist an Se. Maj. den Kaiser Napoleon in die Hände des Generals abgelegt. Die künftige definitive Bestimmung des Landes aber ist noch gänzlich unbekannt.

Privatbriefe aus Mailand sagen, daß man der Königin von Etrurien dort schon den Titel: Königin von Portugall beilege. Allein in den öffentlichen Blättern wird sie noch, wie bisher, genannt[1]. Aus Florenz erwähnt man unter den Umständen der Abreise der Königin, daß unter den 40 bepackten und bedeckten Wagen, welcher Ihrer Majestät folgten, sich auch einer mit dem Sarge und dem Leichnam ihres Gemahls, des verstorbenen Königs befand.

Ueber das künftige Schicksal des hiesigen Staates gehen plötzlich seit einigen Tagen beruhigendere Gerüchte in der Stadt herum. Es wäre mir aber schlechterdings unmöglich, Ew. K. H. nur mit der mindesten Zuverlässigkeit etwas über ihren Grund oder Ungrund zu sagen.

zu 120: [1] *Nach einem am 27. Okt. 1807 zwischen Napoleon und König Karl IV. von Spanien vereinbarten Geheimvertrag wären nach der französischen Besetzung Portugals die Provinz entre Minho et Duro der Königin von Etrurien, Algarve und Alentejo dem sogen. „Friedensfürsten" Diego Godoy übertragen worden, während der Rest des Landes bis zum Friedensshluß unter spanisches Protektorat kommen sollte. Der Umsturz in Spanien und die englische Landung in Portugal im Folgejahr machten diese Absprache hinfällig.*

121 Bericht Nr. 17/1807   Rom, 31. Dezember 1807

Ausfertigung StAD E 1 M Nr. 93/5 fol. 37; ps. 23. Januar 1808.
MATTSON Nr. 1799.

Titelerhöhungen und sonstige Anordnungen Kaiser Napoleons in Mailand. Spekulationen über die künftige Vereinigung der Toskana mit dem Königreich Italien. Unsicherheit über sonstige Veränderungen in Italien und im Kirchenstaat. Glückwünsche zum Jahreswechsel.

Die Versammlung der drei Wahlcollegien in Gegenwart des Kaisers Napoleon in Mailand hat in der That am 20. d. Statt gehabt, und Se. Majestät haben bei dieser Gelegenheit sechs Beschlüsse bekannt gemacht. Drei derselben ertheilen Sr. Kais. H. dem Prinzen-Vicekönig den Titel eines Prinzen von Venedig, der Prinzessin, seiner Tochter[1], den einer Prinzessin von Bologna, und dem ehemaligen Vicepraesidenten Melzi den eines Herzogs von Lodi nebst dem Eigenthum des unter diesem Namen neuerrichteten Herzogthums. Die drei andren Beschlüsse beziehen sich einzig auf die innere Verfassung des Königreichs; der Rath der Consultoren wird zum Senat erhoben; der gesetzgebende erhält mehr Mitglieder; und auch die Anzahl der Dignitarien und Ritter des Ordens der eisernen Krone ist vergrößert.

Diese drei letzten Beschlüsse sind vorzüglich dadurch wichtig, daß sie anzeigen, daß dem Königreich Italien eine Erweiterung seiner Gränzen bestimmt ist. Eine Vergrößerung desselben wird sogar vermuthlich unmittelbar jetzt ausgeführt werden. Denn die letzten Briefe aus Florenz melden, daß Se. Maj. der Kaiser Napoleon den aus Toscana an ihn gesandten Deputirten auf ihre Bitte, ihrem Vaterlande einen neuen Fürsten zu geben, geantwortet hat, daß er selbst sie regieren werde, weil es seine Absicht sey, das Königreich Etrurien dem Königreich Italien einzuverleiben. Obgleich nun hierüber bis jetzt nichts öffentlich bekannt gemacht worden ist, so scheint diese Nachricht doch gegründet, und man vermuthet sogar, daß der Vicekönig jetzt, nach der Abreise des Kaisers, bald selbst nach Florenz kommen werde. Minder gewiß ist es, daß Se. Maj. der Kaiser geäußert haben solle, das Königreich Italien zu einer Bevölkerung von 8 Millionen Menschen zu bringen. Indeß würde in der That, nach Einverleibung des Königreichs Etrurien, kaum mehr als eine halbe Million an dieser Anzahl fehlen.

Die Abreise des Kaisers von Mailand war auf den 24. d. festgesetzt, und wird ohne Zweifel an diesem Tage Statt gehabt haben. Die Veränderungen, welche man in Italien erwartete, scheinen sich also auf die zu beschränken, welche ich Ew. K. H. heute anzuzeigen die Ehre gehabt habe, und alle Muthmaßungen, welche man über die Errichtung neuer souverainer Staaten in Italien und die Vereinigung eines Theils dieses Landes mit Frankreich hegte, scheinen ungegründet gewesen zu seyn. Vielmehr gehet aus der Rede des Kaisers an die drei Wahlcollegien des Königreichs Italien deutlich hervor, daß es im Gegentheil die Absicht Sr. Majestät ist, diesem Reiche noch mehr innere Stärke, und eine noch dauerhaftere Macht zu geben, und wahrscheinlich bleibt alsdann auch die Krone desselben, von welcher jedoch der Vicekönig abermals in den neuesten Beschlüssen der praesumptive Erbe genannt wird, noch, wie bisher, mit der Französischen in der Person Sr. Maj. des Kaisers Napoleon vereinigt.

Die vorteilhaften Gerüchte über die Verhältnisse des hiesigen Staats zu Frankreich dauern noch fort, und wenigstens ist so viel gewiß, daß nichts Neues in diesen Angelegenheiten, und besonders keine fernern Vorschritte der Französischen Truppen in den Provinzen des Kirchenstaats vorgefallen sind. Ob aber dies nicht auch vielleicht nur einem Stillstande in der Unterhandlung, und der Einräumung längerer Termine zur Ertheilung der

31. Dezember 1807/9. Januar 1808

entscheidenden Antworten beyzumessen sey? wäre ich ausser Stande zu entscheiden. Der bevorstehende Jahreswechsel bietet mir eine erwünschte Gelegenheit dar, Ew. K. H. meine heißesten und ehrfurchtsvollsten Wünsche für Ihre allerhöchste Person, Ihr ganzes Großherzogliches Haus, und das Glück Ihrer Regierung ehrerbietigst zu Füßen zu legen. Ich glaube, mir mit der Hofnung schmeicheln zu dürfen, daß Ew. K. H. allergnädigst geruhen werden, dieselben huldreichst anzunehmen, und zugleich überzeugt zu seyn, daß ich mich unablässig bemühen werde, durch Eifer und Aufmerksamkeit in Allerhöchstdero Dienst wenigstens einen Theil meiner tiefen Dankbarkeit für die Gnade und das Wohlwollen zu beweisen, von welchen ich so glücklich gewesen bin, so häufige Proben von Ew. K. H. zu empfangen, und um deren Fortdauer auch im künftigen Jahre ich Allerhöchstdieselben allerunterthänigst zu bitten wage.

zu 121:
[1] *Josephine, die am 14. März 1807 geborene älteste Tochter aus der Ehe des Prinzen Eugène Beauharnais mit Augusta von Bayern, heiratete später den schwedischen Thronerben Oscar I. Bernadotte.*

121a An Generalkassendirektor Zimmermann Rom, 9. Januar 1808

Konzept ZStADDR Merseburg Rep. 81 Rom I C 13 Fasz. 8 fol. 18.
MATTSON Nr. 1804.

Abrechnung über Gehalt und Portoauslagen des Jahres 1807

Ew. Hochwohlg[eboren] habe ich die Ehre, hierdurch ergebenst anzuzeigen, daß ich so frei gewesen bin, unter heutigem Datum auf die Herrn Rüppell & Harnier in Frankfurt a/M. zu Gunsten des hiesigen Banquiers Saverio Scultheis, sowohl in Absicht meines Gehaltes pro 1. Julius bis 31. December 1807, als der im Großherzoglichen Dienst während des Laufes des Jahres 1807 gemachten Auslagen, welche nach Ausweis anliegender Rechnung 25 Scudi 79 Baj. betragen[1], die ich von meinem Banquier nach heutigem Course habe in Frankfurter Währung berechnen lassen, zwei Wechsel auf 2 Monate nach dem Tage der Ausstellung 1. von 882 fl., 2. von 66 fl. 12 kr. zu ziehen, und ersuche Ew. Hwg. ergebenst, dieselben zu honoriren und den Herren Rüppell & Harnier den Werth gefälligst zu erstatten. Die beiden Quittungen füge ich diesem Briefe an und bemerke, daß ich die des Gehalts mit Hinzufügung des Abzugs für die Invalidencasse auf 900 fl. ausgestellt habe[2].
In der schmeichelhaften Erwartung, daß meine neulichen Quittungen, so ich Ew. Hwg. am 29. August c[urrentis][a] zu übersenden die Ehre hatte, eben so richtig bei Ihnen angekommen seyn werden, als ich den Betrag derselben empfangen habe, verharre ich mit der ausgezeichnetesten Hochachtung und Ergebenheit, Ew. Hgb. ...

zu 121a: ᵃ *in der Ausf. vermutlich zu p[rioris] verbessert*

¹ *Die sowohl als Anlage zum Briefkonzept, a. a. O. fol. 21, wie in der Ausfertigung in den Darmstädter Akten E 5 B 1 Nr. 2/6 fol. 7 erhaltene Berechnung der im Laufe des Jahres 1807 in Großherzoglich Hessischen Geschäften gemachten Auslagen (urspr. des . . . ausgelegten Postgeldes) gibt wiederum einen Überblick über die bearbeiteten Fälle:*

	Scudi	Baj.
1. Postgeld in Sachen des Großherzoglichen Hofes	8	50
2. in Ehedispensationssachen des Wilhelm Baronoski	1	18
3. des Johann Adam Bauer	1	39
4. des Georg Adam Dietrich		90
5. des Heinrich Dietz	1	10
6. des Johann Gyron	1	52
7. des Caspar Huja	1	50
8. des Peter Kilian	1	50
9. des Hermann Cloidt	1	16
10. des Hermann Tunnemann	1	50
11. des Johann Walter	1	08
12. des Johann Friedrich Anton Wulf	1	04
13. für die Gebühren der Saecularisation und Habilitation des Capuciner-Ordensgeistlichen Florinus Vincken, Cöllnischer Dioecese, laut. Ber. d. d. 4. März 1807	2	40
14. Postgeld in dieser Sache	1	02
Summa	25	79

Im einschlägigen Darmstädter Aktenbestand StAD E 5 B 2 Nr. 12/8-12 finden sich die Akten Peter Kilian/Bensheim, Johann Walter/Unter-Schönmattenwag, Johann Adam Bauer/Seligenstadt, Georg Adam Dietrich/Dirmstein, Johannes Gyron/Geiselbach und Heinrich Dietz/Nieder-Mörlen mit formularmäßigen Anschreiben Humboldts vom 18. April, 18. Juli, 8. Aug., 2. Sept., 30. Sept. und 5. Dez. 1807 zur Übersendung der in allen Fällen gebührenfrei ausgefertigten Dispensations-Breven. Wie die zwecks Eintreibung der Portoauslagen von den Begünstigten auf dem Darmstädter Exemplar der Berechnung beigeschriebenen Wohnorte belegen, beziehen sich die Positionen 2, 7, 9, 10 und 12 auf Dispositionsfälle aus der Provinz Westphalen, die 1816, wie wohl auch der Fall des säkularisierten Kapuziners Vincken, an Preußen abgegeben wurden. Florinus Vincken, zunächst Vikar und Rektor der Stadtschule zu Menden, wurde 1815 als Pfarrer nach Raeren bei Eupen berufen; vgl. StA Münster Ghzt. Hessen II C 590.

² *Entwürfe der beiden Quittungen beim Briefkonzept, a. a. O. fol. 19 f; bei den Darmstädter Akten StAD E 5 B 1 Nr. 2/6 fol. 8 f liegt mit der Portoquittung auch der indossierte Originalwechsel Humboldts.*

122 Bericht Nr. 1/1808   Rom, 13. Januar 1808

Ausfertigung StAD E 1 M Nr. 93/6 fol. 1; ps. 4. Februar 1808.
MATTSON Nr. 1805.

Rückreise Kaiser Napoleons nach Paris. Keine Veränderungen in Etrurien. Kompetenzkonflikte mit den französischen Garnisonen in Ancona und Terracina. Belagerung der Festung Scilla. Ernennung neuer Botschafter für das Königreich Neapel. Tod des Herzogs von Chablais.

Se. Maj. der Kaiser Napoleon ist den 24. v. M. von Mailand und den 28. von Turin nach Paris abgegangen. Man glaubte zwar fast allgemein, daß er sich nicht unmittelbar dorthin begeben, sondern vorher eine Reise nach

9./13. Januar 1808

Bayonne und durch die mittäglichen Provinzen Frankreichs machen würde, allein diese Nachricht hat entweder bloß auf einem falschen Gerüchte beruht, oder Se. Majestät selbst haben ihre Meynung hierin nachher geändert. Man rechnete, daß der Kaiser am 1. d. in seiner Hauptstadt angelangt seyn könne[1].

Ueber Veränderungen, welche in Italien vorgehen sollten, ist schlechterdings nichts weiter bekannt geworden. Vielmehr hat der General Reille, als zweiter provisorischer Gouverneur von Toscana, Befehl bekommen, in diesem Lande alles fürs erste auf dem alten Fuße zu lassen, woraus viele schließen wollen, daß dem ehemaligen Königreiche Etrurien doch wohl noch ein anderes Schicksal, als die bloße Vereinigung mit dem Königreiche Italien bevorstehe.

Obgleich auch in den von Französischen Truppen besetzten Provinzen des Kirchenstaats sich schlechterdings nichts Erhebliches zugetragen hat, so zeigen doch kleinere Vorfälle, daß das in denselben beobachtete System immer dasselbe ist. Bei dem jetzt eingetretenen Carnaval hatte der Päpstliche Delegat, Monsignor Vidoni in Ancona, ein sich auf das Tragen der Masken beziehendes Edict anschlagen lassen. Dieses aber wurde sogleich durch Französisches dazu beordertes Militaire überall abgerissen, und dafür ein anderes im Namen des Französischen Gouverneurs verfaßtes angeschlagen. Zugleich erschien eine gedruckte Verordnung, in welcher alles Drucken und Anschlagen, besonders solcher Verordnungen, die in die höhere Polizei einschlagen, bei Strafe untersagt wird.

In Terracina sind vor Kurzem 170 Mann Neapolitanischer Truppen angekommen, welche die Neapolitanische Regierung in der Absicht dorthin sendete, daselbst als ein Piquet zur Escortirung der nach Neapel bestimmten oder von dorther kommenden Convois und zur Erhaltung der Sicherheit der Landstraße zu dienen. Da bei der Ankunft dieser Truppen zwischen dem sie anführenden Neapolitanischen, und dem in dem Ort schon vorher commandirenden Französischen Officier Discussionen über das Obercommando entstanden, so begab sich der General Ramel selbst von Civitavecchia dahin und schlichtete die Sache dergestalt, daß die Neapolitanischen Truppen dem Commando des Französischen Officiers untergeben wurden, und die Päpstliche Kammer die Verpflegung desselben, so wie die der Französischen, übernimmt.

Die Expedition gegen die noch von Sicilianischen Truppen besetzten Oerter Sciglio und Reggio, von welcher ich die Ehre hatte, Ew. K. H. vor einiger Zeit Nachricht zu geben, hat seitdem Fortgang genommen, und man ist gegenwärtig mit der Belagerung von Sciglio beschäftigt. Dieser kleine, nur durch die Natur feste, sonst aber mit wenigen Werken versehene Platz liegt auf einer felsigten Halbinsel, und könnte bei standhafter und gut geleisteter Vertheidigung einen langen und bedeutenden Widerstand leisten. Da er jedoch von einer an der Küste befindlichen Höhe beschossen werden kann, so hoffen die Belagerer in ihren Absichten auf die Festung glücklich

zu seyn, sobald es ihnen nur gelingt, eine Batterie auf dieser Anhöhe zu errichten². Die Einnahme von Reggio dürfte bei weitem weniger Schwierigkeiten darbieten.
Se. Maj. der König Joseph haben jetzt Botschafter nach Paris, Holland und Petersburg ernannt³, und auch von Französischer Seite nach Neapel ist der bisherige Gesandte in Florenz, d'Aubusson de la Feuillade, nach einem schon im vorigen Monat gemachten, aber erst gegenwärtig publicirten Decrete zum Botschafter bestimmt.
Se. K. H. der Herzog [von] Chablais, Onkel und Schwager Sr. Maj. des Königs von Sardinien, welcher mit der Herzogin, seiner Gemahlin, nach der Abreise des Königs von Rom hier zu residiren fortgefahren hatte, ist am 4. d. M. nach einer kurzen Krankheit im 67. Jahre seines Alters verstorben⁴.

---

zu 122:
¹ *Nach den Meldungen der GHLZ vom 5. und 9. Jan. 1808 war Kaiser Napoleon, nachdem er am 29. Dez. den Mont Cenis überquert hatte, am 1. Jan. abends im Tuilerien-Palast eingetroffen.*
² *Vgl. oben 118 mit Anm. 4 sowie den ausführlichen Bericht der GHLZ vom 12. Jan. 1808. In späteren Berichten verwendet Humboldt die richtige Schreibung Scilla.*
³ *Nach dem Repert. d. dipl. Vertr. 3, S. 259, haben die neuernannten neapolitanischen Gesandten Diego Pignatelli Herzog von Monteleone, Giulio Imperiali Fürst von Sant'Angelo und Filippo Grillo Herzog von Mondragone ihre Posten in Paris, den Haag und St. Petersburg erst im Aug. bzw. Nov. 1808 angetreten.*
⁴ *Prinz Benedikt Moritz von Savoyen, Herzog von Chablais, der jüngste Bruder König Victor Amadeus II., war mit seiner Nichte Maria Anna Carolina verheiratet.*

---

123 Bericht Nr. 2/1808 Rom, 20. Januar 1808

Ausfertigung StAD E 1 M Nr. 93/6 fol. 3; ps. 13. Februar 1808.
MATTSON Nr. 1809.

Übernahme der toskanischen Verwaltung durch den zum Generaladministrator ernannten Staatsrat Dauchy. Sperrung des Hafens von Livorno für sardinische Schiffe. Operationen der englischen Mittelmeerflotte. Sizilianische Unternehmungen in Kalabrien. Nachrichten aus Korfu und Konstantinopel.

Der Staatsrath und Intendant des öffentlichen Schatzes in den Französischen Departements jenseits der Alpen, Dauchy, ist am 8. d. in der Eigenschaft eines General-Administrators von Toscana von Paris in Florenz angekommen, und der General Reille war im Begriff diese Stadt zu verlassen. Der Staatsrath Dauchy hat den Pallast Pitti bezogen, in welchem auch Ihre Maj. die Königin-Regentin residirte, und hat sogleich angefangen, die genauesten Erkundigungen über alle Theile der Verwaltung, vorzüglich aber über die Königlichen Domainen einzuziehen. Bisher aber hat er sich auch hierauf allein beschränkt, und weit entfernt bereits Veränderungen vorzunehmen, soll er vielmehr, wie man behauptet, geäußert haben, daß er zu einer neuen Organisation Toscana's noch nicht mit Befehlen versehen

13./20. Januar 1808

sey. In der That sind seit der Abreise der Königin bloß in Absicht des Militairs neue Einrichtungen getroffen worden. Denn alle Toscanischen Truppen haben sich nach dem Königreiche Italien begeben müssen, und nur den Gardes du Corps hat man die Wahl gelassen, entweder ihren Abschied zu nehmen, oder als Unterlieutenants in den Linientruppen angestellt zu werden. Selbst die Invaliden sind aus ihren bisherigen Garnisonen in die Thürme an der Küste verlegt worden.

Die letzten Briefe aus Livorno melden, daß der General Miollis ein Embargo auf alle Sardinischen Schiffe gelegt, und auch den Toscanischen Schiffen, welche den Handel mit dem Königreiche Sardinien zu treiben pflegten, den Hafen zu verlassen untersagt hat. Indeß soll diese Maßregel nur provisorisch und nur auf Veranlassung des Gerüchtes, das auch hier vor einigen Tagen gieng, dem man aber hier wenig Glauben beimaß, daß Frankreich Sardinien den Krieg erklärt habe, genommen seyn.

Der General Moore ist gegenwärtig von Messina abgegangen, jedoch wie man von dorther versichert, nur mit 6000 Mann seiner Truppen. Er war zu einer Landung in Lissabon bestimmt, zu der er aber, bei den nachher veränderten Umständen, wohl zu spät angekommen seyn dürfte[1]. Der Admiral Collingwood übernimmt indeß die Vertheidigung Siciliens, und hat den Admiral Thornborough mit 5 Linienschiffen nach Palermo gesandt, dort in Station zu bleiben. Ein oder zwei andre Linienschiffe, welche Se. Großbritannische Maj. dem König Ferdinand zur Disposition überlassen haben, liegen außerdem in diesem Hafen. Der Admiral Collingwood selbst bloquirt indeß Toulon, um das Auslaufen einer 5 bis 6 Linienschiffe starken Französischen Escadre zu verhindern. Der bekannte Prinz Moliterno ist von London nach Messina zurückgekommen, hat seine Verzeihung von seinem Hofe erhalten, und soll zum Chef aller Milicen in Calabrien ernannt seyn[2]. Man behauptet sogar, daß er bestimmt sey, eine neue Expedition nach Calabrien zu unternehmen; es ist jedoch viel wahrscheinlicher, daß das Mislingen der bisherigen Expeditionen den Sicilianischen Hof von ferneren ähnlichen Versuchen abgeschreckt habe. Der Prinz von Hessen Philipps[thal] ist in Trapani mit der Einrichtung von drei neuen Jäger-Regimentern beschäftigt, und wacht auf die Versuche, welche vielleicht von dem Königreiche Neapel aus zu einer Landung in Sicilien gemacht werden könnten[3]. Die vor wenig Tagen hier eingelaufene Nachricht, daß 500 Mann Sicilianischer Truppen bei Sperlonga, unweit Gaëta, gelandet wären, und sich, trotz der Bemühungen der Garnison dieser Festung, in die Gebirge zurückgezogen hätten, bedarf noch fernerer Bestätigung.

Die Blokade, in welcher Corfu von einigen Englischen Schiffen gehalten wird, muß nicht sehr eng seyn, da noch vor wenigen Tagen ein von dorther kommender Officier hier durchgieng. Derselbe soll von General Caesar Berthier, dem dortigen Gouverneur, nach Paris gesendet seyn, um die von dem Pacha von Janina erhaltene Nachricht zu überbringen, daß der General Sebastiani in Constantinopel in die Sieben Thürme gesetzt worden sey[4]. So allgemein man indeß auch diese Nachricht versichert, so wäre ich nicht im Stande, Ew. K. H. die Wahrheit derselben zu verbürgen.

Der bisherige Französische Gesandte am Etrurischen und jetzige Botschafter am Neapolitanischen Hofe d'Aubusson de la Feuillade ist auf seiner Durchreise nach Neapel vor einigen Tagen hier eingetroffen.

zu 123:
[1] *Laut Meldung der GHLZ vom 19. Jan. 1808 war General Moore bereits am 18. Dez.* an Bord des „Euryalus" mit 15 Transportschiffen, worauf sich 9 bis 10.000 Mann Truppen befanden, aus Sizilien zu Portsmouth angekommen. Er hatte die Fahrt von Syrakus nach Gibraltar, wo er am 25. Nov. anlangte, in 35 Tagen gemacht. *Von Gibraltar war er bis zur Tajo-Mündung weitergesegelt, dann aber nach Gibraltar zurückgekehrt, um die Entwicklung der portugiesischen Angelegenheiten abzuwarten, ehe er Mitte Dez. Kurs auf England nahm.*
[2] Über ihn bereits **82** mit Anm. 2.
[3] *Die GHLZ hatte schon am 12. Jan. 1808 berichtet, der Prinz von Hessen-Philippsthal* (Humboldt schrieb versehentlich: Philippsstatt) *habe nach seiner letzten Landung in Kalabrien wieder ein Truppenkorps von 5 bis 6000 Sizilianern zusammengebracht.*
[4] *François Sebastiani war seit Nov. 1806 französ. Gesandter bei der Hohen Pforte. Die GHLZ brachte am 2. Jan. 1808 aus Wien die etwas makabere Meldung, in 19 dort durchpassirten Kisten, welche der Herr General Sebastiani nach Paris geschickt hat, hätten sich u. a. die einbalsamirten Körper der Gemahlin und des Sohnes dieses Botschafters befunden. Am 30. Jan. und 6. Febr. wurden häufige Conferenzen des Gesandten mit dem türkischen Außenminister, dem Reis Effendi, gemeldet, bei denen es wohl um die Vermittlung eines russisch-türkischen Friedensvertrags ging. Sebastiani verließ Konstantinopel, wie die GHLZ am 2. Juni meldete, erst am 25. April 1808.*

---

124 Bericht Nr. 3/1808   Rom, 30. Januar 1808

Ausfertigung StAD E 1 M Nr. 93/6 fol. 5f; ps. 18. Februar 1808.
MATTSON Nr. 1815.

Neue Depeschen des Kardinals Caprara aus Paris. Beratungen des Kardinalskollegs über das vermutete Ultimatum Napoleons. Zusammenziehung französischer Truppen vor den Toren Roms. Kämpfe in Kalabrien. Unterhaltsbeiträge des Papstes für die neapolitantischen Kardinäle. Änderung der Stellung des bisherigen portugiesischen Gesandten. Beschlagnahme der päpstlichen Kassen in Civitavecchia und Umgebung.

Seit dem Abgange meines letzten allerunterthänigsten Berichts von hier sind hier Nachrichten eingelaufen, welche nicht nur die Regierung, sondern auch das Publicum in große Bestürzung und unruhige Erwartung der ferneren Ereignisse versetzt haben. Gerade heute vor acht Tagen ließ der Papst auf Dépêchen, die er vom Cardinal Caprara in Paris erhalten hatte, Billets an das Cardinals-Collegium austheilen, um sein Gutachten über den Inhalt jener Dépêchen einzuholen, und die Zeit, welche den Cardinälen zur Abgebung desselben gelassen wurde, war so kurz, daß, da sie die Anfragen erst um Mitternacht erhielten, ihre Antworten schon am andern Mittag eingereicht seyn mußten.

20./30. Januar 1808

Am folgenden Tage lief hier aus Ancona die Nachricht ein, daß der General Lemarrois ein Détachement von 3000 Mann, mit einem bedeutenden Artillerietrain versehen, nach Foligno hin, abgeschickt habe, und die Briefe, welche dies meldeten, setzten hinzu, daß über die Bestimmung dieser Truppen ein beunruhigendes Geheimniß herrsche. Zugleich erfuhr man, daß der General Miollis Befehl erhalten habe, mit 6000 Mann und gleichfalls vieler Artillerie von Livorno aufzubrechen, gleichfalls auf Foligno zu marchiren, und das Obercommando über die dort vereinigten Truppen zu nehmen. In der That ist er auch schon am 26. d. mit seinen Truppen in Perugia angekommen, und seine Vereinigung mit dem Detachement in Foligno muß bereits geschehen sein. Sein Adjudant ist gestern früh hier eingetroffen, und er selbst wird, ich weiß jedoch nicht, ob mit oder ohne seine Division, am 2. k[ommenden] M[onats] als nächsten Dienstag, hier erwartet.

Aus diesen vereinigten Umständen ist nun das allgemein verbreitete Gerücht entstanden, daß der Römische Hof von dem Cardinal-Legaten in Paris ein Ultimatum Sr. Maj. des Kaisers der Franzosen erhalten habe, daß ihm nur eine äußerst kurze Frist einiger Tage zur Entscheidung über dasselbe gegeben sey, und daß, im Fall er dasselbe nicht ganz und gar und in allen seinen Punkten annehme, der General Miollis Befehl habe, Rom und das Römische Gebiet zu besetzen; und in der That läßt sich kaum auf irgend eine Weise in Zweifel ziehen, daß wirklich neue, und vielleicht letzte Vorschläge von dem Kaiser an den Papst gemacht, und die erwähnten Truppen zur Unterstützung derselben bestimmt sind.

Zwar versichert man mir, daß die Marschrouten dieser Truppen bis Terracina gehen, und schließt daraus, daß dieselben sich nach Calabrien begeben sollen, was auch dadurch, daß sie viel Artillerie mit sich führen und man in Calabrien gerade mit der Belagerung von Scilla und Reggio beschäftigt ist, einigermaßen wahrscheinlich wird. Es kommt hierzu noch der Umstand hinzu, daß, ganz neuerlichen, allein freilich bis jetzt durchaus unverbürgten Gerüchten zufolge, die Zahl der Insurgenten in Calabrien gerade jetzt beträchtlich zugenommen haben, und es zu blutigen Gefechten gekommen seyn soll. Indeß würde nichts hindern, daß der General Miollis, wenn seine endliche Bestimmung auch Calabrien und das Königreich Neapel wäre, sich doch zugleich bei seinem Durchmarsche durch Rom andrer Aufträge entledigte.

Ueber die Beschaffenheit der Französischen Vorschläge läßt sich nichts Bestimmtes und am wenigsten etwas Gewisses sagen, da diese Angelegenheit in das tiefste Geheimniß gehüllt wird. Verfolgt man indeß den Lauf der bisherigen Unterhandlungen, so ist leicht einzusehen, daß hauptsächlich von dem ganzen künftigen Verhältniß des Römischen Stuhls zu Frankreich, dem durch den Papst selbst zu erklärenden Beitritt zu der jetzt von den meisten Continental-Mächten verordneten Ausschließung der Engländer und des Englischen Handels[a], der Anerkennung des Königs Joseph von

Neapel und der Aufgebung der bis jetzt noch immer nicht hier unerwähnt gebliebenen oberlehnsherrlichen Rechte auf dies Königreich die Rede seyn muß.

Die Antwort des Römischen Hofes auf die gemachten Vorschläge ist in jeder Rücksicht schwer vorauszusehen. Zwar ist wohl mit Gewißheit vorauszusetzen, daß derselbe, theils an sich, theils aber unter den jetzigen bedenklichen Umständen in seiner Nachgiebigkeit so weit gehen wird, als es ihm immer möglich scheint. Aber die hier über die Gränzen dieser Möglichkeit herrschenden Ideen sind so sehr von denjenigen verschieden, die man hierüber auswärts annehmen kann, daß sich hiernach allein nichts bestimmen läßt, und bisher wenigstens hat der hiesige Hof mehr als Einmal erklärt, daß der Römische Stuhl sich, wegen bloßer, von einer andern Macht vorgeführter politischer Gründe nicht für den Feind einer[b] christlichen Macht (da, was die Ungläubigen betrift, er sich freilich mit diesen in ununterbrochener Feindseligkeit befindet) erklären könne.

In dieser Lage sind alle Gemüther auf das äußerste auf den Ausgang dieser Ereignisse gespannt. Bis jetzt weiß man jedoch nichts weiter, als daß der hiesige Französische Botschafter Alquier vorgestern Morgen eine lange Unterredung mit dem Papste gehabt hat, zu welcher ihn Se. Heiligkeit hatte einladen lassen, und daß gestern Abend eine allgemeine Congregation aller Cardinäle vor dem Papste, im Pallaste desselben, gewesen ist. Diese letztere Maßregel ist um so auffallender, als man seit langer Zeit diese, immer viel Aufsehen im Publicum erregenden Congregationen unterlassen, und dagegen das Gutachten der Cardinäle bloß schriftlich durch vertheilte Billete eingeholt hatte.

Die hier befindlichen Cardinäle, welche Unterthanen des Königreichs Neapel sind, haben vor einigen Tagen die Wappen, welche sich, der hiesigen Gewohnheit nach, über ihren Thüren befanden, und unter denen das des Königs Ferdinand war, abgenommen, und man sagt, daß der Französische Botschafter sie hierzu eingeladen habe. Da aber diese Cardinäle sich nicht zur Ableistung des Huldigungseides an Se. Maj. den König Joseph von Neapel nach Neapel begeben haben, und daher auf ihre Güter und Pfründen im Königreich Beschlag gelegt worden ist, so hat der Papst, um einigermaßen für ihren Unterhalt zu sorgen, ihnen eine monatliche Unterstützung von 300 Piastern für jeden ausgesetzt.

Der von dem Prinzen von Brasilien, bei seiner Abreise von Lissabon, bestallte Verwaltungsrath[1] hat dem hiesigen Gesandten Seiner K. Hoheit erklärt, daß er seinen hiesigen Gesandtschaftsposten als aufgehoben anzusehen habe, übrigens aber entweder in Rom bleiben, oder nach Lissabon zurückkehren könne. Der Gesandte, der Commandeur von Pinto, hat hierauf in einer officiellen Note dem Cardinal-Staatssecretaire bekannt gemacht, daß er in Gefolge dieser empfangenen Instructionen sich nicht mehr als mit den Geschäften des Königreichs Portugal beauftragt sehe, indeß fortfahren werde, seinen Souverain für die übrigen Staaten desselben

30. Januar / 3. Februar 1808

zu repraesentiren; und er nimmt seitdem den allgemeinen Titel eines Gesandten Sr. Majestät des allergetreuesten Königs an[2].

Allerunterthänigste Nachschrift:
So eben eingelaufene Briefe melden noch folgende Neuigkeiten, welche ich nachträglich zu bemerken wage. In Civita-vecchia ist gestern früh Befehl gekommen, daß heute alle öffentliche Cassen von den Französischen Autoritaeten in Beschlag genommen werden sollen. Alle Päpstliche Bediente sollen, schreibt man, in ihren Posten bleiben, und sich, unter Strafe der Verhaftung, nicht von denselben entfernen. Ob der Päpstliche Gouverneur Monsignor Negretti, wie einige hinzusetzen, zum Praefecten und ein anderer zum Maire ernannt sey?, kann ich nicht mit Gewißheit behaupten. Die Maßregel mit den Cassen ist auch in der umliegenden Gegend, Tolfa, wo das große Alaunenwerk ist, Corneto, wo Salzwerke sind, Montalto und dem Italo di Castro genommen [worden].

Aus Ancona schreibt man, der General Lemarrois habe den Gemeinheiten verboten, nach dem 2. Februar noch Geld in die Kämmerei-Cassen zu liefern, wenn ihm die Regierung nicht bis dahin die Summen zur Unterhaltung der Truppen eingehändigt habe, die er bisher gefordert und nicht erhalten habe. – In Terracina sind 1600 Mann Neapolitanischer Truppen, worunter 400 zu Pferde und 200 Artillerie mit 16 Canonen angekommen, und sollen daselbst bleiben, um eine von der Insel Ponza her befürchtete Landung der Engländer zu verhüten.

---

zu 124: [a] *folgt gestr.*: vom Kirchenstaat

[1] *Der portugiesische Prinzregent Johann, der den herkömmlichen Thronfolgertitel* Prinz von Brasilien *führte, hatte bereits 1792 die Regierungsgeschäfte für seine geisteskranke Mutter übernommen. Das vor der vom französischen Einmarsch erzwungenen Abreise der Königsfamilie nach Rio ergangene Dekret vom 25. Nov. 1807 über die Einsetzung einer Abwesenheitsregierung unter dem Marquis von Abrantes ist gedruckt bei* MARTENS, Recueil des traités, Suppl. 4, S. 489. *Die GHLZ meldete die Einnahme Lissabons am 30. Nov./1. Dez. 1807 in der ersten Nummer des Jahres 1808.*
[2] *Der Ehrentitel* allgetreueste Majestät *war den Königen von Portugal 1749 von Papst Benedikt XIV. verliehen worden.*

125 Bericht Nr. 4/1808 Rom, 3. Februar 1808

Ausfertigung StAD E 1 M Nr. 93/6 fol. 7 f; ps. 4. März 1808.
MATTSON Nr. 1818.

Einmarsch französischer Truppen in Rom. Übernahme der Militärgewalt durch General Miollis. Zirkularnote des Kardinalstaatssekretärs über die Haltung des Papstes zum Ultimatum Napoleons. Attentat auf den Palast des neapolitanischen Polizei- und Kriegsministers Salicetti.

Die militairische Besetzung Roms durch die Truppen des Generals Miollis hat gestern in der That Statt gehabt, und ich eile, Ew. K. H. die hauptsächlichsten Umstände dieses merkwürdigen Ereignisses allerunterthänigst vor

Augen zu legen[1]. Gerade in den beiden, vor dem wirklichen Einrücken der Truppen vorausgehenden Tagen, am 31. und 1., hatten sich die Besorgnisse des Publicums, vielleicht auch der Regierung, beträchtlich vermindert. Es hieß allgemein, daß der General Miollis nur durch Rom durchgehen würde; ein Détachement Reiterei, das am 31. Abends hier ankam, setzte in der That seinen Marsch, nach wenigen Stunden Aufenthalt, fort, und der General Ramel erklärte der Regierung in einem officiellen Schreiben, daß er vom General Miollis angewiesen worden sey, seinen auf die öffentlichen Cassen in Civita-vecchia gelegten Beschlag aufzuheben, daß General Lemarrois dieselben Instructionen erhalten habe, und daß daher die Cassen durchaus, wie vorher, der Päpstlichen Regierung zu Gebote ständen.

Am 1. schickte der Papst einen Officier an den General Miollis ab, hatte eine abermalige Unterredung mit dem Französischen Botschafter, und hielt am Abend spät eine allgemeine Versammlung der Cardinäle in seinem Pallast, und es war vermuthlich eine Folge dieser Erkundigungen und Berathschlagungen, daß noch in derselben Nacht die Besatzung der Engelsburg Befehl erhielt, einem etwannigen Angriff keine Gewaltthätigkeiten entgegenzusetzen. Die Französischen Truppen hatten sich indeß der Stadt genähert, ein Theil hatte die Nacht in einer kleinen Entfernung vom Thor zugebracht, ein andrer war in Eile herbeigekommen.

Am Morgen, zwischen 7 und 8 Uhr, rückte ein Détachement Cavallerie, welchem die übrigen Truppen nachfolgten, im Trab in die Porta del Popolo ein. Die Wache, welche keinen Widerstand leistete, wurde entwafnet, und in weniger, als einer halben Stunde waren die Engelsburg und die Hauptplätze, unter den letzteren auch der vor dem Päpstlichen Pallast (der Quirinal oder Monte Cavallo), mit Truppen und Kanonen besetzt. Da es gerade Mariae Reinigung war, so versammelten sich die Cardinäle im Päpstlichen Pallast zur Capelle; ihre Wagen fuhren ungehindert durch die Französischen Soldaten hin, und die Capelle wurde vom Papst und den Cardinälen mit der gewöhnlichen Stille und Feierlichkeit gehalten. Gegen Mittag vertheilten sich die Truppen in ihre Quartiere; die Kanonen auf dem Quirinale blieben anfangs noch stehen; nachher wurden aber auch sie abgeführt. Die Wache auf dem Platz vor dem Päpstlichen Pallast war die ganze Zeit hindurch von den Römischen Truppen besetzt geblieben; sie ist es auch noch im gegenwärtigen Augenblick, so wie mehrere andre in der Stadt. Nur die Engelsburg und einige Haupt-Thore und Plätze haben ausschließend Französische Besetzung.

Der General Miollis hat sich heute in Begleitung des Französischen Botschafters selbst zum Papst begeben; die Audienz soll indeß nur kurze Zeit gedauert haben. Der General Miollis war, ehe er den Auftrag nach Livorno erhielt, Gouverneur von Venedig, und sowohl da, als in Toscana, hat er sich durch die Unbestechlichkeit, Gerechtigkeit, Billigkeit und Güte seines Charakters allgemeine Achtung und Liebe erworben, so daß schon der Umstand, daß er die Truppen, die hier einzurücken bestimmt waren,

3. Februar 1808

commandirte, ausnehmend dazu beitrug, die im Publicum deshalb herrschenden Besorgnisse zu vermindern. Auch ist nur Eine Stimme darüber, daß seine Truppen nicht allein vortrefliche Manneszucht halten, sondern auch ein so stilles und bescheidenes Betragen beobachten, daß man ihre Gegenwart kaum nur bemerkt.

Am Abend des 2. erhielten die Mitglieder des diplomatischen Corps eine Note des Cardinals-Staatssecretaire, welche als eine Circularnote angesehen werden kann. Derselbe macht denselben darin, auf ausdrücklichen Befehl des Papstes, bekannt, daß dem Cardinal Legaten Caprara in Paris am 9. v. M. von der Französischen Regierung sechs Artikel, als ein Ultimatum, vorgelegt worden seyen, mit dem Bedenken, daß, wenn innerhalb fünf Tagen von Ankunft seiner Dépêche in Rom an, der Papst nicht dem Französischen Botschafter in Rom seinen gänzlichen Beitritt zu denselben bezeugt habe, nicht bloß die Französische Gesandtschaft Rom verlassen, sondern auch der Römische Stuhl unwiederbringlich die Provinzen der Mark, das Gebiet von Perugia (welches man Toscana) und die Hälfte der Campagna di Roma (welche man dem Königreich Neapel einverleiben werde) verlieren, von dem Ueberrest seiner Staaten aber Besitz genommen, und Garnison nach Rom gelegt werden würde.

Der Papst habe, fährt die Note fort, dem Französischen Botschafter hierauf, nach Verlauf des Termins[a] seine Erklärung abgegeben, in welcher er denjenigen Artikeln, bei denen sein Gewissen keine Schwierigkeiten gefunden, mit Freimüthigkeit und Offenheit beigetreten sey, übrigens aber bezeugt habe, daß er in dasjenige nicht willigen könne, was ihm durch seine Obliegenheiten verboten sey. Der Französische Botschafter habe diese Erklärung nicht genugthuend gefunden, und in einer Note vom 29. geäußert, daß, da er vermuthlich unmittelbar weitere Befehle erhalten werde, er sich in der Nothwendigkeit befinden würde, dieselben in 24 Stunden in Ausübung zu bringen. Der Papst habe daher der Erfüllung jener Drohung entgegen gesehen, und in der That sey die Besetzung von Rom am 2. erfolgt. Nach dieser Erzählung schließt die Note, wie die derselben und diesem alleruntertänigsten Berichte beigefügte Proclamation[b] mit einer Protestation gegen jede etwannige Besitznahme Päpstlicher Staaten, und setzt nur noch hinzu, daß die Absicht dieser officiellen Mittheilung sey, die respectiven Höfe von diesen Ereignissen zu unterrichten. Die Proclamation war an demselben Morgen an mehreren Orten der Stadt angeheftet worden, wurde aber bald darauf, ich weiss nicht auf welche Veranlassung, wiederum abgerissen.

Ueber den Inhalt jener sechs Artikel wäre es mir unmöglich, Ew. K. H. etwas Andres oder Mehreres zu sagen, als die Muthmaßungen, welche mein letzter alleruntertänigster Bericht in dieser Hinsicht enthält. Mit Gewißheit glaube ich indeß behaupten zu können, daß keine eigentlich kirchlichen, geschweige denn religiöse Artikel unter denselben begriffen sind. Auch kann dies aus demjenigen, was die Note des Staatssecretaire's und die gedruckte Proclamation von dem Gewissen des Papstes, das ihn gewissen Artikeln beizutreten hindre, erwähnt, nicht geradezu gefolgert werden, da der Begriff dessen, was Gewissenssache ist, oder nicht, hier in einem viel weiteren, und mehr umfassenden Sinne, als gewöhnlich, genommen zu werden pflegt.

Die weitere Entwicklung, welche diese Angelegenheiten haben werden, ist bis jetzt unbekannt, auch wird darüber vielleicht nicht eher etwas entschieden, ehe nicht Se. Maj. der Kaiser Napoleon von dem bis jetzt Geschehenen unterrichtet ist, und seine ferneren Maßregeln danach genommen hat. Bis dahin bleiben auch unstreitig die Truppen hier. Man versichert jedoch, daß der Französische Botschafter die Unterhandlungen aufs Neue angeknüpft habe. Die Zahl der bis jetzt eingerückten Truppen beläuft sich nur auf etwa 3 800 Mann, und ich weiß nicht, ob es gegründet ist, daß dieselbe auf 10 000 vermehrt werden soll.

Heute früh hat der General Miollis in Begleitung des Französischen Botschafters Visiten bei dem Corps diplomatique abgestattet, und dem Französischen Botschafter, dem Senator Lucian Bonaparte und dem Prinzen Aldobrandini und seiner Mutter, der Prinzessin Borghese, welche beide denselben Pallast bewohnen, Ehrenwachen, jede von 40 Mann geschickt. Alle drei haben ihm ihre Dankbarkeit für diese Auszeichnung bezeugt, die Wachen selbst aber nicht angenommen.

In der officiellen Mailändischen Zeitung ist vor einigen Tagen ein Kaiserliches, schon am 19. December gegebenes Decret abgedruckt worden, das die Bestallung und Bestätigung der Platz-Commandanten im Königreich Italien betrifft. Unter den festen Plätzen dieses Königreichs werden in demselben auch Ancona, Civita-vecchia und Livorno aufgeführt.

Die neuesten Briefe aus Neapel melden, daß der Pallast des dortigen Polizei Ministers, der zugleich dem Kriegs-Département vorsteht, Salicetti durch eine[b] boshafter Weise darunter angelegte Mine beträchtlich beschädigt worden ist. Der Minister selbst und seine Tochter sollen, jedoch, vorzüglich ersterer, nur leicht, verwundet worden seyn[2].

Ich hatte diesen allerunterthänigsten Bericht bis zum Augenblick des Abgangs der Post hier zurückbehalten, um abzuwarten, ob nicht vielleicht Französischer Seits eine Proclamation bekannt gemacht würde. Allein es ist nichts erschienen, und ich bemerke nur noch, daß sich das Französische Militaire schlechterdings in keinen Zweig der Regierung mischt, vielmehr letztere in allen ihren Verrichtungen geblieben ist, und die Geschäfte denselben Gang, als vor dem Einrücken der Franzosen, nehmen.

---

zu 125: [a] *folgt gestr.:* erklärt, daß er [b] *die durch Anlagestrich avisierte Anlage fehlt* [c] *urspr. folgte bereits hier:* darunter angelegt

[1] *Als Gerücht hatte die GHLZ die französische Besetzung Roms bereits am 16. Febr. 1808 gemeldet. Am 20. hieß es: die franz. Besitznahme Roms hat sich nicht bestätigt. Am 23. meldete man dann mit einem Bericht aus Neapel beiläufig, General Miollis sei*

3. /13. Februar 1808

am 2. Febr. aus Hetrurien zu Rom angekommen. Am 1. März wurde mit der Meldung von der Aufwartung des Generals beim Heiligen Vater mitgeteilt, daß mittlerweile 30.000 Mann französischer Truppen im Kirchenstaat stünden.
² *Die GHLZ brachte am 20. Febr. 1808 einen detaillierten Bericht über das Attentat, wonach der Minister, seine Tochter und deren Mann verletzt worden seien. Am 23. Febr. wurde einschränkend nachgetragen, daß blos der Kurier des Ministers umgekommen und einem seiner Bedienten ein Bein zerschmettert worden sei. Am 29. März hieß es schließlich (mit Bericht aus Neapel vom 11.), mittlerweile sei Salicetti mit seiner Tochter, der Herzogin Lavella, endgültig außer Gefahr. Über den Schauprozeß gegen die zum Tode verurteilten Attentäter wurde am 30. Juni 1808 eingehend berichtet.*

126 Bericht Nr. 5/1808   Rom, 13. Februar 1808

Ausfertigung StAD E 1 M Nr. 93/6 fol. 9f; ps. 8. März 1808.
MATTSON Nr. 1822.

Stärke der französischen Truppen in Rom. Angeblicher Inhalt des französischen Ultimatums und der päpstlichen Antwort auf die gestellten Forderungen. Rücksichtnahme des Papstes auf die irischen Katholiken bei Maßnahmen gegen England. Ablehnung des französischen Anspruchs auf ein Drittel der Sitze im Kardinalskolleg. Einnahme von Reggio durch neapolitanisch-französische Truppen. Erkrankung und Vertretung des Kardinalstaatssekretärs.

Seit dem Abgange meines letzten allerunterthänigsten Berichts hat sich hier schlechterdings nichts Neues ereignet. Die Stadt ist fortdauernd von den Französischen Truppen besetzt, aber die Päpstliche Regierung geht bis jetzt ungestört ihren Gang fort, und alles erwartet mit ängstlicher Ungeduld die endliche Entscheidung des Schicksals des Römischen Staats. Da es möglich ist, daß der von der Französischen Gesandtschaft und dem General Miollis nach Paris gesandte Courier schon in der nächsten Woche zurückkehrt, so dürfte man über den Ausgang dieser wichtigen Angelegenheiten vielleicht schon mit dem Ende dieses, oder dem Anfange des künftigen Monats unterrichtet seyn. Die Zahl der Französischen Truppen in Rom hat sich in den letztverflossenen Tagen bis auf 6000 vermehrt. Ein Détachement von anderen 1000 Mann wird morgen oder übermorgen erwartet; dagegen sollen 1800 Dienstag wiederum abgehen, und so wird vermuthlich fürs erste ihre Anzahl immer bald zu- bald abnehmend seyn, sich aber, wie man behauptet, im Ganzen zwischen 6–8000 halten. Ein aus dem Neapolitanischen herbeigerufenes Détachement, das schon bis Albano vorgerückt war, hat, vermuthlich weil man sich überzeugt hat, desselben nicht zu bedürfen, Befehl zum Rückmarsch erhalten.

Ueber die der Päpstlichen Regierung, meinem letzten allerunterthänigsten Berichte gemäß, vorgelegten sechs Artikel gehen gegenwärtig Gerüchte in der Stadt herum, die, wenn man alle gegenwärtigen und vorhergegangenen Umstände vergleicht, wenigstens einen nicht geringen Grad der Wahrscheinlichkeit besitzen. Die Artikel selbst werden auf eine so übereinstimmende Weise angegeben, daß schon dieser Umstand allein ein günstiges Zeugniß für die Richtigkeit der Angabe ist; zweifelhafter dürften die dem Römischen Hofe beigemessenen Antworten seyn. Ich halte es jedoch für meine Pflicht, Ew. K. H. sowohl die einen, als die andern allerunterthänigst vorzulegen, ohne indeß auf irgend eine Weise ihre Aechtheit verbürgen zu können, da officiell hierüber nichts bekannt geworden ist, und die Personen, welche allein davon auf eine authentische Art unterrichtet seyn können, noch das strengste Geheimnis beobachten.

Die von dem Französischen Hofe gemachten Vorschläge sind demnach angeblich folgende:

1. Schließung eines Off- und Defensiv-Bündnisses mit Frankreich gegen England, oder wie sich andre Angaben ausdrücken, welches aber auf dasselbe hinauslaufen soll, gemeinschaftlich mit Frankreich zu verabredende Ergreifung derjenigen Maßregeln gegen England, welche dem Römischen Hofe theils unmittelbar, theils mittelbar durch den Cardinal Bayane vorgeschlagen worden sind.

2. Einräumung des Rechts, daß die Krone Frankreich von jetzt an ständig 23 Französische Cardinäle ernennen könne.

3. Anerkennung Ihrer Maj. der Könige Joseph, Ludwig und Hieronymus von Neapel, Holland und Westphalen.

4. Auslieferung von ungefähr 100 Personen, welche, innerhalb der Päpstlichen Staaten Entwürfe gegen die innere Ruhe des Königreichs Neapel schmieden.

5. Entfernung aller Agenten und Consuln des Königs Ferdinand in Sicilien.

6. Erlegung einer Summe von 400 000 Francs zur Erweiterung und Vertiefung des Hafens von Ancona.

Diejenigen unter diesen Artikeln, welche angeblich die meiste Schwierigkeit gefunden haben, sollen der 1. und 2. der eben erwähnten gewesen seyn.

Der Römische Hof soll sich zwar bereit erklärt haben, seine Hafen den Engländern zu verschließen, und die Gemeinschaft mit ihnen aufzuheben; aber zugleich soll er standhaft dabei geblieben seyn, daß ihm, thätigen Antheil an dem Kriege zu nehmen, weder seine Obliegenheiten, noch die Besorgnisse erlaubten, die er in diesem Falle für das Schicksal der Katholiken in Irrland hegen müsse.

Ebenso hat er, versichert man, geäußert, daß es durchaus den von der Römischen Kirche anerkannten Grundsätzen und den Canonen der Concilien entgegenlaufe, Einer Macht das Recht einzuräumen, so, wie es verlangt werde, ein Drittheil des Cardinals-Collegiums aus der Mitte ihrer Unterthanen zu ernennen.

Den 3. 4. und 6. Punkt soll die Römische Regierung durchaus zugestanden, und bloß bemerkt haben, daß die Anerkennung des Königs Joseph nur von dem jetzt von Sr. Majestät besessenen Königreiche verstanden werden könne, und daß man in Absicht der verdächtigen Personen ein von der Französischen Regierung deshalb einzureichendes Verzeichniß erwarten müsse.

13./24. Februar 1808

Der 5. Punkt soll vom Papste verweigert worden seyn[1].

Auf diese Weise lauten die über diese Angelegenheiten hier theils mündlich, theils schriftlich herumgehenden Gerüchte; sobald etwas Gewisses darüber bekannt seyn wird, werde ich eilen, es Ew. K. H. unverzüglich allerunterthänigst einzuberichten.

Die bisher noch von den Engländern oder den Sicilianern besetzt gewesene Stadt Reggio ist am 1. Februar von den Neapolitanischen Truppen wieder eingenommen worden; dieselben haben bei dieser Gelegenheit, den Neapolitanischen Zeitungen zufolge, 1200 Mann Gefangene gemacht. Nach eben diesen Zeitungen ist auch eine von 600 Engländern und Sicilianern in Calabrien gemachte Landung zurückgedrängt und vernichtet worden[2].

Der schon mehr als 70jährige Cardinal-Staatssecretaire Casoni liegt seit einigen Tagen an einer schmerzhaften Krankheit danieder. Da ihn dieselbe zur Besorgung der Geschäfte untauglich macht, so unterzeichnet indeß der Cardinal Joseph Doria, welcher in dem Augenblick des Entstehens der Römischen Republik Cardinal-Staatssecretaire war, als Pro-Staatssecretaire, auf ausdrücklichen Befehl des Papstes, für ihn[3].

---

zu 126:
[1] *Laut GHLZ vom 8. März 1808 hatte der Papst kurz vor dem französischen Einmarsch ein auf Verlangen des französischen Gesandten wieder entferntes Edikt anschlagen lassen, worin er „für sich und seine Nachfolger" erklärt, „daß er nicht alle von Seite der französischen Regierung an ihn gemachte Forderungen nach ihrem ganzen Umfange hätte einwilligen können"; dazu ein ergänzender Bericht der GHLZ vom 22. März, in dem es hieß:* In Rom weiß man es kaum, daß die Stadt von fremdem Militär besetzt ist.
[2] *Laut Meldung der GHLZ vom 3. März 1808 wurden bei der französischen Eroberung von Reggio am 1. Febr. nur 900 Gefangene gemacht und 14 Kanonen genommen. Dieselbe Zeitung meldete auch den in der Nacht vom 26./27. Jan. abgewehrten Landungsversuch von 600 Mann, zur Hälfte Banditen, zur andern Hälfte Engländer, bei Cannatello und Villa St. Giovani, die von Voltigeurs des 62. und Chasseurs des 9. französischen Regiments zurückgeschlagen worden seien. Nach der GHLZ vom 5. März waren unter den von der Division Reynier bei Reggio eingebrachten Gefangenen allein 67 Offiziere.*
[3] *Giuseppe Doria Pamphili war 1797–1800 Kardinalstaatssekretär gewesen.*

127 Bericht Nr. 6/1808   Rom, 24. Februar 1808

Ausfertigung StAD E 1 Nr. 93/6 fol. 11; ps. 17. März 1808.
MATTSON Nr. 1827.

Einquartierung der in Rom stationierten französischen Truppen bei Privatleuten und Klöstern. Güterverkäufe zur Abdeckung der Kriegskosten. Verhaftung von in Rom lebenden Engländern und Sizilianern. Absage der Karnevals-Lustbarkeiten durch den Papst. Gerüchte über neue Reisepläne Napoleons. Rückkehr della Gengas nach Rom.

Der Courier, dessen Rückkunft von Paris hier mit Ungeduld erwartet wird, ist noch nicht angekommen, und die Lage der Sachen ist daher hier noch durchaus eben so, als bei dem Abgange meines letzten allerunterthänigsten

Berichts. Die Päpstliche Regierung geht ungestört ihren Gang fort, aber die Französischen Truppen halten fortwährend die Engelsburg und die Stadt besetzt, betragen sich jedoch so ruhig und bescheiden, daß sie durchaus zu keinerlei Klagen Anlaß geben. Die Officiere sind bei Privatleuten, die Soldaten aber größtentheils in den Klöstern einquartiert, und die Zahl der sämmtlichen hier befindlichen Truppen beläuft sich, obgleich man behauptet, daß sie werde auf 10 000 gebracht werden, gegenwärtig doch nur auf 5 bis 6000 Mann. Indeß ist es, da häufig Detachements ankommen und andre weggehen, schwer, hierüber etwas Genaues und Bestimmtes zu sagen. – Die Päpstliche Kammer, der es, bei den zur Unterhaltung der Französischen Truppen nothwendigen beträchtlichen Summen an baarem Geld fehlt, hat angefangen, einige Domainenstücke zu verkaufen, und man nennt unter den Käufern Ihre K. H. die Herzogin [von] Chablais und den Prinzen Poniatowski.

Auf einen deshalb erhaltenen Befehl, hat der General Miollis einige Sicilianer und die hier gerade befindlichen Engländer in vergangener Woche verhaften lassen. Er hat indeß hierbei soviel Billigkeit und Schonung, als möglich, beobachtet, und die meisten Engländer sogleich wiederum gegen Caution freigegeben. Nur zwei sind nach der Engelsburg gebracht worden, und auch diese, sagt man, werden sehr bald wieder losgelassen werden. Die meisten dieser Engländer, um nicht zu sagen alle, gehören in der That, als Künstler und Kaufleute, durch die Länge ihres Aufenthaltes hier und durch ihre Beschäftigungen und Verbindungen mehr Italien, als ihrem ursprünglichen Vaterlande an. Reisende von großen Familien befinden sich gar nicht unter denselben. Unter den Sicilianern nennt man vorzüglich die Prinzessin della Cattolica und einen ehemals bei der hiesigen Neapolitanischen Gesandtschaft angestellten Secretaire des Cardinals Ruffo. Die erstere ist jedoch, auf ihr Verlangen, von der Engelsburg in ein Kloster transferirt worden.

Obgleich sowohl der General Miollis, als der Französische Botschafter gewünscht hätten, daß der Carnaval hier, wie gewöhnlich, gehalten würde; so hat der Papst dennoch schlechterdings nicht darin einwilligen wollen. Vielmehr sind sowohl die Masken und das Pferderennen, als die übrigen in dieser Zeit sonst gewöhnlichen öffentlichen Lustbarkeiten untersagt worden.

Seit einigen Tagen geht hier das Gerücht, daß Se. Maj. der Kaiser Napoleon eine neue Reise nach Italien unternehmen, und nun auch nach Rom kommen werde. Mailänder Briefe versichern diese Nachricht mit Gewißheit. Bis jetzt scheint indeß dieselbe nicht aus schlechterdings Glauben verdienenden Quellen herzurühren, und viele meynen im Gegentheil, daß Se. Kais. Maj. sich eher nach Spanien wenden möchten. – Gewisser scheint es, daß Ihre Maj. die Königin von Neapel, die anfangs erst im Mai nach Neapel gehen wollte, nunmehr ihre Reise früher unternehmen, und in Kurzem hier durchgehen wird.

24. Februar /2. März 1808

Der Praelat della Genga ist vor Kurzem von Paris hieher zurückgekommen[1]. Der Cardinal Bayane hatte gleichfalls daselbst seine Reisepässe verlangt, da ihm aber die Französische Regierung, bei Uebersendung derselben, zu erkennen gegeben, daß es nur von ihm abhängen würde, auch in seiner Eigenschaft eines Französischen Cardinals in Paris zu bleiben, so ist er dieser Einladung gefolgt. Daß der Papst den Cardinal Caprara von Paris zurückgerufen habe, scheint bis jetzt nur ein ungewisses Gerücht. Mit der so eben ankommenden Post empfange ich Ew. K. H. allergnädigstes Rescript vom 28. pr[ioris][2] und eile, Allerhöchstdemselben meinen ehrfurchtvollsten Dank für die mir darin bewiesenen huldreichen und gnädigen Gesinnungen zu Füßen zu legen, die ich, mir auch in der Folge ununterbrochen durch die aufmerksamste Besorgung der Angelegenheiten Ew. K. H. zu erhalten, unaufhörlich und mit unausgesetztem Eifer bemüht seyn werde.

---

zu 127:
[1] *Die GHLZ meldete bereits am 5. März mit einer am 10. Februar aus Rom datierten Notiz, daß der aus Paris eingetroffene Nuntius della Genga sogleich bei dem Papste zur Audienz gelassen worden sei.*
[2] *Konzept des Reskripts, das Humboldt den Eingang der Berichte 1-17/1807 bestätigte, für die Glückwünsche zum Jahreswechsel dankte und vollkommenste Zufriedenheit mit dessen Geschäftsführung ausdrückte, StAD E 1 M Nr. 93/5 fol. 36 (abges. 29. Jan. 1808); vgl.* MATTSON *Nr. 9103.*

---

128 Bericht Nr. 7/1808 Rom, 2. März 1808

Ausfertigung StAD E 1 M Nr. 93/6 fol. 13 f; ps. 22. März 1808.
MATTSON Nr. 1829.

Rückberufung des französischen Gesandten Alquier. Vereinigung der päpstlichen mit den französischen Truppen. Ersatz des auf der Engelsburg inhaftierten Kommandeurs Oberst Bracci durch den Schweizer Fries. Einschränkung der bestehenden Postverbindungen. Rücksendung der neapolitanischen Kardinäle nach Neapel. Quarantäne-Aufenthalt der aus Palermo abgezogenen russischen Diplomaten in Civitavecchia.

Ew. K. H. werden geruhet haben, aus meinem letzten Berichte vom 24. pr[ioris] allergnädigst zu ersehen, daß bis dahin nichts hier vorgefallen war, was, seit den Vorgängen des 2.[1] besondere Aufmerksamkeit verdient hätte. Auch seitdem hat sich die Lage der Dinge zwar im Wesentlichen nicht beträchtlich verändert; allein es haben sich dennoch Ereignisse zugetragen, die nicht nur hier sehr große Aufmerksamkeit erregt haben, sondern auch zu mancherlei weiteren Vermuthungen über die vielleicht noch bevorstehende Wendung der Angelegenheiten Anlaß geben.

Schon zur Zeit des Abganges meines letzten allerunterthänigsten Berichts sprach man ziemlich allgemein davon, daß der hiesige Französische

Bericht 128

Botschafter Alquier die Stadt verlassen werde; da mir dies jedoch noch ein zu voreiliges Gerücht schien, so glaubte ich desselben nicht erwähnen zu müssen. Nichts desto weniger hat sich dasselbe bald darauf bestätigt, indem der Gesandte in der That am 28. von hier nach Paris abgegangen ist. So ungern man auch allgemein diese Abreise in Rom gesehen hat, und so viele ungünstige Vermuthungen über das künftige Schicksal der Päpstlichen Regierung daraus gezogen worden sind, so scheint dieselbe dennoch keineswegs ein gänzliches Abbrechen der Unterhandlungen anzuzeigen; vielmehr hat der Gesandte vor seiner Abreise seinen bisherigen Gesandtschaftssecretaire Le Febvre dem Papst zur ferneren Besorgung der Angelegenheiten vorgestellt, und obgleich sich derselbe bis jetzt dem Corps diplomatique nicht förmlich als Geschäftsträger angekündigt hat, so scheint es dennoch keinem Zweifel unterworfen, daß er in dieser Eigenschaft zurückgeblieben ist. Ueber die eigentlichen Ursachen nur der Reise des Botschafters herrschen vielerlei Muthmaßungen, unter welchen die wahrscheinlichste die ist, daß Se. Maj. der Kaiser Napoleon gewünscht hat, durch ihn persönlich genauer über die eigentliche Lage der hiesigen Angelegenheiten unterrichtet zu werden. Daß bis zur Abreise des Botschafters Unterredungen und selbst Notenwechsel über die von Anfang an gepflogenen Unterhandlungen Statt gefunden hat, leidet ebensowenig Zweifel, als es gewiß ist, daß auch jetzt diese Versuche einer Uebereinkunft noch fortdauern werden. Nur scheint der Gang der genommenen Maßregeln zu beweisen, daß dieselben leider bisher nicht von dem erwünschten Erfolge gewesen sind.

Am letzten 26. wurde hier, auf Befehl des Generals Miollis, eine Vereinigung der Päpstlichen Truppen mit den Französischen vorgenommen, die jedoch keineswegs eine eigentliche Incorporation der ersteren genannt werden kann, da dieselben weder der Französischen Regierung geschworen, noch auch die Päpstliche Cocarde abgelegt haben. Diese Maßregel wurde schon den Tag zuvor durch vorläufige deshalb bei dem Obristen Bracci, welcher das Commando über sämtliche Römische Truppen führte, gemachte Schritte eingeleitet. Da dieser fand, daß es den Pflichten seines Amtes und den erhaltenen Befehlen zuwiderliefe, zu der beabsichtigten Vereinigung die Hand zu bieten, wurde er auf die Engelsburg gebracht, wo er noch sitzt[2]. Am 26. Morgens nun begab sich ein Theil der Französischen Truppen nach den Wachen und Casernen der Päpstlichen, führten dieselben ab, versammelten sie auf dem Platz Colonna, und erklärten ihnen, daß sie mit den Französischen zusammen dienen, und in Französischem Solde stehen sollten. Weiter ist indeß bis jetzt auch die Vereinigung nicht gegangen. Die Römischen Truppen behalten, nach wie vor, Päpstliche Uniform und Cocarde, und befinden sich nur, sowohl in den Casernen, als auf den Wachen, gemeinschaftlich und vermischt mit den Französischen. Der bisherige Obristlieutenant Fries, ein gebohrner Schweizer, ist zum Obristen und Commandeur derselben ernannt, und so vier andre der vornehmsten Officiere, die, weil sie sich nicht gleich in die neue Maßregel gefügt hatten, auf

2. März 1808

die Engelsburg gebracht worden waren, sind wiederum freigelassen worden, und fahren fort, Dienste zu tun.

Wenn man gestern hier eingelaufenen Briefen aus Civita-vecchia Glauben beimessen darf, so ist die Vereinigung der Französischen und Päpstlichen Truppen dort gleichfalls, und nur mit etwas veränderten Umständen geschehen. Der General Ramel soll nemlich, diesen Nachrichten zufolge, beide in einer allgemeinen Parade versammelt, und daselbst eine Proclamation vorgelesen haben, in welcher er erklärt, daß er Befehl von seiner Regierung erhalten habe, im Namen derselben Besitz von den Päpstlichen Truppen, und, wie einige dieser Briefe hinzusetzen, auch der Stadt und dem Gebiete zu nehmen, und daß daher jeder Soldat oder Officier auf seinem Posten zu verbleiben habe. Nach dieser Erklärung soll die Päpstliche Flagge, die vorher zugleich mit der Französischen, auf dem Fort aufgesteckt war, abgenommen, und den Päpstlichen Truppen verboten worden seyn, ferner die Päpstliche Cocarde zu tragen. Allein eine wirkliche Eidesableistung ist auch dort nicht vorgenommen worden.

In den Civildepartements der hiesigen Regierung ist bis jetzt nicht die mindeste Veränderung vorgegangen; vielmehr haben die Französischen militairischen Autoritaeten, noch vor der Abreise des Französischen Botschafters, die in den Römischen Provinzen an einigen Orten in Beschlag genommenen Cassen förmlich zurückgegeben. Nur in Civita-vecchia ist dies, weil bei der gleichfalls beabsichtigten Zurückgabe dort, ich weiß nicht welche Irrung vorgefallen war, nicht geschehen. Auch habe ich vergessen, oben zu bemerken, daß sowohl die Schweizer und Noble Garde des Papstes, als auch die vor seinem Pallast auf Monte Cavallo befindliche Grenadier-Wache von den, mit dem Römischen Militaire vorgenommenen Veränderungen durchaus frei geblieben sind.

An demselben 26. v. M. wurden auch Französische Wachen an alle hier befindliche Posten geschickt, und der Director der Päpstlichen Post erhielt Befehl, keine Extra-Postpferde, ohne ausdrückliche Autorisation des Generals Miollis, verabfolgen zu lassen. Nach einer seit langer Zeit hier bestehenden Einrichtung giebt es nemlich hier, außer der Päpstlichen, eine Mailändische, Venetianische jetzt mit der Mailändischen vereinigte, Französische, Genuesische jetzt mit der Französischen vereinigte, Neapolitanische, Florentinische und Spanische Post. Die letztere befindet sich seit etwa zwei Jahren in dem dem Spanischen Hofe gehörenden Pallast des hiesigen Spanischen Gesandten Vargas; allein in Gefolge der getroffenen allgemeinen Maßregel, erhielt auch sie ein Piket von vier Soldaten und einem Corporal. Dieses Piket blieb bis zum 28. Morgens in dem Pallast des Gesandten, und man weiß nicht genau, ob der Befehl, den es an diesem Tage erhielt, denselben zu verlassen, eine Folge der von dem Gesandten bei dem General Miollis gemachten Reclamationen, oder des Umstandes war, daß am gleichen Tage auch die übrigen Posten von ihren respectiven Wachen verlassen wurden. Die Ursachen dieser Maßregel sind nicht genau bekannt, indeß sagt man, daß künftig nur drei Posten, die Mailändische, Französische und Neapolitanische in Rom bleiben sollen. Auch hat die Absendung des Spanischen Couriers nicht Statt finden können.

Die Neapolitanischen Cardinäle, welche sich bisher noch hier aufhielten, haben vor einigen Tagen von der Französischen Regierung Befehl bekommen, nach Neapel zu gehen, und obgleich sie mehrere Einwendungen hiergegen gemacht hatten, so haben sich mehrere heute Morgen genöthigt gesehen, dieser Weisung zu folgen. Wie ich höre, hat dies Schicksal die Cardinäle Saluzzo, Pignatelli, Caracciolo und Ruffo betroffen. Letzterer ist jedoch nicht der bekannte Cardinal Ruffo, der Gesandte am hiesigen Hofe war, und jetzt in Amelia einem kleinen Ort im Kirchenstaat, lebt, sondern der Erzbischof von Neapel, welcher, seitdem man ihn aus Neapel entfernt hatte, sich hier in einem Kloster aufhielt[3]. Der einzige Cardinal Caraffa Trajetti, ein 86jähriger und kränklicher Mann ist hier zurückgeblieben. Wie man sagt, soll die Ursache ihrer Entfernung die seyn, daß sie bisher noch nicht Sr. Maj. dem König Joseph den Huldigungseid abgeleistet hatten, ja sogar hierin (wie ich jedoch nicht mit Gewißheit verbürgen kann) insofern der Eid auch auf die noch nicht wirklich von Sr. Majestät besessenen Staaten ausgedehnt, und die Gerechtsame des Papstes nicht ausdrücklich in demselben reserviret würden, Schwierigkeit sollen gefunden haben.

Die neuesten Briefe aus Civita-vecchia melden, daß der bisherige Russische Gesandte in Palermo, Chevalier Tatitschef, und der dortige Consul Bologni mit ihrem Gefolge aus Palermo daselbst angekommen sind, und in dem Capuciner-Kloster vor der Stadt die gewöhnliche Quarantaine halten[4]. Da man, wie es scheint, an der Wahrheit dieser Nachricht nicht zweifeln kann, so läßt dieselbe auf einen gänzlichen Bruch zwischen dem Palermer und dem Petersburger Hof schließen. – Der Oesterreichische Geschäftsträger von Lebzeltern hat in diesen Tagen einen außerordentlichen Courier aus Wien bekommen, welcher ihm den Auftrag überbracht hat, für den zum Erzbischof von Gran ernannten Erzherzog Carl Ambrosius die nöthigen Päpstlichen Bullen auszuwirken.

Gestern hat der General Miollis einen großen Ball gegeben, an welchem der größte Theil des hiesigen Adels theil genommen hat.

---

zu 128:
[1] *Die französische Besetzung Roms am 2. Febr., siehe* **125**.
[2] *Die GHLZ meldet am 16. April 1808 mit Bericht aus Rom vom 1. d. M., der päpstliche Truppenkommandant Bracci, der wegen seiner Weigerung, die Truppen zu übergeben in der Engelsburg in Haft war, sei mit schmeichelhaftesten Ehrenbezeugungen wieder in Freiheit gesetzt worden.*
[3] *Für die Kardinäle Fabricio Ruffo und Ludovico Ruffo Scilla siehe bereits* **101** *mit Anm. 3; auch unten,* **130**.
[4] *Die GHLZ meldete am 26. März 1808 mit Bericht aus Civitavecchia vom 12. d. M.: Der russ. Botschafter bei der Königin Karoline (von Sicilien) ist mit dem Konsul und ohngefähr 40 Russen auf 2 Schiffen hier angekommen. Die Königin hat Rußland den Krieg erklärt.*

2. /12. März 1808

129 Bericht Nr. 8/1808
Rom, 12. März 1808

Ausfertigung StAD E 1 M Nr. 93/6 fol. 15f; ps. 2. April 1808.
MATTSON Nr. 1834.

Audienz des französischen Geschäftsträgers Lefebvre beim Papst. Widersprüchliche Maßnahmen hinsichtlich der neapolitanischen Kardinäle und Prälaten. Eroberung der Festung Scilla durch die Franzosen. Gerüchte über französische Flottenbewegungen. Stärke der englischen Einheiten in Sizilien. Unzufriedenheit mit dem Betragen der britischen Truppen. Kaperkrieg der Engländer in der Adria. Neuordnung der toskanischen Verwaltung.

Da, nach der Abreise des Französischen Botschafters, der Gesandtschaftssecretaire desselben Le Febvre hiergeblieben ist, so dauern, soviel man erfährt, die Unterhandlungen mit dem Römischen Hofe fort, und der jetzige Geschäftsträger Le Febvre hat neulich eine Audienz bei dem Papste gehabt, nach welcher letzterer einen Courier nach Paris absandte. Der Papst hat die diesem Courier mitgegebenen Dépêchen selbst abgefaßt, Concept, Abschrift und Addresse eigenhändig gemacht, und den Courier auch selbst abgefertigt. Es gehen daher über den Inhalt derselben nur schwankende und ungewisse Gerüchte; doch glaubt man ziemlich allgemein, daß darin friedlichere Eröffnungen, als bisher, geschehen sind, und dies soll auch die Absendung des Couriers, da jetzt kein außerordentlicher Courier ohne ausdrückliche Erlaubniß des Generals Miollis abgefertigt werden kann, erleichtert haben. Einige wenige andre Personen vermuthen jedoch, daß die Absendung des Couriers im Gegentheil Reclamationen gegen einige neuerlich genommene Maßregeln der Französischen Autoritaeten, und namentlich gegen die Entfernung der Neapolitanischen Cardinäle von hier, zum Gegenstand gehabt habe.

In Absicht dieses letzteren Ereignisses muß ich zu meinem letzten allerunterthänigsten Bericht nachträglich bemerken, daß, gleich nach dem Abgang desselben, der bekannte, ehemalige Gesandte des Neapolitanischen Hofes hier, Fabrizio Ruffo, in Begleitung eines Französischen Officieres, von Amelia aus hier durch nach Neapel passirte, und daß, wenige Tage später, auch die Neapolitanischen und Sicilianischen Praelaten allhier Befehl erhielten, sich unverzüglich nach Neapel zu begeben. Indeß aber die Abreise derselben durch die von ihnen dagegen erhobenen Einwendungen verzögert wurde, erhielt man Nachricht, daß die Neapolitanische Regierung die von hier abgegangenen Cardinäle nicht hatte aufnehmen, oder wenigstens nicht nach Neapel kommen lassen wollen, sondern daß der Cardinal Fabrizio Ruffo nach Terracina zurückgegangen sey, die übrigen aber sich in und bei Gaeta aufhielten, und seitdem ist auch die Entfernung der Praelaten nicht weiter betrieben, vielmehr denselben angezeigt worden, bis auf fernere Befehle hier bleiben zu können.

In Civita-vecchia ist die Päpstliche Flagge aufs neue auf dem Kastell zur Seite der Französischen aufgesteckt worden, und auch die Päpstlichen Truppen tragen ihre alte Cocarde wiederum.

Der Spanische Courier ist endlich am 4. d. von hier abgegangen, nachdem die wegen seiner Absendung obgewalteten Schwierigkeiten zwischen dem General Miollis und dem Gesandten zu beiderseitiger Zufriedenheit beigelegt worden sind. Jedoch hat der Courier nicht, wie sonst gewöhnlich, die Briefe des Publicums, sondern bloß die Dépêchen des Gesandten mitgenommen.

Die Französischen Truppen im Königreich Neapel haben sich am 16. v. M. des kleinen festen Platzes Scilla in Calabrien bemächtigt, und bei dieser Gelegenheit eine beträchtliche Anzahl von Gefangenen gemacht[1]. Da dies der letzte Punkt war, welchen die Engländer und Sicilianer in beiden Calabrien inne hatten, so kann man diese beiden Provinzen nunmehr als vollkommen beruhigt ansehen. Denn die vier Haufen von Insurgenten die sich noch gegenwärtig in den Gebirgen derselben aufhalten, können nicht leicht mehr lange der Wachsamkeit und Thätigkeit der Truppen entgehen.

Obgleich man schon seit mehreren Tagen behauptet, daß die Flotte von Toulon, die 10 Linienschiffe und einige Fregatten stark seyn soll, ausgelaufen und zwischen der Toscanischen Küste und der Insel Gorgona gesehen worden sey, ja sogar hinzusetzt, daß sich die von Rochefort und Carthagena mit derselben vereinigt hätten, so ist schlechterdings noch nichts Gewisses hierüber bekannt. Zuverlässig falsch ist dagegen das Gerücht einer bei Melazzo in Sicilien geschehenen Französischen Landung[2].

Den letzten Nachrichten aus dieser Insel zufolge, befanden sich im Hafen von Palermo 13 Englische Kriegsschiffe, von denen 5 schon lange daselbst gewesen, 8 aber am 25. Februar angekommen waren. Die Zahl der Englischen Landtruppen in Sicilien betrug am Ende Februars nur 8000; man erwartete aber von einem Tage zum andern noch 15000 Mann. Ueber die Gesinnungen der Sicilianer lauten zwar die Nachrichten, nach der verschiedenen Stimmung derer, welche sie geben, äußerst verschieden; doch kommt alles dahin überein, daß der lange Aufenthalt der fremden Truppen in der Insel, die dadurch verursachten Unkosten, und selbst ein gewisses stolzes und beleidigendes Betragen, das man den Engländern gegen die Einwohner Schuld giebt, eine große Unzufriedenheit unter diesen letzteren hervorbringt. Der Russische Gesandte Tatitschef, der nunmehr aus Civita-vecchia hier angekommen ist, und sich, wie ich höre, einige Monate hier aufhalten wird, soll mehr von den Engländern aus Palermo entfernt, als von seinem Hofe zurückberufen worden seyn.

Die Englischen Schiffe beunruhigen in diesem Augenblick sehr stark das Adriatische Meer und dessen Küsten. Sie verbrennen oder zerstören alle Russische, Oesterreichische und Italienische Schiffe die sie unbeladen finden, und senden die beladenen nach Malta.

Die neuesten Briefe aus Toscana enthalten bloß Nachrichten über die neue Organisation, die lediglich ein Localinteresse haben. Das Land wird in Départements abgetheilt werden, und das Napoleonische Gesetzbuch wird darin eingeführt. Im gegenwärtigen Augenblick hat man mehrere Tribunäle und Collegien aufgehoben, die Mitglieder derselben verabschiedet, und die Bezahlung aller Pensionen und Gehalte fürs erste ausgesetzt. Die Aufhebung eines Klosters erregt auch unter der Geistlichkeit Besorgnisse. Man bemerkt ferner, als eine Neuerung, daß die Schauspielhäuser in Florenz fortfahren, auch während der Fastenzeit offen zu seyn.

Die kleinen Forts an der Küste des Meerbusens della Spezia haben Verstärkungen von Truppen und Geschütz erhalten, und man ist ernstlich beschäftigt, dieselben in besseren Vertheidigungszustand zu setzen.

zu 129:
[1] *Nach der ersten Meldung der GHLZ vom 19. März 1808 waren den Franzosen bei der Kapitulation des Forts* Scylla *insgesamt 1000 Kriegsgefangene, 50 Kanonen und beträchtliche Magazine in die Hände gefallen. Am 12. April wurde nach dem offiziellen Erfolgsbericht aus Neapel berichtigt, daß die Besatzung von Scilla sich am 17. Februar unter den Kugeln der franz. Batterien auf etlichen und 50 Barken eingeschifft habe und nach Sizilien entkommen sey; im verlassenen Fort habe man dann insgesamt 25 Kanonen und sonstige Geschütze erbeutet.*
[2] *Die Nachricht von der französischen Landung zu Milazzo, einem Städtchen zwischen Messina und Calabrien in Sizilien, stand am 17. März 1808 in der GHLZ.*

130 Bericht Nr. 9/1808 Rom, 19. März 1808

Ausfertigung StAD E 1 M Nr. 93/6 fol. 17; ps. 8. April 1808.
MATTSON Nr. 1839.

Rückkehr der ausgewiesenen neapolitanischen Kardinäle. Inhaftierung der gegen die Vereinigung der Truppen protestierenden päpstlichen Offiziere. Änderung der päpstlichen Kokarden. Festlichkeiten zum Geburtstag Kaiserin Josephines. Neuer Allianzvertrag Siziliens mit Großbritannien. Ernennung von Präfekten für die neugebildeten toskanischen Départements.

Der Cardinal und ehemalige Neapolitanische Gesandte am hiesigen Hofe, Fabrizio Ruffo, ist vor einigen Tagen wiederum hier eingetroffen, und geht, wie ich höre, nach Amelia, wo er seinen Aufenthalt fortzusetzen Erlaubniß erhalten hat, zurück. Von den übrigen von hier entfernten Neapolitanischen Cardinälen sollte zwar, den letzten Nachrichten zufolge, der Erzbischof von Neapel, Ludwig Ruffo, in sein Erzbisthum zurückzukehren genöthigt worden seyn. Indeß ist dieß bis jetzt noch keineswegs gewiß, und man erwartet vielmehr, einige der entfernten Cardinäle, wenn nicht alle, sehr bald wieder hier in Rom zu sehen.

Ein Päpstlicher Officier Pompeo Gabrieli, Neffe des Prinzen gleiches Namens, schrieb vor Kurzem dem General Miollis, stellte ihm vor, daß, da er vernehme, daß die Vereinigung der Truppen, unter welchen er diene, mit den Französischen ohne die Genehmigung des Papstes geschehen sey, er es nicht mit seiner Unterthanenpflicht gegen den Heil. Vater vereinbar glaube, weiter unter demselben dienen zu können, und forderte seine Entlassung. Drei andre Officiere folgten seinem Beispiel; alle viere aber wurden erst auf die Engelsburg und hernach von Rom weggeführt. Man sagt, daß man sie nach Mantua sendet. Eine Compagnie der mit den Französischen vereinigten Päpstlichen Soldaten ist vorgestern nach Foligno gesendet worden, ohne daß man bis jetzt ihre fernere Bestimmung kennt.

Am meisten Aufsehen hat in diesen letzten Tagen die Veränderung gemacht, welche der Papst mit der Cocarde seiner Truppe vorgenommen hat. Um zu verhüten, daß man nicht etwa irrigerweise glaube, daß die Vereinigung seiner und der Französischen Soldaten mit seiner Genehmigung geschehen sey, und zugleich zu erklären, daß er die vereinigten Truppen nicht mehr für die seinigen anerkennt, hat er den wenigen Soldaten, die nicht vereinigt worden sind, und die bloß aus den bei dem Zollamt und andern Finanzbehörden angestellten und von der Kammer abhängenden und der adlichen Garde und den Schweizern bestehen, eine neue Cocarde gegeben und diese Maßregel dem diplomatischen Corps durch eine Note, von der ich diesem allerunterthänigsten Bericht eine Abschrift beizufügen wage, bekannt gemacht[1]. Die Cocarde, die es mir nicht zweckmäßig schien, Ew. K. M. selbst vorzulegen, ist gelb und weiß. Anfangs glaubte man, daß die Französischen Militairebehörden das Tragen dieser Cocarde untersagen würden; allein der General Miollis hat vielmehr dieselbe auch den mit seinem Corps vereinigten Päpstlichen Soldaten gegeben, und dieselben haben sie heute zum erstenmal aufgesteckt.

Heute, als am Namenstage Ihrer Maj. der Kaiserin Josephine, ist am Morgen große Parade der vereinigten Französischen und Päpstlichen Truppen auf dem Petersplatz, und am Abend Concert bei dem General Miollis. Um Mittag wird das Geschütz der Engelsburg abgefeuert, so wie es auch am verwichnen Montag, als dem Tage der Wahl Pius des Siebenten zum Papste, geschehen war.

Der Hof von Palermo hat mit dem Englischen einen neuen Allianz- und Subsidien-Tractat angeschlossen, vermöge dessen Grossbrittanien sich anheischig macht, demselben monatlich 80 000 Unzen (ohngefähr 46 000 Pfund Sterling) monatlich zu bezahlen, und zur Vertheidigung Siciliens eine Garnison von 10 000 Mann in der Insel und eine gewisse Anzahl von Schiffen in den Gewässern derselben zu unterhalten; der König Ferdinand dagegen allen Feinden Englands den Krieg zu erklären verspricht. In Gefolge dieses Tractats ist die Sicilianische Kriegserklärung gegen Russland am 10. Januar erfolgt[2].

Toscana ist gegenwärtig in drei Départementer, das des Arno mit dem Hauptort Florenz, das des Ombrone mit dem Hauptort Siena, und das des Tyrrhenischen Meeres mit dem Hauptort Livorno, abgetheilt worden. Es scheint übrigens fürs erste auf dem Fuß der Militairedivisionen behandelt zu werden, wodurch die endliche Entscheidung seines Schicksals noch weiter hinausgeschoben würde. Von den 3 neu ernannten Praefecten sind zwei Piemontesen und der dritte ein Franzose.

19./26. März 1808

zu 130:
¹ *Die Abschrift der Note des Kardinal-Prostaatssekretärs Doria Pamphili vom 16. März 1808 liegt bei den Akten StAD E 1 M Nr. 93/6 fol. 18.*
² *Text des Allianzvertrags vom 30. März 1808 bei* MARTENS, *Recueil des traités, Suppl. 5, S. 31–33;. vgl. dazu den ausführlichen Bericht in der GHZ Nr. 19/1808 vom 13. Aug., S. 145.*

131 Bericht Nr. 10/1808 Rom, 26. März 1808

Ausfertigung StAD E 1 M Nr. 93/6 fol. 21f.; ps. 16. April 1808.
MATTSON Nr. 1846.

Protest des Papstes gegen die Übernahme der neugeschaffenen Kokarde durch die mit der französischen Armee vereinigten Truppen. Entfernung aller Kardinäle aus Gebieten, die jetzt französischer Oberhoheit unterstehen. Abberufung General Ramels aus Civitavecchia. Meldungen über die Lage in Livorno. Beschlagnahme dänischer Schiffe in Palermo. Russische Flotte in Triest und Venedig.

Ew. K. H. werden geruhet haben, aus meinem letzten allerunterthänigsten Berichte zu ersehen, daß die von dem Papste seinen Garden und übrigen zu seiner Disposition gebliebenen Soldaten gegebene Cocarde auch von den mit dem Französischen Militaire vereinigten Truppen angenommen worden ist. Da nun hierdurch die Absicht, beide Truppen durch ein äußeres Zeichen von einander zu unterscheiden, vereitelt worden, so hat der Prostaatssecretaire abermals am 20. d. M. dem Corps Diplomatique eine officielle Note über diesen Gegenstand mitgetheilt¹. Es hat mir nicht hinlänglich interessant geschienen, diese gegenwärtigem Berichte beizufügen; sie sagt indeß mit wenigen Worten, daß Se. Heiligkeit die Maßregel, die von Ihnen beliebte Cocarde der wider seinen Willen incorporirten Truppen zu geben, als seiner Würde entgegenlaufend ansähen, gegen eine solche Verletzung Ihrer Rechte laut hierdurch potestirten, und die vereinigten Truppen darum nicht mehr für die Ihrigen anerkannten. Da dem Heil. Vater kein anderes Mittel, seine Gesinnungen bekannt zu machen, übrig bleibe, so erkläre er und ersuche uns, unsern respect. Höfen bekannt zu machen, daß er nie und auf keine Weise den mindesten Theil an den Operationen dieser vereinigten Truppen nehme, und da er fest und unveränderlich auf seinen Grundsätzen beharre, weder ausdrücklich, noch stillschweigend in ihre Vereinigung einwillige.

Kaum war diese Angelegenheit beendigt, als ein neuer Vorfall am 22. d. den hiesigen Hof und das Publicum in große Bestürzung versetzte. Es wurde nemlich an diesem Tage allen denjenigen Cardinälen, welche, ihren Geburtsorten nach, Unterthanen Sr. Maj. des Kaisers Napoleon sind, von Seiten des Generals Miollis angedeutet, daß sie plötzlich Rom zu verlassen, und sich in ihre Geburtsörter zu begeben hätten. Diejenigen, welche diese Einladung erhielten, waren folgende:
1. Valenti, aus dem Königreich Italien;

Bericht 131

2. Joseph Doria (Procamerlengo und Prostaatssecretaire), 3. Anton Doria (zufälligerweise in Neapel geboren), 4. Casoni (Staatssecretaire), aus Genua; 5. Dugnani, 6. Roverella (Prodatarius), 7. Crivelli, 8. Scotti[2], 9. Litta, 10. Galeffi, 11. Braschi (Secretaire der Breven), aus dem Königreich Italien; 12. della Sommaglia (Vicarius des Papstes), aus Piacenza; 13. Carandini, aus Pesaro und folglich ein Päpstlicher Unterthan, den man aber, ich weiß nicht wie, als einen Modenesen angesehen hat[3].

Sämmtliche diese Cardinäle bezogen sich, in ihrer Antwort auf die gemachte Andeutung, lediglich auf den Willen des Papstes, welchem sie, vermöge ihres geleisteten Eides, unterworfen sind, und der Papst soll ihnen, wie ich vernehme, in der ihnen ertheilten Instruction, gerade so wie der Neapolitanischen neulich, schlechterdings anders wegzugehen verboten haben, als insofern man sie mit Gewalt dazu nöthigen werde. Da indeß die Befehle einmal gegeben sind, so ist es höchst wahrscheinlich, daß es hierzu kommen wird, und vermuthlich verlassen noch heute, wenn nicht alle, doch mehrere dieser Cardinäle Rom. Drei haben jedoch schon jetzt Erlaubniß hier zu bleiben erhalten, nemlich Valenti, Carandini und Casoni, die beiden ersteren wegen ihres hohen Alters, da der erstere 83 der letztere 79 Jahre alt ist, und Casoni wegen einer Krankheit, an welcher er schon seit mehreren Wochen bettlägerig ist. – Außer den soeben genannten, hier anwesenden Cardinälen, ist die gleiche Andeutung auch dem, gleichfalls im Königreich Italien gebohrenen Cardinal Loccatelli geschehen, welcher sich in Spoleto aufhält, wo er Bischof ist.

Gehen alle diese Cardinäle wirklich von Rom weg, so bleiben, außer den drei von der Maßregel ausgenommenen, noch 13 Cardinäle zurück, nemlich 10 in Rom, oder dem Kirchenstaate gebohrene:
1. Antonelli, 2. Mattei, 3. de Pietro, 4. della Porta, 5. Gabrielli, 6. Mastrozzi, 7. Consalvi, 8. Albani, 9. Erskine, 10. Gazzoli,
und 3 Fremde:
1. Pacca, aus Benevent; 2. Despuig, ein Spanier; und 3. Carafa Trajetti, aus dem Königreiche Neapel, derselbe, welchem neulich wegen seines hohen Alters hier zu bleiben vergönnt wurde.

Der Cardinal Fabrizio Ruffo ist von hier nach Amelia zurückgegangen, und die andern Neapolitanischen Cardinäle sind nicht, wie man einen Augenblick erwartete, hierher zurückgekehrt.

Welchen Zweck eigentlich diese Entfernung so vieler Cardinäle, unter denen sich noch dazu die Vorsteher der wichtigsten Aemter und Tribunäle befinden, habe, ist zwar bis jetzt unbekannt. Allein auf keinen Fall kann man aus derselben andere als ungünstige Vorbedeutungen für den Römischen Hof ziehen. Man besorgt jetzt, daß den Praelaten, welche Unterthanen Sr. Maj. des Kaisers Napoleon sind, eine gleiche Entfernung bevorstehe.

Der Französische General Ramel, welcher in Civita-vecchia comman-

35 Italien-Karte des Kartographen Adolf Stieler, „nach den neuesten Grenzen berichtigt im April 1806".

dirte, hat sich plötzlich nach Florenz begeben, und wird vermuthlich von dort nach Mailand gegangen seyn. Wie man sagt, sind, zwischen ihm und dem General Miollis entstandene Irrungen an dieser unvermutheten Entfernung schuld. Der ehemalige Päpstliche Gouverneur von Civita-vecchia, der aber nachher von dem General in Französischem Dienst angestellt war, Praelat Negretti, ist ihm gefolgt. Gegen beide, den General Ramel und den Praelaten, waren, ich weiß jedoch nicht, ob mit Recht, oder Unrecht, seit längerer Zeit vielfältige Klagen erhoben worden. – Ihre Maj. die Königin von Neapel wird, wie man jetzt für gewiß versichert, am 2. k. M. hier durch nach Neapel gehen. Sie wird sich jedoch hier nicht aufhalten, sondern die Nacht in Albano[a] zubringen. Von einer Reise Sr. Maj. des Kaisers Napoleon spricht man gleichfalls aufs neue; den öffentlichen Nachrichten zufolge scheint es eher, daß dieselbe nach Spanien als nach Italien gerichtet seyn wird.

Der bisherige Französische Consul Lesseps in Livorno ist aufs neue daselbst als Intendant des Hafens, Consul und Generalcommissaire bestätigt worden, so daß man aufs neue über das künftige Schicksal Toscana's ungewiß ist, und allerlei, indeß bis jetzt noch gleich unverbürgte Gerüchte deshalb verbreitet. – Da zu der, der Kaufmannschaft in Livorno zur Erhaltung der Aufhebung des auf die Englischen Waaren gelegten Beschlages abgeforderten Summe auch diejenigen der auswärtigen Consuln, welche Handlungshäuser haben, hatten beitragen müssen, so hatte sich der Dänische Consul Ulrich mit Reclamationen hiergegen an den Gesandten seines Hofes in Paris gewandt, und es ist wirklich, auf Befehl der Französischen Regierung, demselben sein bereits bezahlter Antheil zurückgegeben worden.

In Palermo hat die Regierung die gerade anwesenden Dänischen Schiffe, acht an der Zahl, in Beschlag nehmen, und die Mannschaft gefangen setzen lassen[4]. Auf die dagegen von dem Dänischen Viceconsul erhobene Klage, hat man geantwortet, daß der Hof die Dänen als seine Feinde betrachte. Dies ist natürlich eine Folge des mit England geschlossenen Subsidien- und Allianz-Tractats.

Die Russen haben von ihrer auf der Rehde von Triest liegenden Escadre, alle diejenigen kleineren Schiffe, für welche die Untiefen von Venedig fahrbar sind, nach diesem Hafen gesandt. Die größeren sind in Triest geblieben. Da ein von den Engländern etwa auf diese geschehender Angriff sowohl die Kauffartheischiffe im Hafen, als die Stadt selbst in die dringendste Feuersgefahr versetzen würde, so ist man in Triest nicht wenig besorgt deshalb.

So eben erfahre ich, daß heute Morgen alle, umstehend namhaft gemachten Cardinäle wirklich von Rom entfernt worden sind[5].

---

zu 131: [a] *über der Zeile statt gestr.:* Neapel

[1] *siehe* 135 *Anm.* 4.
[2] *Giovanni Filippo Galerati Scotti, der aus Mailand stammende Maestro di Camera*

des Papstes; vgl. die detaillierte Liste der Kardinäle im Geneal. Reichs- und Staats-Handbuch 1805, 2. Teil, S. 117–120.
[3] *Kardinal Filippo Carandini* stammte nach dem Reichs- und Staats-Handbuch aus Pesaro im Modenes[ischen].
[4] *Laut Bericht der GHLZ vom 7. April* aus den Genueser Zeitungen hatte man in Palermo die dänischen Offiziere in Freiheit gelassen, während man den in der Citadella inhaftierten Mannschaften vergeblich den Übertritt in die britische Marine angetragen habe. Nach einer Meldung aus Triest vom 21. März in der gleichen Zeitung lagen dort noch sechs russische Kriegsschiffe zwischen dem neuen Lazareth und dem Molo di San Carlo vor Anker.
[5] *Die GHLZ meldete am 19. April 1808 aus Florenz,* dort seien Ende März die Kardinäle Dugnani, Crivelli, sodann die Kardinäle Doria und Pamphili[!] angekommen; die beiden ersten seien nach Mailand, die 2 andern nach Genua weitergereist.

132 Bericht Nr. 11/1808 Rom, 30. März 1808

Ausfertigung StAD E 1 M Nr. 93/6 fol. 23; ps. 21. April 1808.
MATTSON Nr. 1849.

Neubesetzung der durch die französischen Ausweisungsverfügungen verwaisten Kurienämter mit den verbliebenen Kardinälen. Auszeichnung des neuernannten Obristen v. Fries mit dem Orden der Eisernen Krone. Durchreise der Königin von Neapel.

Der Papst hat andre Cardinäle für diejenigen Aemter ernannt, welche durch die Abreise der neulich von hier entfernten unbesetzt geblieben waren. Der Cardinal Gabrielli ist Prostaatssecretaire, der Cardinal Mattei Prodatarius, der Cardinal Despuig Vicarius, der Cardinal Antonelli Secretaire der Breven, der Cardinal Albani Secretaire der dem Papst übergebenen Bittschriften und der Cardinal Vincenti Procamerlengo geworden.

Se. Maj. der Kaiser Napoleon hat den Baron Fries, ehemaligen Obristlieutenant bei den Päpstlichen Truppen, welchen der General Miollis, für seine bei der Vereinigung dieser Truppen mit den Französischen geleisteten Dienste, zum Obristen ernannt hatte, nicht nur in diesem Grade bestätigt, sondern ihm auch den Orden der Eisernen Krone ertheilt. Se. Kais. H. der Vicekönig Eugenius in Mailand hat demselben deshalb einen Brief geschrieben, welcher in die Tagesordnung der Römischen Truppen eingerückt worden ist, und von dem ich, da er auch in Rücksicht der ferneren Bestimmung dieser Truppen wichtig ist, diesem allerunterthänigsten Bericht Abschrift beifüge[1].

Die Durchreise Ihrer Maj. der Königin [a]von Neapel[a] ist früher erfolgt, als man erwartete. Die Königin ist diese Nacht hier durchgegangen, hat sich jedoch ganz und gar nicht aufgehalten; sie kam, wie ich höre, von Spoleto und wird die Nacht in Velletri zubringen. Der General Miollis und der Französische Geschäftsträger Le Febvre waren ihr bis Ponte Molle entgegengegangen, und der König Joseph hatte seinen Staatsrath Ferri Pisani abgesendet, Ihre Majestät zu empfangen und nach Neapel zu begleiten.

zu 132: ᵃ⁻ᵃ *über der Zeile nachgetragen*

¹ *Die Abschrift des von Vizekönig Eugène Beauharnais an Oberst Baron von Fries gerichteten Schreibens vom 21. März 1808 (in italienischer Sprache) liegt bei den Akten, StAD E 1 M Nr. 93/6 fol. 24. – Die GHLZ publizierte am 19. April mit Bericht aus Florenz vom 1. April einen angeblich am 27. März von General Miollis ausgegebenen Tagesbefehl an die päpstlichen Truppen, wonach Kaiser Napoleon den Truppen insgesamt* Ihre Zufriedenheit mit dem von ihnen beobachteten Betragen erklärt *und zugleich versichert habe, die Soldaten würden* künftig weder von Priestern noch von Weibern Befehle annehmen. *Der Kaiser werde Ihnen* Generäle geben, die ihrer Tapferkeit würdig sind, sie anzuführen.

133 Bericht Nr. 12/1808   Rom, 2. April 1808

Ausfertigung StAD E 1 M Nr. 93/6 fol. 27; ps. 21. April 1808.
Mattson Nr. 1853.

Übertragung der Staatsgewalt im Kirchenstaat auf den zum Oberkommandierenden ernannten General Miollis. Verlegung der päpstlichen Truppen nach Ancona. Unbestätigte Meldung über eine Fahrt der vereinigten französischen Flotte über Korfu nach Konstantinopel.

Der Augenblick der Krise, welche die hiesige Regierung seit einiger Zeit befürchtete, scheint gekommen, und vermuthlich steht unmittelbar jetzt dem Römischen Staate eine wichtige politische Veränderung bevor. Am Abend des Abganges meines letzten allerunterthänigsten Berichts erfuhren wir hier, daß der General Miollis zum Oberbefehlshaber des Römischen Staates (Commandant en Chef de l'Etât de Rome) ernannt worden sey, und Auftrag erhalten habe, Besitz von der weltlichen Regierung des Papstes zu nehmen, und nichts hat seitdem diese erste Nachricht widerrufen, oder vernichtet, obgleich man noch zu keiner derjenigen Maßregeln geschritten ist, die man allgemein schon am nächsten Tage erwartete. Denn bis auf diesen Augenblick ist noch weder eine Proclamation erschienen, noch hat man durch irgend ein öffentliches Zeichen zu erkennen gegeben, daß die Römische Regierung aufgehört habe, und die vorzüglichsten Départements sind noch in Thätigkeit. Die Französischen Truppen haben bis jetzt nur in den Pallast der Consulte und das Capitol, wo einige der vorzüglichsten Tribunäle ihren Sitz haben, Wache gelegt, und die öffentlichen Gefängnisse übernommen, wo niemand ohne ausdrücklichen Befehl des Generals, weder angenommen noch losgelassen werden kann. Alles beschränkt sich daher bis jetzt nur auf vorbereitende Maßregeln.

Man versichert zwar, der General habe einige der vorzüglichsten im Päpstlichen Dienst angestellten Personen rufen lassen, um ihnen anzudeuten, daß sie von nun an nur ihm Rechenschaft abzulegen haben würden, und man redet von einer einzurichtenden provisorischen Regierung. Aber ich weiß nicht, ob auch nur die erste dieser Behauptungen gegründet ist. Wenn sie es ist, so werden jene Personen sich vermuthlich entschuldigt haben, ein solches Anerbieten nicht annehmen zu können. Denn der Papst hat einen

30. März / 2. April 1808

Circularbefehl an alle, welche die ersten Stellen in seinem Dienste bekleiden, ergehen lassen, in dem er ihnen sagt, daß, da es nur zu sehr zu besorgen stehe, daß die Französische Militairemacht sich der Zügel der Regierung bemächtige, er ihnen ausdrücklich verbiete, irgend einen provisorischen Auftrag, welcher Art er seyn möchte, den man ihnen geben könnte, anzunehmen, und ihnen vielmehr befehle, ihre gegenwärtigen Verrichtungen, gerade so wie jetzt, und einzig in seinem Namen, fortzusetzen, bis sie durch offenbare Gewalt daran verhindert würden. Auf diese Weise ist alles noch zweifelhaft, und jeder, der zur Römischen Regierung gehört, erwartet mit ängstlicher Besorgniß, von diesem Zustande der Ungewißheit befreit zu werden.

Alle päpstliche Truppen sind gestern nach Ancona gesandt worden, wo sie, wie es heißt, neu organisirt werden sollen. Eine einzige Grenadier-Compagnie befindet sich noch hier, und auch diese, sagt man, wird Dienstag mit ihrem Obristen, dem Baron Fries abgehen. In der That beziehen nicht mehr diese Grenadiere, sondern Französische Truppen die Wachen auf Monte Cavallo auf dem Platze vor dem Päpstlichen Pallaste. Der Pallast selbst ist noch immer ausschließlich von den Schweizern und der Edelgarde besetzt.

Da der Auszug des Ew. K. H. neulich in Abschrift übersandten Briefes an den Baron von Fries jetzt so gedruckt worden ist, wie man ihn der Tagesordnung der Französischen Truppen einverleibt hat, so wage ich es, diesem allerunterthänigsten Berichte das Zeitungsblatt beizufügen, welches ihn enthält[1].

Reisende aus Neapel versichern mit Gewißheit, daß die vereinigten Rocheforter und Touloner Escadren, nach einem kurzen Aufenthalte in Corfu, von dort nach den Dardanellen und Constantinopel abgesegelt seyen. Diese Nachricht scheint indeß noch fernerer Bestätigung zu bedürfen[2].

---

zu 133:
[1] *Die herausgerissene Bulletin-Seite mit der Überschrift* Estratto dell' Ordine del Giorno del di 27 Marzo [1808] *liegt bei den Akten, fol. 29.*
[2] *Die GHLZ meldete bereits am 9. April aus Venedig, der dortige französische Generalkonsul Robert habe am 23. März ein Schreiben des französischen Commissaires auf Korfu erhalten, wonach die vereinigten Eskadren von Rochefort und Toulon, worunter sich 10 Linienschiffe, viele Fregatten und andere Kriegsfahrzeuge befinden, am 25. Febr. glücklich auf Korfu angekommen seien. Schon am 14. April hatte man bei der Darmstädter Zeitung einen Bericht aus Neapel vom 25. März, wonach die vereinte franz. Flotte, 30 Segel stark, von Corfu kommend, vor Neapel aufgekreuzt sei, um Proviant aufzunehmen. Dazu unten* **134** *mit Anm. 1.*

134 Bericht Nr. 13/1808 Rom, 9. April 1808

Ausfertigung StAD E 1 M Nr. 93/6 fol. 30f; ps. 27. April 1808.
MATTSON Nr. 1859.

Warten auf die französischen Entscheidungen über die Zukunft des Kirchenstaats. Entwaffnung der päpstlichen Garden. Unsicherheit über den Verbleib der französischen Flotte. Stärke der englischen See- und Landstreitkräfte in und um Sizilien.

Ew. K. H. werden allergnädigst geruhet haben, aus meinem letzten allerunterthänigsten Berichte zu ersehen, daß man sich hier von einem Augenblicke zum andern auf große und entscheidende Ereignisse gefaßt machte. Aber bis jetzt ist noch keine Veränderung erfolgt, und die Römische Regierung ist in ihrer bisherigen Thätigkeit geblieben. Dennoch kann ich nicht anders, als den Inhalt meines neulichen Berichts durchaus bestätigen und alle diejenigen, welche zur bisherigen Regierung gehören, besorgen, daß die entscheidenden Maßregeln, die man befürchtete, bloß augenblicklich aufgeschoben sind. Man weiß nicht einmal, ob ein solcher Aufschub nur von zufälligen Umständen, und namentlich von dem Befehle des Papstes, daß niemand aus seiner Dienerschaft einer etwannigen neuen Regierung dienen soll, herrührt, oder ob neue Befehle von Paris eingetroffen sind.

Ich hatte die Ehre, Ew. K. H. alleruntertänigst einzuberichten, daß ein Theil der Päpstlichen Truppen nicht mit den Französischen vereinigt worden war. Die von dieser Vereinigung freigebliebenen Corps waren die Schweizer Garde, die Edelgarde, die Miliz des Capitols und die Soldaten der Päpstlichen Kammer. Die drei ersten dieser Corps machten die inneren Wachen des Päpstlichen Pallastes aus, die Schweizer in den Höfen und Gängen, die Miliz des Capitols in den vorderen, die Edelgarde in den inneren Vorkammern des Papstes. Vorgestern nun haben die Französischen Truppen die Edelgarde und die Miliz des Capitols entwafnet, die Mitglieder der ersten, unter denen sich Personen aus den vornehmsten Häusern befinden, auf die Engelsburg gebracht, und den Schweizern und Soldaten der Kammer angedeutet, daß sie fortan unter den Befehlen des Generals Miollis stehen sollten. Ein Französisches Detachement erschien zu diesem Ende am 7. d. um 6 Uhr Morgens vor dem Päpstlichen Pallast; da die Schweizer sich dasselbe einzulassen weigerten, gebrauchte es Gewalt, drang in das Innere des Pallastes, und setzte sich in Besitz der Gewehre und Waffen der beiden Garden der Päpstlichen Vorkammern. Darauf nahm man die Verhaftungen der Mitglieder der Edelgarde vor, die in ihren Häusern in der Stadt gestreut wohnen, und so früh noch nicht im Pallaste versammelt waren. Die Schweizer und die Soldaten der Kammer haben erklärt, nicht unter Französischem Befehl stehen zu wollen, und die letzteren sind gleichfalls verhaftet worden. Die Schweizer hingegen setzten ihren Dienst im Pallast fort, und der Papst hat nun seitdem alle Zugänge zu demselben verschliessen lassen. Nur die Hauptthür ist offen geblieben, und auch in diese läßt man niemand eingehen, der nicht genau angiebt, was er im Pallaste zu thun hat. Man glaubt,

9. April 1808

daß die beiden Commandanten der Edelgarde, der Herzog Braschi und Prinz Altieri, nach Mantua geschickt werden dürften. Die ganze Maßregel aber, versichert man, sey nur eine Folge der Veränderung, welche der Papst vor einiger Zeit mit der Cocarde seiner Truppen vornahm, um die den Französischen nicht einverleibten von den einverleibten zu unterscheiden. Da die Schweizer bei ihrer sonderbaren, noch von ihrer ersten Einrichtung herrührenden Tracht, sich niemals der Cocarden bedienen, und die drei andern oben erwähnten Corps gegenwärtig aufgelöst sind, so trägt in der That niemand mehr die neue Cocarde. Denn diejenigen Päpstlichen Truppen, welche mit den Französischen vereinigt sind, haben seit jenem Vorfall die Cocarde des Königreichs Italien erhalten.

Briefe aus Corfu vom 18. März melden nunmehr mit Gewißheit, daß die vereinigten Flotten von Rochefort und Toulon sich einige Zeit dort aufgehalten haben, und dann unter den Befehlen des Admirals Gantheaume von da abgesegelt sind. Ihre Bestimmung war unbekannt, man wußte nur, daß sie sich anfangs ost- dann aber west-wärts gewendet hatten. Sie bestanden zusammen aus 10 Kriegsschiffen, von denen 3 von 3 Verdecken und 2 von 120 Kanonen waren, 8 großen Fregatten, mehreren Bricks, und 7 Transportschiffen[1].

Der Neapolitanische Hof hat plötzlich alle in und um Terracina stehende Truppen Detachements zurückkommen lassen. Wenn, wie einige Personen behaupten, Sicilien die Bestimmung der vereinigten Französischen Escadren seyn sollte, so könnte dies vielleicht ein hinreichender Grund seyn, die ganze Kriegsmacht des Königreichs auf den, unmittelbar dieser Insel gegenüberliegenden Küsten zu versammeln.

Die Land und Seemacht, welche die Engländer, am Ende Februars, in Sicilien und in den Gewässern der Insel hatten, bestand, durchaus authentischen Berichten zufolge, in 22 Linienschiffen, worunter 5 von 3 Verdecken, 44 Fregatten, von denen mehrere 44 Canonen von so grossem Calibre hatten, daß sie im Nothfall mit in der Linie gebraucht werden können, und 100 kleineren bewafneten Fahrzeugen, und in 8000 Mann Landtruppen, die in den Städten an den Küsten vertheilt sind. Die Flotte wird von dem Admiral Collingwood und Contre-Admiral Thornborough befehligt, und man erwartete unverzüglich die Ankunft von 8 bis 10 000 Mann neuer Truppen, die abermals von 5 bis 6 Linienschiffen begleitet seyn sollten.

Der General Miollis hat von Sr. Maj. dem Kaiser Napoleon ein Lehn im Königreich Westphalen und den Titel eines Grafen des Französischen Reichs erhalten[2].

---

zu 134:
[1] *Siehe schon* **133** *mit Anm. 2. Einen Tag vor dem Eintreffen von Humboldts Bericht, am 26. April 1808, meldete die GHLZ, daß die Eskadre unter Admiral Gantheaume, aus 10 Linienschiffen, 5 Fregatten und einigen Bricks bestehend, am 10. April nachmittags* glücklich in dem Hafen von Toulon angekommen *sei, nachdem sie die 7 Inseln deblockirt, und die Freiheit der Schiffahrt auf dem adria-*

tischen Meere hergestellt hat. *Zwei Tage später brachte die Zeitung noch einen offiziellen Abschlußbericht aus Paris.*
² *Das im Familienbesitz erhaltene Nachlaßinventar des Generals vermerkt, daß ihm nach der am 19. März 1808 verfügten Erhebung in den Grafenstand zur Bildung des dazu vorgeschriebenen Majorats mit kaiserlichem Dekret vom 28. Aug. des biens en Westphalie d'un revenu de 20 004 francs 14 centimes verliehen wurden; eine genauere Lokalisierung der Güter war nicht möglich.*

135 Bericht Nr. 14/1808 Rom, 23. April 1808

Ausfertigung StAD E 1 M Nr. 93/6 fol. 32, 37f; ps. 14. Mai bzw. 14. Juni 1808.
MATTSON Nr. 1872f. – Druck (Auszug): R. KEKULE, Das Leben Friedrich Gottlieb Welckers, Leipzig 1880, S. 121.

Ablehnung des letzten französischen Ultimatums durch den Papst und Abbruch der diplomatischen Beziehungen. Verhaftung des päpstlichen Gouverneurs von Rom. Abschaffung aller Feudal- und Adelsrechte in Toskana. Rom-Aufenthalt des Gießener Gymnasiallehrers Dr. Friedrich Welcker.

Ew. K. H. werden geruhet haben, aus meinen letzten Berichten vom 2. und 9. d. allergnädigst zu ersehen, daß schon damals das Schicksal der hiesigen Regierung entschieden und die weltliche Gewalt des Römischen Stuhls unwiderruflich verloren schien. Sonderbar war es, daß gerade in demselben Augenblick die Gerüchte einer zwischen dem Papst und Frankreich getroffenen Uebereinkunft sich wieder erneuerten. Anfangs zwar wollte niemand denselben Glauben beimessen, allein bald erfuhr man, daß Se. Maj. der Kaiser der Franzosen dem Heil. Vater hatte neue Vorschläge machen lassen, und das Römische Publicum schmeichelte sich, daß Se. Heiligkeit dieselben annehmen würden. Unglücklicher Weise sind alle diese Hofnungen aufs neue verschwunden. Der Französische Geschäftsträger Le Febvre ist am 19. Abends mit allen Papieren und dem Archiv der Gesandtschaft von hier abgereist, und der Bruch zwischen beiden Höfen kann nunmehr als förmlich ausgesprochen angesehen werden.

Da der Cardinal-Prostaatssecretaire dem Corps Diplomatique, vermittelst einer Circularnote, die beiden wesentlichen Documente der letzten Unterhandlung, nemlich eine Note des Französischen Ministers der auswärtigen Verhältnisse Champagny an den Cardinal-Legaten Caprara in Paris, und die vom Papst darauf gegebene Antwort, mitgetheilt hat, so halte ich es für meine Pflicht, eine Abschrift beider Actenstücke diesem allerunterthänigsten Berichte beizufügen[1]. Sie enthalten nicht bloß die letzten Vorschläge Frankreichs, sondern auch die Gründe, welche den Papst, ihnen beizutreten verhindert haben; sie zeigen außerdem zugleich den ganzen Gang dieses letzten Theils der Unterhandlung, und es scheint mir daher überflüssig, noch etwas Weiteres zu ihrer Erklärung hinzuzusetzen. Ew. K. H. werden geruhen, daraus zu ersehen, daß das dem Papst vorgeschlagene Ultimatum darin besteht, eine Off- und Defensivallianz mit den übrigen Mächten Italiens zu schließen, um Unordnung und Krieg von der Italienischen Halbinsel zu entfernen; daß im Augenblick, wo der Minister Cham-

9./23. April 1808

pagny dem Cardinal Caprara diese Eröfnung machen wollte, dieser ihm erklärte, daß sein Charakter eines Legaten aufhöre, und seine Reisepässe verlangte; daß der Minister ihm diese schickte, und ihm antwortete, daß, da der Papst seine Vollmachten von seinem Legaten zurücknehme, auch der Kaiser ihn nicht mehr als solchen anerkenne, und die Gallicanische Kirche in die volle Ausübung (intégrité) ihrer Lehen zurückkehre, demungeachtet aber den Heiligen Vater noch einmal einlud, die neuen Vorschläge einzugehen; endlich daß der Papst die angetragene Allianz seinem Gewissen und seinen Pflichten zuwiderlaufend achtete.

Wenn man auf die Stelle der Note des Französischen Ministers achtet, in welcher es heißt, daß eine etwa vom Papst gegebene abschlägige Antwort müsse als eine Kriegserklärung von seiner Seite angesehen werden, und wenn man die ferner hieraus gezogenen Folgen erwägt, so kann man nicht anders, als glauben, daß, da der gemachte Antrag wirklich schlechterdings und durchaus abgelehnt worden ist, eine neue Regierung in Rom und dem Kirchenstaate bestellt werden wird. Viele Personen sehen diesem Ereigniß schon in diesen Tagen entgegen, und ich schob daher mit Fleiß die Absendung dieses allerunterthänigsten Berichtes um einen Posttag auf. Allein bis auf diesen Augenblick ist noch nichts geschehen, und leicht kann dieser Zustand der Ungewißheit noch einige Tage dauern.

Der Senator Lucian Bonaparte ist unvermuthet am 14. d. mit seiner ganzen Familie von seinem Landhause bei Frascati nach Toscana abgereist[2]. – Der Gouverneur der Stadt Rom, Praelat Cavalchini, ist am 20. d. auf Befehl der Französischen Generalität verhaftet worden und soll nach einer Piemontesischen Festung abgeführt werden. Die Ursach seiner Verhaftung ist bis jetzt unbekannt.

Durch ein Kaiserliches Decret sind in den drei Toscanischen Départementern nicht nur alle Feodal-Rechte und -Verhältnisse, so daß die Lehensträger aller durch die erhaltene Investitur übernommenen Pflichten los und ledig sind, sondern auch der Erbadel, die Wappen, und alle nicht von Sr. Maj. dem Kaiser Napoleon neu ertheilte oder ausdrücklich bestätigte Rangunterschiede und Auszeichnungen am 8. d. förmlich aufgehoben worden.

Ich wage es noch, beim Schlusse dieses allerunterthänigsten Berichtes eines jungen Mannes zu erwähnen, der das Glück hat, in Ew. K. H. allerhöchsten Diensten zu stehen, des Dr. Welcker, Lehrer am Giessenschen Gymnasium, der morgen von hier abreist, um in sein Vaterland zurückzukehren. Ich habe ihn während seines Aufenthaltes hier genau beobachtet, und muß ihm das gewissenhafte Zeugniß geben, daß er seine hiesige Muße, die er Ew. K. H. landesväterlicher Großmuth dankt, auf das zweckmäßigste angewendet, und sich, besonders im artistischen und antiquarischen Fache, gründliche und seltne Kenntnisse verschafft hat, welche ihn in Stand setzen werden, die Anstalt, welcher er gewidmet ist, und der Universität vorzüglich nützlich zu seyn[3].

Zusatzbericht[4]

Ew. K. H. hatte ich bisher einige vom Papst an das hiesige Corps Diplomatique erlassene Circularnoten noch nicht übermachen können. Ich wage, dieselben, nebst ihren Beilagen, Allerhöchstdemselben in Abschrift in der Anlage zu überschicken[5], und glaube, da die Vergleichung meiner allerunterthänigsten Berichte von der gleichen Zeit ihren Inhalt von selbst verständlich macht, nichts weiter zu ihrer Erklärung hinzufügen zu dürfen.

---

zu 135:

[1] *Die von Humboldt eigenhändig abgeschriebenen Dokumente, die Zircularnote des Prostaatssekretärs Gabrielli, datiert* Dalle stanze del Quirinale, 19. Aprile 1808, *samt der als Anlage A angefügten Note des französischen Außenministers vom 3. April und der Abschiedsnote Gabriellis an den Geschäftsträger Lefebvre liegen bei den Akten, StAD E 1 M Nr. 93/6 fol. 33–36. Ausführliche Inhaltsangaben der beiden letztgenannten Stücke druckte die GHZ am 9. Juli 1808 mit einem Bericht aus Mailand.*

[2] *Lucien Bonaparte war von der französischen Besatzungsmacht aus Rom ausgewiesen worden, angeblich weil sein 4jähriger Sohn zu der ihm vom Papst geschenkten Obristenuniform die gelb-weiße Kokarde getragen habe, was wohl eher als Maskenscherz gemeint war; vgl. die entsprechende Meldung der GHLZ vom 16. April 1808. – Lucien konnte erst im Herbst auf seinen Besitz in Canino zurückkehren; er verließ Italien im Sommer 1810 und lebte in den Folgejahren als Ehrengefangener in England.*

[3] *Friedrich Gottlieb Welcker, seit 1803 Lehrer am Pädagog in Gießen, war im Zuge einer Italienreise Anfang Nov. 1806 nach Rom gekommen, hatte sich hier mit Humboldt angefreundet und die Hauslehrerstelle bei den Humboldt'schen Kindern übernommen. Humboldts Empfehlung hat zur Berufung W. auf eine ord. Professur für griechische Literatur im Folgejahr beigetragen. Vgl. neben der Biographie von* R. KEKULE *den Lebenslauf in ADB 41, 1896, S. 653 ff, sowie die Edition W. v. Humboldts Briefe an F. G. Welcker, hrsg.* R. HAYM, *Berlin 1859.*

[4] *Der offenbar erst nach Abgang der Kurierpost geschriebene Zusatzbericht (ohne eigene Nummer) traf laut Präsentation erst 3 Wochen nach dem Hauptbericht in Darmstadt ein.*

[5] *Die dem Nachtragsbericht beigefügten Kopien von Humboldts Hand enthalten die im Bericht 10/1808 (siehe* **131**) *erwähnte Zirkularnote des kurz darauf ausgewiesenen Prostaatssekretärs Doria Pamphili zur Frage des Kokardenwechsels, eine Zirkularnote des Nachfolgers Kardinal Gabrielli vom 30. März, mit den an den französischen Geschäftsträger* (Al Sigr. Incaricato di Francia) *gerichteten Protestnoten vom 2. und 27. März gegen militärische Übergriffe der Franzosen und gegen die Ausweisung der Kardinäle, sowie 2 ergänzende Zirkularnoten vom 7. und 11. April 1808 mit weiteren Protestschreiben an den Geschäftsträger; StAD E 1 M Nr. 93/6 fol. 39–43.*

136 Bericht Nr. 15/1808   Rom, 7. Mai 1808

Ausfertigung StAD E 1 M Nr. 93/6 fol. 46; ps. 31. Mai 1808.
MATTSON Nr. 1876.

> *Ungewißheit über die erwartete Regierungsänderung in Rom. Zurücknahme bereits angeordneter Maßnahmen in Ancona. Ernennung des Prälaten Arezzo zum neuen päpstlichen Gouverneur von Rom. Abreise des württembergischen Agenten. Schiffahrts-Konflikt zwischen Frankreich und Sardinien. Englischer Landungsversuch bei Ceuta. Inventarisierung der toskanischen Klöster.*

Die Abreise der Französischen Gesandtschaft von hier, und die übrigen Ereignisse, welche ich die Ehre hatte, Ew. K. H. in meinem letzten allerunterthänigsten Berichte zu melden, haben bis auf diesen Augenblick nichts

23. April / 7. Mai 1808

in der hiesigen Lage der Dinge geändert. Es ist bis jetzt nicht die mindeste Neuerung vorgenommen worden, und die Römische Regierung befindet sich fortwährend in gleicher Ungewißheit über ihr künftiges Schicksal.

In Ancona waren zwar in der That bereits mehrere Personen angekommen, die man aus dem Königreich Italien dahin gesandt hatte, die Mark Ancona zu organisieren, und welchen schon ihre besondren Bestimmungen einzeln angewiesen waren. Man versichert sogar, daß bereits die Proclamationen gedruckt wurden, durch welche die Regierungsveränderung angekündigt werden sollte; und es hieß öffentlich und allgemein, daß der General Le Marrois am 1. d. förmlich im Namen Sr. Maj. des Kaisers Napoleon von der Provinz Besitz nehmen würde. Am 27. v. M. aber erhielt der General plötzlich durch einen außerordentlichen Courier den Befehl, alle diejenigen Maßregeln zu suspendiren, die bei Ankunft des Couriers noch nicht wirklich ausgeführt seyn würden. Niemand weiß zwar, welche Bewandniß es eigentlich mit dieser Suspension habe; allein soviel ist schon aus der bloßen Vergleichung der Daten gewiß, daß der Befehl zu derselben eher gegeben worden ist, als Se. Kais. Majestät von den letzten Antworten des Papstes unterrichtet seyn konnte[1].

Der Heil. Vater hat an die Stelle des neulich von hier entfernten Gouverneurs der Stadt Rom den Praelaten Arezzo, ehemaligen Botschafter in Petersburg, ernannt. Da dieser Mann, sowohl in Rücksicht seines Charakters, als seiner Talente, einer allgemeinen und verdienten Achtung genießt, so scheinen auch die Französischen Autoritaeten mit seiner Wahl vorzüglich zufrieden zu seyn. – Der Abate Buonfiglioli, Agent Sr. Maj. des Königs von Wirtemberg und Sr. K. H. des Großherzogs von Baden am hiesigen Hofe, hat, auf deshalb von Frankreich gekommenen Befehl, ohne daß bis jetzt die Ursach davon bekannt ist, plötzlich Rom verlassen, und in sein Vaterland Toscana zurückkehren müssen[2].

Der König von Sardinien hatte, wie bekannt, sich anheischig gemacht, der Französischen Regierung eine ansehnliche Summe Geldes für einige, von Englischen Corsaren in der Nähe der Insel gemachte Französische Prisen zu zahlen, und $\frac{1}{3}$ derselben war in der That bereits entrichtet worden. Da aber indeß in den Französischen Häfen ein Embargo auf alle Sardinischen Schiffe gelegt wurde, so weigerte sich der König die übrigen $\frac{2}{3}$ zu bezahlen, deponirte jedoch dieselben bis zur etwannigen Aufhebung des Embargos, bei einem vermögenden Kaufmann. Der Französische Consul drohte hierauf Cagliari zu verlassen, wenn dies Geld nicht bis zum 25. März wirklich ausgezahlt würde, und man stand bei dem Abgange der letzten Briefe aus Sardinien in ängstlicher Erwartung, welchen Ausgang diese Angelegenheit nehmen würde. – Dieselben Briefe aus Cagliari sagen, daß der Versuch, den die Engländer auf Ceuta gewagt haben, durchaus mislungen ist, und sie gezwungen gewesen sind, sich mit einem bedeutenden Truppenverluste wiederum einzuschiffen.

Am 23. v. M. ist in allen Toscanischen Klöstern eine allgemeine Inventa-

risierung und Versiegelung vorgenommen worden, und man glaubt, daß
dieser Maßregel vielleicht bald die Einziehung derselben nachfolgen dürfte.

zu 136:
[1] *Wie das dem Folgebericht beigefügte Annektionspatent belegt, sollte die Eingliederung der Mark Ancona ins Königreich Italien nach der bereits am 2. April gegebenen Anweisung erst am 11. Mai 1808 in Kraft treten.*
[2] *Das formelle Abberufungsschreiben des Königs von Württemberg wurde laut Repert. d. dipl. Vertr. erst am 23. Mai 1808 ausgefertigt.*

137 Bericht Nr. 16/1808 Rom, 14. Mai 1808

Ausfertigung StAD E 1 M Nr. 93/6 fol. 48; ps. 7. Juni 1808.
MATTSON Nr. 1878.

Übersendung der Patente über die Eingliederung der aus den Provinzen der Marken neugebildeten Departements ins Königreich Italien und über die Ausweisung der im Königreich Italien beheimateten Kardinäle und Prälaten. Auswirkungen des Ausweisungsbefehls.

Ich eile, Ew. K. H. in der Anlage allerunterthänigst zwei Beschlüsse Sr. Maj. des Kaisers Napoleon zu übersenden, die wir so eben von Ancona, wo sie öffentlich bekannt gemacht worden sind, erhalten haben. Allerhöchstdieselben werden aus denselben zu ersehen geruhen, daß durch den einen die Provinzen Urbino, Ancona, Macerata und Camerino unwiderruflich und auf immer dem Königreiche Italien einverleibt werden, indeß der andre alle diejenigen der Cardinäle, Praelaten und andrer im Päpstlichen Dienst befindlichen Personen, die im Königreiche Italien geboren sind, Rom zu verlassen und in ihr Vaterland zurückzukehren nöthigt.[1] Da die dem Königreich Italien gegenwärtig einverleibten Provinzen den schönsten und wichtigsten Theil des Kirchenstaats ausmachen, so würde es der Römischen Regierung schwer werden, den Ueberrest ihres Gebiets in blühendem Stand zu erhalten, wenn sie sich auch mit der Hofnung, denselben zu bewahren, schmeicheln dürfte. Ihre Besorgnisse deshalb sind indeß um so lebhafter, als die in dem Beschluß angeführten Gründe allgemein auf den ganzen Kirchenstaat Anwendung finden, und als der Umstand, daß das Decret schon vom 2. v. M. datirt ist, es offenbar macht, daß dasselbe keine Folge der letzten abschlägigen Antworten des Papstes ist. Wenn man jedoch die Zeiten gehörig vergleicht, so sieht man, daß die Aufhebung des Suspensionsbefehls, von welchem ich die Ehre hatte, in meinem letzten allerunterthänigsten Berichte zu reden, erst gegeben worden ist, als jene Antworten schon in Frankreich bekannt waren.

Der bisherige Päpstliche Delegat in Ancona, Praelat Vidoni, wird von einem Augenblick zum andern hier erwartet. Die Cardinäle, die sich, nach dem zweiten Decret von hier entfernen sollten, sind drei, nemlich Antonelli, della Porta und Carandini. Der letzte war aber schon neulich, seiner schwächlichen Gesundheit wegen dispensiret worden, und dem ersteren

7./14./25. Mai 1808

dürfte eine gleiche Vergünstigung in Hinsicht seines hohen Alters zu Theil werden. Von Praelaten hingegen wird der hiesige Hof, wenn die Maßregel mit Strenge vollzogen wird, leicht zwei Drittheile verlieren, und da diese Personen in Gefahr gerathen, wenn sie hier bleiben, ihr ganzes Vermögen aufgeben zu müssen, so ist es nicht wahrscheinlich, daß der Papst sie, ihn zu verlassen, hindern wird.

Uebrigens ist bis jetzt nichts Neues zu meiner Kenntnis gekommen, das Ew. K. H. allerhöchste Aufmerksamkeit verdiente.

zu 137:
[1] *Die nicht von Humboldt gefertigten Abschriften der beiden italienisch abgefaßten Patente, die von Napoleon als Kaiser, König von Italien und Protektor des Rheinbunds am 2. April 1808 in St. Cloud unterfertigt und von Staatssekretär A. Aldini gegengezeichnet waren, beruhen nach dem für das erste Stück mitkopierten Impressum auf in Mailand gefertigten Drucken; StAD E 1 Nr. 93/6 fol. 49 f. Das Annektionspatent, das zum 11. Mai in Kraft treten sollte, verwies darauf, daß der römische Botschafter am 30. März seine Pässe verlangt habe, nachdem* der weltliche Souverain von Rom sich beständig geweigert hat, den Engländern den Krieg zu erklären und mit den Königen von Italien und Neapel zur Vertheidigung der Halbinsel Italien beizutragen; *die mit der Annektion widerrufene Schenkung* Karls des Großen, unseres erlauchten Vorfahren, *sei* zum Vortheil der Christenheit, aber nicht zum Nutzen der Feinde unserer Heiligen Religion gemacht worden. *Für die drei im Verband des Königreichs Italien neugebildeten Departements wurde gleichzeitig die Einführung des Code Napoleon, die Einrichtung einer Militärdivision in Ancona und von Handelskammern und Gerichten verfügt. Vgl. den ins Deutsche übersetzten Text in GHLZ vom 4. Juni 1808 (aus der „Gazetta Romana"); Abdruck der französ. Fassung bei* MARTENS, *Recueil des traités, Suppl. 5, S. 323 f. Das in der GHLZ ebenfalls ausführlich referierte Ausweisungsdekret sollte zum 5. Juni wirksam werden.*

138 Bericht Nr. 17/1808 Rom, 25. Mai 1808

Ausfertigung StAD E 1 M Nr. 93/6 fol. 52; ps. 13. Juni 1808.
MATTSON Nr. 1885.

Durchreise König Joseph Bonapartes nach Norditalien. Spekulationen über eine mögliche Berufung auf den spanischen Thron. Durchführung der für die Marken angeordneten Maßnahmen. Abreise der ausgewiesenen Prälaten. Mutmaßungen über das Schicksal der Restgebiete des Kirchenstaats. Räumung des bisher vom französischen Generaladministrator genutzten Palazzo Pitti in Florenz. Englische Angriffe auf die römische Küste.

Gestern Nachmittag reiste Se. Maj. der König Joseph von Neapel, von Neapel kommend, durch hiesige Stadt, nach Oberitalien zu, durch. Man weiß nicht mit Genauigkeit, welchen Weg Se. Majestät eigentlich von hier aus genommen haben; da es aber gewiß scheint, daß man den König in Terni erwartete, so muß er sich hiernach, ohne Florenz zu berühren, nach Bologna begeben haben. Hier erfolgte diese Durchreise so unvermuthet, daß selbst der General Miollis nur wenige Stunden vorher davon Nachricht erhielt. Es würde mir vergeblich scheinen, Ew. K. H. alle Vermuthungen zu wiederholen, welche über den Zweck dieser Reise im Publicum herumgehen, welches davon das künftige Schicksal Italiens und Spaniens und angebliche Vertauschungen des Neapolitanischen Thrones mit dem Spanischen knüpft[1]. Alles dies beruht natürlich allein auf durchaus unverbürgten Gerüchten, und das Einzige, was sich mit einiger Wahrscheinlichkeit annehmen läßt, ist daß Se. Maj. der König Joseph sich zu seinem Bruder, Sr. Maj. dem Kaiser Napoleon begiebt. In dieser Hinsicht hatte man gesagt, daß letzterer nach Mailand gehe, und schon morgen dort eintreffen solle, allein den letzten Französischen Blättern zufolge, scheint es, daß der Aufenthalt des Kaisers in Bayonne noch von längerer Dauer seyn dürfte.

Die Besitznehmung der in dem Decret vom 2. April angegebenen Provinzen ist am 11. huj[us] wirklich durch den General Lemarrois geschehen. Ein folgendes Decret hat diese Provinzen in 3 Departements, nemlich das des Metauro mit dem Hauptorte Ancona, das des Musone mit dem Hauptorte Macerata und das des Tronto mit dem Hauptorte Fermo abgetheilt. Die Anzahl der Einwohner in diesen drei Departementern ist, nach der neuesten Zählung, von 713 598 Seelen. Die beiden Päpstlichen Regimenter, von denen das eine schon in Ancona war, das andre aber von hier aus dorthin geschickt wurde, sind unter dem Namen des 7. Italienischen Linienregiments mit einander vereinigt worden. Bei Gelegenheit der Einverleibung dieser Provinzen in das Königreich Italien ist auch in Ancona das Wappen des Consulats von Ragusa abgenommen worden.

Die Anzahl derjenigen Personen, welche sich, weil sie im Königreich Italien gebohren waren, haben von hier weg zurück in ihr Vaterland begeben müssen, beläuft sich fast auf 80 Personen, unter denen 39 Praelaten der oberen Classe und 2 Cardinäle, della Porta und Carandini, sind. Der Cardinal Antonelli ist noch hier und hat sich mit einer Bittschrift an den Vicekönig in Mailand gewendet.

Ueber den Ueberrest des Päpstlichen Gebiets ist bis jetzt noch nichts weiter bekannt geworden. Zwar will man in Neapel wissen, daß der Papst zwar alles Uebrige verlieren, aber die Stadt Rom, ohne irgend ein Gebiet, behalten würde, und ein Mann von Gewicht in Neapel hat behauptet, das darüber vorhandene Decret gelesen zu haben. Allein, ich wäre weit entfernt, diese Nachricht verbürgen zu wollen. Auch hier ging ein ähnliches Gerücht, nemlich daß die Stadt Rom zu einer unabhängigen freien Reichsstadt erklärt werden würde. Allein gewiß ist es, daß officiell, oder auch nur irgend authentisch, hier nicht das Mindeste hierüber bekannt geworden ist.

Der Generaladministrator von Toscana Dauchy hat Befehl erhalten, den Pallast Pitti, den er bewohnte, und der jetzt schleunig anders eingerichtet werden soll, zu räumen. Ob diesem Befehle bloß der allgemeine Grundsatz, daß alle Kaiserliche Palläste immer zur Disposition leer und bereit stehen sollen, oder eine besondre Bestimmung zum Grunde liegt, ist noch nicht bekannt. – Die Toscanischen Klöster scheinen nicht sämtlich aufgehoben, sondern nur ihre Zahl durch Vereinigung mehrerer in Eins vermindert zu werden.

25. Mai / 1. Juni 1808

Die Engländer machen von Zeit zu Zeit kleine Angriffe auf die Römische Küste. So haben sie vor kurzem die Wache aus einem einzeln stehenden Thurme weggeführt, und am 20. d. war eine lebhafte Canonade zwischen zwei Sicilianischen Fregatten und den Batterien von Civita-vecchia. Seitdem scheinen diese Fregatten diesen Hafen streng bloquiren zu wollen, so wie auch Fiumicino und Porto d'Anzo jedes von einer Englischen Fregatte gesperrt sind.

---

zu 138:
[1] *Die offizielle Proklamation Joseph Bonapartes zum König von Spanien wurde erst am 6. Juni 1808 unterzeichnet. Vgl. den ausführlichen Bericht der GHLZ vom 28. Juni über die am 15. ergangene Besitzergreifungs-Proklamation des Königs.*

139 Bericht Nr. 18/1808   Rom, 1. Juni 1808

Ausfertigung StAD E 1 M Nr. 93/6 fol. 54; ps. 20. Juni 1808.
MATTSON Nr. 1888.

Unbestätigte Gerüchte über eine neue Italienreise Kaiser Napoleons. Zusammentreffen König Josephs mit seinem Bruder Lucien und Weiterreise nach Turin. Ernennung des Generals Menou zum Generalgouverneur von Toskana.

Unmittelbar nach der Durchreise Sr. Maj. des Königs von Neapel durch Rom verbreitete sich hier das Gerücht, daß Se. Maj. der Kaiser Napoleon unfehlbar den 26. oder 28. huj[us] in Mailand eintreffen, und daß der König Joseph ihn dort sehen würde. Dies Gerücht schien sogar durch die Italienische Gesandtschaft bestätigt zu werden; da es jedoch noch einer ferneren Bestätigung bedürfte, so hielt ich es für besser, noch einige Tage länger zu warten, ehe ich es Ew. K. H. zu melden wagte, und lieber den vorigen Posttag zu überschlagen. Ich sehe jetzt, daß meine Vermuthungen mich nicht betrogen haben: Denn die letzten Briefe aus Florenz und Mailand sagen, daß Se. Maj. der König Joseph seine Reise nach Turin fortgesetzt hat und der Prinz Aldobrandini, jüngster Bruder des Prinzen Camillo Borghese, durch Se. Kais. Majestät von Turin, wo er sich aufhielt, nach Bayonne berufen worden ist[1]. Da man hieraus schliessen zu können glaubt, daß der Kaiser sich noch einige Zeit daselbst aufhalten wird, so vermuthet man, daß auch der König Joseph, welchem sein Minister der auswärtigen Angelegenheiten, der Marquis del Gallo, gefolgt ist, sich ebendahin begeben werde. Der Senator Lucian Bonaparte ist nach Bologna gegangen, um seinen Bruder, den König von Neapel, zu sprechen, aber er wurde bereits am 28. huj[us] in Florenz zurückerwartet. Der Prinz Aldobrandini wird, wie man versichert, als Obrist, in der Spanischen Armée angestellt werden.

Ew. K. H. werden geruhet haben, aus den öffentlichen Blättern zu ersehen, daß der General Menou zum Generalgouverneur von Toscana ernannt worden ist, und nach eben diesen Blättern ist die Vereinigung dieses Landes mit Frankreich wenn nicht gewiß, doch in hohem Grade wahrscheinlich.

Uebrigens ist in der Lage von Rom und der hiesigen Regierung seit meinem letzten allerunterthänigsten Bericht schlechterdings keine Aenderung vorgefallen.

---

zu 139:
[1] *Die GHZ meldete am 6. Aug. 1808. daß Prinz Franz Borghese, Bruder des Generalgouverneurs der transalpinischen Departements, aus Rom am Rhein angekommen sei, wo er als Oberst den Befehl des 4. französischen Kürassierregiments übernommen habe.*

140 Bericht Nr. 19/1808 Rom, 18. Juni 1808

Ausfertigung StAD E 1 M Nr. 93/6 fol. 56; ps. 7. Juli 1808.
MATTSON Nr. 1892.

Von der französischen Militärmacht erzwungene Verweisung des amtierenden Kardinalstaatssekretärs Gabrielli in sein Bistum Sinigaglia. Mutmaßungen über die künftige Besetzung der Throne Spaniens und Neapels und über die Zukunft Roms und der Restgebiete des Kirchenstaats.

Seit dem Abgange meines letzten allerunterthänigsten Berichtes war nicht allein hier nicht das Mindeste vorgefallen, das Ew. K. H. Aufmerksamkeit verdient hätte, sondern man glaubte auch beinah mit Gewißheit, daß vor der gänzlichen Berichtigung der Spanischen Angelegenheiten hier kein wichtiges Ereigniß zu erwarten seyn dürfte. Unvermuthet aber hat sich vorgestern ein Vorfall ereignet, der nicht bloß schon jetzt großes Aufsehen erregt hat, sondern auch vielleicht das Ende der gegenwärtigen Crise schneller herbeiführen könnte. Die Französischen Militairgewalten haben sich der Papiere des Cardinals Gabrielli, Prostaatssecretaire's, bemächtigt, und der Cardinal selbst ist genöthigt, Rom zu verlassen, und sich nach seinem Bisthum Sinigaglia zu begeben.

Es war nemlich vorgestern um 3 Uhr Nachmittags, als sich zwei Französische Officiere bei demselben einfanden. Sie kündigten ihm an, daß er in 48 Stunden verreisen müsse, und versiegelten seinen Schreibtisch. Da nun der Papst, in dessen Pallast, welchen der Cardinal bewohnt, dies vorfiel, demselben untersagte, anders, als durch Gewalt genöthigt, Rom zu verlassen, so wird der Cardinal heute Abend bei seiner Abreise von Wache begleitet seyn. Die Ursache dieser Maßregel sind gewisse, kürzlich den Bischöfen in den neuerdings mit dem Königreich Italien vereinigten Provinzen zugesandte Instructionen, mit denen, obgleich ihr Inhalt nicht im Publicum bekannt ist, das Französische Gouvernement, wie man versichert, gerechte Ursach haben soll, unzufrieden zu seyn[1]. Die beiden zum Staatssecretaire geschickten Officiere fragten zuerst: ob er diese Instructionen unterzeichnet habe? und auf seine Antwort: daß er es aus Amtspflicht gethan, fuhren sie in ihrem Auftrage fort. Man weiß noch nicht, wer jetzt zum Staatssecretaire ernannt werden wird.

1./18.Juni/9. Juli 1808

Das Gerücht, daß Se. Maj. der König Joseph den Spanischen Thron besteigen werde, wird mit jedem Tage allgemeiner. Allein über die Besetzung des Neapolitanischen in diesem Falle, so wie über das Schicksal der noch dem Papste gebliebenen Provinzen ist noch nicht das mindeste Zuverlässige bekannt. Denn obgleich man behauptet, daß Se. Maj. der König Ludwig Holland gegen Neapel vertauschen werde, und obgleich aus der neulich im Pariser Senat über die Einverleibung Toscana's gehaltenen Rede hervorzugehen scheint, daß der Ueberrest der Päpstlichen Küstenbesitzungen ein Theil von Frankreich oder Neapel zu werden bestimmt sey[2], auch sich noch immer das Gerücht erhält, daß Rom zu einer freien, von einem Senator oder Patricier verwalteten Stadt gemacht werden dürfte, so beruht dies alles bis jetzt doch nur auf sehr ungewissen Muthmaßungen.

zu 140:
[1] Vgl. dazu die als Anlage zu Humboldts Bericht Nr. 26/1808 übersandten Abschriften der beiden Instruktionen und der Protestnote Gabriellis gegen seine Absetzung vom 17. Juni, **147** mit Anm. 4 und 5, sowie den ausführlicheren, sehr kritischen Bericht Humboldts nach Berlin, HGS 10 S. 14f.
[2] Über die in Abwesenheit Napoleons am 20. Mai 1808 in Paris abgehaltene Senatssitzung berichtete die GHLZ vom 28. lediglich, man habe außer der Vereinigung des ehemaligen Königreichs Hetrurien mit dem franz. Reich auch die Vereinigung der ehemaligen Herzogthümer Parma und Piacenza mit demselben beschlossen. Für den Text des von Napoleon am 30. Mai in Bayonne unterzeichneten Senatsbeschlusses, mit dem Parma und Piacenza zum Dept. Taro wurden, während die toskanischen Staaten die Departements Arno, Mittelmeer und Ombrone bildeten, vgl. MARTENS, Recueil des traités, Suppl. 5, S. 324f.

141 Bericht Nr. 20/1808   Rom, 9. Juli 1808

Ausfertigung StAD E 1 M Nr. 93/6 fol. 58; ps. 28. Juli 1808.
MATTSON Nr. 1899.

Durchreise der seitherigen Königin von Neapel und ihres Hofstaats auf dem Wege nach Spanien. Vermutungen über die Nachfolge des Großherzogs von Berg in Neapel. Umstellung der Soldzahlung für die französichen Truppen zur Entlastung der päpstlichen Kassen. Berufung Kardinal Paccas zum neuen Prostaatssekretär.

Das lange Stillschweigen, das ich, seit dem Abgange meines letzten allerunterthänigsten Berichtes beobachtet habe, ist allein durch den Mangel aller irgend merkwürdigen Ereignisse in Italien veranlaßt worden. Auch heute würde ich keine Veranlassung finden, dasselbe zu brechen, wenn nicht gestern Abend um 11 Uhr Ihre Maj. die Königin von Neapel hier durchgekommen wäre. Ihre K. Majestät haben hier bloß Pferde gewechselt und ihre Reise sogleich weiter fortgesetzt, man weiß jedoch nicht, ob Sie geradezu nach Bayonne, oder erst, wie man behauptet, nach Morfontaine, dem Landgute des Königs Joseph bei Paris gehen. Zugleich mit der Königin begiebt sich der größte Theil des bisherigen Neapolitanischen Hofstaats nach Spanien; derselbe reist in 5 Abtheilungen, von welchen einige bereits

Bericht 141

hier durchgegangen sind, andre noch erwartet werden. Von der zwischen 4 und 5 000 Mann starken Königlichen Garde hat bis jetzt nur die Hälfte dem König zu folgen Befehl erhalten. Man versichert, daß dieselbe bis zur Mitte dieses Monats nach und nach in kleinen Détachements hier eintreffen werde. Ueber das künftige Schicksal des Königreichs Neapel weiß man noch schlechterdings nichts Gewisses. Man behauptet, daß dasselbe Sr. K. H. dem Großherzog von Berg bestimmt sey; nach anderen aber würde der Großherzog von Berg bloß Vicekönig werden, und der Thron selbst fürs erste noch erledigt oder im Besitz des Königs Joseph bleiben[1].

Hier ist im Ganzen zwar die Lage der Dinge noch durchaus die nemliche; allein die Französischen Truppen sind seit ungefähr 14 Tagen unvermuthet hier auf den Friedensfuß gesetzt worden, dergestalt, daß dieselben ihren Sold und Unterhalt aus den Kaiserlichen Cassen empfangen, und die Päpstliche Regierung nur die Bestreitung der Transport und Hospitalkosten behält. Man hat aus dieser Maßregel günstige Vermuthungen für die Fortdauer der Päpstlichen Regierung ziehen wollen. Allein wenn zu dieser letzteren auch vielleicht sonst einiger Grund vorhanden seyn möchte, so ist doch gewiß, daß die gegenwärtige Abänderung doch allein eine Folge der wohlthätigen Bemühungen des Generals Miollis, welcher seiner Regierung die Unmöglichkeit vorgestellt hat, daß die Römische Regierung, besonders seit der Abtrennung der Marken Ancona, fernerhin ihren Unterhalt und Sold darreichen könne.

Der Cardinal Pacca ist an die Stelle des Cardinals Gabrielli zum Prostaatssecretaire ernannt worden. Er war ehemals Nuncius in Cölln, und ist unstreitig einer der kenntnißvollsten und aufgeklärtesten Cardinäle[2]. Er besitzt unter andern eine genaue Kenntniß der kirchlichen Verfassung Deutschlands, und würde dadurch vorzüglich zu der Zeit mit Nutzen haben gebraucht werden können, als noch von Abschließung eines Germanischen Concordats die Rede war.

Soeben erfahre ich mit Gewißheit, daß die Königin von Neapel geradezu nach Bayonne reist.

---

zu 141:
[1] *Die GHLZ hatte bereits am 14. Juni 1808 von laut Bericht aus Paris vom 7. dort umlaufenden Gerüchten berichtet, daß der Großherzog von Berg in Kurzem zum König erhoben werden dürfte, und man nennt die beiden Reiche Portugal und Neapel. Napoleons Schwager Joachim Murat, derzeit als Generalleutnant Chef der französischen Militärverwaltung in Madrid, war seit der Rheinbundgründung 1806 Großherzog von Berg und Cleve, auf die er anläßlich der Übertragung Neapels mit einem am 15. Juli 1808 in Bayonne unterzeichneten Vertrag verzichtete.*
[2] *Bartolomeo Pacca, der aus Benevent stammte, 1786–1794 Nuntius in Köln, gehörte seit Okt. 1800 dem Kardinalskolleg an.*

36 Befreiung des auf französischen Befehl festgenommenen Kardinalstaatssekretärs Bartolomeo Pacca durch Papst Pius VII. am 6. Sept. 1808.

37 General Sextius Alexandre François Miollis, französischer Militärgouverneur von Rom.

142 Bericht Nr. 21/1808   Rom, 23. Juli 1808

Ausfertigung StAD E 1 M Nr. 93/6 fol. 60; ps. 12. August 1808.
MATTSON Nr. 1904.

Hinweise auf Besserung der Beziehungen zwischen Frankreich und der Kurie. Umorganisation der päpstlichen Miliz. **Päpstlicher Protest gegen die von den Franzosen neubegründete „Gazetta Romana".** *Zwangsvorführung der aus dem Kirchenstaat ausgewiesenen Prälaten in Mailand. Amtsübergabe von Staatsrat Dauchy an General Menou in Florenz. Geplantes Familientreffen der Bonapartes in Aix. Unsicherheit über die Nachfolge des Großherzogs von Berg in Neapel. Abbruch der konsularischen Beziehungen mit Sardinien wegen der Entschädigung für vor Sardinien gekaperte französische Schiffe.*

Die Angelegenheiten zwischen dem Päpstlichen und Französischen Hofe befinden sich zwar noch immer durchaus in derselben Lage, als bisher; indeß schmeichelt man sich seit einigen Tagen, daß vielleicht doch noch nicht ganz an einer gütlichen Beendigung derselben zu verzweifeln sey. Diese Hofnung gründet sich besonders darauf, daß Pariser Briefe versichern, daß Se. Maj. der Kaiser Napoleon dem Cardinal Caprara habe anzeigen lassen, daß er in Paris bleiben möge, weil er ihn bei seiner Rückkehr daselbst sprechen wolle. Man schließt daraus, daß die jetzt abgebrochenen Unterhandlungen alsdann wieder angeknüpft werden dürften.

Hier ist seit dem Abgange meines letzten allerunterthänigsten Berichts nichts andres vorgegangen, als daß die Französischen Militairgewalten die Provincial-Miliz, welche im ganzen Kirchenstaate bestand, entwafnet und aufgehoben haben. Vermuthlich wird dieselbe neu eingerichtet und unter die Befehle des Generals Miollis gestellt werden. Da seit April dieses Jahres hier eine politische Zeitung unter dem Namen „Gazzetta Romana" erscheint, welche die Ueberschrift führt, daß alle darin enthaltenen Administrations-Beschlüsse officiell sind, so hat der Cardinal-Prostaatssecretaire eine Note an alle auswärtige Gesandten und Agenten ergehen lassen, in welcher er im Namen des Papstes erklärt, daß dies Blatt nicht unter der Autorisation der Römischen Regierung herauskomme, und diese folglich auch nicht für dasjenige einstehen könne, was darin etwa enthalten seyn möchte[1]. Ich muß hierbei bemerken, daß sich dieses Blatt aller eigenen Bemerkungen enthält, und bloß die Tagesbefehle der Französischen Militairegewalten und aus andern, jedesmal genau citirten, meist Französischen Zeitungen genommene politische Artikel liefert.

In den neuerlich dem Königreich Italien einverleibten, ehemals Päpstlichen Provinzen erhielten die Bischöfe vor Kurzem Befehl nach Mailand zu kommen. Einige unter denselben, und namentlich der Cardinal Gabrielli, lehnten diese Reise unter der Aeußerung ab, daß dieselbe ihrem Gewissen zuwiderlaufe. Hierauf ist nun der Cardinal von einem Französischen Officier nach Mailand abgeführt worden, und von den übrigen Bischöfen sollen einige verhaftet worden seyn. Se. Kais. H. der Vicekönig Prinz Eugen ist gegenwärtig im Begriff eine Reise durch diese neuen Provinzen seines Königreichs zu machen.

23. Juli 1808

In Florenz ist der General Menou, als Chef der dort bestellten Regierungsgiunta angekommen. Der Staatsrath Dauchy, welcher erst seinen Abschied nehmen wollte, ist auf ein sehr gnädiges Schreiben Sr. Maj. des Kaisers Napoleon in dem ihm angewiesenen Posten geblieben.

Der Senator Lucian Bonaparte ist plötzlich von da, jedoch ohne seine Familie, nach Aix in Savoyen abgegangen, wohin, den Zeitungen zufolge, seine Mutter und der Cardinal Fesch gleichfalls kommen, und wo sich Ihre Kais. H. die Prinzessin Borghese ihrer Gesundheit wegen befindet. Die Absicht dieser Reise, von welcher er schon in 14 Tagen zurück in Florenz zu seyn glaubt, scheint bloß die zu seyn, seine kranke Schwester zu besuchen und zugleich eine Zusammenkunft mit seiner Mutter zu haben.

Ueber das Schicksal des Königreichs Neapel sind wir noch hier in einer gänzlichen Ungewißheit. Zwar erhält sich das Gerücht, daß der Großherzog von Berg zum König daselbst bestimmt sey[2], indeß ist es sonderbar, daß die Zeitungen zu gleicher Zeit die Nachricht von seiner unmittelbar jetzt bevorstehenden Zurückkunft nach Düsseldorf auf eine beinah officielle Weise enthalten.

Der Französische Generalconsul Doriol in Cagliari ist in Livorno angekommen, und der Sardinische Consul in diesem letzteren Hafen hat das Wappen seines Souverains abnehmen müssen. Zugleich hat man ein überaus wachsames Auge auf die etwa aus Sardinien kommenden Schiffe und selbst auf die auf denselben befindlichen Passagiere. Die Hauptveranlassung zur Abreise des Consuls ist, wie man aus Livorno schreibt, nach der Versicherung desselben, die gewesen, daß der Hof nicht die zur Entschädigung der an den Sardinischen Küsten weggenommenen, und in Sardinischen Häfen aufgebrachten Französischen Schiffe versprochenen Summen zu zahlen fortgefahren hat. Die dem Consul Doriol deshalb gegebenen Wechsel sind nemlich von dem Banquier, auf den sie ausgestellt waren, aus dem Grunde protestirt worden, weil[a] ihn der Hof nicht mit den nöthigen Fonds versehen hätte.

Briefe aus Genua melden, daß der Französische General Lecchi einen Ausfall aus Barcellona gemacht, und ein dort versammelt gewesenes Insurgentencorps in die Flucht geschlagen und demselben 16 Stück Kanonen abgenommen habe.

zu 142: [a] *korr. aus:* da

[1] *Eine Abschrift der Note Kardinal Paccas vom 17. Juli 1808 liegt als Anlage F bei Humboldts Bericht Nr. 21/1808,* **147** *mit Anm. 6.*
[2] *Obwohl das Ernennungsdekret bereits am 20. Juli in Bayonne unterzeichnet worden war, hieß es in der Darmstädter GHZ noch am 13. Aug. mit einem Korrespondentenbericht aus Paris vom 29. Juli: Es heißt jetzt mit viel Wahrscheinlichkeit, daß der Kaiser die Krone von Neapel seinem Schwager, dem Großherzog von Berg verliehen habe; Nr. 19/1808 S. 145; siehe* **144**.

Berichte 143/144

143 Bericht Nr. 22/1808 Rom, 27. Juli 1808
Ausfertigung StAD E 1 M Nr. 93/6 fol. 62; ps. 20. August 1808.
MATTSON Nr. 1906.

Rückkehr Lucien Bonapartes nach Rom. Kardinal Caprara in Paris. Schließung der portugiesischen Gesandtschaft in Rom. Französische Truppenbewegungen. Vorbereitungen zur Ankunft der Großherzogin von Berg in Neapel. Die Familie Lucchesini.

Der Senator Lucian Bonaparte ist von seiner Reise, von der ich die Ehre hatte, Ew. K. H. in meinem letzten allerunterthänigsten Berichte zu schreiben, nach sechs Tagen in Florenz wieder eingetroffen. Er hatte nemlich in Turin erfahren, daß Ihre Kais. Hoheiten, seine Mutter und Schwester, Aix verlassen hatten, und nach Lyon gegangen waren, um sich von da nach Paris zu begeben. – Die gleichfalls von mir in meinem letzten Berichte erwähnte Nachricht, daß der Cardinal Caprara noch länger in Paris verweilen wird, bestätigt sich dadurch, daß man weiß, daß er alle, schon zu seiner Abreise von dort nach seinem Erzbisthume Mailand getroffenen Anstalten plötzlich abbestellt hat.

Der bisherige Portugiesische Gesandte, welcher seit einiger Zeit bloß den Titel eines Gesandten Sr. Allergetreuesten Majestät angenommen hatte, der Commandeur Pinto[1], war vor einigen Tagen, seiner sehr zerrütteten Gesundheit wegen, in die Bäder von Nocera gegangen. Jetzt ist durch seine Leute das Portugiesische Wappen von seinem Pallaste abgenommen worden, und das Gleiche ist mit den Portugiesischen Wappen aller unter dem Schutz dieser Krone in Rom stehenden Personen geschehen. Man vermuthet, daß diese Maßregel auf den Rath und die Weisung der Französischen Militairegewalten getroffen worden sey.

Der General Dumoulins hat plötzlich Befehl erhalten, mit ungefähr 1400 Mann der hier stehenden Truppen nach Treviso zu gehen, und zu dem sich an den Gränzen Tirols zusammenziehenden Lager, das schon 40000 Mann stark seyn soll, zu stoßen. Dagegen erwartet man hier ein neues Truppencorps aus Bologna. Dieses wird, wenn es auch nicht, wie man vielleicht übertrieben behauptet, 10 bis 12000 Mann haben sollte, dennoch ansehnlich seyn, aber nur aus vierten Bataillonen verschiedener Regimenter bestehen.

Ihre Kais. H. die Großherzogin von Berg hat in Neapel zum 15. August eine große Oper bestellt, woraus man schließt, daß sie zu dieser Zeit daselbst eintreffen werde. Auch von einer noch bevorstehenden Reise Sr. Maj. des Kaisers Napoleon nach Mailand redet man aufs neue.

Der Marquis Lucchesini hat die Stelle eines Grand Maître am Lucchesischen Hofe erhalten[2]; sein ältester Sohn ist Stallmeister an demselben Hofe geworden, und der jüngste ist in Französische Kriegsdienste getreten, und steht in Oberitalien in Garnison[3].

---

zu 143:
[1] Siehe oben 124; vgl. die entsprechende Kurzmeldung der GHZ vom 16. Aug. 1808, S. 153.

27. Juli / 6. August 1808

² *Girolamo Lucchesini, der aus Lucca stammte, war bereits 1780 von König Friedrich II. als Kammerherr an den preußischen Hof geholt worden, dem er in der Folgezeit als Diplomat diente. Seit 1800 Gesandter in Paris, hatte er nach Ablehnung des von ihm im Nov. 1806 mit Napoleon ausgehandelten Waffenstillstands durch König Friedrich Wilhelm III. im Jan. 1807 seinen Abschied erhalten und war nach Italien zurückgekehrt. Er übernahm hier die Oberhofmeister-Würde am Hof der Fürstin Elisa Baciocchi in Lucca.*
³ *Zusammen mit Bericht Nr. 22/1808 wurden am 27. Juli auch die letzten von Humboldt erwirkten Dispensations-Breven für den vormals kurmainzischen Oberstleutnant Ernst Ludwig Inkebrand/Gießen und Johannes Schnell/Lampertheim nach Darmstadt geschickt; StAD E 5 B 2 Nr. 12/17 und 19. Weitere Kurzberichte Humboldts aus dem letzten Amtsjahr 1808 vom 23. Jan., 20. und 24. Febr. und 9. Juli finden sich in den Akten Leonhard Weber/Oberabtsteinach, Johannes Kämmerer/Klein-Auheim, Peter Kämmerer/Seligenstadt und Peter Schmidt/Hemsbach, a. a. O. Nr. 12/14–16 und 18.*

144 Bericht Nr. 23/1808   Rom, 6. August 1808

Ausfertigung StAD E 1 M Nr. 93/6 fol. 64; ps. 25. August 1808.
MATTSON Nr. 1909.

Proklamation Joachim Murats zum König von Neapel. Unterhaltskosten der französischen Truppen in Rom. Aufhebung der russischen Gesandtschaft beim Heiligen Stuhl. Gerüchte über ein wichtiges Gefecht in Spanien.

Ew. K. H. werden vermuthlich schon in den öffentlichen Blättern die beiden Decrete gesehen haben, durch welche Se. K. H. der Großherzog von Berg zum König beider Sicilien, und dessen Gemahlin, die Schwester Sr. Maj. des Kaisers Napoleon, im Fall sie ihn überleben sollte, zu dessen Nachfolgerin erklärt ist. Man versichert, daß beide gegen den 15. d. M. in Neapel eintreffen werden[1].

In Rom hat sich, seit dem Abgange meines letzten allerunterthänigsten Berichtes nichts eigentlich Erhebliches zugetragen. Nur ist wiederum eine neue Einrichtung mit der Unterhaltung der Französischen Truppen getroffen worden. Dieselbe soll nemlich, einem neueren Decrete zufolge, nicht, wie vor Kurzem bestimmt war, aus den Französischen Cassen, sondern durch die Päpstliche Regierung, wie ehemals, geschehen[2]. Jedoch ist sie auf eine bei weitem geringere Summe, als vorhin, heruntergesetzt worden.

Der Russische Geschäftsträger, Graf Cassini, hatte, als er vor mehreren Jahren wegen der Auslieferung des Chevalier Vernègues Rom verließ, das Wappen seines Souverains über der Thür seines Hauses gelassen, und dasselbe war seitdem dort geblieben[3]. Jetzt aber hat er von Pisa, wo er sich gegenwärtig aufhält, einem Manne, der hier seine Angelegenheiten besorgt, gemeldet, daß ihm der Kaiser, sein Herr, befohlen habe, das Wappen abnehmen zu lassen, und auch selbst nicht mehr den Titel eines Geschäftsträgers beim Römischen Hofe zu führen. Das Wappen ist demnach hierauf sogleich abgenommen worden.

Seit einigen Tagen geht hier das für gewiß versicherte Gerücht, daß der Marschall Bessières ein sehr bedeutendes Corps Spanischer Insurgenten bei

Medina in die Flucht geschlagen und zerstreut habe. Man setzt aber nicht hinzu, bei welchem Medina diese Schlacht vorgefallen sey, da es in Spanien fünf Orte dieses Namens giebt[4].

zu 144:
[1] *Die GHZ brachte in Nr. 20 vom 16. Aug. 1808, S. 151f, mit Bericht aus Neapel vom 1. d. M. deutsche Übersetzungen des von Kaiser Napoleon am 20. Juli in Bayonne ausgefertigten Ernennungsdekrets und der Besitzergreifungsproklamation Murats, der mit* Joachim Napoleon *signierte.*
[2] *siehe* **141**.
[3] *siehe oben* **12** *mit Anm. 2.*
[4] *Medina de Rioseco in der kastilischen Provinz Valladolid; über die zur Sicherung der Straße von Bayonne nach Madrid wichtige* Aktion bei Rio Secco am 14. *Juli, in der Bessières mit angeblich 15 000 Mann ein spanisches Insurgenten-Korps von 30 000 Mann geschlagen habe, berichtete die GHZ am 20. Aug. 1808, Nr. 22 S. 167f, mit einem Pariser Bericht* nach den Erzählungen eines Handelsmannes, der aus Spanien zurückkam.

145 Bericht Nr. 24/1808   Rom, 27. August 1808

Ausfertigung StAD E 1 M Nr. 93/6 fol. 66f; ps. 16. September 1808.
MATTSON Nr. 1918.

Keine wesentlichen Veränderungen in Italien. Verzögerung der Ankunft Murats in Neapel. Proteste des Kardinalstaatssekretärs gegen verschiedene Maßnahmen der französischen Militärverwaltung. Verlagerung von Teilen der französischen Truppen in andere Orte des Kirchenstaats. Bemühungen Bayerns um Neuaufnahme der Konkordatsverhandlungen. Streit um die Zuständigkeit des Bischofs von Chur in Südtirol. Feier des Napoleontags. Zwangsmaßnahmen gegen Bischöfe, die den Eid auf das Königreich Italien verweigern.

Nur der gänzliche Mangel an allen irgend allgemein interessanten Ereignissen im Römischen Staat und Italien überhaupt hat mich zu dem langen Stillschweigen veranlaßt, das ich seit dem Abgange meines letzten allerunterthänigsten Berichts beobachtet habe, und das ich auch heute kaum einen näheren Grund zu unterbrechen finde, als den, Ew. K. H. wenigstens anzuzeigen, daß alles sich allhier noch schlechterdings in demselben Zustand befindet. Obgleich freilich die Gemüther noch immer mit gleich gespannter Aufmerksamkeit die endliche Entscheidung des Schicksals des hiesigen Hofes erwarten, so sieht man dennoch kein nahes Ereigniß voraus, das die eine oder andre Wendung beschleunigen könnte, es müßte denn seyn, daß bei der Ankunft Sr. Maj. des Königs von Neapel etwas hierüber entschieden würde. Man versichert jetzt, daß dies im Anfang des nächsten Monats erfolgen werde[1], und indeß ist der Marschall Perignon, der vor Kurzem hier durchgegangen, der allgemeinen Verwaltung der Regierungsgeschäfte vorzustehen, nach Neapel gesendet worden.

Von hier ist man in der That in Verlegenheit, etwas Erhebliches zu melden. Wenn sich auch von Zeit zu Zeit Dinge ereignen, welche bei dem hiesigen Publicum einiges Aufsehn erregen, so haben sie dennoch gar kein, oder

6./27. August 1808

nur ein geringes allgemeines Interesse. So wurden z. B. vor mehreren Tagen der hiesigen Regierung von den Französischen Militaire-Autoritaeten die Acten aller in den, neulich dem Königreich Italien einverleibten Provinzen schwebenden Criminal-Processe abgefordert, und da die Regierung dieselben verweigerte, so wurden Piquette von Infanterie nach mehreren Tribunalen, und unter andern auch nach der Staatssecretairerie im Päpstlichen Pallast geschickt, die jedoch da, wo man ihnen sagte, daß sich diese Papiere nicht befinden könnten, keine Nachsuchung einiger Art anstellten, sondern die gewünschten Acten nur auf dem die Consulta genannten Gerichtshof wegnahmen und sich sodann zurückzogen. Dieses Ereigniß hat dem Cardinal-Staatssecretaire Veranlassung gegeben, eine Circularnote an das Corps Diplomatique zu richten, welcher eine Note an den General Miollis beigefügt ist, welche Beschwerden über mehrere Punkte und namentlich darüber enthält, daß in den Provinzen auf Französischen Befehl eine Landmiliz organisirt werde, daß ein Römischer Unterthan, der sich, nach einem gehabten Streit, in eine Kirche geflüchtet, dort, ungeachtet des Asyls, von Franzosen verhaftet worden sey, und daß die Französischen Autoritaeten vom Papst begnadigte Baugefangene nicht losgegeben hätten[2]. Da die beiden ersten Punkte nur das Verfahren von untergeordneten Commissarien in den Provinzen betreffen, so weiß man nicht, welche Antwort der General darauf gegeben haben mag, allein gewiß ist es, daß alle diese Gegenstände in dem Kreise derjenigen Polizeigewalt liegen, welche die Französischen Militaire-Autoritaeten zur Erhaltung der äußeren und inneren Sicherheit im Römischen Staate gegenwärtig ausüben.

Mehr als die Hälfte der hiesigen Französischen Garnison ist seit 3 bis 4 Tagen in mehrere Städte des Römischen Staats, Viterbo, Spoleto, Bolsena, Albano, Marino u.s.f. geschickt und vertheilt worden. Der Angabe nach, ist allein der Umstand, daß sich viele Krankheiten, welche man der hiesigen Luft zuschrieb, unter denselben zeigten, an dieser Verlegung Schuld. Die Zahl der hier gebliebenen Truppen wird sich schwerlich auf viel mehr als 1500 Mann belaufen.

Der Baierische Gesandte allhier, Praelat Haeffelin, hat in diesen letzten Tagen einen außerordentlichen Courier erhalten, welcher indeß nur geistliche Angelegenheiten seines Hofes betrifft. Se. Maj. der König von Baiern wünscht nemlich die mit dem Praelaten della Genga angefangenen und hernach abgebrochenen Unterhandlungen wieder anzuknüpfen, und endlich das schon so lange besprochene Concordat mit dem Römischen Stuhle abzuschließen, und der Papst hatte Sr. K. Majestät schon früher dasselbe Verlangen geäußert. Zugleich trägt das in Tyrol über die Entfernung des Bischofs von Chur entstandene Misvergnügen mit dazu bei, die Beendigung dieser Angelegenheit gleich sehr von beiden Theilen wünschen zu lassen. Soviel ich habe vernehmen können, wird der Bischof von Chur gegen eine von Sr. Maj. dem König von Baiern zu erhaltende Entschädigung von aller Einmischung in alle Baierische Angelegenheiten ausgeschlossen werden, der von Trient aber, indem er sich den Verfügungen des Königs unterwirft, in seinen vorigen Wirkungskreis zurückkehren[3]. Am 15. als dem S[ankt] Napoleonstage, war ein feierliches Tedeum in der Kirche S[an] Luigi dei Francesi zu welchem jedoch nur der Spanische und Baierische Gesandte, als Familienminister, eingeladen wurden[4]. Dieselben Gesandten illuminirten auch an dem gleichen und dem darauf folgenden Abend. An letzterem gab der General Miollis einen Ball, welchem das Corps Diplomatique und der größte Theil des hiesigen Adels beiwohnten.

Da die Bischöfe der neulich dem Königreich Italien einverleibten Provinzen den von der Italienischen Regierung verlangten Eid zu leisten verweigert haben, sind ihre sämmtlichen Güter confiscirt, und einige unter ihnen aus ihren Sprengeln entfernt worden. Nur die von Gubbio und Urbino[5], von welchen der erstere selbst nach Paris gegangen ist, hat man, wegen einiger von ihnen erlassener, der Regierung angenehm gewesenen Hirtenbriefe mit dieser Maßregel bis jetzt verschont.

---

zu 145:
[1] *Die GHZ berichtete am 27. Aug. über die Verzögerung der Reise des durch Krankheit in Tarbes festgehaltenen neuen Königs von Neapel.*
[2] *Abschriften der Anweisung zur Aufstellung der Miliz, der Protestnote vom 28. Juli und der begleitenden Zirkularnote vom 15. August als Anlagen zu Humboldts Bericht Nr. 26/1808,* **147** *mit Anm. 7.*
[3] *Die von der Diözese Chur abgetrennten Tiroler Gebietsteile wurden 1816 endgültig den Diözesen Brixen und Trient zugewiesen. Bischof von Chur war seit 1794 Karl Rudolf Buol von Schauenstein, Bischof von Trient Emanuel Maria von Thun.*
[4] *Spanischer Gesandter war der Marquese Antonio Vargas.*
[5] *Octavio Angelelli und Giridione Berioli.*

---

146 Bericht Nr. 25/1808 Rom, 3. September 1808

Ausfertigung StAD E 1 M Nr. 93/6 fol. 68; ps. 27. September 1808.
MATTSON Nr. 1922.

Aufenthalt des durchreisenden Königs von Neapel in Rom. Publikation eines päpstlichen Edikts gegen die von der französischen Militärverwaltung angeordnete Aufstellung einer Landmiliz.

Se. Majestät der König von Neapel ist gestern hier durchgegangen. Er kam um 5 Uhr Morgens an, stieg im Pallaste Farnese, welcher jetzt den Namen „Neapolitanischer Pallast" erhalten hat[1], ab, und reiste, nachdem er sich nur einige Stunden hier ausgeruht hatte, wiederum von hier gegen Neapel zu ab. Der General Miollis war ihm am Abend zuvor entgegengegangen, und begleitete ihn auch wieder bei seiner Abreise.

Ew. K. H. werden aus meinem letzten allerunterthänigsten Bericht zu ersehen geruhet haben, welche Beschwerden der Papst über die Einrichtung einer Landmiliz (truppa civica) unter Französischer Autoritaet in seinen Staaten führte. Er ist seitdem in seiner Unzufriedenheit mit dieser Maßregel so weit gegangen, daß er ein eignes Edict dagegengegeben, und hand-

27. August / 3. / 10. September 1808

schriftlich, jedoch eigenhändig unterzeichnet, in allen Oertern des Kirchenstaats anschlagen lassen. Er verbietet in demselben allen seinen Unterthanen sich in irgend ein „truppa civica" genanntes Corps unter Abhängigkeit von einer framden Macht anwerben zu lassen, verspricht denjenigen, die, bereits angeworben, sich wieder zurückziehen würden, Amnistie und Straflosigkeit, erklärt die andern, welche dabei beharren würden, der Felonie und Rebellion schuldig, und erinnert sie, daß, im Fall sie wagten, in ihren neuen Verhältnissen die Hand an die geistliche Autoritaet (ein Ausdruck der hier von sehr unbestimmter und weiter Bedeutung ist) zu legen, sie in die Strafe der Excommunication verfallen würden, so wie die, welche sich dergleichen erlaubt, schon wirklich in dieselbe verfallen wären[2]. Eine solche öffentlich angeschlagene Verordnung hat nicht anders, als den unangenehmsten Eindruck auf die Französischen Militaire-Gewalten machen können. Doch haben sie bis jetzt nichts andres gethan, als das Edict abnehmen, und einige der Gouverneurs, welche dasselbe, auf Befehl des Papstes bekannt gemacht hatten, verhaften lassen, und man muß die weiteren Folgen erst dann erwarten, wenn die Verordnung in Mailand und Paris bekannt geworden, und Antwort deshalb erfolgt seyn wird.

---

zu 146:
[1] *Zur Übernahme der Farnese-Güter bereits oben* **119**.
[2] *Die mit Zirkularnote des Prostaatssekretärs Kardinal Pacca vom 28. Aug. 1808 übermittelte Abschrift des päpstlichen Edikts vom 24. liegt unter den Anlagen zu Humboldts nächstem Bericht vom 10. Sept.,* **147** *mit Anm. 8.*

147 Bericht Nr. 26/1808   Rom, 10. September 1808

Ausfertigung StAD E 1 M Nr. 93/6 fol. 70, 91; ps. 1. Oktober 1808.
MATTSON Nr. 1924.

Französische Ausweisungsverfügungen gegen Kardinalstaatssekretär Pacca, Generalgouverneur Arezzo und Kardinal Antonelli. Vorkehrungen gegen mögliche Unruhen in Rom. Reisestationen des Königs von Neapel. Übersendung verschiedener Dokumente.

Ich habe mit Fleiß den vorigen Posttag überschlagen, um Ew. K. H. zugleich und im Zusammenhange mit den Vorfällen bekannt zu machen, die sich seit dem Abgange meines letzten allerunterthänigsten Berichtes hier zugetragen haben. Am 3. und 4. huj[us] wurden einige Personen, die aus dem Päpstlichen Pallast kamen, von Französischen Patrouillen angehalten, jedoch sogleich, als man sich versichert hatte, wer sie waren und was sie für Geschäfte hatten, wieder losgelassen. Man weiß nicht genau, ob dieser Umstand oder irgend ein andrer Bewegungsgrund den Papst veranlaßte, die große Thür seines Pallastes, die einzige noch offene, zu verschließen und bloß eine, nach hiesiger Sitte, darin angebrachte kleinere offen zu lassen, so daß jetzt niemand mehr in den Hof des Pallastes fahren kann, sondern jeder auf dem Platze

Bericht 147

vorn aussteigen muß. Obgleich diese beiderseitigen Maßregeln viel Aufsehen im Publicum erregten, so scheint doch die erste Veranlassung die gewesen zu seyn, zu verhüten, daß der Papst nicht ferner ein Edict oder Proclamation, wie das in meinem vorigen allerunterthänigsten Bericht erwähnte ausgehen lasse, wodurch die öffentliche Ruhe in der That gefährdet werden könnte.

Da die hiesigen Französischen Militaire-Autoritaeten offen der hiesigen Regierung geäußert haben, daß sie keine öffentliche Anschläge machen möchte, welche auf eine nachtheilige Weise auf die Ruhe des Staats und seiner Bewohner, für welche der Französische General verantwortlich sey, einwirken könnten, und der Cardinal-Prostaatssecretaire Pacca die Befehle, das neuliche Edict anzuschlagen, ausgefertigt hatte, so wurde demselben am 6t[en] huj[us] von zwei Französischen Officieren angekündigt, daß er sich augenblicklich nach Benevent, seiner Vaterstadt, verfügen, und vorher nicht mehr zu dem Papst gehen sollte. Als aber der Cardinal, nachdem der eine der beiden Officiere weggegangen war, mit Erlaubniß des andern, dem Papst dieses Ansinnen schriftlich meldete, kam der Papst, in dessen Pallast der Cardinal wohnte, selbst zu ihm, erklärte dem Officier, daß er seinen Staatssecretaire nicht wegweisen lassen könnte, und führte diesen bei der Hand in seine eigenen Zimmer, so daß die Entfernung desselben nicht Statt haben konnte. Seitdem hat das Französische Militaire keine weiteren Schritte gegen den Cardinal Pacca vorgenommen, aber den Praelaten Arezzo, Gouverneur der Stadt Rom, und den Cardinal Antonelli von hier entfernt. Der erstere war bei der Scene zwischen dem Papste und dem Französischen Officier zugegen, und soll sich in dieselbe gemischt haben; der letztere sollte, da er aus den neulich dem Königreich Italien einverleibten Provinzen gebürtig ist, schon längst Rom verlassen.

Die Ruhe der Stadt ist, während aller dieser Vorfälle, nicht einen Augenblick gestört worden. Bliebe aber auch nur die mindeste Besorgniß, wie in der That nicht der Fall ist, von einer Volksbewegung übrig, so würden die zweckmäßigen und wohlberechneten Maßregeln des Generals Miollis solche gewiß aufheben. Derselbe hat sogleich das Pulver in der ganzen Stadt in Beschlag nehmen, die noch im Vatican vorhandenen Waffen nach der Engelsburg bringen, durch häufige Patrouillen und Verwandeln der Sbirren, die oft sehr wenig ausrichteten, in eine ordentliche Gendarmerie allen etwannigen Zusammenrottungen zuvorkommen, und endlich eine Versammlung aller Pfarrer veranstalten lassen, in welcher er ihnen einschärfte, das Volk zur Ruhe zu ermahnen, und sie selbst verantwortlich machte, im Fall je eine Sturmglocke zu läuten anfangen würde. Zugleich sind frische Truppen aus Neapel angekommen und werden andre aus Bologna erwartet.

Der Cardinal De Pietro ist zum Secretaire der an den Papst einlaufenden Bittschriften ernannt, und wohnt in dieser Eigenschaft im Päpstlichen Pallast[1].

Se. Maj. der König von Neapel hat sich, nachdem er am 3. huj[us] in

10. September 1808

Albano angekommen war, den ganzen 4. dort aufgehalten, ist am 5. wieder von da abgereist, und am 6. in Neapel angekommen. Se. Majestät scheinen bei diesem Aufenthalte nichts andres abgezweckt zu haben, als nur entweder auszuruhen, oder den einmal zu ihrem Einzuge in Neapel bestimmten Tag abzuwarten[2]. Die Königlichen Kinder sind am 7. huj[us] hier durchgegangen.

Schließlich überreiche ich Ew. K. H. in der Anlage allerunterthänigst einige noch bisher nicht übersendete Actenstücke, die sich auf einige, in meinen letzten Berichten erwähnte Vorfälle beziehen.

Nr. A. und B. betreffen die Incorporation der durch das Decret vom 2. April mit dem Königreich Italien vereinigten ehemaligen Päpstlichen Provinzen, und die Entfernung der aus diesen Provinzen gebürtigen Cardinäle, Praelaten und andren Angestellten von Rom. Da die beiden Decrete, welche die Veranlassung zu diesen Noten geben, durch die öffentlichen Blätter bekannt sind, so habe ich nicht geglaubt, eine Abschrift derselben beifügen zu müssen[3].

Nr. C., sind die vom Papst an die Bischöfe in jenen Provinzen erlassenen Instructionen, die, wie ich die Ehre gehabt, Ew. K. H. allerunterthänigst einzuberichten, hier sehr viel Aufsehen erregt haben[4]. Nur wenige dürften es über sich nehmen, den Inhalt und die Fassung derselben vertheidigen zu wollen; zur Entschuldigung der Päpstlichen Regierung muß ich jedoch bemerken, daß es bloß einem Versehen des Cardinals-Staatssecretaires zuzuschreiben ist, daß nicht wenigstens viele der am meisten anstößigen Stellen theils ganz ausgelassen, theils gemildert worden sind.

Nr. D., welche eine Beilage zu Nr. E., ist, bezieht sich auf die eben erwähnten Instructionen, und die durch dieselben veranlaßte Entfernung des Cardinals Gabrielli von Rom[5].

Nr. F., hat die seit dem Monat April hier erscheinende Zeitung zum Gegenstand[6].

Nr. G., welche eine Beilage zu Nr. H, ist, betrift Beschwerden des Papstes über mehrere Gegenstände, vorzüglich aber über die Einrichtung einer Truppa civica in den Staaten desselben, so wie Nr. H., selbst die von dem Französischen Militaire in Päpstlichen Dicasterien verfügte Aufsuchung einiger Processacten[7].

Nr. I., bezieht sich abermals auf die Organisierung dieser Truppa civica, und enthält, als Beilage, das von dem Papste dagegen gegebene Edict[8].

Nr. K., betrift die beabsichtigte Entfernung des Cardinal-Prostaatssecretaires Pacca, und

Nr. L., die wirklich vollzogene des Cardinals Antonelli und Praelaten Arezzo von Rom, so wie einige andere Beschwerden ähnlicher Art[9].

Alle diesen Piècen sind, die Instructionen an die Bischöfe allein ausgenommen, dem Corps Diplomatique vom Cardinal-Prostaatssecretaire officiell mitgetheilt worden.

zu 147:

[1] Das Amt des Memorialen-Sekretärs hatte im Frühjahr Kardinal Albani übernommen, der nun als Nachfolger des ausgewiesenen Kardinal Antonelli Brevensekretär wurde; siehe **137**.

[2] Über die Ankunft Murats in Neapel brachte die GHZ in Nr. 36 vom 22. Sept. 1808 lediglich eine Zweizeilenmeldung aus Paris: Der König beider Sizilien ist am 6ten d. zu Neapel angekommen.

[3] An den Geschäftsträger des Königreichs Italien, Cav. Alberti, gerichtete Denkschrift (Memoria) des Kardinalprostaatssekretärs Gabrielli, datiert Dalle Stanze del Quirinale 19. Maggio 1808, mit begleitender Zirkularnote vom selben Tage, StAD E 1 M Nr. 93/6 fol. 71–74; Abschriften der beigefügten Dekrete vom 2. April hatte Humboldt bereits mit Bericht Nr. 16/1808 übersandt, siehe **137** mit Anm. 1.

[4] Die nicht publizierte Istruzione per i Vescovi StAD E 1 M Nr. 93/6 fol. 75–78, ist nur durch das vorgeschaltete Begleitschreiben vom 22. Mai 1808 datiert; die nachfolgende zweite Instruktion stammt vom 29. Mai; vgl. dazu wie zur dadurch ausgelösten Ausweisung Kardinal Gabriellis Bericht Nr. 19/1808, oben **140**.

[5] Das der Protestnote Kardinal Gabriellis an General Miollis vom 17. Juni 1808 beigegebene Biglietto vom selben Tage ist wohl ebenfalls als Zirkularnote aufzufassen; StAD E 1 M Nr. 93/6 fol. 79–80; vgl. Mattson Nr. 9118.

[6] Zirkularnote des neuen Kardinalprostaatssekretärs Pacca vom 17. Juli 1808, a.a.O. fol. 80; vgl. dazu Humboldts Bericht über die „Gazetta Romana" vom 23. Juli, oben **142**.

[7] Zirkularnote Kardinal Paccas vom 15. August 1808 mit der beigefügten Protestnote an General Miollis vom 28. Juli und einem undatierten, vom Kommandanten der Guardia Civica nella Provincia del Lazio unterfertigten Elenco über die Stellung der neuen Miliz, StAD E 1 M Nr. 93/6 fol. 81–84; zum Vorgang selbst oben **145**.

[8] Zirkularnote Kardinal Paccas vom 28. Aug. 1808 mit früheren Protestnoten an General Miollis in der Milizenfrage vom 12., 20., 28. Mai und 28. Juni sowie dem erwähnten Edikt Papst Pius VII. vom 24. Aug. 1808, StAD E 1 M Nr. 93/6 fol. 85–89; über das Edikt Humboldts vorangegangener Bericht, **146**.

[9] Protestnoten Kardinal Paccas vom 6. und 7. Sept. 1808, a.a.O. fol. 90.

148 Bericht Nr. 27/1808   Rom, 5. Oktober 1808

Ausfertigung StAD E 1 M Nr. 93/6 fol. 92 f; ps. 28. Oktober 1808[a].
Abschrift (Auszug) StAD E 5 B 1 Nr. 2/2 fol. 175.
Mattson Nr. 1934.

Fortdauer der päpstlichen Regierung in Rom. Hinrichtung des ehemaligen Insurgentenchefs Joseph Vanni wegen angeblicher Spionage. Überfall einer englischen Flottille auf den kalabrischen Hafen Diamante und die dort liegenden Handelsschiffe. Vorbereitung für Humboldts im Vorjahr genehmigte Urlaubsreise.

Ich wage es, mir mit der Hofnung zu schmeicheln, daß Ew. K. H. meinen letzten alleruntertänigsten Bericht vom 10. pr[ioris] nebst den Beilagen desselben richtig empfangen haben werden. Seit dem Abgange dieses Berichts hat sich hier nicht das Mindeste zugetragen, das besondre Erwähnung verdient hätte. Die Lage der Sachen ist vielmehr noch gerade so wie sie damals war, und wie ich sie Ew. K. H. zu schildern die Ehre hatte. Der Papst fährt fort, den Pallast des Quirinals nicht zu verlassen, und seinem Beispiel folgen die mit ihm denselben bewohnenden vier Cardinäle, der kranke Staatssecretaire Cassoni, der Prostaatssecretaire Pacca, der Cardinal De

10. September / 5. Oktober 1808

Pietro als Segretario de' Memoriali und der Cardinal Despuig, Provicarius, ein Spanier von Geburt, der erst seit wenig Tagen den Pallast bezogen hat. Demungeachtet gehen alle Geschäfte ihren gewöhnlichen Gang, und die Regierungsangelegenheiten werden, nach wie vor, von dem Heil. Vater, seinen Ministern und Tribunälen besorgt, ohne daß eine fremde Einmischung Statt finde, diejenigen Fälle ausgenommen, wo die in den Händen des Französischen Militaires befindliche Polizeigewalt eintritt. Viele Personen halten sich überzeugt, daß dieser Zustand der Dinge noch lange Zeit, und bestimmt wenigstens diesen Winter hindurch fortdauern werde. Allein, obgleich der Umstand, daß die neulichen Ereignisse, welche den Gegenstand meines letzten allerunterthänigsten Berichtes ausmachten, bis jetzt keine anderweitigen Folgen hervorgebracht haben, allerdings einigermaßen hierfür spricht, so läßt sich dennoch natürlich nichts hierüber nur mit einigem Grad der Wahrscheinlichkeit bestimmen.

In den letzten Tagen des vorigen Monats wurde hier ein gewisser Joseph Vanni von einem Französischen Kriegsgericht zum Tode verurtheilt, und auf der Piazza del Popolo erschossen. Dieser Mensch, der aus einer adlichen Familie in der kürzlich mit dem Königreich Italien vereinigten ehemals Päpstlichen Provinzen abstammte und als Obrister im Dienste des Sicilianischen Hofes zu stehen angab, hatte sich, ohne daß er Uniform trug oder sonst die mindeste Bescheinigung, daß er wirklich Officier sey, beibringen konnte, von einer Englischen Fregatte bei Fiumicino ans Land setzen lassen und war dort auf dem Felde ergriffen und nach Rom gebracht worden. Hier wurde er als Spion betrachtet und soll selbst gestanden haben, daß er abgeschickt gewesen sey, die Stärke der zur Bewachung der Römischen Küsten bestimmten Französischen Truppen auszuforschen. Uebrigens war dieser Mensch schon in der Zeit der Revolution als ein Insurgentenchef, der, besonders in Macerata, viele Grausamkeiten begangen hatte, bekannt. Da der Papst, der die Abreißung der dem Königreich Italien einverleibten Provinzen vom Kirchenstaat nicht anerkennt, indeß diesen Vanni noch als einen seiner Unterthanen betrachtet, der nur von einem seiner Tribunale hätte gerichtet werden sollen, so hat er über diesen Vorfall durch den Cardinal-Staatssecretaire eine Circularnote an das Corps Diplomatique richten lassen[1].

Eine aus 2 Fregatten, 4 Bricks, 2 halben Galeeren und 10 Kanonier-Chalouppen bestehende Englische Flottille soll den Hafen Diamante im diesseitigen Calabrien überfallen haben, um sich eines dort liegenden Convois von 127 mit Oel und seidenen Zeugen beladenen Schiffe zu bemächtigen. Siebenzig dieser Schiffe haben indeß Mittel gefunden zu entkommen. Da die Landmiliz des Orts sich dem Angriff der Engländer widersetzt hatte, so sind diese ans Land gestiegen und haben die Stadt Diamante zwei Tage lang geplündert. Indeß bedarf diese ganze, von Genueser Fahrzeugen nach Porto d'Anzo gebrachte Nachricht noch fernerer Bestätigung[2].

Ew.[b] K. H. werden sich allergnädigst zu erinnern geruhen, daß Allerhöchstdieselben die Gnade hatten, mir unterm 1. October a[nni] pr[ioris] einen sechsmonatlichen Urlaub zu einer in meinen Privatangelegenheiten zu unternehmenden Reise zu ertheilen³. Mehrere Umstände haben mich bisher verhindert, von dieser allergnädigsten Erlaubniß Gebrauch zu machen. In dem gegenwärtigen Augenblicke sehe ich mich endlich dazu im Stande, und da die Gründe, die mich einen solchen Urlaub wünschen ließen, jetzt nur noch dringender geworden sind, so werde ich Rom in wenigen Tagen verlassen und schmeichle mir hierin mit Ew. K. H. allerhöchster Genehmigung. Sobald ich mich der Möglichkeit, diese Reise jetzt unternehmen zu können, versichert hatte, ist es jedoch meine erste Sorgfalt gewesen, darauf zu denken, daß die Besorgung der geistlichen Geschäfte der katholischen Unterthanen Ew. K. H. während meiner Abwesenheit ihren ungehinderten Fortgang nehmen. Ich bin eben beschäftigt, die nöthigen Einrichtungen deshalb zu treffen, und hoffe dieselben, Ew. K. H. mit nächstem Posttag unfehlbar allerunterthänigst einzuberichten. Ich darf mir mit Grunde schmeicheln, daß Ew. K. H. allerhöchster Dienst durch meine Abwesenheit keinen Nachtheil erleiden wird, und, so leid es mir auch thut, der Genugthuung Ew. K. H. Geschäften durch mich selbst vorzustehen, auf mehrere Monate entbehren zu sollen, so wird eben diese Genugthuung und das Vergnügen, das mir diese Geschäfte durch die vorzügliche Huld und die Gnade, die Ew. K. H. mir zu gewähren allergnädigst geruhet haben, gewährt hat, mir der mächtigste Bewegungsgrund seyn, meine Rückkehr hierher, soviel nur immer möglich, zu beschleunigen.

---

zu 148: [a] *dazu Kanzleianweisung von Lichtenbergs Hand:* Registretur, wenn die in Linie des Berichts angestrichene Stelle zuvor extrahiret und ad acta den Urlaub des H. v. Humboldt betreffend gelegt worden ist, den 27. Octob. 1808. [b] *nachfolgender Absatz zur Fertigung des angeordneten Extrakts am Rand markiert*

[1] *Eine Abschrift der Zirkularnote Kardinal Paccas vom 28. Sept. 1808 befindet sich im Nationalarchiv Paris, AF IV 1695 dr. 1 Nr. 163; vgl.* MATTSON *Nr. 9127. Eine Kurzmeldung über die Exekution brachte die GHZ am 18. Okt. 1808, Nr. 47 S. 407.*
[2] *Eine entsprechende Meldung in der GHZ fehlt.*
[3] *Siehe* **111** *mit Anm. 1.*

149 Bericht Nr. 28/1808   Rom, 12. Oktober 1808

Ausfertigung StAD E 5 B 1 Nr. 2/2 fol. 177 f; ps. 31. Oktober 1808[a].
Abschrift (Auszug) StAD E 5 B 1 Nr. 2/5 fol. 2–5.
MATTSON Nr. 1940.

Beauftragung des Prälaten Nicolai mit der Wahrnehmung der hessischen Geschäfte während Humboldts Abwesenheit. Unterrichtung der zuständigen päpstlichen Stellen. Landungsunternehmen der französisch-neapolitanischen Truppen auf der Insel Capri. Humboldts Reisepläne.

In Gemäßheit dessen, was ich die Ehre hatte, Ew. K. H. in meinem letzten allerunterthänigsten Berichte zu sagen, habe ich mich mit den Einrichtungen beschäftigt, die zu der ordentlichen und pünktlichen Besorgung der

5./12. Oktober 1808

geistlichen Geschäfte der katholischen Unterthanen Ew. K. H. hier während der Zeit nothwendig waren, wo ich von dem mir allergnädigst ertheilten Urlaub Gebrauch zu machen wage. Ich habe nemlich den Monsignor Niccola Maria Nicolai, Generalcommissarius der Apostolischen Kammer allhier, gebeten, diese Sorge über sich zu nehmen, und derselbe schätzt sich glücklich, dadurch, wenigstens auf einige Zeit in Geschäftsverhältnisse mit Ew. K. H. allerhöchstem Ministerio zu treten, und hat mich ausdrücklich ersucht, Ew. K. H. zu versichern, daß er gewiß nichts verabsäumen wird, um sich Ihrer allerhöchsten Zufriedenheit dabei würdig zu machen.

Dieser Praelat ist ein thätiger und einsichtsvoller Mann, welcher durch zwei von ihm herausgegebene, die Staatswirthschaft betreffende, allgemein geschätzte Werke über die Pontinischen Sümpfe und über den Agro Romano, Beweise seiner Kenntnisse und Talente gegeben hat[1], und besitzt außerdem durch den ehrenvollen Posten, den er bekleidet, und den Rang, welcher ihm derselbe anweist, den nothwendigen Einfluß, um überall, bei den Tribunälen, den Cardinälen und dem Papst selbst, freien Zutritt zu haben, und die Gesuche der Unterthanen Ew. K. H. wirksam unterstützen zu können. Er verbindet natürlich hiermit die genaueste Kenntniß aller hiesigen Verhältnisse, und ich glaube, mir daher mit Recht schmeicheln zu können, daß er alle Eigenschaften, sich des über sich genommenen Auftrags gut zu entledigen, in sich vereinigt.

Ich habe dem Cardinal-Prostaatssecretaire Pacca und Cardinal-Prodatarius Matthei diese Einrichtung bekannt gemacht, und beide haben mir versprochen, dem Praelaten Nicolai in allen geistlichen Angelegenheiten der Katholischen Unterthanen Ew. K. H. denselben Glauben beizumessen, und denselben Zutritt zu verstatten, deren ich selbst in dieser Absicht genossen habe. Dem Praelaten Nicolai selbst habe ich die nöthigen Instructionen ertheilt und ihm zugleich aufgetragen, mir ununterbrochen Nachricht von den durch ihn besorgten Geschäften zu geben, um, auch entfernt, noch eine Art der Oberaufsicht über dieselben führen zu können.

Da ich mir nun mit der Hofnung zu schmeicheln wage, daß Ew. K. H. das, was ich in dieser Absicht gethan, allergnädigst zu billigen geruhen werden, so wird Allerhöchstdero Ministerium es vielleicht für angemessen halten, dem Praelaten Nicolai Seine, geistliche Angelegenheiten betreffende Befehle unmittelbar und geradezu, in Französischer Sprache, zukommen zu lassen. Indeß habe ich auch die nöthige Veranstaltung getroffen, daß im Fall von Empfang dieses allerunterthänigsten Berichts an mich erlassene Rescripte hier nach meiner Abreise ankämen, dieselben, insofern sie geistliche Angelegenheiten beträfen, unverzüglich dem Praelaten Nicolai, mitgetheilt würden. Auf den höchst unwahrscheinlichen, aber dennoch möglichen Fall, daß der Praelat Nicolai an der Fortführung dieser Geschäfte verhindert würde, habe ich im Voraus Sorge getragen, daß dieselben alsdann in die Hände einer Person übergehen, in die ich ungefähr ein gleiches Vertrauen setzen kann.

Die Unterthanen Ew. K. H., welche während meiner Abwesenheit nach Rom kommen könnten, habe ich dem Cardinal-Staatssecretaire und den Französischen Militaire-Autoritaeten, sowohl zu Ertheilung von Pässen, als in jeder andern Rücksicht empfohlen, auch einige meiner Collegen gebeten, sich ihnen mit Rath und Hülfe anzunehmen.

Es ist mir tröstlich zu denken, daß ich mir schmeicheln zu können glaube, daß auf diese Weise Ew. K. H. allerhöchster Dienst keinen Nachtheil durch meine Entfernung leiden wird, und ich bitte Allerhöchstdieselben zu glauben, daß ich von zu großem und zu aufrichtigem Eifer für denselben erfüllt bin, um nicht alles, was nur von mir abhängen kann, zu thun, meine Abwesenheit, soviel als möglich, abzukürzen und noch vor dem 1. April nach Rom zurückzukehren, wo ich überdies meine Frau und Familie zurücklasse[2]. Ich bemerke noch, daß die hier bemerkten Veranstaltungen gerade dieselben sind, die ich auch für die Preussischen Geschäfte getroffen habe.

Se. Maj. der König von Neapel hat eine Expedition gegen die Insel Capri unternommen, die noch immer in den Händen der Engländer war, und es scheint, daß dieselbe wenigstens größtentheils der davon gehegten Erwartung entsprochen hat[3]. In der Nacht vom 3. und 4. huj[us] wurden auf einer aus einer Fregatte, einer Brigantine, zwei Corvetten und mehreren Canonierböten bestehenden Flottille 6000 Mann eingeschifft, die aber wegen Windstille erst um 6 Uhr Morgens bei Capri anlangten. Der ganze Tag vom 4. war das Feuer von beiden Seiten ungemein lebhaft, aber der Erfolg nicht entscheidend. Se. Maj. der König befanden Sich Selbst in Massa, einem Capri gegenüber gelegenen und nur 5 bis 6 Italienische Meilen davon entfernten Dorfe. Am 5. ging die Landung wirklich vor sich, aber der Ausgang schien auch da noch zweifelhaft. Denn indeß ein Obrist schon verwundet nach Neapel zurückkam und erzählte, daß sein ganzes Détachement in einem hitzigen Gefecht geblieben sey, meldete ein andrer, daß er sich eines kleinen Forts bemächtigt habe, daß er jedoch nicht verhindern könne, daß sich die Garnison nach Ano Capri (Ober-Capri) zurückgezogen habe. Dieses Ano Capri ist die Hauptstadt der Insel, und hat eine so feste Lage, daß nur ein so enger im Felsen gehauener Weg, daß immer nur Ein Mensch hinter dem andern gehen kann, dazu führt. Soviel meldet ein sehr sicher Brief vom 5. Aus Briefen vom 7. aber haben wir nachher erfahren, daß die Franzosen die ganze Insel, jedoch mit Ausnahme von Ano Capri genommen, und 800 Gefangene, meistentheils Malteser, gemacht haben. Jetzt geht zwar das Gerücht, daß die Engländer sich der Insel wieder bemächtigt hätten, allein dies Gerücht hat nicht wodurch es[b] nur wahrscheinlich würde. Die Neapolitanischen Zeitungen schweigen indeß bis jetzt ganz und gar von diesen Vorfällen.

Ich reise übermorgen, 14. dieses, von hier ab, und gehe geradezu über München nach Erfurt, wo mich Ew. K. H. allerhöchste Rescripte, wenn Sie vielleicht mir dort Befehle zuzufertigen geruhten, unfehlbar bei meinem Schwiegervater, dem Praesidenten Freiherrn von Dacheröden finden wür-

38 Landung der von Joachim Murat kommandierten französischen Truppen auf der Insel Capri.

39 Joachim Murat, König von Neapel und Sizilien.

den. Es ist mir überaus schmerzlich, daß meine Reise mir jetzt nicht das Glück verschaffen wird, Ew. K. H. die Versicherung meiner allertiefsten und innigsten Ehrfurcht persönlich zu Füßen legen zu können. Ich bitte aber K. H. allerunterthänigst, die erneuerte Versicherung dieser Gesinnungen wenigstens schriftlich huldreichst anzunehmen, und mir nicht die Gnade und Gewogenheit zu entziehen, die Allerhöchstdieselben mir bisher zu erzeigen geruhet haben, und die einen so unschätzbaren Werth für mich besitzen.

zu 149: [a] *dazu Anweisung Lichtenbergs:* Ad acta, da dieser Bericht im Auszug an das Minist. Dep. d. Inneren zur Nachricht abgegeben worden ist, den 2. Nov. 1808.
[b] *es folgen zwei unkenntlich gestr. Worte*

[1] *N. M.* NICOLAI, De' bonificamenti delle Terre Pontine libri IV. Opera storica, critica, legale, economica, idrostatica..., *Rom 1800;* Memorie, Leggi et Osservazioni sulle Campagne sull' Annona di Roma I–III, *Rom 1803.*
[2] *Caroline v. Humboldt blieb bis Ende Sept. 1810 in Rom.*
[3] *Die GHZ brachte in Nr. 49 vom 22. Okt. 1808 einen am 6. Okt. in Neapel geschriebenen Bericht über die Einnahme der Insel, bezifferte das Landungskorps allerdings auf nur 2000 Mann.*

150 An den Geh. Staatsreferendär
Friedrich August Lichtenberg   Erfurt, 6. Dezember 1808

Ausfertigung StAD E 5 B 1 Nr. 2/2 fol. 179f; ps. 14. Dezember 1808[a].
MATTSON Nr. 1966.

Ankündigung der für das Frühjahr geplanten Rückkehr Humboldts nach Rom. Angebot zur Wahrnehmung hessischer Aufträge in Berlin. Bevorstehende Ankunft Marschall Davouts in Erfurt.

Hochwohlgeborener Herr,
Hochzuverehrender Herr Geheimer Referendarius,
   Ich bin seit einigen Wochen hier angekommen, und da meine Reise den Briefwechsel unterbrochen hat, in dem ich sonst mit dem Hessischen Hofe zu stehen die Ehre habe, so wage ich es, mich an Ew. Hwg. zu wenden und mein Andenken durch diese Zeilen bei Ihnen zu erneuern. Ich glaube, Ew. Hwg. nicht noch aufs Neue versichern zu dürfen, wie unangenehm es mir gewesen ist, durch meine Reise genöthigt gewesen zu seyn, meine Geschäfte in Rom fremden Händen anvertrauen zu müssen. Allein, ich darf mir vielleicht mit der Hofnung schmeicheln, daß Se. K. H. der Großherzog, unser allergnädigster Herr, hinlänglich von meinem Eifer für Allerhöchstdero Dienst überzeugt sind, um zu fühlen, daß nur dringende Nothwendigkeit mich vermögen konnte, von dem mir von Sr. K. H. huldreichst ertheilten Urlaub Gebrauch zu machen. Ich habe schon einen beträchtlichen Theil meiner hiesigen Geschäfte beendigt, und arbeite aus allen Kräften dahin, schon mit Anfange des März wieder nach Rom zurückreisen zu können, oder wenn dies nicht möglich wäre, doch gewiß mit Anfange des Mais dort zu seyn.

12. Oktober / 6. / 28. Dezember 1808

Soviel ich aus meinen Briefen schließen kann[1], ist seit meiner Abreise nichts Bedeutendes weder in Rom, noch in Italien vorgefallen. Die laufenden Angelegenheiten Hessischer Unterthanen bei den Päpstlichen Tribunälen wird, wie ich mir schmeichle, der Praelat Nicolai, insofern indeß welche vorgekommen seyn sollten, gehörig besorgt haben[2]. Indeß ersuche ich Ew. Hwg. inständigst, wenn sich deshalb der mindeste Anstand zeigen sollte, mir solches gewogenst bekannt zu machen, damit ich wenigstens von hier aus die nöthigen Maßregeln, denselben zu haben, ergreifen könne.

Gleich nach Neujahr denke ich von hier nach Berlin zu gehen, wo ich alsdann den Hof anzutreffen hoffe. Sollten Ew. Hwg. Aufträge dort zu besorgen haben, so würde ich mich sehr glücklich schätzen, von Ihnen damit beehrt zu werden.

Hier erwartet man heute die Ankunft des Herzogs von Auerstädt[3]. Er wird, wie es heißt, von einigen tausend Mann Truppen begleitet seyn. Ob er aber sein Hauptquartier hier, wie man vermuthet, dauernd aufschlagen, oder bloß einige Tage verweilen wird, ist noch bis jetzt ungewiß.

Ich bin so frei, Ew. Hwg. um die Fortdauer Ihrer gütigen und freundschaftlichen Gesinnungen zu ersuchen, und habe die Ehre, mit der aufrichtigsten Hochachtung und Ergebenheit zu verharren,

Ew. Hwg. gehorsamster Humboldt

---

zu 150: [a] *dazu Vermerk Lichtenbergs:* den 19. Dec. beantwortet
[1] *Wohl vor allem die regelmäßigen Briefe Caroline v. Humboldts, nachgewiesen bei* MATTSON *Nr. 9131 ff.*
[2] *Ein erster Bericht Nicolais vom 23. Nov. 1808 findet sich in den Dispensationsakten für Adam Diener / Trösel, StAD E 5 B 2 Nr. 12/20.*
[3] *Marschall Davout.*

151 An Großherzog Ludewig I. von Hessen Erfurt, 28. Dezember 1808

Ausfertigung StAD E 1 M Nr. 93/6 fol. 94; ps. 18. Januar 1809[1].
MATTSON Nr. 1977.

Glückwünsche zum Jahreswechsel.

Monseigneur,

Le renouvellement de l'année auquel nous touchons, devient une occasion favorable pour moi pour oser rappeller mon souvenir à la mémoire de Votre Altesse Royale, et mettre à Ses pieds les vœux ardents et sincères que je forme constamment pour Elle, pour Son Auguste famille, et pour la prospérité de Son Regne. J'ose me flatter, que Vous daignerez, Monseigneur, accueillir l'hommage de ces vœux avec la clémence et la bienveillance dont Vous m'avez fait la grace de m'honorer jusqu'ici, me permettre de supplier Votre Altesse Royale de vouloir bien me continuer des sentiments aussi précieux, et agréer l'hommage de la reconnaissance profonde dont je suis

pénétré envers Elle. Ses bienfaits ne s'effaceront jamais de mon cœur, et je tâcherai de m'en rendre digne plus en plus par mon dévouement inviolable pour Son auguste personne et mon zèle pour Son service.
Monseigneur, de Votre Altesse Royale, le très-humble et très-obéissant serviteur Humboldt.

---

zu 151:
[1] *Das dem Schreiben Humboldts an Lichtenberg vom 6. Jan. 1809 beigelegte Billet des großherzoglichen Kabinettssekretär Schleiermacher aus dem Auerbacher Fürstenlager vom 12. Jan. 1809, wonach er das mir gütigst mitgetheilte Schreiben des Hn. von Humboldt... Sr. K. H. dem Großherzog unterthänigst vorgelegt habe, dürfte sich auf beide Schreiben beziehen, die erst danach in Darmstadt mit dem ministeriellen Eingangsvermerk versehen wurden; StAD E 5 B 1 Nr. 2/2 fol. 182.*

152 An Lichtenberg Erfurt, 6. Januar 1809

Ausfertigung StAD E 5 B 1 Nr. 2/2 fol. 181, 184; ps. 18. Januar 1809.
MATTSON Nr. 1982. – Regest HGS 16 S. 76.

Wünsche zum Jahreswechsel. Berufung zum Leiter der preußischen Kirchen-und Schulabteilung. Italienische Meldungen über die Bestellung der Fürstin Elisa Baciocchi zur Regentin von Etrurien und über Rüstungen gegen Sizilien. Die französischen Truppen in den thüringischen Staaten. Abreise Humboldts nach Berlin.

Hochwohlgebohrner Herr,

Hochzuverehrender Herr Geheimer Referendarius,

Das gütige und freundschaftliche Schreiben, mit dem Ew. Hwg. mich unterm 19. pr. beehret haben[1], ist mir ein neuer überaus schmeichelhafter Beweis Ihrer gewogenen Gesinnungen gewesen. Ich eile Ihnen meinen lebhaftesten und aufrichtigsten Dank dafür abzustatten, und freue mich, damit zugleich meine wärmsten Wünsche beim Eintritte in das gegenwärtige Jahr verbinden zu können. Den Brief, den ich in dieser letzteren Hinsicht an Se. K. H., den Großherzog zu richten gewagt habe, wird, wie ich mir schmeichle, richtig in Darmstadt eingelaufen seyn.

Ew. Hwg. werden vielleicht aus den öffentlichen Blättern ersehen haben, daß der König von Preussen geruhet hat, mich zum Geheimen Staatsrath und Chef des Kirchen- und Schulwesens zu bestimmen[2]. Bis jetzt ist diese neue Anstellung indeß noch keineswegs entschieden. Se. Majestät haben die Gnade gehabt, mir noch einigermaßen die Wahl zwischen der Beibehaltung meiner Mission und der Annahme des neuen Postens zu lassen, und meine Neigung ist einzig und allein auf die Rückkehr nach Rom gerichtet. Ich gehe daher übermorgen nach Berlin, um zu sehen, inwiefern ich dieselbe und die Fortsetzung meiner bisherigen Verhältnisse mit den Absichten des Ministeriums und andren zusammentreffenden Umständen werde vereinigen können. Sobald diese Angelegenheit berichtigt seyn wird, werde ich es mir zur Pflicht machen, Ew. Hwg. davon zu benachrichtigen, und im Fall

28. Dezember 1808 / 6. Januar 1809

ich wirklich auf Italien Verzicht leisten müßte, nicht versäumen, auch Sr. K. H. dem Großherzog die officielle Anzeige davon zu machen. Für jetzt hat es mir schicklicher erschienen, Ew. Hwg. gehorsamst zu ersuchen, Se. K. H., insofern die Nachricht meiner Ernennung an Sie gelangt seyn könnte, mit der gegenwärtigen Lage der Sachen bekannt zu machen, und Allerhöchstdemselben zu äußern, daß ich mir, nach der mir so oft und noch neulich durch Ew. Hwg. Schreiben gegebenen huldreichen Beweisen Ihrer Gnade und Zufriedenheit, mit der Hofnung schmeicheln zu können glaube, daß Se. K. H. für jetzt und bis zur Entscheidung meines Schicksals in der mir aufgetragenen Geschäftsführung keine Aenderung vorzunehmen allergnädigst geruhen würden. Ich kann mit Wahrheit versichern, daß die Annehmlichkeit diesen Geschäften vorzustehen zu den vorzüglichsten Gründen gehört, die mich nach Rom und in meine dortigen Verhältnisse zurückzukehren wünschen lassen.

Im Fall ich wirklich genöthigt werden sollte, mich in Deutschland zu fixieren, würde ich es vielleicht wagen, Ew. Hwg. eine Idee zu eröfnen, durch welche, ueber die Besorgung der geistlichen Geschäfte der Hessischen Katholischen Unterthanen [hinaus, ein Nachfolger für die Berichterstattung?] auch in artistischer und scientistischer Hinsicht gewonnen werden und von dieser Seite Ersatz Statt finden könnte, wenn ich mir auch schmeicheln dürfte, in einer günstigeren Lage gewesen zu seyn, ausgebreitetere politische Nachrichten mitzutheilen[3].

Wie ich aus Berlin höre, wird der Hof erst spät im Februar dort erwartet, und auch die Minister, und mit ihnen Graf Goltz dürften nicht früher zurückkehren. Sogleich nach seiner Rückkunft werde ich nicht ermangeln, ihm Ew. Hwg. Auftrag so wie dem treflichen Ge[heimen] R[at] Küster, wenn ich das Vergnügen habe, ihn zu sehen, Ihre gütigen Ausdrücke über ihn auszurichten und mitzutheilen.

Aus Italien meldet man mir nichts Erhebliches, als daß es wahrscheinlich ist, daß die Prinzessin Elisa von Lucca, ich weiß bis jetzt nicht unter welchem Titel, zur Statthalterin von Etrurien bestellt werden wird[4]. Die Rüstungen gegen Sicilien beschränken sich bis jetzt wohl auf die Zusammenziehung der Neapolitanischen Truppen auf den Calabrischen Küsten. Man hatte selbst die Hauptstadt fast von aller Besatzung entblößt. Freilich vermutheten indeß Manche, daß diese Maßregel nur zum Zweck habe, die Englischen Truppen ganz oder zum Theil aus Spanien nach Sicilien hinüberzuziehen, und daher mit den Truppenbewegungen nach dem Lager von Boulogne gewissermaßen in Verbindung stehe[5]. In Rom ist seit meiner Abreise schlechterdings nicht Neues vorgefallen.

Hier in Erfurt befindet sich das Hauptquartier der Rhein-Armée nicht nur noch im jetzigen Augenblick, sondern es scheint auch nicht, als sollte eine Veränderung damit vorgehen. Der Marschall Herzog von Auerstädt ist kurz hintereinander in Weimar und Gotha gewesen, um den dortigen Herzögen seinen Besuch zu machen[6]. Er hat sich aber an jedem beider Orte nur etwa zwei Stunden aufgehalten. Der Herzog von Weimar ist darauf wieder hierher zu ihm gekommen; der Herzog von Gotha aber ist gerade krank und hütet das Zimmer. Da auch in die benachbarten Länder, Gotha, Weimar, Rudolstadt, Sondershausen und die Reussischen Besitzungen, haben Französische Truppen, obgleich in kleiner Anzahl verlegt werden müssen, so sind Abgeordnete derselben nach und nach hier eingetroffen, und man hat Conventionen deshalb abgeschlossen.

Da ich am 8. huj[us] von hier nach Berlin abgehe, so ersuche ich Ew. Hwg. im Fall Sie mich mit Ihren Briefen beehren wollen, dieselben dorthin, „abzugeben bei d[em] H[errn] Geh. Kriegsrath Kunth" zu adressiren.

Ich habe die Ehre, mit der ausgezeichnetesten Hochachtung zu verharren,

Ew. Hwg. gehorsamster   Humboldt

---

zu 152:
[1] *Das auch mit Lichtenbergs Erledigungsvermerk auf Humboldts Schreiben vom 6. Dez. 1808 belegte Schreiben vom 19. Dez., das offensichtlich Aufträge für Berlin enthielt, ist weder im Konzept noch in der Ausfertigung nachweisbar.*
[2] *Die entsprechende Kabinettsordre König Friedrich Wilhelms III. wurde am 15. Dez. 1808 unterfertigt; vgl. MATTSON Nr. 9143.*
[3] *An wen Humboldt in dem offensichtlich unvollständigen Satz gedacht hat, ist leider nicht ersichtlich.*
[4] *Prinzessin Elisa erhielt mit Dekret vom 6. März 1809 den Titel einer Großherzogin von Toskana; ihr Mann Felix Baciocchi wurde Oberkommandierender der französischen Truppen in der Toskana.*
[5] *Im sogen. Lager von Boulogne hatte Napoleon zur Vorbereitung einer Invasion in England ab Frühsommer 1804 rund 150 000 Mann zusammengezogen, die dann im Herbst großenteils zum Einsatz gegen Österreich abkommandiert wurden.*
[6] *An Minister v. d. Goltz in Berlin berichtete Humboldt am 26. Dez. 1808 und 14. Jan. 1809 über zwei ausführliche Gespräche mit Davout; vgl. MATTSON Nr. 1975 und 1985.*

---

153 An Lichtenberg   Berlin, 21. Januar 1809

Ausfertigung StAD E 5 B 1 Nr. 2/2 fol. 185 f[a].
MATTSON Nr. 1991. – Regest HGS 16 S. 82.

Notwendigkeit, die bisherige Gebührenfreiheit der in Rom erwirkten Ehedispense auch bei den von Prälat Nicolai bearbeiteten Fällen zu sichern. Entscheidung Humboldts, den König von Preußen um Belassung auf dem Gesandtenposten in Rom zu bitten.

Der Praelat Nicolai hat mir, wie ich ihm aufgetragen hatte, unterm 24. pr[ioris] Rechenschaft von der während meiner Abwesenheit bis hierher besorgten Hessischen Geschäften abgelegt[1], und ich darf mir schmeicheln, daß er dieselben schnell und pünktlich abgemacht hat.

Mit Befremden bemerke ich jedoch, daß für eine um die Mitte des vorigen Monats nachgesuchte Ehedispensation für Johann Heinrich Sponk und

6./21. Januar 1809

Anna Kockelmann 16 Scudi bezahlt werden sollen, weil in der Bittschrift selbst einiges Vermögens Erwähnung geschieht². Da ich bisher so glücklich gewesen bin, in Hessischen Geschäften, weil alle Gesuche mit Armuthsbescheinigungen versehen waren, alle und jede Bezahlung zu vermeiden, ᵇso wünschte ichᵇ, daß dies System möglichst aufrecht erhalten würde. Ich bin daher so frei Ew. Hwg. einige Worte über den gegenwärtigen Fall zu sagen, und es alsdann Ihrer Beurtheilung anheimzustellen, ob Sie Sich vielleicht die Sache noch einmal vorlegen lassen, und von meinen Bemerkungen einigen Gebrauch machen wollen.

Es kommt nemlich darauf an, ob das erwähnte Gesuch mit einem Attestat, wie man es mir gewöhnlich übersandte, versehen war, und ob dies Attestat auch die Armuth bündig bescheinigte oder nicht? Im letzteren Fall würde man unstreitig zahlen und es dem Praelaten Nicolai Dank wissen müssen, daß er die Summe so sehr beträchtlich ermäßigt hat. Im ersteren Falle hingegen hielte ich es für schlechterdings nothwendig, sich zu widersetzen und lieber die Sache zu verzögern, als eine für die Folgen gefährliche Nachgiebigkeit zu beweisen. Auch würde die Daterie schon von ihren Forderungen abstehen müssen, wenn das Generalvicariat, das gewöhnlich diese Zeugnisse ausstellt, noch einmal bescheinigte, daß, wenn auch vielleicht einiges Vermögen vorhanden sey, dies doch nicht die relative Armuth, d. i. das Unvermögen, ohne den bedeutendsten Familienschaden, die Gebühren zu bezahlen, ausschlösseᶜ.

Im Fall die Antwort an den Praelaten Nicolai bei Ankunft dieses Schreibens noch nicht abgegangen wäre, könnte vielleicht nach Maßgabe dieser meiner unmaßgeblichen Meynung verfahren werden, und selbst im erstgesetzten Fall habe ich es doch für meine Pflicht geachtet, für die Zukunft diese Bemerkungen Ew. Hwg. mitzutheilen. Ich habe nicht versäumt, dem Praelaten Nicolai sogleich selbst zu schreiben, und ihn auf die Aufrechterhaltung der kostenfreien Ausfertigung ernstlich aufmerksam zu machen. Nur wünschte ich, daß er nicht erführe, daß ich selbst nach Darmstadt deshalb geschrieben, weil dies selbst die Wirksamkeit der an ihn jetzt zu erlassenden Verfügungen schwächen würde³.

Ich schmeichle mir mit der Hofnung, daß Ew. Hwg. meinen neulichen, noch aus Erfurt über meine neue Bestimmung geschriebenen Brief erhalten haben werden. Ich kann Ihnen jetzt sagen, daß ich am 17. huj[us] dem König geschrieben, und Se. Maj. gebeten habe, mich in meinen bisherigen Verhältnissen zu lassen, und mir, nach Ablauf meines Urlaubs, nach Rom zurückzukehren zu erlauben⁴. Ich sehe daher meine Rückkehr nach Rom im Frühjahr als entschieden an, und zögere nur noch, dieselbe Sr. K. H., dem Großherzog förmlich bekannt zu machen, weil ich zur officiellen Gewißheit erst noch eine Antwort des Königs abwarten muß. Wie angenehm und erwünscht mir nunmehr die Aussicht ist, meine Verhältnisse mit dem Großherzoglichen Hofe und Ew. Hwg. festsetzen zu können, bedarf gewiß nicht erst einer Versicherung.

Ich habe die Ehre, mit der ausgezeichnetesten und aufrichtigsten Hochachtung zu verharren
Ew. Hwg. gehorsamster   Humboldt.

zu 153: [a] *statt des fehlenden Praesentatum Vermerk Lichtenbergs:* beantw. den 28. eiusdem [b-b] *über der Zeile statt gestr.:* und ich [c] *davor gestr.:* bescheinig
[1] *Humboldts Briefwechsel mit Nicolai ist nicht überliefert.*
[2] *Der fragliche Vorgang ist bei den Dispensationsakten in StAD E 5 B 2 Nr. 12 nicht überliefert.*
[3] *Vgl. dazu den im Auszug überlieferten Bericht Nicolais vom 26. Juli 1809* betr. das Regulatif der Taxe der Römischen Kanzlei für die Ausfertigung der Dispensations-Urkunden und sonstige Arbeiten, *StAD E 5 B 1 Nr. 2/8.*
[4] *Ausfertigung des Schreibens vom 17. Jan. 1809 ZStADDR Merseburg A. A. I Rep. 1 Nr. 1831 fol. 8 f.; vgl.* MATTSON *Nr. 1987, der auch die am gleichen Tage geschriebenen Briefe an Minister v. d. Goltz und an Humboldts Frau nachweist.*

154 An Lichtenberg   Berlin, 7. April 1809
Ausfertigung StAD E 5 B 1 Nr. 2/2 fol. 189 f.
MATTSON Nr. 2071. – Druck: HGS 16 S. 100–102.

Bemühungen Humboldts um den Text eines an den Bischof von Kulm gerichteten Breve über Ehedispensationen. Antritt der neuen Stellung in Berlin unter Vorbehalt späterer Rückkehr nach Rom. Überlegungen zur interimistischen Wahrnehmung der hessischen Belange. Reise nach Königsberg.

Ich habe unterm 16. v. M. ein officielles Schreiben von Ew. Hwg. erhalten, und sogleich über das vermuthlich nach Culm gesandte Ehedispensationsbreve an den dortigen Bischof geschrieben, bis jetzt aber noch keine Antwort von demselben erhalten[1]. Ich wende mich daher heute nur mit diesen Zeilen an Sie, um mich, im Vertrauen auf Ihre freundschaftliche Güte gegen mich, mit Ihnen über die künftige Führung der bisher mir anvertraut gewesenen Geschäfte Sr. K. H. des Großherzogs zu besprechen.

Der mir wiederholt geäußerte Wille Sr. Maj. des Königs, daß Allerhöchstdieselben mich hier im Ministerio des Innern[a] behalten und nicht fürs erste nach Rom zurückschicken wollten, hat mich gewissermaßen gegen meinen Willen genöthigt, den mir hier angetragenen Posten zu übernehmen, und seit dem 1. März wirklich anzutreten[2]. Indeß hat mir der König ausdrücklich vermittelst eines überaus gnädigen Cabinetschreibens zu versprechen geruht, daß meine Stelle in Rom nur interimistisch durch einen Geschäftsträger ersetzt werden, mir aber vorbehalten bleiben sollte, wenn ich es für gut hielte, nach einiger Zeit wieder in dieselbe zurückzutreten.

Bei dieser Lage der Sachen würde ich nun bereits vor mehreren Wochen Sr. K. H. dem Großherzoge geschrieben, Höchstihnen für das mir bewiesene Zutrauen gedankt und mit wirklich lebhaftem und aufrichtigem Bedauern gebeten haben, über die bisher mir anvertraut gewesene Geschäftsführung anderweitig zu disponiren. Da ich mir indeß schmeichelte, daß Se. K. H. es vielleicht angemessen finden möchten, die Hessischen Geschäfte wiederum meinem interimistischen Nachfolger zu übertragen, so wollte ich die Ernennung dieses abwarten, und alsdann in einem officiellen Berichte um diese allerhöchste Gnade anhalten. Indeß kann ich nicht läugnen, daß ich dennoch die Besorgniß hege, daß Se. K. H. es mir theils übel nehmen könnten, länger zu zögern, theils auch vielleicht jene Bitte zudringlich finden möchten, und ich bitte daher Ew. Hwg. freundschaftlich, mir recht bald freimütig und vertraulich Ihre Meynung über diesen Gegenstand zu eröfnen und mir zu sagen, ob man wohl bei Ihnen die Römische Geschäftsführung demjenigen überlassen würde, welcher die Preussische interimistisch erhalten wird.

In diesem Falle würde ich nicht nur die Person, die von hier geschickt würde, mit allen nöthigen Instructionen über die Hessischen Katholischen Geschäfte versehen, sondern ihr auch diejenigen Verbindungen zu verschaffen suchen, durch welche die[b] alsdann wieder in Gang zu bringende politische Correspondenz Interesse gewinnen könnte. Nach Darmstadt aber würde ich erst alsdann officiell über meinen jetzigen Abgang von Rom berichten, wenn jene Person, über die man jetzt noch unschlüssig ist, ernannt wäre, und den Großherzog selbst um die Uebertragung der Geschäfte bitten könnte. Hätte auf der andern Seite Ew. Hwg. Regierung über den Römischen Posten etwas andres beschlossen, so bitte ich Ew. Hwg. es mir gütigst anzuzeigen, da ich alsdann eilen würde, sogleich die bisher von mir verwalteten Geschäfte Sr. K. H. ehrerbietigst zu Füßen zu legen. Könnte es jedoch hiermit durch Ew. Hwg. freundschaftliche Vermittlung noch einige Monate Anstand haben, so würde es mir in der allgemeinen Ungewißheit, in der sich alle Dinge befinden, und in der ich meine eigne baldige Rückkehr nach Rom selbst nicht als ganz unmöglich ansehen kann, überaus angenehm seyn, und ich würde darin einen neuen Beweis Ihres Wohlwollens erkennen.

Ich verreise auf einige Wochen von hier nach Königsberg. Sollten Ew. Hwg. dorthin Aufträge haben, so ersuche ich Sie, mir solche gütigst zukommen zu lassen und auf meine pünktliche Besorgung derselben zu rechnen.

Ich habe die Ehre mit der ausgezeichnetsten Hochachtung und der aufrichtigsten Anhänglichkeit zu verharren
Ew. Hwg. ergebenster   Humboldt.

zu 154: [a] *folgt gestr.:* zu   [b] *korr. aus:* seine

[1] *Weder Lichtenbergs Schreiben noch Humboldts Schreiben an Bischof Franz Xaver von Wrbna-Rydzynski in Kulm sind nachweisbar.*
[2] *Die Kabinettsordre mit der definitiven Ernennung Humboldts zum Geh. Staatsrat und Direktor der Ministerial-Sektion für Kultus und öffentlichen Unterricht wurde am 20. Febr. 1809 in Königsberg ausgestellt; vgl.* MATTSON *Nr. 9166.*

155 An den Geh. Staatsreferendär Friedrich August Frh. von Lichtenberg[1]

Königsberg, 17. Oktober 1809

Ausfertigung StAD E 5 B 1 Nr. 2/2 fol. 191.
MATTSON Nr. 2331. – Regest: HGS 16 S. 225.

Verzicht auf den hessischen Gesandtenposten in Rom nach den im Kirchenstaat eingetretenen Veränderungen. Zahlung einer Vergütung an Prälat Nicolai.

Da es mir unbescheiden scheinen würde, länger zu zögern, Sr. K. H. dem Großherzog bei meiner veränderten Bestimmung meine bisherige Stelle in Rom zu Füßen zu legen, so nehme ich mir die Freiheit, Ew. Hwg. die Inlage zu gütiger Beförderung zu empfehlen. Ich verfehle zugleich nicht, Abschrift derselben zu Ew. Hwg. Einsicht beizufügen. So leid es mir thut, auf meinen ruhigen und schönen Posten in Italien Verzicht leisten zu müssen, so erlauben mir die neuesten Ereignisse in Rom kaum an die Möglichkeit seiner Wiederherstellung zu denken[2]. Sollte dennoch der Fall eintreten, daß ich auf irgend eine Weise nach Italien zurückkehrte, so würde ich mich immer und ohne alle und jede eigennüt[z]ige Absichten, davon mich meine Privatlage überhebt, glücklich schätzen, aufs Neue mit Sr. K. H. Befehlen beehrt zu werden. Ich würde dies sogar in meinem Schreiben zu erwähnen gewagt haben, wenn ich nicht gefürchtet hätte, daß man darin irgend ein persönliches Interesse erblicken oder ahnden könnte.

Es wird Ew. Hwg. bekannt seyn, daß ich für das gegenwärtige Jahr, wo ich nicht mehr die Geschäfte geführt, auch meine Besoldung nicht bezogen habe. Ich werde dies natürlich auch nicht thun, sondern nehme mir bloß die Freiheit, den Praelaten Nicolai, der, wie ich mir schmeichle, sich der ihm gegebenen Aufträge zur Zufriedenheit des Ministerii entledigt haben wird, Ihrem Wohlwollen und der Gnade des Großherzogs zu einiger Remuneration zu empfehlen[3].

Indem ich Ew. Hwg. noch einmal für alle mir, während meines Aufenthaltes in Rom, erwiesene Güte und Gewogenheit meinen wärmsten und verbindlichsten Dank abstatte, habe ich die Ehre, mit der vollkommensten Hochachtung zu verbleiben,
Ew. Hwg. ergebenster
Humboldt

---

zu 155:
[1] *Lichtenberg war von Großherzog Ludewig I. am 16. Mai 1809 in den Freiherrnstand erhoben worden. Humboldt adressierte infolgedessen:* Herrn von Lichtenberg, *änderte aber die Anrede erst im nächstfolgenden Schreiben.*
[2] *Mit einem im Feldlager vor Wien ausgestellten Dekret vom 17. Mai 1809 hatte Kaiser Napoleon den Anschluß der noch verbliebenen Teile des Kirchenstaats an Frankreich und die Erklärung Roms zur kaiserlichen Freien Stadt verfügt; die Ausführung der zum 1. Febr. des Folgejahres 1810 wirksamen Annektion regelte ein Senatsbeschluß vom 17. Febr. 1810, der auch die Ernennung des französischen Thronfolgers zum König von Rom bekanntgab. Papst Pius VII., der mit der Exkommunikation Napoleons geantwortet hatte, war bereits am 5./6. Juli 1809 verhaftet, zunächst gemeinsam mit Kardinal Pacca nach Grenoble, dann nach Savona verbracht worden.*

40 Abtransport
Papst Pius VII. nach
Frankreich am 6. Juli 1809.

41 Neujahrsglückwunsch
Wilhelm v. Humboldts
an Großherzog Ludewig I.
vom 28. Dez. 1808.

³ *Erst nachdem Nicolai seine Tätigkeit im Frühjahr 1810 eingestellt hatte, kam das Ministerium auf Humboldts Vorschlag zurück und erwirkte beim Großherzog die Bewilligung einer einmaligen Remuneration von 300 Gulden: als Begründung wurde auf die Einsparung des Humboldt'schen Gehalts von 1200 Gulden verwiesen. Wie vorangegangene Schreiben an Nicolai wurde auch der abschließende Protokollauszug vom 24. Juni 1810 (abges. 7. Juli) entgegen Humboldts Empfehlung nicht französisch, sondern lateinisch ausgefertigt; StAD E 5 B 1 Nr. 2/5; weitere Berichte Nicolais u. a. ebd. Nr. 2/9 sowie E 5 B 2 Nr. 12/23 und 25.*

156 An Großherzog Ludewig I. von Hessen   Königsberg, 17. Oktober 1809

Ausfertigung StAD E 5 B 1 Nr. 2/2 fol. 195; ps. 3. November 1808.
MATTSON Nr. 2332. – Regest: HGS 16 S. 225.

Verabschiedung aus dem hessischen Dienst aufgrund der neuen Aufgaben in Berlin.

Monseigneur,

Si je n'ai point encore osé annoncer à Votre Altesse Royale ma destination changée et la place que S. M. le Roi, mon Maître, a daigné m'assigner ici, je supplie Votre Altesse Royale de l'attribuer uniquement au regrèt vif et sincère que j'éprouve encore dans ce moment à quitter les relations d'affaires dans lesquelles j'avais l'honneur de me trouver avec Son Ministère et que les bontés de Votre Altesse Royale m'avaient rendues si chères.

J'abuserais néanmoins de ces mêmes bontés, si je tardais plus longtemps de Lui dire, que je ne conserve plus aucune espérance de retourner en Italie, et de Lui demander la permission de mettre ma place à Ses pieds, et de Lui présenter en même temps l'hommage profond de ma reconnaissance de toutes les marques de Sa bienveillance que Votre Altesse Royale a daigné m'accorder. Rien ne pourra jamais en effacer le souvenir dans mon cœur, et ma profonde gratitude n'en sera égalée que par le dévouement respectueuse dont je me sens animé pour Votre Altesse Royale.

Monseigneur, de Votre Altesse Royale, le très-humble et très-obéissant
Serviteur   Humboldt

157 An Lichtenberg   Erfurt, 29. Dezember 1809

Ausfertigung StAD E 5 B 1 Nr. 2/2 fol. 209.
MATTSON Nr. 2428. – Regest: HGS 16 S. 250.

Dank für die Verabschiedungsschreiben und die bewilligte Gehaltszahlung bis zum Sommer 1809. Fortführung der preußischen Geschäfte in Rom durch Prälat Nicolai. Angebot seiner Dienste in Berlin.

Hochwohlgebohrner Freiherr,

Hochzuverehrender Herr Geheimer Referendarius,

Der unerwartet erfolgte Tod meines Schwiegervaters hat mich genöthigt, auf einige Wochen in hiesige Gegend zu kommen[1], und daher habe ich erst

17. Oktober / 29. Dezember 1809

gestern das gütige Schreiben Ew. Hwg. und das Entlassungsdecret Sr. K. H. des Großherzogs erhalten[2]. Wenn die so äußerst gnädige und wohlwollende Fassung des letzteren noch durch etwas erhöht werden konnte, so war es nur durch die so ungemein schmeichelhafte Art, in welcher Sich Ew. Hwg. im Namen Sr. K. H. auszudrücken die Güte haben. Ich fühle, wie sehr ich diese gnädigen Gesinnungen des Großherzogs vorzüglich Ew. Hwg. wohlwollender Verwendung schuldig bin, und sage Ihnen meinen aufrichtigsten und wärmsten Dank dafür. Sr. K. H. habe ich die Empfindungen, welche seine Gnade in mir erregen müssen, selbst in anliegendem Schreiben ausdrücken zu dürfen geglaubt.

Die Anweisung meiner Besoldung bis zum 1. Jul. hat mich in der That beschämt, und ich kann sie nur annehmen, in dem ich es als einen Befehl Sr. K. H. ansehe.

H[err] Praelat Nicolai wird hoffentlich dem ihm geschenkten Vertrauen auch ferner entsprechen. Er führt auch die Preussischen Angelegenheiten fort.

Die Fortdauer der gewogenen Gesinnungen Ew. Hwg. liegt mir zu sehr am Herzen, als daß ich Sie nicht eifrig darum bitten sollte. Gebieten Sie über mich, wenn Sie Wünsche in Berlin, oder die ich sonst zu erfüllen im Stande wäre, hätten, und seyn Sie überzeugt, daß ich unausgesetzt mit der herzlichsten Verehrung verharre

Ew. Hwg. ganz gehorsamster   Humboldt

---

zu 157:
[1] *Humboldts Schwiegervater Karl Friedrich v. Dacheröden war am 20. Nov. 1809 verstorben.*
[2] *Aufgrund einer ausführlichen Ministerialvorlage vom 13. Nov. 1809, in der Humboldts Tätigkeit als hessischer Gesandter in Rom noch einmal zusammenfassend gewürdigt wurde, hatte Großherzog Ludewig I. die beantragte Entlassung einschließlich der vorgeschlagenen Gehaltszahlung für das erste Halbjahr 1809 am 17. Nov. genehmigt. Unter dem gleichen Datum wurden das offizielle Entlassungsschreiben (abges. 22. Nov. 1809) und per Protokollextrakt die Zahlungsanweisung an die Generalkasse ausgefertigt; das ebenfalls im Konzept erhaltene Schreiben Lichtenbergs wurde am 22. konzipiert (abgeschickt eodem); vgl. StAD E 5 B 1 Nr. 2/2 fol. 198–206;* MATTSON *Nr. 9274.*

158 An Großherzog Ludewig I.   Erfurt, 29. Dezember 1809

Ausfertigung StAD E 5 B 1 Nr. 2/2 fol. 208; ps. A[uerbach] 8. Jan. 1810ª.
MATTSON Nr. 2429. – Regest: HGS 16 S. 250.

Dank für das Verabschiedungsschreiben.

Monseigneur,
    Infiniment sensible à la manière gracieuse et bienveillante avec laquelle Votre Altesse Royale a daigné m'accorder la démission que je me suis vu forcé de Lui demander, j'ose Lui en présenter mes profonds et sincères remerciements. Cette nouvelle marque des Vos bontés, Monseigneur,

Bericht 158

augmenterait, s'il était possible, la reconnaissance que je doit à tant de titres à Votre Altesse Royale, et je n'aurai jamais de plus ardent désir que celui de me rendre de plus en plus digne des sentiments gracieux dont Elle me fait espérer la continuation. Qu'Elle daigne me permettre de joindre à cette assurance les vœux que je forme pour Elle au renouvellement de l'année auquel nous touchons. Puisse la Providence divine combler Votre Altesse Royale et Son auguste Maison de toutes les prospérités qui peuvent contribuer à Sa satisfaction, et puisse-t-elle, Monseigneur, Vous laisser jouir jusqu'à l'âge le plus reculé des fruits de Vos soins et de Vos Travaux pour le bonheur de ceux dont le sort est confié à Votre Altesse Royale.

Je suis avec le plus profond respect, Monseigneur, de Votre Altesse Royale le très-humble et très-obéissant serviteur   Humboldt

---

zu 158: [a] *dazu Weglegevermerk:* ad Acta concernentia, L[ichtenber]g

Quellen und Literatur

1. Archivische Quellen

Hessisches Staatsarchiv Darmstadt

Abt. E 1 Auswärtige Beziehungen / M Gesandtschaften
Nr. 93/1 Breve Papst Pius VII. an Landgraf Ludwig X. betr. Bestätigung des W. v. Humboldt als hessen-darmstädtischer Geschäftsträger in Rom, 1804
Nr. 93/2-6 Berichte des hessen-darmstädtischen Geschäftsträgers in Rom W. v. Humboldt, 1804-1808
Abt. E 5 Kirchenangelegenheiten / B Katholische Kirche
1. Geschichte und Entwicklung
Nr. 2/2 Geistliche Angelegenheiten der landgräfl. kath. Lande und Untertanen gegen den Römischen Hof, Anstellung des Minister-Residenten v. Humboldt (Ministerialakten des Ausw. Dept.), 1803-1810
Nr. 2/3 Verhältnisse gegen den päpstlichen Stuhl, insbes. Dispensationen (Akten des Kirchen- und Schulrats), 1804-1814
Nr. 2/5 Übertragung der Versorgung der Angelegenheiten hessischer kath. Untertanen während der Abwesenheit des Frh. v. Humboldts an den Kommissar der päpstl. Kammer Mons. Nicolai (Ministerialakten des Ausw. Dept.), 1808-1810
Nr. 2/6 Portoauslagen des Gesandten Frh. v. Humboldt (Ministerialakten des Ausw. Dept.), 1808-1810
Nr. 2/7 Desgl. (Akten des Kirchen- und Schulrats), 1808-1811
Nr. 3/2 Einsetzung eines eigenen Bischofs für die hessischen Entschädigungslande (Ministerialakten des Ausw. Dept.), 1802-1803
Nr. 3/3 Abschluß eines Konkordats und Errichtung eines Landesbistums (Ministerialakten des Ausw. Dept.), 1803-1807
Nr. 3/5 Desgl., 1804-1811
Nr. 3/4 Miscellanea betr. Verhältnis zur kath. Kirche, u. a. Anstellung eines Geschäftsträgers in Rom, Form der Berichterstattung, 1803-1805
2. Kultur und kirchliche Handlungen
Nr. 12/1-25 Dispensationsgesuche kath. Untertanen an den päpstlichen Stuhl in Ehesachen, 1803-1809

Hessisches Staatsarchiv Marburg

Best. 97 Oranien-Nassau
  a. Zivilkabinett Nr. 50, 73
  b. Geheime Konferenz-Kommission, Geheimer Rat und Landesadministration Nr. 7, 290, 291

Zentrales Staatsarchiv der DDR, Historische Abt. II (Dienststelle Merseburg)

Rep. 11 Staatsministerium
  Nr. 24 Fasz. 35-44
Rep. 81 Gesandtschaften
  Rom I C 13 Fasz. 1-8
Ausw. Amt I Rep. I
  Nr. 1829-1830

Quellen und Literatur

Vatikanisches Archiv (Archivio segreto Vaticano)

Segretario di Stato, Ministeri esteri
   Fasz. 90–92

2. Literatur

AMANTE, BRUTO: Fra Diavolo e il suo tiempo, 1796–1806, Florenz 1904, ND Neapel 1974.
AUREAS, HENRI: Un général de Napoléon: Miollis (Publications de la Faculté des lettres de l'Université de Strasbourg 143), Paris 1961.
BASTGEN, HUBERT: Dalbergs und Napoleons Kirchenpolitik in Deutschland (Veröffentlichungen der Sektion für Rechts- und Sozialwissenschaft der Görres-Gesellschaft 30), 1917.
BATTAGLINI, TITO: L'organizzazione militare del Regno delle Due Sicilie. Da Carlo III all' impresa garibaldina (Collezione storica de Risorgimenteo italiano 27), Modena 1940.
BECK-FRIIS, JOHAN: Der „Protestantische Friedhof" in Rom. Friedhof der Dichter, Denker und Künstler, Malmö/Rom 1988.
BORNEWASSER, JOHANN ANTON: Kirche und Staat in Fulda unter Wilhelm Friedrich von Oranien 1802–1806 (Quellen und Abhandlungen zur Geschichte der Abtei und Diözese Fulda 19), 1956.
BOTARELLI, GOTTARDO – MONTERISI, MARIO: Storia politica e militare del Sovrano Ordine di San Giovanni di Gerusalemme detto di Malta, 2 Bde., Mailand 1940.
CAPRA, CARLO: L'età rivoluzionaria e napoleonica in Italia, 1796–1815 (Documenti della storia / Sez. di storia moderna 23), Turin 1978.
CHANDLER, DAVID G.: Napoleon's marshals, New York 1987; ital.: I marescialli di Napoleone, 1988.
CONSTANT, GUSTAVE: L'Eglise de France sous le Consulat et l'Empire (1800–1814), Paris 1928.
COSTA, GUSTAVO: Giovanni Fabroni e i fratelli Humboldt. In: Rassegna storica del Risorgimento 57, 1970, S. 520–577.
EBRARD, FRIEDRICH CLEMENS (Hrsg.): Neue Briefe Wilhelm v. Humboldts an Schiller, 1796–1803, 1911.
ENGEL, CLAIRE ELIANE: Histoire de l'Ordre de Malte, Genf 1968.
FUGIER, ANDRÉ: Napoléon et l'Italie, Paris 1947; italienische Ausgabe: Napoleone e l'Italia, übers. und hrsg. RAFFAELE CIAMPINI, Rom 1970.
GAUSS, ULRIKE, und v. HOLST, CHRISTIAN: Gottlieb Schick. Ein Maler des Klassizismus (Katalog der Staatsgalerie Stuttgart), 1976.
GEBHARDT, BRUNO: Wilhelm von Humboldt als Staatsmann, 2 Bde., 1896/99.
– Wilhelm von Humboldt und die Anfänge der preußischen Gesandtschaft in Rom. In: Forschungen zur brandenburg. und preuß. Geschichte 7, 1894, S. 363–376.
GEIGER, LUDWIG (Hrsg.): Goethes Briefwechsel mit Wilhelm und Alexander von Humboldt, 1909.
GOLLWITZER, HEINZ: Ludwig I. von Bayern. Königtum im Vormärz. Eine politische Biographie, 1986.
GRANIER, HERMAN: Preußen und die katholische Kirche seit 1640. Nach den Akten des Geheimen Staatsarchivs, Bd. 8/9: 1797–1807 (Publicationen aus den K. Preußischen Staatsarchiven 76/77), 1902.
GRAYEFF, FELIX: Lucien Bonaparte. Bruder des Kaisers, Gegner des Kaiserreichs, 1966.
GUNZERT, WALTER: Darmstadt zur Goethezeit. Portraits, Kulturbilder, Dokumente zwischen 1770 und 1830, 1982.
HUMBOLDT, WILHELM VON: Gesammelte Schriften, hrsg. Preußische Akademie der Wissenschaften. Bd. 10: Politische Denkschriften I, 1903; Bd. 13: Nachträge, 1920;

Quellen und Literatur

Bd. 14: Tagebücher I (1788–1798). hrsg. ALBERT LEITZMANN, 1916; Bd. 16: Politische Briefe I, hrsg. WILHELM RICHTER, 1935.
- Sein Leben und Wirken, dargestellt in Briefen, Tagebüchern und Dokumenten seiner Zeit, hrsg. RUDOLF FREESE, (1955), ²1986.

KAEHLER, SIEGFRIED A.: Wilhelm von Humboldt und der Staat. Ein Beitrag zur Geschichte deutscher Lebensgestaltung um 1800, 1927.
KESSEL, EBERHARD: Wilhelm von Humboldt. Idee und Wirklichkeit, 1967.
KUHN, DOROTHEA: Auch ich in Italien: Kunstreisen nach Italien 1600–1900. Ausstellungskatalog, ²1966.
LATREILLE, ANDRÉ: Napoléon et le Saint-Siege, 1800–1808. L'ambassade du Cardinal Fesch à Rome, Paris 1935.
LAZZARESCHI, EUGENIO: Elisa Bonaparte Baciocchi, Lucca 1983.
LEITZMANN, ALBERT: Wilhelm von Humboldt und Frau von Stael, in: Deutsche Rundschau 169–171, 1916/17.
- Briefwechsel zwischen Schiller und Wilhelm v. Humboldt, ³1900.
- Wilhelm v. Humboldts Briefe an Christian Gottfried Körner (Hist. Studien 367), 1940.
LEMMI, FRANCESCO: L'età Napoleonica (Storia politica d'Italia 3. ed.), Mailand 1938.
LILL, RUDOLF: Geschichte Italiens in der Neuzeit, 1986.
LUMBROSO, ALBERTO: Napoleone e il Mediterraneo. Vent' anni di guerra oceanica tra Gran Bretagna e Francia. (I Libri di mare della Lega navale italiano 8), Genua 1934.
MARCHI, RICCARDO: Il principato di Lucca ed i Baciocchi, Lucca 1960.
MARTENS, GEORGE FRÉDÉRIC: Supplément au Recueil des principaux traités d'alliance, de paix, de trêve, de neutralité, de commerce, de limites, d'échange etc., conclus par les puissances de l'Europe . . . , Bde. 3, 4 und 7, Göttingen 1805–1818.
MATTSON, PHILIP: Verzeichnis des Briefwechsels Wilhelm von Humboldts, 2 Bde., 1980.
OSWALD, STEFAN: Italienbilder. Beiträge zur Wandlung der deutschen Italienauffassung 1770–1840 (Germanisch-Romanische Monatsschrift Beiheft 6), 1985.
PIERI, PIERO: Il regno di Napoli dal luglio 1799 al marzo 1806, Neapel 1927.
PIETRANGELI, CARLO: Le collezioni private Romane attraverso i tempi (Quaderni del Circolo della Caccia 2), Rom 1985.
RAAB, HERIBERT: Karl Theodor von Dalberg. Das Ende der Reichskirche und das Ringen um den Wiederaufbau des kirchlichen Lebens 1803–1815, in: Archiv für mittelrheinische Kirchengeschichte 18, 1966, S. 27–39.
RAMBAUD, JACQUES: Naples sous Joseph Bonaparte, 1806–1808, Paris 1911.
REDEN-DOHNA, ARMGARD VON: (Hrsg.), Deutschland und Italien im Zeitalter Napoleons. Deutsch-italienisches Historikertreffen in Mainz 1975 (Veröff. des Inst. für europäische Geschichte / Abt. Universalgeschichte Beiheft 5), 1979.
ROUET DE JOUVEL, MARC JOSEPH: Nonciatures de Russie d'après les documents authentiques, Bd. 3/4: Nonciatures d'Arezzo 1802–1806, 1 (1802–1804) Rom 1922; 2 (1804–1806) Rom 1927, ND 1973.
SAVANT, JEAN: Les Iles Ioniennes au temps de Napoléon, in: Revue d'Histoire diplomatique, Paris 1939.
SCHAFFSTEIN, FRIEDRICH: Wilhelm von Humboldt. Ein Lebensbild, 1952.
SCHUMANN, REINHOLD: Geschichte Italiens, 1983.
SCHWARZKOPF, JOHANNES, und WIRTZ, CORNELIA: Italien-Ploetz. Italienische Geschichte zum Nachschlagen, 1986.
SILVAGNI, DAVID: La corte pontificia e la società Romana nei seculi XVIII e XIX, Rom 1883–85, ND 1971.
STIRLING, MONICA: A pride of lions. A portrait of Napoleon's mother, London 1961; dt.: Madame Mère. Letizia, Mutter Napoleons, 1962.
TARLE, EUGENIO VON: La vita economica dell' Italia nell'età napoleonica (Biblioteca di cultura storica 39), Turin 1950 (aus dem Russ.).
TAVERA, M.: Elisa Bonaparte Baciocchi, Principessa di Piombino, Florenz 1982.

Quellen und Literatur

VALENTE, ANGELO: Gioacchino Murat et l'Italia meridionale, Turin 1941, ²1965, ND 1976.
VILLANI, PASQUALE: (Hrsg.), Notabili e funzionari nell Italia napoleonica (Quaderni Storici 37), Ancona 1978.
– Italia napoleonica (Storia 17), Neapel 1979.
WALTER, KURT: Hessen-Darmstadt und die katholische Kirche in der Zeit von 1803 bis 1830. Entstehungsgeschichte der Diözese Mainz (Quellen und Forschungen zur hessischen Geschichte 14), 1933.
WINTER, OTTO FRIEDRICH (Hrsg.): Repertorium der diplomatischen Vertreter aller Länder seit dem westfälischen Frieden, Bd. 3 (1764–1815), 1965.
ZAGHI, CARLO: La Rivoluzione Francese e l'Italia, Rom 1966.
Il Principato napoleonico dei Baciocchi (1805–1814). Riforma dello stato e società. Ausstellungs-Katalog, Lucca 1984.

Abbildungsnachweis

S. 5 *1* Wilhelm von Humboldt: Büste von Bertel Thorvaldsen, Rom 1808 (Nationalgalerie Berlin und Thorvaldsen-Museum Kopenhagen, Aufn. Foto-Marburg)

S. 11 *2* Rom – Piazza del Quirinale mit dem Papst-Palast, im Hintergrund die Peterskirche: Stich von Luigi Vanvitelli (Pinocateca Capitolina Rom, Abb. nach A. Fugier, Napoleone e l'Italia, 1970)
3 Breve Papst Pius VII. über die Beglaubigung Wilhelms v. Humboldt als hessischer Ministerresident in Rom, 8. Nov. 1804 (StAD E 1 M Nr. 93/1)

S. 19 *4* Karte von Italien mit Widmung an General Napoleon Bonaparte, 1797/98, entworfen und gedr. von Georg Wilhelm Haas, Basel (StAD P 2 Nr. 67/47)
5 Die Piazza del Populo in Rom am Tag der Proklamation der Römischen Republik, 1798: Stich von P. J. Direxile/Thomas-Charles Naudet (Museo Napoleonico Rom)

S. 25 *6* Blick von der Villa Malta auf Rom mit der Peterskirche, rechts die Kirche Trinità del Monti: Tempera-Gemälde von Johann Christian Reinhart, um 1830 (Bayer. Staatsgemäldesammlung München)
7 Der sogen. „protestantische Friedhof" an der Cestius-Pyramide: Aquarell eines unbekannten deutschen Künstlers, nach 1800 (Museo di Roma)

S. 69 *8* Bericht Wilhelm v. Humboldts Nr. 21/1804 mit Präsentations- und Weiterleitungsvermerken (StAD E 5 B 1 Nr. 3/3; siehe **30**)
9 Siegel W. v. Humboldts (Siegel zu Bericht Nr. 29/1805 vom 16. Nov. 1805, StAD E 1 M Nr. 93/3; siehe **64**)

S. 103 *10* Die französische Flotte im Hafen von Livorno, 1796: Stich von Carlo Vernet/Jean Duplessi-Bertaux/Jean Dambrun (Civica Raccolta delle Stampe A. Bertarelli Mailand)
11 Schriften von Gaetano Palloni und Felix Dufour über die Epidemie von Livorno (Hess. Landes- und Hochschulbibliothek Darmstadt, Archivio di Stato Livorno)

S. 125 *12* Place de la Concorde in Paris mit dem anläßlich der Kaiserkrönung Napoleon Bonapartes am 3. Dez. 1804 von André Garnerin gestarteten Heißluft-Ballon: Kupferstich von Louis Le Coeur/ Jacques Marchand (Science Museum London)
13 Lucien Bonaparte: Porträt von François-Xavier Fabre (Museo Napoleonico Rom)

S. 149 *14* Feierlicher Einzug Napoleons mit Kaiserin Josephine und Gefolge in Mailand am 8. Mai 1805: Stich von Pierre Martinet/ C. Molte (Civica Raccolta delle Stampe A. Bertarelli Mailand)

Abbildungsnachweis

15 Eugene Beauharnais, Vizekönig von Italien: Gemälde (Privatsammlung in Paris; Abb. nach A. Fugier, Napoleone e l'Italia, 1970)

S. 161 16 Antonio Canovas Grabmahl der Erzherzogin Maria Christina, Herzogin von Sachsen-Teschen (Augustinerkirche Wien)
17 Standbild Kaiser Napoleon Bonapartes als Mars von Antonio Canova (Palazzo dei Brera Mailand)

S. 167 18 Kardinalstaatssekretär Ercole Consalvi übergibt Papst Pius VII. die französische Konkordats-Urkunde von 15. Juli 1801: Stich von Jacques Marchand nach Zeichnung von John Wicar (Museo Napoleonico Rom)
19 Die Tiara Papst Pius VII. (Päpstl. Generalvikariat; Aufn. Servicio Fotografico/L'Osservatore Romano, Cittá del Vaticano)

S. 193 20 Ausbruch des Vesuvs im Jahr 1805, Stich (aus: Carl Friedrich Benkowitz, Reisen von Neapel in die umliegenden Gegenden, nebst ... einigen Nachrichten über das letzte Erdbeben in Neapel, 1806)
21 Alexander von Humboldt: Selbstbildnis von 1814 (aus: K. Schleucher, A. v. Humboldt, 1981)

S. 203 22 Gottlieb Schicks Gemälde „Noahs Dankopfer" (Staatsgalerie Stuttgart)
23 Karoline v. Humboldt vor dem Kolosseum und die Humboldt-Töchter Adelheide und Gabriele: Federzeichnungen von Gottlieb Schick 1808/09 (Staatsgalerie Stuttgart)

S. 223 24 Seesieg der englischen Flotte unter Admiral Nelson vor Kap Trafalgar am 21. Okt. 1805: zeitgen. Stich (National Maritime Museum London)
25 Die päpstliche Hafen-Festung Ancona (bei der Einnahme durch kaiserliche und russisch-türkische Land- und Seestreitkräfte 1799): Stich von Giuseppe Fabbri/Arcangelo Magini (Museo Napoleonico Rom)

S. 247 26 Ansicht des Golfs von Neapel (aus: C. F. Benkowitz, Reisen von Neapel in die umliegenden Gegenden ... 1806)
27 Joseph Bonaparte, König von Neapel, dann König von Spanien: Stich von J. B. Bosio/Lovis Rados 1810 (Museo Napoleonico Rom)

S. 271 28 Die französische Belagerung von Gaeta im Juli 1806: Stich von Petro Ruga/Luigi Provinciali (Civica Raccolta delle Stampe A. Bertarelli Mailand)
29 Landgraf Ludwig von Hessen-Philippsthal als neapolitanischer Generalkapitän: Stich von F. Bardet (Hess. Hausstiftung / StA Marburg Slg. 7f Nr. 12)

S. 319 30 Portokosten-Abrechnung Humboldts vom 29. Aug. 1807 mit dem auf die Frankfurter Bank Rüppell & Harnier ausgestellten Wechsel und Empfangsquittung (StAD E 5 B 1 Nr. 2/6; siehe **107a**)

Abbildungsnachweis

S. 329 *31* Erbprinz Friedrich (IV.) von Sachsen-Gotha-Altenburg in den Ruinen des Forum Romanum: Gemälde von Gottlieb Schick 1807 (Herzogl. Sammlungen Veste Coburg)
32 Kronprinz Ludwig (I.) von Bayern: unsign. Miniatur 1808 (Stadtmuseum München)

S. 343 *33* Fürstin Elisa Baciocchi-Bonaparte, Großherzogin von Toscana, bei der Präsentation ihrer von Antonio Canova gefertigten Büste am Musenhof von Lucca: Gemälde von Pietro Benvenuti 1812 (Musée du Château de Versailles)
34 „Madame Mère" Letizia Bonaparte-Ramolino: Sitzstatue von Antonio Canova (Devonshire Collection Chatsworth House)

S. 379 *35* Italien-Karte des Kartographen Adolf Stieler, „nach den neuesten Grenzen berichtigt im April 1806" (Hess. Landes- und Hochschulbibliothek Darmstadt K-E/T 30)

S. 397 *36* Befreiung des auf französischen Befehl festgenommenen Kardinalstaatssekretärs Bartolomeo Pacca durch Papst Pius VII. am 6. Sept. 1808: Stich von Giovanni Pera/Giovanni Battista Cecchi u. Benedetto Eredi (Museo Napoleonico Rom)
37 General Sextius Alex. François Miollis, französischer Militärgouverneur von Rom: Zeichnung von John Wicar (Museo Napoleonico Rom)

S. 413 *38* Landung der von Joachim Murat kommandierten französischen Truppen auf der Insel Capri: Gemälde von Edoardo Fischetti (Museo della Certosa di San Martino Neapel)
39 Joachim Murat, König von Neapel und Sizilien, in der Großadmirals-Uniform: Stich von J. B. Bosio/Lovis Rados 1809 (Museo Napoleonico Rom)

S. 423 *40* Abtransport Papst Pius VII. nach Frankreich am 6. Juli 1809: Stich von Francesco Giangiacomo/Giuseppe Calendi (Museo Napoleonico Rom)
41 Neujahrsglückwunsch Wilhelm v. Humboldts an Großherzog Ludwig I. vom 28. Dez. 1808 (StAD E 1 M Nr. 93/6; siehe **151**)

Biographischer Index (Personen)

Abrantes, José Maia da Piedade Lencastre (1784–1827), Marquès, portug. Minister 361

Accarisi, Filippo, neapol. Consul in Civitavecchia, später in Rom 277 f

Acton, John Francis (1736–1811), Sir, neapol. Generalkapitän, bis 1804 Premierminister, Herzog von Modica 80 f, 86, 89, 145, 147, 214, 229, 264
–, Joseph (1737–1808), Bruder des Ministers, neapol. General 145, 147

Agostini, Antonio d' († 1798), kurköln. geistl. Rat 279
– (Augustinis), Carlo d', Abate, bischöfl. speyrischer, salzburgischer und kurkölnischer Agent in Rom 279

Albani, Alessandro (1672–1779), Kardinal 337 f
–, Giuseppe (1750–1834), seit 1801 Kardinal, Generalauditor, 1829 Kard. Staatssekretär 102, 378, 381, 408

Alberti, Francesco, Cav., dann Baron, ital. Konsul in Livorno, 1808 Geschäftsträger in Rom 408

Aldini, Antonio (1755–1826), Staatssekr. des Kgr. Italien in Paris 166, 391

Aldobrandini s. Borghese

Algier, Mustapha Dey von († 1805), Dey seit 1795 154, 181–183, 194–196, 213; Nachfolger s. Chedgia

Ali-Pascha, türk. Statthalter von Janina s. Tepedelenly

Allessandro, Giovanni Francesco († 1818), Bischof von Catanzaro 291

Alquier, Charles Jean-Marie (1759–1826), Baron, französ. Diplomat, 1801 Ges. in Neapel, 1806–1808 in Rom 86, 140, 143, 151, 175, 225, 230, 266, 269 f, 276, 278, 284, 288, 291, 295 f, 298, 307, 313, 316, 320, 327 f, 331, 360, 362, 364, 367 f, 370 f, 373
–, Jean-Charles, Sohn des Gesandten, französ. Offizier 288, 298

Altieri, Angelo (1733–1808), päpstl. Präfekt von Norica, 1804 Kammermeister 100
–, Emilio Carlo (* 1723), Herzog von Monterano, Kapitän der päpstl. Nobelgarde 101
–, Paluzzo (1760–1834), Fürst, Kapitän der päpstl. Nobelgarde 385

Angelelli, Octavio (1751–1809), Bischof von Gubbio 404

Anjou, Karl von (1226–1285), König von Neapel 171

Anrep, Heinrich Reinhold von (1760–1807), russ. Generalleutnant 222, 260

Antonelli, Leonardo (1730–1811), Kardinalbischof von Porto seit 1775, Großpönitentiar, dann Präfekt der Kongregation Propaganda Fide, 1808 Brevensekretär 100, 105, 131, 155, 184, 378, 381, 390, 392, 406–408

Aprile, Antonio, päpstl. Konsul in Gaeta 264

Arezzo, Tommaso (1756–1833), Marchese, päpstl. Diplomat, Erzbischof von Seleucia, 1816 Kardinal 79, 82–84, 94, 313, 389, 406 f

Artaud de Mentor, Alexis François (1772–1849), Chevalier, französ. Diplomat und Literat 104, 170, 275, 336

Ascoli, Herzog von s. Marulli

Aubusson de la Feuillade, Pierre Raymond Hector (1765–1848), Graf, französ. Diplomat, 1806 Gesandter in Florenz, 1808/09 in Neapel 273, 311, 336, 341 f, 347, 358

Augereau, Pierre François Charles (1757–1816), französ. General, dann Marschall, Herzog von Castiglione 222

Augustinis s. Agostini

Avalos, Gaetano (1775–1855), Marchese del Vasto, dann Herzog von Celonza, am neapol. Hof 341, 349

Bacher, Theobald Jacques Justin (1748–1813), französ. Offizier und Diplomat, 1798–1806 Gesandter am Reichstag in Regensburg 278

Baciocchi, Elisa (1777–1820), geb. Bonaparte, 1805 Fürstin von Piombino und Lucca, 1806 Herzogin von Massa Carrara, 1809 Großherzogin von Toskana 16 f, 155, 168, 196 f, 211, 241 f, 263, 265, 341, 343*, 346, 401, 417 f
–, Pasquale, gen. Felice (1762–1841), korsischer Hauptmann, Senator, Fürst von Piombino usw. (s. oben), 1809 Oberkommandierender der französ. Truppen in der Toskana 16, 164, 168 f, 196 f, 211, 241 f, 418

435

Biographischer Index (Personen)

Baden, Karl Friedrich Markgraf von (1728–1811), seit 1806 Großherzog 389
Ball, Alexander (1759–1809), Sir, engl. Admiral, 1802–1809 Zivilkommissar auf Malta 92, 165
Barberini, Antonio (1607–1671), Kardinal 337f
–, Francesco (1597–1679), Kardinal 337f
–, Maffeo s. Urban VIII, Papst
Barckhaus gen. von Wiesenhütten, Franz Wilhelm Frh. von (1755–1836), hess. Staatsminister 26, 33, 35, 62, 108f, 116–118, 131, 137
Bardet de Villanova, Luigi/Louis (1758–1834), neapol. Oberstleutnant 289
Barone, Gaetano, neapol. Insurgenten-Chef 289
Bauer, Johann, Adam, Einw. zu Seligenstadt 354
Bayane, de, Kardinal s. Lattier
Bayern, Auguste, Prinzessin von, s. Beauharnais
–, Karoline Königin von (1776–1841), geb. Markgräfin von Baden 342, 346
–, Ludwig, Kurprinz von (1786–1868), 1825–1848 als Ludwig I. König 12, 133 f, 140, 142, 155, 157, 166, 329*, 342, 346
–, Maximilian I. Josef König von (1756–1825), urspr. Herzog von Pfalz-Zweibrücken, 1799 Kurfürst, 1805 König 58, 67, 210, 338, 342, 346, 403
Beauharnais, Auguste de (1788–1851), geb. Prinzessin von Bayern, seit 1806 verh. mit Eugène B., Vizekönig von Italien 181, 236, 238, 353
–, Eugène de (1781–1824), Adoptivsohn Napoleons, 1805 Vizekönig von Italien, 1807 Fürst von Venedig, 1817 Herzog von Leuchtenberg 16, 147, 149*, 164, 180f, 183, 226, 228–230, 236, 238, 241f, 291f, 316, 327, 335, 344, 346, 350, 352 f, 381 f, 392, 398
–, François de (1756–1846), Marquis, französ. Diplomat, 1805/06 Gesandter in Florenz, dann in Madrid 144, 217, 273, 275
–, Josephine de (1807–1876), Tochter Eugènes, Gräfin von Bologna, Prinzessin von Leuchtenberg, später verh. Kronprinzessin bzw. Königin von Schweden 352 f
Beaulieu, Jean Claude le Blanc († 1825), Bischof von Rouen, 1802 von Soissons 131
Beer, Louis Guillaume de (1777–1823), Privatsekr. des französ. Gesandten in Rom, Gouverneur von Benevent 300
Bellegarde, Heinrich Joseph von (1756–1845), Graf, österr. General 152, 283, 291
Belmas, Louis (1757–1841), Bischof von Narbonne, ab 1801 von Cambrai 131
Benedikt XIV. Papst (1675–1758), urspr. Prospero Lambertini, Papst seit 1740 55, 361
Benvenuti, Giovanni Antonio (1765–1838), Abate, päpstl. Auditor und Gesandter in Rußland 226
Berenger, NN., französ. Kaufmann in Florenz und Livorno 93
Berg, Großherzog von s. Murat
Berioli, Giridione (1733–1819), seit 1787 Bischof von Urbino 404
Bernadotte, Désirée (1777–1860), geb. Clary, Kronprinzessin, dann Königin von Schweden 326
–, Oskar (1799–1859), Kronprinz, dann König von Schweden 353
Bernis, Kardinal s. Pierres de Bernis
Berry, Charles Ferdinand Herzog von (1778–1820), Sohn des späteren Königs Karl X. von Frankreich 77
Bertazoli, Francesco (1754–1830), Erzbischof von Edessa, päpstl. Almosenier, später Kardinal 100
Berthier, Alexandre (1753–1815), Generalstabschef der französ. Armeen, Marschall, 1806 Fürst von Neufchâtel, Herzog von Valengrin, 1809 Fürst von Wagram 230, 317, 340 f
–, César (1765–1818), Bruder Alexanders, französ. Divisionsgeneral, 1806 Generalstabschef König Josephs von Neapel, 1807/08 Gouverneur der ionischen Inseln 177, 332, 341, 357
–, Leopold (1770–1807), Bruder Alexanders, französ. Divisionsgeneral 316f, 320, 331
Bessières, Jean-Baptiste (1776–1813), französ. Marschall, Herzog von Istrien 401
Bethmann, Gebr., Bankhaus in Frankfurt a. M. 320
Bickerton, Richard Hussey (1759–1832), Baronet, engl. Admiral 209
Bigot de Préamenau, Felix Julien Jean (1747–1825), französ. Staatsrat, 1805 mit Organisation der Justiz in Ligurien beauftragt, 1808–1814 Kultusminister 197
Bille, Gerhard Sivert (1765–1816), dänischer Marineoffizier, 1797–1805 Konsul in Algier, 1807 Konteradmiral und

Biographischer Index (Personen)

Gouverneur der dän. Niederlassungen in Ostindien 182 f, 194–196

Bisignano, Fürst von s. Sanseverino

Bologni, Giuseppe, russ. Vizekonsul in Palermo 372

Bonaparte, Alexandrine (1778–1855), geb. Bleschamps, verw. Jouberthon, 2. Ehefrau Luciens 123 f

–, Charles Lucien (1803–1857), Sohn Luciens 388

–, Christine, urspr. Cathérine Eléonore (1773–1800), geb. Boyer, 1. Ehefrau Luciens 121

–, Elisa s. Baciocchi

–, Jérome/Hieronymus (1784 – 1860), Marineoffizier, 1807 König von Westfalen, 1816 Fürst von Montfort 156 f, 165, 183, 211, 366

–, Joseph (1768–1844), 1806 König von Neapel, 1808 König von Spanien, 1815 Graf von Survilliers 12, 17, 119, 136, 142 f, 237 f, 241–243, 245, 247–251, 256, 258, 261, 264, 267, 270, 273, 278, 284–286, 314, 317, 326, 341 f, 345, 348–350, 358 f, 366, 372, 391–393, 395

–, Josephine (1763–1814), geb. Tascher de la Pagerie, verw. Beauharnais, 1. Ehefrau Napoleons, Kaiserin von Frankreich 144, 149, 170, 376

–, Louis (1778–1846), 1806–1810 König von Holland, 1810 Graf von St. Leu 96, 366, 395

–, Lucien (1775–1840), Senator, päpstl. Fürst von Canino und Musignano 13, 18, 78, 106, 116, 119 f, 123, 125*, 146, 164, 169, 202, 209, 301, 337, 342, 346 f, 348, 350, 364, 387 f, 399 f

–, Marie Julie (1771–1845), Ehefrau Josephs, Königin von Neapel 326, 328, 340, 368, 380

–, Maria Laetitia (1750–1836), geb. Ramolino, Mutter Napoleons, „Madame Mère" 78, 106, 116, 118, 120, 123 f, 162 f, 343*, 399 f

–, Napoleon I. (1769–1821), Kaiser der Franzosen, König von Italien 58 f, 67, 77, 85, 87–90, 93, 95–100, 102, 106, 109, 117, 122, 124– 127, 131, 136, 141, 146 f, 149–153, 155 f, 158, 161–166, 168, 170 f, 174, 182 f, 198, 108 f, 214, 219–221, 230, 233–237, 248 f, 252, 257, 263 f, 266 f, 270, 274 f, 278, 296, 313–316, 320, 322– 328, 330– 333, 335 f, 338, 340–342, 344–355, 359, 364, 368, 370, 378, 380, 382, 385– 387, 390, 392 f, 398–402, 422

–, Napoleon II. (1811–1832), Sohn Napoleons I., König von Rom, 1818 Herzog von Reichstadt 18

–, Paolina (Pauline) s. Borghese

Boncampagni-Ludovisi, Antonio (1735–1805), seit 1777 letzter regierender Fürst von Piombino, 1799 abgesetzt, Herzog von Sora 154 f, 337

–, Ludovico/Luigi Maria (1767–1841), Sohn des Fürsten von Piombino, Prinz von Venova 154 f

Borghese, Adèle, geb. de la Rochefoucauld, Ehefrau Francescos 330

–, Anna Maria (1752–1809), geb. Herzogin von Salviati, Mutter Camillos 364

–, Camillo (1775–1832), Fürst von Sulmona und Rossano, 1803 verh. mit Paolina Bonaparte, 1804 französ. Prinz, 1806 Herzog von Guastalla, Generalgouverneur der französ. Gebiete jenseits der Alpen 16, 82, 96, 162, 256 f, 262, 330, 336–338, 393

–, Francesco (1776–1839), Fürst Aldobrandini, Stallmeister der französ. Kaiserin, seit 1832 Fürst Borghese 330, 338, 364, 393 f

–, Marc Antonio III. (1730–1800), Fürst, 1798 Senator der röm. Republik 336 f

–, Paolina (Pauline) (1780–1825), verw. Leclers, seit 1803 Ehefrau des Fürsten Camillo, 1806 Herzogin von Guastalla 16, 81 f, 90 f, 162 f, 257, 263, 341, 399 f

Borgia, Stefano (1731–1804), Kardinal seit 1789, Präfekt der Kongregation Propaganda Fide 100, 105, 124 f, 155, 171

Boyer s. Bonaparte

Bracci, Giuseppe (1756–1837), Graf, Kapitän der päpstl. Garden, später General 370, 372

Braga, NN., päpstl. Kaplan 166

Braschi-Onesti, Luigi (1748–1818), Herzog, Schwestersohn Papst Pius VI., Kommandeur der Nobelgarde 101, 105, 385

–, Romuald (1753–1830), Bruder des vorigen, seit 1786 Kardinal, Sekretär der Breven 105 f, 155, 378

Brasilien s. Portugal

Brun, Friederike (1765–1835), Reiseschriftstellerin 12

Buol-Schauenstein, Carl Rudolf von (1760–1833), seit 1794 Bischof von Chur 403 f

Buonfigliolo, Bernardino, Abate, geistl. Rat, kurtrier. Kämmer, 1804–

Biographischer Index (Personen)

1808 württ. und badischer Agent in Rom 389
Busnach, Naphtali ben Moses (gest. 1805), jüd. Kaufmann in Algier, Konsul der Republik Ragusa, Vorsteher der algerischen Judenschaft 181f, 194

Cacault, François (1742–1805), französ. Diplomat, 1785–1791 Gesandtschaftssekr. in Neapel, 1799–1803 Gesandter in Rom 104f
Caffarelli, François Marie Auguste (1766–1849), französ. General, 1804 in Rom 97, 100
Calder, Robert (1745–1818), Sir bzw. Baronet, engl. Admiral 211
Calepio, Pietro (1762–1834), genues. Senator, 1805 Staatsrat des Kgr. Italien 183
Cambacères, Jean Jacques Regis de (1753–1824), französ. Politiker, 2. Konsul, Erzkanzler des Empire, 1808 Herzog von Parma 242
Cambiaso, Michelangelo (1738–1813), genues., dann französ. Senator, Maire von Genua 183
Campe, Joachim Heinrich (1746–1818), Pädagoge 7
Campredon, Jacques David Martin (1761–1837), französ. General, Kriegsminister des Kgr. Neapel 288
Camuccini, Vincenzo (1771–1844), röm. Historienmaler 162, 204
Canova, Antonio (1757–1822), röm. Bildhauer 23, 159–163, 204, 326, 343
Capece Latro, Giuseppe (1744–1836), Erzbischof von Tarent, neapol. Innenminister 275
Capparucci, Giusto, Auditor, 1788–1809 päpstl. Geschäftsträger (Internuntius) in Neapel 296
Caprara, Giovanni Battista (1733–1810), Kardinal, Nuntius in Köln und Wien, 1802 Erzbischof von Mailand 85, 314, 320, 323, 336, 358f, 363, 369, 386f, 398, 400
– Montecuccoli, Carlo (1755–1816), Oberstallmeister der ital. Republik, dann des Kgr. Italien 156
Caracciolo, Carlo (1764–1823), Marchese von Villa Marina, Herzog von Santa Teodora, 1798–1804 neapol. Gesandter in Madrid 236–238, 240, 243
–, Giuseppe (1787–1856), Herzog von Lavello, Schwiegersohn A. C. Salicetis 365

–, Vincenzo (1733–1793), Herzog von Rocca Romana, neapol. Feldmarschall 307
– di Martina, Diego Innico (1759–1820), Kardinal seit 1800 372
– di San Eramo, Giuseppe (1762–1839), Graf, Malteser-Bailli 174f, 179
Caraffa Trajetto, Francesco (1722–1818), Kardinal seit 1773 372, 378
Carandini, Filippo (1729–1810), Kardinal seit 1787 378, 381, 390, 392
Carditto, Fürst von s. Loffredo
Carli & Contini, ital. Bankhaus 320
Cartwright, Richard, 1805/06 engl. Konsul in Algier 182
Caselli, Carlo Francesco (1740–1828), Bischof von Parma, Kardinal seit 1801 100, 105, 155, 166, 184
Caserta, Herzogin von (??), Schwester des Hauptmanns Meucci, gen. 1806: 306: evtl. id. mit Migliacco, Herzogin von Castora
Casoni, Filippo (1773–1811), ehem. Nuntius in Madrid, Kardinal seit 1801, 1806 Staatssekretär 280f, 298, 303, 331, 336, 363, 367, 378, 408
Cassini, Vittorio Gioacchino Maria (1754–1811), Graf, 1802–1804 russ. Geschäftsträger in Rom 77f, 401
Castiglioni, NN., Advokat aus Pavia, 1805 wegen Spionage zum Tode verurteilt 216
Castora s. Migliaccio
Cattolica, Fürstin von s. Branciforte
Cavalchini Guidobono, Francesco (1755–1828), Gouverneur der Stadt Rom, 1807 Kardinal 387
Chablais, Herzog von s. Savoyen
Champagny, Jean Baptiste Nompère de (1756–1834), französ. Politiker, 1807–1811 Außenminister, Herzog von Cadura 164, 168, 338, 342, 386f
Charpentier, Germain (1771–1861), Baron, französ. General 322
Chedgia, Mahmed, 2. Sekretär des Divans in Algier, 1805. komm. Nachfolger des ermordeten Dey 213
Chiaja, türk. Soldat, Mörder des Juden Busnach in Algier 194
Cholonievski, Andrej, russ. Bischof in der Diözese Kamenez 94
Circello, Marchese von s. Somma
Clarke, Henri Jacques Guillaume (1765–1818), französ. Marschall, Herzog von Feltre 86, 93
Clary, Cathérine Marguerite († 1804), geb. Guey, Ehefrau von Etienne François Clary, Schwägerin von Julie

438

Biographischer Index (Personen)

Bonaparte und Désirée Bernadotte, Ehrendame der Madame Mère 99
Claudius, Matthias (1740–1815), Dichter, Redakteur der Darmstädter „Landzeitung" 28
Clemens VIII. Papst (1536–1605), urspr. Ippolito Aldobrandini, Kardinal, seit 1592 Papst 254
Cloidt, Hermann, Einw. zu Untrop b. Arnsberg (Westf.) 354
Codronchi, Antonio (1748–1826), päpstl. Legat in Sardinien, 1785 Erzbischof von Ravenna 156
Colbert, Louis Pierre Alphonse (1776–1843), Graf, französ. General 238
Colli, Michael Frh. von (1738–1808), österr. Offizier, 1803 Gesandter in Florenz 228
Collingwood, Cuthbert (1748–1810), Baron, engl. Admiral 251, 326, 357, 385
Compère, Claude Antoine (1774–1812), französ. General 255
Consalvi, Ercole (1757–1824), Marchese, 1800–1806 und erneut 1814–1823 Kardinalstaatssekretär 13, 36, 38, 57–59, 63, 67, 71–73, 75–77, 79, 82 f, 87 f, 93, 95, 97 f, 100–102, 105, 108 f, 111, 116–118, 122, 124, 128–131, 133, 136, 140, 166 f, 176 f, 179 f, 190 f, 201, 215 f, 219–221, 232, 266 f, 269 f, 273, 276, 280 f, 328
Containi s. Costabili
Corsi Salviati, Francesco Antonio, Marchese, bis 1804 etrur. Finanzminister 126
Corsini, Neri (1771–1845), Fürst, Oberhofmeister der Königin von Etrurien 127, 153
Corvetto, Luigi Emanuele (1756–1822), Graf, genues. Senator, Staatsrat des Kgr. Italien 183
Costabili Containi, Giovanni Battista (1756–1841), Graf, Finanzminister der cisalpin. Republik, Staatsrat und Intendant der Krongüter des Kgr. Italien 164
Costanzo, NN., 1805 in Venedig verhaftet 199
Craig, James Henry (1748–1812), Sir, engl. General 165, 169, 180, 197, 209, 226
Cresceri, Franz Frh. von, 1801–1804 österr. Geschäftsträger in Florenz 120
Crivelli, Carlo (1736–1818), Kardinal seit 1801 378, 381

Cumberland, Ann Herzogin von (1742–1808), geb. Luttrel, Witwe des Herzogs Henry Frederick, eines Bruders König Georgs III. von Großbritannien 151
–, Ernst August Herzog von (1771–1851), später König von Hannover 151
Czartoryski, Adam Jerzy (1770–1861), Fürst, 1804–1806 russ. Außenminister 82

Dacheröden, Carl Friedrich Frh. von (1731–1809), ehem. preuß. Kammerpräsident in Halberstadt, Schwiegervater Humboldts 7, 12, 322, 412, 425
–, Karoline von s. Humboldt
Dalberg, Emmerich Joseph Frh. von (1773–1833), badischer, dann französ. Diplomat, französ. Herzog 180 f
–, Karl Theodor Anton Maria Frh. von (1744–1817), Kurfürst-Erzbischof von Mainz, 1803 Erzbischof von Regensburg, 1806 Fürstprimas des Rheinbunds, 1810 Großherzog von Frankfurt 7, 12, 20 f, 58, 64 f, 109–112, 131, 138, 175, 184 f, 188–191, 207, 210, 269, 278
Damas, Roger (1769–1823), Graf, neapol. Offizier, Kommandeur der Legion Mirabeau 143, 145, 214, 229, 246, 255, 258, 261
Dauchy, Luc Jacques Edouard (1757–1817), französ. Staatsrat, Intendant der Finanzverwaltung in den ital. Departements 356, 392
Davout, Louis Nicolas (1770–1823), französ. Marschall, Fürst von Eckmühl, Herzog von Auerstädt 414 f, 417 f
Despuig y Damieto, Antonio (1745–1813), Kardinal seit 1803, 1808 Kardinalvikar von Rom 378, 381, 409
Devoti, Giovanni (1744–1820), Bischof von Agnani, 1804 Brevensekretär, Kardinal 101
Diener, Adam, Einw. zu Trösel 415
Dietrich, Georg Adam, Einw. zu Dirmstein 354
Dietz, Heinrich, Einw. zu Niedermörlen 354
Dohm, Christian Wilhelm von (1751–1820), Erzieher Humboldts, preuß. Staatsmann 7
Doria Pamphili, Antonio Maria (1749–1821), Kardinal seit 1785 378, 381
–, Giuseppe (1751–1816), Kardinal-Bischof von Frascati seit 1785, 1797–

Biographischer Index (Personen)

1800 Staatssekretär, 1808 Prostaatssekretär 367, 377 f, 381, 388
Dubois-Thainville, Charles François († 1818), französ. Generalkonsul in Algier, Geschäftsträger und Generalkommissar für Handelsbeziehungen 183
Dufour, Felix, französ. Arzt in Livorno, Autor eines Buches über die Epidemie von 1805 103, 133 f
Dugnani, Antonio (1748–1818), Kardinal seit 1794, 1805 Erzbischof von Ferrara, Ehrenmitglied des Staatsrats des Kgr. Italien 378, 381
Duhesme, Philippe Guillaume (1766–1815), Graf, französ. General 277, 280, 282, 295, 300, 331
Dumas, Matthieu (1753–1837), Graf, französ. General, 1806–1808 neapol. Kriegsminister 258, 262, 275
Dumoulin, Charles (1768–1847), Graf, französ. General 322, 400
Durazzo, Girolamo (1739–1809), 1802–1805 letzter Doge der Republik Genua 175, 183

Elliot(t), Hugh (1752–1830), engl. Diplomat, 1803–1809 Gesandter in Neapel, dann Gouverneur der Leeward-Inseln, später in Madras 80, 90 f, 241–244, 246, 253, 256, 264
Emig, Eva Elisabeth, geb. Kohl, Ehefrau Philipps 179, 188
–, Philipp, Schreinermeister zu Aschbach 179, 188, 192, 230
Erskine, Charles/Carlo (1739–1811), ehem. päpstl. Legat in London, Kardinal seit 1801 378
Erthal, Friedrich Karl Frh. von (1719–1802), Kurfürst-Erzbischof von Mainz 117
Etrurien, König von s. Parma

Fabbroni, Giovanni (1752–1822), Politiker und Schriftsteller in Florenz 127
Fagan, Robert (ca. 1745–1816), engl. Maler und Diplomat 323, 325
Fenaja, Benedetto (1736–1812), Bischof von Philippi, 1805 Patriarch von Konstantinopel 156
Fenaroli, Giuseppe (1759–1825), Mitglied der Regierung der Rep. Brescia, dann Oberhofmeister der Rep. bzw. des Kgr. Italien 156
Ferino, Pierre Marie Barthélemy (1747–1816), französ. General 268

Ferrero de Fieschi, Carlos Sebastian (1760–1826), Fürst von Masserano, 1805–1808 span. Gesandter in Paris 180
Ferri-Pisani, Paul Felix (1770–1846), Graf von St. Anastase, gebürtiger Korse, 1806 Kabinettsekr. König Josephs in Neapel, dann in Spanien 381
Fesch, Joseph (1763–1839), Onkel Napoleons, 1802 Erzbischof von Lyon, 1803 Kardinal, 1803–1806 französ. Gesandter in Rom, Koadjutor des Erzbistums Regensburg 77 f, 85, 87 f, 92 f, 95, 99 f, 105 f, 171, 177, 198, 215, 220–222, 230, 235–238, 245, 251, 257 f, 269 f, 278, 303, 308 f, 399
Firrao, Giuseppe (1736–1830), Erzbischof von Pirra, Kardinal seit 1801 180
–, Tommaso (1735–1818), Fürst von Luzzi, Bruder des Kardinals, 1805 kurzzeitig neapol. Staatssekr. des Ausw. 168, 180, 233
Floresta, NN. Herzog von la, neapol. Brigadier 293
Forster, Georg (1754–1794), Forschungsreisender, Bibliothekar in Mainz 7
–, Therese (1764–1829), geb. Heyne, in 2. Ehe verh. mit Ludwig Ferdinand Huber 7
Fortiguerri, Bartolomeo, Cav., Generalleutnant, bis 1806 neapol. Staatssekr. für Krieg und Marine 258
Fossombroni, Vittorio (1754–1844), Graf, Mathematiker, ital. Staatsmann 153
Fra Diavolo s. Pezza
Frank, Peter Anton Frh. von (1746–1818), Referendar in der Reichskanzlei in Wien 20
Frégeville, Charles Louis Joseph (1765–1841), Marquis, französ. General, Kommandeur der neapol. Kavallerie und Gouverneur von Kalabrien 268
Fries(s), Johann Samuel (1751–1831), Schweizer, päpstl. Oberstleutnant, 1808 Oberst, später in französ. Diensten 370, 381–383

Gabrielli, Giulio (1748–1822), Kardinal seit 1801, 1808 Prostaatssekretär 378, 386 f, 394–396, 398, 408
–, Pietro, Fürst 375
–, Pompeo (1780–1861), Neffe des Fürsten, päpstl. Kapitän, später Generalleutnant und Kriegsminister 375

Biographischer Index (Personen)

Galanti, Giuseppe (1743–1806), Publizist, 1807 neapol. Staatsrat und Bibliothekar 275
Gal(l)effi, Pietro Francesco (1770–1837), Kardinal seit 1803 378
Gallerati-Scotti, Giovanni Filippo (1745–1819), Kardinal seit 1801, päpstl. Kammermeister 378, 380
Gallo, Herzog von s. Mastrilli
Galluzzi, Jacopo Riguccio (1739–1801), Historiker, Sekretär des toskanischen Staatsrats, 1799 kurzzeitig Finanzminister 143
Gamboni, Nicolao Xaverio (1742–1808), Patriarch von Venedig 316
Gandolphe, Sauveur Joseph († 1804), französ. Diplomat, 1803 Geschäftsträger in der Helvet. Rep., 1804 in Rom 164
Gantheaume, Honoré Joseph Antoine (1755–1818), französ. Admiral 385
Gardanne, Gaspar Amédée (1758–1807), französ. General 217, 278
Garnerin, André Jacques (1769–1823), französ. Ballonfahrer 125, 127
Garzoni-Venturi, Paolo, Marchese, 1802–1804 Ges. der Rep. Lucca in Florenz, dann im Dienst der Königin von Etrurien 315
Gautier de Vernègues s. Vernègues
Gavotti, Giuseppe (1743–1807), päpstl. Maggiordomo und Präfekt der Paläste 100
Gay-Lussac, Louis (1778–1850), französ. Physiker und Chemiker 155, 197
Gazzoli, Lodovico (1735–1809), Kardinal seit 1803 378
Genf (Génévois), Herzog von s. Sardinien
Genga, Annibale della (1760–1829), Graf, päpstl. Diplomat, 1794–1806 Nuntius in Köln, dann beim Reichstag in Regensburg 71–76, 81, 109, 128–130, 177, 187, 210 f, 213, 220, 266, 269, 273, 303, 323, 332, 369, 403
Gentz, Friedrich von (1764–1832), preuß. Kriegsrat, Publizist, später Berater des Staatskanzlers Fürst Metternich 8
Giovanni, NN., französ. General in Livorno, gen. 1805 211
Giusti, Giuseppe, Cav., etrur. Innenminister, Staatsrat, 1805 Präs. des obersten Polizeigerichts in Florenz 209
–, Peter Paul Frh. von, österr. Rat am Finanzdept. in Mailand, 1803–1805 Gesandter in Genua 199 f

Giustiniani, Vincenzo († 1637), Bankier und Antikensammler 337 f
– di Negro, Vicenzo, Fürst von Bassano, Herzog von Corbara 78
Godoy, Manuel de (1768–1851), Herzog von Alcudia, „Friedensfürst", 1792–1808 leitender Minister Spaniens 83 f, 351
Godroye, Simon, Fürst, russ. Bischof von Samogitien 94
Goethe, Johann Wolfgang von (1749–1832), Dichter, Staatsminister in Weimar 8, 13 f, 338
Goltz, August von der (1765–1832), Graf, 1808–1814 preuß. Außenminister 417 f, 420
Gomez de Téran y Negrete, Leonardo, span. Diplomat, 1807 Gesandter in Florenz 347 f
Gomez de Ayala, Pio (*1769), span. Diplomat, 1805–1808 Geschäftsträger in Neapel 253 f, 278
Gomez Havelo, Pedro (1775–1852), Marquese de Labrador, 1802–1807 span. Gesandter in Florenz 121, 123
Gonzaga s. Valenti Gonzaga
Gouvion Saint-Cyr, Laurent (1764–1830), französ. General, 1805 Oberkommandierender in Neapel, 1812 Marschall 89, 98, 102, 132, 140 f, 143, 153, 215 f, 219–221, 226, 229, 238, 251
Grano s. Gualteri gen. Panedigrano
Gravina, Herzog von s. Orsini
Gregor XIII. Papst (1502–1585), urspr. Ugo Boncampagni 170
Greig, Aleksei Samuilovitch (1775–1845), russ. Admiral 139 f
Grenier, Paul (1768–1827), Graf, französ. General 215(?), 245
Grillo, Filippo Agapito (1770–1820), Herzog von Mondragone, 1808 neapol. Gesandter in St. Petersburg 341, 356
Groh, Johann, Einw. zu Nieder-Roden 231, 318
Großbritannien, Georg III. König von (1760–1820) 357
Grua y Salamanca, Jeronimo de la, Marchese, span. Diplomat, 1801–1804 Gesandter in Parma 169
Gualteri, Nicola gen. Panedigrano, neapol. Insurgenten-Chef, Major 227
Guevara Suardo, Innigo († 1814), Malteser-Bailli, 1805 zum Luogotenente gewählt 174 f, 179

Biographischer Index (Personen)

Guiot de Lacour, Nicolas Bernard (1771–1809), Baron, französ. General 259, 278, 290
Guron de Rechignevoisin, Carlo Luigi de, Malteser-Komtur 174f
Guthier, Franz, Einw. zu Heppenheim 318, 320
Gyron, Johannes, Einw. zu Geiselbach 354

Haacke, C. E. Frh. von, sachsen-gothaischer Oberst und Kammerherr 330
Haeffelin, Kasimir Frh. von (1737–1827), Bischof von Chersones, 1803–1809, erneut ab 1814 bayer. Gesandter in Rom, 1818 Kardinal 67f, 70f, 74, 84, 177–179, 403f
Hamilton, William (1730–1803), Sir, 1764–1800 engl. Gesandter in Neapel, Antikensammler 336
Hardenberg, Carl August Graf von (1750–1822), später Fürst, preuß. Staatskanzler 163
Haugwitz, Heinrich Christian Kurt Graf von (1752–1832), preuß. Kabinettsminister 10, 21, 34–37
Haunold, Joseph Maximilian von († 1807), Weihbischof in Erfurt 117
Hédouville, Gabriel Marie Joseph Théodor (1755–1825), französ. General, 1801–1804 Gesandter in St. Petersburg, 1805 Gesandter in Lucca, 1818 Graf 77, 196f, 200, 278
Herz, Henriette (1764–1847), geb. de Lemos 7
Hessen, Philipp der Großmütige Landgraf von (1504–1567) 18
Hessen-Darmstadt, Ludwig X. Landgraf von (1753–1830), ab 1806 Großherzog Ludewig I. von Hessen 7, 12, 14, 23f, 26, 33ff, dann passim
–, Ludwig II. Groß- und Erbprinz von (1777–1848), ab 1830 Großherzog von Hessen und bei Rhein 283
–, Ludwig III. Prinz von (1806–1877), ab 1848 Großherzog 281, 283
–, Luise Erbprinzessin von (1761–1829), dann Landgräfin bzw. Großherzogin 7
– Wilhelmine Erbprinzessin von (1788–1836), geb. Prinzessin von Baden, seit 1804 mit dem späteren Großherzog Ludwig II. verh. 281
Hessen-Philippsthal, Ludwig Prinz von (1766–1816), neapol. Feldmarschall, Verteidiger von Gaeta 245f, 262, 264, 271*, 284, 286–290, 294, 298, 357f
Heydel, Theresia s. Joss

Heyne, Christian Gottlieb (1729–1812), Prof. der klass. Philologie in Göttingen 7
–, Theresia s. Forster
Hillen, Kaspar, Einw. im Amt Bilstein (Westf.) 318, 320
Himmel, Friedrich Heinrich (1765–1814), Hofkapellmeister in Berlin 346
Höpfner, Julius Ludwig Friedrich (1743–1797), Geh. Tribunalsrat in Darmstadt 7
Hoffmann, Hans Wilhelm (1754–1813), Oberkriegsrat, Redakteur der Darmstädter „Landzeitung", dann „Großherzogl. Hess. Zeitung" 29
Hompesch, Ferdinand Frh. von (1744–1805), Großmeister des Johanniterordens in Malta, nach 1798 abgesetzt 85–88, 171
Hotz, Franz (irrt. Holz), Schweizer, neapol. Oberst 288–290
–, Johann Konrad (1739–1799), später Friedrich Frh. von Hotze, österr. Feldmarschalleutnant 289
Houvalt, Ignat., russ. Bischof von Troki 94
Huja, Kaspar, Einw. zu Hofstadt b. Oestinghausen 354
Humboldt, Adelheid von (1800–1856), Tochter Wilhelms, später verh. von Hedemann 203*
–, Alexander Frh. von (1769–1859), Bruder Wilhelms, Naturforscher 7, 154f, 163, 192f, 197
–, Gabriele von (1802–1887), Tochter Wilhelms, später verh. von Bülow 203*
–, Gustav von (1806–1807), Sohn Wilhelms 13
–, Karoline von (1766–1829), geb. von Dacheröden, Ehefrau Wilhelms 7–10, 12, 155, 203*, 412, 414, 420
–, Marie Elisabeth von (1741–1796), geb. Colomb, verw. Holwede, Mutter Wilhelms 8
–, Wilhelm Jg. (1794–1803), Sohn Wilhelms 13, 63

Imperiali, Giulio, Fürst von Sant'Angelo, 1808 neapol. Gesandter in den Niederlanden 356
Inkebrand, Ernst Ludwig (1742–1811), kurmainz. Offizier, dann hess. Oberstleutnant in Gießen 401
Isoard, Joachim Jean Xavier d' (1766–1839), päpstl. Auditor, 1804–1805

Biographischer Index (Personen)

französ. Geschäftsträger in Rom, 1827 Kardinal 106

Jackson, Thomas, engl. Diplomat, 1799–1806 Gesandter in Sardinien 241 f, 254

Jaup, Helwig Bernhard (1750–1806), Prof. Dr. jur. in Gießen 10

Joss, Johann Aloysius († 1811), Hofgerichtsrat und Rentmeister in Lampertheim 172 f, 179, 205 f, 231
–, Therese († 1853), geb. Heydel, 2. Ehefrau des Rentmeisters 172, 179, 205

Jourdan, Jean Baptiste (1762–1833), Graf, französ. Marschall 93, 152, 208, 262

Kämmerer, Johannes, Einw. zu Klein-Auheim 401
–, Peter, Einw. zu Seligenstadt 401

Karl V. Kaiser (1500–1558) 169

Kauffmann, Angelica (an sich: Maria Anna Catharina) (1741–1807), Malerin in Rom 337 f

Kaunitz-Rietberg-Questenberg, Alois Ludwig von (1774–1848), Graf, österr. Diplomat, 1801–1804 Gesandter in Kopenhagen, 1805–1807 in Neapel 120, 246, 253 f, 259, 361 f, 364

Khevenhüller-Metsch, Johann Emanuel von (1751–1847), Graf, österr. Diplomat, 1802–1806 Gesandter in Rom 202, 215 f, 254

Kilian, Peter, Essigsieder zu Bensheim 315, 354

Kirschbaum, Joseph von, bayer. Geh. Rat, Erzieher Kronprinz Ludwigs (I.) 133 f, 166, 168

Knapp, Adam, Einw. zu Heppenheim 231, 318

Kochelmann, Anna 418

Körner, Christian Gottfried (1756–1831), Oberkonsistorialrat in Dresden 14

Kolborn, Joseph Hieronymus Karl Frh. von (1744–1816), Weihbischof von Mainz, Mitarbeiter Dalbergs 58, 70, 188

Kotzebue, August von (1761–1819), Schriftsteller, russ. Staatsrat 12, 104 f, 163

Küster, Johann Emanuel (1764–1833), preuß. Diplomat, Geh. Legationsrat 417

Kuhn, Peter, Konsul der Ver. Staaten von Amerika in Genua 326, 331

Kunth, Gottlob Johann Christian (1757–1829), preuß. Staatsrat, Erzieher der Brüder Humboldt 418

Kurland, Dorothea Herzogin von (1761–1821), geb. Gräfin von Medem, seit 1779 3. Ehefrau des Peter Biron Herzog von Kurland 116 f

Lacombe, Dominique (1749–1823), Erzbischof von Bordeaux, 1801 Bischof von Angouléme 131

Lacoste, C. Alexis, Arzt 127

Lacour, General s. Guiot de Lacour

Lagerswärd, Johan Claes (1756–1836), schwed. Diplomat, seit 1793 Geschäftsträger bzw. Ministerresident in Florenz 197, 332

Lamarque, Maximilien (1770–1832), Graf, französ. General 307

Lamarra, Scipio, neapol. Insurgenten-Chef, Oberst 227

Landi, Gaspare (1756–1830), röm. Historien-, Genre- und Bildnismaler 204

Lassy, Boris Petrovitch (1737–1820), russ. General, später Feldmarschall 226–229, 235, 243, 260

Lattier de Bayane, Alphonse Hubert de (1739–1818), Kardinal seit 1801 106, 155, 322–325, 327 f, 330–332, 336, 338, 341, 345, 366, 369

Lauriston, Jacques (1768–1828), Baron, dann Graf, französ. General 292

Lavello, Herzog s. Caracciolo, Salicetti

La Villette, General s. Villette

Lebrun, Charles François (1739–1824), 3. Konsul der französ. Rep., Fürst und Erzschatzmeister des Empire, seit 1808 Herzog von Piacenza 17, 183, 241 f

Lebzeltern, Ludwig von (1774–1854), Frh., später Graf, österr. Diplomat, 1806–1809 Geschäftsträger in Rom 170, 259, 276, 399

Lecchi, Giuseppe (1766–1836), ital. bzw. französ. General 256, 259, 276, 399

Leclerc d'Ostin, Charles Victor Emanuel (1772–1802), französ. General, 1. Ehemann von Paolina Bonaparte, spätere Fürstin Borghese 90 f
–, Démide (1798–1804), Sohn des Generals 90 f

Le Coz, Claude (1740–1815), Erzbischof von Rennes, 1801 Bischof von Besançon 131

Lefebvre, Edouard (1769–1828), französ. Diplomat, 1806 1. Sekretär der

Gesandtschaft in Rom, 1808-1809 Geschäftsträger 370, 373, 381, 386f
Lemarrois, Jean Léonard François (1776-1836), Graf, französ. General 274, 286, 295, 306, 331f, 334-336, 338f, 341, 361f
Leo XIII. Papst (1810-1903), urspr. Vincenzo Gioacchino Pecci 181
Lesseps, Matthieu Maximilien Prosper (1774-1832), französ. Diplomat, Generalkommissar in Livorno 321f, 380
Lichtenberg, Friedrich August (1755-1819), hess. Geh. Staatsreferendar, 1809 Frh. von, später Staatsminister 7, 10, 14, 21, 35, 37, 65, 130, 179, 188, 207, 211, 322, 410, 414 422, 424-426
-, Georg Christoph (1742-1799), Prof. der Physik und Philosophie in Göttingen 7
Limper, Ferdinand, Einw. zu Kruberg b. Bilstein 318, 320
Litta, Antonio (1748-1836), Bruder des Kardinals, Oberstkammerherr des Kgr. Italien 156
-, Lorenzo (1756-1820), Graf, 1793-1795 Nuntius in Warschau, seit 1801 Kardinal 314f, 320, 376
Livron, NN., Marquis, französ. Geschäftsmann in Livorno 93
Lizakevitch, Jakim Grigorjevitch, russ. Diplomat, 1802-1809 Gesandter in Sardinien 227, 233, 241f, 246
Loccatelli, Francesco Maria (1727-1811), Bischof von Spoleto, seit 1801 Kardinal 378
Loffredo, Ludovico Venceslao, Fürst von Carditto, bis 1790 neapol. Gesandter in Kopenhagen 132, 134, 141, 153, 156, 165
Lohmann, Friedrich Wilhelm von (1753-1822), russ. Admiral, 1805 Befehlshaber des baltischen Geschwaders in Korfu 139
Lucangeli, Carlo (1747-1812), ital. Architekt 180
Lucchesini, Francesco, ältester Sohn des Marchese Girolamo L., 1808 Stallmeister am Hof zu Lucca 400
-, Girolamo (1751-1825), Marchese, preuß. Diplomat, 1800-1806 Gesandter in Paris, 1808 Obersthofmeister in Lucca 156f, 400
-, Mauricio, Sohn des Marchese Girolamo, französ. Offizier 400
Luciani, Gaudencio, Graf, neapol. Offizier 227

Luosi, Giuseppe (1755-1830), Graf, Justizminister des Kgr. Italien, Mitglied des Staatsrats 164
Luzzi, Fürst von s. Firrao

Maghella, Antonio (1766-1850), genues. Senator, Präs. der Magistratur für Krieg und Marine, 1805 Konsul in Lissabon 183
Mahdi-Eddin (Mahiddin), Sidi el, gen. der Marabout, Führer eines Aufstands gegen den Dey von Algier 195
Manucci, Giovanni Tommaso, Geh. Kabinettssekr. der Königin von Etrurien 315
-, NN, Sohn des Kabinettssekr. 315
Marabout s. Mahdi-Eddin
Marescalchi, Ferdinando (1754-1816), Graf, ital. Minister des Ausw., Mitglied des Staatsrats 164
Marmont, August Fréderic Louis (1775-1852), französ. Marschall, Herzog von Ragusa 253, 258, 291f, 311
Mar(r)ois, französ. General s. Lemarrois,
Martini, Antonio (1720-1809), Erzbischof von Florenz, Staatsrat und Innenmin. des Kgr. Etrurien 209(?)
-, Vincenzo, Vorsitzender des toskan. Ordensrats 143, 209(?)
Marulli, Troiano (1759-1823), Herzog von Ascoli, neapol. Polizeiminister 227f, 233, 241, 246, 250
Masséna, André (1758-1817), französ. Marschall, Fürst von Esslingen, Herzog von Rivoli 208, 210, 212, 214, 216-219, 221f, 226, 230, 233, 235f, 238, 248, 250-252, 274, 282, 286, 288, 290, 293, 295, 297, 300, 305, 307, 309
Masserano, Herzog von s. Ferrero
Mastrilli, Marzio (1753-1833), Marchese, Herzog von Gallo, neapol. Diplomat, Gesandter in Rom, Mailand und Paris, 1806-1808 Außenminister 153, 276, 278, 393
Mastrozzi, Valentino (1729-1809), Kardinal seit 1801 378
Mattei, Alessandro (1744-1820), Erzbischof von Ferrara, Kardinal seit 1782, 1808 Prodatar 378, 381, 411
-, NN., Cav., Gouverneur von Livorno 249
Mecklenburg-Strelitz, Georg Erbprinz von (1779-1860), später Großherzog 12, 24
-, Luise Prinzessin s. Preußen
Medem, von, s. Kurland, v. d. Recke

Biographischer Index (Personen)

Medici, Luigi de (1759–1830), Herzog von Garno, neapol. Finanzminister 90
Melzi, Francesco (1753–1816), Graf M. d'Erile, ehem. Grande von Spanien, Vizepräs. der ital. Rep., Kanzler und Großsiegelbewahrer des Kgr. Italien, 1807 Herzog von Lodi 95, 119, 126, 147, 153, 155, 158, 164, 166, 170, 342, 344, 350, 352
Mendelssohn, Dorothea (1763–1839), verh. I. mit Simon Veit, II. mit Friedrich Schlegel 7
Menocchio, Giuseppe Bartolomeo (1741–1823), Bischof von Hippo, 1800 Bischof von Porphyreon 100
Menou, Jacques François (1750–1810), Baron, französ. General 221, 393, 399
Merenda, Gianluigi, päpstl. Gouverneur von Osimo, 1807/08 stellvertr. Gouverneur und apostolischer Delegat in Macerata 340
Meucci, NN, Bruder der Herzogin von Caserta(?), päpstl. Hauptmann 306
Meyer, Georg Heinrich Witwe, Bankhaus in Augsburg 320
Miari, Antonio, Malteser-Komtur, dann Bailli, 1805 Vizekanzler des Ordens, 1814/15 Bevollmächtigter auf dem Wiener Kongreß 340
Micheroux, Antonio (1776–1805), Cav., span., dann neapol. Diplomat, Gesandter in Mailand 80, 86, 168
Migliazzio, Lucia, Tochter des Herzogs von Floridia, Fürstin von Castora, morgan. Ehefrau König Ferdinands von Neapel-Sizilien 308
Miollis, Sextus Alexandre François (1759–1828), Graf, französ. General, 1805 Gouverneur von Mantua, 1807–1814 Militärgouverneur in Rom 321f, 328, 333, 336, 339, 347, 357, 359, 361f, 364f, 368, 370–377, 380–383, 385, 396, 397*, 398, 404, 406, 408
Miot, André François (1762–1841), Graf von Melito, französ. Diplomat, 1795/96 Gesandter in Florenz 262, 275
Mocenigo, Giorgio/Georgij Dmitrijevitch (1764–1839), Graf, russ. Diplomat, 1803–1807 Gesandter bzw. Bevollmächtigter in Korfu, 1811/12 Gesandter in Sardinien 122, 124, 228, 260
Moliterno, Fürst von s. Pignatelli
Molitor, Gabriel Jean Joseph (1770–1849), Graf, französ. Marschall 258, 291

Mondragone, Herzog von s. Grillo
Monteleone, Herzog von s. Pignatelli
Montmorin St. Herem, Calixte de, französ. Diplomat, 1805 Attaché der Gesandtschaft in Florenz 217
Montrichard, Joseph Elie Désiré Perruquet (1760–1818), französ. General 220, 238
Moore, John (1761–1809), Sir, engl. General 357f
Morozzo, Giuseppe (1758–1842), Prälat, Nuntius in Florenz, 1816 Kardinal 132
Moscati, Pietro (1739–1824), Arzt, Präsident des öffentlichen Unterrichts im Kgr. Italien, Graf 164
Mozzi del Garbo, Giulio Giuseppe (1730–1813), Staatsrat, Außenminister des Kgr. Etrurien 121
Murat, Joachim (1771–1815), General, 1806 Großherzog von Berg, 1808 König von Neapel 17, 252, 396, 399, 401f, 404, 406, 408, 412, 413*
–, Karoline (1782–1839), geb. Bonaparte, Schwester Napoleons, Ehefrau Joachims 400f

Nassau-Oranien, Wilhelm Friedrich von (1772–1843), Erbprinz, 1806 Großherzog von Fulda, später König der Niederlande 10, 12, 27, 62f, 70, 78, 173
Neapel und Sizilien, Amalia Theresa Prinzessin von (1782–1866), später verh. mit Herzog Louis Philipp von Orléans 245f, 253, 262
–, Christina Amalia Theresa Prinzessin von (1779–1849), später verh. mit König Karl Felix von Sardinien 245f, 253, 262
–, Ferdinand IV König von (1751–1825), König seit 1759 15, 90, 198, 201, 233f, 236f, 239f, 242, 259, 262f, 308, 314, 324, 326, 357, 366, 372, 376
–, Franz Kronprinz von (1777–1830) 236f, 239–242, 244–246, 248, 253, 256, 261f, 264
–, Karoline Königin von (1752–1814), Tochter Kaiser Franz I., Ehefrau Ferdinands IV. 80, 89, 145, 198, 201, 209, 239, 241f, 245, 253, 268f, 372, 381
–, Leopold Prinz von (1790–1851), Fürst von Salerno 241f, 246, 253, 262, 264
–, Luise Charlotte (1804–1844), Tochter des Kronprinzenpaares, später verh. mit Infant Franz Paula von Spanien 245f
–, Maria Isabella Kronprinzessin von (1789–1848), geb. Infantin von Spa-

445

nien, seit 1802 2. Ehefrau des Kronprinzen 107, 268
Negreta, Agostino, Monsignore, päpstl. Gouverneur von Civitavecchia 300, 361, 380
Nelson, Horatio (1758–1805), Viscount, engl. Admiral 83, 115, 134 f, 139, 141, 145, 151, 157, 165, 168, 200 f, 223
Ney, Michel (1769–1815), französ. Marschall, 1808 Herzog von Elchingen, 1813 Fürst von der Moskwa 240
Nicolai, Nicola Maria (1756–1833), Spezialkommissar der päpstl. Kammer, 1808/10 hess. und preuß. Agent in Rom (als Vertreter Humboldts) 14, 411, 414 f, 418–420, 422, 424 f
Nikolaus V., Papst (1397–1455), urspr. Tommaso Parentucelli, Papst seit 1447 184 f
Novossiltshov, Nikolai Nikolajevitch (1761–1836), russ. Staatsmann 197
Nunziante, Vito (1775–1836), Insurgenten-Chef (Capomassa), sizil. Oberst, dann General 227

Österreich, Ferdinand Erzherzog von (1769–1824), 1790–1801 und 1814–1824 Großherzog von Toskana, 1802–1805 Kurfürst von Salzburg, 1805–1814 Kurfürst und Großherzog von Würzburg 64 f, 143
–, Franz II. Kaiser (1768–1835), ab 1804 als Franz I. Kaiser von Österreich 18, 67, 94, 157, 298 f
–, Joseph II. Kaiser (1741–1794) 86
–, Karl Erzherzog von (1771–1847), Hoch- und Deutschmeister, 1822 Herzog von Teschen, österr. Feldmarschall 214, 216–218, 221 f, 228
–, Karl Ambrosius Erzherzog von (1785–1809), Erzbischof von Gran und Primas von Ungarn 372
–, Karoline s. Neapel
–, Maria Anna Erzherzogin (1770–1809), Schwester Kaiser Franz II, Äbtissin des fürstl. Damenstifts in Prag, lebte in Rom 86, 155, 157
–, Maximilian Franz Erzherzog von (1756–1801), Hoch- und Deutschmeister, Kurfürst-Erzbischof von Köln und Bischof von Münster 116 f
–, Rudolf Erzherzog von (1788–1831), Fürsterzbischof von Olmütz, Kardinal 202
O'Farrill, Don Gonzalo (1754–1831), span. General, Gesandter in Berlin 222, 234, 249, 251
Oranien s. Nassau

Oriol, NN. de, französ. Generalkonsul in Cagliari 399
Orsini, Fernando/Federico (1756–1806), Herzog von Gravina, span. Admiral, 1804 span. und etrur. Gesandter in Paris 224
Ottavi(i), NN., französ./neapol. General 215, 232
Oubril, Petr Jakovlevitch d', russ. Diplomat, Geschäftsträger in Paris, 1809 in Preußen 98 f
Oyen, Heinrich Johann von/Hendrik van (1771–1850), hess. Oberst und Generaladjutant, später Generalleutnant, 1819 Graf Oyen von Fürstenstein 163

Pacca, Bartolomeo (1756–1844), 1786–1794 Nuntius in Köln, seit 1801 Kardinal, 1808–1809 Prostaatssekretär 72, 74, 378, 396, 397*, 405–412, 422
Paccanari, Nicola (*1760), Kaufmann und Soldat, 1797 Gründer der „Societas de fide Iesu", nach Verurteilung durch das Heil. Officium seit 1809 verschollen 86
Pachonetic (Pachenetic?), NN., russ. General, 1806 Militärgouverneur von Odessa 260
Palloni, Gaetano († 1830), ital. Mediziner, Prof. in Pisa 103, 127, 133
Pandolfi Alberici, Francesco Maria (1764–1835), Prälat, päpstl. Gouverneur von Ascoli, 1832 Kardinal 339
Panedigrano s. Gualteri
Papandopoulos, Emmanuil, griech. General, Befehlshaber albanischer Truppen im Verband der russ. Armee 222
Paradisi, Giovanni (1760–1826), Dichter, Staatssekretär der Kgr. Italien, Präsident des Senats, Graf 164, 166
Parma, Charlotte Infantin von (1777–1813) 169
–, Ferdinand Herzog von (1751–1802) 169
–, Karl I. Herzog von s. Spanien, Karl III. König
–, Karl II. Ludwig Herzog von (1799–1883), Sohn Herzog Ludwigs, 1803–1807 König von Etrurien (unter Vormundschaft der Mutter), 1824 Herzog von Lucca, 1847 von Parma, 1849 Graf von Villefranche 17, 345, 351
–, Ludwig/Ludovico Herzog von (1773–1803), 1801 König von Etrurien 82, 121, 351

Biographischer Index (Personen)

–, Maria Antonia Infantin (1774–1841), Äbtissin der Ursulinerinnen in Rom 169 f

–, Maria Luise Herzogin von (1782–1824), geb. Infantin von Spanien, Ehefrau Herzog Ludwigs, 1803–1807 Regentin des Kgr. Etrurien, 1815 Herzogin von Lucca 17, 80 f, 102, 121 f, 150, 180, 183, 197, 212, 249, 263, 266, 272, 275, 278, 310, 315, 328, 333, 340 f, 345, 347–349, 351, 356 f

–, Philipp/Filippo Herzog von (1720–1765) 148, 151

Patterson, Elizabeth (1785–1879), 1803/05 verheiratet mit Jérome Bonaparte 157

Paul II Papst (1418–1471), urspr. Pietro Barbo, 1440 Kardinal, seit 1464 Papst 254

Pérignon, Dominique Cathérine (1754–1818), Graf, franzòs. Marschall, 1808–1814 Befehlshaber der franzòs. Truppen in Neapel 268, 402

Périgord, NN, franzòs. Offizier, Adjutant des Marschalls Berthier 230

Petricci, Antonio, Insurgenten-Chef in Kalabrien 259

Pezza, Michele, gen. Fra Diavolo (1771–1806), Chef einer Räuberbande, als Insurgenten-Chef sizil. Oberst, in Neapel hingerichtet 259, 304, 306 f, 309–311

Piccioli, NN., Insurgenten-Chef in Kalabrien 311

Pierres de Bernis, François Joachim de (1715–1794), Graf von Lyon, Erzbischof von Albi, Kardinal, 1769–1791 franzòs. Gesandter in Rom 324

Pietro, Michele di (1747–1821), Kardinal seit 1801 100, 105, 166, 378, 406, 408 f

Pignatelli, Diego (1774–1818), Herzog von Monteleone, 1808–1810 neapol. Gesandter in Paris 356

–, Francesco Maria (1744–1815), Kardinal seit 1794 372

–, Girolamo (1774–1848), Fürst von Moliterno, neapol. General 263, 357

Pino, Dominique (1760–1826), franzòs. General, 1804–1805 Kriegsminister des Kgr. Italien, 1812 Graf 226

Pinto de Sousa, José Manoel, portug. Diplomat, Gouverneur von Macau, 1804–1807 Gesandter in Rom 168, 175, 346, 360, 400

Piony, NN., 1805 in Venedig verhaftet 199

Pius VI. Papst (1717–1799), urspr. Graf Giovanni Angelo Braschi, seit 1775 Papst 16, 40, 85 f, 99, 119 f, 170

Pius VII. Papst (1742–1823), urspr. Graf Barnaba Luigi von Chiaramonti, Papst seit 1800 39, 42 f, 46 f, 50–53, 56–60, 70, 78, 84–89, 95, 97–102, 105, 107, 112, 114, 118–120, 122, 124, 128–130, 136, 140, 150, 153, 155, 158, 166 f, 170 f, 174–178, 187, 191, 204, 213, 215, 238, 257, 267, 269 f, 295, 306, 313, 323–325, 330 f, 338 f, 360, 362–364, 367, 369, 373, 376 f, 382, 384, 386 f, 391, 394 f, 403–409, 422 f

Podlovski, Ivan C., russ. Bischof von Shitomir 94

Poniatowski, Stanislaw (1754–1833), Fürst, poln. General und Staatsmann 368

Porta, Hieron della (1746–1812), Kardinal seit 1801 378, 390, 392

Portugal, Johann VI. Prinz (1767–1826), Prinz von Brasilien, 1816 König von Portugal, 1825 Kaiser von Brasilien 360 f

Preußen, Friedrich II. König von (1712–1786) 36

–, Friedrich Wilhelm III. König von (1770–1840) 10, 36, 43, 52, 58, 62, 68, 72, 76, 93, 109, 111, 116, 154, 173, 177, 273, 299, 301, 322, 327, 416, 418, 420, 424

–, Luise Königin von (1776–1810), geb. Prinzessin von Mecklenburg-Strelitz 12

Primat, Claude François Marie (1747–1816), Erzbischof von Lyon, 1801 von Toulouse 131

Prina, Giuseppe (1766–1814), Graf, Finanzminister und Mitglied des Staatsrats des Kgr. Italien 164

Ramel, Jean Pierre (1768–1815), franzòs. General 321, 355, 362, 371, 378, 380

Ramette, Carlo, Cav., neapol. Postdirektor 252

Rauch, Christian Daniel (1777–1857), Bildhauer 12

Raumer, Karl Georg von (1753–1833), preuß. Legationsrat, Historiker 22

Raymond, Henri (1737–1820), Bischof von Grenoble, 1801 von Dijon 131

Rayneval, Gérard de (1746–1812), Graf, franzòs. Diplomat, bis 1804 Gesandter in St. Petersburg 98 f

Rechignevoisin s. Guron de Rechignevoisin

Biographischer Index (Personen)

Recke, Elise von der (1756–1833), geb. Gräfin von Medem 116 f
Redwitz, Joseph Kasimir von, mainz. Generalvikar zu Aschaffenburg 117
Regis de Cambacères s. Cambacères
Reille, Honoré Charles Michel Joseph (1775–1860), franzôs. General 355 f
Reinhard, Georg, Leineweber zu Wald-Michelbach 318, 320
Reinhart, Johann Christian (1761–1847), Maler in Rom 12
Reuß-Köstritz, Heinrich LII. Graf (1763–1851), bayer. Generalleutnant und Generaladjutant 166, 168
Reynier, Jean Louis Ebenezer (1771–1814), Graf, franzôs. General 215(?), 232, 245, 250, 254 f, 285, 289, 292 f, 296 f, 307
Ricker, Peter, Einw. zu Weiskirchen 231, 318
Riemer, Friedrich Wilhelm (1774–1845), Hauslehrer bei Humboldt, Sekretär und Bibliothekar bei Goethe in Weimar 10
Rivarola, Agostino (1758–1842), päpstl. Gouverneur in Macerata, 1817 Kardinal 336, 339 f
Robert, NN., franzôs. Generalkonsul in Venedig 383
Roccaromana, Fürst von s. Caracciolo
Rochefoucauld, Adèle de s. Borghese
Rodio, Giambattista (1777–1806), Marchese, neapol. Insurgenten-Chef 259, 268
Roederer, Pierre Louis (1751–1835), Graf, franzôs. Staatsmann, 1806–1808 neapol. Finanzminister 268
Rosenheim, Luigi Adolfo de (1766/67–1821), neapol. Offizier, zuletzt Generalleutnant 255, 258, 261 f
Rossi, Gioacchino Alessandro de, Cav., später Graf, sardin. Diplomat, zeitweilig im Dienst der ligurischen Rep., 1805 Dir. des sardin. Staatssekretariats, 1814/15 Gesandter auf dem Wiener Kongreß 156, 219, 227
Roverella, Aurelio (1748–1812), Kardinal seit 1794, Prodatar 172, 189, 192, 205–208, 378
Rüppell & Harnier, Bankhaus in Frankfurt a. M. 279, 317–319, 353
Ruffo di Baraniello, Fabricio (1744–1827), Fürst von Castelcicola, Kardinal seit 1794, neapol. Gesandter in Rom 16, 104, 120, 234–236, 265, 275, 278, 307 f, 368, 372 f, 375, 378

– di Scilla, Ludovico (1750–1832), Erzbischof von Neapel, Kardinal seit 1801 275, 307 f, 372, 375
Ruspoli, Bartolomeo (*1754), Fürst, 1802/03 interimistisch Großmeister des Malteserordens 171
Rußland, Alexander I. Kaiser von (1777–1825), Kaiser seit 1801 76 f, 80, 82, 94, 150, 157, 171, 229, 235, 283, 294, 306, 317
–, Paul I. Kaiser von (1751–1801) 86, 94, 171

Sacchetti, Scipione († 1840), Marchese, päpstl. Großfourier (Foriere maggiore) 101
Sachsen, Franz Xaver Prinz von (1730–1806) 157
–, Joseph von s. Saxe
Sachsen-Gotha, August Herzog von (1772–1822), reg. Herzog seit 1804 330, 418
–, Friedrich Prinz von (1774–1825), 1822 reg. Herzog 12, 299, 329*, 330
Sachsen-Teschen, Albrecht Herzog von (1738–1822) 159
–, Maria Christina Herzogin von (1742–1798), geb. Erzherzogin von Österreich, Tochter Kaiser Franz I. 159, 161, 163
Sachsen-Weimar-Eisenach, Karl August Herzog von (1757–1828), seit 1815 Großherzog 418
Saint Cyr s. Gouvion St. Cyr
Salicetti, Antonio Cristoforo (1757–1809), franzôs. Geschäftsträger in Genua, dann Präfekt, 1806 neapol. Polizeiminister 104, 142, 153, 156 f, 246, 275, 364 f
–, Carolina († 1867), Tochter des Ministers, verh. Herzogin von Lavello, später Fürstin Torella 364 f
Saluzzo, Ferdinand Maria (1744–1816), Erzbischof von Cartagena, Kardinal seit 1801 372
Salvatico, Odoardo, Graf bzw. Marchese, 1803/04 etrur. Staatsrat und Dir. der Geh. Kabinettskanzlei, 1804 Ehrenmitglied des Staatsrats 121–123, 126, 180, 196, 212
Sa Pereira, José de, portug. Gesandter in Neapel 253 f
Salviati s. Borghese, Corsi
Sanseverino, Carlo, Fürst von Bisignano, neapol. Finanzminister 253
Sant'Angelo, Fürst von s. Imperiali
Santa Teodora, Herzog von s. Caracciolo

Sardinien s. Savoyen
Sarkoski, NN., russ. Geschäftsmann und Staatsrat, Agent in Genua 123 f, 126
Saurines, Jean Pierre (1733–1813), Bischof von Oléron, 1801 von Straßburg 130 f
Savoyen, Benedikt Moritz Prinz von (1741–1808), Herzog von Chablais 356
–, Christina Prinzessin von (1779–1849), geb. Prinzessin von Neapel-Sizilien 234, 333
–, Karl Felix Prinz von (1765–1831), Herzog von Genf (Génévois), 1821 König von Sardinien 234, 333
–, Maria Anna Carolina Prinzessin von (1757–1824), verh. mit Prinz Benedikt Moritz, Herzog von Chablais 356, 368
–, Maria Anna Prinzessin von (1803–1884), später verh. mit Kaiser Ferdinand I. von Österreich 99
–, Therese Königin von (1773–1832), geb. Prinzessin von Modena 196, 209
–, Therese Prinzessin von (1803–1879), später verh. mit Herzog Karl II. von Parma 99
–, Viktor Amadeus III. König (1726–1796), seit 1773 König von Sardinien 99
–, Victor Emanuel I. König (1759–1824), 1802–1821 König von Sardinien 99, 146, 196, 209, 219 f, 234, 333, 356, 389
Saxe, Joseph de (1777–1802), Chevalier, morganatischer Sohn des Prinzen Franz-Xaver von Sachsen, russ. Oberst, dann in neapol. Diensten, Grande von Spanien 157
Schäffer, Ignaz von, österr. Rat 199
Schick, Gottlieb (1776–1812), württ. Maler in Rom 12, 202 f, 329 f
Schiller, Friedrich von (1759–1805), Dichter 8, 13 f, 24
Schleiermacher, Ernst (1755–1844), hess. Kabinettssekr. 23
Schlözer, August Ludwig (1735–1809), Prof. der Geschichte in Göttingen 7
Schmidt, Peter, Einw. zu Hemsbach 401
Schnauber, Leonhard (1756–1814), hess. Legationsrat 22 f, 33, 35–40, 63–66
Schnell, Johannes, Einw. zu Lampertheim 401

Schubart, Hermann Frh. von (1756–1832), dän. Diplomat, seit 1803 Ges. in Neapel, Generalintendant für dän. Handelsinteressen in Italien 120, 339 f
Scotti, Angelo Antonio, Archäologe, Prof. in Rom 105
Scrilli, Luigi de, Graf, Abate, kurmainz. Ministerresident in Rom 138
Scultheis, Saverio, Bankier in Rom 279, 317 f, 320, 353
Sebastiani, François Horace Bastien (1772–1851), Graf de la Porta, franzö. Marschall, 1806–1808 Gesandter in Konstantinopel 357 f
Seinsheim, Karl Graf von (1784–1864), Reisebegleiter des bayer. Kronprinzen Ludwig in Italien 1804/05, später bayer. Staatsminister 133
Seniavin, Dimitrij Nikolajevitch (1763–1831), russ. Admiral 260, 282, 326
Seras, Jean Matthieu Ignace (1765–1815), Graf, französ. General 291
Severoli, Antonio Gabriele (1757–1824), Bischof von Fano, 1801 Erzbischof von Petra, 1802–1809 Nuntius in Wien, 1808 Bischof von Viterbo, 1816 Kardinal 94
Sieyès, Emmanuel Joseph (1748–1836), Abbé, später Graf, französ. Staatsmann 8
Siméon, Joseph Jérome (1749–1842), französ. Diplomat, 1804/05 Geschäftsträger in Florenz, dann in Rom 93, 170
Simon, Johann Erben, Bankhaus 320
Sixtus V. Papst (1521–1590), urspr. Felice Peretti 49
Smith, William Sidney (1764–1840), Sir, engl. Admiral 268, 272, 293
Somaglia, Giulio Maria della (1744–1830), Kardinal seit 1795, Generalvikar 378
Somma, Tommaso di (1737–1826), Marchese di Circello, neapol. Diplomat, Gesandter in London, 1805 Staatssekr. d. Ausw. 86, 165, 168, 180, 229
Soult, Nicolas Jean (1769–1851), französ. Marschall, 1807 Herzog von Dalmatien 240
Souza Holstein, Alessandro Domingo († 1803/04), Graf, portug. Gesandter in Rom 168
Spanien, Ferdinand VII. König von (1784–1833) 82
–, Joseph König von s. Bonaparte
–, Karl III. König von (1716–1788), vorher Herzog von Parma 147 f, 151

Biographischer Index (Personen)

—, Karl IV. König von (1748–1808) 83, 340, 348, 351
—, Maria Elisabeth Infantin, Königin von Etrurien s. Parma
Spina, Giuseppe (1756–1828), Kardinal seit 1802 166, 280
Sponk, Heinrich 418
Stael, Anne Louise Germaine de (1766–1817), Baronin, geb. Necker 8, 12, 137
Starck, Johann August von (1741–1816), Oberhofprediger in Darmstadt 7
Stieler, Adolf (1775–1836), Kartograph und Verleger 379
Stroynovski, Gregor († 1814), russ. Bischof von Luzk 94
Stuart, John (1759–1815), Sir, engl. Admiral 293, 296
Suvorov, Alexander Vassiljevitch (1729–1800), Fürst, russ. Feldmarschall 16

Talleyrand-Périgord, Charles Maurice (1754–1838), französ. Staatsmann, Fürst von Benevent 136, 300, 302
Tassoni-Estense, Giulio Cesare (1759–1821), Marchese, 1802–1807 Geschäftsträger der Rep. bzw. des Kgr. Italien in Florenz, dann in Neapel 342, 346
Tatischtscheff, Dimitrij Pavlovitch (1767–1845), Graf, russ. Diplomat, 1805–1808 Gesandter in Neapel 372, 374
Teste, François Antoine (1775–1862), Baron, französ. General 291
Tependeley, Ali Pascha, türk. Statthalter von Janina in Albanien 357
Thornborough, Edward (1754–1834), Sir, engl. Admiral 357, 385
Thorvaldsen, Bertel (1770–1844), dän. Bildhauer 9, 12
Thun, Emanuel Maria von (1763–1818), Bischof von Trient 404
Thurn-Valsassina, Joseph/Giuseppe Graf von († 1826), neapol. Brigadier und Generaladjutant, Kommandant des Marine-Dept. Neapel 258
Tommasi, Giovanni di (1731–1805), seit 1804 letzter Großmeister des Johanniterordens 92, 170 f, 173
Troni, Tiberio, Graf von Imola, päpstl. Diplomat, 1801 Auditor ad interim bei den Gesandtschaften im Reich und bei Kurmainz 75
Trotti, NN., Malteser-Bailli 174
Tsherbatov, Nikolaj Grigorjevitch (1778–1845), Fürst, russ. Oberstleutnant 157

Tunnemann, Hermann, Einw. zu Büderich 354
Uhden, Wilhelm von (1763–1835), preuß. Diplomat, 1798–1804 Ministerresident in Rom, Staatsrat 9, 40, 63
Ulrich, Johan Christopher († 1835), 1801–1835 dän. Generalkonsul in Livorno 380
Urban VIII. Papst (1568–1644), urspr. Maffeo Barberini 338

Valenti Gonzaga, Lodovico (1725–1808), Kardinalbischof von Albano seit 1779 377 f
Vandamme, Dominique Joseph (1771–1830), Graf von Hunebourg, französ. General 232
Vanni, Giuseppe († 1808), neapol. Oberst, in Rom standrechtlich erschossen 409
Vargas y Laguna, Antonio de (1763–1825), Marquès de la Constancia, span. Diplomat, 1801–1809 Gesandter in Rom 83, 371, 404
Varnbüler, Ferdinand Frh. von (1774–1830), württ. Oberst, Flügeladjutant König Friedrichs I. 107
Venova (Venosa), Fürst von s. Boncampagni-Lodovisi
Ventura, Cesare, Marchese von Golinella, ehem. Minister des Herzogs von Parma, span. Gesandter in Parma 182
Verdier, Jean Antoine (1767–1839), Graf, französ. General 93, 98, 119, 133 f, 144, 146, 150, 208, 211, 221, 226, 230, 255 f, 285, 289, 292, 297, 307
Vernègues, Joseph Hilarion Gautier de, Chev., aus Aix-en-Provence, französ. Schriftsteller, 1804/05 in Haft 23, 76–79, 81 f, 84, 401
Viazemskij, NN., Fürst, russ. General, Befehlshaber in Catarro/Kotor 258, 283 f
Vidoni, Pietro (1759–1830), päpstl. Delegat von Ancona, 1816 Kardinal 215, 219, 232, 274, 333–335, 338, 355, 390
Villeneuve, Pierre Charles Jean Baptiste Silvestre de (1763–1806), französ. Admiral 134, 139, 141, 224
Villette, Iacopo de la, toskan. Offizier, dann etrur. General, Gouverneur von Livorno 249

Biographischer Index (Personen)

Vincenti-Mareri, Hipolito Antonio (1738–1811), Erzbischof von Korinth, Kardinal seit 1794, 1808 Prokämmerer 320, 323, 381

Vincken, Florinus, Kapuzinerpater, dann Vikar und Schulrektor in Menden, 1815 Pfarrer in Raeren b. Eupen 354

Walter, Johann, Einw. zu Unter-Schönmattenwag 315, 354

Wassif, Achmed, Außenminister (Reis Effendi) der Türkei 358

Weber, Leonhard, Einw. zu Ober-Abtsteinach 401

Welcker, Friedrich Gottlieb (1784–1868), Altphilologe, Pädagoglehrer, dann Prof. in Gießen, später in Bonn 10, 387 f

Wellesley, Arthur (1769–1852), Herzog von Wellington, brit. Feldmarschall 163

Wenck, Helfrich Bernhard (1739–1803), Historiker, Pädagog-Rektor in Darmstadt 7

Werner, Zacharias (1768–1823), Dichter 12

Wicar, Jean Baptiste (1762–1834), franzüs. (nicht engl.) Maler in Rom 23, 166–168, 397

Wolf, August Friedrich (1759–1824), Prof. der klass. Philologie in Halle 8

Wolzogen, Karoline von (1763–1847), geb. von Lengefeld 14

Wrbna-Rydzynski, Franz Xaver von (1734–1814), Bischof von Kulm 421

Württemberg, Friedrich I. König von (1754–1816), zunächst Herzog, 1803 Kurfürst, 1805 König 96, 107, 390

–, Wilhelm I. Kurprinz von (1781–1864), ab 1816 König 96, 107, 118

Wulf, Johann Friedrich Anton, Einw. zu Arnsberg 354

Zallinger zum Thurn, Jakob Anton von (1735–1813), Prof. in Augsburg, Berater der Kurie für deutsche Fragen 76, 109

Ziegler, Wilhelm (1765–1826), kath. Pfarrer in Lampertheim 208

Zimmermann, Ernst Wilhelm (1752–1820), hess. Generalkassen-Direktor 26, 279, 312 f, 317–319, 353

Zoega, Johann Georg (1755–1809), dän. Altertumsforscher 123

Topographischer Index (Orte, Länder, Flüsse)

Abruzzen, Abruzzo 227, 295, 304 f, 320, 328
Abtsteinach 189, 401
Acquapendente 324
Acqui 164
Adria, Adriatisches Meer 89 f, 102, 212, 214, 218, 226, 232, 256, 261, 266, 270, 274, 283, 295, 315, 322, 345, 374, 385 f
Ägypten 17, 135, 151
Agnone 198
Aiaccio 135, 139
Aix-les-Bains 399 f
Albaner Berge 10, 208
Albanien 122, 222, 285, 290, 292, 345
Albano 10, 236, 239–241, 243, 307, 365, 380, 403, 407
Alentejo 351
Alessandria 153, 156, 197, 221, 311, 321
Algarve 351
Algier 153, 181–183, 194–196, 211, 213
Almeria 157
Amantea 285, 288, 293
Amato (Fluß) 293
Amelia 278, 307, 372 f, 375, 378
Amerika, Ver. Staaten von 154, 165, 168, 196, 326, 345
Anacapri 412
Ancona 17, 98, 133, 211, 214 f, 218–221, 223, 225, 230, 232 f, 274, 276–278, 286, 295, 298, 300, 305, 309, 315, 324, 328, 330, 332–335, 338, 341, 344, 347, 359, 364, 366, 383, 389–392, 396
Andalusien 9
Andria 213
Anguillara 124
Antigua 168
Anzio (Porto d'Anzo) 265, 277, 301, 339, 393, 409
Apulien 225, 228, 256, 295, 310
Aragon 166
Aranjuez 16
Arce 307
Aremberg (Herzogtum) 20
Ariccia 10, 13
Arno (Fluß und Dept.) 376, 395
Arnsberg 20
Arpino 233, 307
Arriano 140
Aschaffenburg 72
Aschbach 189

Ascoli 295, 306, 331, 345
Assissi 153
Atlantischer Ozean, Atlantik 326
Augsburg 75, 279, 320
Augusta 221 f, 225, 240, 243
Austerlitz 16, 229 f
Avignon 269
Baccano 280
Baden (Kurfürstentum/Großherzogtum) 111, 269, 389
Bagni di Lucca 90, 96
Bajac 250
Baranello 198
Barcelona 234, 240, 399
Basel 236
Basilicata (Region) 297, 320
Baskenland 9
Barbados 168
Barga 296
Barletta 140, 213
Bassano 78
Batiento 90
Bayern (Kurfürstentum/Königreich) 20 f, 24, 68, 101, 110 f, 214, 218, 269
Bayonne 350, 355, 392 f, 395 f, 399, 402
Belvedere Marittimo 198
Benevent (Stadt und Fürstentum) 300, 302, 378, 396, 406
Bensheim 315, 354
Berg (Großherzogtum) 17
Bergamo 148
Berlin 7–10, 12, 21, 23 f, 27, 45, 78, 81, 116, 126, 138, 163, 179, 197, 201, 211, 222, 260, 266, 273, 278, 280, 315, 395, 415–418, 420, 425
Bilstein (Amt in Westfalen) 320
Bobbio 164
Bocche di Cattaro s. Cattaro/Kotor
Boiano 198 f
Bologna 15, 93, 98 f, 101, 136, 146, 165, 174, 226, 228–230, 232, 237, 270, 288, 295, 316, 341, 348, 352, 391, 400, 406
Bolsena 403
Bordeaux 352
Boulogne-sur-mer 418
Bracciano (Lago di) 124
Braunau 317
Brescia 152, 156, 164, 208, 342
Brest 256
Brondolo 199

453

Topographischer Index (Orte, Länder, Flüsse)

Cadiz 151, 154, 200, 211, 222, 224, 243
Caffagiolio 351
Cagliari 135, 241, 243, 246, 257, 259, 333, 389, 399
Calano (Lago di) 309
Camerino (Region) 324, 347, 390
Cammarota (Fort) 307
Campagna di Roma 363
Campo Formio 15, 81, 254
Campotenese 255–257
Canino 78, 388
Cannatello 367
Cantalupo 199
Capo de Gateo (b. Almeria) 157
Capo del Mele (b. Genua) 165
Capodistria (heute Koper) 265, 291
Capri (Insel) 272–274, 412–414
Capua 245, 248
Cariati 267
Carrara 150
s. auch Massa-Carrara
Cartagena 256, 374
Cassano 255, 267, 297
Castel Gandolfo 100, 168, 213, 215
Castellamare di Stabia 89, 201, 225, 235, 289
Castellone 99
Castellucchio 255
Castelnuovo (heute Herzegnovi) 292
Castrovillari 255
Catania 169–171, 173, 268
Catanzaro 267, 290 f
Cattaro (heute Kotor) 17, 126, 258, 260, 262, 283–285, 291 f, 316 f
Ceuta 389
Chiozzo 199
Chur 403 f
Cilento 293
Cisalpine Republik 15 f, 99
Cispadanische Republik 15, 99
Citta di Castello 85
Civita Castellana 234, 309
Civitella del Tronto 259, 268, 270, 282
Civitavecchia 17, 98, 253, 256, 261, 265, 268, 274, 276 f, 280, 282, 284, 286 f, 295, 300, 309, 339, 361 f, 371–374, 378, 380
Colorno 169
Como (Lago di) 183
Corneto 282, 284, 361
Cortona 209, 211
Corvey 10
Corzola/Korcula (Insel) 285
Cosenza 264, 267, 285, 290, 292, 297, 307
Cospaia 87

Cotrone s. Crotone
Crati 255
Crotone (früher Cotrone) 267, 297
Cuenca 83

Dänemark 120, 123, 181, 253, 256, 340, 380 f
Dalmatien 126, 234, 253, 257, 260, 262, 264, 275, 291 f, 317, 345 f
Dardanellen 99, 326, 383
Darmstadt 8, 10, 12, 14, 18, 22, 24, 26, 28, 163, 179, 201, 311
Diamante 409
Dirmstein 354
Dortmund 10
Doura (Fluß) 148
Dresden 84, 94
Dubrovnik s. Ragusa
Düsseldorf 399

Eichsfeld 117
Elba 83, 123, 168, 209, 211
Elsaß 8
England 17, 79 f, 82, 85–87, 89, 104, 115, 119 f, 122, 134, 141, 144, 157 f, 165, 182, 197, 199, 221–225, 227 f, 233, 235–241, 243, 245 f, 251, 259 f, 264 f, 268, 272, 277, 280 f, 283–290, 291– 294, 296, 298–300, 305, 307, 309, 314, 321–324, 326, 331, 336, 339, 345, 350, 357–359, 361, 366– 368, 374, 380, 385, 388 f, 393, 409, 412, 417 f
Erfurt 7, 117, 412, 414–417, 424 f
Etsch (Fluß) 169, 174, 208, 212, 219, 229
Etrurien (Königreich) 16, 87, 93 f, 98, 101, 115 f, 119–121, 133, 137, 142, 144, 151, 157, 196, 209, 265, 273, 296, 305, 307, 311, 316, 322, 341, 346, 348, 352, 355, 358, 365, 395

Fabriano 347
Fano 218, 222
Ferentino 240, 243, 245 f
Fermo 233, 332, 392
Ferrara 15, 99, 326
Ferrol 154
Fiume (heute Rijeka) 265
Fiumicino 393, 409
Florenz 17, 40, 86 f, 91–93, 101 f, 117, 120 f, 126 f, 132, 137, 142, 144, 150, 153, 166, 170, 180, 183, 196, 209, 217 f, 220 f, 228, 241, 249, 256, 262, 268, 272 f, 275, 294, 305, 311, 322, 325 f, 328, 333, 340, 342, 345 f, 348, 351, 356, 371, 375 f, 380–382, 391, 393, 399 f

Topographischer Index (Orte, Länder, Flüsse)

Foligno 359, 376
Fontainebleau 123, 183, 349
Forte Urbano 146
Frankfurt a. Main (Stadt und Großherzogtum) 7, 12, 279, 317, 319 f, 353
Frankfurt a. d. Oder 7
Frankreich 8, 12, 16–18, 26, 80–83, 85–89, 91, 93, 95, dann passim
Frascati 90, 236, 301, 337, 387
Frosinone 232
Fulda 10, 12

Gaeta 99, 146, 196, 209, 216, 219 f, 227 f, 230, 233, 236, 245 f, 248, 250, 252, 258 f, 262, 264, 269, 270–272, 274, 277, 280, 282–290, 304 f, 357
Garigliano (Fluß) 245, 272
Geiselbach 354
Genf 137
Genua (Stadt und Republik) 15 f, 98, 104, 106 f, 115, 119, 123, 126 f, 135 f, 139, 141–144, 146, 150, 153, 156 f, 164 f, 168, 175, 196 f, 199 f, 208, 211, 218, 222, 224, 241, 249, 294, 331, 333, 371, 378, 381, 399, 409; s. auch Ligurien
Genzano 301
Gibraltar 135, 139, 144, 157, 165, 200, 222, 243, 259, 265, 326, 358
Gießen 7, 10, 211, 387 f, 401
Göttingen 7, 12 f
Gorgona 374
Gotha 330, 412 f
Gran 372
Gravina 268, 270
Grenoble 422
Griechenland 148, 222
Gubbio 404
Guastalla (Herzogtum) 15 f, 151, 257, 262 f

den Haag 356
Halle a. d. Saale 8
Hamburg 328
Hannover (Königreich) 282, 295
Hemsbach 401
Heppenheim 231, 320
Herford 10
Hierische Inseln s. Iles d'Hyères
Holland s. Niederlande
Hydra (Insel) 137

Jena 8, 12
Iesi 232, 298
Iles d'Hyères (Hierische Inseln) 83
Indien 135

Ionische Inseln, Ionische Republik (Republik der Sieben Inseln) 17, 79, 81 f, 86, 90, 99, 122, 139, 145, 148, 150, 199, 209, 212, 214, 222, 228, 234, 253, 260, 325, 331 f, 345 f
Irland 135
Ischia 209, 251, 272 f
Isernia 198, 310
Istrien 158, 260, 291
Italo di Castro 361
Ithaka (Insel) 81
Itri 272, 304, 306

Kalabrien (Region) 17, 192, 221, 239, 241, 244, 246, 248, 250, 252, 254, 256, 258, 261 f, 264, 267, 280, 285 f, 288, 290, 292–297, 307, 309, 314, 357, 359, 367, 374 f, 409, 417
Kamenez (russ. Bistum) 94
Kephalaria (Insel) 81
Kirchenstaat 14–17, 99, 120, 218 f, 226, 232 f, 241, 243 f, 246, 251, 267, 270, 280, 282, 286, 295, 314, 321, 323 f, 328, 333, 346 f, 349, 352, 355, 382, 390, 398, 409, 422
Klein-Auheim 401
Köln (Stadt und Erzbistum) 21, 72, 74, 279, 396
Königsberg 14, 421 f, 424
Konstantinopel 99, 194, 326, 357 f, 383
Kopenhagen 132
Koper s. Castelnuovo
Korcula s. Corzola
Korfu (Insel) 17, 80 f, 83, 96, 99, 101, 124, 139, 146, 197, 199, 214, 216, 221, 225, 228, 240, 243, 253, 259 f, 264, 316 f, 321, 326, 330–332, 357, 383, 385
Korsika 16, 134, 139, 146, 150, 158 f, 168, 196, 216–218, 307, 324
Kotor s. Cattaro
Kulm 420 f
Kur-Pfalz-Bayern s. Bayern

Lagonegro 254 f, 257
Lampertheim 172, 401
La Spezia s. Spezia
Lauria 255, 297, 300
Lavinia 301
Legnago 174
Leukas (Insel) 81
Leva 164
Ligurien, Ligurische Republik 15, 83, 104, 106, 115, 118, 126, 133, 137, 142, 147 f, 150, 153, 156, 164, 182, 197, 211, 228, 241, 344; s. auch Genua
Lissabon 183, 326, 347, 357, 360 f

Topographischer Index (Orte, Länder, Flüsse)

Livorno 17, 83, 91–93, 98, 103 f, 107 f, 115–122, 126 f, 130, 133, 136 f, 140, 142, 146, 150, 152, 154, 157–159, 166, 180, 183, 194, 196, 202, 208, 211 f, 216, 221, 226, 228, 249, 262–266, 268 f, 291, 307, 309 f, 321 f, 324, 326, 328, 333, 336, 339 f, 345, 347, 357, 359, 362, 364, 376, 380, 399
Lodi 352
Lombardei 98, 106, 135, 140, 147, 152, 209, 212, 214, 216, 226, 294, 307
London 168, 305, 357
Loreto 155, 277
Lucca (Stadt und Republik bzw. Fürstentum) 15 f, 106, 137, 150, 168 f, 196 f, 241, 265 f, 294, 296, 315, 321, 326, 342 f, 400 f; s. auch Bagni di Lucca
Lunéville 16, 255
Lunigiona 294
Luzk (russ. Bistum) 94
Lyon 150, 155, 309, 332, 400

Macerata 226, 332, 336, 339, 390, 392, 409
Maddalena-Inseln (b. Korsika) 135, 151
Madrid 140, 183, 198, 236, 275, 345
Magra (Fluß) 296
Mailand 9, 12, 15–17, 116–120, 122, 126, 136, 142, 144, 146, 149–151, 153, 155 f, 158, 163–166, 168, 170, 174 f, 180, 208, 218, 222, 225 f, 238, 254, 289, 291, 310, 320, 326–328, 330–333, 335, 339–342, 344, 347 f, 350–352, 354, 364, 368, 371, 380 f, 392 f, 398, 400
Mainz (Stadt und Kürfürstentum) 7, 20 f, 109, 112, 138, 189–191
Malaga 107
Malta (Insel und Ordensstaat) 17, 85 f, 92 f, 96, 122, 139, 141, 144, 165, 169, 171, 173, 180, 196 f, 209, 214, 221 f, 228, 235, 243, 253, 260, 285, 305, 336, 374, 412
Manfredonia 217, 226
Mantua 15, 37, 140, 174, 208, 212, 218, 278, 291, 295, 348, 350, 376, 385
Marburg 7
Marengo 152
Marino 10, 301
Marken (Region) 17, 286, 332, 340
Massa-Carrara (Herzogtum) 168, 242, 263
Massa Lubrense 412
Matera 268, 270, 292

Medina de Rioseco 102
Menden (Westf.) 354
Menorca (Insel) 139 f
Messina 135, 145, 239, 242 f, 256, 260, 264, 266, 268, 286, 294, 296, 345, 357, 375
Mestre 334
Metauro (Fluß und Dept.) 392
Mexiko 107
Milazzo 374 f
Mincio (Fluß) 152
Minervino 268, 270
Miranda 311
Mittelmeer, Mittelländisches Meer 90, 135, 221, 256, 265 f, 270, 324, 395
Modena 15, 101, 146, 202, 316, 350, 378, 381
Mohilev (russ. Erzbistum) 94
Mola 272
Molise (Grafschaft) 198
Montalto 300, 361
Mont Cenis (Paß) 101, 183, 356
Monte Artemisio 301
Monte Cassino 228
Monte Cavo 301
Monte Chiaro (b. Brescia) 152, 164, 168 f
Monteleone (auch Monte Leone) 258, 262, 296, 307, 310
Montenegro (Fürstentum) 209, 258, 283, 285, 291 f
Monte Porcio 301
Montevergine 311
Montpellier 88
Morano 255
Morea 83, 98, 135, 137, 151
Morfontaine 395
München 70, 75, 166, 234, 236, 238, 266, 325, 412
Münster i.W. (Stadt und Bistum) 20, 112, 116
Musignano 78
Musone (Fluß und Dept.) 392

Neapel (Stadt und Königreich) 15–17, 79 f, 83, 86, 89 f, 96, 98 f, 102, 104, 106 f, 120, 122, 129 f, 132–137, 140–143, 145, 151–153, 157 f, 165, 169–171, 175, 180, 192, 196–201, 209, 211–220, 222, 224–230, 232–253, 255 f, 258–264, 266–268, 270, 272–278, 281–283, 285–302, 304–311, 314 f, 317, 320, 328, 330, 339–341, 345, 347–349, 355, 357–361, 363–365, 367, 371–375, 380, 383, 385, 392, 396, 399–404, 406–408, 412, 417

Topographischer Index (Orte, Länder, Flüsse)

Nemi 10, 301
Nepi 234
Nettuno 301
Nicastro 307
Niederlande 255, 356
Nieder-Mörlen 354
Nieder-Roden 231
Nizza 208
Nordamerika s. Amerika

Ober-Abtsteinach s. Abtsteinach
Odessa 90, 260
Österreich (Kaiserreich) 16, 18, 95, 148, 152, 154, 157, 199 f, 208, 211, 214, 216 f, 222, 226, 233 f, 258–261, 265, 298, 330, 349, 372, 374, 418
Offenbach 7
Olmütz 202
Ombrone (Fluß und Dept.) 376, 395
Oran 195
Osimo 339 f
·Ostsee 260
Otranto 213, 232
Otricoli 232, 234

Paderborn (Bistum) 20
Padua 229, 236, 333
Palermo 79, 135, 145, 246, 253, 256, 259, 262, 264, 277, 288 f, 294, 305, 324, 326, 333, 357, 372, 376, 380
Palestrina 308
Palmanova 348
Palmi 309
Paola 256 f
Parga (griechisch-türkische Festung) 90
Paris 8 f, 12, 20, 23, 60, 77, 79, 84 f, 88 f, 92, 95–97, 99–102, 104, 106, 109 f, 113, 116, 118 f, 124–128, 130, 132, 135–138, 147, 150, 155 f, 168, 174, 180, 184, 187, 190 f, 198, 208, 210, 215, 224 f, 241, 243, 250 f, 253, 265, 267–270, 282, 284, 294 f, 300, 305 f, 320, 323, 327, 330, 332, 335 f, 338, 344 f, 347, 350, 354, 356–359, 363, 365, 369 f, 380, 384, 386, 398–400, 408
Parma (Stadt und Herzogtum) 15–17, 98, 101, 147, 150 f, 155, 164, 169, 171, 182, 208, 241 f, 263, 282 f, 287, 294, 336, 341, 344, 348, 395
Pausilippo 165
Pavia 216
Paxos (Insel) 81
Peru 199
Perugia 150, 153, 209, 211, 311, 333, 359, 363

Pesaro 77, 120, 146, 148, 166, 169, 202, 209, 218, 221, 232, 240, 254, 331, 339, 378
Pesaro (b. Modena) 378, 381
Pescara 209, 213, 233
Peschiera 140
Pescia 321
Petersburg, St. Petersburg 77–79, 81, 84, 94, 122, 197, 214, 226, 283, 356, 372, 389
Piacenza 15, 17, 147, 164, 169, 171, 173, 180, 182, 241 f, 263, 294, 341, 344, 378, 395
Piemont 15 f, 83, 115, 136, 148, 164, 208, 287, 376, 386 f
Pietrasanta 294, 296
Piombino (Stadt und Fürstentum) 15 f, 139, 150, 154 f, 168, 266
Pisa 80, 107, 118, 121, 137, 142, 202, 216, 251, 266, 321, 340, 401
Piscina 210
Pistoia 101, 228, 321
Po (Fluß) 106, 228, 344
Polen 295, 314, 322
Policastro (Golfo di) 305
Pomarico 259
Pontecorso 259
Pontremoli 287, 294, 296
Ponza (Insel) 253, 328, 339, 361
Portici 198, 201, 215, 288
Port Mahon (Hafen auf Menorca) 139 f
Porto d'Anzo s. Anzio
Portsmouth 201, 243, 358
Portugal (Königreich) 17, 166, 175, 241, 340, 346, 351, 360, 400
Potsdam 7
Prato 136
Preußen 7, 12, 20, 23, 26, 35, 38, 40, 43, 45, 48 f, 56, 60 f, 66, 70, 81, 84, 93, 110, 112, 206 f, 311, 320, 322, 401, 421, 425
Preßburg 269, 349
Prevesa (griechisch-türkische Festung) 90, 122
Procida (Insel) 251, 272 f
Pyrenäen 166, 170

Raeren (b. Eupen) 354
Ragusa (heute Dubrovnik) 16 f, 181, 183, 194–196, 258, 262, 264, 283 f, 291 f, 317, 346
Ravenna 156
Regensburg 20, 23, 58 f, 64, 67 f, 71, 73–75, 109, 111–113, 119, 138, 177, 186 f, 189, 191, 210, 220, 273, 278, 299, 308 f

Topographischer Index (Orte, Länder, Flüsse)

Reggio Calabria 239, 261, 266 f, 288, 293, 296, 305, 347, 355 f, 359, 367
Reggio Emilia 15
Reno (Fluß und Dept.) 316
Reuß (Fürstentümer) 418
Rhein (Fluß) 7
Rhodos 171
Rieti 232, 245
Rimini 93, 98, 214, 225, 270, 316, 321
Rio de Janeiro 361
Rocca di Papa 301
Rocca Sigillina 296
Rochefort 151, 374, 383, 385
Rom 8–15, 17–19, 22–24, 27 f, 33–35, 41 f, dann passim
in Rom:
  Accademia di San Luca 204
  Cestius-Pyramide (am Protestantischen Friedhof) 13, 25
  Engelsburg 76, 153, 155, 263, 362, 368, 370, 376
  Forum Romanum 329
  Kapitol 382
  Kolosseum 303
  Lateran 282
  Palazzo-Borghese 336
  – Barberini 337 f
  – Corsini 78
  – Falconieri 78
  – Farnese 252, 404
  – Lancelotti 78
  – Rinuccini (dann Bonaparte) 78
  – Ruspoli 277
  – Salvati 86
  – Sapienza 204
  – Tomato 9
  – Venezia 25
  Pantheon 204
  Petersdom 11, 25, 105, 153, 155
  Piazza Colonna 370
  – del Popolo 19
  Porta del Popolo 9, 362
  Porte Molle 342, 381
  Quirinal (Monte Cavallo) 11, 362, 383, 408
  Vatikan 406
  Villa Albani-Torlonia 338
  – Borghese 336 f
  – di Malta 9, 25
Romagna (Region) 115, 244
Ronciglione 78
Rossano 267
Rotonda 255
Roveto (Flußtal) 309
Rubico (Fluß und Dept.) 316
Rudolstadt 418
Rußland 16 f, 77–83, 86, 90–94, 96, 98 f, 101, 122 f, 139, 145 f, 148, 157 f, 197, 199, 209, 214, 216, 218, 221–230, 233–235, 238, 240 f, 243, 253, 258, 260–262, 264, 266, 268, 285, 291 f, 294, 316, 326, 330 f, 333 f, 372, 374, 380, 401

Saint Cloud 391
Salerno 250, 252, 290, 292 f, 307
Salzburg 111
Samogitien (russ. Bistum) 94
San Germano 227, 240
San Giovanni 288
San Giovanni Incarico 307
Sankt Petersburg s. Petersburg
San Martino 255
San Remo 164
Santa Eufemia 293
Santa Maria di Capua 194
San Vincente (Kap) 165, 200
Sardinien 15, 17, 98 f, 115, 134 f, 146, 234 f, 242, 246, 256, 259, 297, 357, 399
Sarzana 307
Savona 139, 422
Savoyen 99
Schönbrunn 249, 252
Schwarzes Meer 83, 90, 222, 253, 260, 326
Schweden 91, 93, 181, 197, 297
Schweiz 8, 37, 152, 158 f, 211, 218, 272, 289, 307, 371, 376, 383 f
Scilla (irrt. Sciglio) 293, 347 f, 355 f, 359, 374 f
Seligenstadt 20, 334, 401
Sesia (Fluß) 148
Sessa 194
Shitomir (russ. Bistum) 94
Sieben-Insel-Republik s. Ionische Inseln
Siena 376
Silo (Fluß) 254
Sinigaglia 221, 232, 244, 331, 394
Sizilien 17, 90 f, 98, 141, 143, 145, 221 f, 225, 229, 235, 237, 239, 246, 248, 250, 252 f, 256, 258–262, 264–266, 272, 277, 285, 288, 293 f, 314, 321, 324–326, 333, 349, 357, 368, 374 f, 385, 417
Smyrna 140
Sondershausen 418
Sora 307–309, 320
Spa 170, 183
Spalatro (heute Split) 258
Spanien 9, 17, 83 f, 86, 115 f, 119–121, 154, 157, 174, 211, 213, 222, 251, 253, 259, 262 f, 268, 280, 339 f, 345, 347 f, 351, 371 f, 374, 378, 380, 392 f, 395, 401 f

Topographischer Index (Orte, Länder, Flüsse)

Sperlonga 357
La Spezia (Stadt und Golf) 150, 183, 375
Spoleto 378, 381, 403
Squillace 267
Starkenburg (Provinz) 20
Straßburg im Elsaß 130
Stuttgart 107
Südamerika 13
Sulmona 233, 320
Supino 198
Sutri 234
Syrakus 221, 225, 268, 358

Taggia (Fluß) 164
Tagliamento (Fluß) 222
Tanaro (Fluß und Dept.) 316
Tarbes 404
Tarent 80, 135, 228, 230, 267, 270
Teano 228, 238, 245
Tegel 322
Tenedos 334
Teplitz 83, 157
Terni 391
Terracina 225, 232, 236, 241, 245, 277, 304 f, 355, 359, 361, 373, 385
Terra di Lavoro 295
Tessin/Ticino (Fluß) 148
Thüringen 8, 322
Tilsit 17, 26, 292, 311, 313, 315, 317
Tirol 126, 226, 400, 403 f
Tivoli 236
Tolentino 15, 99
Tolfa 361
Torre del Greco 201
Tortona 164
Toskana 15 f, 85, 87, 104, 108, 115, 118, 120 f, 123, 133, 137, 140, 142, 146, 150, 152 f, 157, 202, 211 f, 216 f, 221 f, 234, 240, 251, 253, 256, 265, 273, 300, 305, 309, 321, 324, 333, 340 f, 344 f, 351 f, 355, 362 f, 374, 380, 387, 389, 392 f, 395, 418
Toulon 83, 115, 123, 133, 141, 145, 150, 154, 201, 265, 324, 374, 383, 385
Trafalgar (Kap) 17, 222–224
Traietto 194, 284
Trani 80, 213
Trapani 357
Treviso 400
Trient 404
Trier (Erzbistum) 21
Triest 214, 254, 261, 263, 265, 268, 275, 278, 283, 311, 316 f, 380 f
Tripolis 165, 168, 196
Trösel 415
Troki (russ. Bistum) 94

Tronto (Fluß und Dept.) 227, 232, 392
Türkei 81 f, 90, 122, 181, 213, 223, 234, 258
Turin 79, 96, 99, 101, 153, 183, 197, 202, 327, 331, 347, 354, 393, 400
Tyrrhenisches Meer 376

Udine 258, 291, 348
Ulm 189
Unter-Schönmattenwag 315, 354
Urbino 17, 286, 324, 332, 389, 403

Vado (b. Savona) 139
Valeggio 210
Valladolid 402
Velletri 301
Venedig (Stadt und Republik) 15, 81, 96, 118, 123, 126, 157, 199, 211, 214, 217, 220 f, 234, 254, 261, 266, 325 f, 333 f, 341 f, 344–346, 348–350, 352, 362, 381; s. auch Venetien
Venetien 15 f, 90, 148, 151, 199, 201, 208, 217, 220, 222, 225, 234, 241, 246, 253, 258, 263, 265, 344, 346, 371
Ventimiglia 164
Vereinigte Staaten s. Amerika
Verona 174, 216–220, 241, 346
Veronetta (Fort) 217
Vesuv 104 f, 155, 192 f, 197–201
Viareggio 150
Vicenza 266
Vietri di Salerno 293
Villach 222
Villa San Giovanni 367
Viterbo 403

Wald-Michelbach 318, 320
Warschau 314 f
Weimar 8, 417 f
Weingarten 10
Weiskirchen 231
Westfalen (Herzogtum) 20, 26, 112, 114, 116, 385
Westindien 180
Wetterau 20
Wien 8, 18, 37, 58, 60, 81, 85 f, 94, 102, 111, 113, 159, 187 f, 199, 202, 214, 220, 226, 230, 259, 262, 291, 346, 348, 372, 422
Wilna (russ. Erzbistum) 94
Worms 20, 172, 190, 207
Württemberg (Kurfürstentum bzw. Königreich) 21, 111, 269, 389 f
Würzburg 210

Zakynthos (Insel) 81
Zante 260
Zara 258
Zürich 289